中国社会科学院老学者文库

羌语方言研究
语音 词汇

孙宏开 刘光坤 黄成龙 ◎ 著

中国社会科学出版社

图书在版编目（CIP）数据

羌语方言研究：语音 词汇 / 孙宏开，刘光坤，黄成龙著. -- 北京：中国社会科学出版社，2024.12.（中国社会科学院老学者文库）. -- ISBN 978-7-5227-4178-9

Ⅰ.H274

中国国家版本馆CIP数据核字第2024FA4300号

出 版 人	赵剑英
责任编辑	宫京蕾
责任校对	韩天炜
责任印制	戴 宽

出　　版	中国社会科学出版社
社　　址	北京鼓楼西大街甲158号
邮　　编	100720
网　　址	http://www.csspw.cn
发 行 部	010-84083685
门 市 部	010-84029450
经　　销	新华书店及其他书店
印　　刷	北京明恒达印务有限公司
装　　订	廊坊市广阳区广增装订厂
版　　次	2024年12月第1版
印　　次	2024年12月第1次印刷
开　　本	710×1000　1/16
印　　张	43.25
字　　数	799千字
定　　价	259.00元

凡购买中国社会科学出版社图书，如有质量问题请与本社营销中心联系调换
电话：010-84083683
版权所有　侵权必究

前　言

　　羌族是我国民族大家庭里有着悠久历史和灿烂文化的民族。羌族有自己的语言，属汉藏语系藏缅语族羌语支。20 世纪 80 年代末至 90 年代初，四川省阿坝藏族羌族自治州在四川省人民政府和四川省民族事务委员会的领导下，又为羌族创制了拉丁字母形式的拼音文字，受到羌族人民的热烈欢迎。

　　半个多世纪以前，一些专家学者在非常困难的情况下，对羌语进行了初步调查研究，发表了数量可观的论文，其中有闻宥、傅懋勣的《羌语萝卜寨的音位系统》，张琨的《羌语南部方言的比较研究》等。

　　中华人民共和国成立以后，国家对少数民族语言文字的调查研究非常重视，1956 年组织了 7 个工作队对少数民族语言进行了全面普查，当时的中国少数民族语言调查第七工作队川北组就是负责羌语和嘉戎语的调查。1956 年 5 月，川北组在金鹏先生的领导下，一行 9 人赴当时的阿坝藏族自治州首府刷经寺。然后分成两个小组，一个小组去黑水县调查羌语，一个小组去马尔康调查嘉戎语。羌语小组在黑水调查了麻窝和维古两个点，然后转到理县桃坪和汶川县绵篪，各调查一个点。这次调查仅仅是试点，通过试点后，调查组于 1956 年年底集中在成都，整理试点资料，编写普查大纲，并于 1957 年春在西南民族学院培训调查人员，然后再开展普查工作。

　　1957 年夏，调查训练班结束，由第七工作队川北组、阿坝藏族自治州民族语文研究室、西南民族学院三个单位共 20 多人组成羌语普查队，分成四个小组对羌语进行普查，其中黑水两个组，茂县一个组，理县、汶川一个组。至年底，共调查了 28 个点，加上试点调查的资料，羌语实际调查了 32 个点。每个点都记录了一套词汇（约 3500 个单词）和语法（500—600 个例句），整理了语音系统，有的点还记录了长篇故事，积累了丰富的资料。

　　1958 年春，黑水县决定为小学老师培训羌语以辅助教学，阿坝州民族语文研究室义不容辞地承担起准备教材和进行教学的任务，刘光坤当时作为研究室羌语组的成员，自始至终参加了这项工作，直到训练班结业。那段时间的工作，为本书的撰写打下了基础。

　　1958 年年初，第七工作队川北组完成调查任务后撤销，中国科学院少数民族语言研究所的研究人员于当年夏天到阿坝州开展羌语和嘉戎语的研究工作。主要完成 3 项任务：（1）语言简志；（2）方言调查报告；（3）汉语在少数民族语言丰富发展中的作用。阿坝州原语文研究室的研究人员被少数民族语言研究所借调到羌语组工作。

为了完成羌语方言调查报告，我们对 1957 年普查时各组收集的资料逐点进行实地复核和补充。在此基础上，对各方言土语的代表点的词汇和语法进行循环比较，以得出方言土语差异的确切数据。此项工作前后共进行了两年，直到 1960 年止。由于当时孙宏开接受中国科学院少数民族语言研究所的另外任务，刘光坤调到北京，羌语方言研究工作中断。但是书稿的基本框架已经形成。

羌语方言差异很大，《羌语简志》描述的是南部方言的代表点桃坪，为了使学术界能对羌语有一个全面了解，深入描写北部方言代表点麻窝话的语音、语法和词汇是十分必要的，可以填补对羌语介绍不全面的一个空白，但是，全面介绍羌语的南部差异仍然要根据方言资料，我们就是抱着这个愿望撰写这部书的。

麻窝羌语是北部方言中的核心土语，黑水县讲羌语的居民都承认麻窝话最标准，各地都能听得懂，从地域上看，麻窝也是黑水县的中心位置，此外，可能还有政治和宗教方面的原因，如麻窝有一个比较大的寺庙；过去，黑水县最大的头人苏永和就住在麻窝，等等。正因为麻窝话在黑水地区群众中有较高的威信，因此 1958 年对黑水县教师培训羌语时，也是以麻窝话为教学语言的。

羌族已经创造了以北部方言为基础方言，以雅都土语曲谷话为标准音调的羌族拼音文字。北部方言内部比较一致，互相一般都可以听得懂，当然曲谷话和麻窝话还是有一定差别的，但是，它们的共性多于差异性。因此我们希望本书的出版对于羌语文的教学能有一定的参考价值。

本书作者黄成龙虽然没有参加 20 世纪 50 年代的羌语普查工作，但是自从他调入民族所工作以来，一直从事羌语和藏缅语族语言研究，他参加了本方言研究后期大量资料整理和抄录工作，对本书所做的贡献，也是不可磨灭的。

本项研究自刘光坤申请中国社会科学院老干局基金以来，时断时续，原计划要将语法部分整理后一起出版，但是由于工作量太大，一时间难以完成，再加上现在的书稿已经有很大的篇幅，即使加上语法，也可能出上、下集。倒不如分两部分出版。

孙宏开

2023 年 12 月

目　录

第一章　绪论…………………………………………………………1
第一节　羌族的历史…………………………………………………1
第二节　羌族的社会经济和风俗习惯………………………………4
第三节　语言和文字…………………………………………………10
本章参考文献…………………………………………………………17

第二章　语音系统……………………………………………………19
第一节　大岐山话音位系统…………………………………………19
第二节　桃坪话音位系统……………………………………………25
第三节　龙溪话音位系统……………………………………………34
第四节　绵篪话音位系统……………………………………………39
第五节　索桥话音位系统……………………………………………44
第六节　沟口话音位系统……………………………………………50
第七节　黑虎话音位系统……………………………………………61
第八节　龙池话音位系统……………………………………………73
第九节　三龙话音位系统……………………………………………84
第十节　曲谷话音位系统……………………………………………97
第十一节　雅都话音位系统…………………………………………109
第十二节　维古话音位系统…………………………………………128
第十三节　龙坝话音位系统…………………………………………139
第十四节　木苏话音位系统…………………………………………154
第十五节　茨木林话音位系统………………………………………167
第十六节　扎窝话音位系统…………………………………………178
第十七节　麻窝话音位系统…………………………………………192
第十八节　芦花话音位系统…………………………………………233

第十九节　羊茸话音位系统……………………………………252
　　第二十节　松潘话音位系统……………………………………262
第三章　词汇……………………………………………………271
参考文献…………………………………………………………679
后记………………………………………………………………680

第一章 绪论

羌族是我国民族大家庭里一个历史悠久的古老民族。主要分布在四川省阿坝藏族羌族自治州的茂县、理县、黑水县、汶川县、松潘县，绵阳市的北川县和甘孜藏族自治州的丹巴县也有羌族分布。总人口 31 万左右（2010）。

第一节 羌族的历史

古代羌族是我国民族大家庭中一个历史非常悠久、分布广泛、影响深远的兄弟民族，早在甲骨文中，就有关于羌人的记载。古代文献中，往往把羌人描述为从事畜牧，且以牧羊为业的一个民族。说文中对羌的解释为：羌，西戎牧羊人也。从人，从羊；羊亦声。《太平御览》卷 794 中的《风俗通》也说：羌，本西戎卑贱者也，主牧羊。故"羌"字从羊、人，因以为号。《后汉书·西羌传》说：西羌之本，……姜姓之别也。说明羌为姜之一种。实际上"羌"和"姜"本是一字，"羌"为族名，"姜"从女，作羌人女子之姓。傅斯年也认为："地望从人为羌字，女子从女为姜字。"（见傅斯年《姜原》，载《中研院历史语言研究所集刊》第二本）

上古时期的治水工程，实际上就是农业的开端，传说中的姜姓共工氏不仅是羌人中最早从事农业生产的部落，同时也是我国古代最早进行农业生产的部落之一。到了黄帝时代，姜姓部落联盟日益扩展，并大举向东发展。有名的"蚩尤"就是突出的代表人物之一，《路史》后记 4 说：阪泉氏蚩尤，姜姓炎帝之裔也。史书大量记载了蚩尤与黄帝、炎帝用兵的史实。例如，《史记·五帝本纪》云：蚩尤作乱，不用帝命，于是黄帝乃征师诸侯，与蚩尤战于涿鹿之野，遂擒杀蚩尤。《山海经·大荒北经》云：蚩尤作兵伐黄帝，黄帝乃命应龙攻之冀州之野。《庄子·盗跖篇》云：黄帝不能致德，与蚩尤战于涿鹿之野，流血百里。《帝王世纪》云：炎帝戮蚩尤于中冀。

由于黄帝、炎帝、蚩尤等部落之间长期征战，交往十分密切，他们逐步形成了主要活动于中原地区的华夏民族的前身。史书大量记载了尧、舜、禹与羌人的有关传说。例如《史记·六国年表》云：禹兴于西羌。《帝王世纪》云：伯禹夏后氏，姒姓也，生于石纽，……长于西羌，西羌夷（人）也。谯周《蜀本记》云：禹本汶山广柔县人也，生于石纽。考石纽的地理位置，《括地志》云：茂州汶川县石纽山在县西七十三里。《水经·沫水注》广柔县云：县有石纽乡，禹所生也。今夷人共营之，地方百里，不敢居牧，有罪逃野，捕之者不逼，能藏三年不为人得，则共原之，言大禹之神所佑也。据徐中舒认为，"夏王朝的主要部族是羌，根据由汉至晋五百年间长期流传的羌族传说，我们没有理由再说夏不是羌"（见所著《中国古代的父系家庭及其亲属称谓》载《四川大学学报》1980年第1期）。

　　羌人与商代的关系也十分密切。从现有甲骨文资料分析，当时的羌人可能分为两大部分，一为北羌，另一为马羌。还在商代初年，羌人与商王朝就有着密切的关系。《诗·商颂》云：昔有成汤，自彼氐羌，莫敢不来享，莫敢不来王。把羌人对商王朝的拥戴作为成汤伟大事业的标志，从而受到歌颂。《竹书纪年》载：成汤十九年，大旱，氐羌来滨。商王朝遭受严重的自然灾害，羌人不仅没有趁机进攻，而且还前来表示友好和慰问。后来"殷室中衰，诸夷皆叛"，方国与商王朝的关系才逐渐紧张。武丁时期的大量方国，后来都日趋衰败，只有羌方直到商末帝乙帝辛时期还依然存在。商代末年，商王朝向东南扩张，和西方羌人的关系有所缓和。在这个相对安定的环境里，羌人得以修身养性，也成就了与周人联盟的时机。

　　周人在商代和羌人一样，常常和商王朝发生争战。武丁时期的甲骨卜辞就有不少记录。后来周羌联盟，经过长时间的活动，广泛团结商王朝以外的各族力量，终于向商王朝发动全面进攻。周文王死后的第四年春天，据《史记·周本纪》记载：周武王："率兵车三万乘，虎贲三千人，甲士四万五千人，以东伐纣。"《后汉书·西羌传》载："及武王伐商，羌、髳率师会于牧野。"商王朝就是在周、羌等族人和中原人民的联合斗争中退出了历史舞台的。新兴的周王朝为了巩固自己的政局，只好继续周、羌联盟。宣王时期，王室力量有所恢复，为加强对东南地区的控制，把若干羌人分封在今河南、山东、安徽、湖北等中原地区，接受中原文化，他们与分布在甘青地区从事畜牧乃至狩猎活动的羌人形成了显著的差别，到春秋战国时期，入主中原的羌人大部分同化于华夏民族之中。

　　甘青以羌人为主要成分的诸戎，经历了数百年的时间大都被秦国所融合。未被融合的羌人也受到一定的影响。《后汉书·西羌传》记载："羌无弋爱剑者，秦厉公时为秦所执，以为奴隶。不知爱剑何戎之别也。后得亡归，而秦人追之急，藏于岩穴中得免。羌人云：'爱剑初藏穴中，秦人祝之，有景象如虎，为其蔽火，得以不死。既出，由与剠女相遇于野，遂成夫妇。女耻其状，披发覆面，羌人因以为俗，遂惧亡入三河间。'诸羌见爱剑焚而不死，怪其神，共畏事之，推以为豪。……爱剑教之田畜，遂见敬信，庐落种人，依之者日益众。羌人谓奴为无弋，以爱剑尝为奴隶，故因名之。其后世世为豪。"《后汉书·西羌传》又载："至爱剑曾孙忍时，秦献公初立，欲复穆公之迹，兵临渭首，灭狄原戎。忍季父卬畏秦之威，将其种人附落而南，出赐支河曲西数千里，与众羌绝远，不复交通。其后子孙分别各自为种，任随所之，或为牦牛种，越西羌是也。或为白马种，广汉羌是也；或为参狼种，武都羌是也。忍及弟午独留湟中，并多娶妻归，忍生九子为九种，午生十七子为十七种，羌之兴盛从此起矣。"

历史学界认为，现今岷江上游的羌族，是秦汉时期甘青高原南下在此定居的古羌人中的一支。《羌族史》作者认为："据文献记载，早在公元前4世纪末叶，在岷江上游两岸，已经有氐、羌人的存在。公元前310多年，秦惠王派张仪及司马错统一巴蜀后，在岷江上游东岸，从现在松潘经茂汶东部，绵阳及温江两地区西部，包括今灌县、彭县一带设湔氐道。秦末汉初，氐羌人在这里开垦土地，经营农业，从游牧渐而转向定居……公元前2世纪末叶，汉武帝积极开发西南地区，派遣司马相如对少数民族进行安抚，并一度设置郡县，这对于促进羌、汉人民之间的经济、文化交流，密切岷江上游地区和内地的联系都具有积极作用。"（见该书211页）

隋唐时期，这一带的农业已经进入犁耕阶段，社会生产力有较大提高。唐代吐蕃势力强盛，逐渐向东发展至岷江上游成为唐与吐蕃两种势力争夺的场所。唐在羌族的核心地区设立茂州都督府，下属10个羁縻州，管辖今阿坝藏族羌族自治州的大渡河以东、松潘以南一带地方。以羌族部落首领为州刺史，统治其原有部落，实行世袭制，对唐朝有朝贡及出兵助战等义务。后来这10个羁縻州有9个改为正州，成为有编户的州县，由唐直接统治，一般仍以羌族为刺史。宋代沿袭唐的羁縻州制度，仍在岷江上游广设州、县。元代在设州、县的同时，还设置了一些军民千户所，流官和土官并用。《茂州志》记载，明清时茂州的土司中，坤姓岳希长官司、董姓静州长官司、温姓牟托土巡检和岳姓大姓土百户等的祖先，都是早在唐代就已经受封。从18世纪到19世纪末，羌族地区的改土归流已基本完成。

清末民初，太平天国、辛亥革命等运动对羌族地区有很大的影响，羌族人民自发反对帝国主义和封建统治的斗争此起彼伏。1935年，红军经过羌族地区解放了处在水深火热中的广大羌族人民。同年5月，在中国共产党的领导下，在红军的支持下，羌族地区建立了县、区、乡各级苏维埃政权，开展了翻天覆地的打土豪、分田地的土地革命运动。羌族地区各级苏维埃政府成立以后，一方面大力开展群众性的支前工作，组成了运输队、筑路队、担架队，筹办和运送军粮、军衣，修筑道路，护送和安置伤员，保证了红军的胜利进军；另一方面，羌族青年踊跃参加红军，出现了父母送儿子、妻子送丈夫的动人场面。据不完全统计，当时羌族儿女参加红军的有近千人。红军在羌族地区得到了补充和扩大，这是羌族人民在中国革命紧急关头所作出的巨大贡献。后来许多羌族人民的优秀儿女，在长征中，在抗日争战和解放争战中，浴血奋战，大多光荣牺牲在战场上，他们为中华民族的解放事业，立下了不可磨灭的功勋。

第二节 羌族的社会经济和风俗习惯

一、自然环境及资源

现今的羌族分布在青藏高原东部边缘，境内峰峦重叠，河流纵横。岷山支脉九顶山、鹧鸪山横贯境内，九顶山海拔4200米，山顶终年积雪，岷江及其支流黑水河、杂谷河贯穿境内。这里气候温和，雨量适度。由于地形不同，气候差异十分明显，河谷地带一般海拔在1300—1400米之间，初春季节，两岸百花盛开，而海拔2000米以上的山区，却经常是白雪纷飞的寒冷天气。在半山区有许多缓坡和草坪，是天然的牧场。远山有茂密的森林，区内森林覆盖率达23%左右，海拔3000米以上为针叶林带，主要树种为冷杉和云杉，3000米以下为针阔叶混交林带，除了冷杉和云杉外，还有桦木、铁杉、椴木和漆树，木材资源非常丰富。境内平均降雨量为500毫米，大都集中在夏秋两季。年平均气温为摄氏十一度左右。大多数地区为腐质土，土壤松软、肥沃，宜于农作物和林木的生长。粮食作物以玉米为主，还有青稞、小麦、荞子、马铃薯等，经济作物有麻、烟叶、核桃、花椒、苹果、茶叶等，这里盛产虫草、贝母、天麻、鹿茸、麝香、熊胆等名贵药材。在深山密林中，生活有熊猫、飞狐、金丝猴等国家珍稀保护动物。矿藏有铁、煤、水晶、云母、石膏等。境内高山湖泊纵横交错，著名的叠溪海子不仅风景如画，而且对川西粮仓和成都平原起着供水和蓄水的作用。

二、社会经济

新中国成立前的羌族社会，封建地主经济占统治地位。占总户数8%左右的地主、富农，占有全社会43%左右的耕地。而占43%左右的贫、雇农，仅占16%的土地。地主、富农占有的土地都是肥沃的良田，而贫雇农占有的大都是贫瘠的土地。地主有大量牲畜，而贫农每户平均不到半头。地主还仗势霸占公有的森林、牧场和沟渠，成为剥削广大劳动人民的手段。再加上生产技术落后，生产工具缺乏，有些地区还处在刀耕火种的原始状态，地租剥削以实物地租为主，剥削率高达50%—70%，少数地区还残余着劳役地租。此外高利贷的盘剥，苛捐杂税成倍的增长，使广大劳动人民处在水深火热之中。当时，贫苦农民一般仅有半年粮食，其余时间只好找野菜充饥，或外出当佣工、背背子糊口，生活十分悲惨。反动统治阶级还强迫羌人种植鸦片，烟田面积逐年扩大，严重破坏了羌族社会的农业生产，更摧残了羌族人民的身心健康。

中华人民共和国的成立，标志着我国民族关系发生了根本性的变化，开创了各民族平等团结、友爱合作、共同繁荣的新时代。羌族地区于1950年获得解放。通过清匪反霸、铲除烟毒和土地改革，彻底清除了旧社会的种种余毒，解放了生产力。羌族地区的各项事业蓬勃发展。过去农业十分落后，现在一方面实行科学种田，推广先进的农业技术，另一方面大力兴修水利，大搞自动喷灌。国家增加了对农业的投入，建设了大量旱涝保收的梯田。与此同时，农业机械化步伐大大加快，解放了部分重体力劳动，大大改变了农业的落后面貌。主要农作物玉米从过去的年产量仅一百来斤，现在亩产超千斤。过去小麦亩产不足百斤，现在可达七八百斤，粮食总产量比解放初期翻了好几番，不仅自给有余，还为国家提供了大量的商品粮。现在的羌族农村，村村有储备，家家有余粮，不仅实现了温饱，而且正在向小康水平迈进。

过去羌族地区基本上没有工业，交通运输也十分落后。如今，古老的羌区出现了崭新的厂房，民族地方工业正在蓬勃发展，农机修造厂、木材加工厂、地毯厂、皮革厂、粮油加工厂、五金厂、服装厂等一批中小型企业拔地而起，工业总产值在地区工农业总产值中已经占到35%左右。羌族地区过去根本没有电，但这里蕴藏着丰富的水力资源，岷江及其支流落差大、水流急，为发展水电事业提供了得天独厚的有利条件。从1958年第一座小水电建成以来，已经有100多座中小水电站在这里建成，羌族地区已经完全结束了过去照明靠烧松明的时代，现在家家都用上了电灯。水电事业的发展还为工农业生产的发展插上了翅膀，广大农村的脱粒、磨面，农副产品的加工等已经完全摆脱了过去的手工劳作。由于羌族地区群山交错，沟谷纵横，因此交通十分不便，从内地到羌族地区仅有一条古栈道可通，羌族地区各县、区、乡、村之间，全都是羊肠小道，江河之上除了几座竹索吊桥外，主要靠溜索过河。现在公路四通八达，几乎乡乡通了公路，村村通了机耕道。岷江上已经建成十多座钢筋水泥公路大桥，100多座钢索吊桥。交通事业的发展，带动了运输事业的发展，大批工农业生产物资从内地源源不断地运进羌族地区，满足了广大羌族人民日益增长的物质生活需要，本地的木材及农林牧副土特产不断地运往内地。交通条件的改善，大大促进了邮电事业的发展，过去这里通邮靠人背马驮，现在县、乡一般由汽车运送邮件，乡村以下则用自行车代步。电话也从无到有，不仅县、区、乡和行政村都通了电话，许多农村家庭也都装上了电话。与此同时，广播、电视、卫生等各项文教事业都相应地得到了飞速的发展，羌族地区社会完全改变了过去穷困落后的面貌，正在向社会主义新农村迈进。

三、风俗习惯

1. 建筑及居住

传统的羌族住房，是用不规则的石块砌成，高十多米，十分坚固，外形为方形或长方形，远看类似碉堡，故俗称碉楼。碉楼一般为两三层，上层堆放粮食，中层住人，下层圈养牛羊及其他牲畜，每层之间用独木梯上下，稍讲究一点的房子用板楼梯。房顶为平台，可以用来晒粮食、衣服，其也是人们常常休息娱乐的场所。房屋一般建造在山坡或高山上，数家、数十家乃至百多家毗邻连接。房屋有立柱、大梁、椽子，上加油竹或树枝，再覆盖胶泥。一般不设窗户，仅在墙上留一小孔，约一寸宽，半尺多长，利于防寒、防盗，但不利于采光和空气流通。在碉楼中层的中央，以石板砌成两米左右见方的火塘，用于取暖和做饭，火塘中央置铁三角或放三块石头，用于放锅。火塘里的火种长久保存不灭，有"万年火"之称。

羌人为了自卫，在村寨中间或村子周围建有"邛笼"，高数十丈，形似工厂的烟囱。它用不规则的乱石砌成，壁面平整，有四角、六角、八角等形制，棱角凸出，结构匀称，十分坚固，有的经数次地震而不倒。内分数层，每层铺有木板，用独木梯上下。每层墙壁四周留有宽半寸、高一尺左右的小孔，用于采光、透气和观察周围动静。这种古建筑早在汉代就有记载，《后汉书·南蛮西南夷传》论述分布在川西北"冉（駹）夷"的风俗习惯时，有这样一段记载："众皆依山居止，垒石为室，高者至十余丈为邛笼。"后来，有关邛笼的记载，绵延不断。史学界认为，现今岷江上游的羌族，与历史上的冉駹关系最为密切，所以，羌人的这种高超的建筑艺术有着悠久的历史，是值得大书特书的。

2. 婚姻和家庭

羌族的家庭基本上是一夫一妻制的父系家长制的小家庭，由于羌族妇女在生产劳动中居重要地位，以及母权制的残余影响，她们在家庭中也有相当大的权力。过去婚姻讲究门当户对，一般由父母包办，还必须得到母亲的同意。姑表舅有可优先定亲的权力，有指腹为婚的习惯。兄死弟娶寡嫂，弟丧兄纳弟媳，目的是不让财产落入外姓手里。男女双方一般年龄相当，但往往女大于男，有的年龄悬殊很大，往往是转房造成的，即幼弟娶老寡嫂，或兄老纳幼弟媳。男子到女家入赘较普遍，主要原因是交不起彩礼，同时也与母权制有关。订婚和结婚的礼仪十分繁复，除了彩礼外，宴请亲朋好友的花费也十分可观，往往穷人是娶不起亲的。

3. 信仰

过去，羌族还处在万物有灵和祖先崇拜的信仰阶段，羊神、牛神、山神、树神、火神、水神等，皆为崇拜之列，尤其是白石神，羌人称之为 tshymbo ʁluphi "峨洛比"，视为诸神之首。在羌族村寨里，各家的房顶、屋角、门窗、塔上以及田边地角，都供奉有白色的石英石。羌人把白石神视为天神的化身，供奉它可以避邪，保佑人畜平安。大年初一，拿白石进屋，象征招财进宝。节日串亲戚，送一块白石，喊"财来了！"并供奉在主人家的神龛内，象征送吉利和财宝。打猎时，供奉白石神，以祈求狩猎顺利。

羌族有不脱离生产的信仰活动者端公，羌语称 xlyn "赫律"或 tshymbo ɬy "许"，也是羌族中最有知识的人，他们会唱史诗，会讲民间故事，在村寨中颇受社会尊敬。他们中有的还懂得一些医药知识，会就地用一些中草药为群众治病。端公为一代一代由师传授，在羌族村寨里，凡属与生产、生活相关的一些祭祀活动，诸如祭山、还愿、驱鬼、招魂、安葬、婚娶，都必须由端公主持，宴客时，端公要坐上席，饮杂酒时，先要由端公说一些吉利话，并由他开坛先饮，他们在羌族社会里往往是较有社会地位的人。

在黑水及茂县北部使用羌语北部方言的居民中，除了信奉端公的多神教外，还受藏族喇嘛教的影响，信奉喇嘛教，并建有大小不等的喇嘛寺。一般茂县北部赤不苏一带的喇嘛寺较小，黑水县麻窝、扎窝等地的喇嘛寺规模较大。

4. 丧葬

过去，羌族盛行火葬，每个家族都有自己的火葬场。火葬场周围有石砌的围圈，多数有碑记载家族的姓氏以及设立火葬场的时间。此外还有土葬和岩葬。选择什么葬法，没有十分明确的规定，一般老年人死了要火葬，凶死或传染病死则必须火葬，但不能进火葬场。有时也因地区而异，黑水、赤不苏等地区实行火葬较多，50岁以下的实行土葬较多，婴儿死了则实行岩葬。老人病死，被认为是寿终正寝，往往举行火葬。火葬前用棺殓尸身，停尸两三天，请端公诵经，然后抬棺木至本姓的火葬场。火葬场设有一座可移动的小木屋，屋内供有本姓历代祖先的牌位，火葬时将小木屋移开，而将棺木放在小木屋的位置，四周堆放干柴连棺木一起焚烧。这时死者亲属则围坐号哭，并唱丧歌，跳丧舞，喝丧酒，以表示与死者永别。火灭后，取死者骨灰埋入地下，或封存于崖穴之中。

羌族的土葬是近百年才开始盛行的，往往是受汉族的影响，葬法也基本上与汉族相同。所不同的是死者入殓以后，要由长者在遗体前杀一只羊，为死者引路。棺木埋入地下后，用泥土和石头垒成坟头以后，在上面盖5—7块石板。至于婴儿死亡，也有用水葬的。将婴儿尸体装入木箱或竹笼，丢进河中被水冲走。

四、文化艺术

在历史发展的长河中，羌族人民创造了丰富多彩的文化艺术。它包括情节生动的民间故事，优美动听的羌族民歌，悠扬婉转的羌笛，倾诉衷肠的口弦，技艺精湛的挑花刺绣等。这些绚丽多姿而又具有民族特色的文化艺术形式，为祖国文化宝库增添了光彩。

1. 民间文学

羌族过去没有文字，丰富的民间口头文学完全依靠世世代代口传而得以保存至今。内容丰富，体裁多样，有神话、传说、寓言、故事、童话、谚语、歌谣等。其中《开天辟地》《山沟和平坝的形成》《造人类》等神话都是描绘人类起源、与自然界作斗争的故事；《斗安珠和木姐珠》《青蛙花》《一朵花》等神话是反映男女纯洁爱情和争取婚姻自由的故事；《羌戈大战》《黑虎将军》《黄麻寨王特》等则是一些著名的历史故事；更多的是记录羌族人民反抗黑暗统治、进行艰苦卓绝斗争的故事，如《撂官岩》《太子坟》《比黄连还苦的药夫子》《羌山怒火》《打井工的遭遇》，等等。

羌族特别喜爱唱民歌，男女老少几乎都会唱，唱歌已经成为羌族人民生产和生活中不可缺少的内容。他们不论在劳动生产、节日聚会、婚丧嫁娶，都要唱歌。他们通过唱歌来抒发自己的情感，青年男女更是把唱歌作为社交活动的一种重要方式。羌族的民歌内容丰富，语言生动，比喻贴切。歌词大多是四言或七言为一句，有的触景生情，即兴自编自唱，给人以强烈的感染力。民歌根据内容可以分为山歌、情歌、酒歌、丧歌、颂歌、苦歌，等等，各具其独特的风格和特点。尤其是劳动山歌最多，如耕地歌、割麦歌、打场歌、薅草歌、撕玉米歌、摘花椒歌、背肥歌等，他们边劳动，边唱歌，用歌声来激发劳动热情，用歌声来驱除疲劳。

2. 舞蹈和乐器

羌族是一个能歌善舞的民族，舞蹈的形式有许多种，一般以脚的动作为主。常见的舞蹈有"跳沙朗""跳盔甲""跳皮鼓""兰干寿"等。其中以"跳沙朗"最为流行，相伴的舞曲也最多，主要分两大类：喜庆沙朗和忧事沙朗。两者的伴乐和舞蹈在形式和内容上都有着迥然不同的风格，前者节奏明快，气氛热烈；后者动作缓慢，婉转悲伤。

羌族的民间乐器中最具特色和著名的要算羌笛，此外常用的乐器还有小锣、手铃、唢呐、皮鼓、月琴、胡琴和口弦等。羌笛是一种古老的乐器，相传早在秦汉时期就已经在西北高原的古羌人中流传，在西汉时期的羌笛只有3—4个按孔，流传到目前羌族地区的羌笛是6声阶的双管竖笛。管身用岷江上游高山特产的油竹制成，长约20公分，犹如两根粗细相等的筷子，用丝线捆绑在一起，竹簧插于管头，竖吹。演奏时一般为独奏，音色柔和、悠扬而婉转。口弦也是羌族人民特别是妇女喜爱的乐器，青年男女往往用口弦传递爱情。小伙子为了向姑娘表达自己的爱，往往制作一个小巧精致的口弦送给对方，作为爱的信物。弹奏时将口弦置于上下唇之间，拉动口弦一头的麻线，以口腔作为共鸣器，可以弹奏出优美动听的曲调。

3. 挑花和刺绣

挑花和刺绣是羌族的民间传统手工艺形式，这种工艺为羌族妇女所擅长。往往七八岁的小姑娘就开始学习，到十多岁就已经能比较熟练地绣出许多美丽的图案。她们在挑、绣时，不打样，不画线，仅以五色丝线或棉线，加上训练有素的娴熟技巧，就能信手挑绣成绚丽多彩的各种几何图案。她们的针法除了挑花外，还有纤花、纳花、链子扣、和平绣等多种方式。挑花精美细致；纤花、纳花明快大方，立体感强；链子扣则粗犷豪放。挑绣的题材大都是自然景物，如花鸟鱼虫、飞禽走兽，并镶有几何图案的花边，而这些图案和花纹，往往装饰在她们的头帕、衣襟、领口和袖口围腰及腰带、鞋袜等地方，美化着她们的生活。这种内容丰富、色彩艳丽、工艺精湛的挑绣技艺，不仅显示了羌族劳动妇女的聪明才智，而且在我国工艺美术史上也占有一定的地位。

第三节 语言和文字

一、语言

1. 羌语的分布及使用人口

羌语为四川省阿坝藏族羌族自治州境内的羌族使用的语言，自治州境内黑水县的大多数藏族也使用羌语。四川省绵阳市的北川县有5万多羌族，甘孜藏族自治州的丹巴县也有少数羌族分布，但这些地区的羌族大都不使用羌语而改用汉语。凡使用羌语者自称都一致，黑水和茂县北部自称rma"尔玛"（黑水、茂县北部地区）tshymbo ẓma"日玛"（茂县南部、汶川和松潘地区）hma"赫玛"（理县北部地区）ma"玛"（理县龙溪地区）。这些语音上的差异，都是同一名称的方音变体。

羌族总人口有31万左右（2010年），民族人口和语言使用人口不一致，主要表现在以下几个方面：

（1）约有45%的羌族已经失去母语而转用汉语。这部分人主要分布在北川县的绝大部分地区，丹巴县的羌族地区，汶川、理县的公路两侧和茂县的土门、凤仪地区。

（2）分布在黑水县大部分地区的5万左右藏族不使用藏语而使用羌语。

现将使用羌语的民族、人口、分布情况列表如下：

县	民族	人口（1990）	操羌语者	占本县羌族或藏族比例（%）
茂县	羌	89000	72000	80.9
理县	羌	16000	9700	60.6
汶川	羌	29000	18000	62.1
松潘	羌	2300	1700	73.9
北川	羌	48000	100	0.02
丹巴	羌	1200	0	0
黑水	藏	58000	49600	85.5

从上表可以看出，黑水县的大部分藏族使用羌语，占藏族总数的85.5%。其余14.5%的藏族中，有10%左右使用藏语，4%左右使用嘉戎语。黑水县使用羌语的藏族，大多数为单语人，据1990年实地抽样，其

中懂汉语的仅占 3.6%，略懂汉语的约占 33%，懂藏语的一般仅限于宗教活动者和少数与使用藏语的藏族有接触的人。

2. 羌语的方言土语

羌语内部差异较大，根据《羌语简志·方言》部分介绍，羌语可以分为南部和北部两个方言，每个方言各分 5 个土语。但实际上羌语北部方言内部比南部方言差异小，北部方言内部土语之间基本可以用羌语通话，而南部方言内部用羌语通话就有困难，甚至南部方言一些土语内部用羌语通话都会有困难。因此，笔者认为南部方言至少可以划 7 个土语。下面将羌语方言土语的分布和使用人口的情况大体列表如下：

方言	土语	分 布 地 区	使用人口
南部方言	大岐山	理县的薛城、上孟、下孟、兴龙、甘堡、列列、九子、木卡、朴头、蒲溪等	7400
南部方言	桃坪	理县的桃坪、佳山、甘溪、三叉、曾头、牛山、西商、通化、古城等	4900
南部方言	龙溪	汶川县的龙溪、布兰、巴夺、下庄、木上等	3300
南部方言	绵篪	汶川县除了龙溪土语的其他地区	15700
南部方言	沟口—渭门	茂县的黑虎、苏加坪、飞虹、沟口、渭门、椒园坪等	16000
南部方言	三龙	茂县的凤仪、三龙、沙坝、回龙、白溪、洼底、雅珠寨等	15000
南部方言	镇江关	茂县的较场、石大关、太平、松坪沟等地和松潘县镇江关的西侧地区以及北川县的个别地区	19000
北部方言	雅都	茂县的赤不苏、雅都、曲谷、维城以及黑水县的瓦钵梁子、色尔古等	23000
北部方言	维古	黑水县的维古、木苏、龙坝、洛多、石碉楼等	11000
北部方言	麻窝	黑水县麻窝、扎窝、双溜索、西尔、红岩、俄恩等	12000
北部方言	茨木林	黑水县的茨木林、格窝、乌木树、热窝、晴朗沟等	9800
北部方言	芦花	黑水县的芦花、沙石多、羊茸、泽盖、二古鲁、卓格都等	14000

羌语方言土语的划分有待进一步论证，这方面的详细资料请参阅即将出版的《羌语方言研究》。在羌语方言土语的代表点的选择方面，过去南部方言一般选"桃坪"为代表点，北部方言一般选"麻窝"为代表点。

我们50年代在黑水县调查，黑水县的干部群众一致认为麻窝话在北部方言中最标准，大家都容易听懂，因此50年代对麻窝的调查研究比别的点花的力气要大。但从整个羌语分布情况来看，大家一般认为北部方言中最大的土语——雅都话的曲谷最有代表性，因此，羌族拼音文字是以曲谷话为标准音点。关于这个问题，将在文字一节作详细说明。

3. 羌语的特点

羌语在汉藏语系藏缅语族中是一个比较保守的语言。下面拟从语音、语法、词汇三个方面简要介绍羌语的特点：

（1）语音。羌语有复杂的辅音系统和声母系统。这个辅音系统可以非常清楚地发现是由于原始藏缅语复辅音系统逐渐简化后所产生的。例如，羌语有4套塞擦音，这4套塞擦音产生的时间层次有先有后，一般来说，最先产生的是舌尖前部位的塞擦音，其次产生的是舌面前部位的塞擦音，再其后才产生卷舌塞擦音和舌叶塞擦音。又如，羌语有较丰富的复辅音，但方言中复辅音的多少已经产生了悬殊的差别，有的地区，复辅音有70多个，有的地区有50多个，北部方言一般在40个以上。但南部方言里复辅音明显已经减少，多的20多个，少的三四个，个别地区复辅音已经完全消失。复辅音在方言中从多到少，有一个明显的演变趋势。主要表现为，复辅音的减少促使了单辅音的分化；促使了介音和声调的产生和发展，等等。

羌语有复杂的元音系统和韵母系统。北部方言里的单元音多的有30多个。其中包括一般元音、长短元音、鼻化元音、卷舌元音、长卷舌元音，等等。羌语还有［i］、［u］、［y］的介音系统。羌语除了送气辅音不作韵尾外，几乎所有的辅音和复辅音都可以放在音节末尾。由于上面说的三个原因，羌语中的韵母可以多达400多个。但是当我们仔细研究了羌语辅音韵尾的来源以后，可以发现，这些可以放在音节末尾的辅音或复辅音，几乎绝大部分都是有意义的语素，有的是自由语素，有的是黏着语素，它们中的大部分本来都是独立的音节，往往是因为出现在语流变化的弱化音节中，使该音节的元音脱落，有的甚至整个音节完全变形，黏附到前一音节的末尾所造成的。而复杂的元音系统则是由于复辅音后置辅音和原始藏缅语部分韵尾的历史演变，对主要元音的影响所造成的。

羌语是一个有声调但并不发达的语言。总体来说，北部方言还没有严格的声调对立，但轻重音却有区别词义的作用。南部方言有声调在不同的地区声调的多少、声调在语言中的作用大小不一。可以明显看出，声调是一种后起的语音现象。它的产生和发展是一个十分复杂的过程，关于这个问题，我们曾经作过专题研究，请参阅本书第二章语音部分的专题研究部分的有关声调问题一节。

(2) 语法。羌语是一种形态比较丰富的语言，形态是表达语法意义的主要手段。虚词和语序也是表达语法意义的辅助手段。形态分黏附形态和屈折形态两类，黏附形态又分前缀、重前缀、后缀、重后缀等；屈折形态分辅音屈折、元音屈折和声调屈折等。羌语中的一些重要语法范畴是用这些形态手段表达的。例如：

代词的格范畴。羌语人称代词、疑问代词、泛指代词有格语法范畴，格范畴在方言中的表现有明显差异，一般南部方言的格范畴使用十分严格，而北部方言则使用不明显，但保留了格语法范畴的遗迹。羌语人称代词的格是用代词的元音或辅音屈折变化的方式表达的。详情请参阅本书语法专题研究的代词的格一节。

谓词的人称、数、时态范畴。羌语中由于动词和形容词的语法特点一致，而将这两个词类合并，统称谓词。谓词有人称、数和时态语法范畴，其中人称分第一、第二、第三3个人称，数分单数和多数，时态分现在、将来和过去3个时态。分别用谓词词根加黏附性前后缀和词根的屈折变化等方式综合表达。《羌语简志》较详细地介绍了南部方言桃坪话谓词的人称特点，本书将着重介绍北部方言代表点麻窝话谓词的人称特点，读者可以通过比较，看出它们之间的异同。

谓词的趋向范畴。羌语谓词有趋向范畴，构成趋向范畴是根据谓词所表达的不同语法意义，在谓词前加不同的前缀表示。而趋向前缀在羌语中一般可以分为4组，每组又各一分为二。如垂直的向上和向下；水源的上游和下游；山势的向里和向外；平地的向心和离心等，都用不同的前缀表达。特别是这套前缀与时态、式等语法范畴的表达方式有交叉，使这套前缀形式构成了羌语谓词的一套十分复杂的语法系统。

此外，谓词还有式范畴，包括祈使、命令等；有态范畴，包括自动、使动、互动等；还有类别范畴，等等。

羌语语法体系中，除了用形态表示语法意义外，还用助词表达语法意义，特别用结构助词表示句子成分之间的结构关系。羌语结构助词比较丰富，有领属、施动、受动、工具、处所、从由、比较、定指等许多类，但这些结构助词在数量多少、使用特点、相互关系等方面，各地都存在一定的差别，这些差别往往成为划分方言土语的主要依据之一。

(3) 词汇。羌语词汇大体由固有词和借词两部分组成。固有词中，有一批原始藏缅语遗存下来的古词，这些词是羌语词汇的核心，它们中多数与同语族的其他语言有明显起源上的共同性。羌语有一批反映自身特点的词汇，它们大都由古词或核心词用派生或合成的方式构成。羌语中构成新词主要有派生和合成两种方式。派生法构词在羌语中是十分能产的构词方式，羌语中有丰富的构词前缀和后缀，这些前缀和后缀都很能产，构成了羌语中丰富的派生词。合成方式也是羌语中构成新词的主要方式之一。有并列、偏正、支配、表述等合成方式，这四种方式中，以并列式和偏正式最能产。羌语中还有拟声构词的现象，但总体来说构成的词比派生及合成两种方式构成的词少。

从其他邻近民族语中吸收借词，也是羌语丰富语言词汇的重要途径之一。羌语中的借词主要来源于汉语和藏语，有少数嘉戎语借词，但仅限于北部方言的个别地区。吸收外来语丰富羌语词汇在不同的方言中有明显的差异。一般来说，南部方言由于长期与汉语区接触，方言中汉语借词的比例一般在20%—30%，个别地区有超过30%的。南部方言一般较少有藏语借词，比例一般不到1%。北部方言则不同，北部方言中的汉语借词一般在15%左右，但藏语借词却占词汇总数的7%—10%。但总体来说，北部方言中的外来词比例较南部方言小。

4. 羌语的谱系分类

经研究，羌语属汉藏语系藏缅语族羌语支。在同语支中，有仍在使用的普米语、嘉戎语、木雅语、贵琼语、扎巴语、史兴语、尔苏语、尔龚语、纳木义语、却隅语和拉坞戎语，也有已经消亡的文献语言西夏语。羌语支的建立始于20世纪60年代，开始并没有得到学术界的公认，直到80年代中期，有关这方面的论证越来越充分，特别是在70年代末80年代初，在川西民族走廊地区新发现了一批羌语支语言，这才引起国际国内学术界的注意和重视。下面拟以图表方式，简要说明羌语在我国藏缅语族以及羌语支中的地位。

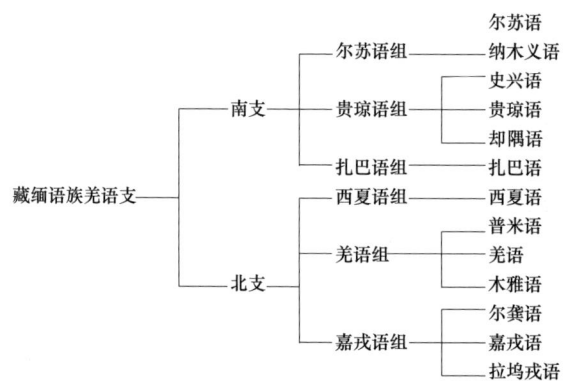

从上图可以清楚地看到，羌语属羌语支中的北支。这是因为它们之间的同源词要多于南支；语音特点也比较接近，如都有较丰富的复辅音，声

调的作用比南支小；语法上形态比南支丰富，原始羌语支的共同语法范畴在北支保留得比较完整，等等。

二、文字

羌族本无文字，中华人民共和国成立后，羌族人民提出了创制文字的要求。1956 年，国家组织中国少数民族语言大规模调查时，当时的中国少数民族语言调查第七工作队川北组组织了对羌语的试点调查和普遍调查，并在调查的基础上提出了划分方言的意见，为羌族创制文字打下了坚实的基础。1958 年，四川省黑水县提出了训练小学老师学习羌语，以提高教学质量的要求。根据州领导的指示，当时的第七工作队川北组羌语调查小组和四川省阿坝州民族语文研究室共同设计了以麻窝话为标准音点的羌语拼音方案，并在此基础上编写了课本。

1958 年暑假，笔者自始至终地参加了黑水县羌语的教学工作。从总体来看，教学的效果应该说是好的，受到了广大学员的欢迎。据后来了解到，这些老师初步学会了羌语以后，在黑水县的教学工作中用羌语辅助教学，发挥了很好的作用。这就证明客观实际对文字是有迫切需要的，它是可以在文化教育中发挥积极作用的，当然这仅仅是一个侧面。但是，1958 年以后，刮起了一股否定民族语文工作，排斥民族文字，提出直接学汉语文的错误风气。羌文的创制工作被迫停止。

十一届三中全会以后，实事求是的思想路线得到了贯彻，羌族重新提出了创制文字的要求。1988 年，四川省阿坝藏族羌族自治州人民政府正式提出为羌族创造文字的报告。同年，四川省民族事务委员会向省政府提出了创制羌文的报告，经省政府同意后，1989 年夏由四川省民委牵头，正式成立了四川省羌族拼音文字方案创制领导小组，并紧张地开展了以下几项工作：

1. 选点。羌语方言土语差别较大，南部方言内部差别大于北部方言，如果依照 50 年代在北部方言中心地带选点，势必影响南部方言群众的使用，因此从代表性和广泛性两个角度考虑，最后决定以北部方言为基础方言，并以北部方言中最接近南部方言而且是最大的一个土语雅都土语的曲谷话为标准音点。这一意见不仅得到了广大羌族干部和群众的拥护和欢迎，而且也得到了黑水县使用羌语的藏族民众的欢迎。

2. 深入调查研究。选点工作基本结束以后，对点上的情况在 50 年代调查资料的基础上，进行了进一步的深入调查。大量补充收集了词汇，确定了语音系统，补充记录了语法，特别关注了语法形态变化中出现的新的音位。与此同时，培训了一批热爱民族语文工作的本民族学者参加工作，建立了一支热爱羌语文工作的骨干力量。

3. 设计文字方案。羌语的语音系统确定以后，根据这个系统设计了羌族拼音文字方案。在设计思想方面，大体贯彻了"简明易学，准确科学"的八字方针，在具体做法上，则充分贯彻百花齐放、百家争鸣的原则，听取本民族各方面人士和学术界各方面专家学者的意见，集思广益，反复协商，反复讨论，经过多次修改，最终形成拉丁字母形式的羌族拼音文字方案。其中包括 40 个单辅音和 8 个单元音。复辅音声母、其他韵母均出现在附录之中。

4. 编写课本和进行试点。方案基本确定以后，随即编写出扫盲课本和小学一年级的试教课本，还编写了《汉、羌文对照词汇手册》，在标准音点地区进行试教学，以检验拼音文字方案的可行性。1990 年 9 月，有 12 名学员参加试点学习，其中包括 4 名文盲。经过一个月共 50 个学时的教学，具有汉语文小学以上程度的 8 名学员考试成绩最高 93 分，最低 73 分。4 名文盲书写有困难，但口试能够拼读。通过初步试点证明方案是基本可行的。11 月，领导小组在成都召开了羌族拼音文字方案审定会，经过两天讨论，一致通过了这个方案，并决定扩大试点。1991 年 1 月到 2 月，在阿坝师专、茂县城关、茂县曲谷三地举办了四个教学班进行实验教学，来自各方言土语区的 137 名学员参加了学习，经过 180 个学时的课堂教学和练习，平均成绩 85.6 分，95% 以上的学员能力达到了合格要求。

5. 通过专家鉴定。通过两次试点，证明方案是科学的，可行的。1991 年 3 月，创制领导小组认真总结了实验教学的经验，对方案进行了必要的修订，并于 5 月 16 日正式报四川省人民政府批准。同年 10 月，省府批准了这个方案，并经国家民委审查。1993 年 1 月，国家民委函请中国社会科学院民族研究所组织有关专家对羌族拼音文字方案进行学术鉴定。1993 年 3 月，有民族研究所、国家语委、中央民族学院、中国藏学研究中心、中国人民大学、四川省民语委等单位的 17 位专家对方案进行了认真的鉴定，得出了一致的意见："羌族拼音文字方案设计采用 26 个拉丁字母，与汉语相同的音采用相同的字母表示，羌语特有的音采用双字母表示，设计合理，能够科学、系统地反映羌语特点，是一个好方案，在试点中得到羌族各界的肯定，证明是可行的。"

近几年来，羌文的创制和试点推行，取得了明显的成效，主要表现在以下几个方面：

（1）落实了党的民族语文政策，使羌族多年来要求创制文字的愿望得到了满足。正如一位羌族干部说的："羌文的诞生实现了我们羌族人民要求使用自己语言文字的长期愿望和追求，增强了羌民族在中华民族大家庭中的平等感和温暖感，更加增强了民族自尊心、自信心，进一步激发了热爱党、热爱社会主义祖国的激情……"

（2）由于羌文拼写的是他们本民族语言，所以非常好学，群众学习的积极性高涨。在标准音点试教的时候，很快扫除了一批文盲，特别是扫除了一批过去用汉文扫不掉的老文盲。由于有了羌文，开办了羌语广播，可迅速传递各种信息，促进了羌族地区经济和文化的发展。在学校儿童双语教学试点的过程中，老师们反映，儿童接收羌语比接收汉语快，掌握了羌文再学习汉语比直接学汉文快，羌文对开发儿童智力，提高儿童的学习积极性大有好处，对羌族地区小学的入学率、合格率、巩固率也有很大帮助。

（3）羌文的诞生促进了羌族传统优秀文化典籍的挖掘和整理。羌族是一个有着悠久历史的民族，民间保存了大量口头文学。由于羌语语音比较复杂，过去用汉文记录羌语，往往不是记错就是记走了样。有了羌文以后，各地各族文化工作者积极学习羌文，并用它记录了大量故事、传说、唱词等各种各样的文学作品，羌汉对照的《羌族释比经典》已完成100多万字的整理和翻译。羌文对于活跃羌族地区的文化生活也起到了较好的作用，人们自发地用羌文进行诗词、歌曲等文学作品的创作和演唱。

（4）有利于科普知识的传播和应用，拓宽了山区农民的致富之路。羌族杂散居区一般都通双语，但聚居区仍有不少人不懂汉语或汉语说得不好。1994年在茂县曲谷乡结合扫盲开展了科普知识的宣传和培训，用羌文油印了良种蔬菜等的栽培技术，使河西、河坝等村的农民接受并推广，当年获得成功，大幅度增加了农民的收入，有的农户仅此一项就增加收入数万元。

（5）培养了一批羌汉双语双文兼通的教师和干部，为羌族地区今后的教学、翻译、出版、文艺创作、广播、电影译配等文化事业的发展铺平了道路。自1993年以来，除了在羌族地区开展试点扫盲，已经有1300多人扫除文盲外，还举办了两期羌文师资骨干培训班，来自农村、学校、机关的80多名懂汉文的羌族知识分子通过两个月的培训，掌握了羌文。阿坝师专、威州民族师范学校羌文班的70多名大中专毕业生已经陆续走上工作岗位。与此同时，在羌文创制和试点等工作中，训练和培养了一批既懂民族语文政策，又熟悉并热爱本民族语文事业的业务骨干力量。

本章参考文献

国家民委民族问题五种丛书编委会编：《中国少数民族·羌族》，人民出版社 1981 年版。

中国社会科学院民族研究所、国家民族事务委员会文化宣传司主编：《中国少数民族语言使用情况》，中国藏学出版社 1994 年版。

茂汶羌族自治县概况编写组：《茂汶羌族自治县概况》，四川民族出版社 1985 年版。

李明主编，林忠亮、王康编著：《羌族文学史》，四川民族出版社 1994 年版。

李绍明：《李绍明民族学文选》，成都出版社 1995 年版。

蒙默：《南方民族史论集》，四川民族出版社 1993 年版。

冉光荣、李绍明、周锡银：《羌族史》，四川民族出版社 1985 年版。

冉光荣、周锡银：《论甘青古代文化与羌族的关系》，《西南民族研究》，四川民族出版社 1983 年版。

任乃强：《羌族源流探索》，重庆出版社 1984 年版。

孙宏开：《羌语简志》，民族出版社 1981 年版。

徐平：《羌村社会——一个古老民族的文化和变迁》，中国社会科学出版社 1993 年版。

第二章　语音系统

第一节　大岐山话音位系统

一、辅音

（一）单辅音

大岐山话共有 37 个单辅音。按发音部位和发音方法列表如下：

发音方法 \ 发音部位			双唇	唇齿	舌尖前	舌尖中	舌尖后	舌面前	舌根	小舌
塞音	清	不送气	p			t			k	q
		送气	ph			th			kh	qh
	浊		b			d			g	
塞擦音	清	不送气			ts		tʂ	tɕ		
		送气			tsh		tʂh	tɕh		
	浊				dz		dʐ	dʑ		
鼻音			m			n		ȵ	ŋ	
边音						l				
擦音	清			f	s		ʂ	ɕ	x	
	浊			v	z		ʐ	ʑ	ɣ	
半元音			w					ʎ	j	

（二）辅音音位的几点说明

1. p、b 作复辅音的前置辅音时，关闭而不破裂。
2. 舌尖中塞音 t、d 在舌尖元音和 ə 元音前带齿化。
3. q、qh 靠前，在带有鼻音尾韵母前出现时，常念作舌根音。
4. 擦音 f 为汉语借词中的借音，已经固定了，故成为音位。
5. ʎ 有卷舌作用。

6. x、ɣ 稍靠后，接近于小舌音 χ、ʁ。
7. l、m、n 都可自成音节。

（三）单辅音例词

p	pie⁵³	猪	pə¹¹se⁵⁵		今天
ph	pho³¹	树	phə³¹		价钱
b	be³¹ʁʮ³¹	蛇	bə¹¹ɣmie³¹		疯子
m	mə³¹	人	mi²²ȵi³¹		黑眼珠
f	fa⁵⁵phiau⁵³	发票	fui⁵⁵tɕi⁵⁵		飞机
v	ve⁴⁴	有			
ts	tsə⁵³	锡	tsə³¹		水
tsh	tshə⁵³	肌肉	tshʉ⁵³		饭
dz	dze⁵⁵	骰子	dzə³³		青稞
s	sʉ⁵³	牙	se⁵³		肝
z	zʉ⁵⁵	种子	zue⁵³		地、田
t	to³¹	犁	tø³¹		榫枋
th	thie³¹	喝	thø⁵⁵ʐe⁵⁵		霜
d	dio³³	多	di³⁵		腰带
n	no⁵³	你	ne³¹		睡
l	lie⁵³	耕	lɪ⁵³		水蒸气
tʂ	tʂe⁵⁵tʂe⁵⁵	喜鹊	tʂə³³tʂə³¹		扭打
tʂh	tʂhə⁵⁵	米	tʂhə³³tʂhə³¹		蜘蛛
dʐ	dʐa³³	笑	dʐə⁵⁵		事情
ʂ	ʂi⁵³	好的	ʂə³¹ʂə³¹		红的
ʐ	ʐə³³	兽角	ʐø⁵⁵		马
ɹ	ɹʉ⁵⁵	路	ɹa⁵³lɪ³¹		外面
tɕ	tɕi⁵⁵	女人	tɕi⁵⁵ta⁵⁵		房背
tɕh	tɕhe¹¹ɣø³¹	酒窝	tɕha⁵³		欠
dʑ	dʑe³³	害羞	dʑi³¹		脚
ȵ	ȵo⁵⁵	听见	ȵo⁵⁵ȵo⁵⁵		乳房
ɕ	ɕi⁵³	豹子	ɕy⁵³		锄头
ʑ	ʑo⁵³	唱	e⁵³ʑe⁵³		一度
j	je³³zʉ⁵³	烟籽	jø³³na³¹		公绵羊
k	ko⁵³	枕头	kæ³³ti⁵⁵		骡子
kh	khue³¹	狗	khue³³ti⁵³		狗熊
g	ge³³	平底锅	gue¹¹		布谷鸟

ŋ	ŋæ⁵³	我	ŋʉ⁵³		牛（总称）
x	xø⁵⁵	菜	xæ⁵⁵tʂhæ⁵³		十七
ɣ	ɣʉ⁵³	碗	ɣə⁵³		鱼
q	qø⁵³	害怕	qe⁵³		能，可以
qh	qha⁵³	苦	qhe⁵⁵		脸

（四）复辅音

大岐山话共有 29 个复辅音，其结合形式有两种：一种塞音在前，擦音在后；另一种是擦音在前，塞音、塞擦音、擦音、鼻音、边音在后。前者称为后置型复辅音，后者称为前置型复辅音。

1. 后置型复辅音

此类复辅音是由双唇塞音 p、ph、b 与擦音 s、ʂ、z、ʐ 结合而成的，共构成 4 个复辅音。列表如下：

后置 辅音	s	z	ʂ	ʐ
p			/	
ph			/	
b		/		/

后置型复辅音例词：

ps	psə⁵³	肠子		
pʂ	pʂə⁵³	湿	xla⁵⁵pʂi⁵³	白鹤
bz	bzə⁵⁵bzə⁵³	薄	ɣlo⁵⁵bzɿ⁵³tɕi³¹	石板屋顶
bʐ	bʐə⁵³	细	bʐe⁵³	绳子

2. 前置型复辅音

此类复辅音是由擦音 x、ɣ 与塞音、塞擦音、鼻音、边音、擦音等结合而成，共 25 个复辅音。列表如下：

辅音 前置	p	b	t	d	g	q	ts	tʂ	dʐ	tɕ	dʑ	m
x	/		/		/	/		/		/		/
ɣ		/		/	/		/		/		/	

辅音 前置	n	ṇ	ŋ	l	s	z	ʂ	ʐ	ɕ	ʑ
x	/		/		/		/		/	
ɣ		/	/	/		/		/		/

xp	xpʉ⁵⁵tsə⁵³	外甥	xpo⁵³lo³³	肾	
xt	pa⁵⁵xtio⁵³	胃	æ³¹xto⁵³	一千	
xq	xqa⁵³	金	xqua⁵³	祸害	
xts	xtsə⁵³	胆	xtsol⁵³	跳蚤	
xtʂ	xtʂə⁵³	虱子	xtʂʉ⁵³	六	
xtɕ	xtɕe⁵³	幢	xtɕi⁵⁵ʂə⁵³	红铜	
xm	xma⁵³	栗子	lʉ⁵⁵xmie⁵³	松树针	
xn	xna⁵⁵tsʉ⁵³	爽担	ji⁵⁵xna⁵³	手背	
xȵ	xȵo⁵³	油	m̩³¹xȵe⁵³	天晴	
xl	xlio⁵⁵ɹo⁵³	影子	æxl⁵⁵	一个月	
xs	xsə⁵³	底儿	xsɿ⁵³	三	
xʂ	mi⁵⁵xʂə⁵³	眼屎	xʂua⁵⁵kuæn³³kuæ³³	土罐	
xɕ	lə⁵⁵xɕø⁵³	麝香	pho⁵⁵xɕe⁵³	树叶	
ɣb	ɣbʉ⁵³	龙	ɣba⁵³	缺乏	
ɣd	ɣde⁵³	云	ɣda⁵³	右	
ɣg	ɣgʉ⁵³	九	ɣguæ⁵³	狐狸	
ɣdz	ɣdzə⁵³	足够	ɣdzʉ⁵³	铧头	
ɣdʐ	ɣdʐe⁵³	病	ɣdʐy⁵³	左	
ɣm	ɣmə⁵³	名字	ɣmi⁵³	疮	
ɣȵ	ɣȵo⁵³	锥子			
ɣŋ	ɣŋʉ⁵³	银			
ɣl	ɣlo⁵³	石头	mi⁵⁵ɣlə⁵³	眼泪	
ɣz	ɣzə⁵³	四	ɣzə⁵³	官	
ɣʐ	ɣʐə⁵³	汉族			
ɣʑ	ɣʑe⁵³	飞	ɣʑiu⁵³	蜜蜂	

一、元音

（一）单元音

大岐山话共有 10 个单元音，它们是：i、ɿ、e、æ、a、ə、y、o、ø、u。

（二）单元音的描写及其说明

1. 前次高元音 e 较靠上。
2. a 比央元音 ə 还要靠后一些。
3. ə 出现在 t、d 后，其音值接近于 ɵ。
4. 前高元音 i 出现在舌尖前塞擦音和擦音之后时，读为舌尖元音 ɿ，

第二章 语音系统

出现在舌尖后塞擦音和擦音之后时，读为舌尖元音 ʅ。

5. 后高元音 y 只在舌面音后出现。

6. o 元音出现在塞音 b 后，失去圆唇作用，读为 ə。

7. u 元音单独出现频率较少，多数出现在复合元音中。当它出现在舌尖前塞擦音和擦音后时，读为 ʉ，当它出现在塞音 ph 之后时，失去圆唇作用，读为 ə。

（三）元音例词

i	ti⁵³	熊	tɕi⁵³	女人
ɪ	bɪ⁵³	埋	qhɪ⁵³	砸
e	qe⁵³	能干	ge⁵³	平底锅
æ	pæ⁵⁵tsʉ⁵³	花	læ⁵⁵lʉ⁵³	小喇叭
a	qha⁵³	苦	ba⁵³	旧
ə	dzə⁵³	吃	phə⁵³	价钱
y	ɕy⁵³	海	y⁵³	鸡
o	to⁵³	犁	ko⁵³	枕头
ø	tø⁵³	桄枑	qø⁵³	害怕
ʉ	zʉ⁵³	路	lʉ³³lʉ³³	胖子

（四）复元音

大岐山话有 9 个复元音，主要是以 i、u 作为介音结合而成，复元音只有二合的（三合的只在汉语借语中出现）。其结合情况如下表：

结合情况		例词
i	e	bue⁵³ 背　tie⁵³ 织（布）
	æ	mo³⁵ liæn³³ 砍柴刀
	a	mia³³ mia³³ 短
	o	dio⁵³ 多　æ³³ thio⁵³ 一挑
	u	tiu⁵³ 看见　thø⁵³ ẓe³³ liu³³ 下霜
u	i	tui⁵³ 团结　se⁵⁵ qhui⁵³ 木瓢
	e	zue⁵⁵ ba⁵³ 荒地　kue⁵⁵ la⁵³ 弯
	æ	dzuæ⁵³ 苦荞　dẓuæ⁵³ 军队
	a	tɕø⁵⁵ xua⁵³ 俗人　qə³³ tʂhua⁵³ 梳（头）

三、辅音韵尾

大岐山话只有-n、-ŋ 两个鼻音尾，-n 多半出现在 a 元音后，-ŋ 多半出现在 u 元音后。在 ə 或 ʅ 元音后的鼻音韵尾多数消失而元音鼻化。在其他元音后的鼻音韵尾也不很稳定，有时完全消失，有时消失后元音鼻化。例如：

khan⁵⁵ tsʉ⁵³ tsʉ⁵³　　小指
an³³ pa⁵³　　曾祖父
tʂhə̃³³ tʂha⁵³　　铃
ʂʅn（ĩ）⁵⁵　　七
xa³³ thi⁵³　　马鞭子
ɣuŋ⁵⁵ ɣø⁵³　　硬壳虫
çuŋ⁵⁵ tçi⁵³　　头帕

四、音节结构

羌语大岐山话每一个音节都有一个声调。构成一个音节最多有四个音素，最少的只有一个音素，由一个音素构成的音节可以是元音，也可以是辅音。大岐山话音节结构的类型大致可分为三大类，每一类又可分为若干小类。例如：

C　　代表辅音　　　　V　　代表元音

1. 元音自成音节。例如：
   （1）　V　　　　　　y⁵³　　鸡
   （2）　VV　　　　　ye⁵³　　厩

2. 辅音自成音节。例如：
   （1）　C　　　　　　m̩⁵³　　火
   （2）　CC　　　　　æ x̩l⁵⁵　一个月

3. 辅音与元音结合成而的音节。例如：
   （1）　CV　　　　　pho⁵³　　树
   （2）　CVV　　　　pie⁵³　　猪
   （3）　CVVV　　　phiau³⁵　票
   （4）　CVC　　　　çuŋ⁵⁵ tçi⁵³　头帕
   （5）　CVVC　　　fa³¹ kuan⁵⁵　法官
   （6）　CCV　　　　ɣgʉ⁵³　　九
   （7）　CCVV　　　ɣguæ⁵³　狐狸

五、声调

大岐山话的声调虽然区别词义的作用不大，但在语流中，如果不说出它的高低，平铺直叙觉得别扭。大岐山话共有四个调，其调值如下：

大岐山话声调极不稳定，53 会变读为 43、35 会变读为 24、33 会变读为 31。

1. 高平：55

   pɪ^{55}　棉花草　　pɪ^{55}da^{55}　　老虎

2. 高降：53

   pie^{53}　猪　　ko^{53}　　枕头

3. 高升：35

   di^{35}　腰带　　phiau^{35}　　票

4. 中平：33

   dio^{33}　门　　ge^{33}　　平底锅

第二节　桃坪话音位系统

（一）声母

桃坪话的单辅音声母共有四十个。

1. 单辅音表

发音方法		发音部位	双唇	唇齿	舌尖前	舌尖中	舌尖后	舌叶	舌面	舌根	小舌
塞音	清	不送气	p			t				k	q
		送气	ph			th				kh	qh
	浊		b			d				g	(ɢ)
塞擦音	清	不送气			ts		tʂ	tʃ	tɕ		
		送气			tsh		tʂh	tʃh	tɕh		
	浊				dz		dʐ	dʒ	dʑ		
擦音	清			f	s		ʂ	ʃ	ɕ		χ
	浊				z		ʐ	ʒ	ʑ		ʁ
鼻音			m			n			ȵ	ŋ	
边音						l					

2. 辅音音位的描写和说明

（1）唇齿音 f 主要出现在汉语借词中，老年人读音不稳定，有时把它读成双唇清擦音 ɸ，青壮年人读得比较稳定。

（2）舌尖前塞擦音 ts、tsh、dz、s、z，舌尖中塞音 t、th、d 等与后高元音 u 相拼时，有显著的唇化现象；与复元音 uə 相拼时，唇化现象更为明显。例如：tsuə˧"河""水"，其音值近似 ptsuə˧；zuə˧"田""地"，其音值近似 βzuə˧。

（3）舌尖中塞音 t、th、d……和元音 ə 相拼时，有齿化现象。例如：də˧"豆子"，其音值近似 dðə˧；thə˩ xe˥"那里"，其音值近似 tθhə˩ xe˥。此外，舌尖中音 d、边音 l 与高元音 i 相拼时，有自由变读的现象，往往将 d 读成边音 l。

（4）舌面音 tɕ、tɕh、dʑ、ɕ、ʑ、ɲ 的发音部位较靠后，音值介于舌面前音和舌面中音的中间。

（5）在舌尖前塞擦音 tsh、dz，舌尖后塞擦音 tʂh、dʐ 和舌面塞擦音 tɕh、dʑ 中，有一部分看来是由于 khs、qhs、gz、khʂ、qhʂ、gʐ、khɕ、gʑ 等复辅音发生了语音变化的结果，目前在口语中仍有一部分老年人和少数中年人把一部分 tsh 等声母的词读成 khs、qhs 等复辅音。例如：

	青年人读法	老年人读法
新	tshi˥	khsi˥
山	tsuə˥	qhsuə˥
辣	dzɿ˩	gzɿ˩
梳	tʂhuɑ˥	khʂuɑ˥
铧头	dʐuə˧	gʐuə˧
犏牛	tɕhi˥	khɕi˥
轻	dʑy˧	gʑy˧

这是一种后退同化现象。结合得较松的塞擦复辅音中的擦音，将异部位的塞音同化成为同部位的塞音，构成了同部位的塞擦音。

（6）小舌塞音 q、qh、ɢ 的部位一般较靠前，介于舌根音和小舌音之间，但与后高元音 u 相拼时，音值为小舌音。小舌浊塞音 ɢ 目前只发现在复辅音中出现，出现的频率也很小，只有两个词。因目前收集的词数量还不多，音系中暂时给了它个位置，待进一步调查研究后确定它的音位价值。

（7）小舌擦音 χ、ʁ 与高元音 i、u 相拼时，部位接近于 x、ɣ，与其他元音相拼或出现在复辅音中时，接近于喉门音。

（8）辅音能单独自成音节的只有鼻音 m 和 ŋ，但出现的频率较小，ŋ

自成音节时有显著的圆唇化现象。

（9）喉门塞音ʔ出现在词头、谓词的前加成分以及数词a˅"一"等开元音的音节前面。ʔ在语流中常常消失，音系中不作音位处理。

8. 辅音例词

p	puˉ	肚子	piˉ	父亲（故事中出现）
ph	phuˊ	逃跑	phiaˉ	种
b	buˉ	深	beˉ	浅，矮
m	məˉ	人	miˉ	成熟
f	fuˉ tsˌˉ	麻疹	fu˅ sˌˊ	护士
ts	tsɑˉ	骑	tsiˉ	有
tsh	tshɑˉ	准、让	tshiˊ	三
dz	dzɑ˅	痒	dzieˉ	草坪
s	sɑˉ	血	siˊ	豹子
z	zɑˉ	哭	zyˉ	等待
t	tɑˉ	戴	tuˉ	榿栖
th	thaˉ	那（个）	thuˊ	汤
d	dɑ˅ ʁɑ	弯刀	duˉ	鬼神
n	nɑˉ	好	noˊ	你
l	lɑˊ	狼	loˊ	锣
tʂ	tʂˌˊ	痣	tʂoˉ	铃
tʂh	tʂhiˉ tʂhiˊ	跑	tʂheˉ	八
dʐ	dʐˌˊ	事情	dʐeˉ	清楚
ʂ	ʂˌˊ	月（份）	ʂeˉ	好
ʐ	ʐuˉ	马	ʐeˉ	悬岩
tʃ	tʃˊ	儿子	tʃˊ paˊ	脸颊
tʃh	tʃhˊ	肉	maˊ tʃhˉ	后面
dʒ	dʒˊ	四	dʒˊ	吃
ʃ	ʃˊ	拖	ʃeˊ	死
ʒ	ʒˊ	有	ʒ˅ ʒˊ	文化，书
tɕ	tɕaˉ	只，仅	tɕyˉ	看见
tɕh	tɕhaˊ	酒	tɕhyˉ	敢
dʑ	dʑa˅	相信	dʑyˉ	轻
ɲ	ɲiˊ ɲiˊ	黑	ma˅ ɲyˊ	猫
ɕ	ɕiˊ	铁	ɕyˉ	还要
ʑ	ʑo˅	唱	ʑyˉ	属相

k	ko˧	枕头	kə˧	走，去
kh	kho˧	猫头鹰	khuə˥	狗
g	go˧	中间	gə˧	平底锅
ŋ	ŋa˧	有	ŋe˥	哭
q	qɑ˥	我	qe˥	市场，街
qh	qhɑ˥	苦	qhe˥	打碎，打破
χ	χa˥	铜	χu˥	脱（衣）
ʁ	ʁu˥	肯	ʁe˧	汉族

4. 复辅音

羌语桃坪话的复辅音只有二合的。结合形式有两种：一种是擦音在前，后面加塞音、塞擦音、鼻音等构成的；另一种是塞音在前，后面加擦音构成的。前一种称为甲类复辅音，后一种称为乙类复辅音。

甲类复辅音的结合形式是由小舌擦音 χ 和 p、b、m、t、d、n、tʂ、dʐ、tʃ、dʒ、tɕ、dʑ、ȵ、k、g、ŋ、q、ɢ 等辅音结合而成的，共结合成 χp、χb、χm、χt、χd、χn、χtʂ、χdʐ、χtʃ、χdʒ、χtɕ、χdʑ、χȵ、χk、χg、χŋ、χq、χɢ 十八个复辅音。

甲类复辅音有如下特点：

(1) 凡浊塞音和浊塞擦音前面的 χ 都读浊音 ʁ，ʁ 在复辅音中作前置辅音时，是 χ 的变体。

(2) 擦音 χ 与舌根或小舌塞音、舌面前塞擦音结合成复辅音时，往往因后面辅音发音部位的不同而有不同的音值。如与小舌音结合成复辅音时，χ 的部位不变，与舌根音结合成复辅音时，音值为 x，与舌面前音结合成复辅音时，音值接近于 ç，与其他辅音结合成复辅音时，部位接近于 h。χ 与鼻音 m、n、ȵ、ŋ 等结合成复辅音时，往往使鼻音清化，读成与 m̥、n̥、ȵ̊、ŋ̊ 等相近似的音。

(3) 甲类复辅音结合得比较松，同时，前置辅音的声音很弱，在语流中常常不容易被辨别出来。此外，在一部分青年人口语中，前置辅音 χ 几乎已经全部消失了，他们把带前置辅音 χ 的复辅音都读成单辅音。例如：

豺狼	χpɑ˧	读成	pɑ˧
泡	χtə˧	读成	tə˧
角，棱	χdʐo˧	读成	dʐo˧
盖	χqe˧	读成	qe˧

甲类复辅音举例如下：

| χp | χpɑ˧ 豺狼 | χdʒ | χdʒi˩ 掷掉 |

χb	χba˩ȵi˩	休息	χtɕ	χtɕɑ˧χtɕɑ˧	喜鹊
χm	χmɑ˧	羌族（自称）	χdʑ	χdʑɑ˧	下（雨）
χt	χtəʔ	蛋	χȵ	χȵi˩ȵiu˧	红
χd	χdе˧	云	χk	χkеʔ	偷
χn	χnɑ˧tɑ˧	后面	χg	χguə˧	九，锈
χts	χtsuə˧	汗	χŋ	χŋu˧	银子
χdʐ	χdʐе˧	褪（色）	χq	χqɑ˧	口，嘴
χtʃ	χtʃi˧	完	χɢ	χɢɑ˩zəʔqeʔ	西商寨（地名）

乙类复辅音是由塞音 p、ph、b 与擦音 z、ʐ 结合而成的。共结合成 pz、phz、bz、pʐ、phʐ、bʐ 六个复辅音。

乙类复辅音有下列特点：

（1）出现在清音后面的 z、ʐ 读清音 s、ʂ，s、ʂ 在乙类复辅音中是 z、ʐ 的变体。

（2）这类复辅音结合得比较紧，目前在部分青年人口语中已逐步消失，他们把下列复辅音读成了单辅音。例如：

老虎	pʐ˩dɑ˧	读成	pi˩dɑ˧
漏	bziɑ˧	读成	biɑ˧
绳子	bʐе˧	读成	biе˧

乙类复辅音举例如下：

pz	pzŋʔ	肠子	pʐ	pʐəʔ	粗（树）
phz	phzŋʔ	獐子，喘气	phʐ	phʐ˩phʐəʔ	湿
bz	bzŋ˩mе˧	布	bʐ	bʐɑ˧	大

（二）韵母

羌语桃坪话的单元音韵母一共有十个，这些单元音韵母是：i、e、a、ɑ、o、u、ə、y、ʅ、əʴ。

1. 单元音的描写和说明：

（1）前高元音 i 出现在舌尖后音和舌根音后面时，部位要靠后一些，口腔也要比标准元音的 i 略开一些。

（2）前次高元音 e 出现在小舌音后面时，口腔的开合、舌位的高低介于 e 与 ɛ 之间，音值接近于 ᴇ。

（3）前低元音 a 出现在 i 介音后面或 i 韵尾前面时，音值与 æ 相当。

（4）后低元音 ɑ 出现在小舌音后面时，音值接近于 ɑ，出现在舌面前音后面时，音值接近于 ᴀ，出现在其他情况下，音值介于 ᴀ 与 ɑ 之间。

（5）后高元音 u 出现在舌面前音和双唇音后面时，部位靠前，音值介于 u 与 ʉ 之间。

(6) y 出现在舌根音后面时，部位较靠后，音值与 ʉ 相近。

(7) 舌尖元音 ɿ（及其出现在舌尖后音、舌叶音后面的变体 ʅ）出现在舌尖前音、舌尖后音、舌叶音和以这三套塞擦音作后置辅音的复辅音后面时，音值介于 ɿ 和 ə 之间。出现在舌叶音后面时，有圆唇化现象。

2. 单元音举例：

ɿ	dzɿ˧ 事情	bzɿ˩ me˧ 布
i	ȵi˧ ȵi˩ 黑	tɕi˧ 房子
y	ŋy˧ ŋy˧ 乳房	ly˧ 来
e	ne˧ 睡	be˧ 浅，矮
a	na˧ 和	ba˧ 背（东西）
ɑ	nɑ˧ 好	bɑ˧ 旧
o	no˧ 你	pho˧ 树
u	phu˧ 衣服	bu˧ 高
ə	phə˧ 吹	bə˧ dzy˧ 蜂子
əʵ	qəʵ˩ ʐəpʵ 从前	əʵ˩ kəʵ˧ 下去

3. 复元音

羌语桃坪话的复元音有两种，一种出现在构词中，另一种出现在形态变化中。在形态变化中出现的复合元音多半是不在构词中出现的。

在构词中出现的复元音有三种类型，即前响的二合元音、后响的二合元音、三合元音。这种复元音的特点，一般是前响的少，后响的多，其中前响二合元音和三合元音大多数出现在汉语借词中。分述如下：

(1) 前响的二合元音由主要元音加韵尾 i、u 构成。其结合形式如下表：

结合情况		例 词			
y	i	yi˩	鸡	tshyi˩	厉害，很
e		pei˧	碑	fei˧ tɕi˧	飞机
a		kai˩	盖子	tai˩ piɑu˩	代表
ɑ	u	tsɑu˩	灶	mɑ˧ tshɑu˩	马槽
ə		tɕhəu˩	球	təu˩ thə˧	陡

(2) 后响的二合元音是由介音 i、u、y 加上主要元音构成的。其中 u 介音与主要元音 ə 所结合成的二合元音 uə，出现在舌尖前塞擦音、舌尖后塞擦音、舌叶塞擦音的后面时，读成与 uɿ 相近似的音。后响二合元音的结合形式如下表：

结合情况		例　　词			
i	e	zie˨	容易	lie˧	耕
	a	phia˧	种	dia˨	过年
	ɑ	miɑ˧	没有		
	o	thio˧	桶	dio˨	多
u	e	ʂue˨	税	ʁue˧	迟
	a	kua˨	锄头	kua˧ tɕhi˨	国旗
	ɑ	xuɑ˧	远	ʁuɑ˧	五
	ə	zuə˧	田，地	ʁuə˧	麦子
y	e	xgye˧	答应	ye˧	用
	a	çya˧	亮	xgya˧	万
	ɑ	kuə˨ thyɑ˥	你们		

（3）三合元音的结合形式如下表：

结合情况		例　　词			
i	ɑu	phiɑu˨	票	fu˨ tsiɑu˥	胡椒
	əu	ʂHlieu˨	石榴	tɑ⁵¹˨ tshieu˥pH	打秋千
u	ai	liaŋ˨ khuai˨	凉快		

在构形中出现的复元音有二合的，也有三合的。这些复元音主要是由于谓词在人称变化时，在结尾元音后面又缀上了一个韵尾 u 构成的。构成的复元音有 iu、eu、au、ɑu、ou、əu、yu、ɻu、ieu、iau、iɑu、iou、ueu、uau、uɑu、uəu、yeu、yau 十八个。现举例如下：

	第三人称将来时	原形谓词	汉义
iu	dʑiu˨	dʑi˨①	说
eu	dʐeu˨	dʐe˧	飞
au	bau˨	ba˧	背（东西）
ɑu	tsɑu˨	tsɑ˧	骑
ou	tou˨	to˧	摘
əu	phəu˨	phə˧	吹
yu	zyu˨	zy˧	等待
ɻu	dʐɻu˨	dʐɻ˧	吃

---

① 谓词声调的变化，详见谓词人称变化的说明。

ieu	lieu˧˩	lie˦	耕
iau	phiau˧˩	phia˦	种
iɑu	miɑu˧˩	miɑ˦	没有
iou	diou˧˩	dio˦	多
ueu	ʁueu˧˩	ʁue˦	迟
uau	khuau˧˩	khua˦	生气
uɑu	tshuɑu˧˩	tshuɑ˦	砍
uəu	zuəu˧˩	zuə˦	遗漏
yeu	xgyeu˧˩	xgye˦	答应
yau	tɕyau⁵¹˧˩	tɕya˦	砸

以上十八种复元音除 əu、au、iɑu 在汉语借词中出现过外，其余都是在构词中不出现的。

4. 鼻尾韵

鼻尾韵大部分都出现在汉语借词中，只有 iŋ、an、ɑŋ、uŋ、uəŋ 等五个出现在固有词中，而且出现的频率也很小。桃坪话的鼻音韵尾只有 -n 和 -ŋ 两个，共构成十五个鼻尾韵，结合特点也与汉语相似，其结合形式如下表：

结合情况		例　　词	
i		in˧˩ 瘾	lin˧˩ thau˦ 领导
a		ŋan˦ ʁo˧˩ 雁	than˦ tʃʅ˦ 他俩
u		un˦ xua˧˩ 文化	un˦ ɕa˦ 稳
ə	n	su˦ tən˦ 酥油灯	sən˧˩ 省
y		tɕai˧˩ faŋ˧ tɕyn˦ 解放军	tɕhyn˧˩ tʂun˧˩ 群众
ia		kua˧ mian˧˩ 挂面	pian˧˩ xua˧˩ 变化
ua		kuan˧˩ li˧˩ pu˦ 管理	khuan˦ ta˧˩ pu˦ 宽大
ya		yan˧˩ liaŋ˧˩ pu˦ 原谅	ɕyan˦ tʂhuan˧˩ pu˦ 宣传
i		tsiŋ˧˩ ɦə˦ 井	phiŋ˧˩ tsʅ˦ 瓶子
ɑ		ɕɑŋ˦ 乡	ɑŋ˧˩ 几
u		tuŋ˦ 东	tsuŋ˧˩ tʃʅ˦ 我们俩
ə	ŋ	təŋ˦ tʂəŋ˧˩ pu˦ 斗争	ləŋ˦ thɑ˦ 嫩
iɑ		siɑŋ˧˩ 象	tsiɑŋ˦ nuei˧˩ 酱油
uɑ		xuɑŋ˧˩ kuɑ˦ 黄瓜	xuɑŋ˦ thɑ˦ 慌
uə		kuəŋ˦ tʃʅ˦ 你们俩	

上表里 an 和 ian 的韵尾 n，在桃坪一部分人的口语中读音很不稳定，常常读成韵母主要元音的鼻化，即 ã 和 iã。另外，in 和 iŋ，ən 和 əŋ，在一部分词中，有自由变读的现象。

（三）声调

羌语桃坪话的声调一共有六个，其调值如下：

（1）高平：˥₅₅

  tshie˥ 山羊 dʑi˥ 脚

（2）低降：˩₃₁，有时变读为˩₂₁

  ʁu˩ 鹅 dʑi˩ 侄子

（3）全降：˥˩₅₁

  pi˥˩ tha˥˩ 比赛 kai˥˩ tha˥˩ 改

（4）低升（全升）：˩˧₁₃，有时变读为 I¹⁵

  pi˩˧ tha˩˧ 避 kai˩˧ tha˩˧ 盖（谓词）

（5）中平：˧₃₃

  tshie˧ 菩萨 dʑi˧ 量（米）

（6）升降：˨˦˩₂₄₁

  ʁu˨˦˩ 碗 dʑi˨˦˩ 说

在这六个声调里，高平、低降、中平三个调不仅出现在固有词中，而且也出现在汉语借词中；升降调只出现在固有词中而不出现在汉语借词中；全降、低升两个调多半出现在汉语借词和构形中，而很少出现在羌语固有词中。桃坪话中，汉语借词的声调和羌语声调大致对应的情况是，汉语阴平调的字被羌语吸收后读第一调，阳平调的字读第二调，上声调的字读第三调，去声调的字读第四调，入声调的字读第五调。低升调在构形中出现时读全升调。但有时也有例外。

羌语固有词的声调读音尚不十分稳定，经常因人因时而异，连读变调现象很普遍，有许多单词和成音节的附加成分出现在句子中时，由于受前面或后面音节声调的影响而发生复杂的变调现象。①

桃坪话的声调虽然有六个，但在区别词义方面的作用不太大，因复辅音声母比较多，所以用声调对立来区别的词不多，在记录的三千多个固有词中，用声调对立来区别词义的同音词只有五十个左右。但声调的构形作用很重要。（详见语法部分的谓词一节）

---

① 本书例词，单音节的词都标本调，多音节的复合词不能确定原调者，按照词根合成后口语的实际读音标记。

（四）音节结构

羌语桃坪话每一个音节都有一个固定的声调。构成一个音节的音素最多的有五个，最少的只有一个。由一个音素构成的音节可以是辅音，也可以是元音。桃坪话音节结构的类型大致可以分成三大类，每类又可以分成若干小类。现分析如下：

设 C 代表辅音，V 代表元音

（1）单辅音自成音节的，例如：

1） C　　m̩˧ dzu˩　　荞子

（2）声母加韵母构成音节的，例如：

2） CV　　mə˧　　　　人　　　ʁo˩　　　　　　石头
3） CVV　　kuə˧　　　你　　　tsuə˧　　　　　水，河
4） CVC　　tsuŋ˧　　　棕　　　luŋ˩ min˩　　　农民
5） CCV　　xqə˧　　　困难　　xŋu˧　　　　　银子
6） CCVV　　xguə˧　　九　　　xtʂuə˧　　　　汗
7） CVVC　　siaŋ˩　　　象　　　xuɑŋ˥ thə˧　　慌
8） CVVV　　phiɑu˩　　票　　　fu˩ tsiɑu˩　　　胡椒
9） CCVVV　　xgyeu˩　　答应（第一人称将来时）

（3）韵母自成音节的，例如：

10） V　　a˩　　　　一
11） VC　　ɑg˩　　　　几　　　in˥　　　　　　瘾
12） VV　　yi˩　　　　鸡　　　ye˧　　　　　　用
13） VVV　　iəu˩　　　油　　　iɑu˥ tɕhəu˩ pu˧　要求
14） VVC　　yan˩ liaŋ˩ pu˧　原谅

以上十四小类音节结构中，第 4、7、8、13、14 多半出现在汉语借词中，第 9 种只出现在构形中。在固有词中，第 2、3、5、6 四种类型的音节出现的频率最高。

第三节　龙溪话音位系统

一、辅音

（一）单辅音

羌语龙溪话共有 33 个单辅音。按发音部位和发音方法列表如下：

发音方法 \ 发音部位			双唇	舌尖前	舌尖中	舌尖后	舌面前	舌根	小舌
塞音	清	不送气	p		t			k	q
		送气	ph		th			kh	qh
	浊		b		d			ɡ	
塞擦音	清	不送气		ts		tʃ	tɕ		
		送气		tsh		tʃh	tɕh		
	浊			dz		dʒ			
鼻音			m		n			ŋ	
边音	清				ɬ				
	浊				l				
擦音	清		f	s		ʃ	ɕ		χ
	浊			z		ʒ			ʁ
半元音						ɹ			

（二）辅音音位的几点说明

1. 龙溪话只有单辅音，复辅音已消失。

2. 辅音 d 与 a 元音结合时，有时可念成 la，但 la 不能念成 da。

3. 双唇鼻音 m 和 u 元音，舌尖中鼻音 n 与 ə 元音结合时，有时可以自成音节。

4. 舌叶音比国际音标的 tʃ、tʃh、dʒ、ʃ、ʒ 稍靠前。

5. 小舌音 q、qh 的实际音值接近于舌根音。

（三）辅音音位例词

p	pu^{31}	做	pa^{55}	粟子
ph	phu^{55}	吹	phe^{55}	白
b	bo^{55}	高	bi^{55}	小便
m	mu^{55}	黑	mo^{55}	尸体
f	fu^{55}pu^{55}	后年	fu^{55}fu^{55}	核儿
ts	tsi^{55}	辣	tsa^{55}	看
tsh	tshi^{55}	刺	tshu^{55}	肺
dz	qha^{55}dzu^{55}	墙	xa^{55}dzu^{55}	犁铧
s	si^{55}	豹子	so^{55}	教
z	zi^{31}	字	zə^{55}	青稞

t	ti⁵⁵	鼻涕	te⁵⁵	吃	
th	thi³¹	剃	the⁵⁵	抱（小孩）	
d	di⁵⁵	腰带	de⁵⁵	缠绕	
n	nə³¹	二	na⁵⁵	好	
ɬ	ɬi⁵⁵	陡	ɬiu⁵⁵	骨髓	
l	li⁵⁵	耕地	lə⁵⁵	蜂刺	
tʃ	tʃə⁵⁵	锡	tʃu³¹	汗	
tʃh	tʃhə⁵⁵	下（蛋）	tʃhi⁵⁵	米	
ʃ	ʃe⁵⁵	好看	ʃu³¹	牙	
ʒ	ʒə⁵⁵	筋	ʒu⁵⁵	铧头	
tɕ	tɕe⁵⁵	女儿	tɕa³¹	锋利	
tɕh	tɕhe⁵⁵	窄	tɕha³¹	山羊	
dʑ	dʑo⁵⁵	轻	dʑa³¹	相信	
ɕ	ɕi⁵⁵	红	ɕua⁵⁵	亮	
k	kə⁵⁵	蒜	ku³¹	偷	
kh	khu⁵⁵	狗	khu⁵⁵khua⁵⁵	热	
g	ga³¹	开	go³¹	脚	
ŋ	ŋo⁵⁵	有	ŋu³¹	是	
q	qa³¹	我	qo³¹	怕	
qh	qha⁵⁵	苔	qhu⁵⁵	讨厌	
χ	χe⁵⁵	针	χa⁵⁵	黄	
ʁ	ʁɪ³¹	汉人	ʁa³¹	鱼	
ɹ	ɹo⁵⁵	马	ɹe⁵⁵	告诉	

二、元音

（一）单元音

龙溪话共有 i、ɪ、e、a、ə、y、o、v、u 9 个单纯元音。

（二）单元音的几点说明

1. y 元音只出现在舌面前音 tɕ、tɕh、dʑ、ɕ 之后。

2. ɪ 与双唇音和舌尖中音结合时，与 i 元音对立，但与舌叶音和小舌音结合时，与 i 元音不对立。

3. e 元音比国际音标的 e 略开。

4. 央元音 ə 出现在舌尖前音和舌叶音之后，其音值接近于舌尖元音 ɿ、ʅ；当它出现在舌根音之后，其音值接近于ɤ。

（三）单元音例词

i	tsi^{55}	辣	ʒi^{55}	事情
ɪ	mɪ^{31}	雨	dɪ^{31}	豆腐
e	ʃe^{55}	好看	te^{55}	吃
a	tsa^{55}	看	sa^{31}	血
ə	kə^{31}	去	sə^{31}	有、在
y	y^{31}	鸡	tɕy^{55}	带
o	po^{31}	竹子	bo^{55}	鼓
v	gv^{55}	背兜	bv^{31}	天花
u	tʃu^{55}	六	gu^{33}	结实

（四）复元音

龙溪话共有 13 个复合元音，复元音都是二合的（三合的只在汉语借词中出现）。举例如下：

ie	tie^{55}	熊	bie^{55}	山梁
ia	bia^{55}	背	lia^{31}	有（容器）
iu	diu^{31}	门	thiu^{55}	桶
io	tio^{55}	看见	lio^{31}	来
əu	təu^{55}tha^{31}	逗	tɕəu^{31}tɕəu^{35}	舅舅
ui	tʃui^{31}tʃui^{55}	闹架		
ue	ʁue^{31}	绸	ze^{31}	罪
ua	ʁua^{31}	相同	tsua^{31}	早
ya	ɕya^{55}	亮	tɕya^{55}	锄头
ai	xai^{31}tsə^{31}	海	ŋai^{31}tsə^{31}	矮头
au	ʃau^{55}tɕi^{55}	筲箕	sau^{31}sau^{31}	嫂嫂
iau	thiau^{31}tʃo^{55}	条桌	phiau^{35}	票
uai	khuai^{35}luŋ^{31}tsə^{31}	筷篓子		

三、辅音韵尾

龙溪话只有 -n、-ŋ 两个韵尾，它们一般都出现在汉语借词中，但借到羌语中 n 和 ŋ 可以互换。n 加在动词后表示加快动作速度。例如：

tə^{31}tse^{55}	拿		tən^{31}tse^{55}	快拿
sə^{31}tɕhi^{55}	吃		sən^{31}tɕhi^{55}	快吃

龙溪话有 8 个带辅音尾韵母。举例如下：

an	ɕan^{35}	县	kan^{55}ti^{55}	干爹
in	pin^{31}tsə^{31}	饼干	tin^{31}tsə^{31}	钉子

yn	yn³⁵təu³¹	熨斗		
ən	lən³¹lən⁵⁵	棱	tən³⁵tha³¹	嫩
uən	uən³¹xua³⁵	文化	uən³¹tsə³¹	蚊子
ian	tɕian³¹	碱	tian³⁵tsə³¹	毽子
uaŋ	uaŋ⁵⁵təu³⁵	豌虫	tʃhuaŋ³¹tsə³¹	铲子
uŋ	tʃuŋ³¹tshau³¹	虫草	kuŋ⁵⁵sə⁵⁵	公司

四、声调

龙溪话能区别词义的共有 3 个调，即：高平调⁵⁵、低降调³¹、高升调³⁵。举例如下：

高平：⁵⁵
pia⁵⁵　　猪　　za⁵⁵　　舀

低降：³¹
pia³¹　　麦芒　　za³¹　　勺

高升：³⁵
pia³⁵　　唾液　　za³⁵　　叫

双音节词有的是前高后低（⁵⁵³¹）、有的是前低后高（³¹⁵⁵），而有的是前后都高（⁵⁵⁵⁵），还有的前后都低（³¹³¹）。现举例如下：

55 55	: se⁵⁵ʴa⁵⁵	肝	tʃhɿ⁵⁵tʃhɿ⁵⁵	跑
31 31	: tsu³¹i³¹	水沟	xə³¹bu³¹	土
55 31	: la⁵⁵go³¹	飞	tsho⁵⁵ta³¹	跳
31 55	: tso³¹tso⁵⁵	杀	la³¹ʁo⁵⁵	乌鸦
55 35	: ɕi⁵⁵fan³⁵	稀饭	sə⁵⁵sian³⁵	丝线
35 55	: tɕhi³⁵tʃhɿ⁵⁵	汽车	mo³⁵ɕin⁵⁵	磨心
35 35	: ɕa³⁵tʃə³⁵	夏至	tian³⁵xua³⁵	电话
35 31	: məi³⁵tsə³¹	昨晚	tsua³⁵xa³¹	鞋
31 35	: pan³¹ie³⁵	半夜	fu³¹təu³⁵	蚕豆

下列双音节词由于声调不同而区别词义：

sa⁵⁵ȵi⁵⁵	猎绳	ɕa⁵⁵po⁵⁵	滑落
sa³¹ȵi³¹	姊妹	ɕa³¹po³¹	剪刀
qə³¹to⁵⁵	头发	a³¹tse⁵⁵	接过
qə⁵⁵to³¹	耽搁	a⁵⁵tse³¹	姐姐
tɕi⁵⁵pia³¹	长馍	ʒə⁵⁵pa³¹	够了
tɕi³¹pia⁵⁵	脸颊	ʒə³¹pa³¹	星星
y³¹xv³¹	羽毛	a³¹qa³¹	一口

y³¹xv⁵⁵　　　灰灰菜　　a³¹qa⁵⁵　　　　一串

五、音节结构

羌语龙溪话每一个音节都有一个声调。构成一个音节最多有四个音素，最少的只有一个音素。元音与元音或元音与辅音可结合成 10 种音节结构。举例如下：

　　　　C　代表辅音　　　V　代表元音
1. V　　　　　　　　　a⁵⁵　　　　　　一
2. VV　　　　　　　　iu⁵⁵　　　　　　修
3. VC　　　　　　　　in³¹xaŋ³¹　　　　银行
4. VVC　　　　　　　uan⁵⁵təu³⁵　　　　豌豆
5. VVV　　　　　　　uai³⁵kue³³ʐən³¹　　外国人
6. CV　　　　　　　　mɪ⁵⁵　　　　　　油
7. CVV　　　　　　　pia⁵⁵　　　　　　猪
8. CVVV　　　　　　liaŋ³¹khuai³⁵　　　凉快
9. CVC　　　　　　　pan³¹ie³⁵　　　　半夜
10. CVVC　　　　　　liaŋ³¹khuai³⁵　　　凉快

第四节　绵篪话音位系统

一、辅音

（一）单辅音

绵篪话共有 39 个单辅音，按发音部位和发音方法列表如下：

发音方法 \ 发音部位			双唇音	唇齿音	舌尖前	舌尖中	舌叶音	舌面前	舌根音	小舌音	喉音
塞音	清	不送气	p			t			k	q	
		送气	ph			th			kh	qh	
	浊		b			d			g		
塞擦音	清	不送气			ts		tʃ	tɕ			
		送气			tsh		tʃh	tɕh			
	浊				dz		dʒ	dʑ			
鼻音			m			n		ȵ	ŋ		

续表

发音方法＼发音部位		双唇音	唇齿音	舌尖前音	舌尖中音	舌叶音	舌面前音	舌根音	小舌音	喉音
边音	清				ɬ					
	浊				l					
擦音	清		f	s		ʃ	ɕ	x		
	浊			z		ʒ	ʑ	ɣ		ɦ
半元音		w				ɹ	j			

(一) 对辅音音位的几点说明

1. 舌尖前音在个别人口语中与 tθ、tθh、dð、θ、ð 互换。
2. 舌尖中塞音在央元音 ə 之前有齿化现象。
3. 流音 m、n、l 等可自成音节。例如：m̩³¹pa³¹ 雪、l̩³³la³³ 交换。
4. 舌叶音不是真正的混合舌叶，发音时舌尖与舌面虽与上颚接触，但唇不突出。且舌面与上颚接触面较广。
5. 擦音 ʒ 只出现在汉语借词中。
6. q、qh 部位靠前，介于小舌和舌根之间。
7. 舌根擦音 x、ɣ 部位略后，摩擦不重。
8. ɦ 只出现在第一音节 a 元音之前。

(二) 单辅音例词

p	pu³¹	化脓	pia³¹	猪
ph	phu³¹	衣服	phia³¹	种
b	bu³¹	薄	bia³¹	背
m	ma³¹	人	ma⁵⁵	爱
f	fu³¹tha³¹	发疯	fu³³tsa⁵⁵	麻疹
w	wa³¹	有	wi⁵³ta³⁵	伟大
ts	tsə⁵³	男人	tsa⁵³	锋利
tsh	tshə³¹	盐	tsha⁵⁵	桥
dz	dzə⁵³	字	dza³¹	吃
s	sə³¹	草	sa³¹	血
z	zə³¹	公牛	za³¹	容易
t	tie⁵⁵	招待	ta⁵⁵	牵
th	thie⁵⁵	喝	thio³¹	桶
d	dio⁵⁵	多	du³¹	筷子

n	nə³¹	二	na³¹	友好
ɬ	ɬə³¹	月	ɬe⁵⁵	凉快
l	li³¹	捻线	le⁵⁵	告诉
tʃ	tʃə⁵⁵	胆	tʃe⁵⁵	矛
tʃh	tʃhə³¹	米	tʃha³¹	八
dʒ	dʒə⁵⁵	够	dʒa³¹	税
ʃ	ʃe⁵⁵	好	ʃua³¹	锁
ʒ	ʒũ³¹	绒	ʒua³¹ ȵi³¹ȵi³¹	蝉
ɹ	ɹi³¹	路	ɹəu³¹	马
tɕ	tɕi⁵⁵	房子	tɕe³¹	女人
tɕh	tɕhi³⁵	肥料	tɕha³¹	酒
dʑ	dʑi⁵⁵	病	dʑa⁵⁵	信仰
ȵ	ȵa³³	和	ȵo³¹	锥子
ɕ	ɕi³¹	铁	ɕo³¹	敢
ʑ	ʑi³¹	有	ʑeu⁵⁵	轻
j	ji³¹	鸡	jo³¹	使用
k	ku⁵⁵	割	ka³¹	丫头
kh	kho³¹	猫头鹰	kha³¹	下巴
g	gu⁵⁵	九	gua³¹	耐用
ŋ	ŋa³¹	我	ŋo³¹	牛
x	xa³¹	气喘	xəu³¹	香
ɣ	ɣua³¹	五	ɣəu⁵⁵	碗
q	qa³¹	金子	qe⁵⁵	懒
qh	qha³¹	苦	qho³¹	火炕上的架子
ɦ	ɦa³¹tʃu³⁵	发汗	ɦa³¹pei³⁵	老了

（四）复辅音

绵篪话复辅音较少，共有 5 个，其结合形式为：一种是双唇音加半元音 ʎ 结合而成；一种是擦音 x 与鼻音 m、n 结合而成。例如：

phʎ	phʎe³¹	信	phʎi⁵⁵	白
bʎ	bʎe³¹	绳子	bʎa³¹	大
mʎ	mʎɛ³¹eʎ³¹ʒə³¹	雨		
xm	xma³¹	涂抹	xmo³¹	羊毛
xn	xnə⁵⁵	七	xna⁵⁵ʎi³¹	肋骨

二、元音

（一）单元音

绵篪话有 14 个单元音，它们分别是：

i	y	e	a	ɑ	u	o	ə
ĩ			ã	ɑ̃	ũ		ə̃
							ɚ

（二）单元音的几点说明

1. i 元音出现在双唇音之后时，其音值接近于 ɪ 元音。
2. a 元音略闭，介于 ɛ 与 æ 之间。
3. ɑ 元音略前，接近于 A 元音。
4. u 元音出现在双唇鼻音 m 之后时，其音值近似于复元音 uə。
5. 央元音 ə 出现在舌尖前塞擦音之后时，其音值接近于舌尖元音 ɿ，当它出现在舌叶音之后时，其音值近似于 ʅ 元音。
6. 鼻化元音一般只出现在汉语借词中。

（三）单元音例词

i	pi^{55}	端公	si^{55}	三
ĩ	phĩ^{31}tha^{55}	平的	tshĩ^{55}mĩ^{31}	清明
y	çy^{31}xo^{55}	打猎	ja^{31}y^{31}	洋芋
e	pe^{31}	屁	se^{31}	肝
a	ba^{31}	矮的	dza^{31}	吃
ã	çã^{35}fa^{31}	宪法		
ə	nə^{31}	二	dzə^{55}	青稞
ə̃	sə̃^{31}	省	fə̃^{31}	豆粉
ɚ	ʃa^{31}ɚ^{35}	赎回	ta^{31}pa^{55}ɚ^{31}	养
ɑ	pɑ^{55}	豺狗	zɑ^{31}	哭
ɑ̃	tʃɑ̃^{55}	毡	çɑ̃^{35}	象
u	phu^{55}	吹	tshu^{55}	甜
ũ	ʒũ^{55}	绒	thũ^{31}tʃ^{35}	同志
o	no^{31}	你	lo^{31}	石子

（四）复合元音

绵篪话共有 20 个复合元音，以二合元音为主，三合元音只有 iau 一个（出现在汉语借词中），其结合情况列举如下：

ie	bie^{55}	尿	thie^{55}	抽、吸
iã	phiã^{35}ji^{55}	便宜	tiã^{35}tã^{55}	电灯

ia	pia^{31}	猪	lia^{31}	厚	
iã	liã^{35}fu^{31}tsə^{31}	油灯	pəi^{55}liã^{31}ko^{33}	脊梁骨	
iu	diu^{55}	说			
io	dio^{55}	多	thio^{31}	桶	
ui	zui^{31}	种子	tui^{31}	抬	
ue	dzue^{55}	完备	tʃhue^{55}	插入	
ua	dʒua^{31}	军队	zua^{31}	小米	
uə̃	tɕhã^{55}ʃuə̃^{31}	牵绳	kuə̃^{31}tsə^{31}	棍子	
uɑ	ʁuɑ^{31}	五	ʃuɑ^{31}	锁	
uã	tʃhuã^{31}	船	ʃuã^{31}tɑ^{55}	大酒坛	
ye	ɕye^{31}ə^{55}	漩涡	ɕye^{55}tsə^{31}	靴子	
yã	wi^{55}yã^{31}	委员	tɕhyã^{31}li^{35}	权利	
yɑ	ɕyɑ^{55}	光			
ai	tshai^{31}to^{31}	菜刀	tshai^{31}ka^{31}	按板	
əi	pəi^{55}	剪	pəi^{31}	粉条	
əu	ʁəu^{55}	碗	ɣəu^{31}	马	
ɑu	tɕɑu^{55}	胶	tshɑu^{31}pi^{31}	草虱	
iɑu	piɑu^{53}	表	mɑ^{31}liɑu^{55}	马料	

三、声调

绵篪话能区别词义和形态的有三个调，它们分别是：^{55}、^{31}、^{35}。其中高平和低降在词中出现频率较高；高升调大多出现在形态变化的动词中。例如：ȵuj^{31}来，加表示"趋向"的前加成分后 ȵu^{31}就变为 ȵu^{35}—ji^{31}ȵu^{35} "进来"、ʃa^{31}ȵu^{35} "出来"、da^{31}ȵu^{35} "过来"等。除上述三个调外，还有一个高降调，但不区别词义和形态，它主要出现在动词最后一个音节或个别单词中，例如 da^{31}si^{31}zə^{53} 提醒、da^{31}pe^{53} 让开、da^{31}phia^{31}tha^{53} 绣花、kũ^{55}tʃhã^{31}tã^{53} 共产党、da^{31}phu^{53} 逃走，等等。下面把绵篪话三个调的调值列举如下：

高平：^{55}	mə^{55}	火柴	tsha^{55}	桥
低降：^{31}	mə^{31}	疮	tsha^{31}	锅
高升：^{35}	tʃə^{35}	痣	ju^{35}	又

绵篪话双音节词有的是前高后低（$^{55\,31}$、$^{35\,31}$），有的是前低后高（$^{31\,55}$），有的是前后都低（$^{31\,31}$）。现举例如下：

$^{55\,31}$: tsha^{55}tsha^{31} 山羊肉   ʁe^{55}ʁa^{31} 打架
$^{35\,31}$: su^{35}ki^{31} 素的

$31\ 55$：su³¹kɿ⁵⁵　　　墨　　　ʁe³¹ʁɑ⁵⁵　　咬、啃
$31\ 31$：tsha³¹tsha³¹　　精肉　　tĩ³¹tsə³¹　　顶子帽

绵篪话有的声调不仅区别词汇意义，而且还区别形态意义。例如：

dza³¹　　吃　　dza³⁵ji³¹　　（我们）将吃
　　　　　　　dza³¹ji⁵⁵　　（我们）正在吃
thie⁵⁵　　抽　　tie³⁵ji³¹　　（我们）将抽
　　　　　　　thie³¹ji⁵⁵　　（我们）正在抽

四、音节结构

绵篪话每一个音节都有一个声调，构成一个音节最多有四个音素，最少的只有一个音素，由一个音素构成的音节既可以是元音，也可以是辅音。元音与元音或元音与辅音可构成 9 种音节结构。举例如下：

　　V　表示元音　　C　表示辅音
1. V　　　　　i³¹　鸡
2. VV　　　　ua³¹　有
3. VVV　　　uai³⁵kue⁵⁵ʐə̃³¹　外国人
4. C　　　　m̩³¹pa⁵⁵　雪
5. CV　　　　dza³¹　吃
6. CVV　　　bia⁵⁵　尿
7. CVVV　　　piau³¹　表
8. CCV　　　phji⁵⁵　白的
9. CCVV　　　xmia³¹pho⁵⁵　松树

第五节　索桥话音位系统

一、单辅音

索桥话共有 36 个单辅音，按发音部位和发音方法列表如下：

发音方法		发音部位	双唇	舌尖前	舌尖中	舌叶	舌面前	舌根	小舌	喉音
塞音	清	不送气	p		t			k	q	
		送气	ph		th			kh	qh	
	浊		b		d			g		

续表

发音方法＼发音部位			双唇	舌尖前	舌尖中	舌叶	舌面前	舌根	小舌	喉音
塞擦音	清	不送气		ts		tʃ	tɕ			
		送气		tsh		tʃh	tɕh			
	浊			dz		dʒ	dʑ			
鼻音			m		n			ŋ		
边音					l					
擦音	清		ɸ	s		ʃ	ɕ	x		
	浊		w	z		ʒ	ʑ		ʁ	ɦ
半元音					ɹ		j			

（一）单辅音的几点说明

1. 塞音 t、d 在 u 元音前出现时，有颤唇现象。例如：tu⁵⁵ 榿枷、du⁵⁵ 筷子。

2. 擦音 d 与边音 l 在固有词 i 元音前出现时，分得不太清楚，两个音常互换。它们在其他元音前时，分得非常清晰。

3. 半元音 j、w 大多出现在汉语借词中，且发音是摩擦较重。

4. 小舌音 q、qh、x、ʁ 的实际音值比国际音标的 q、qh、x、ʁ 靠前。

（二）单辅音例词

p	pəi³¹	雪	pia³¹	猪
ph	phu⁵⁵	吹	phia³¹	种
b	bo⁵⁵	薄	bia³¹	背
m	mu³¹	人	mi³¹	疮
ɸ	ɸən⁵⁵	粉		
w	wu⁵⁵	碗	wu³¹	愿意
t	tu⁵⁵	榿枷	ta⁵⁵	牵
th	tho³¹	汤	thə³¹	他
d	du⁵⁵	筷子	də³¹	最（大）
n	nə⁵⁵	也	nə³¹	你
l	lo³¹	来	lu³¹	杉树
ts	tsi³¹	水	tsie³¹	女儿
tsh	tshu³¹	肺	tshe³¹	山羊

dz	dzi³³	文字	dzʉ⁵⁵	骑	
s	so⁵⁵	学	sa³¹	血	
z	zə³¹	官	zia⁵⁵	唱	
tʃ	tʃʉ³¹	馨	tʃua³¹	拿	
tʃh	tʃhʉ⁵⁵	枪	tʃhə³¹	屎	
dʒ	dʒa⁵⁵	早	dʒə³¹	四	
ʃ	ʃə⁵⁵	拉	ʃu³¹	牙齿	
ʒ	ʒə⁵⁵	给	ʒi³¹	路	
tɕ	tɕo⁵⁵	杀	tɕe⁵⁵	房子	
tɕh	tɕhe⁵⁵	欠	tɕhi⁵⁵	抽（烟）	
dʐ	dʐu³¹	门	dʐi³¹	腰带	
ȵ	ȵa⁵⁵	和	ȵʉ⁵⁵	绵羊	
ɕ	ɕe³¹	铁	ɕo³¹	楔子	
ʑ	ʑu³⁵	轻	ʑe³¹	睡	
k	ko⁵⁵	割	kə³¹	走	
kh	khu³¹	狗	khue⁵⁵	厩	
g	gu³¹	穿	go³¹	脚	
ŋ	ŋe³¹	病			
q	qə³¹	头	qo³¹	害怕	
qh	qhʉ³⁵	空	qha³¹	苦	
χ	χo³¹	柏枝	χa⁵⁵	有空	
ʁ	ʁo³¹	鹅	ʁə³¹	小麦	
ɦ	ɦa³¹lʉ⁵⁵	添	ɦa³¹ɕya⁵⁵	亮	
j	jy³¹	鸡	je³¹tʃə³¹	锥	
ɹ	ɹo³¹	马	ɹə³¹	写	

二、复辅音

索桥话共有 16 个复辅音，其结合形式有两种：一种塞音在前，擦音在后；另一种是擦音在前，塞音、塞擦音、鼻音、擦音在后。其结合特点是清浊不相配，前者称为前置型复辅音，后者称为后置型复辅音。

1. 前置型复辅音

此类复辅音是由擦音 ɕ、ʂ、ʐ 与塞音、塞擦音、鼻音、擦音等结合而成，共 12 个复辅音。列表如下：

辅音 前置	p	b	t	d	k	g	q	tʂ	dz̻	tɕ	m	ʁ
ʂ	/		/		/		/	/				
z̻		/		/		/			/		/	/
ɕ										/		

前置型复辅音例词：

ʂp	ʂpi⁵⁵	巫师	ʂpu³¹	浓
ʂt	ʂtʉ⁵⁵	油	ʂti³¹	饭
ʂk	ʂki⁵⁵	懒	ʂkə³¹	蒜
ʂq	ʂqo⁵⁵	嘴	ʂqa⁵⁵	搬运
ʂtʂ	ʂtʂu⁵⁵	汗	ʂtʂə³¹	胆
z̻b	z̻bu⁵⁵	龙	z̻bo³¹	鼓
z̻d	z̻do³¹	额	z̻da⁵⁵	云
z̻g	z̻gu⁵⁵	耐用	z̻gue⁵⁵	军队
z̻dz̻	z̻dz̻ə⁵⁵	足够	z̻dz̻u³¹be³¹	癣
z̻m	z̻mi⁵⁵	羌族	z̻mu³¹	名字
z̻ʁ	z̻ʁe⁵⁵	汉族	z̻ʁue⁵⁵	赊账
ɕtɕ	ɕtɕya³¹	瞎子		

2. 后置型复辅音

此类复辅音由塞音 ph、b、kh、g 与擦音 ʂ、z̻ 结合而成，可构成 4 个复辅音。列表如下：

辅音 前置	ʂ	z̻
ph	/	
b		/
kh	/	
g		/

后置型复辅音例词：

phʂ	sə⁵⁵phʂi⁵⁵	扯烂		
bz̻	bz̻e⁵⁵	细	bz̻i³⁵	哭
khʂ	khʂə³¹	米	khʂu³¹	污垢
gz̻	gz̻ə³¹	筋		

二、元音

（一）单元音

索桥话有 i、e、a、ə、y、o、ʉ、u 8 个单元音。

（二）单元音的几点说明

1. e 元音比国际音标的 e 略开些。

2. a 比国际音标的 a 靠后，在 ə 与 ɑ 之间，但 a 在受部位靠后的辅音影响后，其音值接近于 ɑ。

3. 央元音 ə 出现在舌尖前辅音后时接近于 ɿ 元音，出现在舌尖后辅音后接近于 ʅ。

4. ʉ 元音有复元音 ʉə 的倾向。

5. u 元音在塞音 p、t、d 后有颤唇现象。

（三）单元音例词

i	si³¹	柴	tɕi³¹	儿子
e	be³¹	矮	tshe³¹	山羊
a	pa³¹	粗	za³¹	瓢
ə	ʐə³¹	写	thə³¹	他
y	dʑy³⁵	多	sy³¹sy³¹	蛆
o	bo⁵⁵	高	so⁵⁵	寿命
ʉ	phʉ³¹	衣服	khʉ³¹	猫头鹰
u	khu³¹	狗	phu³¹	价钱

（四）复元音

索桥话共有 7 个复合元音，复元音只有二合的，主要是以 i、u 元音作为介音结合而成，其结合情况列表如下：

介音	元音	例词
i	e	zie³¹ 容易　so⁵⁵tie⁵⁵ 跳
	a	zia⁵⁵ 唱　pia³¹ 猪
	o	sio³¹ko⁵⁵ 盘旋
	u	liu⁵⁵si⁵⁵mi⁵⁵ 花红
u	i	ʁui³¹ji⁵⁵ 麻雀　tʂui³¹tʂui³¹ 闹架
	e	ʁue³¹ 城墙　khue⁵⁵ 厩
	a	tsua⁵⁵ 酸　ʁua³¹sa⁵⁵ 猴子

三、辅音韵尾

索桥话只有 -n、-ŋ 两个鼻音韵尾，n 主要出现在 a 元音后；ŋ 出现在 u 元音后。在借词中 a 元音后的 n 很不稳定，常消失。在 ɦ 辅音后鼻音韵尾常消失，变成鼻化音。例如：

pe³¹tʂu⁵⁵muŋ³¹mo³¹　　　花蕊
pan³¹na³¹　　　　　　　东西
lan³¹khan⁵⁵ʂo⁵⁵　　　　丧歌
ɦiũ⁵⁵　　　　　　　　　羽毛
hã³⁵　　　　　　　　　　铜
sie³¹ɦã　　　　　　　　肝

四、音节结构

羌语索桥话的每一个音节都有一个声调。构成一个音节最多有四个音素，最少有两个音素。元音与辅音可结合成 7 种音节结构。例如：

　　C　　代表辅音　　　V　　代表元音
1. CV　　　　phu⁵⁵　　　　吹
2. CVV　　　pia³¹　　　　　猪
3. CVVV　　phiau³⁵　　　　票
4. CCV　　　ʂtʉ⁵⁵　　　　　油
5. CCVV　　ʐgue⁵⁵　　　　军队
6. CVC　　　pan³¹na³¹　　　东西
7. CVVC　　xuaŋ³¹kua⁵⁵　　黄瓜

五、声调

索桥话共有四个声调，即高平调（55）、中平调（33）、低降调（31）、高升调（35）。高升调出现的频率较少，快读时变成高平调。例如：
　　ja³⁵khe³¹　（慢）
如：　　　　　　　　　"很多"
　　ja⁵⁵khe³¹　（快）

在多音节词中，有时个别音节的高平与低降可以互换。例如：

ʐa⁵⁵⁽³³⁾po⁵⁵　　　　土司　　　　xe³¹bu³¹⁽⁵⁵⁾ʐo⁵⁵　　　土蜂
ɹo³¹mia³¹⁽⁵⁵⁾　　　　母鸡　　　　tshu³¹sie⁵⁵⁽³¹⁾la⁵⁵　　粗筛子
pʉ³¹mi⁵⁵　　　　　　卖主　　　　pʉ⁵⁵mi⁵⁵　　　　　　买主
sə³¹pha⁵⁵　　　　　　浮肿　　　　sə³¹ha³¹　　　　　　　铺

sa⁵⁵	谁	sa³¹	血
lo³¹	来	lo⁵⁵	搅团
mu⁵⁵	火	mu³¹	人

第六节 沟口话音位系统

茂县城关区仅渭门、沟口二乡保留了羌语，属羌语南部方言黑虎土语。

渭门、沟口二乡羌族共有 4548 人，沟口乡共五个村，水入村羌族最多，共有 84 户，且位置适中，水入村羌语通行于渭门、沟口二乡，与其他地区不能相互交际。水入村羌语在渭门、沟口二乡有代表性，故选了此村为调查点。

本调查点共记录了 3021 个词，其中汉语借词 1092 个，占词总数 36%，本语词 1743 个，占词总数 58%，汉羌混合词 186 个，占词总数 6%。这份音系就是从这些材料中整理出来的。

一、辅音

（一）单辅音

沟口语共有 34 个单辅音。按发音部位和发音方法列表如下：

发音方法＼发音部位			双唇	唇齿	舌尖前	舌尖中	舌尖后	舌面前	舌根	喉音
塞音	清	不送气	p			t			k	
		送气	ph			th			kh	
	浊		b			d			g	
塞擦音	清	不送气			ts		tʂ	tɕ		
		送气			tsh		tʂh	tɕh		
	浊						dʐ			
鼻音			m			n		ȵ	ŋ	
边音	清					ɬ				
	浊					l				
擦音	清			f	s		ʂ	ɕ	x	h
	浊			v	z		ʐ	ʑ	ɣ	ɦ

(二) 单辅音的几点说明

1. f、ŋ 只在汉语借词中出现，ŋ 音位仅在音节尾出现，且念得不稳定，只在少数 n、ŋ 对立的词中才念得比较稳定。

2. tʂ、tʂh、dʐ 发音时舌尖舌面同时向上平抬起，唇不凸出，音值与麻窝话的舌叶音相同。ʂ、ʐ 向上接近的部位较靠后，稍有向上卷起，但不及国际音标中的 ʂ、ʐ 卷得厉害。

3. k、kh、g 在后元音前念得较后，在前元音往往前化，带有 i 元音的音色。

4. z、x、ɣ 等擦音摩擦轻微，z 在轻声音节里音值像 ɹ。

5. 喉音 h、ɦ 大都在词的第一个音节首出现，ʑ 只在前高元音前出现。

6. 塞擦音 ts、tʃ 在音节尾有吐气现象。

单辅音例词

p	pi⁵⁵	雪	pu⁵⁵	买
ph	phi⁵⁵	白	phu⁵⁵	树
b	bi⁵⁵	细	bu⁵⁵	牛痘
m	mə⁵⁵	人	mu⁵⁵	火
f	fei³⁵	肺	fa⁵⁵	办法
v	vʉ⁵⁵	牦牛	tu⁵⁵va¹³²	哥哥
ts	tse⁵⁵	小	tsu⁵⁵	水
tsh	tshe⁵⁵	山羊	tshu⁵⁵	咳嗽
s	sə⁵⁵	豹子	su⁵⁵	麻
z	zə⁵⁵	青稞	zu⁵⁵	种子
t	ta⁵⁵	那里	tu⁵⁵	牛轭
th	tha⁵⁵	那么	thu⁵⁵	桶
d	da⁵⁵	云	du⁵⁵	热
n	nɤ⁵⁵	知道	nə⁵⁵se³²	昨天
l	le⁵⁵	汗	lə⁵⁵	耕
ɬ	ɬe⁵⁵	山	ɬu⁵⁵	老鹰
tʂ	tʂə⁵⁵	房子	tʂe⁵⁵	儿子
tʂh	tʂhə⁵⁵	欠	tʂhe⁵⁵	锯
dʐ	dʐə⁵⁵	筋	dʐy⁵⁵	门
ʂ	ʂɤ⁵⁵	漂亮	ʂy⁵⁵	牙
ʐ	ʐɤ⁵⁵	鱼	ʐy⁵⁵	轻

tɕ	tɕi⁵⁵	女儿	tɕan⁵⁵tha³²	滑头
tɕh	tɕhi⁵⁵	窄	tɕhan⁵⁵tha³²	浅
ȵ	ȵi⁵⁵ke⁵⁵	什么	ȵy⁵⁵ma⁵⁵	绵羊
ɕ	ɕi⁵⁵	酒	ɕy⁵⁵	寿命
ʑ	ʑi⁵⁵	睡	ʑi³⁵ʁua⁵⁵	帮助
k	ka⁵⁵	能干	ka³⁵	头顶
kh	khu⁵⁵	香	khy⁵⁵	狗
g	go⁵⁵	鹅	gys⁵⁵	衣服
ŋ	fuŋ⁵⁵tsʅ³²	疯子	thaŋ⁵⁵thaŋ⁵⁵	汤
x	xy⁵⁵	香	xui⁵⁵	上
ʁ	ʁy⁵⁵	马	ʁu⁵⁵mʁ⁵⁵	膝盖骨
h	hũ⁵⁵	有	hũ⁵⁵	汗毛
ɦ	ɦũ³⁵	是	ɦʁ⁵⁵	汉族

（三）复辅音

沟口话只有 xp、xt、xk、xtʂ、xtɕ 五个辅音。前置辅音 x 念得很弱，在词的第一音节时几乎不念出来，在词的第二音节时要念出来。在词的第一音节中 x 因后置辅音的不同而有不同的音值：在 p 与 k 前是卷舌的 x；在 tʂ 前是舌尖后擦音 ʂ；在 tɕ 前是舌面中擦音 ɕ，在 t 前有时为 ʂ，有时为 s；在词的第二音节中多数念成卷舌的 x，有的音值与词的第一音节一样。

从其发展趋势来看，复辅音是处在消失过程中，有许多词往往不带前置辅音，只在少数单、复辅音相对立时，才带前置辅音。例如：

tu⁵⁵	牛轭	xtu⁵⁵	油
pi⁵⁵	雪	xpi⁵⁵	酵头
e³³kie⁵⁵	一颗	e³³xkie⁵⁵	一驮

（四）复辅音例词

xp	xpʁ⁵⁵	豹	ɕi⁵⁵xpu⁵⁵	剪刀
xt	xte⁵⁵	七	xty⁵⁵	冷
xk	xky⁵⁵	贼	xkʁ³³ȵi⁵⁵	茂县
xtʂ	xtʂə⁵⁵	虱子	xtʂʁk⁵⁵	矛
xtɕ	xtɕy⁵⁵	端公	tʂha⁵⁵xtɕi⁵⁵	枕线棍

二、元音

（一）单元音

沟口话单元音较少，一共只有 15 个，其中基本元音 10 个，卷舌元音 3 个，长卷舌元音 2 个。列举如下：

i e a ɑ ə ɤ ʉ u y o

　　aɹ　əɹ　ɤɹ

　　　əːɹ　ɤːɹ

（二）单元音的几点说明

1. ə 元音在舌尖前辅音后出现时，其音值近似于 ɿ；在舌尖后辅音后出现时，其音值接近于 ʅ。

2. y 元音稍靠后较开。

3. ʉ 元音在双唇、唇齿音后有复元音倾向，像 uɵ。

4. u 元音比国际音标的 u 略低。

5. o 元音多数在汉语借词中出现。在舌根辅音后嘴唇稍收敛，像复合元音 uo。

6. i、ə、aɹ、ʉ、u 元音在喉音 h、ɦ 要鼻化。

7. a 元音的音值接近于 ɑ。

8. 元音起首的音节都带有喉塞音 ʔ。

（三）单元音例词

i	pi⁵⁵	雪	ki⁵⁵	去
e	le⁵⁵	蒸气	pe⁵⁵	草地人
a	pa⁵⁵	猪	za⁵⁵	溜索
aɹ	baɹ¹⁵⁵	大	kaɹ¹³⁵	头顶
a	ka⁵⁵	我	pa⁵⁵	粗
ə	sə⁵⁵	柴	bə⁵⁵	尿
əɹ	əɹ¹⁵⁵tsə³²	木耳	əɹ¹³⁵ye³²	二月
əːɹ	dəːɹ¹⁵⁵	皱纹	kuŋ⁵⁵fəːɹ¹⁵⁵	工分
ɤ	sɤ⁵⁵	看	zɤ⁵⁵	土地
ɤɹ	khɤɹ¹⁵⁵	米	ʂɤɹ¹⁵⁵	牛
ɤːɹ	khɤːɹ¹⁵⁵	石子	phɤːɹ¹⁵⁵	床
ʉ	bʉ⁵⁵	臭	xkʉ⁵⁵	金子
u	bu⁵⁵	高	ku⁵⁵	害怕
y	xky⁵⁵	贼	zy⁵⁵	轻

o tsho³⁵ 锉 po⁵⁵po⁵⁵ 香炉

（四）复合元音

沟口话的复合元音主要是二合元音；三合元音只有 2 个，且主要出现在汉语借词中。其元音与元音可结合成 21 个复合元音。举例如下：

ie	lies⁵⁵	精液	kie³³pu⁵⁵	根
ia	ia⁵⁵	好	iat⁵⁵	晚饭
io	ti³⁵io³²	地狱	pan³⁵io³²	半目
ui	xui⁵⁵	上	ʂui³⁵	税
ue	tsue⁵⁵	酸	ɡue⁵⁵	狐狸
ua	tshua⁵⁵	种	kua⁵⁵	锄头
ua	xua⁵⁵	卖	sua⁵⁵	算
uə˩	ɣuə˩⁵⁵	核桃	tʂuə˩⁵⁵	刀子
ʉɤ˩	dzʉɤ˩⁵⁵	号	ɣʉɤ˩⁵⁵	绸子
ʉa˩	ɣʉa˩⁵⁵	庄稼	zi³⁵ɣʉa⁵⁵	帮助
iu	iu³⁵	石	ȵan⁵³kiu⁵³	猎狗
iə˩	iə˩⁵⁵	线		
ei	pei³⁵	碑	fei³⁵	肺
eu	tʂeu³⁵tha³²	吮	teu⁵⁵tha³²	陡
ai	phai³⁵tha³²	派	xai³³ʂə⁵⁵	还是
au	phau⁵⁵	大钹	tsau³⁵	灶
ye	ye⁵⁵	路	tɕye⁵⁵tɕhye⁵⁵la⁵⁵pa⁵⁵	蝴蝶
ya	tɕyan³⁵	厩	ui⁵⁵yan³²	委员
yə˩	ɕyə˩³⁵	旋涡		
uan	khuai³⁵tha³²	快	tʂuai⁵⁵ʂə³²	结实
iau	liau³⁵	马料	phiau³⁵	票

三、元音与结尾辅音

沟口话元音与结尾辅音可结合成 99 个带辅音尾的韵母。沟口话共有 14 个结尾辅音，即：p、t、k、ts、tʂ、m、n、ŋ、ɬ、s、z、ʂ、ʐ、x 共 14 个单辅音。其结合情况列表如下：

第二章 语音系统

辅音＼元音	p	t	k	ts	tʂ	m	n	ŋ	ɬ	s	z	ʂ	ʐ	x
i		✓	✓	✓		✓	✓							✓
e	✓	✓	✓		✓							✓		
a		✓	✓		✓			✓	✓			✓		
aᴶ				✓	✓									
a	✓		✓	✓		✓	✓					✓		
ə	✓	✓		✓		✓	✓	✓		✓				✓
ɤ	✓	✓	✓		✓					✓		✓	✓	
ɤᴶ	✓	✓	✓	✓						✓	✓			
u	✓	✓	✓		✓	✓								
y	✓	✓	✓		✓	✓								
o	✓		✓	✓			✓							
ie				✓			✓							
ia		✓				✓								
ia			✓				✓							
ye			✓											
ya						✓								
ue	✓		✓		✓	✓								
ua					✓									
ua	✓		✓		✓	✓								
ʉɤᴶ	✓		✓											
ʉaᴶ				✓										
au			✓											

元音与结尾辅音结合的例词

it	ʑit³⁵	掌心	eʂ	bu³³ȵeʂ⁵⁵	雀斑
ik	kɤᴶ⁵⁵ʑik⁵⁵	前面	at	tat⁵⁵	皮带
its	pits⁵⁵	麦芒	ak	dʐak⁵⁵	下巴
im	tʂam³⁵ɕim³²	放债者	ats	pats⁵⁵	肌肉
in	ɟie³⁵tɕhin⁵⁵ɕa⁵⁵	太平	atʂ	atʂ⁵⁵	一斤
ix	mu³³ʑix⁵⁵tə³³pə³³	梦游	am	pam⁵⁵mup⁵⁵	亥年

ep	gep⁵⁵	绕线棍	an	tɕan⁵³	碱
et	ket⁵⁵	骡子	aɬ	aɬ⁵⁵	一个月
ek	zek⁵⁵	少	aʂ	paʂ⁵⁵	肉
ets	ɕets⁵⁵	楔子	aʂ	paʂ⁵⁵	疮
em	tʂem⁵⁵	已婚男子	aᴵtʂ	xkaᴵtʂ⁵⁵	霜
en	e³³fen³⁵	一份	aᴵm	haᴵm⁵⁵	红铜
es	ɣyk⁵⁵tes⁵⁵	马鞭	ap	map⁵⁵	珠珠
ak	sak⁵⁵	关节	ɤʂ	nɤʂ³³ke⁵⁵	耳朵
ats	tats⁵⁵	凳子	ɤʐ̩	lɤʐ̩⁵⁵	字
am	dam³⁵	扬尘	ɤᴵp	xkɤᴵp³³ke⁵⁵	麦秆
an	khan³⁵men³²kiu⁵³	看家狗	ɤᴵt	fiɤᴵt⁵⁵	骨髓
aŋ	mak³³paŋ⁵⁵	嫖客	ɤᴵk	fiɤᴵk³⁵	光
aʂ	dʐy³³ti⁵⁵tʂhaʂ⁵⁵	门闩	ɤᴵts	ʂɤᴵts⁵⁵	牛肉
əp	ɕau⁵⁵ye³³səp³²	流产	ɤᴵtʂ	tu³³pɤᴵtʂ⁵⁵	犁
ək	dʐək⁵⁵	露水	ɤᴵm	khɤᴵm⁵⁵	米饭
əts	tʂhəts⁵⁵	尺子	ɤᴵn	mɤᴵn⁵⁵ti³³zə⁵⁵le³²	天旱
əm	zəm⁵⁵	病人	ɤᴵʐ̩	fiɤᴵʐ̩⁵⁵	汉语
ən	sən⁵³	省	ɤʂ̩	kɤʂ̩⁵⁵	盖子
əɬ	kɤᴵ³⁵təɬ⁵⁵	上月	up	ɬup⁵⁵	鬼
əs	bəs⁵⁵	蛇	ut	put⁵⁵	斗
aʂ	maʂ³²tem⁵⁵	佣人	uk	kuk⁵⁵	里面
ɤp	ʂɤp⁵⁵	坟墓	uts	puts⁵⁵	细糠
ɤt	zɤt⁵⁵	松潘	utʂ	putʂ⁵⁵	羊毛线锤
ɤk	dɤk⁵⁵	楼梯	um	dum³⁵	鬼火
ɤts	kɤts⁵⁵	公猪	un	bun³⁵	昆虫
ɤm	sɤm⁵⁵	火药	uŋ	tuŋ³³pak⁵⁵	檣枷钮
ɤs	kɤs⁵⁵	形象	us	mus⁵⁵	气息
uʂ	tuʂ⁵⁵	犁耙	uep	suep⁵⁵	保险
yp	dyn⁵⁵dyp³²	大大后天	uets	e³³tʂhuets⁵⁵	一筐
yᴵt	yᴵt⁵⁵	鸡蛋	uem	mə³³thuem⁵⁵	强盗
yk	ʂyk⁵⁵	刀口	uen	dzuen⁵⁵	磨子
ym	tym⁵⁵	白石神	uan	suan⁵⁵	蒜
yn	e³³khyn⁵⁵	一捆	uap	dʐu³³kuap⁵⁵	狗腿子
ys	gys⁵⁵	衣服	uak	ku⁵⁵mɤᴵ⁵⁵xuak³²	长脚蜘蛛
op	ɤop⁵⁵	顶	uam	xuam⁵⁵	卖主
ok	mok³³ty⁵⁵	停止	uan	khuan⁵⁵tha³²	宽

ots	tʂots⁵⁵	桌子	uan	ta³⁵tʂhuan⁵⁵	梅毒
os	itʂ⁵⁵mos⁵⁵	半度	ʉɤˀp	ɣʉɤˀp⁵⁵	绸衣
iets	e³³tiets⁵⁵	一叠	ʉɤˀk	ɣʉɤˀk³⁵	膝盖
ies	lies⁵⁵	精液	ʉaˀm	ʑi³⁵ɣʉaˀm⁵⁵	助手
iat	iat⁵⁵	夜饭	yets	e³³tɕyets⁵⁵	一毛钱
iam	iam⁵⁵	灌县	yan	ma⁵³tɕyan³⁵	马厩
iats	iats⁵⁵	鸭子	auts	tsauts⁵⁵	枣子
iaŋ	mɤˀ⁵⁵liaŋ³³tin⁵⁵tin⁵⁵	屋顶			

四、声调

沟口话在三千多词中用声调区别词义的词只出现了一对，用声调区别词义的大都是汉语借词或汉语借词与本语相结合而成的词，但对立的词仍不多。由于受大批汉语借词的影响，沟口语已发展了声调，绝大部分词都有固定的音高，本语的单音节词多数为高平，汉语借词基本上与汉语一样，但在句中不大稳定。总的看来，声调在沟口话中是新发展的，目前声调不像汉语那样有重要地位，声调所起的作用还不大。

单音节词中共出现了四个调，即高平调（55）、高升调（35）、高降调（53）、低降调（32）。在本语单音节词中只有高平调和高升调，借词中四个调都出现了。在句子中末尾动词的最后一个音节经常是高平调或高升调。

声调例词

（1）高平：55

na⁵⁵ 和　　xui⁵⁵ 上面

（2）高降：53

tan⁵³ 胆　　tso⁵³ 左

（3）高升：35

na³⁵ 多少　xui³⁵ 会议

（4）低降：32

tɕhi³² 棋

在双音节词中有些词中因声调不同而区别词义。例如：

min³³tsə⁵⁵	名字	min⁵⁵tsə⁵⁵	糊泥刀
pa³³pa⁵⁵	老头	pa³³pa³⁵	柄、把
ɕan⁵⁵tʂaŋ⁵³	乡长	ɕan³⁵tʂaŋ⁵³	县长
xo³³xo⁵⁵	盒子	xo⁵⁵xo⁵⁵	核儿
tɕau³³tɕau³⁵	哨子	tɕau⁵⁵tɕau³²	小钹

以上这些例词仅 pa³³pa⁵⁵ "老头"是本语词，其他都是汉语借词。

五、轻声

轻声是指整个音节读得很轻，轻声音节的元音往往清化，辅音若为塞音、塞擦音时要吐气。轻声音节多半在词的末尾或词的中间。例如：

pe⁵⁵ẓə̥⁵⁵	藏语	ha⁵⁵ẓɣ̥⁵⁵	十四
tshe⁵⁵zɣ̥⁵⁵	柏树	lu⁵⁵tsu̥³²	道理
nə⁵⁵se̥³²	昨天	a⁵⁵xə̥³²	一堆

六、音节结构

沟口话构成一个音节最多有四个音素，最少只有一个音素。沟口话元音、辅音或元音与辅音可结合成15种音节结构：

C 代表辅音　　V 代表元音

1. V	y⁵⁵	鸡
2. VV	ey⁵⁵	路
3. VC	aɨ⁵⁵	一个月
4. VVC	iam⁵⁵	灌县
5. VCC	yxt⁵⁵	鸡蛋
6. VVCC	iaxt⁵⁵	晚饭
7. C	n̩⁵⁵	也
8. CV	bu⁵⁵	高
9. CVV	xua⁵⁵	卖
10. CVVV	phiau⁵⁵	票
11. CVC	bəs⁵⁵	蛇
12. CVVC	lies⁵⁵	精液
13. CVCC	fiɣ˧xt⁵⁵	骨髓
14. CCV	xky⁵⁵	贼
15. CCVC	xpɣm	肾

七、语音变化

沟口话里有许多语音变化现象，以下介绍几种主要的语音变化：

1. 元音丢失

动词加了前加成分后有些元音丢失。

（1）多音节动词第一音节的元音为 ə 或 ɤ 时，加了前加成分后 ə、ɤ 丢失。例如：

ʂə⁵⁵kue³²	拉	səʂ³³kue³²	已拉
lə⁵⁵te⁵⁵	捻线	səl³³te⁵⁵	已捻
kɤ³³dʐɤ˙⁵⁵	疯	tək³³dʐɤ˙⁵⁵	已疯
zɤ⁵⁵ki³²	拿	zɤẓ⁵⁵ki³²	已拿

（2）多音节动词第一音节双唇辅音后的 u，加了前加成分后 u 元音丢失。例如：

mu⁵⁵te³²	找	zəm⁵⁵te³²	已找
phu⁵⁵te³²	吹	səp⁵⁵te³²	已吹
bu³³lu⁵⁵	做	dɤb³³lu⁵⁵	已做

2. 元音和谐

沟口话在构词和构形变化中有丰富的元音和谐现象，其和谐情况是前元音与前元音、后元音与后元音和谐。

（1）构词中的元音和谐

①指示代词的元音和谐。例如：

| tsɤ⁵⁵ | 这 | tsə⁵⁵pi⁵⁵ | 这些 |
| thɤ⁵⁵ | 那 | thə⁵⁵pi⁵⁵ | 那些 |

②时间词的元音和谐。例如：

pə⁵⁵se̥⁵³	今天
nə⁵⁵i˙⁵⁵ʂeu⁵⁵	昨晚
nɤ⁵⁵pu̥³²	去年

③数量词的元音和谐。例如：

e³³ti⁵⁵	一根	a³³tsha⁵⁵	一钱
e³³thei⁵⁵	一层	a⁵⁵si˙³²	一天
a³³sa⁵⁵	一句	ɤ³³pu⁵⁵	一斗
a³³ʁua⁵⁵	一步	ɤ³³xots⁵⁵	一盒

（2）构形中的元音和谐

构形中主要是动词前加成分的元音与词根元音和谐，其和谐方式如下：

①若动词的元音是前响的复合元音及三合元音 iau 时，前加成分的元音根据复合元音中的第一个元音来变，若动词的元音是后响的复合元音与三合元音 uai 时，前加成分的元音根据最末一个元音来变。

②若动词的辅音为舌面前辅音时，前加成分的元音一律是前闭元音。

③若动词的辅音为舌尖后音，元音为 ʮə 时，前加成分的元音为央元音。

④动词第一人称过去时所加的后加成分的元音根据动词元音的前后而定。若动词的结尾元音为前元音，则加 a；若动词的结尾元音为央元音，则加 aˑ；若动词的结尾元音为后元音，则加 ɑ。

3. 连读

da³⁵la³¹　飞走　da³⁵ɦia³⁵la³¹　让飞走

　　　　　　　　　　　　　　　读为：daː³⁵la³²

zə³³ly⁵⁵　来　zə³³ɦia³⁵ly³²　让来

　　　　　　　　　　　　　　读为：zaː³⁵ly³²

tʂots⁵⁵ ɦia³⁵ta³² → tʂo⁵⁵tsa³⁵ta⁵⁵

桌子　　　　　　上

4. 自由变读

（1）x 与 f 变读。例如：

xua³³kəːˑ³⁵　　滑干　　～ fa³³kəːˑ³⁵

xuŋ³⁵min³²　　外号　　～ fuŋ³⁵min³²

xuo³³xuo³²　　活佛　　～ fo³³fo³²

（2）m 与 n 变读。例如：

mə⁵⁵　　　　人　　　～ nə⁵⁵

təm³³na³⁵　　明天　　～ tyn³³na³⁵

mə³³xpem⁵⁵　睫毛　　～ mə³³xpen⁵⁵

（3）ŋ 与 n 变读。例如：

tshuᵊn⁵⁵tʂaŋ⁵³　　村长　　～ tshuᵊn⁵⁵tʂan⁵³

tshuᵊn⁵⁵tʂhuŋ⁵³　寸虫　　～ tshuᵊn⁵⁵tʂhun⁵³

（4）s 与 tsh、ʂ 与 tʂh、ʐ 与 dʐ 变读。例

pas⁵⁵　　　　内　　　～ patsʰ⁵⁵

puʂ⁵⁵　　　羊毛线锤　～ putʂʰ⁵⁵

dʐəse̥³²　　　前天　　～ ʐə⁵⁵se̥³²

ɕi³³　　　　　蚯蚓　　～ ɕi³³ʐʯˑ³³bun³⁵

dʐʯˑ³³bun³⁵

（5）个别词中辅音的变读。例如：

hãˑ⁵⁵ȵy⁵⁵　　　鼻涕　　～ hãˑ⁵⁵dy⁵⁵

ɕyʂ⁵⁵　　　　年龄　　～ ʂyʂ⁵⁵

le⁴⁴phi⁵⁵　　　燧石　　～ nə⁴⁴phi⁵⁵

tshʯ³³ka⁵⁵　　　瘦　　　～ tshə³³xa⁵⁵

第七节 黑虎话音位系统

黑虎乡位于岷江西岸，距茂县县城70里，全乡共有1361人，其中羌族1291人，约占全乡总人口的95.5%，汉族70余人，分为四个村，除一村外，其他三村都能操羌、汉两种语言，一村因靠近大路已经转用汉语。其他三村也有一些年轻人不会说羌语了，在开会时他们都使用汉语，即使在家里使用汉语的也比使用羌语的多。

二村、三村、四村的话差别不大，能相互交流，只是个别语音稍有差异，本音系是以二村话为依据整理出来的。

本调查点共记录了3611个词，其中本语词2333个，占64.3%；汉语借词1157个，占32.3%；羌汉混合词122个，占3.4%。

一、辅音

（一）单辅音

羌语黑虎话共有39个单辅音，按发音部位和发音方法列表如下：

发音方法			双唇音	唇齿音	舌尖前	舌尖中	舌尖后	舌面前	舌根音	小舌音	声门音
塞音	清	不送气	p			t			k	q	
		送气	ph			th			kh	qh	
	浊		b			d			g		
塞擦音	清	不送气			ts		tʂ	tɕ			
		送气			tsh		tʂh	tɕh			
	浊				dz		dʐ	dʑ			
鼻音			m			n			ŋ		
边音	清					ɬ					
	浊					l	ɭ				
擦音	清			f	s		ʂ	ɕ	x	χ	h
	浊		w		z		ʐ	ʑ	ɣ	ʁ	ɦ

（二）对单辅音的几点说明

1. 舌尖前、舌尖中、舌尖后塞擦音在圆唇元音前有唇化现象。
2. 舌尖后塞擦音实际音值介于舌尖和舌叶之间。
3. 舌根擦音 x 只出现在圆唇元音及塞音 k、q 前，有时 x 与 f 互换。
4. 小舌擦音部位靠前，尤其是 χ 接近于舌根擦音 x。
5. 凡是元音起首的音节都带有喉音 ʔ。

（三）单辅音例词

p	pa⁵⁵	猪	pə⁵⁵	买
ph	pha⁵⁵	种	phə⁵⁵	树
b	ba⁵⁵	揹	bə⁵⁵	牛痘
m	mi⁵⁵	疮	mə⁵⁵	火
f	faɿ⁵⁵	雪米	fəɿ⁵⁵	草地人
w	wu⁵⁵	马	wa³¹ka⁵⁵	短的
ts	tsə⁵⁵	外甥	tse⁵⁵	锋利
tsh	tshə⁵⁵	盐	tshe⁵⁵	山羊
dz	dzə⁵⁵	青稞	dze⁵⁵	滴
s	sə⁵⁵	柴	se⁵⁵	三
z	zə⁵⁵	相信	za⁵⁵	溜索
t	ti⁵⁵	熊	ta⁵⁵	戴
th	thi⁵⁵	那样	tha⁵⁵	那儿
d	di⁵⁵	打	da³⁵	云
n	nə⁵⁵	知道	na⁵⁵	好
ɬ	ɬi⁵⁵	送	ɬo⁵⁵	老鹰
l	liq⁵⁵	男生殖器	lə⁵⁵	麦子
tʂ	tʂi⁵⁵	男性	tʂuə⁵⁵	穿（鞋）
tʂh	tʂhi⁵⁵	锯	tʂhuə⁵⁵	弄醒
dʐ	dʐi³⁵	世界	dʐuə⁵⁵	门
l̺	l̺ə⁵⁵	耕地	l̺a³⁵x ů̺ə³¹thi⁵⁵	打哈欠
ʂ	ʂə⁵⁵	屎	ʂuə⁵⁵	牙
ʐ	ʐə⁵⁵	会	ʐa⁵⁵	稀
tɕ	tɕi⁵⁵	女儿	tɕa⁵⁵	看
tɕh	tɕhi⁵⁵	要	tɕhyi⁵⁵	关
dʑ	dʑi⁵⁵	有（人）	dʑyi⁵⁵	路

ɲ	ɲi³¹pa⁵⁵	斑鸠	ɲu⁵⁵		锥子
ɕ	ɕi⁵⁵	酒	ɕu⁵⁵		学
ʑ	ʑa³⁵	哭	ʑu⁵⁵		冰雹
k	kə⁵⁵	去	ku⁵⁵		割
kh	khə⁵⁵	慢	khuə⁵⁵		狗
g	gə⁵⁵	结实	guə⁵⁵		穿
x	xyi⁵⁵	端公	xu⁵⁵		有
q	qɑ⁵⁵	我	qu⁵⁵		怕
qh	qhɑ⁵⁵	咸	qhɑɹ⁵⁵		石墙
χ	χɑ⁵⁵	空闲	χuɑ⁵⁵		卖
ʁ	ʁɑ⁵⁵	瓦	ʁua⁵⁵		五
h	ha³⁵	肋骨	hə³⁵		答应
ɦ	ɦɑ³¹	皮子	ɦə³¹ki⁵⁵		骨头

（四）复辅音

黑虎话复辅音较少且只有 8 个，其结合形式为：擦音 s、ʂ、ɕ、x 加塞音、塞擦音。列表如下：

前置辅音 \ 基本辅音	p	t	k	q	ts	tʂ	tɕ
s		/			/		
ʂ	/					/	
ɕ		/					/
x			/	/			

复辅音例词：

st	stə⁵⁵	招待	mə³¹sti⁵⁵		兄妹
sts	stsə⁵⁵	蒜	stsuə⁵⁵		放牧
ʂp	ʂpa⁵⁵	扮演	ʂpa³¹di⁵⁵		装扮
ʂtʂ	ʂtʂa⁵⁵	敬（神）	ʂtʂuə⁵⁵		六
ɕt	ɕtis⁵⁵	早饭	ɕti³¹mi⁵⁵		心
ɕtɕ	ɕtɕi⁵⁵	麂子	ɕtɕya⁵⁵		野马
xk	xki⁵⁵	驮	xkuə⁵⁵		偷
xq	xqə˞⁵⁵	懒	xquə˞⁵⁵		金子

二、元音

（一）单元音

黑虎话共有 11 个单元音，其中基本元音 8 个，卷舌元音 2 个，长卷舌元音 1 个。即：

　　i y e a ə ɑ o u
　　　　　　　　ə˞ ɑ˞
　　　　　　　　ə˞ː

对单元音的几点说明：

1. i 元音前不带辅音时，有轻微摩擦，近似半元音 j。
2. y 元音只出现在汉语借词中。
3. a 元音实际音值接近于 æ。
4. ə 元音有时较开接近于 ɜ 元音，当它出现在舌尖辅音后时，近似于舌尖元音 ɿ。
5. ɑ 元音出现在舌尖辅音后时，舌位靠前近似于 a 元音，当它出现在小舌音、声门音后时，舌位靠后。
6. u 元音在小舌音后较开。
7. ə˞ː 在本语词中出现较少，主要出现在汉语借词中。

（三）单元音例词

i	bi⁵⁵	细（棍）	gi⁵⁵	打开
y	çy³¹thɑ⁵⁵	虚	y³⁵ma³¹	玉米
e	tʂhe⁵⁵	吮吸	be³¹le⁵⁵	妻子
a	ba³⁵	布	tsa⁵⁵	我们
ə	sə⁵⁵	药	də⁵⁵	读
ə˞	bə˞⁵⁵	绳子	mə˞⁵⁵	名字
ə˞ː	də˞ː³¹ka⁵⁵	犁沟	ie⁵⁵mə˞ː⁵⁵	野猫
ɑ	dzɑ⁵⁵	追赶	tsɑ⁵⁵	这儿
ɑ˞	hɑ˞¹³⁵	肋骨	phɑ˞¹³⁵	皮衣
o	dzo⁵⁵	麻风	do⁵⁵	祖母
u	bu⁵⁵	木板	dʐu⁵⁵	竹制口琴

（四）复合元音

黑虎话共有 24 个复合元音，主要是二合的，三合元音只有 2 个（主要出现在汉语借词中），举例如下：

ie	tie⁵⁵	何处	ha³¹phie⁵⁵thɑ⁵⁵	闩

ia	mia^{35}	眼皮	dia^{55}		过年
iɑ	iɑ^{31}sɑ^{55}	松鼠	iɑ^{31}tɕi^{55}ʐ̩uɑ^{55}		属牛
io	xo^{31}io^{55}	火药	dio^{31}qu^{55}ba^{55}		头帕
iu	tiu^{55}	银子	tʂiu^{55}		丈夫
ue	tsue^{55}	酸	due^{35}		油
ua	bua^{55}	大	tʂua^{35}		口水
uə	suə^{55}	磨（刀）	duə^{55}		毒
uə˞	ɦuə˞^{35}	哑巴	ʂua^{35}ʁuə̥^{31}		海龙
uəː˞	ma^{31}xuəː˞^{55}	麻花			
uɑ	duɑ^{35}	大腿	ʂuɑ^{55}		稀泥
uɑ˞	ʁuɑ˞^{55}	帮忙			
yi	tɕhyi^{55}	火锅	qyi^{55}		有
ye	ɕyets^{55}	靴子	ye^{31}mɑ˞^{55}le^{55}		（牛）有胎
ya	ɕtɕya^{35}	野马	(tə^{31}) tya^{55}		拾
yəː˞	pi^{31}tɕyəː˞^{55}	牛鼻圈			
ai	bai^{55}	半山	ai^{55}		一件
ɑi	mɑi^{55}	翳子	phɑi^{55}		牌
əi	dʐəi^{55}	前天	qəi^{55}		声音
əu	təu^{55}	起来	tʂhəu^{35}		纺车
ɑu	pɑu^{53}	大钹	tɑu^{35}xuɑ^{31}		帽子
ui	tsui^{35}	罪	ʂui^{35}		税
uai	kuai^{31}thɑ^{55}	怪	xuai^{31}ʂu^{55}		槐树
iɑu	phiɑu^{35}	票	liɑu^{35}		马料

三、元音与结尾辅音的结合

黑虎话共有 22 个辅音韵尾，其中 21 个单辅音韵尾，即：p、b、t、d、k、g、q、ts、tʂ、dʐ、m、n、ɫ、l、ɻ、f、s、z、ʂ、ʐ、x 等；复辅音韵尾只有 1 个 st。它们与元音可结合成 156 个带辅音尾韵母。其结合情况列表如下：

辅音 元音	p	b	t	d	k	g	q	ts	tʂ	dʐ	m	n	ɫ	l	ɻ	f	s	z	ʂ	ʐ	x	st
i	/	/	/	/	/			/			/	/	/				/	/	/			

续表

辅音＼元音	p	b	t	d	k	g	q	ts	tʂ	dʐ	m	n	ɬ	l	ɹ	f	s	z	ʂ	ʐ	x	st
y											/								/	/		
e	/	/	/	/	/	/	/	/	/	/	/	/				/	/	/	/			
a		/	/		/	/	/				/			/		/		/		/		/
ə	/	/	/		/	/	/	/	/	/	/	/		/	/		/	/				
əʴ	/	/		/	/	/	/		/			/			/	/						
ɑ	/				/	/		/	/	/	/	/		/	/		/	/				
ɑʴ	/				/							/										
o	/	/			/	/		/			/	/		/	/						/	
u	/	/	/		/	/		/	/	/	/	/	/	/	/	/	/	/	/			
ie						/																
ia			/		/						/			/								
iɑ					/						/											
iu			/					/														
ue			/						/	/				/								
ua	/				/	/											/	/				
uə	/	/			/	/	/										/	/				
uəʴ					/									/								
uɑ						/		/														
uɑʴ						/													/			
yi								/				/										
ye					/																	
ya											/											
ɑu					/																	

带辅音尾韵母例词：

ip	ip⁵⁵	富裕	eg	eg⁵⁵	冻（油）
it	çit⁵⁵	吸酒管	eq	tseq⁵⁵	夏天
ik	ɬik⁵⁵	欢送	ets	ets⁵⁵	闭（眼）
iq	çiq⁵⁵	麦穗	etʂ	çi³¹gyi⁵⁵tetʂ⁵⁵	拉稀
its	gits⁵⁵	晚上	edʐ	hedʐ³⁵	造反

第二章 语音系统 67

itʂ	tʂhiʂ⁵⁵	梳（头）	em	tshem⁵⁵		男阴毛
im	khuə³¹ɬim⁵⁵	猎人	en	tshen³¹tʂuə⁵⁵		山羊羔
in	ɕin³¹phi⁵⁵	蝴蝶	eɬ	seɬ⁵⁵		三月
iɬ	iɬ⁵⁵	二月	es	ses³⁵tsə⁵⁵		香肠
il	suf⁵⁵il⁵⁵	羊毛线	ez	ɬez⁵⁵		阴山
iɭ	thiɭ⁵⁵	笛子	eʂ	leʂ³⁵		手心
is	ɕtis⁵⁵	晚上	eʐ	tʂheʐ³⁵		狗腿子
iʂ	phiʂ⁵⁵pu⁵⁵	性交	at	sat⁵⁵		细筛
yn	ɕan⁵⁵tɕyn³⁵	蘑菇	ad	sad⁵⁵		镰刀
yʂ	xyʂ⁵⁵	揉好的生面团	ag	ag⁵⁵ɦa³¹qa⁵⁵		打冷颤
yʐ	xyʐ⁵⁵	端公跳的舞	aq	laq³¹pa⁵⁵		狼
ep	ge³¹tʂhu⁵⁵hep⁵⁵	伸（向后）	ats	tɕhats⁵⁵		打扮
et	met⁵⁵	眼珠	atʂ	atʂ⁵⁵		一根（线）
ed	zed³¹kha⁵⁵	石塔上的树枝	am	pam⁵⁵po³¹		亥年
an	han³⁵	十二	əst	məst⁵⁵		火星
aɭ	ʂaɭ⁵⁵	大铁锅	əˀp	ɦəˀp³⁵		坟墓
as	ʁuaˀ⁵⁵	牦牛肉	əˀt	ɦəˀt⁵⁵		舅子
aʐ	haʐ³⁵	十四	əˀq	pəˀq³⁵		艾草
ast	hast⁵⁵	十七	əˀts	fəˀts⁵⁵		补（衣）
əp	dzəp⁵⁵	前年	əˀtʂ	qə³¹pəˀtʂ⁵⁵		头
ət	zət⁵⁵	日子	əˀdʐ	qəˀdʐ³⁵		利息
əq	zəq⁵⁵	舌头	əˀn	fəˀn³⁵		肾
əts	zəts⁵⁵	松潘	əˀf	məˀf³⁵		眼屎
ədʐ	dʐədʐ⁵⁵	审问	əˀs	məˀs⁵⁵le⁵⁵		记性好
əm	khəm⁵⁵kə⁵⁵	赞成	əˀʂ	məˀʂ⁵⁵		家神
ən	qən⁵⁵	下面	əˀʐ	ʁəˀʐ⁵⁵		汉语
əl	dəl³⁵	断	ɑp	mɑp⁵⁵		老太婆
əɭ	stəɭ⁵⁵	气管	ɑq	pɑq⁵⁵		脚尖
əf	ləf⁵⁵	一种柴	ɑts	ʂɑts⁵⁵		沙子
əs	məs⁵⁵	气息	ɑdʐ	xqɑdʐ³⁵		露水
əz	phiʂ⁵⁵zəz⁵⁵	阴唇	ɑm	tɕɑm³⁵		女人
əʂ	tshəʂ⁵⁵	精（肉）	ɑn	xqɑn³⁵		石子
əʐ	ləʐ³⁵	文字	ɑɬ	ŋɑɬ⁵⁵		骨髓
əx	təx⁵⁵	饱	ɑl	xɑl⁵⁵		小喇叭
ɑf	ɑf⁵⁵	一分（钱）	uk	wuk⁵⁵		告状
ɑs	ɑs³¹thɑ⁵⁵	记住	uts	ʁuts⁵⁵		陷阱

ɑz	tsuə³¹tʂhɑz⁵⁵	沼泽	utʂ	putʂ⁵⁵	羊毛线缰
ɑʂ	nɑʂ⁵⁵	一种草	um	wum³⁵po³¹	午年
ɑz̞	nɑz̞³⁵	其他	un	a³¹fun⁵⁵	一封
ɑᴵp	ʁɑᴵp⁵⁵	秃子	ul	dzuə³¹pul⁵⁵	门轴
ɑᴵq	stə³¹pɑᴵq³⁵	鼻子	ul̠	pul̠⁵⁵	羊毛绽杆
ɑᴵtʂ	phɑᴵtʂ⁵⁵	刨开	uf	suf⁵⁵	羊毛衣
ɑᴵs	hɑᴵs³⁵	一种柴	us	pus⁵⁵	正月
op	ɬop⁵⁵	鬼	uz	so³¹kuz⁵⁵	小块地
ot	sot⁵⁵	麻布	uʂ	sə³¹ʁuʂ⁵⁵	牛粪
oq	doq⁵⁵	灌县	uz̞	buz̞⁵⁵	灰
ots	xots⁵⁵	胡须	ux	zux⁵⁵	屋檐滴水管
otʂ	notʂ³⁵	敬神馍馍	iets	thiets⁵⁵	帖子
on	tson³⁵	跳蚤	iad	tiad⁵⁵	皮带
ol	sol⁵⁵	绳子	iaq	a³¹tiaq⁵⁵	一点（墨）
ol̠	sol̠⁵⁵	牛夹担的双皮带	ian	thian⁵⁵phən³¹	上颚
ox	sox³⁵	麻杆	ial̠	tial²¹gi⁵⁵tu⁵⁵pan³¹pɑ⁵⁵	双棒后的小棍
up	sə⁵⁵dzup⁵⁵	药粉	ias	dias⁵⁵	新年
ut	put⁵⁵	斗	iɑq	iɑq³¹tup⁵⁵	跟都村
iɑn	tə³¹liɑn⁵⁵thɑ³¹	伤风	uəm	stuəm⁵⁵	亲戚
iut	diut⁵⁵	一种柴	uən	z̞uən³⁵ye³¹	闰月
ium	xquə³¹xquəᴵ⁵⁵ku³¹tium⁵⁵	厨子	uəl̠	ʁuəl̠⁵⁵	核桃
uet	tʂhəʂ⁵⁵dzuet⁵⁵	蜘蛛茧	uəs	ʂuəs⁵⁵	年龄
uem	mə³¹thuem⁵⁵	强盗	uəʂ	tsuəʂ³¹dzu⁵⁵	木水缸
uen	dzuen⁵⁵	磨子	uəz̞	ə³¹tuəz̞⁵⁵	弄皱
uel̠	do³¹qu⁵⁵tsuel̠⁵⁵	裤腰带	uəᴵp	ʁuəᴵq⁵⁵dzyi⁵⁵	山路
uap	dzuap⁵⁵	蛆	uəᴵs	qhuəᴵs⁵⁵	青杠树
uaq	guaq⁵⁵	维古	uats	ʁuats⁵⁵	袜子
uats	lin⁵⁵kuats³¹	羊皮裙	uɑm	xuɑm⁵⁵	卖主
uadz̞	ʂuadz̞⁵⁵	紫微星	uɑn	xuɑn³⁵	楼板
uas	pi³¹tʂhuas⁵⁵	一种树	uɑᴵm	ʁuɑᴵm⁵⁵	助手
uaz	dʒuaz⁵⁵	军官	uɑᴵz̞	ʁuɑᴵz̞⁵⁵	工钱
uaʂ	guaʂ⁵⁵	衣服	yim	dʑi⁵⁵ɧe³¹gyim⁵⁵	瘫手者
uəp	zuəp⁵⁵	丈夫	yil̠	dʑyil̠⁵⁵	伙伴
uəb	tsuəb³¹ba⁵⁵	挨打	yets	ɕyets⁵⁵	靴子
uət	dzuət⁵⁵	鸡蛋	yan	ɕyan³⁵	漩涡

uəɳ	suəq⁵⁵	冬天	auts tʂhɑ³¹pauts⁵⁵	茶包
uəts	z̦uəts⁵⁵	花毡褥垫		
uəʈʂ	tuəʈʂ⁵⁵	提线棍		

四、声调

黑虎话共有高平、高升、高降、低降等四个声调。高平调和高升调无论在本语词中还是在汉语借词中都起着重要的作用，高升调音调较长，与其他土语带有长元音的音节对应。高降调和低降调只起区别汉语借词的作用，低降调在非末尾音节中读为中平调。

声调例词

高平调：ʁu⁵⁵ 愿意　　ba⁵⁵ 背
高升调：tɕan³⁵ 箭　　ba³⁵ 布
高降调：tɕan⁵³ 碱　　in⁵³ 瘾
低降调：ʁu³¹ 鹅　　tɕhi³¹ 棋

五、音节结构

黑虎话每一个音节都有一个固定的声调。其音节结构类型多样，一个音节最少由一个音素（元音）构成；最多的由四个音素组合而成，元音与元音和元音与辅音可组合成 14 种音节结构。举例如下：

　　　C 代表辅音　　V 代表元音

1. v　　　i⁵⁵　　　　　二
2. vv　　　iu³⁵　　　　又
3. vvv　　iau³¹tɕi⁵⁵　　要紧
4. vc　　　ɑp⁵⁵　　　　一年
5. vvc　　iaq³¹tup⁵⁵　　跟都村
6. vc　　　ti⁵⁵　　　　　熊
7. cvv　　dzue⁵⁵　　　　磨
8. cvvv　　liau³⁵　　　　马料
9. cvc　　zəts⁵⁵　　　　松潘（地名）
10. cvvc　zuəp⁵⁵　　　　丈夫
11. cvcc　məst⁵⁵　　　　火星
12. ccv　　stə⁵⁵　　　　　泡
13. ccvv　xkuə⁵⁵　　　　贼
14. ccvc　ɕtis⁵⁵　　　　早餐

六、语音变化

黑虎话有较为丰富的语流音变现象，下面介绍几种主要的语音变化：

1. 元音清化

若动词词根元音为 ə、ə·、uə、uə· 等元音时，在词根前加了表过去的前加成分后，词根元音常清化。例如：

nə⁵⁵	知道	zə̥⁵⁵-n⁵⁵	已知
qə³¹le⁵⁵	嵌	e³¹-qə̥³¹le⁵⁵	已嵌
guə⁵⁵	盖	ɦie³⁵-guə̥⁵⁵	已盖
ʁuə·³¹diu⁵⁵	想	ɦie³¹-ʁuə̥·³¹diu⁵⁵	已想

个别词中 u 元音也清化，如：

| xu³¹lɑ⁵⁵ | 洗 | ɦɑ³¹-xu̥³¹lɑ⁵⁵ | 已洗 |
| bu³¹ȵa⁵⁵ | 破旧 | a³¹-bu̥³¹ȵa⁵⁵ | 已破 |

2. 元音脱落

若双声或叠音动词的辅音为双唇、边音、鼻音时，加了表过去的前加成分后第一音节的元音要脱落。例如：

phə³¹phɑ⁵⁵	铺	dɑp³¹phɑ⁵⁵	已铺
mi³¹mia⁵⁵	找	dzəm³¹mia⁵⁵	已找
mə³¹mɑ⁵⁵	擦	nəm³¹mɑ⁵⁵	已擦
lu³¹lu⁵⁵	卷	səl³¹lu⁵⁵	已卷
lə³¹lɑ⁵⁵	换	təl³¹lɑ⁵⁵	已换

3. 高元音化、后元音化

当动词词根元音为 o 时，加了表过去的前加成分后 o 变为 u。例如：

so³¹tə⁵⁵	跳	tə³¹-su⁵⁵tə⁵⁵	已跳
lo³¹lua⁵⁵	捆	ʁə³¹lu⁵⁵lua⁵⁵	已捆
tʂho³¹tə⁵⁵	炒	nə³¹tʂhu⁵⁵tə³¹	已炒

若动词词根元音为 e 时，加了表过去的前加成分后 e 元音变为央元音 ə。例如：

te⁵⁵	打	də³¹tə⁵⁵	已打
se⁵⁵	打死	tə³¹sə⁵⁵	已打死
dze⁵⁵	滴	ʁə³¹dzə⁵⁵	已滴

第二章 语音系统

4. 辅音弱化

当动词词根辅音为 ph、dz 时，加了表过去的前加成分后元音清化的同时，辅音也发生弱化。例如：

| phə³¹tə⁵⁵ | 吹 | əf³¹tə⁵⁵ | 已吹 |
| dzə⁵⁵ | 吃 | təz⁵⁵ | 已吃 |

5. 元音和谐

黑虎话的元音和谐仅表现在构词与形态变化中，其规律不像某些土语那样完整，在许多情况下不发生和谐现象。下面以构词和构形中的元音和谐作简要介绍。

（1）构词中的元音和谐

构词中的元音和谐主要表现在数词"一"与量词之间的和谐，数词"一"因量词元音的不同而变为 a⁵⁵ 或 ɑ⁵⁵。若量词第一音节结尾元音为前元音 i、e、ə、a 或一部分以 u 结尾的，数词"一"为 a⁵⁵。例如：

A. 以 i 结尾的量词：

| a³¹ti⁵⁵ | 一根（草） | a³¹yi⁵⁵ | 一片（叶子） |
| a³¹phai⁵⁵ | 一排（房） | a³¹tai⁵⁵ | 一队 |

B. 以 e 结尾的量词：

| a³¹ke⁵⁵ke³¹ | 一格 | a³¹tue⁵⁵ | 一对 |

C. 以 a 结尾的量词：

| a³¹pa⁵⁵ | 一元 | a³¹tiaq⁵³ | 一点（钟） |
| a³¹xua⁵⁵ | 一下 | | |

D. 以 ə 结尾的量词：

| a³¹stə⁵⁵ | 一团 | a³¹tsuə⁵⁵ | 一早晨 |
| a³¹xu̯ə³¹ | 一遍，一次 | | |

E. 少数 u 结尾的量词：

| a³¹dʐu⁵⁵ | 一两 | a³¹ɕu⁵⁵ | 共同 |
| a³¹ku⁵⁵ | 一锅（饭） | | |

若量词的辅音为舌面音时，数词"一"也为 a⁵⁵。例如：

| a³¹ɕan³⁵ | 一箱 | a³¹tɕhan⁵⁵ | 一千 |

当量词第一音节结尾元音为后元音 a、o、u、ə 成为清化元音时，数词"一"为 ɑ⁵⁵。例如：

A. 量词元音为 u：

| ɑ³¹ʁu⁵⁵ | 一斗 | ɑ³¹dʐu⁵⁵ | 一把 |
| ɑ³¹pau⁵⁵ | 一包 | ɑ³¹phiɑu⁵⁵ | 一瓢 |

B. 量词元音为 o：

a³¹to⁵⁵　　　一朵　　　a³¹xo⁵⁵　　　　一盆

C. 量词元音为 ə：

a³¹tsə⁵⁵　　　一支　　　a³¹tshuən⁵⁵　　一寸
　　　　　　　（橙）

D. 量词元音为 ɑ：

a³¹zɑ⁵⁵　　　一个　　　a³¹tshuɑ⁵⁵　　一刀

E. 量词元音为清化元音：

a³¹tʂhu̥ə³¹　　一脚　　　a³¹tu̥ə³¹　　　一拃

a³¹ʁu̥ə³¹　　　一窝

2. 构形中的元音和谐

构形中的元音和谐主要表现在动词前加成分的元音与动词词根元音和谐。不过和谐并不完整，许多情况下前加成分不与词根元音和谐。

动词的方向或过去时前加成分共有 tə-、ɦa-、nə-、sə-、ə-、ha-、dzə-、da-等八个，这八个前加成分可分为两种：一种只带闭元音，它们是 tə-、nə-、sə-、dzə-，另一种是只带开元音，它们分别是 ɦa-、a-、ha-、da-。

第一种前加成分的元音只可能有 i、e、ə 三个。前加成分为 sə-、dzə-时并不完全与词根和谐，前加成分为 tə-、nə-时大多与词根和谐。例如：

sə-用 e 元音的只有一个词，其余不论词根元音是前还是后都用 ə。如：

gu⁵⁵　　　掷　　　se³¹gu⁵⁵　　　已掷

tshə⁵⁵　　喝　　　sə³¹tshə⁵⁵　　已喝

tshuɑ⁵⁵　　喝　　　sə³¹tshuɑ⁵⁵　　已喝

dzʅuts⁵⁵　　扫　　　sə³¹dzʅuts⁵⁵　　已扫

第二种前加成分的元音有 e、a、ɑ、ɑˀ、o 等，若动词词根元音为 i、e、ə、əˀ 时，前加成分的元音为 e；假如动词词根元音为 a 时，前加成分的元音为 a；如果动词词根元音为 ɑ、ə 时，前加成分的元音为 ɑ；当动词词根元音为 ɑˀ 时，前加成分的元音为 ɑˀ，若动词词根元音为 u 时，前加成分的元音为 o，其和谐规律列表如下：

前加成分元音	动词第一音节结尾元音
e	i、e、ə、əˀ
a	a
ɑ	ɑ、ə
ɑˀ	ɑˀ
o	u

第八节 龙池话音位系统

水沟子乡属于茂县水沟子区，共八个村：团结、水池、巴竹、拴马、较场、水沟子、大店、石水羌。这八个村中只有河西的团结、龙池二村操羌语，其他几个村仅老人还会说一点羌语外，其他人都转用汉语了。龙池村比团结村集中，人口也多些，且龙池村话通行于太平乡水沟子二村。使用人口有 1700 余人，其中龙池 198 人、团结 85 人，太平乡仅河西牛尾巴、杨柳沟、木耳寨三村及河东的萝卜沟说羌语，约占全乡羌族总人口（932 人）的一半。

龙池村羌族都会说汉语，羌语正处在逐渐消亡的过程中，十一二岁以下的都不会说羌语，十八岁以上的会说一些，但不及老年人流利。

本调查点共记录了 3300 个词，其中本语词 2003 个，占 60.5%；汉语借词 922 个，占 27.8%；汉羌混合词 382 个，占 11.7%。

一、辅音

（一）单辅音

羌语龙池话共有 43 个单辅音，按发音部位与发音方法列表如下：

发音方法\发音部位			双唇音	唇齿音	舌尖前	舌尖中	舌尖后	舌叶音	舌面前	舌根音	小舌音	喉音
塞音	清	不送气	p			t				k	q	
		送气	ph			th				kh	qh	
	浊		b			d				g		
塞擦音	清	不送气			ts		tʂ	tɕ				
		送气			tsh		tʂh	tɕh				
	浊				dz		dʐ	dʑ				
鼻音			m			n			ȵ	ŋ		
边音	清					ɬ						
	浊					l						
擦音	清			f	s		ʂ		ɕ	x	χ	h
	浊			v	z		ʐ		ʑ	ɣ	ʁ	ɦ

（二）对单辅音的几点说明

1. 唇齿音 f 主要出现在汉语借词中，在本语词中出现较少。
2. 塞音 p、t、k、q 与塞擦音均出现在最后一音节尾时，都带有吐气成分。
3. 舌根擦音 x、ɣ 多半出现在复辅音中。
4. 喉音 h、ɦ 主要出现在第一音节之首。
5. 边音 l 在部分词中摩擦较重，近似于 lʒ。如 lia⁵⁵ "厚"、lu⁵⁵ "搅团"、la⁵⁵ "杉木" 中的 l。
6. 舌根鼻音 ŋ 只出现在音节尾，汉语的 ŋ 声母字借入后读作 ŋg。如 ŋgo⁵⁵ "鹅"。
7. 小舌浊擦音摩擦较轻。
8. 凡从元音起首的音节都带喉塞音ʔ。

（三）单辅音例词

p	pa⁵³	粗	pu⁵⁵	骂
ph	pha⁵⁵	铺	phu⁵⁵	吹
b	ba⁵⁵	坚	bu⁵⁵	蜜蜂
m	mi⁵⁵	人	mu⁵⁵	火
f	fa³³pui⁵³	净水	fi⁵⁵tʂi⁵⁵	飞机
v	ve⁵⁵	有	vu⁵⁵	鸟
ts	tsa⁵⁵	这里	tsu⁵⁵	水
tsh	tsha⁵⁵	柜子	tshu⁵⁵	咳嗽
dz	dzə⁵⁵	吃	dzu⁵⁵	荞麦
s	sa⁵⁵	血	su⁵⁵	麻
z	za⁵⁵	瓢	zə⁵⁵	地
t	ti⁵⁵	熊	tu⁵⁵	连枷
th	thi⁵⁵	喝	thu⁵⁵	桶
d	di⁵⁵	门	də⁵⁵	豆
n	na⁵⁵	右	nu⁵⁵	知道
ɬ	ɬi⁵⁵	送	ɬy⁵⁵	快
l	li⁵⁵	耕（地）	lə⁵⁵	杉木
tʂ	tʂə⁵⁵	忌口	tʂuʂ⁵⁵	桌子
tʂh	tʂhə⁵⁵	吮	tʂha⁵⁵	茶
dʐ	dʐə⁵⁵	纬线	dʐa⁵⁵	早
ʂ	ʂə⁵⁵	好	ʂy⁵⁵	磨
ʐ	ʐə⁵⁵	事情	ʐə³³ke⁵⁵	骨头

第二章　语音系统

tʃ	tʃe⁵⁵	儿子	tʃu³³qu⁵⁵	黄鼠狼
tʃh	tʃho⁵⁵xsy⁵⁵	蝉	tʃhax⁵⁵	壶
dʒ	dʒy⁵⁵	绳子	dʒu³³pu⁵⁵	揉面的木槽
tɕ	tɕi⁵⁵	房子	tɕy⁵⁵	拿
tɕh	tɕhy⁵⁵	绵羊	tɕhu³¹	球
dʑ	dʑi⁵⁵	青稞	dʑy⁵⁵	面粉
ȵ	ȵi⁵⁵	二	ȵu³¹xiu⁵⁵	白天
ɕ	ɕi⁵⁵	柴	ɕy⁵⁵	学习
ʑ	ʑi⁵⁵	病	ʑi³³mi⁵⁵	疮
k	ku⁵⁵	你	ki⁵⁵	学习
kh	khu⁵⁵	狗	khua³¹pa⁵⁵	厩
g	gu⁵⁵	穿	ge⁵⁵	平底锅
ŋ	aŋ⁵⁵	共同	kaŋ³⁵	虹
x	xtʂə⁵⁵	虱子	xtʂi³⁵	蒜
ɣ	ɣzə⁵⁵	官	ȵi⁵⁵ɣe³¹	什么
q	qa⁵⁵	我	qu⁵⁵	害怕
qh	qha⁵⁵	苦	qhu⁵⁵	火炕上的柴架
χ	χa⁵⁵	长刀	χu⁵⁵	代替
h	hi⁵⁵	酒	hǔ⁵⁵	愿意
ɦ	ɦie³⁵	稀	ɦia³⁵	岩石

（四）复辅音

龙池话共有41个复辅音，其结合形式为：擦音与塞音、塞擦音、边音、擦音组合而成；除xl、xi外，清辅音与清辅音相结合，浊辅音与浊辅音相结合。其结合情况列表如下：

前置\辅音	p	b	t	d	k	g	q	tʂ	dʐ	dʑ	tɕ	m	n	ȵ	l	s	z	ʂ	ʐ	ɕ	ʑ	ʁ
s			/		/																	
z				/																		
ʂ	/		/		/	/																
ʐ		/		/																		
ɕ			/		/					/	/											
ʑ				/						/												
x								/	/							/	/	/	/			
ɣ								/	/													
χ								/														
ʁ								/	/	/	/											

复辅音例词：

st	stɚ⁵⁵	泡	stei⁵⁵	斧头
sq	a³¹sqa⁵⁵	一支		
zd	zda⁵⁵	云	zdue⁵⁵	油
ʂp	ʂpa⁵⁵	药	ʂpe⁵⁵	草地人
ʂk	ʂku⁵⁵	偷	ʂke⁵⁵	驮子
ʂq	ʂqu⁵⁵	煮	ʂqe⁵⁵	懒惰
ʂtʂ	ʂtʂa⁵⁵	用	de³¹ʂtʂɚ⁵⁵	到达
ʐg	ʐgue³⁵	九	ʐge⁵⁵	打开
ʐdʐ	ʐdʐe⁵⁵	咬	ʐdʐa⁵⁵	说
ʐm	ʐme⁵⁵	羌族	ʐmu⁵⁵	尸体
ɕt	ɕtie³⁵	七	ɕti⁵⁵	招待
ɕk	mu³¹ɕke⁵⁵	后颈	a⁵³ɕku⁵⁵	小的
ɕtɕ	ɕtɕye⁵⁵	带	ɕtɕy⁵⁵	舀（水）
ɕȵ	ʑʐɣ³¹ɕȵap⁵⁵	小腿肚		
ʑd	ʑdi⁵⁵	休息		
ʑm	ʑmi⁵⁵	伤口	ʑmi⁵⁵pi⁵⁵	堆肥
xtʂ	xtʂu⁵⁵	汗	xtʂɚ⁵⁵	锡
xtɕ	xtɕu⁵⁵	蒜		
xl	xli⁵⁵	熬茶		
xs	xsup⁵⁵	背心		
xʂ	xʂu⁵⁵	獐子	xʂe⁵⁵	撕
ʂɕ	ʂɕe³⁵	三	ʂɕi⁵⁵	新的
ɣdʐ	ɣdʐə⁵⁵	足够	ɣdʐu⁵⁵	口琴
ɣdʑ	ɣdʑue³¹ɣɕi⁵⁵	军官		
ɣȵ	ɣȵi⁵⁵tsə⁵⁵	短的		
ɣl	ɣly⁵⁵	妹妹	ɣlia³¹ma⁵⁵	喇嘛
ɣz	ɣzə⁵⁵	官		
ɣʐ	ɣʐe⁵⁵	首领	ɣʐi³¹tu⁵⁵χua³¹	成都
χtʂ	χtʂu⁵⁵	六	χtʂe⁵⁵χua³¹	砍
χtɕ	χtɕi⁵⁵	爱	χtɕye⁵⁵	想
χl	χli⁵⁵	烤		
χs	χsa⁵⁵	懂	χse⁵⁵	野羊
χʂ	χʂə⁵⁵	屎	χʂua³⁵	泥巴
ʁbʐ	ʁbʐə⁵⁵	星星		

ʁn	ʁnyfʂ⁵⁵	磨砺	ʁnə³¹tɕhy⁵⁵	白石灰
ʁɲ	ʁɲye⁵⁵	黄蜂	ʁɲy⁵⁵su³¹	泉水
ʁl	ʁlə⁵⁵	裁（衣）	ʁzu⁵⁵	
ʁz̩	ʁz̩e⁵⁵	鱼	ʁz̩ep⁵⁵	沙子

二、元音

（一）单元音

龙池话有 11 个单元音，其中基本元音 8 个，卷舌元音 3 个，列表如下：

i　e　æ　ə　a　u　o　y

aʵ　　əʵ　　oʵ

（二）元音音位的几点说明

1. i 元音比国际音标的前高元音略开，尤其当它出现在舌根、喉门音之后或后面带有小舌辅音尾时，要开些。如 ki⁵⁵ "去"、miq⁵⁵ "眼泪" 中的 i。

2. 元音 i、u、y 在零声母的音节中有轻微的摩擦，近似于半元音 j、v、ɥ。

3. e 元音在双唇、小舌辅音后较开、较后且略带卷舌。如 pe³⁵ "火草"、be³⁵be³¹ "争夺"、qe⁵⁵ "行"。

4. æ 元音比国际音标的前低元音略闭，近似于 æ。

5. a 元音在双唇、舌尖前、舌尖中、舌尖后、舌面前等辅音之后时，舌位略前接近于 a，在小舌音之后时舌位相同。

6. a 元音出现在舌尖前辅音之后时，其音值近似于舌尖元音 ɿ，当它出现在舌尖后辅音之后时，接近于舌尖元音 ʅ。

7. u 元音在舌面、舌尖前、舌根辅音之后略闭。当 u 元音后带鼻音 n 时，常有一过渡音 ə，近似于复合元音 uə。

8. o 元音主要出现在汉语借词中，在本语词中出现较少。

9. y 元音在舌面辅音后时，念标准的 y，其他辅音后时舌位 y、u 之间。

10. 元音 i、u、oʵ 在喉音后常鼻化。如 "hĩ "酒"、hũ⁵⁵ "有"、hõʵ "老虎"。

（三）单元音例词

i	li⁵⁵	耕	pi⁵⁵	人
e	le⁵⁵	有	pe³¹	北
æ	bæ⁵⁵	背	zæ⁵⁵	溜索

aˈ	ba⁵⁵	大	qa⁵⁵	头顶	
ə	də⁵⁵	豆	zə⁵⁵	哭	
əˈ	əˈ⁵⁵pa³¹	叔叔	ɦə¹³¹ku⁵⁵	翻下去	
a	pa⁵⁵	粗	qa⁵⁵	我	
u	pu⁵⁵	买	zu⁵⁵	种子	
o	tsho³⁵	锉	ko⁵⁵	歌	
oˈ	ɦo¹³⁵	呕吐	qho⁵⁵pa⁵⁵	婴儿睡的箩筐	
y	ly⁵⁵	来	y⁵⁵	马	

（四）复合元音

龙池话的复合元音主要是二合元音，三合元音只有两个，主要出现在汉语借词中。龙池话元音与元音可组合成19个复合元音。举例如下：

ie	ie⁵⁵	有	mie⁵⁵la³¹	密	
iæ	iæ⁵⁵	爸爸	liæ⁵⁵	厚	
ia	pia⁵⁵lu⁵⁵	珊瑚	tsi⁵⁵ia³¹	这儿	
iu	tiuk⁵⁵	獾	diug³¹pu⁵⁵	门口	
ue	tsue⁵⁵	酸	ʂue⁵⁵	湖	
uæ	tʃhua⁵⁵	种	ʁzua⁵⁵pa⁵⁵	木瓦板	
ua	tʃua³⁵	口水	sua⁵⁵	算	
ye	ye⁵⁵	路	ɕtɕye⁵⁵	带子	
yæ	tɕhyan³⁵te³¹	劝			
ya	ɕtɕya⁵⁵pa³¹	酵头子			
ei	pei⁵⁵	碎	mei⁵⁵	菌子	
ai	qai⁵⁵	声音	qhai⁵⁵la³¹	派	
ui	tshui³⁵	腋	tsui³⁵	罪	
eu	ʂeu⁵⁵la³¹	搜	tʃeu³⁵la³¹	咒	
au	tɕau³⁵	他	ɦiau³⁵	倒（茶）	
yəˈ	ɕyəˈ¹³⁵	旋涡			
uəˈ	ʁuəˈ¹³⁵	核桃	dzuəˈ⁵⁵	打扫	
iau	phiau³⁵	票	piau⁵³	表	
uəi	ʂuəi³⁵	税	kuəi³⁵la³¹	怪	

除以上复合元音外，还有以下10个复合元音是在形态中出现的。例如：

ii	thi⁵⁵	喝	thii⁵⁵	（第三人称单数）
yi	tʃy⁵⁵	磨	tʃyi⁵⁵	（第三人称单数）
əi	nə⁵⁵	睡	nəi⁵⁵	（第三人称单数）

ai	qa⁵⁵ 我	qai⁵⁵（对）我
o¹i	ho¹⁵⁵ 虎	ho¹i⁵⁵（对）虎
a¹i	ba¹⁵⁵ 大的	ba¹i⁵⁵（第三人称单数）
uei	dzue⁵⁵ 磨	dzuei⁵⁵（第三人称单数）
uæi	tʃhuæ⁵⁵ 种	tʃhuæi⁵⁵（第三人称单数）
uai	tshua⁵⁵ 唱	tshuai⁵⁵（第三人称单数）
yei	χtɕyei⁵⁵ 想	χtɕyei⁵⁵（第三人称单数）

三、元音与结尾辅音的结合

龙池话的结尾辅音共有 19 个，它们分别是 p、t、k、q、ts、tʂ、m、n、ŋ、l、ɫ、s、z、ʂ、ʐ、ɕ、x、ɣ、χ 等。这 19 个辅音与元音可结合或 103 个带辅音尾韵母。其结合情况列表如下：

元音＼辅音	p	t	k	q	ts	tʂ	m	n	ŋ	l	ɫ	s	z	ʂ	ʐ	ɕ	x	ɣ	χ
i	/	/	/	/		/	/		/	/	/								/
e	/	/	/			/		/		/		/	/	/			/		
æ			/	/	/			/		/			/	/			/		
ə	/		/	/				/											
a		/		/				/											
o										/		/							
u										/		/						/	/
y						/				/									
ie			/																
iæ						/													
ia								/											
iu			/	/															
ue			/							/	/								/
uæ			/																
ua		/				/	/			/		/							
ye					/	/				/									
ya						/													

带辅音尾韵母例词：

ip	dip⁵⁵	后年	eχ	eχ³¹lu⁵⁵peχ⁵⁵	呱呱鸡
it	ȵit⁵⁵	火炭鸡	aq	paq³¹paq⁵⁵	踢
ik	tɕik⁵⁵	家	æts	ats⁵⁵	一滴
iq	miq⁵⁵	眼泪	ats	pats³¹pats⁵⁵	小疙瘩
im	dzim⁵⁵	处女	an	han⁵⁵	十二

in	dʑin⁵⁵	娃子	aɬ	aɬ⁵⁵	正月
il	lil³¹ku⁵⁵	消化	as	pas⁵⁵	肉
iɬ	ȵiɬ⁵⁵	二月	aʂ	paʂ⁵⁵	疥疮
is	lis⁵⁵	精液	az̪	haz̪⁵⁵	十四
iχ	dʑiχ⁵⁵	臭虫	aç	paç⁵⁵	公猪
ep	tʂep⁵⁵	紧的			
aɣ	haɣ³¹khue⁵⁵	扔（往后）			
et	pet⁵⁵	青铜	əp	nəp⁵⁵	去年
ek	lek⁵⁵	锅圈	ək	dzək⁵⁵	牙
em	pem⁵⁵	贝母	əq	z̪əq⁵⁵	舌头
en	χen⁵⁵ta³¹	恨	ən	sən⁵³	省
es	tshua⁵⁵kes⁵⁵pan⁵⁵pan³¹	桥板			
əl	bəl⁵⁵	做			
eʂ	deʂ⁵⁵	穿（针）	əs	zəs⁵⁵	松潘
ez̪	χez̪⁵⁵	针线袋	əz	ləz⁵⁵	松香
eç	leç⁵⁵	指甲	əʂ	nəʂ⁵⁵	床
əz̪	z̪əz̪⁵⁵	纸	oz	tʃoz⁵⁵	刀子
əχ	təχ⁵⁵	（病）愈	oχ	tsoχ⁵⁵	这些
ap	qap⁵⁵	坛子	up	sup⁵⁵	麻布
at	at⁵⁵	一拃	ut	put⁵⁵	斗
aq	saq⁵⁵	关节	uk	tsuk⁵⁵	水井
am	bam⁵⁵	土蜂	uq	tuq⁵⁵	犁
an	lan³¹	南	utʂ	putʂ⁵⁵	羊毛线锤
aŋ	ʂaŋ⁵⁵	好好的	uŋ	tuŋ⁵⁵	东
al	pal⁵⁵	光	ul	pul⁵⁵	羊毛绽杆
as	mas⁵⁵	麻子儿	us	gus⁵⁵	衣服
az	az⁵⁵	一条	uz	buz⁵⁵	楼梯
aʂ	saʂ⁵⁵	姐妹	uʂ	zuʂ⁵⁵	外孙
az̪	dz̪az̪⁵⁵	皮绳	uz̪	muz̪⁵⁵	筷子
aç	lu³¹qu⁵⁵paç⁵⁵	脚板			
uç	buç⁵⁵	大蛇			
ax	khax⁵⁵	蝙蝠	ux	tux⁵⁵	连枷纽
aχ	aχ⁵⁵	一些	uɣ	muɣ⁵⁵	火塘
op	hop⁵⁵	老了	uχ	tuχ⁵⁵	黄桃
ok	z̪ok⁵⁵	拿	um	dum⁵⁵	鬼火

oq	qhoq⁵⁵	架子（烤柴用）	ym	vu⁵⁵ʐym⁵⁵	属鸡	
os	thos⁵⁵	秃子	yl	ɕyl⁵⁵	石杵	
yʂ	ɕyʂ⁵⁵	靴子	uat	χuat⁵⁵	木水缸	
yʐ	ɕyʐ⁵⁵	铁链子	uan	tʃhuan³¹	船	
yχ	yχ⁵⁵	屋檐滴水槽				
uaŋ	tʃuaŋ⁵⁵tɕa⁵⁵	庄稼				
ieq	mu³¹ieq⁵⁵	太阳	ual	χual⁵⁵	楼板	
ian	pian⁵⁵	匾	uas	khuas⁵⁵	羊皮褂	
iaŋ	liaŋ³⁵te³¹	晾	uaʂ	ʁuaʂ⁵⁵	麻雀	
iuk	tiuk⁵⁵	獾	uaʐ	kuaʐ⁵⁵	土罐	
iuq	diuq³¹ʐguek⁵⁵	门口				
yetʂ	tʃy³¹ʐy⁵⁵yetʂ⁵⁵	胎衣				
uek	tɕa³¹ʐguek⁵⁵	屋檐				
yen	yen⁵⁵	迎				
ues	gues⁵⁵	手杖	yes	tɕyes⁵⁵	轿子	
ueʂ	tʃhueʂ⁵⁵	医治	yeʂ	ɕyeʂ⁵⁵	重新	
ueχ	tʃhueχ⁵⁵	蹄子	yen	ɕyen⁵⁵	敞圈	
uaq	ʂuaq⁵⁵	影子				

四、声调

龙池话共有四个声调，高平调、高升调、高降调、低降调。本语词中只有高平调和高升调，以高平调最多。双音节词一般前低后高。低降调在第一音节或词的中间音节时变为中平调。有些调在句中很不稳定。用声调区别词义的并不多，在3305个词中只有23对词是利用声调的不同区别词义的。

声调例词

高平调：⁵⁵　　na⁵⁵ 和

高升调：³⁵　　na³⁵ 多少　　pe³⁵ 火草

低降调：³¹　　fen³¹（工）分　　pe³¹ 北

高降调：⁵³　　fen⁵³ 粉

五、音节结构

龙池话每一个音节都有一个固定的声调。其音节结构类型多样，一个音节最少由一个音素（元音）构成；最多的由五个音素组合而成，元音或元音与辅音可结合成14种音节结构。

举例如下：
C 代表辅音　　　　　　　V 代表元音

1. V　　　　　　　　　y^{35}　　　　　　马
2. VV　　　　　　　　ia^{55}　　　　　　爸爸
3. VVV　　　　　　　iau^{35}te^{31}tɕi^{53}　　要得紧
4. VC　　　　　　　　iʂ^{55}　　　　　　椅子
5. VVC　　　　　　　yetʂ^{55}　　　　　伙伴
6. CV　　　　　　　　qa^{55}　　　　　　我
7. CVV　　　　　　　tɕau^{35}　　　　　他
8. CVVV　　　　　　 phiau^{35}　　　　 票
9. CVC　　　　　　　set^{55}　　　　　　镰刀
10. CVVC　　　　　　ʁuaʂ^{55}　　　　　麻雀
11. CCV　　　　　　　ʂpe^{55}　　　　　 藏族
12. CCVV　　　　　　zdue^{55}　　　　　油
13. CCVC　　　　　　ʂpəl^{55}　　　　　线
14. CCVVC　　　　　 tɕa^{31}ʐguek^{55}　屋檐

六、语音变化

龙池话有较为丰富的语流音变，现介绍几种主要的语流音变：

1. 元音清化

当龙池话动词的元音为高元音 i、u、y 时，加上表过去的前加成分后，它们经常清化。例如：

i 元音清化：

tɕi^{55}　　盖　　　　　tə^{55}-tɕi̥^{55}　　已盖

li^{55}　　耕　　　　　de^{55}-li̥^{55}　　已耕

u 元音清化：

gu^{55}　　穿　　　　　tə^{55}-ɣu̥^{31}　　已穿

tshu^{55}　咳嗽　　　　tu^{55}-su̥^{31}　　已咳嗽

y 元音清化：

tʃy^{55}　　做　　　　　tə^{55}-ʂy̥^{55}　　已做

ʐy^{55}　　生长　　　　tu^{55}-ʐy̥^{55}　　已生长

2. 辅音弱化

塞音、塞擦音声母，加了表过去的前加成分后，弱化为同部位的擦音。例如：

b→u（w）	ba⁵⁵	背	ɦa³¹-ua⁵⁵	已背	
g→ɣ	gu⁵⁵	穿	tə⁵⁵-ɣu̥³¹	已穿	
qh→χ	qhu³¹la⁵⁵	洗	ɦu³¹-χu̥⁵⁵	已洗	
tsh→s	tshu⁵⁵	咳嗽	tu⁵⁵-su̥⁵⁵	已咳嗽	
tʃ→ʂ	tʃy⁵⁵	做	tɕə⁵⁵-ʂy̥³¹	已做	
tɕ→ɕ	tɕi⁵⁵	盖	tu⁵⁵-ɕi⁵⁵	已盖	
dz→z	dzue⁵⁵	磨	dzə³¹-zue⁵⁵	已磨	
dʒ→z	dʒə³¹la⁵⁵	说	tə³¹-z̞ə³¹la⁵⁵	已说	

3. 元音和谐

龙池话元音和谐形式是高元音与高元音和谐，低元音与低元音和谐，圆唇元音与圆唇元音和谐，展唇元音与展唇元音和谐。下面简单介绍一下构词、构形中的元音和谐：

（1）构词中的元音和谐

构词中的元音和谐并不十分完整，只在部分亲属称谓与部分数量词中保留。

a、亲属称谓的元音和谐：

i³¹ɕi³¹　　姐姐　　　　ba⁵⁵phi⁵⁵　　　丈夫

b、数量词的元音和谐：

a⁵⁵pi⁵⁵　　一堆　　　　a⁵⁵phai⁵⁵　　一排

a³¹ʁua⁵⁵　　一步　　　　a³¹ʁa⁵⁵　　　一串

2. 构形中的元音和谐

a、动词表过去的前加成分的元音与词根元音和谐，

tshu⁵⁵	咳嗽	tu⁵⁵-tsu̥⁵⁵	（过去时）
z̞y⁵⁵	生长	tu⁵⁵-z̞y̥⁵⁵	（过去时）
ta⁵⁵	织布	si⁵⁵-ta⁵⁵	（过去时）
di⁵⁵te⁵⁵	打击	he³¹-di⁵⁵te⁵⁵	（过去时）
ta⁵⁵	戴	ha³¹-ta⁵⁵	（过去时）
dzu⁵⁵	坐	ho³¹-dzu⁵⁵	（过去时）

b、动词否定前缀的元音与词根元音和谐

thi⁵⁵	喝	me⁵⁵-thi⁵⁵	不喝
za⁵⁵	哭	ma³¹-za⁵⁵	不哭
ba⁵⁵	背	ma³¹-ba⁵⁵	不背
qua⁵⁵	怕	mo³¹-qua⁵⁵	不怕

七、弱音节

在词中有些音节读得很轻，元音一般不发声。我们把这种现象称为弱

音节。弱音节大多出现在词的最末音节，它具有区别词义的作用。弱音节的元音都是高元音。即 i、y、u、e、ə 等。在构词中若第二音节或最末音节的元音以上五个元音都可能弱化。（弱音节用清化元音表示）例如：

$a^{55}so^{31}$	一副	$a^{55}so^{31}$	一千
$ha^{55}su^{31}$	竖	$hĩ^{55}ʂy^{31}$	牛轭

在构形中若动词词根元音为 i、y、u、e、ə 时，加了表过去的前加成分后，词根元音常清化：

1. i 元音清化：

$phi^{55}te^{31}$	吹	$ku^{55}\text{-}phi^{55}te^{31}$	已吹
$thi^{55}te^{31}$	喝	$sə^{55}\text{-}thi^{31}$	已喝
$tɕi^{55}te^{31}$	盖	$tə^{55}\text{-}tɕi^{31}$	已盖

2. u 元音清化：

$mu^{31}ma^{55}$	擦	$ɦa^{35}\text{-}mu^{31}ma^{31}$	已擦
nu^{55}	知道	$ku^{55}\text{-}nu^{55}$	已知道
pu^{55}	买	$dzə^{55}\text{-}pu^{31}$	已买

3. e 元音清化：

$qhe^{31}tɕi^{55}$	盖	$he^{31}\text{-}\chi e^{31}ɕi^{55}$	已盖
$me^{31}ma^{35}$	找	$dzə^{55}\text{-}me^{55}ma^{55}$	已找

4. ə 元音清化：

$nə^{31}na^{55}$	换	$ha^{31}\text{-}nə^{31}na^{55}$	已换
$qə^{31}tə^{55}$	打死	$ku^{31}\text{-}qə^{31}tə^{55}$	已打死
$ʂə^{55}$	穿（针）	$de^{55}\text{-}ʂə^{55}$	已穿（针）

5. y 元音清化：

zy^{55}	生长	$tu^{55}\text{-}zy^{31}$	已生长
$tʃy^{55}$	磨	$he^{35}\text{-}tʃy^{31}$	已磨

有的音节元音虽不清化，但读得很轻，这种音节多半在元音前不带辅音，念时好像与前面是一个音节。例如：$ha^{35}u^{55}$ "装"、$ha^{55}u^{55}$ "答应"、$ʁo^{55}u^{55}$ "赶（牲畜）" 等。

第九节　三龙话音位系统

茂县三龙乡共五个村：纳呼、勒依、大寨子、卡地花、龙坪。这五个村一共有 1611 人。属羌、汉杂居区。

三龙乡的羌族都能操羌、汉两种语言，靠近大路的一些村（如龙坪）

第二章 语音系统

小孩已不会说羌语了，个别老年人不会说汉语。在日常交际中羌语使用比较频繁，开会时完全使用汉语。三龙话在沙坝区除黑虎外都能通行，三龙人能听懂一点黑虎话。

本调查点共记录了 3512 个词，其中本语词 2117 个，占 60.3%；汉语借词 1235 个，占 35.2%；汉羌混合词 160 个，占 4.5%。

纳呼村位于河坝，是交通要道，是全乡的经济、文化中心，人口较多，故选了这个点。

一、辅音

（一）单辅音

三龙话共有 40 个单辅音，按发音部分与发音方法列表如下：

发音方法 \ 发音部位			双唇	舌尖前	舌尖中	舌尖后	舌面前	舌根	小舌	喉音
塞音	清	不送气	p		t			k	q	
		送气	ph		th			kh	qh	
	浊		b		d			ɡ		
塞擦音	清	不送气		ts		tʂ	tɕ			
		送气		tsh		tʂh	tɕh			
	浊			dz		dʐ	dʑ			
鼻音	浊		m		n		ȵ	ŋ		
边音	清				ɬ					
	浊				l					
擦音	清		ɸ	s		ʂ	ɕ	x	χ	h
	浊		w	z		ʐ	ʑ	ɣ	ʁ	ɦ

（二）单辅音的几点说明

1. ɸ 在汉语借词中为唇齿音 f。
2. w 略带摩擦，有时像 β，但摩擦很轻几乎与 u 元音差不多。
3. m 可自成音节。例如：$m̩^{33}pa^{55}$ "冷"。
4. 舌尖前音在元音 i 前，稍带腭化，像舌面前音。
5. l 在藏语借词中，像闪音 ɾ。例如：$pie^{33}lu^{55}$ "珊瑚"、$ȵel^{33}pe^{55}$ "管家"。
6. 舌尖后音和舌根音在元音 i、e、ə 前略带腭化。
7. ŋ 只出现在音节末尾。

8. 当 ʐ 作复辅音的前置辅音时，摩擦很轻与 ɹ 差不多。例如：he⁵⁵ ʐge⁵⁵ "开"。

9. 擦音 ʑ、ɣ 只在复辅音中出现。

10. 舌尖后音与麻窝话的舌叶音差不多，只是舌尖稍后缩一点。

11. 凡元音起前的音节，都带一点喉塞。

（三）单辅音例词

p	pɑ⁵⁵	粗	pie⁵⁵	猪、躲
ph	phɑ⁵⁵	晒	phie⁵⁵	种
b	bɑ⁵⁵	大	bie⁵⁵	背
m	mi⁵⁵	人	mə⁵⁵	火
ɸ	ɸu⁵⁵	香	ɸuts⁵⁵	头皮
w	wu⁵⁵	马	ɹwe⁵⁵	毛牛
ts	tsɑ⁵⁵	骑	tsə⁵⁵	蒸
tsh	tshɑ⁵⁵	柜子	tshə⁵⁵	盐
dz	dzɑ⁵⁵	追赶	dzə⁵⁵	青稞
s	sɑ⁵⁵	血	sə⁵⁵	柴
z	zɑ⁵⁵	勺	zə⁵⁵	田、地
t	tɑ⁵⁵	戴	ti⁵⁵	（狗）吠
th	thɑ⁵⁵	腰	thi⁵⁵	抱
d	də⁵⁵	豆	duə⁵⁵	毒
n	nɑ⁵⁵	好	nu⁵⁵	盘羊
ɬ	ɬi⁵⁵	送	ɬɑ⁵⁵ɬɑ⁵⁵	光滑
l	li⁵⁵	带	lɑ⁵⁵	狼
tʂ	tʂə⁵⁵	儿子	tʂuə⁵⁵	穿（鞋）
tʂh	tʂhə⁵⁵	甜	tʂhɑ⁵⁵	深
dʐ	dʐə⁵⁵	长	dʐɑ⁵⁵	笑
ʂ	ʂə⁵⁵	有	ʂu⁵⁵	海
ʐ	ʐə⁵⁵	公牛	ʐun⁵⁵	绒
tɕ	tɕi⁵⁵	熊	tɕe⁵⁵	哪里
tɕh	tɕhi⁵⁵	欠	tɕhy⁵⁵	关入
dʑ	dʑi⁵⁵	打	dʑe⁵⁵	过年
ȵ	ȵɑq⁵⁵	黑	ȵe³³te⁵⁵	舔
ɕ	ɕy⁵⁵	端公	ɕɑts⁵⁵	瞎子

k	ki⁵⁵	房子	kutʂ⁵⁵	菜	
kh	khu⁵⁵	锯	khuə⁵⁵	狗	
g	gə⁵⁵	筋	guə⁵⁵	穿	
ŋ	tʂuŋ⁵⁵	钟	ɕaŋ⁵⁵tʂaŋ³²	乡长	
x	xe⁵⁵	责骂	dzə³³xue⁵⁵	弯	
q	qɑ⁵⁵	我	qu⁵⁵	害怕	
qh	qhɑ⁵⁵	苦	qhu⁵⁵	打（枪）	
χ	χuɑ⁵⁵	卖	χɑ⁵⁵	长刀	
ʁ	ʁuɑ⁵⁵	五	ʁu⁵⁵	鹅	
h	hĩ⁵⁵	酒	hũ⁵⁵	有	
ɦ	ɦas⁵⁵	晚饭	ɦəˑp⁵⁵	富	

（四）复辅音

三龙话复辅音不太多，一共只有 24 个。共结合形式是擦音在前，塞音、塞擦音、擦音、鼻音、边音在后。共结合情况列表如下：

前置＼辅音	p	t	d	k	g	q	tʂ	dʐ	tɕ	dʑ	m	l	s	z	ʂ	ʐ
s		/														
z			/													
ʂ	/			/	/	/										
ʐ					/			/		/						
ɕ	/	/							/							
ʑ		/								/						
x													/		/	
ɣ													/			/
χ													/	/		
ʁ													/	/	/	

（五）复辅音例词

st	stə⁵⁵	七	stuəm⁵⁵	兄弟
zd	zdɑ⁵⁵	云	zdu⁵⁵	鹿
ʂp	ʂpe⁵⁵	藏族	ʂpu⁵⁵	竹子
ʂk	ʂku⁵⁵	硬	ʂkuə⁵⁵	贼
ʂq	ʂqə⁵⁵	懒	ʂqu⁵⁵	金子
ʂtʂ	ʂtʂuə⁵⁵	六	ʂtʂɑ⁵⁵	小

ʐg	ʐgu⁵⁵	鼓	ʐguə⁵⁵	九	
ʐdʐ	ʐdʐa⁵⁵	说	ʐdʐə⁵⁵	星星	
ʐm	ʐmu⁵⁵	尸体	ʐme⁵⁵	羌族	
çp	çpi⁵⁵	女生殖器			
çt	çti⁵⁵	拔	si⁵⁵çti⁵⁵	火钳	
çtç	çtçe⁵⁵	相信	çtçi⁵⁵	鹿子	
ʑd	ʑdye⁵⁵	油	ʑdiel⁵⁵	说	
ʑdʑ	ʑdʑi⁵⁵	病	ʑdʑe⁵⁵pu⁵⁵	土司	
xl	xlə⁵⁵	劝	xlu³³ku⁵⁵	骨髓	
xʂ	xʂə⁵⁵	犏牛	xʂe⁵⁵	调解	
ɣl	ɣlu⁵⁵	妹妹			
ɣʐ	ɣʐu⁵⁵	轻	ɣʐə⁵⁵	四	
χl	χlu⁵⁵	老鹰	χlup⁵⁵	鬼	
χs	χsi⁵⁵	三	χsə⁵⁵	神	
χʂ	χʂə⁵⁵	屎			
ʁl	ʁlɑ⁵⁵	小麦	ʁlɑ⁵⁵	迟	
ʁz	ʁzə⁵⁵	官	ʁzi³³ʁzi⁵⁵	量（动）	
ʁʐ	ʁʐuə⁵⁵	靶子	ʁʐə³³ʁʐə⁵⁵	打闹	

二、元音

（一）单元音

三龙话单元音较少，一共只有 13 个，其中舌尖元音 1 个；基本元音 8 个；长元音 2 个；卷舌元音 2 个。列举如下：

ɿ　i　e　a　ɑ　ə　y　u　o

　　　i:　　　a:

　　　　　əʴ　　　oʴ

（二）单元音的几点说明

1. 舌尖元音 ɿ 与 ə 相比，较松较长，仅在汉语借词中出现，与 ə 对立。例如：sɿ⁵⁵ "丝"、sə⁵⁵ "谁"。
2. e 元音比国际音标的 e 略开，音值接近于 ɛ。
3. a 元音部位稍靠前，近似于 æ。
4. ə 元音出现在舌尖前音、舌尖后音后时，其音值接近于 ɿ、ʅ。
5. o 元音比国际音标的 o 略闭，多数出现在汉语借词中。
6. u 元音在小舌音后略开。
7. i、u 元音在喉音 h 后带鼻化；i、u、a 在喉音 ɦ 后鼻化。

第二章 语音系统

（三）单元音例词

i	bi⁵⁵	尿	tsi⁵⁵	女儿
iː	siː⁵⁵mi⁵⁵	三脚	ɕtɕiː⁵⁵mi⁵⁵	心
e	pe⁵⁵	雪	be⁵⁵	矮
a	ɦa⁵⁵	写	pas⁵⁵	肉
aː	baː⁵⁵	布	dzaː⁵⁵	中饭
ɑ	sɑ⁵⁵	血	qhɑ⁵⁵	苦
ə	pə⁵⁵	买	dzə⁵⁵	吃
əɹ	qhəɹ⁵⁵	米	ʁəɹ⁵⁵	汉族
y	thy⁵⁵	抢劫	yi³⁵	鸡
o	doq⁵⁵	成都	xo⁵⁵	货
oɹ	ʂoɹ⁵⁵	海龙	zdoɹ⁵⁵	皱纹
u	su⁵⁵	麻	lu⁵⁵	杉树
ɿ	sɿ⁵⁵	丝	tsɿ³⁵iu³²	自由

（四）复合元音

三龙话的复合元音主要是二合元音，有 3 个三合元音，主要出现在汉语借词中。其元音与元音可结合成 22 个复合元音。举例如下：

ie	tsie⁵⁵	锋利	sie⁵⁵	筛子
ia	ian⁵⁵	烟	pian⁵⁵	边
iaː	liaː⁵⁵	厚	mi³³miaː⁵⁵	找
iɑ	piɑq⁵⁵	利息	siɑ³³qɑ⁵⁵	选
io	io³³phu⁵⁵	药铺	tɕhi³⁵io³²	契约
iu	tshiu⁵⁵	球	iu⁵⁵	手指
ye	tsye⁵⁵	酸	dzye⁵⁵	磨（面）
ya	ɕyan⁵⁵	癣	yan³³y⁵⁵	洋芋
yʁ	yaʁ⁵⁵	吆		
ue	khue⁵⁵	剃	gue⁵⁵	军队
uaː	tʂuaː⁵⁵	口水	dzuaː⁵⁵	荞麦壳儿
uɑ	χuɑ⁵⁵	卖	tshuɑ⁵⁵	桥
uə	tsuə⁵⁵	水	suəq⁵⁵	冬天
uəɹ	ʁuəɹ⁵⁵	绸	tuəɹ⁵⁵	野猫
ei	mei⁵⁵	太阳	pei⁵⁵	今天
ai	kai⁵⁵tha⁵⁵	改	phai³³tha⁵⁵	排

əi	dʐəi⁵⁵	前天	a³³χʂəi⁵⁵ke⁵⁵	全部
ui	ʂui⁵⁵	税	tsui⁵⁵	罪
ɑu	pʰɑu⁵⁵	炮	pɑu⁵⁵kɑu⁵⁵	报告
iɑu	siɑu⁵⁵	硝	pʰiɑu⁵⁵	票
uai	kuai⁵⁵tʰa⁵⁵	怪	tʂuai⁵⁵ʂʅ⁵⁵	结实
uɑi	ʁuɑi⁵⁵	麻雀		

三、元音与结尾辅音的结合

三龙话的元音与结尾辅音可结合成 191 个带辅音韵尾。三龙话的结尾辅音共有 40 个；其中单辅音有 p、b、t、d、k、g、q、ts、tsh、dz、tʂ、tʂh、dʐ、tɕ、m、n、ŋ、ɬ、l、f、s、z、ʂ、ʐ、x、χ、ʁ 共 27 个；复辅音有：st、zd、ʂp、ʂtʂ、ɕtɕ、ʐdʐ、xs、xʂ、ɣl、ɣz、χs、χʂ、ʁl 共 13 个。其结合情况列表如下：

元音\辅音	p	b	t	d	k	g	q	ts	tsh	dz	tʂ	tʂh	dʐ	tɕ	m	n	ŋ	ɬ	l	f
i	/		/		/		/								/	/			/	/
e	/		/		/										/	/			/	
a		/													/					
ɑ	/	/	/	/	/	/	/				/	/			/	/			/	
ə	/		/	/	/		/								/	/			/	
ə˞	/																			
y															/	/				
o	/			/	/		/												/	
u	/		/	/	/	/	/								/	/			/	
ie	/		/		/										/	/			/	
ia																/				
iɑ																	/			
ye	/																			
ya																/				
ue		/		/																/
uə	/		/		/			/	/						/	/			/	
uɑ	/		/		/										/	/			/	

元音\辅音	s	z	ʂ	ʐ	x	χ	ʁ	st	zd	ʂp	ʂtʂ	ɕtɕ	ʐdʐ	xs	xʂ	ɣl	ɣz	χs	χʂ	ʁl
i	/	/			/											/				
e	/		/	/												/				

续表

元音\辅音	s	z	ʂ	ʐ	x	χ	ʁ	st	zd	ʂp	ʂtʂ	ɕtɕ	ʐdʐ	xs	xʂ	ɣl	ɣʐ	χs	χʂ	ʁl
a	/			/	/				/											
ɑ	/		/	/		/				/							/			/
ə	/	/	/	/	/										/	/	/			
əʴ																				/
y								/				/	/							
o						/														
oʴ																				
u	/		/	/		/						/			/			/		
ie													/							
ia					/											/				
ye		/																		
ya					/															
ue	/		/	/																
uə	/			/	/	/										/				
uəʴ	/																			

元音与结尾辅音结合的例词：

ip	ip⁵⁵ stə⁵⁵	枪托	ist	tɕist⁵⁵	中间
it	hḭt⁵⁵	吸酒杆	iʁl	miʁl⁵⁵	眼泪
ik	ɦei⁵⁵ mik⁵⁵	熟（肉）	ep	kep⁵⁵	孤儿
iq	tʂʅ³³ hḭq⁵⁵	鸢	et	tsuək³³ ket⁵⁵	水桶
its	ɕits⁵⁵	席子	ed	tɕed⁵⁵	带子
im	ʐdʐim⁵⁵	病人	ek	e³³ ʂek⁵⁵ tas⁵⁵	死日
in	ɕin³⁵	信	eq	ɕtɕeq³³ pe⁵⁵	一种野菜
iɬ	ɦḭɬ⁵⁵	二月	edʐ	dʐedʐ⁵⁵	问
il	dʐil⁵⁵	鼓槌	em	ɣʐem⁵⁵	稀饭
if	tɕhif⁵⁵	杨树	en	ʂpen⁵⁵	肾
is	ɕtɕis⁵⁵	早饭	el	pel⁵⁵ le⁵⁵	（猪）有胎
iz	piz⁴⁴ pi³³ tɕi⁵⁵	家产	ef	tɕef⁵⁵	夹线板
es	xʂes⁵⁵	隔线棍	ak	bak⁵⁵ pan⁵⁵	多半
eʂ	heʂ⁵⁵	留	aq	ȵaq⁵⁵	黑
eʐ	ʐmeʐ⁵⁵	羌语	ats	mats⁵⁵	麻子
eɕtɕ	ʂpeɕtɕ⁵⁵	补（衣）	atʂ	qə³³ patʂ⁵⁵	头
exs	khexs⁵⁵	米老鼠	atʂh	atʂh⁵⁵	一尺
exʂ	lexʂ⁵⁵	前臂	adʐ	adʐ⁵⁵	一锅（饭）

ɛːs	dʐɛxs⁵⁵	新年	atɕ	atɕ⁵⁵	一斤
ab	qhab⁵⁵	石堆	am	ham³⁵	闭口
aq	ɦaq⁵⁵ta³³	悬崖	an	tshan⁵⁵	仓库
am	khə³³ɕam⁵⁵	乞丐	aŋ	paŋ³³t͡sa⁵⁵	手摇鼓
an	ɕan³⁵	县	al	qhal⁵⁵	馍馍
al	hāl⁵⁵	吸酒管	aɬ	aɬ⁵⁵	一个月
as	pas⁵⁵	肉	af	af⁵⁵	一副（牌）
aːʐ	da³³ʐaːʐ⁵⁵	弄哭	as	as⁵⁵	一天
ax	pax⁵⁵	爪	aʂ	blaʂ⁵⁵	马草
aʂp	daʂp⁵⁵	破	aʐ	haʐ⁵⁵	十四
ɑp	qɑp⁵⁵	坛子	ɑx	thɑx⁵⁵	那些
ɑb	ɑb⁵⁵	一堆	ɑst	hɑst⁵⁵	十七
ɑt	dɑt⁵⁵	找着	ɑɣ	dɑɣl⁵⁵	翻身
ɑd	dɑd⁵⁵	发烧	ɑʁ	hɑʁl⁵⁵	一种野菜
əp	dʐəp⁵⁵	前年	əʂ	pəʂ⁵⁵	现在
əth	əth⁵⁵	碰撞	əʐ	ʁəʐ⁵⁵	汉语
əd	dəd⁵⁵	热（水）	əx	səx⁵⁵pu⁵⁵	河心坝
ək	ʐmək³⁵ʐə⁵⁵	公事	əχ	məχ⁵⁵	火子
əg	əg⁵⁵	停止	əst	əst⁵⁵	直
əq	dʐəq⁵⁵	露水	əʐd	əʐd⁵⁵	停止
əts	zəts⁵⁵	松潘	əʂp	bəʂp⁵⁵	棉花
ətsh	pətsh⁵⁵	麦芒	əʐdʐ	muʐdʐ⁵⁵	咽、哽
ədz	khuə⁵⁵xlə⁵⁵sədz⁵⁵	月食	əɣl	həɣl⁵⁵	反叛
ətʂ	dʐətʂ⁵⁵	经线	əɣʐ	ləɣʐ⁵⁵	书
ətʂh	tətʂh⁵⁵	凸	əχʂ	bə³³ləχʂ⁵⁵	雀斑
ədʐ	hədʐ⁵⁵	朝反面	əˈp	həˈp⁵⁵	富裕
ətɕ	pətɕ⁵⁵	羊毛线锤	əˈʁl	həˈʁl⁵⁵	冬小麦
əm	zəm⁵⁵	歌	ym	mi³³thym⁵⁵	强盗
ən	pən⁵⁵	做	yn	yn⁵⁵	近
əl	bəl⁵⁵	虫	yst	yst⁵⁵	鸡蛋
əɬ	tʂəɬ⁵⁵	正月	yɕtɕ	yɕtɕ⁵⁵	星宿鸡
əf	phə⁵⁵təf⁵⁵	还价	yʂtʂ	yʂtʂ⁵⁵	鸡虱
əs	məs⁵⁵	气息	op	lop⁵⁵	萝卜
əʐ	ʐməʐ⁵⁵	寺庙的庄田	oq	doq⁵⁵	灌县
ots	χots⁵⁵	胡须	us	qus⁵⁵wie⁵⁵	危险
ol	ʁol⁵⁵	核桃	uʂ	ʁuʂ⁵⁵min⁵⁵	杏子

os	ʁos⁵⁵	杜鹃花	uẓ	muẓ⁵⁵	筷子
oʁ	doʁ⁵⁵	砍柴刀	uχ	suχ⁵⁵	麻秆
oχs	ʂpoχs⁵⁵	赤不苏(地名)	ust	sust⁵⁵	麻布
oʁl	moʁl⁵⁵	蕨菜	uzd	buzd⁵⁵	板楼梯
oˀʁ	boˀʁ⁵⁵siː⁵⁵miˀ	一种野樱桃	uɕtɕ	χsuɕtɕ⁵⁵	听
up	χɬup⁵⁵	鬼	uɣl	wuɣl⁵⁵	报仇
ut	ɸut⁵⁵	香	uɣẓ	buɣẓ⁵⁵	灰
uk	suk⁵⁵su³³qu⁵⁵	麻袋	iep	kue³³tsiep⁵⁵	酸菜桶
uq	i³³suq⁵⁵	手指	iet	siet⁵⁵	细筛
uts	muts⁵⁵	木苏(地名)	ied	sied⁵⁵	镰刀
utsh	futsh⁵⁵	头皮	iek	piek⁵⁵pas⁵⁵	猪肉
utʂ	kutʂ⁵⁵	菜	iets	tʂha³³iets⁵⁵	茶叶
utɕ	lutɕ⁵⁵zdzi⁵⁵	痔疮	iem	qha⁵⁵xliem⁵⁵	砌匠
um	kum⁵⁵	藤子	ien	bien⁵⁵qhua⁵⁵	牛角蜂
un	tsun⁵⁵	跳蚤	iel	siel⁵⁵	解手
uŋ	tsuŋ⁵⁵	棕	ies	y³³ɕpies⁵⁵	一种灌木
ul	sul⁵⁵	厚线	ieʂp	tshieʂp⁵⁵	山羊毛
uf	muf⁵⁵	烟尘	iexʂ	miexʂ⁵⁵	眼屎
ieʁl	mieʁl⁵⁵	眼泪	ueẓ	dẓueẓ⁵⁵	刀子
ian	ian⁵⁵	烟	ueʂp	tshueʂp⁵⁵	痰
iaq	liaq⁵⁵	男生殖器	uəp	dẓuəp³³pu⁵⁵	龙坪坝
iats	iats⁵⁵	鸭子	uek	tɕi³³guek⁵⁵tha⁵⁵sɑ⁵⁵	中层
iaŋ	iaŋ³³χau⁵⁵	洋号	uəq	suəq⁵⁵	冬天
iaχ	mi³³ziaχ⁵⁵tɕhi⁵⁵	打鼾	uətʂ	dẓuətʂ⁵⁵	苦荞
iaχʂ	tshiaχʂ⁵⁵	耳屎	uətsʻ	khuətsʻ⁵⁵	猎狗
yep	ɕtɕyep⁵⁵	黑暗	uəm	stuəm⁵⁵	兄弟
yeq	tsyeq⁵⁵	早晨	uən	kuən⁵⁵tsə⁵⁵	轮子
yets	ɕyets⁵⁵	靴子	uəl	tuəl⁵⁵	连枷头
yen	dzyen⁵⁵	磨子	uəs	guəs⁵⁵	衣服
yeẓ	tə³³syeẓ⁵⁵	充满	uəẓ	ə³³tuəẓ⁵⁵	弄皱
yan	ɕyan³¹	弦	uəx	tuəx⁵⁵	犁扣
yaʁ	yaʁ⁵⁵	呃	uəx	tsuəx⁵⁵fie³³ʂtʂe⁵⁵	山沟
yaʁl	zdzi⁵⁵yaʁl⁵⁵	呃病	uəst	mik³³kuəst⁵⁵	眼珠
ueb	khueb⁵⁵ẓe⁵⁵	肉蛆	uəɣl	tsuəɣl⁵⁵	柱子
uek	ẓguek⁵⁵tɑ⁵⁵χua⁵⁵	狐皮帽	uəˀs	qhuəˀs⁵⁵	青杠树
ueq	ʂueq⁵⁵	影子	uap	ʂuap⁵⁵	麦秆

uef	tʂuef⁵⁵	小疙瘩	uat	quat⁵⁵	斗
ues	khues⁵⁵	沙棘	uak	tshuak⁵⁵pan⁵⁵pan⁵⁵	桥板
uaq	duaq⁵⁵la⁵⁵	跛子	uaŋ	kuaŋ⁵⁵yn³²	光荣
uats	ʁuats⁵⁵	袜子	uaɫ	ʁuaɫ⁵⁵ʁua³³tɕu⁵⁵	端阳
uam	χuam⁵⁵	卖主	ual	qual⁵⁵	军锅
uan	khuan⁵⁵tha⁵⁵	宽敞			

四、声调

三龙话都有固定的音高，但并不区别词义，只在汉语借词中才区别词义。例如：

phai³³tha⁵⁵　　排　　pha³⁵tsə⁵⁵　　帕子
phai⁵⁵tha⁵⁵　　派　　pa³³tsə⁵⁵　　木筏

三龙话共有四个声调：高平调、高升调、高降调、低降调。本语词中出现最多的是高平调，双音节词一般是前低后高，低降调在非末尾音节中都为中平调。

声调举例：

高平调：⁵⁵　　iu⁵⁵　　手背　　qa⁵⁵　　我
高升调：³⁵　　iu³⁵　　又
高降调：⁵³　　pian⁵³　　匾
低降调：³²　　lan³²　　南

本语词与汉语借词对应的只有一对。即：iu⁵⁵"手背"、iu³⁵"又"。

五、音节结构

三龙话的音节结构类型较多，一个音节最少由一个元音构成，最多由五个音素结合而成，元音或元音与辅音可结合成十五种音节结构。举例如下：

C　代表辅音　　　　V　代表元音

1. V　　　　　y⁵⁵拴（第一人称单数过去时）
2. VV　　　　ya⁵⁵拴（第一人称单数进行体）
3. VC　　　　its⁵⁵椅子
4. VVC　　　ian³³y⁵⁵洋芋
5. CV　　　　pe⁵⁵雪
6. CVV　　　bie⁵⁵背
7. CVVV　　ʁuai⁵⁵麻雀
8. CVC　　　lop⁵⁵萝卜

9. CVVC　　　　　tuəx⁵⁵ 犁扣
10. CVCC　　　　moʁl⁵⁵ 蕨菜
11. CCV　　　　　χsi⁵⁵ 三
12. CCVV　　　　ʁʐuə⁵⁵ 靶子
13. CCVC　　　　ɣʐem⁵⁵ 稀饭
14. CCVVC　　　stuəm⁵⁵ 兄弟
15. CCVCC　　　ʂpoχs⁵⁵ 赤不苏（地名）

六、语音变化

三龙话中有复辅音单辅音化、送气辅音变不送气辅音、元音丢失、元音清化、元音和谐等语音变化现象，下面逐个介绍其变化情况：

1. 复辅音单辅音化

由于动词中的 ə 元音在形态变化中清化，影响一些复辅音变为单辅音。例如：

qə⁵⁵ʐdʐi⁵⁵　吵嘴　　　təq³³dʐi⁵⁵
ʐgə³³sie⁵⁵　乞讨　　　təg³³sie⁵⁵

2. 送气辅音变不送气辅音

有些词首的送气辅音在连读时，变成不送气辅音。例如：

tʂhaq⁵⁵tak⁵⁵　tha³³χʂəi⁵⁵ke⁵⁵　街上的那些（东西）
　　　　　　　快读时 th 变成 t

fa³³ʂui⁵⁵　　thə³³ʁu⁵⁵　　那碗法水
　　　　　　快读时 th 变成 t

3. 元音丢失

双声（叠韵或不叠韵）动词，若其辅音是双唇音或边音，当加了前加成分后，第一音节的元音脱落。例如：

phə³³pha⁵⁵　　铺　　　dap³³pha⁵⁵（过去时）
bə³³bə⁵⁵　　争夺　　　təb³³bə⁵⁵（过去时）
mi³³miaʴ⁵⁵　　找　　　təm³³miaʴ⁵⁵（过去时）
wu³³wu⁵⁵　　分　　　ʁəw⁵⁵wu⁵⁵（过去时）
lə³³lə⁵⁵　　搓　　　səl³³lə⁵⁵（过去时）

4. 元音清化

（1）若动词的元音为 ə，当它加了前加成分之后，其元音要清化。例如：

dzə⁵⁵　　　　吃　　　sə⁵⁵dzə̥³²（过去时）
stə⁵⁵　　　　招待　　tə⁵⁵stə̥³²（过去时）

thə⁵⁵	喝	sə⁵⁵thə̥³² （过去时）
sə³³tha⁵⁵	使用	tə³³ʂə̥³²la⁵⁵ （过去时）
ʁzə̩³³la⁵⁵	玩	fia³³ʁzə̩³³la⁵⁵ （过去时）

但在下列几种情况下不清化：

① 如果是叠音词，则元音不清化。例如：

| ʁzə̩³³ʁzə̩⁵⁵ | 打闹 | tə³³ʁzə̩⁵⁵ （过去时） |
| lə³³lə⁵⁵ | 搓 | təl³³lə⁵⁵ （过去时） |

② 若第二音节为弱音节时，其元音也不清化。例如：

ʂə⁵⁵ʂku̥ə³²	拖	sə⁵⁵ʂə⁵⁵ʂku̥ə³² （过去时）
tʂhə⁵⁵ʂku̥ə³²	牵	sə³³tʂhə⁵⁵ʂku̥ə³² （过去时）
qə⁵⁵ʂku̥ə³²	盖	fia³³qə⁵⁵ʂku̥ə³² （过去时）

③ 少数舌尖后辅音起首的词，其元音也不清化。例如：

tʂhə⁵⁵	吸、吮	tə³³tʂhə⁵⁵ （过去时）
z̩dzə̩⁵⁵	咬	fia⁵⁵z̩dzə̩⁵⁵ （过去时）
tʂə⁵⁵pie⁵⁵	折	dzə⁵⁵tʂə⁵⁵pie⁵⁵ （过去时）

（2）双音节动词前一音节的元音为 u 时，当它因形态变化处于第二音节时，u 元音清化。例如：

ɸu³³te⁵⁵	吹	ə³³ɸu̥³³te⁵⁵
χu³³la⁵⁵	洗	fia³³χu̥³³la⁵⁵
qu³³du⁵⁵	疯	fio³³qu̥³³du⁵⁵
phu⁵⁵la⁵⁵	解开	də⁵⁵phu̥³³la⁵⁵

（3）动词的词首辅音为双唇音，其元音为 i 时，当它加了前加成分之后，i 元音要清化。例如：

bi⁵⁵	小便	fie³⁵bi̥³²
mi³²	听见	e⁵⁵mi̥³²
mi³²	熟	fie³⁵mi̥³²
mi³³zi⁵⁵	睡着	fie⁵⁵mi̥³³zi⁵⁵

5. 元音和谐

三龙话在构词和构形中有比较丰富的元音和谐现象。其和谐规律是前元音与前元音和谐，后元音与后元音和谐。

（1）构形中的元音和谐现象

动词进行形态变化时，需加前加成分，前加成分的元音要与词根元音和谐。例如：

dzə⁵⁵　　　　　吃　　　ə³³dzən⁵⁵（过去时）
ɬi⁵⁵　　　　　 欢送　　e³³ɬin⁵⁵（过去时）
zaː⁵⁵　　　　 哭　　　daː³³za⁵⁵（过去时）
ʁu³³ʁu⁵⁵　　　骂　　　nə³³ʁu⁵⁵（过去时）
qu³³du⁵⁵　　　疯　　　ʁoq³³du⁵⁵（过去时）

（2）构词中的元音和谐

①双音节动词前后两个音节的元音和谐：

A：i 元音的和谐：

bi⁵⁵bi⁵⁵　　　　解小便
ʁzi³³ʁzi⁵⁵　　　量（动）
dzi³³dzi⁵⁵　　　痒
dɑ³³tʂɑ⁵⁵　　　睁（眼）

D：e 元音与 y 元音的和谐

he³³tɕy⁵⁵　　　拿住
ɦie³³tɕhy⁵⁵　　 抢劫
ɦie³³dzy⁵⁵　　　砍（头）

E：o 元音与 u 元音的和谐

ɦo³³tshu⁵⁵　　　落下
ɦo³³su⁵⁵gu⁵⁵　　昏晕
ɦo³³wu⁵⁵　　　　输

③数词的元音和谐

he³³si⁵⁵　　　　十三
ha⁵⁵tʂhuə³²　　 十六
ɦĩ³³sye⁵⁵　　　 二十

④数量词的元音和谐

ə³³khə⁵⁵　　　　一百
e³³ʐe⁵⁵　　　　 一个（人）
ɦĩ³³la⁵⁵　　　　两支（笔）

第十节　曲谷话音位系统

茂县曲谷乡窝窝寨位于山上，共有 40 户人家。此话能通整个赤不苏区。其他地方的话虽与此话有差别，但互相能听懂。

本调查点共记录了 3222 个词，其中本语词 2269 个，占 70.43%；汉语借词 839 个，占 26.04%；羌汉混合词 114 个，占 3.53%。

一、辅音

（一）单辅音

曲谷话共有 42 个单辅音，按发音部位和发音方法列表如下：

发音方法 \ 发音部位			双唇	舌尖前	舌尖中	舌尖后	舌面前	舌根	小舌	喉音
塞音	清	不送气	p		t			k	q	
		送气	ph		th			kh	qh	
	浊		b		d			g		
塞擦音	清	不送气		ts		tʂ	tɕ			
		送气		tsh		tʂh	tɕh			
	浊			dz		dʐ	dʑ			
鼻音	浊		m		n		ɲ	ŋ		
边音	清				ɬ					
	浊				l					
擦音	清		ɸ	s		ʂ	ɕ	x	χ	h
	浊			z		ʐ	ʑ	ɣ	ʁ	ɦ
半元音			w			ɻ	j			

（二）辅音的几点说明

1. 双唇擦音 ɸ 在本语词里，无论在词首或词尾都念 ɸ，可是在汉语借词中念 f。

2. 当 t、th、d、ts、tsh、dz、tʂ、tʂh、dʐ 三组音与 u 元音结合时，有颤唇现象。

3. 当 ʐ 出现在 m、w、g、ʁ 之前时，无论单音节或双音节都可念成 ɻ。例如 ʐme~ɻme 羌族、ʁʁɑ 哑巴等。如果它前面有元音，它还影响前一音节的元音变成卷舌元音，且有的已固定下来了。

4. ɻ 在 e、u 元音之前，它可与 ʐ 互换。例如：ɻepi~ʐepi 皮子、ɻupu~ʐupu 洞。

5. 当 dz 在一个词中的第二音节起首或作韵尾时，它则由 r 代替。

6. 舌面前音 tɕ、tɕh、dʑ 比国际音标的稍靠后些。

7. ʂ 与 p、k、q 结合成复辅音时，若其前面的音节在连读时，ʂ 就念成 x（念成第一音时把舌卷起，气流从舌根摩擦）。例如：zduʂku~zdu xku

额、siʂpu～sixpu 剪子。

8. ŋ 出现在本语词里，既可出现在词首，也可出现在词尾，且有唇化现象。当它出现在汉语借词中极不稳定，往往把 ŋ 念成 n。例如：pin thaŋ～pin than 冰糖等。

9. 凡是元音起首的音节，都带有喉塞音 ʔ。

（三）单辅音例词

p	pe	雪	pie	猪
ph	pheʴ	湿	phie	种
b	bi	尿	bie	背
m	mi	人	mu	火
ɸ	ɸaʁuan	法院		
w	we	有		
ts	tsue	酸	tse	看
tsh	tshue	火锅	tshe	错
dz	dzue	磨（面）	dze	午饭
s	ksu	磨	se	筛子
z	zu	冰雹	ze	容易
t	ta	戴	tə	还是
th	tha	那儿	thə	（牛）顶架
d	di	豆腐	də	黄豆
n	na	好	nə	睡
ɬ	ɬaɬa	光滑	ɬuɬu	快
l	le	有	lu	树
tʂ	tʂə	寿命	tʂu	穿（鞋）
tʂh	tʂhə	甜	tʂhe	抽烟
dʐ	dʐə	长	dʐe	公绵羊
ʂ	ʂə	有	ʂuə	牙
ʐ	ʐme	羌族	ʐwə	牦牛
ɻ	ɻar	写	ɻal	树枝
tɕ	tɕi	房子	tɕe	经线
tɕh	tɕhi	费（衣）	tɕhe	街
dʑ	dʑi	侄女	dʑe	明年
ɲ	ɲi	和		
ɕ	ɕi	酒	ɕe	漂亮
ʑ	ʑdʑi	病		

j	je	有		
k	kə	去		
kh	khəˀ	下（蛋）	khue	肥肉
ɡ	ɡəˀ	刺眼	ɡueˀ	军队
ŋ	ŋuə	是	haŋ̊	草
x	xu	香	xut	香（名）
ɣ	ɣuˀ	马		
q	qa	我	qəˀ	前面
qh	qha	苦	qhəˀ	米
χ	χua	卖	χul	山沟
ʁ	ʁu	可以	ʁui	麻雀
h	hĩ	酒		
ɦ	ɦi	马蜂	ɦaq	瞎

（四）复辅音

曲谷话一共有 35 个复辅音。其结合形式是擦音在前，塞音、塞擦音、鼻音、边音、擦音在后。一般清音与清音、浊音与浊音相结合。其结合情况下表如下：

前置＼辅音	p	t	d	k	ɡ	q	ts	tʂ	dʐ	tɕ	dʑ	m	ɬ	l	w	s	z	ʂ	ʐ	ɕ	ʑ	ʁ
s		/																				
z			/																			
ʂ	/			/		/	/		/													
ʐ			/		/				/													/
ɕ	/							/														
ʑ											/											
x							/	/				/	/			/		/				
ɣ								/										/				
χ													/	/								
ʁ							/						/			/		/				

（五）复辅音例词

st	stei	斧头	stuaχa	饭
zd	zdu	鹿	zdɑm	云

ʂp	ʂpe	藏族	ʂpəl	肾
ʂk	ʂkuə	贼	ʂkup	猩猩
ʂq	ʂqu	金子	ʂqutshu	结巴
ʂtʂ	ʂtʂu	汗	ʂtʂə	胆
ʂtɕ	ʂtɕybiekhe	运输		
ʐg	ʐgue	狐狸	ʐguə	九
ʐdʐ	ʐdʐe	咬	ʐdʐə	铃
ʐm	ʐmu	尸首	ʐmapa	阿坝
ʐw	ʐwuə	鼓	ʐwə	牦牛
ʐʁ	ʐʁə	汉人	ʐʁuastu	缎子
ɕp	ɕpixlu	谣		
ɕtɕ	ɕtɕiq	小麦	ɕtɕiɲibi	夫妻
ʑdʑ	ʑdʑi	病	ʑdʑupu	土司
xtʂ	əxtʂə	塞入	ɕuχtʂa	抚摩
xtɕ	xtɕimi	心脏	xtɕyeɹt	哨子
xɬ	axɬe	一拳（打）		
xl	xli	油	xluɕye	月亮
xs	xsə	新	xsətɕi	寺庙
xʂ	tsaxʂə	这些	xʂəʁupatʂ	胯骨
xɕ	xɕe	犏牛	xɕapa	树叶
ɣdʑ	ɣdʑə	足够		
ɣl	ɣlu	妹妹	haɣləm	叛徒
ɣz	ɣzaɸa	翅膀		
ɣʑ	ɣʑə	会	ɣʑəɣdʑu	四方
ɣʐ	ɣʐu	揉面木槽		
χɬ	teχɬi	弄断		
χl	χlu	老鹰		
χs	dʑuχsue	羞人		
χʂ	χʂə	屎	χʂul	肛门
ʁdʑ	ʁdʑə	蝉		
ʁl	ʁləq	眼泪	ʁləwu	石板
ʁz	ʁzu	凿子	ʁzeʁze	量（衣服）
ʁʑ	ʁʑə	鱼	ʁʑəɸ	白杨树

二、元音

（一）单元音

羌语曲谷话共有 12 个单元音。其中基本元音 7 个，卷舌元音 5 个。它们是：

i、e、ɑ、ə、y、o、 u

eʵ、ɑʵ、əʵ、 uʵ   əːʵ

（二）单元音的几点说明

1. i 在舌面前音后念 i，在其他音后稍开。
2. ɑ 在 i 之前或后，或者本身卷舌，念得稍靠前些。
3. 央元音 ə 出现在舌尖前音后时，其音值接近于舌尖元音 ɿ；当它出现在舌尖后音后时，其音值接近于 ʅ。
4. u、uʵ、i、ɑ 等四个元音出现在喉音 h、ɦ 后要念鼻化元音。

（三）单元音例词

i	mi	人	tsi	姑娘
e	dze	午饭	tse	看
eʵ	peʵ	火草	pheʵ	湿
ɑ	sɑ	血	tsɑ	骑
ɑʵ	bɑʵ	大	phɑʵ	皮衣
ə	də	黄豆	nə	睡
əʵ	dəʵ	萤火虫	bəʵ	天花
y	çya	死	tçye	锄头
o	tsho	锉子		
u	pu	肠	dzu	麻风
uʵ	buʵ	蜜蜂		
əːʵ	dəːʵ	蜈蚣	səːʵ	柳树

曲谷话共有 19 个复合元音。主要是二合的，三合元音只有两个，只出现在汉语借词中。举例如下：

ie	pie	猪	tiwie	高
iɑ	tçɑpiɑq	房背	liɑq	男生殖器
iu	puȵiu	猫	iu phiɑu	邮票
ui	bui	蜂蜜	ʁui	麻雀
ue	dzue	磕（头）	tshue	火锅
ueʵ	gueʵ	军队	khueʵ	污垢

uə	duə	毒	dzuə	荞麦
uəˀ	laŋkuəˀ	南瓜		
ua	χua	卖	tshua	桥
uaˀ	ʁuaˀ	帮助	tʂuaˀ	火塘边
ye	çye	亮	dʐue ye	驴子
yeˀ	xtçyeˀphu	吹口哨		
ya	çaq	影子	tʂutçyaq	猎圈
ei	thei	他	tsei	这样
əu	ləuləi	竹篓	quadʐəi	小扁鼓
ai	laitha	无赖	tçaiʂau pu	介绍
au	lau ji	和睦	çau	硝
iau	liau	料	iau khu	短裤
uai	kuaitha	怪	khuaitçi	会计

三、元音与结尾辅音的结合

曲谷话的元音与结尾辅音可结合成 133 个带辅音尾韵母。曲谷话共有 31 个结尾辅音；其中单辅音有：p、t、d、k、g、q、ts、tʂ、dʐ、m、n、ŋ、ɬ、l、ɸ、s、z、ʂ、ʐ、x、ɣ、χ 共 22 个；复辅音有：st、zd、ʐm、ʂtʂ、χl、ɣl、χʐ、χʂ、ʁl 共 9 个。其结合情况列表如下：

辅音 前置	p	t	d	k	g	q	ts	tʂ	dʐ	m	n	ŋ	ɬ	l	ɸ	s
i	╱	╱				╱	╱			╱	╱	╱	╱			╱
e	╱	╱	╱	╱		╱	╱		╱	╱	╱		╱	╱	╱	╱
a	╱	╱		╱		╱	╱	╱		╱	╱	╱	╱	╱	╱	╱
aˀ		╱					╱									
y		╱														
o						╱								╱		
u	╱	╱		╱		╱	╱		╱	╱	╱		╱	╱		╱
ie	╱			╱		╱				╱						
ia	╱						╱					╱				

辅音 前置	p	t	d	k	g	q	ts	tʂ	dʐ	m	n	ŋ	ɬ	l	ɸ	s
ue		/		/						/						/
ueˀ				/						/						
uə																
uɑ	/			/			/	/	/	/						/
ye						/										
yɑ						/				/						
i	/									/				/		
e	/															
ɑ	/	/		/	/	/				/		/				
ə	/		/	/	/	/	/			/	/	/		/		
u	/	/	/			/	/									
ie						/										
iu				/												
y						/										
uɑ														/		
ye					/											

元音与结尾辅音结合的例词：

ip	jip	富裕	il	tɕil	笛子
it	ɕit	吸酒管	is	jis	指甲
iq	ɳiq	黑	iʂ	miʂ tas	第二天
its	tɕits qɑˀ	蒜	iʂtʂ	tɕiʂtʂ	熊胆
in	pin thɑn	冰糖	iʁ	tɕiʁ	碉楼
iŋʷ	liŋʷ	男阴毛	ep	kep	孤儿
iɬ	tɕiɬ	一月	et	tshet	擀面板
ed	sed	镰刀	aɬ	aɬ	一个月
ek	kulek	埋	al	qhal	馍馍
etʂ	ʂqutɕipetʂ	喉结	aɬ	aɬ	一棵

em	detshem	园根	ɑs	ɑs	一天
en	dzen	袈裟	ɑʂ	ɑʂ	一下
el	epel	回来	ɑẓ	hɑẓ	十四
eɸ	səpeɸ	药费	ɑχ	lɑχɬi	打哈欠
es	khes	打喷嚏	ɑst	pɑst	脚板
eʂ	təʂtsəmeʂɳe	大后年	ɑzd	tsɑzd	这阵
est	dzestn̩iɑzəzdqɑ	下午	ɑʁl	əʁlhɑʁl	反复
ɑp	qɑp	坛子	ɑχʂ	lɑχʂ	掌心
ɑt	ɑt	一斤	ɑˀk	mɑˀk	找
ɑk	əlɑk	上门	ɑˀm	dɑˀm	忘记
ɑq	sɑq	关节	əp	nəp	去年
ɑts	thieʂɑts	铁沙	ət	zət	日子
ɑtʂ	qəpɑtʂ	头	əɕ	zəɕ	舌头
ɑdẓ	tɑdẓtɕɑq	丧旗	əts	pəts	麦穗
ɑm	mitsɑm	瞳孔	ətʂ	mətʂke	牛颈
ɑn	hɑn	十二	ədẓ	zədẓ	纸
ɑŋʷ	phɑŋʷ	女阴毛	əm	zəm	歌
uʂ	muʂmuʁu	旋风	uem	thuethuem	强盗
uẓ	buẓ	土	ues	tshɑˀlin gues	羊皮褂
ux	mux	烟子	ueˀm	qəpɑtʂ khueˀm	理发匠
iep	tʂhəʂ miep	蜘蛛	uɑp	duɑp	大腿
iets	tshɑ iets	茶叶	uɑq	duɑqlɑ	跛子
ietʂ	dzuɑχʂ pietʂɬi	打坐	uɑm	lutshuɑm	啄木鸟
iem	gus ɦiem	裁缝	uɑn	ʁuɑn io	丸药
ies	pies	猪肉	uɑŋ	tsuɑŋɸu	装壶
iest	iest	晚饭	uɑɬ	ʁuɑɬ	五月
iɑp	tʂhəʂmiɑp	长脚蜘蛛	uɑl	χuɑl	地板
iɑq	liɑq	男生殖器	uɑs	lin guɑs	背心
iɑts	iɑts	鸭子	uɑʁl	dzuɑʁl	磨子
iɑn	piɑn	匾	uɑˀk	mui ʁuɑˀk	求雨
iɑŋ	iɑŋ ʁu	木碗	uəχʂ	ʂuəχʂ	牙垢
iɑʁl	iɑʁl	冬小麦	yets	çyets	靴子
iux	iux	猫头鹰	yex	ʝe tɕyex	松鼠
uet	tsɑ khuet	水桶	yɑq	çyɑq	凶手

uek	təʂuek	保存	yɑn	ui yɑn		委员
ust	sust	麻布	uzd	buzd		板梯

四、语音变化

曲谷话有许多语音变化现象。下面介绍几种主要的语音变化：

1. 元音和谐

曲谷话在构词、构形中有较明显的元音和谐现象。一般前元音与前元音、后元音与后元音、圆唇元音与圆唇元音、展唇元音与展唇元音和谐。

（1）构形中的元音和谐。

动词进行形态变化时，需加前加成分，前加成分的元音与词根元音和谐。例如：

kə	去	əkə	已去
phie	种	iɸie	已种
tshu	摘	tutshu	已摘
dzue	砍	ɦedzue	已砍

（2）否定前缀元音与动词词根元音和谐。例如：

ma	ma ʑi	没有
me	me dʑi	不说
	me pe	不好
mɑ	ma lə	不耕
mu	mu hu	没有
	mu lu	不来

（3）数量词的和谐。例如：

e	pi	一元
ɑ	pəl	一里
u	tɕu	一角
e	khe¹	一百
o	qu	一口

（4）十至十九基数词元音的和谐。例如：

he	se	二三
ho	dʐu	十
hɑ	tʂhu̟	十六

（5）构词中的元音和谐。例如：

stuɑχɑ	bələm	厨师
饭	做	

第二章　语音系统

ʂqu　　　dʐum　　　　金匠
金　　　匠人

si ue　　ẓdẓi　　　　月经
肚　　　痛

2. 元音清化

当多音节词的第二音节元音是 ə、ə¹、u、uə 等时，常清化。例如：

nə　　　ku̥ə bu　　　聋子

tɕi　　　ku̥　　　　　家

tu　　　xə̥¹　　　　　犁扣

3. 元音丢失

在构词中，如果第二音节的元音是央元音 ə 时，常丢失。例如：

su+χʂə→suχʂ　　　　牙垢
牙　屎

iɑ+ʁlə →iɑʁl　　　　冬小麦
　小麦

mɑ+kə→mɑk　　　　不去

mɑ+ʂə→mɑʂ　　　　没有

若动词的元音是 ə、u，加了前加成分后，ə、u 元音也丢失。例如：

thə　　　喝　　sə thə→sət　　已喝

qu　　　挂　　u qu→uq　　　已挂

gu　　　穿　　dzə gu→dzəg　已穿

puə　　　买　　dzə puə→dzəp　已买

4. 辅音弱化

有些辅音因加了前加成分后，弱化成同部位的擦音。例如：

（1）ph 弱化成 ɸ：

phie　　　种　　iɸie　　　　已种

phu　　　逃　　duɸu　　　　已逃

（2）b 弱化成 w：

bəl　　　做　　dzə wəl　　　已种

bie　　　背　　fie wie　　　已背

（3）dz 弱化成 z：

dzu　　　坐　　fiɑ zu　　　　已坐

dzə　　　吃　　si zɑ　　　　已吃

（4）dʐ 弱化成 ʐ：

dʐi 说　　ɦeʐi　　　　　已说
(5) dʐ 弱化成 r：
dʐaçtɕi 笑　　ɦara çtɕi　　已笑

五、弱音节

在曲谷话里，弱音节只出现在每个词的第二音节或末尾音节。在弱音节中 ə、əˀ、u、uə 元音清化。

1. ə、əˀ 元音清化

ixə̥

tuxə̥ˀ　　　　　　　犁扣

2. u 元音清化

tɕe　tʂhu̥　　　　　小手指

dzə　ku̥　　　　　　钱

y　　dʐu̥　　　　　　伙伴

3. uə 元音清化

nə　ku̥ə bu　　　　　聋子

dʐə　laku̥ə　　　　　锅圈

lə　　ku̥ə　　　　　　草圈

六、音节结构

曲谷话的音节结构比较复杂，构成一个音最少有一个元音，最多有五个音素。元音与元音或元音与辅音可构成 17 种音节结构。举例如下：

V 表示元音　　　　　C 表示辅音

1. V　　　　　　u　　　　　　你
2. VV　　　　　ue　　　　　 有
3. VVV　　　　iau te tɕin　　重要
4. VC　　　　　as　　　　　 一天
5. VVC　　　　mu iaq　　　 太阳
6. VCC　　　　yst　　　　　 鸡蛋
7. VVCC　　　iaʁl　　　　　冬小麦
8. CV　　　　　sə　　　　　 谁
9. CVV　　　　phie　　　　 种
10. CVVV　　　phiau　　　　票
11. CVC　　　　bəl　　　　　做

12. CVVC	χual	地板
13. CVCC	ləʐɣ	字
14. CVVCC	dzuaʁl	磨子
15. CCV	z̩dze	咬
16. CCVV	ʁuɿ	帮助
17. CCVC	staq lu	准备

第十一节　雅都话音位系统

赤不苏区位于茂县西北部，分为和平、曲谷、雅都、维城四个乡，雅都、维城二乡在地形和语言方面都接近于黑水，是茂县与黑水的过渡地带。

雅都乡共有五个村：大寨子、雅都、四寨、赤不寨、莫玉。其中大寨子最大，约有 80 户人；雅都其次，约有 60 户人，因其位置适中，且为乡政府所在地，故选了雅都村话。

雅都村共有嘻嘻寨、哈哈寨、雅都寨、小寨子四个寨子，除小寨子处于山脚外，其他三个寨子都在山上，其中哈哈寨最大，共有 27 户人、雅都话除与莫玉村略有差异外，与其他四村的话完全相同。维城话只在语音上略不同，与曲谷、和平话差别大些，但完全能听懂，雅都人能听懂沙坝区话大部分，其中最接近雅都话的是白溪话。雅都人只能听懂少部分沟口话。

雅都乡从老人到小孩都会说羌、汉两种语言，与本地人交际时，多用羌语，对外地人多半用汉语，开会时夹杂不少汉语。小学用汉语教学，教学时若遇小学生听不懂的情况，便由大点的学生翻译、解释。

本调查点共记录了 3575 个词，其中本语词 2810 个，占 78.6%，汉语借词 636 个，占 18.8%，羌、汉混合词 129 个，占 3.6%。汉语借词比例比茂县其他土语都少。

一、辅音

（一）单辅音

羌语雅都话共有 45 个单辅音，按发音部位和发音方法列表如下：

发音方法			双唇音	舌尖前	舌尖中	舌尖后	舌叶音	舌面前	舌根	小舌	喉音或声门音
塞音	清	不送气	p		t				k	q	
		送气	ph		th				kh	qh	
	浊		b		d				g		
塞擦音	清	不送气		ts		tʂ	tʃ	tɕ			
		送气		tsh		tʂh	tʃh	tɕh			
	浊			dz		dʐ	dʒ	dʑ			
鼻音	浊		m		n			ȵ	ŋ		
边音	清				ɬ						
	浊				l						
颤音					r						
擦音	清		ɸ	s		ʂ		ɕ	x	χ	h
	浊		β	z		ʐ	ʒ	ʑ	ɣ	ʁ	ɦ
半元音			w			ɻ		j			

（二）对单辅音的几点说明

1. 双唇擦音 ɸ、w 在双唇摩擦的同时，舌根也向上翘起发生摩擦，以致有时听起来像 xu、ɣu。ɸ 在本语词中较稳定，在汉语借词中常念成 f。

2. 舌尖塞音、塞擦音出现在带 u 介音的复合元音前时，有唇化现象、气流强时，还发生轻微地颤唇。如：tuə "扛"、tʂhuə "踢" 等。

3. 舌尖后及舌叶音的音值与麻窝话相同，不过舌尖后塞擦音的塞音成分不如麻窝语重。

4. r 不出现在词的第一音节中。

5. ʐ、ɣ 两擦音一般不单独出现，作为复辅音的前置辅音在复辅音中出现。x 作为单辅音出现的词只有一个 xu "香"，它和 ʐ、ɣ 一样大多作为前置辅音出现。

6. 汉语借词带 -ŋ 尾的词，多数用 -ŋ 尾，如：ɕaŋ "象"，有些词念 -n 尾，如：tɕan tsə "浆子" 等。本语词中也有 -ŋ 尾，如：biaŋ "双管小竹箫"、miʂkaŋ "眉毛" 等。

7. 舌面擦音 ɕ 常与舌根擦音 x 互换。例如：ɕe～xie "骂"、ɕue～xue "昏" 等。

8. l 出现在擦音 x 之后时，常清化读作 xɬ。例如：xli "骨髓" 等。

第二章　语音系统　　　　　　　　　　111

9. 小舌擦音 ʁ 在有些情况下念成声门音 ɦ。
10. 声门擦音多数条件下出现在词的第一音节，且主要与元音组合作动词的前加成分、"十"至"十九"基数词词头。
11. 凡是元音起首的音节都带有喉音 ʔ。

（三）单辅音例词

p	pə	买	pie	猪
ph	phə	皱纹	phie	种
b	bə	蜜蜂	bie	背
m	mə	火	mi	人
ɸ	ɸəts	麸子	ɸɑ	衣服
w	wə	鸡	we	有
ts	tsə	水	tse	看
tsh	tshə	瘦	tshe	山羊
dz	dzə	吃	dze	剪
s	sə	谁	se	洒
z	zə	地、田	ze	容易
t	tɑ	戴	te	（狗）吠
th	thɑ	那儿	theː	那个
d	dɑlɑ	飞	də	迎接
n	nɑ	好	nedz	昨晚
ɬ	ɬɑɬɑ	光滑	ɬetshe	拉萨
l	lɑ	宽	le	水蒸气
r	dɑrɑ	早	oru	一两
tʂ	tʂəzgɑ	驮鞍	tʂɑ	过滤
tʂh	tʂhə	熬（油）	tʂhe	抽（烟）
dʐ	dʐə	锅、长	dʐe	公山羊
ʂ	ʂə	有	ʂuɑ	牙
ʐ	ʐə	事情	ʐe	在、有
ɻ	ɻɑɻ	空的	ɻe	写、敲
tʃ	tʃhə	称	tʃhue	踩
dʒ	dʒi	侄子	dʒu	棺材（烧死人用的）
tɕ	tɕi	房子	tɕɑː	哪儿
tɕh	tɕhe	欠、要	tɕhə	喝
dʑ	dʑe	说	dʑə	支撑
ɲ	ɲe	精（肉）	ɲix	黑的

ɕ	ɕi	酒	ɕyɕye	围绕
ʑ	ʑdʑi	病	ʑdʑə	休息
j	ju	装	jije	摇摆
k	ku	割	kep	孤儿
kh	khuə	狗	khaʂam	乞丐
g	gur	伙伴	gɑpɑ	阿坝（地名）
ŋ	ŋuə	是、母牛	ŋuɑʐe	女头人
x	xu	香	xtʂə	胆
ɣ	ɣrə	足够	ləɣʐ	书
q	qutɕu	证据	qəŋ	头发
qh	qhua	河坝	qhaɹ	稀疏
χ	χɑːɹ	肋骨	χuam	卖主
ʁ	ʁu	愿意	ʁuaɹ	帮忙
h	hotʂhu	伸（向后）	har	朝反面

（四）复辅音

雅都话辅音与辅音可组合成 39 个复辅音，这些复辅音都是二合的。按辅音的结合方式可分为两种：一种是擦音在前，塞音、塞擦音、鼻音、边音、颤音、擦音在后；另一种是塞音在前，擦音在后。前者称为前置型复辅音，后者称为后置型复辅音，无论是前置型复辅音还是后置型复辅音，其结合规律是清音对清音，浊音对浊音。

1. 前置型复辅音

此类复辅音由擦音 s、z、ʂ、ʐ、ɕ、ʑ、x、ɣ、χ、ʁ 与 p、b、t、d、k、g、q、ts、tʂ、tʃ、tɕ、dʑ、m、n、ŋ、ʃ、r、z、ʐ 等辅音结合而成，共结合成 31 个复辅音、其结合情况列表如下：

元音＼辅音	p	b	t	d	k	g	q	ts	tʂ	tʃ	tɕ	dʑ	m	n	ŋ	l	r	z	ʐ
s		/				/	/												
z				/															
ʂ	/				/														
ʐ		/				/						/							
ɕ	/										/								
ʑ												/							
x							/	/	/							/			
ɣ																/	/		
χ					/			/											
ʁ				/									/	/	/	/	/	/	

前置型复辅音例词：

st	stə	泡	stei	斧头
sq	piesqam	雪	quː¹sqal	颠倒
sts	stsim	妻子	stsi	嘻嘻寨
zd	zdam	云	zdə	独木梯
ʂp	ʂpe	藏族	ʂpu	竹子
ʂk	ʂke	驮	ʂku	漂亮
ʂq	ʂqa	运输	ʂqu	困难
ẓb	ẓbə	牦牛	ẓbu	鼓
ẓg	ẓge	开（门）	ẓguə	九
ẓm	ẓmə	名字	ẓmu	尸体
çp	çpi	豺狗	çpiaq	山顶
çtç	çtçe	相信	çtçə	招待
ẓdẓ	ẓdẓi	病	ẓdẓutu	成都
xts	xtsə	漆		
xtʂ	xtʂə	虱子	xtʂuə	汗
xtʃ	xtʃiẓ pu	自言自语	xtʃap	密，黑暗
xtç	xtçəː¹phə	吹口哨		
xl	xliə	骨髓	xliu	端公
ɣl	ɣli	反光	ɣliu	妹妹
ɣr	ɣrə	足够	ɣru	怀疑
χq	χqa	哈哈寨		
χtʂ	χtʂa	小	χtʂuə	六
χtʃ	χtʃue	关心	χtʃuχtʃu	吵架
χl	χlu	老鹰	χla	洗
ʁd	ʁdua	锤子		
ʁn	ʁnikhs pu	俄纳斯窝	（地名）	
ʁɲ	ʁɲits	泉水	ʁɲiqu	洞神
ʁl	ʁləp	麦	ʁluə	游泳
ʁr	ʁrə	星星		
ʁz	ʁzə	鱼	ʁzua	塌方
ʁẓ	ʁẓeb	精液	ʁẓepiʂ	搅面木棍

2. 后置型复辅音

此类复辅音由塞音 ph、b、kh、g、qh 与擦音 s、z、ʂ、ẓ 结合而成，共构成 8 个复辅音。其结合形式列表如下：

基本辅音 后置辅音	ph	b	kh	g	qh
s			/		/
z				/	
ʂ	/		/		/
ʐ		/		/	

后置型复辅音例词：

khs	khsə	调解	khsə	新
qhs	qhse	野羊	qhsua	打扮
gz	gzə	官	gze	蜜牛苍蝇
khʂ	khʂe	犏牛	khʂap	草
qhʂ	qhʂə	捆		
gʐ	gʐə	会、给	gʐem	稀饭
phʂ	phʂi	白的	phʂaː	皮衣
bʐ	bʐi	高	bʐə	天花

二、元音

（一）单元音

雅都话单元音较多，包括构词，构形中出现的一共有 26 个，其中基本元音 8 个、长元音 6 个、卷舌元音 6 个、长卷舌元音 6 个。它们分别是：

基 本 元 音：　i　y　e　a　ɑ　ə　o　u

长　元　音：　iː　　eː　aː　ɑː　　oː　uː

卷 舌 元 音：　iʴ　　eʴ　aʴ　ɑʴ　əʴ　uʴ

卷舌长元音：　iːʴ　　eːʴ　aːʴ　ɑːʴ　əːʴ　uːʴ

（二）对单元音的几点说明

1. 前高元音 i 在舌面前音后出现时，音值接近 i，在其他辅音后出现时略开接近 ɪ。

2. 前高圆唇元音只出现在汉语借词和形态变化中。

3. 前次高元音 e 出现在小舌音、声门音之后时，音值接近 ɛ。

4. a 元音实际音值接近 æ。

5. 后低元音 ɑ 实际音值为 æ，若出现在小舌音、声门音之后时，音值接近 ɑ。

6. 央元音出现在舌尖前、舌尖后、舌叶辅音后时舌位略高，音值接

近 ə。

7. 后高圆唇元音 u 略前、略低、出现在声门音 h 之后时带鼻化。例如 hũa "借给"、ʐə hũə "野牛" 等。

8. o 元音大多出现在前加成分和汉语借词汇中。例如 pʰu "逃跑" do-ɸu "已逃"、kho:kho "壳儿" 等。

9. i:ʲ、aʲ、a:ʲ 三个元音只出现在形态变化中。

(三) 单元音例词

i	pi	肠子	tɕi	房子
i:	pi:	笔	tɕi:	我们
iʲ	ɣliʲ	翻身（第一人称复数现在时）		
i:ʲ	ki:ʲ	钉（第三人称单数过去时）		
y	çytha	虚	miny	名誉
e	tshe	山羊	tɕe tɕe	织布
e:	tshe:	这个	tɕe: tɕe:	积极
eʲ	kheʲ	锯	peʲtɕi	马熊
e:ʲ	khe:ʲ	八个		
a	xtʃap	密	ɲar pa	管家
a:	ba:	布	ma:	抽风
aʲ	khaʲ	锯（第一人称复数现在时）		
a:ʲ	kha:ʲ	锯（第一人称复数将来时）		
ɑ	bɑ	旧的	tɕɑ	别
ɑ:	bɑ:	爸爸	tɕɑ:	哪儿
ɑʲ	qhɑʲ	稀疏	dzəlqɑʲ	下巴骨
ɑ:ʲ	ɑ:ʲ	一个	χɑ:ʲ	肋骨
ə	pə	买	tsə	水
əʲ	gəʲ	工钱	ʁəʲ	汉族
ə:ʲ	gʐə:ʲ	四个	gingəʲ	鹦鹉
o	oqu	一家	tshotɕu	撮基
o:	ʐo:	话、语言	mo:χo	白白地
u	tɕu tɑ	楼上	pu	用
u:	tɕu:tɑ	家里	lu:hɑlɑ	增加
uʲ	kuʲkuʲ	白鹤	tɕukhuʲ	蚂蚁
u:ʲ	pu:ʲ	脚背	gu:ʲ	路

(四) 复合元音

雅都话共有 34 个复合元音，其中二合的 29 个、三合的 5 个。二合元音可分为前响的二合元音和后响的二合元音，列举如下：

ie	pie	猪	lie	厚
iaː	miaːχaː	晚上	phiaːqu	绿
iɑ	siɑ qa	选	tɕi piɑχ	房背
iaːˀ	miaːˀ	眼皮		
io	io phutsə	药铺	ʁuan dʑeio	万金油
iu	quliu	多	iu	又
iə	liə	耕	ha ɣliə	反叛
ue	tsue	酸、忌口	tʃhueȵ	踩
ueˀ	khueˀ	污垢	ʁueˀ	哑巴
ueːˀ	zdueːˀ	清油	stueːˀ	门举
ua	suake	大黄	gua ʂqa	背兜
uaː	ʂuaːq	影子	χuan guaː	黄瓜
uɑ	ŋuatse	短的		
uɑˀ	qhuɑˀ	切菜	ʁuɑˀ	帮忙
uɑːˀ	tuɑːˀ	清口水	tʃuɑːˀqu	子宫
uə	tsuə	柱子	dzuə	坐
uəˀ	ʁuəˀ	打卦	guəˀ	军队
uəːˀ	ʁuəːˀ	城墙	tuəːˀ	野猫
ye	tɕhyetian	缺点	zֽuən ye	闰月
ya	tɕhyan thɑ	劝	taŋ yan	党员
ui	ʁui	鹅	tui	连枷
iəːˀ	ɕtɕiəːˀ	七个	iəːˀ	两个
əi	tsəi	姐姐	pəi	碑
ei	pei	猪崽	sei	走、解手
ai	ʂpaimie	痣	dzaiχɑ	下午
ɑi	ɑi	几个	ʁlai	一种粪草
eu	qheu	棺材	heu	驱走
ɑu	ɑu	曾祖父	tɕɑu	胶
ou	ou	祖母		
iei	iei mie	衙门	i biei	一种灌木
iɑu	phiɑu	票	piɑu	表
uei	khuei	外面	tʂhuei	吸咂酒的竹管
uai	kuai thɑ	怪		

uɑi		ʁuɑi	麻雀	tshuɑi mi		伤口

三、元音与结尾辅音的结合

雅都话共有 40 个辅音韵尾，它们分别是：p、t、d、k、g、q、ts、tʂ、tɕ、dʐ、m、n、ɲ、ŋ、l、tʃ、ɸ、s、z、ʂ、ʐ、r、ɕ、χ、x、st、zd、ʂp、ɕtɕ、ʐdʐ、xtʂ、xs、χtʂ、χs、χʂ、ɣz、ɣr、ʁl、ʁz、ʁʐ 等。这 40 个辅音与元音可结合成 176 个带辅音尾韵母。举例如下：

ip	tʃhip	医	in	zin gɑ	松岗
it	ɲit	贝母鸡	is	ɕtɕis	七天
ik	the ɕik	欢送	iz	niz	水源方
ig	kig gue	捲	iʂ	phʂiʂ	白的
iq	ziq	受苦	iʐ	miʐ ʁze	经旗
its	phʂits	白粉	iɕ	tʃiɕ	正月
itʂ	sitʂ	铁丝	iχ	ɲiχ	黑的
im	tshim be	精灵	ixtʂ	sixtʂ	牛虱
iχʂ	siχʂ	铁碎渣	exs	tɕhexs	米老鼠
iːts	tɕiːts	我俩	eɣz	teɣz	房顶尖塔
iːz	khsiːz tɑ	流水方	eˑp	kheˑp	满的
ep	ʁzep	精液	eˑɕ	ʁeˑɕ	一种草
et	pet	青铜	ap	xtʃap	黑暗
ed	wed	棍子	at	ɫam tʃhat	念经人
ek	qhʂə ɕek	解大便	aq	ɕuʂaq	月亮
etɕ	tsetɕ	擀面板	am	tsam	姑娘
edʐ	dedʐ	豆腐	an	ɕan	县
em	gʐem	稀饭	aɕ	laɕ	手心
en	sen	省	ap	ap	一年
eŋ	dʐeŋ	牛鼻圈	at	pat	存
el	dʒel kə	进香	aq	paq	脚尖
er	ker	问	ats	ʂpats	香
eɸ	sipeɸ	药费	atʃ	atʃ	一尺
es	ʂkes	驮子	atʂ	atʂ	一滴
ez	χlez	阴山	atɕ	atɕ	一斤
eʐ	ʂpeʐ	藏语	adʐ	dadʐ	找着
eɕ	khseɕ	三月	am	zdam	雾
eχ	leχ tə lɑ	打哈欠	an	than	汤

ɑŋ̍	hɑŋ̍	十二	əts	ʂəts	外甥
ɑŋ	çɑŋ	象	əm	xsəm	佛像
ɑl	pɑl	母猪	ən	sən qua	立即
ɑr	qɑr	分别	ər	tər	朝上
ɑɸ	ɑɸ	一封	əl	ʂəl	肾
ɑs	χɑs	一种灌木	əɸ	wəɸ	猫头鹰
ɑʂ	pɑʂ	和尚	əs	tsəbəs	黑蛇
ɑz̩	hɑz̩	十四	əz	səz	枪槽弹簧
ɑç	thɑç	那个月	əʂ	kəʂ	放
ɑχ	ɑχ	一串	əz̩	tshə pəz̩	四土话
ɑçtç	hɑçtç	十七	əχ	ʁləχ	泪
ɑxs	χɑxs	青草	əzd	səzd	弦
ɑχʂ	bəi χɑχʂ	雀斑	əçtç	çtçəçtç	喂
ɑʁl	χɑʁl	一种草	əʐdʐ	mugu səʐdʐ	嗐、哽
ɑχtʂ	ɑχtʂ	一排	əxs	zəxs	雪猪
ɑxʂ	ʁlɑxʂ	一种粪草	əxtʂ	kəxtʂ	遮掩
əp	ʁləp	麦壳儿	əɣz	pa təɣz	（脚）麻
ək	z̩ək	拿	əɣz̩	dzəɣz̩	收到
əg	təg	（油）冻	əɣr	məɣr	霹雳
əc	tçəq	前面	əχʂ	tsaʴχʂ ʴewa	草绿
əʴp	khəʴp	瞎子	uχ	otʂuχ	一直，一会儿
əʴt	ʁaʴt thə thə	互相拳击	ust	xʂust	模子
əʴɸ	ʁaʴɸ	牙垢	uχs	ʂpuχs	赤不苏
əʴz̩	ʁaʴz̩	汉语	uʁl	z̩buʁl	大梁
up	gup taq	跟班的	uŋ	luŋ	龙
ut	kutsut	酸菜桶	ieq	pieq	利息
uk	z̩buk tshar	拨	iets	piets	肉
uq	tʃuq tçi	卓克基	ieɸ	çpieɸ	松树
ug	dzun dz̩ug	翘起	ies	ies	晚饭
uts	kuts	一种野菜	ieç	pieç	公猪
utʂ	ʂqutʂ	金丝锻	ieɣz	ieɣz	田鼠
um	ʂəɸ pum	遗嘱	ian	pian	匾
un	ŋuəχ pun	和尚	iak	iak	马鞍下面的花垫
ul	ʂqul	下面	iaq	çpiaq	山顶
ur	tsur	灶	iats	iats	鸭子

uɸ	xʂuɸ	羊毛衣	iaŋ	biaŋ		双管小竹箫
us	sus	麻布	iəp	iəp		富裕
uz	buz	楼梯	iəq	liəq		男生殖器
uʂ	mu ɣluʂ	丧歌	iəm	ha ɣliəm		反叛
uʐ	xtʂuʐ	虮子	iəʂp	iəʂp		一种灌木
yets	ɕyets	靴子	uəp	tʂhuəp liu		咳嗽
yaʁ	tɕhyan tha	劝	uət	ʂuət		桶
uek	ʂuek ʂuek	亮晶晶	uəp	suəp		冬天
uem	ʐguem be	寺庙	uəts	luəts		泡杉
uen	kuen dze	装壶	uətʂ	tuətʂ		弟弟
ueŋ	tʃhueŋ	踩	uətʃ	χuətʃ		山沟
ues	ɕitʂhues	做酒时搅青稞用的棍子	uətɕ	quətɕ		盖儿
ueʐ	he queʐ	退还	uəm	stuəm		家族
ueʰp	qhueʰp təla	打饱嗝	uən	tɕaːʂuən		麻绳
ueʰs	khueʰs	沙棘	uəl	ŋuəl paq		银项链
ueʰʂ	qhueʰʂ	大木瓢	uər	maɻi khuər		经筒
uaːq	ʂuaːq	影子	uəs	ʁluəs		磨刀石
uats	tʂuats	桌子	uəz	ʁuəz		一种猪草
uam	χuam	卖主	uəʂ	duəʂʐəm		巫婆
uan	luan	乱	uəʐ	tsuəʐ		水牛
uaŋ	χuaŋ li	黄历	uəx	duəx mi		鬼
uaʂ	ʁduaʂ	木槌	uəχ	luəχ ma		杉树针
uaʐ	da tuaʐ	横	iui	ʁʐua mu iuq dzə		日食
uaʁl	dzuaʁl	磨子	iuz	iuz		洞
uaʰm	ʁuaʰm	佣人	iuʁz	xɬiuʁz		丧舞

四、声调

羌语雅都话有固定的声高，但区别词义的作用不大。在固有词中单音节词念平的，双音节词一般前一音节较低，后一音节较高。在记录的3500多个词中未发现声调对立的例词。汉语借词有的按汉语四川话来念，有的按本语一般词的音高来念，极不稳定。尤其在句中高低无定。在汉语借词中仅发现两对声调对立的词，而其中一对还与音长有关。例如：

pian^{55}　　　　边　　　　pian^{55}　　　　匾
pa^{33}pa^{55}　　乳房　　　pɑː^{33}pɑ^{33}　　坝子

五、音节结构

雅都话一个音节最少由一个元音构成，最多由六个音素组成，元音与辅音可结合成许多类型，在元音前或后最多可各加两个辅音。元音或元音与辅音可结合成 19 种音节结构。举例如下：

C 代表辅音　　　　　　　V 代表元音

1. V　　　　　　ɑː　　　　一个
2. VV　　　　　ou　　　　祖母
3. VC　　　　　ɑɸ　　　　一封
4. VCC　　　　ɑχtʂ　　　一排
5. VVC　　　　ieʂ　　　　晚饭
6. VVCC　　　ieɣz　　　　田鼠
7. CV　　　　　nə　　　　睡
8. CVV　　　　pie　　　　猪
9. CVVV　　　khuei　　　外面
10. CVC　　　　ȵiχ　　　　黑的
11. CVVC　　　pieq　　　利息
12. CVCC　　　tɕixtʂ　　　熊胆
13. CVVCC　　dzuɑʁl　　磨子
14. CCV　　　　z̦me　　　羌族
15. CCVV　　　χtʂuə　　　六
16. CCVC　　　ɕtɕis　　　　七天
17. CCVVC　　stuəm　　　家族
18. CCVCC　　ʂpuχs　　　赤不苏
19. CCVVCC　xɬiuʁz　　　丧舞

六、语音变化

雅都话在构词或形态变化中有着十分丰富的语流音变，其变化主要有以下几种：

1. 元音的清化

当动词的元音为 u、ə、əˈ、uə 等时，加表过去的前加成分后它们分别清化，其中 uə 元音较为常见，例如：

ʁuə　　　游泳　　　tha ʁu̥ə̥　　（过去时）
stuə　　　藏　　　　kə stu̥ə̥　　（过去时）
dzuə　　　穿衣　　　tə dzu̥ə̥　　（过去时）

uə 元音在构词中也发生清化。如：

su ＋ zuə →suzu̥ə 麻籽
麻　　种子

khʂe＋tʃuə →khʂetʃu̥ə 牛犊
　牛　　幼儿

əˤ 元音清化的不太多。如：
khəˤ 下蛋　ɑˤxə̥ˤ 　　（过去时）

ie ＋ gəˤ →iegə̥ˤ 房钱
住　　工钱

u 元音清化的为数极少。如：
pu 做　　ʔɔpu̥ 　　（过去时）

2. 元音脱落

（1）若动词词根元音为 ə 时，其前加表过去的前加成分后 ə 元音脱落。例如：

pə　　　买　　　dzəp　　（过去时）
ɕtɕə　　请客　　daɕtɕ　　（过去时）
zdə　　连接　　kəzd　　（过去时）

（2）若第一音节声母为 ɹ 时，加表过去的前加成分或构词成分时，ɹ 影响前面的元音变为卷舌音，ɹ 后的元音脱落。例如：

ɹeqe　　剥　　　eːˤqe　　（过去时）
ɹe　　　写　　　eˤ　　　（过去时）
ɹe χua　抱　　　təˤχu　（过去时）

在构词中也与构形中一样。如：

khʂe＋ɹepi →khʂeːˤpi 牛皮
　牛　皮

su＋ɹuquʂ →suːˤquʂ 麻口袋
麻　口袋

dzua（ʁa）＋ɹe（pi）→dzuaːˤ 荞麦壳

（3）当 e 元音出现在小舌音 q 后，并处于第一音节时，加表过去的前加成分后，e 元音脱落。例如：

qe tɕhe　　赎，养　　teχ tɕhe　（过去时）
qe te　　　打死　　　teχ te　　（过去时）
qe ɬe　　　镶嵌　　　teχ ɬe　　（过去时）
qe ɬie　　 折断　　　eχ lie　　（过去时）

（4）i 元音只在少数词中脱落，目前还找不出条件。例如：

gʐi se	乞讨	təɣʐ se	（过去时）
ʐbi te	搅拌	dzɪb te	（过去时）
ʂi tse	住家	kiʂ tse	（过去时）

3. 元音的影响

圆唇元音 u、o 常影响邻近的音，主要表现在两个方面：

（1）影响该音节辅音尾圆唇化，听起来像有一个清化的 u。例如：

| phuru̥ | 神树 | ʂpuχsu̥ | 赤不苏 |
| susu̥ | 麻布 | χutsu̥ | 胡须 |

（2）影响后面的音节多一介音 u。例如：

| butsua | 草垫子 | ku qua | 包子 |
| ɕtɕu ʁuaˡ | 牛鼻圈 | suːˡ ʁuas | 一种灌木 |

4. 元音换位

由于 ə 元音在构词或构形中引起整个音节弱化，使一音节的元音移到另一音节中。例如：

| quə re | 拧 | e ʁdʐue | 已拧 |
| quə ta | 打瞌睡 | kə χtua | 已打瞌睡 |

5. 元音的增加

有些以辅音结尾的名词，在其后接一些语法成分时，在辅音后增加元音。若名词的元音为 u 时，增添 u 元音；若名词的结尾辅音为舌面音时，加 i 元音；如果名词的元音为非圆唇元音或名词的辅音尾为非舌面音时，加 ə 元音。例如：

kep	孤儿	kepətɕ ɸa	孤儿的衣服
khsəm	佛像	khsəmətɕ qəz	佛像的样子
gur	伴儿	gurutɕ tawa	伴儿的帽子

以辅音结尾的动词在变成第二人称现在时时，需在辅音后添接一元音，再加表人称和数的后加成分 -n。在舌面辅音结尾的动词后添加 i 元音；在最后音节为前高、次高元音的动词后加 e 元音，最末音节为 u 元音的动词后加 u；最末音节的元音为 ə、ɑ 的动词后加 ə 元音。例如：

ɕtɕəɕtɕ	喂	ɕtɕəɕtɕin	喂（第二人称单数）
ker	问	keren	问（第二人称单数）
bəl	做	bələn	做（第二人称单数）
ʁuaʁ	赶（牲畜）	ʁuaʁən	赶（牲畜）（第二人称单数）
qar	分别	qarən	分别（第二人称单数）
dzundʐuq	翘起	dzundʐuqun	翘起（第二人称单数）

第二章　语音系统

6. 辅音弱化

有些塞音、塞擦音声母和以塞音为基本辅音的复辅音，加了表过去的前加成分后，这些辅音弱化为同部位的擦音。例如：

(1) b→w

bie	背	ewie	已背
bel	做	tewəl	已做
bz̩e	高	mewz̩e	不高

(2) ph→ɸ

phu	逃跑	duɸu	已跑
pha	晒	ɑɸa	已晒
phie	种	kiɸie	已种
phata	抖	aɸate	已抖

(3) dʐ→r

dʐaçtɕ	笑	araçtɕ	已笑
dʐe	盖	ere	已盖
dʐuχu	害羞	doruχu	已害羞

(4) kh→x

| khə˞ | 下（蛋） | axə˞ | 已下（蛋） |

(5) g→ɣ

| gzə | 麻木 | təɣzə̥ | 已麻木 |
| gz̩ə | 给 | daɣz̩ə̥ | 已给 |

(6) qh→χ

| qhʂə | 捆 | təχʂə̥ | 已捆 |
| qhsuə | 活 | təχsu̥ə | 已活 |

(6) tsh→s

| tshuə | 直 | təsu̥ə | 弄直 |

(7) dz→z

| dzə | 吃 | səzə | 已吃 |

复辅音中的前置辅音 z̩，因构词或构形其前有别的音节时，要读成摩擦轻的 ɹ。例如：

| z̩ge | 开（门） | deɹge | 已开（门） |
| z̩guə | 九 | haɹgə̊uə | 十九 |

7. 辅音元音化

(1) 辅音 ɹ 前因构词或形态变化加别的音节后，ɹ 与它后面的元音合并变为长卷舌元音。例如：

ʵəpaʵ　　剥（皮）　　eːˈqe　　　已剥（皮）
ʵə　　　 写　　　　　eːˈ　　　　已写
ʵe　　　 钉（钉子）　 kiːˈ　　　　已钉
nəʵχeʵ　 抢　　　　　təˈχuɑ　　 已抢
ʂuɳbuʵ　 口袋　　　　suˈquʂ　　 麻口袋
ʵepi　　　皮子　　　　tsheːˈpi　　山羊皮
dzuɑʁɑʵ　荞麦　　　　dzuɑˈʁ　　 荞麦壳儿

（2）ʐdʐ 在构词或形态变化中，其前加别的音节时，ʐ 要读为 i。例如：

ʐdʐi　　 痛　　　　　 tidʐi　　　已痛
ʐdʐu　　 倒掉　　　　 oidʐu　　　已倒

8. 辅音的纯化、浊化

有些词在句中与其他词结合较紧，快读时，其起首辅音往往要变化，其变化规则是：吐气变纯清或纯浊、清变浊。例如：

kɑnpu theː（teː）dai。那个干部来了。

⋯tsi thɑːˈ（dɑːˈ）asatu qhua fia ta dzues otɕu kəi（gəi）。
一天，那个女孩带了粮食去河坝了。

dʐuqu kə（qə）ta（da）khuə eː ʐe。
脚跟前有一条狗。

9. 又读

（1）辅音的又读

在部分词中 q 尾可读成 χ 尾，ts 尾可读成 s 尾，dz 可读成 z，dʐ 可读成 ʐ，tʃ 可读成 ʂ。例如：

ʁləq～ʁləχ　 眼泪
ʁluŋ baq～ʁluŋ baχ　龙坝（地名）
pian piaq～pian piaχ　扁的
bəm qə dza～bəm qə za　蚊子
piets～pies　肉
tuətʃ～tuəʂ　兄弟
dʐeː～ʐeː　事情

（2）元音的又读

以下几个元音可以又读，但都不很普遍。如：

ɑ～u　　bəm qə za～bəm qə dzu　蚊子
　　　　wuˈs ta～wuˈstu　　　　后面

ɑ~ɑ　　　suɑ ke~suɑ ke　　　　大黄

ɑ~e　　　kuɑn thɑ~kuɑn the　　管

10. 连读

结合较紧的两个音节，若后一个音节以元音或辅音 ɦ 起首时，在句中快读时，与前一音节的结尾元音或辅音相拼。例如：

gin ɑ χu　　读成　　gi nɑ χu　　很多
tshɑu phin ɦɑ tɑ　　读成　　tshɑu phin nɑ tɑ　　草坪上
qəpɑtʂ ɦɑːtɑ　　读成　　qə pɑtʂtʂɑːtɑ　　头上
tsə ɦɑːtɑ　　读成　　tsəːtɑ　　水里

11. 元音和谐

雅都话在形态变化和构词中都有元音和谐现象，其和谐规则为：在构词中各音节前元音与前元音和谐，后元音与后元音和谐，圆唇元音与圆唇元音和谐，展唇元音与展唇元音和谐，在构形中，前加成分与词根和谐，后加成分与词根和谐。下面从形态变化中的和谐和构词中的和谐分别介绍。

（1）形态变化中的元音和谐

①动词前加成分与词根元音和谐

A. 雅都话表趋向（命令、过去）的前加成分有 thə、tə、də、sə、nə、kə、hə、dzə、ʔ 共九个，这九个前加成分的元音因动词词根的元音的不同而不同，都与词根元音发生和谐，其和谐方式列表如下：

动词词根元音 / 前加成分元音 / 附加成分辅音	th d ʔ h	s dz t n k
i、iː、e、eː、ui、ue、iɑ	e	i
eˀ、eːˀ、ueˀ、ueːˀ	eˀ	i
ə、ɑ、iə、uə、uɑ、iɑ、yɑ、ɑi、ɑu、uɑi	ɑ	ə
əˀ、ɑˀ、uəˀ、uɑˀ	ɑˀ	ə
u、uː、o、oː	o	u
uˀ、uːˀ	oˀ	u

例如：（以 t、ʔ 为例）：

se　　　　鸡叫　　　ti se　　　（过去时）
qhsa　　　懂　　　　tə qhsa　　（过去时）
qhuˀ　　　打（枪）　tu qhuˀ　　（过去时）
ʂpe　　　 吹　　　　ʔe ʂpe　　 （过去时）
qheˀqheˀ　劈开　　　ʔeˀqheˀ　　（过去时）

liə	耕	ʔaliə̥	（过去时）
khə˩	下（蛋）	ʔa˩xə̥˩	（过去时）
ʂu	累	ʔə̥ʂu	（过去时）
phuː˩ʁu̥˩	解开	ʔoˑphuː˩ʁu̥˩	（过去时）

B. 动词否定式前缀与词根元音和谐在动词现在时前

me	词根为前高、中不圆唇元音
mɑ	词根为展唇元音或前开元音
mo	词根为圆唇元音

例如：

dze	剪	me dze	不剪
zɑ	舀	mɑ zɑ	不舀
su	学	mo su	不学

在过去时动词前：

mi	词根为前高、中不圆唇元音
mɑ	词根为展唇元音或前开元音
mu	词根为圆唇元音

例如：

dze	剪	ti mi dze	没剪
zɑ	舀	tə mɑ zɑ	没舀
su	学	ku mu su	没学

C. 表将要进行而未进行的动词前加成分与词根的和谐

现在时动词前缀	过去时动词前缀	词根元音
tɕe	tɕi	前高、中不圆唇元音
tɕɑ	tɕɑ	前低开元音和后无音
tɕo	tɕu	圆唇元音

例如：

dze	剪	tɕe dze	还要剪
		ti mi tɕi dze	还没剪
tɑ	戴（帽）	tɕɑ tɑ	还要戴
		ʔɑ tɕɑ tɑ	还未戴
ʂqu	煮	tɕo ʂqu	还要煮
		ʔo tɕu ʂqu	还未煮

（2）动词后加成分元音与词根元音和谐

动词进行人称变化时，都要加后加成分，其中第一人称单数随词根元音的变化而变化，即去掉原词根元音，加一展唇开元音。若原词根元音为前元音，则后加成分的元音用前开元音，若词根原元音为后元音，则后加成分的元音用后开元音。列表如下：

动词词根元音	后加成分元音
i、iː、e、eˀ、ie、ue、ueˀ	a、aː
ə、əˀ、ɑ、ɑˀ、u、uˀ、iə、uə、uəˀ、ua、uɔ	ɑ、ɑː

例词：

动词词根		第一称单数将来时	第一称单数现在时
tse	看	tsaː	tsa
kheˀ	巨	khaˀː	khaˀ
pə	买	pɑː	pɑ
tɑ	戴	tɑː	tɑ
ɹu	吐	ɹuɑː	ɹuɑ

（2）构词中的元音和谐

①亲属称谓词头与词根元音的和谐。例如：

e mi	伯母	e ʂpiː	舅母
ɑ pa	祖父	ɑ kuɑ	舅父
o pu	叔父	o u	祖母

②基数词"一"至"九"与量词元音和谐

e phin	一瓶	e pe	一碗
ɑ rɑ	一根	ɑ tʂuɑ	一把
o tʂuŋ	一盅	o ʁu	一桶

③"十"以上基数词词头与词根元音和谐

十位数基数词词根元音与词尾元音和谐

he se	十三	khsu su	三十
he kheˀ	十八	khuˀ su	八十
hɑ tʂuə	十六	χ tʂu su	六十
hɑˀ guə	十九	ʐ gu su	九十

④指示代词元音与量词元音和谐。如：

tse pe	这碗
tsɑ rɑ	这根
tso ʁu	这桶

七、弱音节

在部分词中，有的音节（多数情况下末尾音节）读得很弱，这种音节的元音都是无声的，有些词的某一音节本来是强音节，但由于构词或构形中变成弱音节，这种音节不仅元音无声，且辅音也弱化。词根本身固有的弱音节元音是有限的，主要有以下七个元音。如：

　　i　　　　χali̥　　　喇叭　　　ili̥　　　　粗线

弱化的 i 只出现在 l 辅音后，它与不弱化的 i 是对立的。如：kili̥ "放入"，kili "你们"。若 i̥ 前一音节的元音为 u 时，它读作 y。如：suli̥ "麻线"，dzuli̥ "藤子" 中的 i̥。

e	gue ge	维古	ȵi xue	绵羊毛
eᴵ	khueᴵxeᴵ	梳（仅有一例）		
əᴵ	仅出现于舌根、小舌辅音后			
	məxə̇ᴵ	火种	məxə̇ᴵ	霜
ə	məsəɘ	木苏	ʀaχə̇ɴ	空的
u	iuʁu̥	打麦场	wuᴵχu̥	公马
uᴵ	guᴵguᴵ	鸽子	phuːᴵʁu̥	解开

第十二节　维古话音位系统

一、辅音

（一）单辅音

维古话共有 45 个单辅音，按发音部位和发音方法列表如下：

发音方法 \ 发音部位			双唇	舌尖前	舌尖中	舌尖后	舌面前	舌根	小舌	喉音
塞音	清	不送气	p		t			k	q	
		送气	ph		th			kh	qh	
	浊		b		d			g		
塞擦音	清	不送气		ts		tʂ	tɕ			
		送气		tsh		tʂh	tɕh			
	浊			dz		dʐ	dʑ			
鼻音	浊		m		n		ȵ	ŋ		
边音	清				ɬ					
	浊				l		ȴ			

续表

发音方法 \ 发音部位		双唇	舌尖前	舌尖中	舌尖后	舌面前	舌根	小舌	喉音
颤音	清			r̥					
	浊			r					
擦音	清	ɸ	s		ʂ	ɕ	x	χ	h
	浊	β	z		ʐ	ʑ	ɣ	ʁ	
半元音		w			ɻ	j			

(二) 单辅音的几点说明

1. 双唇清擦音 ɸ 多数出现在汉语借词中。

2. 舌尖中塞音 t、th、d 与舌尖前塞擦音 ts、tsh、dz 出现在 u 元音前时，有唇化现象。舌尖后塞擦音 tʂ、tʂh、dʐ 出现在 ui、uə、ua 元音前时，也有唇化现象，但较轻。

3. 颤音 r 在清辅音前清化。如：a rqua（跳）应读作 a r̥qua；rkup（猩猩）应读作 r̥kup。但在藏语借词中不清化。如：zga rpa（牧区）；tɕhu rtin（白塔）。

4. t 有时可与 l 互换。如：stupun（大师）可读成 slupun。

5. dʐ 在个别词中可与 r 互换。如：χudʐu（敬神）可读成 χuru，rgadʐəq（露）可读成 rqarəq。

6. ŋ 有明显的唇化现象，但在汉语借词不大明显。

7. 鼻音 ŋ 与边音 l 可自成音节。如：ŋ̍（是），l̩（也）。

8. x 在 i 元音前部位靠前，与 ɕ 相近。如：xi（酒）。

9. ɣ 出现频率较少。

10. 凡元音起首的音节，都带有喉塞音 ʔ。

(三) 单辅音例词

p	pie	猪	pat	积蓄
ph	phəˈ	方法	phuwa	衣服
b	bi	尿	baq	面具
m	mi	人	mərqa	阳光
ɸ	ɸitɕi	飞机	ɸa ʁuan	法院
w	wuə	鸟	wuəstʂ	蛋
ts	tsə	水	tsi	女人
tsh	tshə	盐	tshuə	肺

dz	dzə	青稞	dzu	麻风病
s	sə	柴	su	学
z	zə	田地	za	铁勺
t	tiq	上面	toro	扫帚
th	thasu	腰	thuŋ sə	口头翻译
d	dorgu	变化	doro	手摇鼓
n	nə	睡	na	好
ɬ	ɬia qu	削	ɬa ʁe	经营
l	lə	水蒸气	loχo	肩
r	rbəχ	公牦牛	rqu	金子
tʂ	tʂa	过滤	tʂəku	小孩
tʂh	tʂhu ta	伞	tʂhə tʂhə	称
dʐ	dʐə	锅	dʐuə	草
ɭ	ɭə	耕	ɭə ʂu̥	重孙
ʂ	ʂuə	牙	ʂəpe̥	黄鼠狼
ʐ	ʐuwa	话	ʐuʐu	闹
ɹ	ɹu̥	说	pəɹ	兽角
tɕ	tɕi	熊	tɕaq	从前
tɕh	tɕhi	要	tɕha	街
dʑ	dʑi	侄子	dʑaqu	脚
ȵ	ȵu	绵羊	ȵiku̥	耳朵
ɕ	ɕi	儿子	ɕui	湖
ʑ	ʑui	面粉	ʑuixtʂə̥	臭虫
j	jipa	手	ji	棍子
k	kuə	你	ka	走
kh	kha	八	khuə	狗
g	guə	穿	geɹ	筋
ŋ	ŋuə	母牛	ŋuə zi	银子
x	xi	酒	xut	香（名）
ɣ	ȵiɣ	什么	rmə ɣaɹpa	脚印
q	qa	我	quŋ	脸
qh	qhəɹ	米	qhal	馍馍
χ	χua	卖	χu	老虎

ʁ	ʁua¹	五	ʁu¹tshu̯ə	磕头
h	hazʅə	十四	hadʐu	十

（四）复辅音

维古话共有 36 个复辅音，其结合形式有两种：一种是颤音、擦音在前，塞音、塞擦音、鼻音、边音在后；另一种是塞音在前，擦音在后。前者称为前置型复辅音，后者称为后置型复辅音。

1. 前置型复辅音

此类复辅音是由 r、s、z、ʂ、ç、ʑ、x、χ 等擦音与 p、b、t、d、k、g、q、ts、dz、tʂ、tç、dʑ、m、n、ŋ、l 等辅音结合而成，共结合成 27 个复辅音。其结合情况列表如下：

前置＼辅音	p	b	t	d	k	g	q	ts	dz	tʂ	tç	dʑ	m	n	ŋ	l
r	/	/			/	/	/			/	/		/		/	
s	/		/		/											
z				/		/										
ʂ								/					/			
ç											/					
x								/	/							/
χ	/							/	/							/

前置型复辅音例词：

rp	rpi	豺狗	rpu	竹子
rb	rbə	牦牛	rba	累
rk	rkuəp	猩猩	rkuəʂuəm	贼
rg	rguə	九	rgia	打开
rq	rqu	黄金	rqəȵi	茂县（地名）
rdz	khu rdzaŋ	锅		
rdʑ	rdʑɑpu	土司		
rm	rma	羌族	rmuʂə	菩萨
rŋ	rŋua pa	阿坝（地名）	rŋua mau	骆驼
sp	spiku	活佛	spia lam	诚实
st	staba	屁股	sturmu	喜事
sk	sku	佛像		
zd	zdə	独木梯	zda ba¹	骂
zg	zgɑrpa	牧区		
ʂtʂ	ʂtʂeʂ	鼻子	ʂtʂəku	心

ʂn	ʂnatəku̥	鼻烟		
ɕtɕ	ɕtɕiq	麦穗	ɕtɕiɕtɕa	数
ʐdʐ	ʐdʐim	病人		
xts	xtsə xtsə	邓乌鸡		
xtʂ	xtʂə	胆	xtʂuə	汗
xtɕ	xtɕap	黑暗		
xl	xlap	土	xluɕua	月亮
χp	χpaχp	例子	χpar	照、印
χts	χtsuə	哨子		
χtʂ	χtʂa	小	χtʂaχtʂa	委派
χtɕ	tshəχtɕu	喉咙		
χl	χli	溢	χli ka	北方

2. 后置型复辅音

此类复辅音是由塞音 kh、g、qh 与擦音 s、z、ʂ、ʐ、ɕ、ʑ 结合而成的，共结合成 9 个复辅音。其结合情况如下表：

前置＼辅音	s	z	ʂ	ʐ	ɕ	ʑ
kh	/		/		/	
g		/		/		/
qh	/		/		/	

后置型复辅音例词：

khs	khsə	新	khsi	拿
khʂ	khʂə	有	khʂəp	草料
khɕ	khɕa	牛	khɕu	麝香
gz	gzia	飞	gzigzi	扔
gʐ	gʐu	拴	gʐə	兔子
gʑ	gʑu	看	gʑaqu̥ə	马料袋
qhʂ	qhʂə	屎	qhʂəʐu̥	撒娇

二、元音

（一）单元音

维古话单元音比较少，共 14 个。其中基本元音 6 个；长元音 3 个；卷舌元音 5 个。列举如下：

i	æ	a	ə	o	u
iː		aː			uː
iˀ	æˀ	aˀ	əˀ		uˀ

（二）单元音的几点说明

1. i 元音在舌根辅音后较开，接近于 ɪ。

2. æ 元音较闭，近似于 ɛ，它主要出现在小舌音后。

3. a 元音在双唇音、舌面音后接近于 æ。

4. ə 元音出现在舌尖前辅音后，舌位靠前，近似于 ɿ；出现在舌尖后辅音后，近似于 ʅ。

5. o 元音多数出现在汉语借词中，且只出现在擦音 ɕ 之后。

6. u 元音出现在舌面辅音后，部位靠前，接近于 ʉ，出现在其他辅音后，接近于 ʊ。

（三）单元音例词

i	bi	屎	mi	人
iː	miː	眼睛	tsiː	姐姐
iˀ	khiˀ	百		
æ	qæqæ	自己	ʁæ	坏
æˀ	ʁæˀ	褪色		
a	sa	血	la	狼
aː	baː	布		
aˀ	paˀ	熊猫	χaˀ	肋骨
ə	tsə	水	zə	田地
əˀ	bəˀ	绳子	ʁəˀ	汉族
o	ɕop	麦秆	ɕothan	学校
u	bul	虫	tsun	跳蚤
uː	tɕuː	鸡	tshuː	山羊
uˀ	buˀ	堆	qhuˀ	打枪

（四）复合元音

维古话的复合元音主要是二合元音和三合元音，三合元音主要出现在汉语借词中。其元音和元音可结合成 18 个复元音。举例如下：

ia	pia	雪	zia	溜索
iəˀ	jiəˀ	两个		
iaːˀ	miaːˀʁutʂa	眼眶		
ui	ʂui	税	ɕui	骰子

uə	ʂuə	牙	suəp	冬天	
ua	bua	旧	zuan	袈裟	
uəɹ	puəɹ	脚背	tʂuəɹ	驮子	
uæɹ	ʁuæɹ	丝			
uaɹ	guaɹ	军队	qhuaɹ	切	
uəːɹ	rguəːɹ	九个			
ou	ou	老太婆			
ai	tai piau	代表	kai kua	北瓜	
əu	tʂhəu tsə	绸子	ʂəu piau	手表	
əi	ʁəpnəi	蜜蜂	kəi tha	投降	
au	mau sə	厕所	thau tsə	桃子	
iau	phiau tsə	票子	thiau kəː	调羹	
uæi	wu kuæi	乌龟	χuæi tsə	回族	
uai	kuai tha	怪			

三、元音与辅音尾结合

维古话的元音与结尾辅音可结合成132个带辅音韵母。维古话共有32个结尾辅音，其中单辅音有：p、t、k、g、q、ts、tʂ、m、n、ŋ、ɫ、l、ɭ、r̥、r、ɸ、s、z、ʂ、ʐ、ɕ、x、χ共23个；复辅音有：rp、χp、ʂt、xts、xtʂ、xs、ɣz、χs共9个。其结合情况列表如下：

元音＼辅音	p	t	k	g	q	ts	tʂ	m	n	ŋ	ɫ	l	ɭ	r̥	r	ɸ
i	/	/	/		/			/	/	/	/	/			/	/
æ	/	/	/		/											
æɹ							/									
a	/	/	/		/			/	/	/	/	/			/	/
aɹ							/			/						
ə	/	/	/	/		/			/	/		/				
əɹ	/								/							
o	/								/	/						
u	/	/	/		/			/	/	/		/			/	/
y								/								
iæ						/		/								
ia					/			/								
ye															/	

第二章　语音系统

续表

元音\辅音	p	t	k	ɡ	q	ts	tʂ	m	n	ŋ	ɬ	l	ɻ̊	r	ɸ
yæ							/								
yæˀ			/												
uæ	/		/				/						/		
uæˀ						/									
ua	/		/		/	/	/	/							
uaˀ						/									
uə	/		/			/							/	/	
uəˀ							/								

元音\辅音	s	z	ʂ	ʐ	ɕ	x	χ	ɻp	rp	ʂt	xts	xtʂ	xs	ɣz	χp	χs
i	/	/	/	/								/				
æ	/	/	/			/				/						
a																
ə	/	/	/	/	/		/			/		/				
u	/		/			/										
iæ	/															
ia	/															
uaˀ										/						
uə	/		/				/									

元音与辅音尾结合的例词：

ip	jip	富裕	iɻ	ȵiɻʁa	打墨线
it	tɕhit pər	净水	ir	tɕir	碉楼
ik	rik	记性	is	qhɕiqhɕis	爱人
iq	ŋiq	黑	iz	ȵiz tha	上面(远指)
im	ʐdʐim	病人	iʂ	phiʂ	白
in	ɕin	阉(猪)	iʐ	təɕiʐ	筛
iŋ	liŋ thau ʂuə	领导	ixs	ɕtɕixs	新郎
iɬ	rpiɬ	伤疤	æp	ɻæp	洞
il	bæjil	线	æt	ȵæt	老是
æk	ʐdʐikæræk	三朝	atʂ	qəpatʂ	头
æq	tɕhæq	街	am	rɡam bu	箱子
ætʂ	ɻəpætʂ elx ʂtædeɻ	骨髓	an	ɕan	县

æm	tshæm	未来	aŋ	ʂaŋ dzu	木匠
æn	dzæn	普鲁	al	χal	地板
æŋ	tʂæ khsæŋ	马鞭	aļ	taļ	毽子
æɬ	æɬ	一月	ar	khar taq	头人
æl	tɕæl	楼下层	aɸ	maɸ lu	便宜
ær̥	ær̥	一根（线）	aʂ	χaʂ	黄
ær	χpær	照	az̯	ʁpaz̯	藏语
æs	dæs	完毕	aχ	khɕaχ	公犏牛
æz	læz	运气	aχp	χpaχp	例子
æʂ	tshæʂ	抽屉	əp	bəp	苍蝇
əz̯	rmæz̯	羌语	ət	zət	时间
æχ	dæχ χə	松	ək	ʁlək tʂhaŋ	夹板
æxtʂ	æxtʂ	堵	əg	səg gəˈ	使劲
æˈm	bəɣæˈm	巳年	əq	phəq	树
ap	qap	坛子	ətʂ	dzətʂtʂhæ	捏
at	tshat	偷听	əm	ʂəm	屠夫
aq	baq	面具	ən	gən	很
ɔŋ	z̯əŋæ	绒布	op	ɕop	麦秆
əl	pəl	火葬场	om	om phut	占卜
əļ	tsəļ	溪	oŋ	dzəkuɔŋ kuə ɹa	扭嘴
ər̥	mər̥	火子	ol	pæˈrqol	脚心
ər	mər tɕi	毛尔盖（地名）	up	r̥kup	猩猩
əs	bəs	蛇	ut	lut	桶
əz	ʁdz̯əz	蝉	uk	rbuk tɕhal	小钹
əʂ	tʂhəʂ	膀胱	uq	a ɕuq	一件
əz̯	dzuæʂ qəz̯	刀头	utʂ	butʂtʂhu	爬行
əɕ	ʃəɕ	消退	um	χum	寅年
əx	ʁnəx bala	猫	un	tsun	跳蚤
ərp	wuə nərp	鸟窝	uŋ	quŋ	脸
əxts	xtsəxts	邓鸡鸟	ul	r̥pul	肾
əɣz	ləɣz	纸	uļ	ɲuļ ʂuə	绵羊羔
aˈm	χaˈm baˈ	专横	ur	tsur	灶

aˑl	ŋa βaˑl	多少	us	mus	木苏(地名)	
əˑp	khəˑp	瞎子	uʐ	ʁluʐ	石板	
əˑm	dzə̣q pugəˑm	狱卒	urp	ʁurp	褴褛	
əˑŋ	ʁɐˑŋ	黄牛	uχs	r̥puχs	赤不苏(地名)	
əːr̥	məːr̥ kiaŋ	睫毛	yŋ	jyŋ kæ	勇敢	
iæts	piæts	肉	uaq	tsuaq	酸	
iæm	tsiæm	女人	uatʂ	quatʂ quatʂa	凹凸不平	
iæn	jiu tiæn	优点	uam	zduam	云	
iæs	məːtsiæs	镜子	uan	tɕhuan	踩	
iaq	jimiaq	大拇指	uaŋ	khuˑrdzuaŋ	铜锅	
iam	tiamtsə rgiam	店主	uaˑm	ʁuaˑm	娃子	
ian	tian χua	电话	uaˑʂt	jazəta qhuaˑʂt	田鼠	
ias	rpias xi	礼物	uət	rguət	大石头	
yer	thyer	鞋底	uəq	suəq	冬天	
yæm	tɕhyæm	跳神	uəm	kuəm	听见	
yæˑq	jyæˑq	房顶平台	uən	kuən dẓi	你俩	
uæt	tsə kuæt	水桶	uər̥	khuər̥ pæji	家畜	
uæq	jyæˑguæq	屋檐	uər	stuər	敬神之肉	
uæn	ɕi kuæn	习惯	uəs	ʂuəs	年龄	
uær	guær	伴儿	uəʂ	puəʂ	肚脐眼	
uæˑm	qəpatʂ khuæˑm	理发匠	uərp	quːsuərp	剪刀	
uat	a quat	一斗	uəˑn	ʁuəˑn tshuq	跪	

四、音节结构

维古话构成一个音节最多有五个音素，最少有两个音素。一个音节至少由一个元音和一个辅音构成，仅有元音或仅有辅音均不能构成一个音节。维古话元音与辅音可结合成13种音节结构形式。现分别举例如下：

    C 代表辅音   V 代表元音

1. VC   æɬ   一月
2. VCC   æxtʂ   堵
3. CV   tsə   水
4. CVV   guə   穿
5. CVVV   piau   表

6. CVC	tsur	灶
7. CVVC	tsuaq	酸
8. CVVCC	quːsuərp	剪刀
9. CCV	xtʂə	胆
10. CCVV	rguəː¹	九个
11. CCVC	ʁluz̩	石板
12. CCVVC	rguət	大石头
13. CCVCC	r̥puχs	赤不苏

五、语音变化

维古话有许多语音变化现象，下面介绍几种主要的语音变化：

1. 辅音弱化

当一个词加了前加成分，或与另一个词复合时，以浊塞音、送气塞音或以塞音起首的复辅音弱化成同部位的擦音。弱化辅音只出现在多音节中的第二音节或第二音节以后的各音节。例如：

（1）ph 弱化成 ɸ。

phə	吹	səɸə̣	吹了
phu	跑	daɸu̯	跑了
pha	晒	aɸa	晒了

（2）b 弱化成 w。

su 麻	+	be¹ 绳子	suwə̣¹	麻绳
qha¹ 石子	+	bu¹ 堆	qha¹wu̯¹	石堆
tsi 女孩	+	ba¹ 大	tsiwa¹	姑娘

（3）kh（s、ɕ）弱化成 x（s、ɕ）。

| bia 妇女 | + | khsə 新的 | biaxsə | 新娘 |
| khɕa 撕 | | | səxɕa | 撕了 |

（4）g（z、z̩）弱化成 ɣ（z、z̩）。

| gzi 扔 | | | daɣzi | 扔了 |
| ʂuə 牙 | + | gz̩ə 龈 | ʂuəɣz̩ə | 牙龈 |

（5）qh（s、ʂ、ɕ）弱化成 χ（s、ʂ、ɕ）。

qhsə 活			təχsə	复活
tsə 水	+	qhʂə 屎	tsəχʂə	水坑
tɕi 最	+	qhɕi 爱	tɕiχɕi	最爱

2. 元音和谐现象

维古话在构词、构形中有较为丰富的元音和谐现象,其和谐情况是前元音与前元音和谐,后元音与后元音和谐,圆唇元音与圆唇元音和谐,展唇元音与展唇元音和谐。下面简要介绍构词、构形中的元音和谐。

（1）亲属称谓的元音和谐

o ku	舅父	a ja	姑姑
o pu	叔父	a ɕui	伯父
a mi	大姨母	a ma	妈妈

（2）数量词的元音和谐

o qu	一家
o wu	一片
æ ri	一个
æ pia	一张
a khɕa	一只

（3）构形中的元音和谐

动词有表示时间及方向的附加成分 a、da、ha 等,这些附加成分的元音 a 与词根元音和谐。例如：

dæ xi	放开	a qa	下去
hæ thui	后退	da pa	散开
do tshu	垮	tɪ tsi	拾起
ho ʁu	仰（头）	tə pha¹	拿下来

3. 元音脱落

双音节动词,加上前加成分之后,第一音节的元音脱落。例如：

mə ma	涂抹	am ma	已抹
lə la	交换	al la	交换了
phu pha	肿	təp pha	肿了
sə sa	混合	təs sa	混合了

第十三节　龙坝话音位系统

一、辅音

（一）单辅音

龙坝话共有 55 个单辅音,按发音部位与发音方法列表如下：

发音方法 \ 发音部位			唇双	舌尖前	舌尖中	舌尖后	舌叶	舌面前	舌根腭化	舌根	小舌	喉音
塞音	清	不送气	p		t					k	q	
		送气	ph		th					kh	qh	
	浊	不送气	b		d					g		
塞擦音	清	不送气		ts		tʂ	tʃ	tɕ				
		送气		tsh		tʂh	tʃh	tɕh				
	浊	不送气		dz		dʐ	dʒ	dʑ				
擦音	清		ɸ	s		ʂ		ɕ	xʲ	x	χ	h
	浊		β	z		ʐ		ʑ	ɣʲ	ɣ	ʁ	
边音	清				ɬ							
	浊				l	ɭ						
颤音	清				r̥							
	浊				r							
半元音			w			ɻ		j				

（二）单辅音的几点说明

1. ɕ、ʑ是由复辅音 ɕtɕ、ʑdʑ 演变来的，它与 ɕ、ʑ 有对立。如：təɕoq 老百姓、tə ɕoq 凉了。

2. 腭化音 kʲ、khʲ、gʲ、xʲ 与舌根音有时也对立，它们的部位比 c、ch 要靠后一些，由于腭化作用其部位比舌根音要靠前一些。

3. ɭ 与 l 有时对立。

4. ɸ 多数出现在连读音变和汉语借词中。

5. β 绝大部分出现在连读音变中。

6. s 在实际读音中有轻吐气现象。

（三）单辅音例词

p	pɑ	粗	piæ	猪
ph	phɑ	晒	phə	价钱
b	bɑ	坝子	bə	蜜蜂
m	mi	人	mə	火
ɸ	ɸalo	法律	ɸuluŋ	富农
w	wæ	有（树）	wæs	筷子

ts	tsi	有	tsə	裂缝
tsh	tshi	马龙头	tshə	盐
dz	dzi	痒	dzə	吃
s	sɑ	血	sə	柴
z	zɑ	瓢	zə	田、地
t	tɑ	戴	tuə	犁头
th	thi	图章	thæː	那
d	də	碗豆	duə	毒
n	nə	睡	na	好
ɬ	ɬi	送客	ɬə ʂua	月亮
l	la	狼	lə	杉树
r	rək	记性	tʃhara	脸盆
tʂ	tʂa	过滤	tʂots	桌子
tʂh	tʂhi	吮吸	tʂhə	追
dʐ	dʐi	公山羊	dʐə	锅
n̺	dæn̺ə	来到		
l̺	l̺ə	耕	l̺ia	厚
ʂ	ʂæ	死	ʂuə	牙齿
ʐ	ʐə	公牛	ʐəχo	野牛
ɻ	ɻæ	写	ɻo	说
tʃ	tʃə	杀	tʃuə	做
tʃh	tʃhə	喝	tʃhuæ	种
dʒ	dʒuə	门	dʒuæ	磨（面）
tɕ	tɕi	房子	tɕo	过儿
tɕh	tɕho	绵羊	tɕhiʃ	笛子
dʑ	dʑi	侄子	dʑip	后年
ɲ	ɲa	和	ɲeiq	黑
ɕ	ɕi	酒	ɕipa	红
ɕ̻	ɕ̻æ	相信	ɕ̻yi	驮子
ʑ	ʑu	请求	ʑuʑu	倒（土）
ʑ̻	ʑ̻i	病	ʑ̻iʁʑ̻i	抽疯
j	jo	马	jip	富裕
k	kə	走	kuə	你
kʲ	kʲuandʑi	你俩	kʲuaqsi	你们

kh	khæˈ	锯	khuə	狗
khʲ	khʲuæˈ	八	khʲuæˈ	刮
g	gə	平底锅	guə	穿
gʲ	gʲəˈ	工钱	gʲuæˈ	路
ŋ	ŋuə	母牛	ŋuəzi	银子
x	xu	有（事）	xut	香
xʲ	xʲiʂuə	牛轭	xʲuæˈ	传递
ɣ	ɣuə	鸟	ɣuəro	野鸡
q	qa	我	qo	人家
qh	qhæˈ	墙	qhə	米
χ	χo	老虎	χua	卖
ʁ	ʁəˈ	汉族	ʁua	五
h	haẓ	十四	həwæ	退还

（四）复辅音

龙坝语共有 46 个复辅音，共结合形式有两种：一种是擦音、颤音在前，塞音、塞擦音、鼻音、边音、擦音在后；另一种是塞音在前，擦音在后。前者称为前置型复辅音；后者称为后置型复辅音。分述如下：

1. 前置型复辅音

此类复辅音是由 s、z、r̥、r、x、ɣ、χ、ʁ 等前置辅音与 p、b、t、d、k、kʲ、g、gʲ、q、ts、tʂ、dʐ、tʃ、m、n、ŋ、l、ɭ、z、ẓ 等辅音结合而成，共结合成 36 个复辅音。共结合情况列表如下：

前置\辅音	p	b	t	d	k	kʲ	g	gʲ	q	ts	tʂ	dʐ	tʃ	m	n	ŋ	l	ɭ	z	ẓ
r̥		/		/	/										/					
r		/			/	/									/					
s			/																	
z				/																
χ							/	/									/	/		
ɣ		/					/										/	/		
χ	/								/	/							/	/		
ʁ																	/	/		

前置型复辅音例词：

r̥p　　　r̥pi　　　豺狗　　　r̥pə　　　仓库

r̥t	r̥taq	法力	səŋu ɹta	经旗
r̥k	r̥kæ	罚	r̥kup	猩猩
r̥q	r̥qo	金子	r̥qə	懒
r̥ts	r̥tsi daq	帐篷绳子		
r̥n	r̥naq tsa	墨	r̥naq tsa ɹær	毛笔
rb	rbo	鼓	rbə	牦牛
rg	rguə	九	rguæ	狐狸
rgʲ	rgʲaq	差不多	rgʲapu	土司
rm	rmə	忘记	rmipiæ	伤口
rɲ	rɲuapa	阿坝		
st	stətʂ	直	stæmæ	徒弟
sk	sko	活佛	sko rmæ	礼物
skʲ	skʲe nei	这样		
zd	zdo	鹿	zdə	独木梯
zgʲ	zgʲær	帐篷	zgiarpa	牧区
xts	xtsyəˈ	哨子	xtsəxts	邓鸡鸟
xtʂ	xtʂə	胆	xtʂuə	汗
xl	xlia pia	辫（辫子）		
xl̩	xl̩ixi	朱砂	xl̩i ɹap	土洞
ɣd	ɣduŋ	长喇叭		
ɣdz̩	ɣdz̩ə	足够	ɣdz̩i	关（门）
ɣl	ɣlə	亏本	ɣluə	修理
ɣl̩	ɣl̩o	妹妹	ɣl̩i	平的
xp	xpon	和尚	xpær	照，印
xtʂ	xtʂuə	六	xtʂæ	小
xtʃ	xtʃuə	债	xtʃuəʁa	还账
xl	xlua	洗	xlo	老鹰
xl̩	xl̩i kæ thækçæ	北		
ʁd	ʁdua	槌子	ʁdəxs	华盖
ʁdz̩	ʁdz̩ə	星星	ʁdz̩i	叫（狗）
ʁn	ʁnətsuə̥	泉水	ʁnəks ʁuəˈ	俄纳斯俄
ʁl	ʁlə	小麦	ʁleq	眼泪
ʁl̩	ʁl̩itʃuə̥	私生子	ʁl̩itʃuæ	嫖

| ʁz | ʁzə | | 鱼 | | ʁzoɸ | 柏树 |
| ʁz̩ | tsuəʁz̩ua | | 浊水 | | phiæʁz̩as | 桨 |

2. 后置型复辅音

此类复辅音是由、k、g、q 与擦音 s、z、ʂ、ʐ、ɕ、ʑ 和边音 l 结合而成，共构成 10 个复辅音，共结合情况列表如下：

前置\辅音	s	z	ʂ	ʐ	ɕ	ʑ	l
k	/		/		/		
g		/		/		/	/
q	/		/		/		

ks	ksi	三	ksə	新
kʂ	kʂə	草	kʂəp	草坝
kɕ	kɕæχ	公犏牛	kɕuɸ	羊毛衣
gz	gzə	官	gziæ	飞
gʐ	gʐə	兔子	gʐua	侄子
gʑ	gʑil	钉子	gʑok	揉面糟
gl	gligliæ	摩擦		
qs	qsa	野羊	qso	跳
qʂ	qʂə	屎	qʂuæ	想
qɕ	qɕi	爱	qɕiqɕi	团结

二、元音

(一) 单元音

龙坝话的单元音比较多，一共有 27 个。其中基本元音 8 个，长元音 7 个，卷舌元音 6 个，长卷舌元音 3 个，清化元音 1 个，清化卷舌元音 2 个。列表如下：

发音部位和唇形			元音	长元音	卷舌元音	长卷舌元音	清化元音	清化卷舌元音
高	前	展唇	i	iː	iʴ			
		圆唇	y					
	后	圆唇	u	uː	uʴ		u̥	u̥ʴ
次高	前	展唇	e	eː				
	后	圆唇	o	oː	oʴ			

续表

发音部位和唇形			元音	长元音	卷舌元音	长卷舌元音	清化元音	清化卷舌元音
低	前	展唇	æ	æː	æ˞	æː˞		
			a	aː	a˞	aː˞		
央元音			ə	əː	ə˞	əː˞		ə̥˞

（二）单元音的几点说明

1. æ 元音的实际音值接近于 a。
2. a 元音的实际音值近似于 a
3. o 元音出现在双唇音后接近 u，u 出现在舌面音后时部位靠前；ə 出现在舌尖辅音后时接近舌尖元音。

单元音例词：

i	mi	人	çi	酒
iː	piːq	利息	miːmi	眼睛
i˞	məsɡʲi˞m	狱卒		
y	jyjo	分	jyqhua	胸
u	pu	斗	phu	逃跑
uː	tshuː	醋		
u˞	ɡʲu˞ɡʲu˞	鸽子		
u̥	ɣuxu	猫头鹰	ʁzoɸu̥	白杨树
u̥˞	siβu̥˞	铁链子	læʁu̥˞tsha	肘
e	e ji	妈妈	heçi	十三
eː	peːtçin	北京	maːpeːtsə	玻璃杯
o	so	麻	ɪo	说
oː	moːxoː	白白地	tʃoːpin	标尺
o˞	bəɡjo˞	小毒蛇	qho˞	掷
æ	tsæ	锋利	bæ	矮
æː	tsæː	这	bæː	布
æ˞	khjæ˞	八	qhæ˞	墙
æ˞ː	pæ˞ː	熊猫	dæ˞ː	蜈蚣
aː	maː	镜子	taːxo	朋友
a˞	qa˞qa˞	喜鹊	ba˞	大
a˞ː	tsa˞ː	这个	tha˞ː	那个
ə	pə	买	bə	蜜蜂

ə:	ʁə:βa	坏（人）	sɔ:ɸə	师傅
əˑ	gʲˑəˑ	工钱	bəˑ	绳子
əˑ:	rbə:ˑʁuəˑ	土块		
ə̃ˑ	sobə̃ˑ	麻绳	məxə̃ˑ	火星

（二）复元音

龙坝话的复元音主要是二合元音和三合元音，二合元音又可分为前响的二合元音和后响的二合元音。大部分前响的二合间、三合元音主要出现在汉语借词中。元音与元音可组合成 33 个复元音。举例如下：

ie	ʁlo pie	石头	pietʃəm	屠夫
iæ	piæ	猪	biæ	背
ia	ļia	厚	rapia	皮
iaˑ	phiaˑwætho	弯扣柄枪		
ia:ˑ	mia:ˑ	眼皮	mia:ˑʁotʂa	眼瞎
iəˑ	ļiəˑ	梨		
iu	jan thiu	洋铁皮		
yi	dʑyi	面粉	ɕyi	驮子
yæ	tɕyæ	关锄	tɕyætin	缺点
yə	mithyəm	强盗		
yəˑ	xtsyəˑ	哨子	xtsyəˑphə	吹哨
ui	dʐui	客人	dʐuidʐui	打扫
ue	xue tsə	回族	jan xue	烟灰
uæ	tɕuæ	锄头	tʃhuæ	种
ua	dua	大腿	xua	卖
uə	dzuə	坐	duə	毒
ueˑ	mæqueˑ	咀	jiqueˑ	手套
uæˑ	khjuæˑ	刮	gʲuæˑ	军队
uæ:ˑ	kjuæ:ˑ	里子（衣）	ʁuæ:ˑ	城墙
uaˑ	qhuaˑtæ	切	dʒuəʁuaˑ	钥匙
ua:ˑ	dʒua:ˑ	号	tua:ˑ	口水
ṳə̥	nəku̯ə	枕头	rbotʃṳə	小扁鼓
uəˑ	tuəˑ	野猫	rkuəˑ	野马
ṳə̥ˑ	phixṳə̥ˑ	白	ləgṳə̥ˑ	铧头
ei	tho ɸei	土匪	ɸei tɕi	飞机

æi	pæimu	贝母	khæiṣue	开水
au	tçau xai	胶鞋	taphau	大炮
əi	kəi da	改变		
əu	pəu ɸu	包袱	tʃhəuti	抽屉
iau	piau	表	phiau tsə	票子
iəu	əˀliəu tsə	二流子	ṣəntsiəu	烧酒
uæi	kuæi tça	国家	lian khuæi	凉快

三、元音与结尾辅音的结合

龙坝话的元音与结尾辅音可结合成 212 个带辅音尾韵母。龙坝话的结尾辅音共有 49 个；其中单辅音有 p、t、d、k、q、ts、tṣ、tʃ、tʃh、m、n、ŋ、l、ɭ、r、ɸ、s、z、ɬ、ṣ、ẓ、χ、ʁ 共 23 个；复辅音有：rp、rk、rq、ɾp、ɾb、ɾg、ɾm、st、zd、xts、xtṣ、xl、xs、xṣ、ɣdẓ、ɣl、ɣɭ、ɣz、ɣẓ、xp、χtṣ、χtʃ、χɬ、χs、χṣ、ʁdẓ、ʁl 共 28 个。其结合情况列表如下：

元音＼辅音	p	t	d	k	q	ts	tṣ	tʃ	tʃh	m	n	ŋ	l	ɭ	ɬ	r	ɸ
i	/			/		/	/	/		/	/		/	/			
iː					/												
æ	/	/	/			/	/	/		/	/	/	/	/	/		
æˀ					/									/			
a	/	/		/		/	/	/		/	/		/		/		
aˀ	/									/							
ə	/	/		/		/	/	/		/	/	/	/	/			
əˀ	/																
o	/	/		/		/				/	/		/		/		
oˀ								/									
u	/	/		/		/		/		/	/	/	/				/
yə										/							
iæ					/												
ia					/							/					
uæ				/						/	/		/			/	

续表

元音\辅音	p	t	d	k	q	ts	tʂ	tʃ	tʃh	m	n	ŋ	l	ɭ	ɫ	r	ɸ
uæˌ										/	/						/
ua	/	/		/						/	/	/		/			
uə	/	/		/						/	/		/	/		/	
uəˌ																	

元音\辅音	xts	xtʂ	xl	xs	xʂ	ɣdz	ɣl	ɣɭ	ɣz	ɣʐ	xp	xtʂ	χɫ	χs	χʂ	ʁdz	ʁl
i		/		/	/							/					
æ		/	/	/		/											
æˌ					/												/
a		/					/		/	/	/	/					/
ə	/	/		/	/	/											/
o		/										/			/	/	
u				/		/											
iæ		/													/		
uæˌ							/										
uə				/					/					/			

元音与结尾辅音结合的例词：

ip	tɕip	主人	iɫ	ksiɫ	三月
ik	ɭik	男生殖器	is	phis	白灰
iq	ŋiq	黑	iʂ	tɕiʂ	蒜
its	sits	席子	irp	tɕirp qəˌ	上腭
itʂ	sitʂ	铁丝	irm	dʐirm	裂缝
itʃ	dʐitʃ tʃuəm	攀强	ixtʂ	ɕixtʂ	熊胆
im	tsim	女人	ixs	mixs	婴儿
in	jin	瘾	iɣdz	ksiɣdz	三角形
iŋ	phiŋ luŋ	贫农	ixʂ	sixʂ	铁渣
iɭ	tɕhiɭ	笛子	iːq	piːq	利息
æp	qæp	坛子	æst	æjæstæ	晚饭

æt	tshæt	偷听	æxl	dæxl tsi	稀了	
æd	sæd	镰刀	æxs	mæxs maba	半新旧	
æq	sæq	关节	æxʂ	jæxʂ	遗留	
ætʂ	pætʂ	圆	æɣl	hæɣl	反叛	
ætʃ	tɕætʃ	纬线	æˀts	qhæˀts	石墙	
ætʃh	ætʃh	一斤	æˀɬ	khæˀɬ haɲutɕu	中秋	
æm	tshæm	午年	æˀɣdz̦	qhæˀɣdz̦	墙角	
æn	tʃæn	毡	æˀʁdz̦	khæˀʁdz̦	锉子	
æŋ	tæŋ gæq	准星	ap	ɣap	紧	
æl	ɲæl wæ	地狱				
æl̪	pæl̪ læ	猪有胎	aq	tsaq	夏天	
æɬ	dæɬ læ	驱走	ats	pats	爪	
ær	xpær	照印	am	zdam	云	
æs	wæs	筷子	an	çan	乡	
aŋ	z̦aŋ go	绿色	æz	læz	运气	
al	qhal	馍馍	æʂ	æʂ	一下（来）	
as	mə dz̦as	虹	æz̦	rmæz̦	羌话	
aʂ	xaʂ	黄	ærp	dærp	爆裂	
az̦	haz̦	十四	ærb	r̥kærb	横梁	
al̪	xal̪	地板	at	tsuəkat	水桶	
ət	zət	时间	atʂ	hatʂ	十六	
əd	pəd	马肚带	ar	dartaqkarpuk	白灰	
ək	rək	记性	ax	r̥pax	例子	
əq	zəq	舌头	aʁ	rgaʁ	一种棋	
əts	rpəts	外甥	axtʂ	dz̦axtʂ	胶	
ətʂ	stətʂ	直	axs	tɕhaxs	米老鼠	
əm	pəm	买主	aɣz	taɣz guæq	房顶矮墙	
ən	sən	省	axp	xpaxp tʃuə	举例子	
səŋ	səŋgi	狮子	axtʂ	axtʂ	一排	
əl	bəl	做	axɬ	axɬ	弄断（棍）	
əl̪	məl̪	枪	axs	paxs	糨糊	
ər	qsər	镀金	axʂ	ɲikuə tshaxʂ	耳屎	
əs	bəs	蛇	aˀp	khaˀp	满	
əz	ləz	松香	aˀq	paˀq	湿	

ə ʂ	tʂhəʂ	蜘蛛	aˑts	qaˑtsdzə	耍五子
əz̢	zəz̢	纸	aˑŋ	xaˑŋkua	黄瓜
əx	r̥bəx	公牛	aˑl	n̥a baˑl	多少
ər̥p	mər̥p	眼屎	əp	zəp	地方
ərp	ʂərp tʃuə	遗嘱	ərb	mərb	死人灰
om	xom	寅年	ərq	mərq	打雷
on	tson	跳蚤	əst	ʀəst	小腿
oŋ	stoŋ gaq	短衫	əxts	xtsəxts	邓鸡鸟
ol	r̥pol	肾	əxtʂ	səxtʂ	草虱
ol̥	sol̥	麻线	əxs	ʀdəxs	华盖
or	tsor	灶	əɣz̢	gz̢əɣz̢	四方形
os	ksisos	三十日	əɣl	dzəɣl	翻
oz	soz	麻籽	əɣz	ləʀz	书
oʂ	xloʂ	鬼	əɣz̢	səɣz̢	青杠树
oz̢	boz̢	泥巴	əʀl	məʀl	眼珠
or̥q	sor̥q	麻秆	əˑp	khəˑp	翳子
ost	sost	麻布	əˑz̢	ʀəˑz̢	汉话
ozd	pozd	板楼梯	op	lop	萝卜
oxs	r̥poxs	赤不苏	ot	l̥ot	桶
oxɬ	ʀæstætsoxɬ	背脊肾	od	ʀod	四季青
oʀdz̢	soʀdz̢	晓星	ok	jok tʃuə	马驹
oʀl	dz̥oʀl	钻子	oq	tshoq tɕu	喉咙
oˑm	bəgoˑm	巳年	ots	tʂots	桌子
up	r̥kup	猩猩	otʃ	ʀlotʃ	滚
ut	xut	香	uk	puk	篮子
iæn	təziæn	醒	uts	ɣuts	猴子
iæs	piæs	肉	utʃ	putʃ	肚脐眼
iæxs	biæxs	新郎	um	lumpa	墨水
iæxʂ	r̥piæxʂ	烟枪灰	un	mun	太阳
iam	qəβiam	保人	ul	bul	虫
iaŋ	miaŋ xua	棉花	ul̥	pul̥	羊毛绽
uæk	ɬə ʂuæk pal	月光	uɸ	kçuɸ	羊毛衣
uæn	jaˑguæq	房背边	uz	kuz	小菜园
uæm	tʃuæm læ	怀孕	u ʂ	xæɸi kuʂ	白菜

uæn	ɸa kuæn	法官	uẓ	xḷibuẓ	尘土	
uæl	ŋuællæ	少爷	ust	kçust	模子	
uær	guær	伙伴	uxʂ	kçuxʂ	听	
uæz	tʃhuæz si	撒种子	uxtʂ	dẓuxtʂ	臭虫	
uæʂ	çikuæʂ	酒	uɣḷ	dẓuɣḷ	磨子	
uæx	ʂuæx	亮	is	tçhis	狱	
uæˈm	ʁuæˈm	助手	yəm	mithyəm	强盗	
uæˈn	guæˈn	近	iæq	piæ piæq	扁	
uæˈɸ	guæˈɸ	军服	iæm	piæm	亥年	
uæˈɣz	guæˈɣz	军官	uap	tʂhuaptʂhuap	脆	
uəl	khuəl mo	皮火筒	uat	a quat	一斗	
uəḷ	tuəḷ	连枷头	uaq	ʂuaq	影子	
uər	tsuər	阳山	uam	tʃuam	小孩	
uəs	ʂuəs	年龄	uan	zuan	袈裟	
uəz	ʂuə khuəz	犬牙	uaŋ	kuaŋçaŋ	灌县	
uəʂ	tuəʂ	兄弟	uaɬ	ʁuaɬʁuatçu	端阳	
uəẓ	tsuəẓ	水牛	uas	ʂuəxluas	牙刷	
uəx	tsuəxtəlo	打嗝	uaʂ	ʁuaʂ	地槌	
uəʁ	kuəʁ	参加	uarb	ʂuarb	龙	
uərb	kuərb	刺猪	uəp	tsuəp	牛奶	
uəxʂ	kuəxʂ	放	uət	ʂuət	水缸	
uəɣẓ	ʂuəɣẓ	牙龈	uək	tsuək	井	
uəxʂ	ʂuəxʂ	牙垢	uəq	suəq	冬天	
uəˈʂ	bəˈʁuəˈʂ	绳钩	uəm	ɣuəm	酉年	
uəˈẓ	təʁuəˈẓ	绕	uən	kuən	听见	
uəˈrb	ʁuəˈrb	襁褓				

四、音节结构

龙坝话里构成一个音节最多有六个音素，最少有两个音素。一个音节至少由一个元音和一个辅音组成，仅有元音或辅音，均不能构成一个音节。现分别举例如下：

    C 代表辅音   V 代表元音

    1. VC   æʂ   一下（来）

    2. VCC   axtʂ   一排

    3. CV   pha   晒

4. CVV	duə	毒
5. CVVV	piau	表
6. CVC	nəs	昨天
7. CVVC	suəʙ	冬天
8. CVCC	sost	麻布
9. CVVCC	ʂuəɣʐ	牙龈
10. CCV	gzə	官
11. CCVV	xtʂuə	六
12. CCVC	xloʂ	鬼
13. CCVVC	ʂuə xluas	牙刷
14. CCVCC	kɕuxʂ	听
15. CCVVCC	rpiæxʂ	烟枪灰

五、语音变化

龙坝话中有比较丰富的语音变化现象，现介绍几种主要的语音变化现象：

1. 辅音弱化

龙坝话里，当动词加上过去时前缀时，共声母往往弱化成同部位的擦音。例如：

guə	穿	təɣuʁ	已穿
dzə	吃	səz	已吃
phə	吹	thæɸ	已吹
pha	晒	haɸa	已晒
biæ	背	əβiæ	已背

2. 元音和谐

龙坝话在构词、构形中有较为丰富的元音和谐现象，共和谐情况是前元音与前元音、后元音与后元音之间的和谐。现简单介绍一下构词构形中的元音和谐：

（1）亲属称谓的元音和谐

e ji	妈妈	o do	曾祖父
ə wə	祖母	o pu	叔父
æ pæ	爸爸	o ku	舅父

（2）数量词的元音和谐

| e ɕi | 一辈子 | ə rbu | 一小队 |
| a sa | 一句 | oʁ | 一桶 |

第二章　语音系统

3. 元音清化

当动词加上表过去的前加成分时，共声母弱化的同时，uə 元音清化。例如：

dzuə	坐	kuəzu̥ə	已坐
guə	穿	təɣu̥ə	已穿
qhuə	盖	axu̥ə	已盖

4. 元音丢失

在构形中，元音的丢失有两种情况：

（1）动词以 ə 结尾的音节，加上构形的前加成分后，ə 元音脱落。例如：

nə	睡	æn	已睡
dzə	吃	səz	已吃
phə	吹	thæɸ	已吹

（2）双音节（叠韵或不叠韵）动词，加上构形前加成分后，第一音节的元音全部脱落。例如：

bə bæ	抢	təb bæ	已抢
lə la	换	təl la	已换
xuə xuə	挣扎	təx xuə	已扯
suə sua	算	as sua	已算

5. 元音增加

以辅音结尾的动词，加上构形后加成分后，在结尾辅音之后需增加元音 ə。例如：

| tsæq | 削 | tsæqəji | 已削 |
| xpær | 照 | xpærəji | 已照 |

6. 音节脱落

有些双音节（叠韵）动词，加上构形前加成分后，第一音节整个脱落。例如：

khi khi	赌咒	tə khi	已赌咒
ʁo ʁo	疯	tə ʁo	已疯
tʂhə tʂhə	跑	dætʂhæ	已跑
xtʂi xtʂi	剪	təxtʂi	已剪

六、弱音节

龙坝话里，有些弱音节只能出现在每个词的第二音节或末尾音节中。在弱音节里 ə¹、u、uə、uə¹ 元音清化。例如：

1. ə¹ 元音清化

sobə̥¹	麻绳
məxə̥¹	火炭
tɕigə̥¹	房钱

2. u 元音清化

ʁzu ɸu̥	白杨树
ɣuxu̥	猫头鹰
nəku̥nəzi	十圣

3. uə 元音清化

nəku̯ə̥	枕头
rbo tʃu̯ə̥	小扁鼓
tʂha xu̯ə̥	茶壶

4. uə¹ 元音清化

phi xu̯ə̥¹	白
zə gu̯ə̥¹	铧头
ɬə ʁu̯ə̥¹	望月

第十四节　木苏话音位系统

一、辅音

（一）单辅音

羌语木苏话共有 44 个单辅音，按发音部位和发音方法列表如下：

发音方法 \ 发音部位			双唇	舌尖前	舌尖中	舌尖后	舌面前	舌根	小舌	喉音
塞音	清	不送气	p		t			k	q	
		送气	ph		th			kh	qh	
	浊		b		d			g		
塞擦音	清	不送气		ts		tʂ	tɕ			
		送气		tsh		tʂh	tɕh			
	浊			dz		dʐ	dʑ			

续表

发音方法 \ 发音部位		双唇	舌尖前	舌尖中	舌尖后	舌面前	舌根	小舌	喉音
鼻音浊		m		n		ȵ	ŋ		
颤音	清			r̥					
	浊			r					
边音	清			ɬ					
	浊			l					
擦音	清	ɸ	s		ʂ	ɕ	x	χ	h
	浊	β	z		ʐ	ʑ	ɣ	ʁ	
半元音		w			ɻ	j			

（二）辅音的几点说明

1. 塞音 t、d 在二合元音 ua 前有颤唇现象。

2. 舌面前音 tɕ、tɕh、dʑ、ɕ、ʑ 与元音 i 结合时，部位靠后（比舌根音靠前）。

3. 鼻音 m 的鼻吐气较重。如 ma 镜子、mu 酥油。

4. 鼻音 ŋ 作声母时，有唇化现象。

5. ɸ 绝大多数只出现在汉语借词中。

6. 擦音 x 有较强的吐气现象。例如：xupa 毛、ȵuxu 绵羊毛。

7. dz 在复辅音中作基本辅音时，与 z 自由换读。

8. 半元音 w、ɻ 的摩擦成分较重。

（三）单辅音例词

p	pe	买	pu	粗
ph	phə	吹	phu	逃跑
b	bi	高	ba	布
m	mə	火	mi	眼睛
ɸ	ɸɕiju	房钱	ɸaʁuan	法院
β	məβa	火药	bəβa	抢劫
w	wuə	飞禽	wua	稠
ts	tsi	女人	tsa	这个
tsh	tshi	花椒	tshu	插
dz	dzi	痒	dzə	吃
s	si	肝	sa	血

z	zə	地	za	容易
t	ta	戴	titi	打架
th	tha	那儿	thi	图章
d	dəẓə	豆腐	dawa	山歌
n	na	右	nə	燕麦
ɬ	ɬi	嫁	ɬə	救
l	li	蒸气	la	狼
r̥	tsi r̥e	丫头	a r̥u	一脚
r	rik	记性	dara	早
tʂ	tʂə	骡子	tʂa	过滤
tʂh	tʂhi	抽烟	tʂha	深
dẓ	dẓə	事情	dẓa	笑
ʂ	ʂə	杀	ʂa	拿来
ẓ	ẓə	公牛	ẓuẓk̥ʲu	吵嘴
ɹ	ɹa	写	ɹu	说
tɕ	tɕi	能	tɕu	家
tɕh	tɕhi	要	tɕhu	关
dʑ	dʑi	侄子	dʑe	过年
ɲ	ɲiq	黑	ɲu	绵羊
ɕ	ɕi	儿子	ɕama	擦
ʑ	ʑi	在，有		
j	ji	二	je	冬小麦
k	kə	去	kapa	根
kh	khu	摘	khala	梳（头）
g	gə	平底锅	guə	穿
ŋ	ŋuə	是	ŋuaru	大头人
x	xi	酒	xut	香
ɣ	ɣap	紧		
q	qa	我	qu	害怕
qh	qhu	扁担	qhəqhə	松
χ	χa	枯萎	χu	老虎
ʁ	ʁe	凶恶	ʁu	愿意
h	hu	许可	haqhe	咧嘴

（四）复辅音

木苏话共有61个复辅音，共结合形式有两种：一种是颤音、擦音在前，塞音、塞擦音、鼻音、边音在后；另一种是塞音在前，擦音在后。前者称为前置型复辅音；后者称为后置型复辅音。分述如下：

1. 前置型复辅间

此类复辅音是由r̥、r、s、z、ʂ、ç、ʐ、x、ɣ、χ、ʁ等前置音与p、b、t、d、k、g、q、ts、dz、tʂ、dʐ、tç、dʑ、m、n、n̪、ŋ、l、w等辅音结合而成，共结合成52个复辅音。其结合情况列表如下：

前置＼辅音	p	b	t	d	k	g	q	ts	dz	tʂ	dʐ	tç	dʑ	m	n	n̪	ŋ	l	w
r̥	/	/		/		/	/												
r		/	/									/	/		/		/	/	/
s	/		/									/	/	/					
z				/															
ʂ										/				/					
ç												/							
ʐ													/						
x	/		/			/									/				
ɣ										/	/								
χ	/	/			/	/													
ʁ			/			/	/						/	/	/				

r̥p	r̥pi	豹狗	dzə r̥pa	合拢
r̥t	r̥talin	小马搭子	tçhu r̥tin	白搭
r̥k	r̥kua	烤	tsə r̥kə	今年
r̥q	r̥qa	运	r̥qo	煮
r̥ts	r̥tsi	昼	r̥tsa da wa	生锈
rp	kharpu	板壁	rpuru	旋涡
rb	rbə	火葬	rbu	小扁鼓
rg	rga	开（门）	rguə	九
rdz	tardzantu	西康（地名）	khuə rdzaŋu	钢锅
rdʐ	rdʐapu	土司	dzu rdʐi	若尔盖
rm	rmu	尸体	rmi	伤口
rŋ	rŋuapa	阿坝	rŋua jap	鼓槌

rw	tʂhə rwa	奶渣		
sp	spi sku	活佛		
st	stə	饭	sta	宽
sk	sku	佛像	sku tshas	佛座
sm	sman	药	smu lam	力气
sn	snaq tsa	墨	sna tuk	鼻烟
sɲ	sɲat	马后鞭	sɲaŋ la	忌讳
sl	sla ma	学生	slu pən	师傅
zd	zdə	独木桥	khuə zdu	公狗
zg	zgar	帐篷	khazgi	马料袋
ʂp	maʂpi	停止		
ʂk	ʂku	偷		
ʂtʂ	ʂtʂa	相信	ʂtʂə	招待
ʂm	duyʂmie	妖怪		
ʂɲ	tɕha ʂɲi	何时		
ɕtɕ	ɕtɕiβi	夫妻	maɕtɕa	冷笑
ʑdʑ	ʑdʑi	痛		
xp	tʂuxpa	牛颈上的肉包	tʂaxpa ʂuɣm	强盗
xts	xtsaŋ quq	干粮袋		
xtʂ	xtʂi	剪	dʑuxtʂə	臭虫
xɲ	lə xɲa bul	毛虫		
xl	xlu	端公	tɕi xlam	砌匠
ɣdʑ	ɣdʑi	水獭	ɣdʑə	足够
ʂdʑ	qhalʂdʑa	搅面用的棍		
ɣn	ɣnə khsə ʁo	俄纳斯俄（地名）		
ɣl	ɣlə	翻身	ɕuɣlu	集合
xp	xpar	照相	tʂaxpu	使劲
xt	xtu la	吹牛	xtuap	懒惰
xts	xtsər	哨子		
xtʂ	xtʂa	小	xtʂə	矛
xtɕ	xtɕyɟ	吹口哨		
xl	xlu	老鹰	ʂuɣ xlas	牙刷
ʁd	ʁdua	木槌	ʁuʁdoŋr	长喇叭
ʁdʑ	ʁdʑə	鱼	ʁdʑuaʂtʂa	香肠
ʐʁ	tsəʁʑe	浊水		

| ʁn | ʁnə tsə | 泉水 | ʁnəqbala | 蝙蝠 |
| ʁl | ʁla ȵi | 锅煤烟 | ʁlə | 小麦 |

2. 后置型复辅音

此类复辅音是由塞音 kh、g、qh 与擦音 s、z、ʂ、ʐ、ɕ、ʑ 结合而成，共构成 9 个复辅音。其结合情况如下表：

前置\辅音	s	z	ʂ	ʐ	ɕ	ʑ
kh		/		/		/
g	/		/		/	
qh		/		/		/

khs	khsə	新	zəkhsə	雪猪
khʂ	khʂə	有（泛指）	kuə khʂa	寄存
khɕ	khɕi	犏牛	tha khɕe	那端
gz	gzi	辣	gzə	小米
gʐ	gʐə	给	gʐu tsi	轻
gʑ	gʑil	钉子	gʑukuə	揉面木槽
qhs	qhsa	野羊	qhsu	布施
qhʂ	qhʂə	屎	ʂuɣ qhʂə	牙垢
qhɕ	qhɕe	爱	qhɕi qhɕi	团结

二、元音

（一）单元音

木苏话共有 16 个单元音，其中基本元音 8 个，卷舌元音 7 个，长元音 1 个。列举如下：

i   y   e   a   ɑ   u   ə   ɣ
iʶ   eʶ aʶ ɑʶ uʶ əʶ ɣʶ
                    uː

（二）单元音的几点说明

1. i 在塞音 p、ph、b、塞擦音 tɕ、tɕh、dʑ 后略带摩擦。
2. y 的发音略圆。
3. a 的实际单值近似于 æ。
4. ɑ 略闭靠前些，实际音值接近于 ɐ。
5. u 出现喉门辅单 h 之后时带鼻化音。
6. 央元音 ə 的实际音值靠前，它出现在舌尖前塞擦音之后时读作 ɿ，出现在舌尖后塞擦音之后读作 ʅ。

（三）单元音例词

i	tʂhi	抽烟	tɕi	狗熊
iˈ	ʑdʑiˈ	病（第一人称复数现在时）	ɕpiˈ	饿（第一人称复数现在时）
y	ɕy	骰子	ɕtɕy	驮子
e	qe	能、行	tʂhe	细（面粉）
eˈ	qhɕeˈ	爱（第一人称复数现在时）	qeˈ	能（第一人称复数现在时）
a	za	容易	sa	筛子
aˈ	xaˈ	肋骨	paˈ	买（第一人称复数现在时）
ɑ	qɑ	我	tɑ	戴
ɑˈ	dɑˈ	蜈蚣	qɑˈ	头顶
ə	bə	蜜蜂	nə	睡
ɔˈ	pəˈ	火草	gəˈ	脚钱
u	bu	木板	ɕtɕu	冷（水）
uˈ	khuˈ	摘（第一人称复数现在时）	khɕuˈ	敢（第一人称复数现在时）
uː	buː	蜂蜜	phuː	肚子
ɤ	khuɤ	割	lɤ	耕
ɤˈ	tuɤˈ	野苗	xlɤˈ	泥巴

（三）复合元音

木苏话的复合元音主要是二合元音和三合元音，二合元音可分为前响的二合元音和后响的二合元音。三合元音主要出现在汉语借词中，其元音与元音可组合成30个复合元音。举例如下：

ie	pie	雪	lie	厚
ia	dzia	午餐	biaɸu	小伙子
ia	piaxo	野猪	miaɻa	眼皮
iaˈ	phiaˈque	灰色		
iu	tɕiu	鸡	xiu	吸酒管
ye	ʑye	点亮	kutɕye	看见
ya	tɕhya	种	tɕya	欠
yɑ	tɕyɑla	宽锄	ɕyɑma	刷
yu	jyu	倒		
ue	xique	酗酒	ɹuʁue	白痴
ua	tsixua	脾气	kuatsi	酒壶
uaˈ	khuaˈ	剃		

第二章 语音系统 161

uɑ	ʁuɑ	五	tsuɑ	忌口
uɑˀ	ʁuɑˀ	城墙	qhuɑˀ	切
uə	khuə	狗	wuə	鸟
uəˀ	khuəˀ	污垢	guəˀ	背兜
uɤ	khuɤ	割	tuɤ	犁头
uɤˀ	tuɤˀ	野猫	dẓuɤˀ ɹəp	门轴
yi	ʐyi	面粉	tshyi	火锅
ei	tsei	瞪眼	təçei	涨（水）
ai	laidẓa	袖子	xaitçya	鼻屎
ɑi	nɑi ba	方便	khɑi	外面
əi	zəi	漏	dẓəi	融化
eu	qeu	声音		
au	sȵau	笔		
ɑu	ɑu	祖母	sɑlɑu	锅庄舞
əu	əu	老太婆	khəu dapi	谢谢
iau	phiau tsə	钞票	siau tsu	小组
uai	kuaitça	国家		

（三）元音与辅音尾结合

木苏话的元音与结尾辅音可结合成 166 个带辅音尾韵母。木苏话的结尾辅音共有 30 个，其中单辅音有：n、ŋ、ɬ、l、ɸ、β、r̥、r、s、z、ʂ、ʐ、ɕ、x、ɣ、χ、ʁ 共 24 个；复辅音有：rp、rm、st、xʂ、xs、xʂ 共 6 个。其结合情况如下表：

元音\辅音	p	t	k	q	ts	tʂ	m	n	ŋ	ɬ	l	ɸ	β	r̥
i	/	/	/	/	/		/	/	/	/				/
y								/						
e	/	/	/		/			/						
a	/	/	/	/			/	/					/	/
ɑ	/	/	/	/			/	/						
aˀ	/				/									
u	/	/	/	/				/						
uˀ							/							
ə	/	/	/	/			/	/				/	/	

续表

辅音\元音	p	t	k	q	ts	tʂ	m	n	ŋ	ɬ	l	ɸ	β	r̥
əʴ	/	/	/	/		/								
ie						/								
ia			/			/	/							
iɑ			/				/	/						
ya	/													
yɑ						/								
yaʴ		/												
ua		/	/				/				/			
uə		/	/				/	/						
uəʴ							/							
uɤ			/		/	/					/			

辅音\元音	r	s	z	ʂ	ʐ	ɕ	x	ɣ	χ	ʁ	rp	rm	st	xs	χs	χʂ
i	/	/	/		/										/	/
y		/														
e		/											/			
a	/	/	/	/												
ɑ	/	/	/	/		/										
u		/	/	/								/				
ə	/	/	/	/					/	/				/	/	
əʴ				/		/		/								
ie		/														
ua	/	/	/													
uə	/	/										/				
uɤ		/	/	/												

元音与结尾辅音结合的例词：

ip	ʑip	富裕	iʂ	thiʂ	他俩
it	ɕtɕit pu	安逸	iɕ	phiɕ phi ɕaʂuɤ	悄悄地
ik	rik	记性	iχs	xtʂiχs	爱护

第二章 语音系统

iq	n̠iq	黑	iχʂ	xtʂiχʂ ʂuʁ	宠爱
its	sits	席子	yts	jyts	恶心
im	z̪dz̪im	病人	yn	tar tɕyn	经旗
in	ɕin	我俩	ys	jys	晒麦架
iŋ	jiŋ xan	银行	ep	tʂep	蜜
ił	khsił	三月	et	qet put	布谷鸟
il	dz̪il la	下巴骨	ek	ek ka	平等
i˳r	si˳r	铁丝	ets	jets	鸭子
ir	tɕir	碉楼	em	xtɕem pha	兔唇
is	dz̪is dz̪i	捻线	eł	jeł	二月
el	tʂelwa	摇铃	ɑp	qɑp	坛子
es	tses	看的	ɑt	ɑt kuət	捅（过去时）
eʂ	eʂ	几个	ɑk	xɑk mɑk	不准
est	jest	晚餐	ɑq	pɑq	脚尖
ɑp	ɣɑp	紧	ɑtʂ	qəpɑtʂ	头
ɑt	sɑt	镰刀	ɑm	ləlɑm	代替
ɑk	z̪ɑk tshɑt	日子	ɑn	tʂhɑn du	酒坛
ɑq	sɑq	头节	ɑŋ	mɑŋ	不（是）
ɑtʂ	dɑtʂ	传染	ɑł	ɑł	正月
ɑm	lɑmpɑ	花	ɑl	qhɑl	馍馍
ɑn	tshɑn	柜子	ɑɸ	lɑɸ	蓝色
ɑŋ	jɑŋ khue	臼	ɑβ	ɑβ tuʂ	整齐
ɑl	n̠ikɑl	多少	ɑ˳r	ɑ˳r	一点（水）
ɑβ	łɑβ zu	塑像后	ɑr	thɑr	那样
ɑ˳r	ɑ˳r	一根（线）	ɑs	tʂɑs	供神品
ɑr	zgɑr	帐篷	ɑz	ɑz xi zi	粉红
ɑs	ɑs	一天	ɑʂ	χɑʂ	黄
ɑʂ	lɑʂ	手掌	ɑʁ	ɹɑʁ	恶心
ɑz̪	rmɑz̪	羌语	aᴵts	ghaᴵts muʁu	暴风雨
aᴵm	xaᴵm pha	蝴蝶	uᴵn	tuᴵn	起来（使劲）
up	r̥kup	猩猩	əp	dz̪əp	前年
ut	lut	桶子	ət	tət tʂhə	称
uk	puk	篮子	ək	dək	迎接
uq	kaɕuq	证据	əq	z̪əq	舌头

uts	luts tsa ɕtɕiq	阴山松果	ətʂ	tʂhətʂ	跑步
utʂ	putʂ	羊毛线锤	əm	phəm	发霉
um	tsum pie	柱子	ən	lisən	政治
un	mun	太阳	əŋ	khəŋ kə	满意
uŋ	suŋz̻dz̻i	牛瘟	əɭ	dzəɭ	来（过去时）
ul	bul	虫	əl	bəl	做
uβ	suβ	麻绳	əβ	dz̻əβ	皮绳
ur̥	tɕhur̥ tin	塔	ər̥	stər̥	直
ur	tsur	灶	ər	tər	转上
us	ʁlus	磨刀石	əs	pəs	今天
uz	luz	松香	əz	qəz ʂuɤ	挑拨
uʂ	luʂ	荞麦	əʂ	dəʂ	绿豆
uz̻	ʁluz̻	石块	əz̻	tʂhəpəz̻	嘉戎语
uɤ	ʂətɕuɤ	深夜	ərm	zərm	地震
ust	khɕust	听	ərp	tɕiwuə nərp	鸡棚
əst	qəst	好好地	iɑŋ	liɑŋ χuts	油灯
əxs	r̥pəxs	赤不苏（地名）	yap	ʁləɕyap	麦秆
əxʂ	səxʂ	麻子	yan	tɕhyan	踩
əˑp	khəˑp	满的	yɑm	tɕyɑmʂuɤ	跳神
əˑt	ʁəˑt	蚕豆	yaˑq	ɕyaˑq	影子
əˑk	khə ˑk khə	满	uat	tsə kuat	水桶
əˑq	pəˑq phi	尘土	uaq	wuaq quaˑ	弯
əˑm	qhəˑm	米饭	uam	zduam	方
əˑʂ	ʁəˑʂ ba	布鞋	uan	ɕik khuan	别生气
əˑz̻	ʁəˑz̻	汉语	uar	guar	伙伴
əˑx	məˑx	霜	uas	wuas	筷子
əˑɤ	gəˑɤ	守卫	uaʂ	ʁuaʂ	飘落
iem	piem ap	亥年	uap	χtuap	懒惰
ies	pies	肉	uat	a quat	一斗
ieʂ	səxpieʂ	小铁铲	uaq	tsuaq	酸
iaq	phiaq	湿	uatʂ	ŋuatʂʂuɤ	惹
iam	xtʂərpa tsiam	看卦人	uam	qu quam	冤家
ian	tə zian	醒	uan	ɸaʁuan	法院

第二章　语音系统

iɑq	rgiɑq	差不多	uaŋ	χuaŋ kua	黄瓜
iɑn	liɑn khui	凉快	uar	gu wuar	呢子
uas	łuçya	月食	uəʂ	kuəʂ	刺（动）
	ʁdzuas dzə				
ua ʂ	dzuaʂ χtʂa	小刀	uəxʂ	kuəxʂ	放入
uət	pia rguət	鹫	uə'n	ʁuə'n dzuqʂuɣ	跪
uək	kuək gzi	扔	uɤq	tuɤq patʂ	犁头
uəp	r̥kuəp	偷	uɤtʂ	ʂrgu tʂhuɤtʂ	说笑话
uən	kuən	你俩	uɤl	tuɤl	连枷头
uəl	ȵik ŋuəl	至少	uɤs	sirmu dẓuɤs	炼铁
uər	kuərkuxar ku̥	拉来拉去	uɤz	ʂuɤz	牙龈
uəs	kuəs	你自己	uɤʂ	duɤʂ lam	巫婆

四、音节结构

木苏话的音节比较复杂，构成一个音节最多有五个音素，最少有两个音素。一个音节至少由一个元音和一个辅音组成，仅有元音或辅音，均不能构成一个音节。现分别举例如下：

　　C　代表辅音　　V　代表元音

1. VC　　　aẓ　　　　　有时
2. CV　　　pə　　　　　买
3. CVV　　pie　　　　　雪
4. CVVV　　piau　　　　表
5. CVC　　ȵiq　　　　　黑
6. CVVC　　pies　　　　肉
7. CVCC　　səkəxʂ　　　麻子
8. CVVCC　　kuəxʂ　　　放入
9. CCV　　　χlu　　　　老鹰
10. CCVV　　rguə　　　九
11. CCVC　　ʁlus　　　磨刀石
12. CCVVC　　rpies/xi　　三朝酒
13. CCVCC　　khçust　　听

五、语音变化

木苏话里有许多语音变化现象，下面介绍几种主要的语音变化：

1. 辅音弱化

木苏话中，当动词加上前加成分后，其声母若为塞音、塞擦音或以塞音为基本辅音的复辅音时，往往弱化成同部位的擦音。例如：

khəˑ	砍	təxəˑ	已砍
bie	背	eβie	已背
dzə	吃	səzə	已吃
gʐə	拴	aʁʐu	已拴

2. 元音和谐

木苏话在构词、构形中有比较丰富的元音和谐现象，其和谐情况是前元音与前元音和谐，后元音与后元音和谐。现简要介绍构词中的元音和谐。

（1）亲属称谓的元音和谐

亲属称谓词头与词根元音和谐。例如：

| e ja | 爸爸 | e tɕi | 小姨母 |
| a ma | 妈妈 | a ku | 姑父 |

（2）数量词的元音和谐

数词与量词结合时，数词的元音与量词的元音和谐。例如：

| ji khiˑ | 二百 | e ɕi | 一辈子 |
| a kua | 背篓 | a sa | 一间 |

3. 元音清化

当动词是以 ə、ɤ 元音结尾时，加上前加成分之后，元音清化。例如：

xtʂə	堵	axtʂə̥	已堵
nɤ	睡	anɤ̥	已睡
guə	穿	təguə̥	已穿

4. 元音脱落

动词以 ə 结尾的音节，加上前加成分之后，ə 元音脱落。例如：

stə	泡	ast	已泡
məli	烤火	amli	已烤
lə la	交换	təl la	已换

5. 音节脱落

双音节（叠韵或不叠韵）动词，加上前加成分之后，前一音节全部脱落。例如：

ʁu ʁu	疯	tu ʁu	已疯
ʁdzə əʁdzə	量（动）	a ʁdzi	已量
khuəkhua	生气	tə khua	已生气

六、弱音节

木苏话中，弱音节只出现在每个词的第二音节或末尾音节。在弱音节里 ə、u、uə、uɤ 元音清化。

1. ə 元音清化

χpa xpə̥	例子
dẓuɣlə̥	錾子
arpə̥	一窝（小猪）

2. u 元清化。例如：

dzə ku̥	口
nə ku̥	枕头
ma xu̥	哈巴狗

3. uə 元音清化。例如：

tsa ku̥ə̥	菜园
ha ṛgu̥ə̥	十九
a ṛku̥ə̥	一件（衣）

4. uɤ 元音清化。例如：

zə ʂu̥ɤ̥	外甥
li ʂu̥ɤ̥	重孙
ʁli ʂu̥ɤ̥	私生子

第十五节　茨木林话音位系统

茨木林位于靠近河坝的知木林区附近，河西高山上的村寨以及河坝村寨与茨木林话语音完全相同，河东至乌木树也能听懂95%。

茨木林话在小黑水通行最广，全区共有6107人，说茨木林话的有3100多人，还有1000多人虽然语音上略有差别，但也能听懂95%以上，而慈坝乡的1020多人只能听懂80%左右。

操茨木林话的人自称 rme，汉族称他们为倮倮，前属松潘县管辖时曾成立松潘县小黑水倮倮族自治区，现已划归黑水县。

本音系是从3600多单词中整理出来的。

一、辅音

（一）单辅音

茨木林话共46个单辅音，按发音部位与发音方法列表如下：

发音方法 \ 发音部位		唇双	唇齿	舌尖前	舌尖中	舌尖后	舌叶	舌面前	舌根	小舌	喉音
塞音	清 不送气	p			t				k	q	
	清 送气	ph			th				kh	qh	
	浊	b			d				g		
塞擦音	清 不送气			ts		tʂ	tʃ	tɕ			
	清 送气			tsh		tʂh	tʃh	tɕh			
	浊			dz		dʐ	dʒ	dʑ			
鼻音浊		m			n				ɲ	ŋ	
颤音	清				r̥						
	浊				r						
边音	清				ɬ						
	浊				l						
擦音	清		f	s		ʂ		ɕ	x	χ	h
	浊			z		ʐ		ʑ	ɣ	ʁ	
半元音		w				ɻ		j			

（二）单辅音的几点说明

1. 唇齿擦音 f 多数出现在汉语借词中。

2. 浊塞擦音与浊擦音有自由变读的现象。

例如：

dzo "坐" ⇔ zo "冰雹"

dʐə "锅" ⇔ ʐə "箭"

dʑi "侄子" ⇔ ʑi "在"

3. 舌尖中塞音 t、th、d 与 i 元音相拼时有较明显的齿化和腭化现象，用严式标音标记应为 t̪ʲ、t̪ʰʲ、d̪ʲ。

4. 清颤音 r̥ 只出现在复辅音，且多数是藏语或四土话的借词中。

5. 凡以元音起首的音节喉头闭塞都带喉塞半音 ʔ。

6. 在其他方言以辅音结尾的词，在茨木林话中一般都带有一个不重读的元音。

7. 茨木林话没有其他方言所具有的丰富的连读音变现象。

（三）单辅音例词

p	pu	买	pɣ	糠
ph	phu	树	phə	吹
b	bu	木板	bæ	矮

第二章 语音系统

m	mə	火	me	酥油
f	falo	法律	feitɕi	飞机
w	wu	鸟	wa	有（树）
ts	tsæ	这	tsi	女人
tsh	tshæ	山羊	tshə	盐
dz	dzæ	茖蒿	dzo	坐
s	sæ	筛子	si	柴
z	zæ	容易	zə	地
t	ti	房子	to	犁
th	thi	喝	thæ	那
d	də	豌豆	de	桶箍
n	nɤ	人	ne	知道
ɬ	ɬæsæ	拉萨	ɬaɹɬa	小寺庙
l	li	耕	lɤ	杉树
r	rəstæ	记性	rəspæna	聪明
tʂ	tʂa	过滤	tʂotsə	桌子
tʂh	tʂha	茶	tʂhe	吮
dʐ	dʐi	长	dʐə	锅
ʂ	ʂə	穿（针）	ʂuə	牙
ʐ	ʐə	箭	ʐu	请求
ɹ	ɹo	马	ɹa	呕吐
tʃ	tʃə	杀	tʃuə	穿（鞋）
tʃh	tʃhə	称	tʃhoqhe	棺材
dʒ	dʒu	门	dʒun	匠人
tɕ	tɕi	男人	tɕui	雪
tɕh	tɕhi	旗	tɕhue	种
dʑ	dʑi	侄子	dʑue	磨（面）
ȵ	ȵi	和	ȵu	绵羊
ɕ	ɕui	湖	ɕi	数目
ʑ	ʑi	有（人）	ʑiʑi	各人
j	je	岩石	ji	装（水）
k	kə	去	ku	园根
kh	khæˈ	八	khuə	狗
g	gəˈ	工钱	gə	平底锅
ŋ	ŋuə	是	ŋueˈ	短

x	xi	酒	xæ	陡
ɣ	ɣæp	紧	ɣuˀɣuˀ	分
q	qɑ	我	qən	眼睛
qh	qhɑ	苦	qhəʴ	大米
χ	χɑ	铜	χo	老虎
ʁ	ʁuɑ	五	ʁɚʴ	汉族

（四）复辅音

茨木林话共有 33 个复辅音，其结合形式有两种：一种是颤音、擦音在前，塞音、塞擦音、鼻音、边音等在后；另一种是塞音在前，擦音在后。前者称为前置型复辅音；后者称为后置型复辅音。分述如下：

1. 前置型复辅音

此类复辅音是由r̥、r、s、z、x、ɣ、χ、ʁ 等前置辅音与 p、b、t、d、k、g、q、ts、dʐ、m、n、ŋ、l、z 等辅音结合而成的，共结合成 24 个复辅音。其结合情况列表如下：

前置＼辅音	p	b	t	d	k	g	q	tʂ	dʐ	m	n	ŋ	l	z
r̥			/		/									
r		/		/		/			/					
s	/		/		/		/							
z				/										
x						/								
ɣ										/	/		/	
χ		/												
ʁ		/								/	/	/	/	/

注：ʁ 与 z 相结合是由于没有 G 这样的浊辅音作起首辅音。

前置型复辅音例词：

rg	rguæ	狐狸	rguə	九
rm	rmə	名字	rme	羌族（自称）
sp	spu	竹子	spæ	草地人
st	ste	饭	stə	七
sk	skuə	偷	skopu	猩猩
sq	sqe	懒	sqo	嘴
zd	zdi	休息	zdɤ	独木桥

xtʂ	xtʂuə	汗	xtʂə	虱子	
ɣdʐ	ɣdʐi	水獭	ɣdʐə	足够	
ɣn	ɣnə	二	ɣnærpæ	管家	
ɣl	ɣluə	宽敞	ɣlæz	命运	
χp	χpɤ	相片			
χt	χtə	土	χto	老鹰	
χtʂ	χtʂi	矛	χtʂa	小	
ʁd	ʁdua	锥子	ʁduatʃə	木槌	
ʁdʐ	ʁdʐə	星星	ʁdʐo	竹制口琴	
ʁn	ʁnətsə	泉水	ʁnərdi	毛尔盖	
ʁɲ	ʁɲiwu	黄蜂	ʁɲaqe	沼泽	
ʁl	ʁlə	小麦	ʁlo	碉楼	
ʁz	ʁzə	鱼	ʁzua	垮	

2. 后置型复辅音

此类复辅音由 k、g、q 与擦音 s、z、ʂ、ʐ、ɕ、ʑ 结合而成，共结合成 9 个复辅音。其结合情况列表如下：

辅音 前置	s	z	ʂ	ʐ	ɕ	ʑ
k	/		/		/	
g		/		/		/
q	/		/		/	

后置型复辅音例词

ks	ksi	三	ksə	新	
kʂ	kʂu	冷	kʂə	塞入	
kɕ	kɕi	犏牛	kɕuep	黑暗	
gz	gzi	飞	gzə	小米	
gʐ	gʐə	四	gʐu	轻	
gʑ	gʑi	钉子	gʑutɕhi	嫁	
qs	qsa	野羊	qso	跳	
qʂ	qʂə	屎	qʂupaq	凉快	
qɕ	qɕi	爱	qɕue	想	

二、元音

（一）单元音

茨木林话共有 24 个单元音，其中基本元音 8 个，长元音 5 个，卷舌元音7个，长卷舌元音4个，列表如下：

发音部位和唇形			元音	长元音	卷舌元音	长卷舌元音
高	前	展唇	i	iː	iʴ	
	后	圆唇	u		uʴ	uːʴ
次高	前	展唇	e	eː	eʴ	eːʴ
	后	展唇	ɤ			
		圆唇	o	oː	oʴ	oːʴ
低	前	展唇	æ	æː	æʴ	
			a	aː	aʴ	aːʴ
央元音			ə		əʴ	

（二）单元音的几点说明

1. 茨木林话不像其他地方的话有大量的清化元音，其他地方的清化元音一般都读成不带重音的元音。

2. a元音的实际音值为ɛ。

3. e元音的实际值介于e和ɛ之间。

4. ɤ元音与非唇音相拼时有复元音倾向，像wɤ，与双唇音相拼时，其元音变为uɤ，并带摩擦。

5. u元音的实际音值介于ʉ与u之间。若u出现在舌面辅音之后和i元音之前时，其实际音值接近y。

6. o元音出现在喉音h之后时，带鼻化。

（三）单元音例词

i	bi	尿	ti	房子
iː	stiːmi	心	stiːrmu	铁
iʴ	biʴ	绳	khiʴ	粗（粉）
u	pu	买	phu	树
uʴ	khuʴ	切	khuʴkhuʴ	雁
uːʴ	skuːʴ	野驴		
e	le	宽	ne	知道
eː	deː	大腿	dʐeː	发烧
eʴ	beʴ	细（树）	qheʴbu	石堆
eːʴ	qheːʴ	墙	qheːʴʁlo	石墙
ɤ	nɤ	睡	sɤ	豹子
o	so	麻	no	公绵羊

oː	boː	糖	zoː	大家	
oˀ	qhoˀ	打猎	khoˀʁlo	经筒	
oːˀ	ʁoːˀ	草山	ʁəˀmoːˀ	蘑菇	
æ	bæ	矮	læ	有（水）	
æː	stæːtie	锄头	pæːnda	跟班	
æˀ	khæˀ	八	khæˀp	满	
a	sa	血	na	好	
aː	qaː	顶上	ɹqaːqa	剥（皮）	
aˀ	baˀ	大	qaˀqa	喜鹊	
aːˀ	pəɹe maːˀgze	今晚	siudə maːˀgzə	后晚	
ə	phə	吹	sə	谁	
əˀ	ʁəˀ	汉族	qhəˀ	大米	

（四）复合元音

茨木林话的复合元音主要是二合元音，三合元音只有三个，一般只有后响的二合元音，前响的二合元音和三合元音只出现在汉语借词中。茨木林话元音与元音可结合成 28 个复合元音。举例如下：

ie	pie	猪	phie	船	
ieː	sieːme	水果	zieːbie	中饭	
iæ	miæqe	失败	tiæn jin	电影	
ia	tiaq	前面	sialo	木头	
iaˀ	ksiaˀq	影子			
iu	tiu	货	ziu	等	
ui	tɕui	雪	dʐui	面粉	
uiˀ	guiˀ	路	toguiˀ	犁钩	
ue	tshue	桥	dʐue	磨（面）	
ueː	queːɣle	多	ɣdʐueːsi	小锄头	
ueˀ	gueˀ	军队	khueˀ	剃（头）	
ueːˀ	ʁueːˀ	活塞（地名）			
uæ	ʂuæp	麦秆	tɕikhuæn	别生气	
ua	χua	卖	ʁua	五	
uaː	quaː	河坝	ʐuaːma	歌	
uaˀ	ʁuaˀ	帮助	nəqhuaˀ	太阳穴	
uaːˀ	ʁəˀgʐuaːˀ	洋号	ɹek gʐuaːˀ	牛角号	
uə	ʂuə	牙	dʐuə	甜荞	
uəː	zuəː	柏枝	zuəːsi	柏树	

uə˩	khuə˩	污垢	ɢuə˩χe		远
uəː˩	tʃuəː˩tse	偷看	kuə˩ʁuəː˩		扔（过去时）
ei	pei	碑	feitɕi		飞机
ai	phaiphia	徽章			
au	pau tæn	球	tshæ tau		菜刀
əu	əu	外祖母	təufu		豆腐
iue	ɹɑ tiue	干	dæɹəuitiue		枯干
iau	phiautsə	钱	tæpiau		代表
uai	kuai tɕa	回家	pha kuai		弯柄枪

三、元音与结尾辅音的结合

茨木林话的元音与结尾辅音可结合成 123 个带辅音尾韵母。茨木林话的结尾辅音共有 18 个，其中单辅音有：p、t、k、q、tʂ、tʃ、m、n、ŋ、l、r、s、z、ʂ、ʐ 共 15 个；复辅音只有 sk、ks、qʂ 3 个。其结合情况列表如下：

前置\辅音	p	t	k	q	tʂ	tʃ	m	n	ŋ	l	r	s	z	ʂ	ʐ	sk	ks	qʂ
i	/		/	/			/	/				/						
e	/	/						/				/						
æ	/		/	/	/			/	/				/	/	/			
æ˩	/		/															
a	/	/		/				/	/	/	/		/					/
a˩	/			/				/	/									
ə	/	/	/					/		/	/	/	/	/				
ə˩	/			/														
ɤ	/							/			/			/				
o	/		/	/		/	/	/	/	/				/				
o˩			/															
u	/						/	/						/				
ie		/	/					/				/						
iæ			/															
ia			/					/			/						/	
iu								/										
ue								/				/						
ue˩		/										/						
uæ	/		/				/		/									
ua	/	/	/				/	/										
ua˩					/													

第二章 语音系统

续表

辅音 前置	p	t	k	q	tʂ	tʃ	m	n	ŋ	l	r	s	z	ʂ	ʐ	sk	ks	qʂ
uə	/		/	/	/		/	/				/		/	/			
uəˈ						/												

元音与结尾辅音结合的例词：

ip	stip	信任	iŋ	jiŋχan	银行
ik	tik	最	iʂ	qɕiʂ	对象
iq	gziq	草坝	iʐ	siʐ	枪通条
im	tim	着火	ep	qep	坛子
in	lesin	政治	et	tɕhet kædʒu	受苦
ek	staqsa ɹek	毛笔	aq	saq	骨节
em	zdem	云雾	atʂ	qəpatʂ	头
en	ʁlen	嫖客	am	soχam	皮靴子
eʂ	xispeʂ	搅酒用的棍	an	tɕan	碱
eʐ	rmeʐ	羌语	aŋ	ɕaŋ	乡
æp	hæp	后年	al	qhal	馍馍
æk	thæk tiaq	最前面	ar	χpar	照相
æq	pæ tæq	面条	aʂ	phie ɹlaʂ	船浆
ætʂ	pætʂ pætʂ	圆	aqʂ	saqʂ spie	止泻药
æm	sæm	毡子	aˈp	qhaˈp qhaˈp	脆
æn	bæn	强盗	aˈq	phaˈq	湿
æŋ	gæræŋ	喇嘛穿的上衣	aˈn	χaˈn baˈlæ	专横
æʐ	ɣlæʐ	运气	aˈl	n̥a baˈl	多少
æʂ	tshə tshæʂ	装盐的器具	əp	dzəp	前年
æʐ	spæʐ	草地话	ət	zət	时间
æˈp	khæˈp	满（水）	ək	məphək	吹火筒
æˈk	xtʂədʐuə khæˈk	算子	əɕ	zəɕ	舌头
ap	zaɹap	乡下人	əm	zəmdæwæ	着火
at	atdaʁa	冲	ən	sən	省
ak	ʂuəχuə lak	牙刷	əŋ	səŋdi	狮子
əl	qəl kuaʁa	投降	otʃ	χtotʃ mə	鬼火
əs	məs phə	吹气	om	sqom	憋气
əz	qəz tʃ	挑拨	on	tson	跳蚤
əʂ	rməʂ	菩萨	oŋ	stoŋ	千

əz̯	pəz̯	燕麦	ol	ʂuə mol	下牙	
əsk	pəsk	今年	oz̯	soz̯	麻线	
əˈp	khəˈp	瞽子	oˈq	kʂəʁoˈq	草上	
əˈk	pəˈk tʃə	消灭	oˈn	bqhoˈn	蜂刺	
əˈn	mi gəˈn	仇人	up	stirup	石碉楼	
əˈz̯	ʁəˈz̯	汉语	uk	tʃuk	貒	
əp	nəp	去年	uq	kuæʂuq	证据	
ən	bən	穷人	utʃ	kutʃ	菜	
əz	ləz	松香	um	lum pa	黑水	
əz̯	nəz̯	垫子	un	mun	太阳	
op	ʁop læn	野人	uŋ	luŋtʂhua	蒸笼	
ok	lok teʂ	细筛	uz̯	buz̯	灰泥巴	
oq	tsoq	喜事	iek	nə tsiek	准星	
ieq	spieq	山岭	uær	quær	伙伴	
ien	spien bæ	医生	uap	ʁləʂuap	麦秆	
ieʂ	tie tieʂ	织布机	uak	duək tshuak	捣火药的臼	
iæq	pie piæq	扁	uaq	tɕhuaq tʃ	磕头	
iæn	kua miæn	挂面	uan	juan pi	铅笔	
iap	khuˈstiap	绰斯甲	uaŋ	χuaŋkua	黄瓜	
iaq	tiaq	前面	uəp	ʂuəp tirgu	半夜	
ian	tian tsə	旅店	uək	sta qsa suək	墨砚	
iaŋ	tiaŋ χua	电话	uəq	tʃuəq	靴筒	
iaks	tiaks	米老鼠	uətʂ	χuətʂχuətʂ	皱的	
ias	spiasxi	三朝酒				
uin	suin	徒弟	uəm	zuəm kɕue	烧柏枝	
uen	zə tɕhuen	佃户	uən	kuən kuən	你自己	
ueʂ	spə ɹəkɕueʂ	香炉	uəs	khuəs lapa	玫瑰花	
ueˈk	qəŋˈkhueˈk	剃头刀	uəʂ	gz̯uəʂ qhoˈ	打靶	
ueˈz̯	tə ʁueˈz̯	裹				
uæp	zə skuæp	女婿	uəz̯	duəz̯	子弹	
uæk	məkuæk tshotɕi	撮火的撮箕	uəˈn	təʁuəˈn	枪槽弹簧	
uæq	guæq	边	uaˈn	ʁuaˈn	助手	
uæm	tɕhuæm	歌庄舞				
uæn	zə tɕuæn	上门				
uæl	guældaqso	跳下				

四、音节结构

茨木林话构成一个音节最少有两个音素，最多有五个音素。元音与元音或元音与辅音可结合成 12 种音节结构。举例如下：

C　代表辅音　　　　　　　　V　代表元音

1. VV　　　　wu　　　　鸟
2. VVC　　　jits　　　　椅子
3. CV　　　　qa　　　　我
4. CVV　　　ʁua　　　　五
5. CVVV　　piau　　　　表
6. CVC　　　qep　　　　坛子
7. CVVC　　tiaq　　　　前面
8. CVCC　　pəsk　　　　今年
9. CCV　　　stə　　　　饭
10. CCVV　　rquə　　　　九
11. CCVC　　rmez̧　　　　羌语
12. CCVVC　kɕuep　　　　黑暗

五、元音和谐

茨木林话的元音和谐不太显著，只在动词的前加成分、亲属称谓、十位数词的词头与词根元音之间的和谐，一般词根以 i、æ、ə、u 等为主要元音的音节，其前加成分或词头用 æ 元音；若其主要元音为 e、a、ɤ、o 的音节，其前加成分或词头用 a 元音。下面简要介绍构形、构词中的元音和谐。

tsi　　　　看　　　　dætsi　　　　已看
ta　　　　戴　　　　data　　　　已戴
dzo　　　　坐　　　　dadzo　　　　已坐
khi¹　　　赌咒　　　dæ khi¹　　　已赌咒

2. 构词中的元音和谐

（1）亲属称谓的元音和谐。例如：

æ pæ　　　祖父　　　　əu ba　　　祖母
piːmi　　　父母　　　　zə zən　　　女婿

（2）数量词的元音和谐。例如：

a χo χo　　　　一匣
hæ tɕi　　　　十一
aɹəpua　　　　一包

第十六节　扎窝话音位系统

此音系是从三千多词中整理出来的，该调查点位于黑水西北部，使用该土语的共有三千多人。此土语与小黑水较接近，互相能听懂80%以上。下阴山的米坝、昌泽等的话与该土语完全相同，但到俄思则语音上有差别，互相只能听懂70%—80%。

该地居民经常与草地人接触，因此，年长的大多数会一些草地话。

此地由于是黑水的宗教中心，故语言在黑水有较高威信。

该点在乡政府附近，离交通线较远，发音人的语言受到麻窝话的一些影响，但本语记忆尚清。

一、辅音

（一）单辅音

扎窝乡罗窝寨话共有51个单辅音，按发音部位与发音方法列表如下：

发音方法		发音部位	唇双	舌尖前	舌尖中	舌尖后	舌叶	舌面前	舌面后	舌根	小舌	喉音
塞音	清	不送气	p		t				c	k	q	
		送气	ph		th				ch	kh	qh	
	浊		b		d				ɟ	g		
塞擦音	清	不送气		ts		tʂ	tʃ	tɕ				
		送气		tsh		tʂh	tʃh	tɕh				
	浊			dz		dʐ	dʒ	dʑ				
鼻音浊			m		n			ȵ	ɲ		ŋ	
边音	清				ɬ							
	浊				l							
颤音	清				r̥							
	浊				r							
擦音	清		(f)	s		ʂ	ʃ	ɕ	ç	x	χ	h
	浊			z		ʐ	ʒ	ʑ		ɣ	ʁ	
半元音			w			ɻ		j				

第二章 语音系统

（二）单辅音的几点说明

1. 扎窝话的辅音不像其他土语具有丰富的连读音变现象，只有几个例子，但其音质的变化极为模糊。

2. f 只出现在借词中。

3. c、ch、ɟ 这三个音极大部分可读成 ti、thi、di，但其音质与原来的 ti、thi、di 略有不同，由 c、ch、ɟ 演变来的 ti、thi、di 带有较重的齿音和腭化，实际音值为 t̻、t̻hi、d̻i，但仍有几个音是不能读成 ti 的。如 ci "房子" 和 ti "熊" 是绝对对立的。故 c、ch、ɟ 这套塞音仍然存在。

4. r̥ 只出现在复辅音中。

5. 有些辅音在结合成复辅音时，读音极不稳定。如：xs⇔xts、xʂ⇔xtʂ、xʃ、xç⇔xtç、ɣz⇔ɣdz、bz⇔ʁdz 等等。

6. x、ɣ、ɟ、ŋ、r、ɬ 等辅音出现的频率较少。

（三）单辅音例词

p	pi	猪	pu	买
ph	pha	晒	phu	跑
b	bi	尿	bæ	矮
m	mə	火	mun	太阳
f	falo	法律	feitçi	飞机
w	wæ	有（树）	wu	鸟
ts	tsi	女儿	tsə	水
tsh	tshə	盐	tshæ	山羊
dz	dzə	吃	dzuə	荞麦
s	si	柴	sa	血
z	zə	地	zæ	容易
t	ti	熊	to	犁
th	thi	喝	tha	那里
d	duə	豌豆	da	老年人
n	nə	人	na	好
ɬ	ɬæɬæ	光滑	ɬætshæ	拉萨
l	li	厚	la	狼
r̥	r̥taq	法力	kæ r̥pu	白灰
r	rək	记性	rægi	刀子
tʂ	tʂə	骡子	tʂa	过滤
tʂh	tʂhi	细（粉）	tʂha	茶
dʐ̻	dʐ̻i	长	dʐ̻ə	锅

ȵ	ȵiafəˈ	凉粉	ȵiaŋχots	油灯
ʂ	ʂuə	牙	ʂuti	干净
ʐ	ʐə	公牛	ʐu	请求
ɾ	ɾer	角（兽）	ɾo	马
tʃ	tʃə	杀	tʃu	来
tʃh	tʃhə	完	tʃhu	凉（饭）
dʒ	dʒə	箭	dʒu	兽穴
tɕ	tɕi	儿子	tɕuæ	酸
tɕh	tɕhi	酒	tɕhuaq	磕头
dʑ	dʑi	侄子	dʑuæ	磨（面）
ȵ	ȵiq	黑	ȵu	绵羊
ɕ	ɕui	骰子	ɕal	玻璃
ʑ	ʑi	有（人）	æʑæ	婆婆
ji	jip	地主	jits	肥皂
c	ci	房子	ce	欠
ch	chi	要	chis	狱
ɲ	sənɲi	三脚	məɲi	木炭
ç	çi	卷（裤）	dæçi	变红
k	kə	去	koti	身体
kh	khəˈ	米	khæˈ	八
g	gəˈ	工钱	guær	伙伴
ŋ	ŋuə	母牛	ŋuəsi	借
x	xæpi	陡	təx	拾起
ɣ	ɣæp	要紧	thæɣuæ	他们
q	qa	我	qo	害怕
qh	qhoˈ	掷	qho	夹担
χ	χo	虎	χa	黄
ʁ	ʁəˈ	汉族	ʁəˈd	蚕豆
h	hõ	有（事）	hæp	后年

（四）复辅音

扎窝话共有 50 个复辅音，其结合形式是擦音、颤音、鼻音在前，塞音、塞擦音、鼻音、边音、擦音在后。由 s、z、ɾ、r、x、ɣ、χ、ʁ、m 等前置辅音与 p、b、t、d、c、ɟ、k、g、q、ts、dz、tʂ、dʐ、tʃ、dʒ、tɕ、dʑ、m、n、ȵ、ŋ、l、s、z、ʂ、ʐ、ɕ、ʑ 等辅音结合而成，其结合情况列表如下：

第二章　语音系统

辅音＼前置	p	b	t	d	c	ɟ	k	g	q	ts	dz	tʂ	dʐ	tʃ
r̥	╱		╱						╱					
r		╱			╱	╱								
s	╱		╱		╱		╱		╱					
z		╱				╱		╱						
x		╱								╱		╱		╱
ɣ													╱	
χ	╱	╱					╱		╱			╱		
ʁ				╱						╱				
m										╱				

辅音＼前置	dʒ	tɕ	dʑ	m	n	ɲ	ŋ	l	s	z	ʂ	ʐ	ɕ	ʑ
r̥														
r		╱			╱									
s														
z														
x									╱					
ɣ		╱	╱		╱		╱	╱		╱				
χ		╱							╱		╱			
ʁ		╱		╱	╱		╱							
m														

（五）复辅音例词

r̥p	kæ r̥pu	白灰		
r̥t	r̥taq	法力		
r̥ts	dæ r̥tsim	画		
rb	rba	累		
rɟ	rɟi	病	rɟæpi	左把手
rg	rguə	九	rgæ	开（门）
rm	rmu	尸体	rmæ	羌族
rŋ	rŋapa	阿坝		
sp	spi	豺狗	spə	仓库
st	sti	招待	ste	饭
sc	scalo	暖和		
sk	skæ	驮	sku	佛像
sq	sqo	金子	squa	保护

zb	zbær	板壁	khəˈzbæ	米饭
zd	zdi	休息	zdo	额头
zg	zgær	帐篷	zgærpæ	牧区
xt	xtə	骨髓	xtæpi	辫（辫子）
xts	xtsaŋ goq	干粮袋		
xtʂ	xtʂi	砍（头）	xtʂə	虱子
xtʃ	xtʃək	塞子	xtʃun	端公
xtɕ	xtɕuap	黑暗	xtɕepu	太平
xs	xsi	三	xsə	新
xʂ	xʂə	有	xʂu	备（马）
xɕ	xɕi	犏牛	xɕuæ	点亮
ɣdʐ	ɣdʐi	水獭	ɣdʐu	怀疑
ɣdʒ	ɣdʒə	兔子	ɣdʒuə	拴（马）
ɣdʑ	ɣdʑuaːˈ	唇	ɣdʑuaːˈquə	下巴骨
ɣn	ɣnə	二	ɣnətʃ	二月
ɣl	ɣluə	宽	ɣlia qua	平
ɣz	ɣzi	飞	ɣzə	首领
ɣʐ	ɣʐə	给	ɣʐu	妹
ɣʑ	ɣʑiɣʑi	搓	ɣʑi	螺丝钉
χp	χpar	照相	χpɣn	和尚
χt	χta	溢	χtə	告诉
χts	χtsə	哨子	χtso	跳
χtʂ	χtʂə	六	χtʂpa	小伙子
χtʃ	χtʃə	脖子	χtʃuə	债
χtɕ	χtɕi	喜欢	χtɕiχtɕi	团结
χs	χsa	野羊	χso	递
χʂ	χʂə	屎	χʂə bu lo	蛆
χɕ	χɕu	想	χɕi wu	纸
ʁd	ʁduə	槌子	ʁduəq	华盖
ʁdz	ʁdzu	凿子		
ʁdʐ	ʁdʐi	咬	ʁdʐə	散开
ʁdʑ	ʁdʑipi	糊泥刀		
ʁn	ʁna mu	骆驼	ʁnəqo	水神
ʁl	ʁləq	眼泪	ʁləʁla	照顾
ʁz	ʁzə	鱼	ʁzua	垮

| mdz | mdzær | 准星 |
| ʁn̩ | ʁn̩ærwæ | 地狱 |

二、元音

（一）单元音

扎窝话的单元音较多，一共有 37 个，其中基本元音 8 个，长元音 8 个，卷舌元音 7 个，长卷舌元音 6 个，鼻化元音 6 个，清化元音 2 个。列表如下：

发音部位和唇形			元音	长元音	卷舌元音	长卷舌元音	鼻化元音	清化元音
高	前	展唇	i	iː	iʴ		ĩ	
		圆唇	u	uː	uʴ	uːʴ	ũ	u̥
	后	圆唇	e	eː	eʴ	eːʴ		
次高	前	展唇	ɤ	ɤː				
	后	圆唇	o	oː	oʴ	oːʴ	õ	
低	前	展唇	æ	æː	æʴ	æːʴ	æ̃	
			a	aː	aʴ	aːʴ	ã	
央元音			ə	əː	əʴ	əːʴ	ə̃	ə̥ʴ

（二）单元音的几点说明

1. 扎窝话不像其他土语具有较丰富的元音和谐现象，元音在多音节里虽然有些变化，但极不丰富。

2. i 元音有复元音倾向，像 iɪ。

3. ɤ 元音出现在双唇音后，像复元音 uə，出现在其他辅音后像 ɯɤ。

4. 三合元音多数出现在汉语借词汇中，本语词中很少有元音韵尾。

（三）单元音例词

i	pi	猪	si	柴
iː	piːɹu	珊瑚	piːmiː	父母
iʴ	bəgiʴ	小蛇	ægiʴ	一顿（饭）
ĩ	nə tsĩ	瞳孔	tɕʰijə̃	汽油
u	pu	买	ɹu	胸
uː	buː	糖	buːn̩i	甜
uʴ	buʴ	高	guʴ	夹背
uːʴ	kʰuːʴ	乌龟		
ũ	buloh ũ	毛虫	thuŋ jũ	桐油

u̥	nəkhu̥	耳朵	piaχs̥u	球
e	ɹe	岩石	dẓe	公山羊
eː	tseːlo	皱的	peːmu	贝母
eᴵ	qheᴵbu	石堆	məʁeᴵ	下雨
eːᴵ	beːᴵ	绸的	meːᴵphæn̩i	毛毛雨
ɤ	sɤ	豹子	lɤ	杉树
ɤː	stɤːgu	礼物		
o	po	斗	so	冬眠
oː	phoːq	树	toːkæ	结子
oᴵ	qhoᴵ	打猎	khoᴵqə	醒了
oːᴵ	poːᴵ	火草	moᴵ	菌子
o̥	ho̥	答应	zaʁdo̥	长喇叭
æ	ɹæ	写	sæ	打死
æː	ŋæː	什么	hæːʂ	遗留
æᴵ	khæᴵ	八	phæᴵ	改变
æːᴵ	stæːᴵ	斧头	xsæːᴵ	打哆嗦
æ̥	ækæ̥	一支（烟）	gispæ̥	三等喇嘛
a	sa	血	ɹa	呕吐
aː	qaː	顶上	ẓaːma	歌
aᴵ	baᴵ	大	χaᴵpaᴵ	麦秆
aːᴵ	qaːᴵ	头顶	naːᴵ	右
ḁ	χordẓḁ	铜锅	tɕatsḁ	剪子
ə	dzə	吃	sə	筛
əː	zəːrm	地震	dzəːrbi	中午
əᴵ	gəᴵ	筋	phəᴵ	普鲁
əːᴵ	tʂəːbə	摇铃		
ə̥	ẓə̥mintʂ̥efu	人民政府		
ə̥ᴵ	phə̥ᴵphə̥ᴵ	挖	ædʒægə̥ᴵ	半庹

（四）复元音

扎窝话的复元音主要是二合元音，三合元音只有 2 个，且主要出现在汉语借词中，其元音与元音可结合成 25 个复元音。举例如下：

ie	zie	溜索	piextʃu	公猪
iæ	phiæ	船	piliæqlæ	说谎

ia	sia	楔子	piadzo	疥疮	
iu	siu	生命	tshiu	倒	
ui	çui	骰子	dʐui	面粉	
uæ	dʐuæ	磨（面）	tçuæ	酸	
ua	qhua	斜	zdua	油	
uə	dzuə	荞子	ʂuə	饿	
ũã	lən tʂhuã	轮船	xuaŋuə	红岩	
uæːˈ	skuæːˈ	凉（衣）			
uaː	qhuaː	河坝	zuaː	大家	
uaːˈ	ʁuaːˈ	左	xsuaːˈq	影子	
uəːˈ	ʁuəːˈ	干叫			
uiˈ	khuiˈ	剃头	guiˈ	割（麦子）	
ueˈ	ʁueˈ	哑巴	æqueˈ	一串	
uæˈ	guæˈ	军队	ʁuæˈ	卦	
uaˈ	ʁuaˈ	帮助	tuaˈ	痰	
uəˈ	khuəˈ	刮	guəˈ	铧头	
u̥ə̥	tshæ zu̥ə̥	松树针			
u̥ə̥ˈ	dʑi khu̥ə̥ˈ	戒指			
ei	fei tçi	飞机			
au	pau tsɒ	刨子	pau kau	报告	
əu	əu	妈妈	təufu	豆腐	
iau	phiau	票	phiaupu	蓝色	
uai	kuaitça	国家	kuŋχo kuai	共和国	

三、元音与结尾辅音的结合

扎窝话的元音与结尾辅音可结合成 170 个带辅音尾韵母。扎窝话的结尾辅音共有 50 个，其中单辅音有：p、ph、b、t、tʻ、d、k、kʻ、q、ts、tsʻ、dz、tʂ、tʂ、dʐ、tʃ、tʃʻ、dʒ、m、n、ŋ、l、r、f、s、z、ʂ、ʐ、x、ɣ、χ、ʁ 共 32 个；复辅音 rb、rm、sp、st、zd、sk、sq、xtʂ、xtʃ、xs、xz、xʂ、ɣz、ɣʐ、χp、χtʃ、χs、χʂ 共 18 个，其结合情况列表如下：

前置＼辅音	p	pʻ	b	t	tʻ	d	k	kʻ	q	ts	tsʻ	dz	tʂ	tʂʻ	dʐ	tʃ	tʃʻ	dʒ
i	/			/	/		/	/					/				/	/
e	/								/									

续表

前置\辅音	p	pʻ	b	t	tʻ	d	k	kʻ	q	ts	tsʻ	dz	tʂ	tʂʻ	dʐ	tʃ	tʃʻ	dʒ
æ	/		/	/		/	/		/	/	/	/	/	/			/	
æᴵ	/					/												
a	/		/			/			/	/	/		/	/				
aᴵ						/												
ə	/			/	/	/			/	/		/	/				/	/
əᴵ	/	/				/												
ɤ	/				/		/						/					
o	·		/	/		/	/		/			/	/		/			
u	/					/	/						/					
iæ							/											
ia							/											
iaᴵ							/											
iu					/													
uæ												/				/		
ua	/			/						/	/							
uə						/				/			/			/		
uəᴵ						/												

前置\辅音	m	n	ŋ	l	r	f	s	z	ʂ	ʐ	x	ɣ	χ	ʁ	rb	rm
i	/	/	/	/			/	/	/	/						
iᴵ	/															
æ	/	/	/	/	/		/	/			/			/		
æː							/									
a	/	/	/	/	/											
ə	/	/	/	/		/	/	/	/							/
əᴵ								/								
ɤ	/	/			/											
o	/	/	/	/		/	/		/							
oᴵ		/														
u	/	/	/			/			/							
ia		/	/													
ui			/													

续表

前置\辅音	m	n	ŋ	l	r	f	s	z	ʂ	ʐ	x	ɣ	χ	ʁ	rb	rm
ueˈ								/								
uæ	/		/	/	/											
uæˈ		/														
ua	/	/	/				/									
uə	/			/					/							
uəˈ		/							/							

前置\辅音	sp	st	zd	sk	sq	xtʂ	xtʃ	xs	xz	xʂ	ɣz	ɣʐ	χp	χtʃ	χs	χʂ
i		/									/					/
æ		/				/										
a		/									/		/	/	/	/
ə	/	/	/	/				/	/		/				/	/
u						/		/								
iæ														/		
ua				/						/						
uə														/		

元音与结尾辅音结合的例词

ip	jip	地主	im	pim	亥年
id	bidtʃə	挑拨	in	rɟin	病人
ik	tik	最	iŋ	ɣziŋpa	草块
iq	ɲiq	黑	il	cil	地基
its	ʁɲits	泉水	is	chis	狱
itsʻ	pitsʻ	肉	iz	piz pici	自家的土地和房屋
itʂ	dʐitʂ putʂæ	腿肚子	iʂ	tsæ zdiʂ	现在
itʂʻ	ɲitʂʻ	黑痣	iʐ	sciʐ	挑选
itʃ	tɕhitʃ	医（病）	ix	məs ɲix	吸气
itʃʻ	xsitʃʻ	三月	isk	cisk	蒜
iɣʐ	siɣʐ	青杠树	æl	rɟæltʃhæ	衙门
iχʂ	siχʂ	铁渣	ær	zɡær	帐篷
ep	qep	坛子	æf	æf	一分（钟）
edz	jedz	田鼠	æs	sku tshæs	佛座
æp	ɣæp	要紧的	æz	læz	命运

æb	æb	一大片	æʂ	æʂ	（来）一下
æt	tshæt	偷听	æz̩	rmæz̩	羌语
æd	sæd	镰刀	æɣ	mæɣ	下巴
æk	ræk	烧酒	ærb	qhə¹pærb	河堤
æq	æsæq	一节	æst	hæst	十七
æts	kæts	小铁铲	ætʃ	dætʃ	完备
æts'	wæts'	筷子	æːʂ	hæːʂ	留
ædz	rmudædz	天葬	æ¹p	khæ¹pkhæ¹p	脆的
æʂ	qəpæʂ	头	æ¹k	kusi khæ¹k	推萝卜丝的擦子
æʂ'	æʂ'	一棵	ap	dap	老年人
ædʐ	ædʐ	一锅	at	ȵat	老是
ætʃ'	ætʃ'	一月	ak	staktsa	墨水
æm	tshæm	午年	aq	kaq	面具
æn	spæn	药	ats	jats	鸭子
æŋ	æŋgæ	几样	ats'	dats'	胖子
aʂ	qəpaʂtshæ	担保	əd	zəd	经文
aʂ'	aʂ'	（举）向下	ək	rək	记性
am	tʂozam	干粮	əq	zəq	舌头
an	phan	妓女	əts	spəts	外甥
aŋ	jaŋpa	栏杆	əts'	ləts'ʃʃə	侧面说
al	qhal	馍馍	əʂ	pəʂ	肚脐眼
ar	χpar	照相	əʂ'	spəʂ'	羊毛线
as	kas	轿子	ətʃ'	ɣzətʃ'	二月
az	aχaz	一大瓢	ədʒ	bədʒ	蜂刺
az̩	haz̩	十四	əm	rbəm	丑年
ask	saskɹəwæ	紫色	ən	qən	眼睛
aɣz	paɣz	麻（脚）	əŋ	səŋgə	狮子
aχp	χpaχp	例子	əl	pəl	火葬场
aχtʃ	jaχtʃ	烟渣	ər	dər	跑
aχs	caχs	米老鼠	əs	bəs	蛇
aχʂ	saχʂspæn	止泻药	əz	ʁdʐəz	蝉
a¹q	pha¹q	淫的	əʂ	tʂhəʂ	蜘蛛
əp	tsəp	牛奶	əz̩	xsəz̩	獐子
ət	tət	托	əx	təx	拾起
ət'	tsət'	棕	əsp	nəsp	眼屎

əst	tsɛr	小腿	ʏs	spʏs	香（名）	
əsk	pəsk	今年	ot	tʃhot ku	房顶小储藏室	
əsɛ	dzəsɛ	麦秆	ot'	not'	碰	
əzʑ	ʑəzʑ	洋号	ok	tɕoktso	卓克基	
əxs	xsəxs	邓鸡鸟	oq	χoq	生的	
əxz	zəxz	雪猪	ots	tʂots	桌子	
əʏz	tsəʏz	沙子	otʂ	ʁlotʂ	石头	
əːɣm	zəːɣm	地震	otʂ'	ʁlotʂ'	滚（下去）	
əxs	xsəxs	活的	otʃ	χtotʃ	鬼	
əχʂ	tsəχʂ	水渣	om	χom	寅年	
əˑp	khəˑp	翳子	on	tson	跳蚤	
əˑp'	ʁəˑp'	汉装	oŋ	ʑoŋ	绒	
əˑd	ʁəˑd	蚕豆	ol	sqol	下面	
əˑʑ	ʁəˑʑ	汉语	or	tɕhoχtor	净水	
ɣp	tshɣp	四土	os	ʁlos	磨刀石	
ɣd	zɣdætshæ	上箍	oz	soz	麻籽	
ɣq	pɣq	利息	oʑ	ʁloʑ	石板	
ɣtʃ	pɣtʃ	遮掩	oˑn	ʁoˑntshoq tshuə	跪	
ɣm	zdɣm	云	up	skup	猩猩	
ɣn	χpɣn	和尚	ut	miʂut tʃə	捡骨葬	
uk	tʃuk	玃	iæq	piliæq	假的	
uq	xʂuq	冷冻	iæxtʃ	ŋua rɈa piæxtʃ	燕子	
uts	ŋuə khuts	银圆	iaq	tiaq	上面	
utʃ	kutʃ	酸菜	ian	pianta	扁担	
um	wum	西年	iaŋ	niaŋχots	油灯	
un	mun	太阳	iaˑq	xsiaˑq	影子	
uŋ	tʂuŋskər	寨首	iud	siudmɣziæ	后晚	
ul	dul rɈapu	玉皇	uin	guin	近的	
us	dʒus	阉	uæts'	duæts' daχso	跳下去	
uʑ	buʑ	泥巴	uætʃ	kuætʃ	柴头	
uxtʂ	dʒuxtʂ	臭虫	uæm	tɕhuæm tʃə	跳神	
uxs	spuxs	赤不苏(地名)	uæŋ	kuæŋ kuækuæ	酒壶	
uɑr	guɑr	伙伴	uap	xtɕuap	黑暗	
uɑts	ʂuɑts	刷子	uam	rguam bu	箱子	
uaz	tɕhuaz	种子				

四、音节结构

扎窝话中构成一个音节最多有五个音素，最少有两个音素。元音与元音或元音与辅音可结合成 13 种音节结构。现分别举例如下：

　　C　代表辅音　　　　　　V　代表元音

1. VC　　　　æp　　　　　一年
2. VVC　　　jits　　　　　椅子
3. CV　　　　qa　　　　　我
4. CVV　　　dzuə　　　　荞麦
5. CVVV　　phiau　　　　票
6. CVC　　　rək　　　　　记性
7. CVVC　　guær　　　　伙伴
8. CVCC　　dʒuxtʂ　　　臭虫
9. CCV　　　spi　　　　　豺狗
10. CCVV　　rguə　　　　九
11. CCVC　　spəts　　　　外甥
12. CCVVC　xtɕuap　　　黑暗
13. CCVCC　xsəxs　　　　邓鸡鸟

五、语音变化

扎窝话中，有的词在构词或形态变化时发生一些语音变化，现简要介绍几种主要的语音变化。

1. 元音清化

当 u、uə、uəˈ、əˈ 等元音因构词处于第二音节或末尾音节时，往往弱化。例如：

　　æ sku̥　　　　　一件（衣）
　　ci khu̥ə　　　　看家狗
　　phəˈ phə̥ˈ　　　挖
　　dʑi khu̥əˈ　　　戒指

2. 元音丢失

当 ə 元音因构词或构形处于第二音节或末尾音节时，往往丢失。例如：

　　məli　　　烤火　　　　dæmli　　　已烤火
　　xtʃə　　　堵　　　　　dæxtʃ　　　已堵

3. 元音增加

以辅音结尾的动词，当它后面加上表过去的后加成分时，增加 ə 元音。例如：

tsaq	削
dæ tsaqəji	已削
χpar	照相
dæχparəji	已照相

4. 元音和谐

扎窝话在构词或形态变化中都有元音和谐现象。其和谐情况是一个词或复合词中的前元音与前元音、后元音与后元音和谐。以下简单介绍一下构词、构形中的元音和谐：

（1）构词中的元音和谐

①亲属称谓中的元音和谐

ælæ	爸爸	a pa	妈妈
gʐu ba¹	姐姐	tuə ba¹	哥哥
æmæ	祖母		

②数量词的元音和谐

æ pi	一元
nə ɣnə tʃə	二个人
æ pætʂə	一色
æ ksie	一倍
lomin andʐe	几个农民
a ʁuan	一万

（2）构形中的元音和谐

①动词前加成分元音与词根元音和谐

khi¹	诅咒	dækhi¹	已诅咒
ta	戴	data	已戴
dzo	坐	da dzo	已坐
qho¹	射击	da qho¹	已射击

②否定前缀元音与动词词根元音和谐

rdi	痛	mi rdi	不痛
to	空	mia to	不空
ʁua	肯	mia ʁua	不肯

六、弱音节

扎窝话中，有些弱音节只能出现在每个词的第二音节或末尾音节里。在弱音节里 u、uə、ə¹、uə¹ 等元音清化。

1. u 元音清化。例如：

		站着
tə tshu̥		站着
nə tʃu̥		嫩的
æ sku̥		一件（衣）
luə zu̥		松香
pia χsu̥		球

2. uə 元音清化。例如：

a ʁu̥ə	一碗
tshæ zu̥ə	松树针
ci khu̥ə	看家狗

3. ə˧ 元音清化。例如：

məxə̥˧	霜
phə˧ phə̥˧	挖
khə˧ khə̥˧	锯

4. u̥ə˧ 元音清化。例如：

dʑi khu̥ə˧	戒指

第十七节　麻窝话音位系统

羌语语音总体来说是比较复杂的，北部方言麻窝话的语音在羌语方言中，在复辅音特点、韵尾系统、音变现象等方面又比南部方言复杂。

现将麻窝话的语音分成6个部分介绍如下：

一、声母

（一）单辅音

麻窝话共有47个单辅音，按照发音部位可以分为9类，按照发音方法可以分为14类。

1. 单辅音表

发音方法		发音部位	唇双	舌尖前	舌尖中	舌尖后	舌叶	舌面前	舌根	小舌	喉门
塞音	清	不送气	p		t				k	q	
		送气	ph		th				kh	qh	
	浊		b		d				g	ɢ	

续表

发音方法		发音部位	唇双	舌尖前	舌尖中	舌尖后	舌叶	舌面前	舌根	小舌	喉门
塞擦音	清	不送气		ts		tʂ	tʃ	tɕ			
		送气		tsh		tʂh	tʃh	tɕh			
	浊			dz		dʐ	dʒ	dʑ			
擦音	清		ɸ	s		ʂ		ɕ	x	χ	h
	浊		β	z		ʐ		ʑ	ɣ	ʁ	
鼻音			m		n			ɲ	ŋ		
边音	清				ɬ						
	浊				l						
颤音	清				r̥						
	浊				r						
半元音			w		ɹ			j			

2. 单辅音声母的描写和说明：

（1）双唇清擦音 ɸ 主要出现在汉语借词中，麻窝话里只有在连读音变中才出该音，主要用来代替汉语借词中的 f，例如：ɸawan"法院"。

（2）舌尖后塞擦音的塞擦成分极强，音值接近于 ʈ、ʈh、ɖ。

（3）颤音 r 单独作声母时颤动度较大，颤动次数也多，当它作复辅音的前置辅音时，颤动较少，音值接近于闪音 ɾ。例如：rma"羌族自称"、rgua"狐狸"。

（4）舌叶音 tʃ、tʃh、dʒ 发音时略带卷舌，舌尖稍微翘起，但不到翘舌音的位置。

（5）舌面前浊擦音 ʑ 在语流中有较强的送气现象。

（6）舌根擦音 x、ɣ 单独作声母的情况较少，多半出现在语流音变中，或作复辅音的前置辅音。

（7）鼻音 m、n，边音 l 与元音 ɤ 相拼时，有显著的舌根化现象。音值近似 m̴、n̴、ɫ。

（8）辅音与卷舌元音相拼时，使该辅音后带轻微的翘舌音 ʂ，其中以塞音和擦音带得较重，又以送气辅音带得最重。例如：

phə˩"方法"音值接近 phʂə˩

kha˩"八"音值接近 khʂa˩

pa˩"熊猫"音值接近 pʐa˩

（9）舌尖中塞音 t、th、d 与元音 ə、ɤ 相拼时，有显著的齿化现象，音值接近于 tθ、tθh、dð。

（10）双唇浊擦音 β 和清颤音 r̥ 多半出现在复辅音的前置音或多音节的第二音节。单独出现在音节首的情况很少。

（11）舌尖后擦音 ʂ、ʐ 各有一个音位变体，ʂ 的变体为 ʃ，ʐ 的变体为 ʒ。ʃ、ʒ 只出现在语音变化中，故未作音位处理。例如：tʃə "做"，tsə（水）ʂ(做) "灌溉"，dʐəβa "话"，ʁeˀ（汉族）ʐ（话）"汉语"，其中 ʂ、ʐ 的实际读音为舌叶音 ʃ、ʒ。

（12）舌面前塞擦音 tɕ、tɕh、dʑ、ɕ 在部分老年人口语中分成 tɕ、tɕh、dʑ、ɕ 和 cɕ、cɕh、ɟʝ、ɕ 两套，而在青壮年人口语中大都没有这种分别。因此，音系中没有把这两套音作两套音位处理，均合并成舌面音。例如：

	老年人读法	青壮年人读法
房子	cɕi	tɕi
儿子	tɕi	tɕi
要	cɕhi	tɕhi
费（衣服）	tɕhiza	tɕhiza
碳	məɟʝi	mədʑi
粉	dʑi	dʑi
酒	ɕi	ɕi
湖、海	ɕi	ɕi

（13）舌根鼻音 ŋ 出现在固有词中时，有显著的唇化作用。作声母时它只出现在 u 元音的前面。

（14）凡元音开始的音节，都带有喉门音 ʔ，但 ʔ 在语流中经常消失，故不把 ʔ 作音位处理。

（15）清塞音 p、t、k、q 作韵尾时，一般读成同部位的送气音，但由于构词或构形等原因，后面需加附加成分时，这些音又读成不送气的清塞音。例如：

tsaqh	削	tsaqəji	"削"的第三人称
qeputh	布谷鸟	qeputək	"布谷鸟的……"
tsəph	牛奶	tsəpəkphə	"牛奶的价钱"

3. 单辅音举例：

p	pəpa	解开（扣子）	pu	买
ph	phə	价钱	phu	逃跑
b	bə	蜜蜂	bu	板子

第二章　语音系统

m	mə	火	muː	没有
ɸ	ɸən	粉	ɸutsaitʃə	负责
β	taβɑ	帽子	βu	堆（量词）
w	wə	鸟	wuχpu	贝母鸡
ts	tsə	这些	tsu	开会
tsh	tshə	盐巴	tshuː	醋
dz	dzə	吃	dzu	坐
s	sə	谁	su	冬眠
z	zə	地、田	zu	冰雹
t	tik	最	tu	犁头
th	thə	那些	thu	桶
d	dəβɑˈ	豌豆	dy	打（铁）
n	nə	人	nɑ	好
l	lə	赶（面）	lu	搅团
ɫ	ɫɑɫɑ	光滑	ɫyɫy	快
r̥	r̥ə	根（量词）	bi r̥ɑ	绳子
r	rək	记性	ru	两（量词）
tʂ	tʂə	骡子	tʂu	皮船
tʂh	tʂhə	弄醒	tʂhutʂhu	炒
dʐ	dʐə	锅	dʐu	草
ʂ	ʂə	穿（针）	ʂɑ	照（亮）
ʐ	ʐə	公黄牛	ʐɑ	点（火）
ɹ	ɹɤ	钉	ɹɑ	写
tʃ	tʃə	做	tʃɑ	钻
tʃh	tʃhə	称	tʃhɑ	种
dʒ	dʒə	弓箭	dʒɑ	磨（面）
tɕ	tɕi	儿子	tɕu	这儿
tɕh	tɕhi	要	tɕhy	区
dʑ	dʑi	粉	dʑu	洞，穴
ɲ̥	ɲ̥i	和	ɲ̥u	绵羊
ç	çi	酒	çutiu	干净
ʑ	ʑi	有，在	ʑuʑu	闹
j	ji	又，再	jɑ	烟
k	kə	走，去	ku	园根
kh	khəˈ	下（蛋）	khu	割

g	gə	平底锅	gɤˇ	（树）根须
ŋ	ŋuə	是	ŋuʁɑ	鸢
x	xapi	陡	ʂaxi	土罐
ɣ	ɣap	紧	bəyiˇ	小毒蛇
q	qɑ	我	qu	害怕
qh	qhɑ	苦	qhuˇ	揶，打
χ	χɑ	黄	χu	老虎
ʁ	ʁɑ	还（账）	ʁu	肯
h	həwa	退还	hu	有

（二）复辅音

麻窝话的复辅音共有 71 个，复辅音可分为两类：一类以前置辅音加基本辅音构成的；另一类是以基本辅音加后置辅音构成的。

麻窝话复辅音只有二合，没有三合的复辅音。一般结合的特点是清音与清音相结合，浊音与浊音相结合。但次浊音 m、n、l、r 等则清浊皆可结合。

1. 由前置辅音加基本辅音构成的复辅音这类复辅音的特点：

（1）能作前置辅音的音素有：r̥、r、s、z、ʂ、x、ɣ、χ、ʁ、m 共 10 个。

（2）以鼻音 m 作前置辅音构成的复辅音主要出现在藏语借词中。如：mdza"漂亮"。

（3）以擦音 s、z、ʂ、x、ɣ、χ、ʁ 等作前置辅音时，由于受辅音发音部位的影响而音值发生变化。当 ʂ 作前置辅音与辅音 q 结合成复辅音时，由于受了 q 的发音部位的影响而音值接近于 χ 带卷舌。例如：

ʂqu"困难"音值近似 χˇqu。

ʂqa"运输"音值近似 χˇqa。

由前置辅音加基本辅音构成的复辅音共有 63 个，其结合情况如下表：

前置\辅音	p	b	t	d	k	g	q	ts	dz	tʂ	dʐ	tʃ	tʃh	dʒ	tɕ	dʑ	m	n	ȵ	ŋ	l	z	ʐ	w
r̥	/		/		/		/																	
r	/	/	/	/	/								/	/	/	/					/	/	/	/
s	/		/		/										/	/	/	/						
z		/		/		/																		
ʂ	/		/				/																	
x	/		/					/	/															
ɣ	/	/		/																				
χ	/		/																					
ʁ		/		/					/													/	/	
m									/															

第二章 语音系统

前置辅音加基本辅音构成的复辅音举例：

r̥p	pʰə r̥pa	一种念经时用的工具			
r̥t	r̥taq	法力	səŋ r̥ta	经旗	
r̥k	r̥kaŋua	酥油灯			
r̥ts	r̥tsa	锈			
rp	ɳarpa	管家	karpu	白灰（涂墙以示吉祥）	
rd	rdiewa	天堂	pardap	木刻板	
rk	zarka	羌活（药名）			
rg	rga	开（门）	rguə	粮食，九	
rts	pʰurtsuq	帐篷穿绳的小孔			
rdz	sardzaŋ	平底铜锅			
rtʃʰ	dartʃʰal	大钹			
rdʒ	dʒardʒə	捻（线），纺（线）			
rdʑ	rdʑi	病	rdʑapu	土司	
rm	rmə	名字	rmu	尸体	
rŋ	rŋuajap	鼓槌	rŋuapa	阿坝（地名）	
rl	tsərli	螺丝钉	khurlu	轮子	
rw	tʃharwa	奶渣			
βl	dʒaβlaʂqul	腋下			
sp	spian	胶	spusku	活佛	
st	stə	七	stiβi	夫妻	
sk	sku	佛像	tʂuŋskar	寨首	
sq	asqu	明天			
stɕ	kʰuˈstɕap	绰斯甲（地名）			
sm	sman	药	tʃhəsman	温泉	
sn	snaqtsa	墨水	snaka	布施物	
sɳ	sɳat	后靴	sɳatək	鼻烟	
sl	slama	徒弟	sləpun	师傅	
zb	zbar	板壁	wuzbi	豌豆草	
zd	zdɑ	油	zdɤ	读，念	
zg	zgar	帐篷	tʃazguq	镣具	
ʂp	ʂpa	藏族	ʂpa	粟米	
ʂk	ʂkə	稠	ʂkuə	偷	
ʂq	ʂqu	困难	ʂqe	偷懒	
ʂtɕ	ʂtɕi	带子	tʃhəʂtɕi	秤纽（秤杆上手提部分）	

xp	tʃɑxpi	抢劫	xpun		和尚
xts	xtsəxts	邓鸡鸟			
xtʂ	xtʂə	虱子	xtʂi		砍
xtʃ	xtʃə	有	xtʃa		放（火）
xtɕ	xtɕap	黑暗	xtɕaq		孤独
xl	xlə	泥土	xliapi		辫子
ɣb	tsaɣbu	这些（话）			
ɣd	ɻaɣdum	长喇叭			
ɣdz̺	ɣdz̺ə	足够	ɣdz̺u		角，棱
ɣdʒ	ɣdʒə	兔子	ɣdʒəda		靶子
ɣdʐ	phəɣdʐi	蝙蝠	ɣdʐɑː		唇
ɣl	ɣliaqua	平的	ɣlə		翻（身）
ɣn	ɣnə	二	ɣən		对，双
ɣp	ɣpu	很	ɣpaɣp		例子
χt	χtiuχtiu	吹牛	thuχtam		地租
χts	χtsə	哨子	təχtsi		拿住
χtʂ	χtʂi	排列	χtʂa		小
χtʃ	χtʃa	想	χtʃə		债
χtɕ	χtɕi	爱	χtɕutʃ		口袋
χl	χlu	老鹰	χlə̝		弄断
ʁd	ʁdək	华盖	ʁdatʃ		槌子
ʁdz	ʁdzə	鱼	ʁdzu		凿子
ʁdz̺	ʁdz̺u	竹口琴	ʁdz̺ə		星星
ʁdʒ	ʁdʒa	浑浊			
ʁdʐ	ʁdʐipi	抹子			
ʁn	ʁnəts	泉水			
ʁl	ʁlu	石头			
ʁɲ	ʁɲiqu	水神	dz̺aʁnis		约
ʁʐ	ʁʐəpi	该	ʁʐəʁzi		量（衣）
ʁz	ɻuzəʁzi	心坎			
mb	xɑˈmbaˈ	专横	ʂqumba		憋气
mdz	mdza	漂亮	pamdzi		花普鲁垫

2. 基本辅音加后置辅音构成的复辅音

这种类型的复辅音不多，只有 8 个，其后置辅音都是擦音。它们的结合特点要比由前置辅音加基本辅音构成的复辅音结合得紧些。其结合情况如下表：

辅音 前置	s	z	ʂ	ʐ	ɕ	ʑ
kh	/		/		/	
g		/		/		/
qh	/		/			

基本辅音加后置音构成的复辅音举例：

khs	khsə	新	khsi	三
khʂ	khʂəʐ	獐子	khʂəp	草
khɕ	khɕi	犏牛	khɕust	听
gz	gzə	小米	gziuk	嫁
gʐ	gʐə	四	gʐu	拴
gʑ	gʑu	看	gʑukŭ	揉面槽
qhs	qhsər	镀金	qhsur	朋友
qhʂ	qhʂə	屎	qhʂəməs	屁

二、韵母

(一) 单元音

单元音可分为构词中出现的单元音和构形中出现的单元音两种。

1. 构词的单元音

构词的单元音共有 23 个音位，其中包括长短元音、卷舌与不卷舌元音等。这些元音由于出现在不同的语音环境中，有时音值会发生一定的变化，现将这些元音的性质、部位和发音方法分类列表如下。

部位和方法	元音性质		元音	长元音	卷舌音	长卷舌元音
高元音	前	展唇	i	iː	i^{ι}	
		圆唇	y			
	后	圆唇	u	uː	u^{ι}	$uː^{\iota}$
次高元音	前	展唇	e		e^{ι}	
	后	展唇	ɤ	ɤː		
低元音	前	展唇	a	aː	a^{ι}	$aː^{\iota}$
	后	展唇	ɑ		$ɑ^{\iota}$	$ɑː^{\iota}$
央元音			ə		$ə^{\iota}$	$əː^{\iota}$

2. 单元音音位的描写和说明：

（1）前高元音 i 出现在舌面前辅音 tɕ、tɕh、dʑ、ɕ 等后面时，音值接

近 ɨ，出现在其他辅音后面时音值接近 ɿ。

（2）前次高元音 e 出现在小舌、喉门音后面时，音值接近 ɛ。

（3）后低元音 ɑ 的实际音值介于 æ 与 ɑ 之间，但用于后高元音前读的靠后一些。此外，谓词人称变化时，如原形谓词的主要元音为后元音，所加的后加成分 ɑ 要靠后一些。

（4）后高元音 u 出现在小舌音和舌尖后音的后面时，发音部位较开，音值与 v 相似。出现在其他辅音后面时，发音部位较靠前，音值介于 u 和 ʉ 之间。出现在喉门擦音 h 的后面时带鼻化。例如：hũpa "毛"、hũ "有"。

（5）后次高元音 ɤ 出现在双唇辅音后面时，有发成复元音 uɤ 的倾向。例如：

| bɤ | 穷 | 音值近似 | buɤ |
| phɤ | 吹 | 音值近似 | phuɤ |

（6）前高圆唇元音 y 单独作韵母时读音不稳定，有时可读作复元音 iu。例如：

| sy | 学习 | 可读作 | siu |
| dy | 打（铁） | 可读作 | diu |

但当该词后面加上形态成分时，元音 y 的音值则永远不变。例如：

qɑ syaː 我要学习。

（7）元音分长短两套，在构词方面对立的现象并不太多。在构词中长短元音的产生与复辅音的消失有很大关系，现举麻窝话的 rmiːmi "疤" 为例来说明。

根据方言材料，"疤" 的一般读音为 rmirmi，后来由于连读音变，使得 rmirmi 变化成 rmiɹmi，后又从 rmiɹmi 变化成 rmiᴵmi，最后卷舌元音的消失才变为 rmiːmi 的形式。像这样的例子在方言材料中很多。

（8）元音分卷舌与不卷舌两套。卷舌元音除了在构词中出现以外，在谓词进行人称变化时，也用元音的卷舌来表示第一人称复数。

（9）央元音 ə 有两个变体，当它出现在舌尖前辅音后面时读作 ɿ；当它出现在舌尖后辅音后面时读作 ʅ。

单元音音位举例：

i	si	柴	pi	猪
iː	tiːq	上面	stiːmi	心
iᴵ	khiᴵ	粗（粉）	phiᴵphiᴵ	撕
y	sy	学习	dy	打铁
u	su	冬眠	pu	买
uː	buː	糖	tsuː	梁

uᴵ	guᴵ	背兜	buᴵ	天花	
uːᴵ	quːᴵ	家	ɹuːᴵβu̥	襁褓	
e	qe	行	xe	针	
eᴵ	qheᴵ	劈	ɹeᴵ	坏（人，话）	
ɤ	nɤ	睡	pɤ	老	
ɤː	dʐɤːdʐe	热			
a	sa	楔子	pa	糠	
aː	tsaː	这	jaː	装，灌	
aᴵ	phaᴵ	戒掉	khaᴵ	锯	
aːᴵ	paːᴵ	脚背	taːᴵ	火塘边	
ɑ	qɑː	顶上	phɑːtsə	帕子	
ɑᴵ	bɑᴵ	大	phɑᴵ	抓，挠	
ɑːᴵ	mɑːᴵ	坏	dʒɑːᴵ	号	
ə	sə	谁	zə	地	
əᴵ	phəᴵ	方法	qhəᴵ	米	
əːᴵ	χəːᴵ	肋骨	qhəːᴵ	石墙	

3. 构形的单元音

羌语谓语进行人称、数、时间变化时，用元音卷舌来表示复数第一人称现在时。在形态变化中，除上面构词的元音音位以外，还有两个卷舌元音音位：yᴵ、ɤᴵ。

例如：tsəχɑ　syᴵ　　我们正在学习。
　　　我们　学习
　　　tsəχɑ　zdɤᴵ　我们正在念。
　　　我们　念

（二）复元音

复元音也可以分为构词中出现的复元音和构形中出现的复元音两种。

1. 构词的复元音

麻窝话构词中出现的复元音共有 29 个，其特点如下：

（1）后响的二合元音较多，前响的二合元音较少。前响的二合元音多半出现在汉语借词中。

（2）组成复合元音的介音有 i-、u-、y- 共 3 个，韵尾有 -i、-u 共 2 个。

（3）麻窝话中三合元音很少，它只出现在汉语借词中。

它们的结合情况如下：

主要元音或韵尾 \ 介音或主要元音	i	iˑ	e	eˑ	a	aˑ	aː	aːˑ	ɑ	ɑˑ	ɑː	ɑːˑ	u	ə	əˑ	əːˑ	ʵ	合计
i			/		/			/	/		/		/					6
a	/																	1
ɑ													/					1
u	/	/	/	/	/	/	/	/	/	/			/	/	/	/		16
ə	/								/									2
ʵ	/																	1
iɑ													/					1
uɑ	/																	1

构词的复元音举例：

ie	tiejin	电影	rdie wa	天堂
ia	ʂpia	山坡	phia	船
iɑ	gziɑχɑ	草坡	piɑχu	野猪
iɑˑ	qhsiaˑqhuə	影子		
iu	stiuru	石碉楼（地名）	stiuqu	冷，冻
ua	khua	炎热	rgua	翻译
uaː	kuaːtʃan	赊账		
uaˑ	khuaˑ	剃（头）	guaˑ	军队
uaːˑ	ʁuaːˑ	城墙	munʁuaːˑ	日晕
uɑ	ʁuɑ	五	χuɑ	卖
uɑː	qhuɑː	河坝	χuɑːkəˑ	滑杆
uɑˑ	strəʁuɑˑ	鼻涕	dzəʂquaˑ	弯曲
uɑːˑ	nəquɑːˑ	太阳穴		
uiˑ	tuguiˑ	梨沟	mənguiˑ	找
ue	taŋʂue	卤水	mue	酥油
ueˑ	ʁueˑ	掛	queˑ	包
uə	ŋuə	是	khuə	狗
uəˑ	ʂkuəˑ	野马	khuəˑ	污秽
uəːˑ	ʁuəːˑ	邀请		
uʵ	qhuʵ	盖（盖儿）		
əu	jəuphiɑu	邮票	tɕhəu	球
ai	kaitha	改	khaiçi	开水
ʵi	rbətshʵi	耙子	zʵi	好吃

ɑu	tʃɑutsə	罩子	kantshɑu	甘草
uai	kuaithɑ	怪	tɕhin khuai	勤快
iɑu	phiɑutsə	钱	piɑu	表

2. 构形的复合元音

构形的复合元音除了有些与构词中出现的相同外，还有下列 5 个是构词中没有出现的。举例如下：

    iaː   tsiaː 看（第一人称单数将来时）
            thiaː 喝（第一人称单数将来时）
    iaːˑ   tsiaːˑ 看（第一人称复数将来时）
            thiaːˑ 喝（第一人称复数将来时）
    ya   dyɹya 分配（第一人称单数过去时）
    yaː   ɹyɹyaː 分配（第一人称单数将来时）
    yaːˑ ɹyɹyaːˑ 分配（第一人称复数将来时）

（三）构词的辅音韵尾

麻窝话构词的辅音韵尾共有 46 个，其中单辅音韵尾 24 个，元音和辅音共组成 195 个带辅音韵母。在羌语麻窝话中，以鼻音作辅音韵尾的很少，多半只出现在汉语借词或藏语借词中，同时读得也不稳定，多半是将元音读成鼻化音，但在形态变化中出现了真正的鼻音尾 -n。辅音韵尾只与后响的复合元音或单元音结合，而不与前响的复合元单元音相结合。它们的结合情况如下表：

介音 主要元音	辅音韵尾																
	p	b	t	d	k	q	ts	tʂ	tʃ	dʒ	m	n	ŋ	l	r	r̥	ɸ	s
i	/		/	/	/	/		/			/	/	/	/	/	/		/
iː					/													
iˑ			/						/									
y			/					/			/		/	/				
e		/		/		/							/					
a	/		/	/	/													
aˑ	/		/															/
ɑ							/	/	/	/								
ɑˑ									/									
u	/																	
uˑ									/									

续表

介音	主要元音	p	b	t	d	k	q	ts	tʂ	tʃ	dʒ	m	n	ŋ	l	r	r̥	ɸ	s
	ə	/		/	/	/	/	/	/	/		/	/	/	/	/		/	/
	əˢ	/	/		/			/					/	/					/
	ɤ	/			/	/						/	/						
i	a												/						/
i	ɑ					/						/	/						
i	u			/	/														
u	a							/		/	/	/							
u	aˢ				/							/							/
u	ɑ		/							/			/		/	/			
u	ɑˢ					/													
u	ə			/		/			/	/		/		/			/	/	
u	əˢ									/	/								

介音	主要元音	z	ʂ	ʐ	χ	st	zd	rb	rg	ʂp	ʂk	xs	xtʂ	xtʃ	ɣz	ɣl	ɣdz	ɣʐ
	i	/	/	/	/					/		/						/
	iː																	
	iˢ																	
	y			/														
	e		/															/
	a	/	/	/		/					/			/				
	aˢ																	
	ɑ		/	/	/					/								
	ɑˢ																	
	u	/	/	/		/		/				/			/			
	uˢ																	
	ə	/	/	/	/	/		/	/	/	/			/				

续表

介音	主要元音	辅音韵尾													
		z	ʂ	zʵ	χ	st	zd	rb	rg	ʂp	ʂk	xs	xtʂ	xtʃ	ɣz	ɣl	ɣdzʵ	ɣzʵ
	əʵ		/			/												
	ɤ	/	/							/								
i	a																	
i	ɑ																	
i	u																/	
u	a	/																
u	aʵ													/				
u	ɑ			/														
u	ɑʵ																	
u	ə	/	/															
u	əʵ		/															

介音	主要元音	辅音韵尾						
		χp	χs	χl	χʂ	ʁdz	ʁz	dzʵ	ʁl
	i								
	iː								
	iʵ								
	y								
	e								
	a				/				
	aʵ								
	ɑ	/	/	/	/				
	ɑʵ								
	u		/				/		
	uʵ								
	ə		/						/
	əʵ								

续表

介音	主要元音	辅音韵尾								
		χp	χs	χl	χʂ	ʁdz	ʁz	dʐ	ʁl
	ɤ								
i	a								
i	ɑ								
i	u					/	/		
u	a								
u	aˈ						/		
u	ɑ								
u	ɑˈ								
u	ə								
u	əˈ								

构词中的带辅音韵母举例：

ip	stip	信任	ɹip	富裕
it	xtɕitpu	太平		
ik	jikthə	另一些	khɕik tɕal	牛圈
iq	ȵiq	黑的		
its	ʁȵits	泉水		
itʂ	ɣlitʂ	私生子		
itʃ	khsitʃ	三月		
im	ɹətɕim	辰年	zdim	总共
in	gzin	飞禽	jinkəˈ	鹦鹉
iŋ	sȵiŋli	忌讳		
il	tɕil	地基	ɕil	玻璃
ir	tsir	拧		
ir̥	ȵir̥	黑线	bir̥	绳子
is	jis	肥皂	pis	肉
iz	khəȵiz	差一点儿		
iʂ	ethiʂ	扑		
iʐ	χtɕiʐ	甜言蜜语		
iχ	piχqhaːˈmi	一种猪草名		
ist	khuə pist	放牧		

iʂk	tɕiʂk	蒜			
ixtʂ	tɕixtʂ	扬尘	tixtʂ	熊胆	
iɣz	siɣz	青杠树			
iːq	tiːq	上面			
iˀk	məgiˀk	一动不动地			
iˀm	bəgiˀm	巳年			
ep	qep	坛子			
et	χet	五钉草			
etʃ	qhetʃ	盒子			
e ʂ	heɹeʂ	遗留			
eɣʐ	χeɣʐ	针线袋			
ap	japtʃan	马镫	jantʃhap	供神品	
at	tshat	偷听			
ak	diuquʂak	裤带			
ad	sad	镰刀			
aq	tsaq	削（皮）	r̥taq	法力	
ats	ats	腻	dats	老（菜）	
atʂ	səpatʂ	子弹			
atʃ	dʒatʃ	刀子			
am	rɢambu	箱子	khçam tɕhi	蝴蝶	
an	sman	药	han	十二	
aŋ	tsaŋguaˀ	妻子	xtsaŋkuq	干粮袋	
al	jalwa	帘子	rdʐal tshɑ	衙门	
ar	zɢar	帐篷			
ar̥	ar̥	一滴（水）			
az	baz	土罐子	khaz	女性生殖器	
aʂ	aʂ	一个月			
aʐ	rmaʐ	羌语	ʂpaʐ	藏语	
ast	hast	十七	kualast	渣渣	
axs	maxsmaβɑ	半新旧			
aɣl	haɣl	造反	aɣl	失败	
aχʂ	nəru tshaχʂ	耳屎			
aˀp	khaˀp	满			
aˀt	təkhaˀt	锉			
aˀs	kusiu khaˀs	萝卜丝刨			

aˑʂ	khaˑʂ	八月			
ɑp	hɑp	后年	ɑp	一年	
ɑt	ɑt	挑			
ɑq	sɑq	关节	snɑqtsɑ	墨水	
ɑts	jɑts	水滴			
ɑtʂ	hɑtʂ	十六	tuqpɑtʂ	犁头	
ɑtʃ	ʁdɑtʃ	锤子			
ɑm	thuχɑm	地祖	spia lɑmna	老实	
ɑn	çɑn	县			
ɑŋ	hɑŋ	十五	ɑŋ	一起	
ɑl	qhɑl	馍馍	ʂtçal	暖和	
ɑr	χpɑrtʃə	照相	χpɑrma	相片	
ɑs	məmɑs	擦桌布	mɑtʂhɑs	水泡	
ɑʂ	ʁɑʂ	阉	χɑʂ	隔线板(织布机)	
ɑz̩	hɑz̩	十四	dz̩ɑz̩	皮线	
ɑχ	dɑχ	饱			
ɑst	ɑst	插下			
ɑʂk	sɑʂkɹəwɑ	紫色			
ɑχp	χpɑχp	样子			
ɑχl	dɑχl	出	xtʂədɑχl	出汗	
ɑχs	hɑχs	复活			
ɑχʂ	jɑχʂ	烟灰			
ɑˑm	χɑˑmbɑˑ	专横			
up	ʂrup	猩猩	mutup	天	
ut	ʁlut	滚	piɑrgut	鹫	
uk	wɑstuk	真的			
uq	kuəçuq	证据	phurtsuq	帐篷绳子	
uts	ɹuts	马龙头			
utʂ	dzi ʂputʂ	小腿肚子			
utʃ	qutʃ	衣服口袋			
um	χum	寅年			
un	mun	太阳	sləpun	师傅	
uŋ	quŋ	脸	tuŋ	东	
ul	ʂqul	下面			
ur	qhsur	朋友	zdur	多	
us	qus	忙	rmus	骨灰	

uz	suz	麻籽		kuz	园根地
uʂ	χuʂ	山谷		khurguʂnɑ	门纽
uz̩	ʁl̩uz̩	石块		suz̩	麻绳
ust	khçust	听			
urb	wurb	鸟窝			
uxtʂ	dz̩uxtʂ	臭虫			
uɣdz̩	muɣdz̩	霹雳		xtʂuɣdz̩	虮子
uχs	ʂpuχs	赤不苏（地名）			
uʁdz̩	ɾuʁdz̩	马蝇			
uˀp	dakhuˀp	醒			
uˀn	phukhiqhuˀn	猎人			
yt	syt	后天			
yk	dz̩yn dz̩ykmala	直爽		dɑɬyk	马上
ytʃ	stytʃ	公猪			
yn	dyn	匠人		xl̩yn	端公
yl	dyl	铁墩			
yr	syr	敬神品			
ys	tys	日子			
yz̩	ɾyz̩	晒麦架横木			
əp	zəp	地方		xtʂəp	水壶
ət	zət	经文		zət phi	书、信
ək	χap rgək	炒面棍			
əq	zəq	舌		ʂqɑɾəq	露水
pe					
əts	ʂpəts	外甥		təts	站着
ətʂ	stətʂ	直			
ətʃ	rmətʃ	菩萨		zətʃ	孙子
ədʒ	dʒədʒ	搓			
əm	rbəm	丑年		rgəmba	庙子
ən	qən	眼睛		z̩ənbəlsa	请假
əŋ	tsəŋka	样子		səŋrdz̩i	牛瘟
əl	bəl	做		z̩ən bəl ɣz̩ə	准假
ər	xərxər	圆的		qhsər	镀金
ə̥r	sə̥r	铁丝			
əɸ	φtʂə̥χ	吹哨			
əs	bəs	蛇		məs	气

əz	ʂəz	牙龈	z̩əz	洋号
əʂ	rməʂ	菩萨	tʂhəʂ	蜘蛛
əz̩	məz̩	枪	khʂəz̩	獐子
əst	rkəst	小腿	kuəqəst	一直
əzd	qəzd	头发线		
ərg	tsərg	涉水	sərg	哽
əʂp	nəʂp	眼屎		
əʂk	pəʂk	今年		
əxts	xtsəxts	水雀（鸟名）		
əxs	stəxs	新娘		
əγz	gzəγz	麻	tsəγz	沙子
əχs	qhsəχs	活的		
əχʂ	qhʂəχʂ	可惜	səχʂ	铁沙
əʁdz	ʁdzəʁdz	开玩笑		
əʁl	rbəʁl	大梁		
əˑp	qhəˑp	河堤	khəˑp	翳子（白内障）
əˑ	tʂəˑb	摇铃	jan məˑb	烟灰
əˑt	ʁəˑt	蚕豆		
əˑk	bəˑk	龙		
əˑq	rbəˑqphi	土块		
əˑn	qəˑqəˑn	警卫员		
əˑŋ	ʁəˑŋ	奶牛		
əˑs	gəˑs	对象		
əˑz̩	ʁəˑz̩	汉语		
əˑrb	qəˑrb	旋涡（头上的）		
ɣp	lɣp tʃə	杉树苗		
ɣk	dɣk	迎接		
ɣq	stɣq	鼻子		
ɣm	zdɣm	云		
ɣn	χpɣn	和尚	bɣn	穷人
ɣs	sɣs	牛顶架		
ɣz	lɣz	松香		
ɣʂ	dzpɣʂ	苦荞	nɣʂ	秧
ɣxs	lɣxs	杉树针		
iaq	pianpiaq	扁的		

第二章　语音系统

iɑn	ʂpiɑn	胶	kuɑmiɑn	挂面
iɑʂ	dzəʂ ʂpiɑʂ	麦芒	ʂpiɑʂçi	三朝酒
iɑq	ʂpiɑq	高山		
iɑn	gziɑnpɑ	带草土块		
iɑŋ	mə r̥kiɑŋ	睫毛	iɑˀq phiɑˀq	湿
iuk	gziuk	嫁		
iuq	diuqpu	门口		
iu ʂ	hədiuʂ(tʃ)	十月		
iuɣdʐ	xtʂiuɣdʐ	虮子		
iuʁdʐ	məsiuʁdʐ	启明星		
iuʁl	məsiuʁl	天明		
uɑtʃ	ŋuɑtʃ tʃətʃ	惹		
uɑn	tçik khuɑn	别生气		
uɑŋ	kuɑŋkuɑ	酒壶		
uɑl	guɑli	绊倒	ŋuɑllɑ	少爷
uɑr	guɑr	同伴		
uɑʂ	çikuɑʂ	酒的沉淀物		
uɑˀq	tɑgziguɑˀq	房顶上的矮围墙		
uɑˀn	ʁuɑˀn	助手	qəpɑtʂ khuɑˀn	理发师
uɑˀs	quŋ khuɑˀs	剃头刀		
uɑˀɣz	guɑˀɣz	军官		
uɑˀʁz	guɑˀʁz	丧舞		
uɑt	quɑt	斗		
uɑq	stuŋguɑq	喇嘛穿的短衫		
uɑn	χuɑn	卖主		
uɑŋ	ʁuɑŋhuɑ	挖苦	ʁuɑŋʑu	请求喇嘛摸顶
uɑr	guɑr	呢子		
uɑs	ʁuɑs	袜子		
uɑʐ	kuɑŋχuɑʐ tʃə	打官腔		
uɑˀtʃ	ʂquɑˀtʃ	弄弯		
uətʃ	ŋuətʃ	牛犊		
uəm	khuəm	戌年		
uən	kuənkuən	你自己		
uəl	n̥ikɑ depi ŋuəl	无论如何		
uəs	khuəs mi	母狗		

uəʐ	ʂəkhuəʐ	臼齿
uəʂ	thiu rguəʂ	替穿
uəxtʂ	khuəxtʂ	镀（金）
uəxtʃ	kuəxtʃ	放置
uəʑdʐ	khuəʑdʐ	铃
uəxʂ	ɲuəxʂ	牛粪
uəˈn	guəˈn	近
uəˈm	jimaˈdʐiqhuaˈm	玉米饭
uəˈʐ	ʁuəˈʐ	裹

2. 构形的辅音韵尾（带声韵母）

麻窝话在构形中没有增加新的辅音尾，但增加了十多个带辅音韵母，举例如下：

iˈn	khiˈn	赌咒（第二人称单数现在时）
eˈn	daqheˈn	裁（第二人称单数过去时）
aːn	ʂpaːn	补（第二人称单数将来时）
aːˈn	khaːˈn	锯（第二人称单数将来时）
aʑ	daʑ	拴（第三人称单数过去时）
ak	dazak	舀（水）（第三人称单数过去时）
ain	tain	戴（帽）（第二人称单数将来时）
aˈn	təphaˈn	伸出（单数命令式）
ɤn	zdɤn	读（第二人称单数现在时）
ueˈn	daqueˈn	包（第二人称单数过去时）
uaːˈn	quˈquaːˈn	包（第二人称单数将来时）
uaˈn	qhuaˈn	切（第二人称单数现在时）
uak	dakuak	赠送（第二人称单数过去时）
yaːn	syaːn	学（第二人称单数将来时）
aɸ	daɸ	吹（第三人称单数过去时）
ɑz	ɑz	吃（单数命令式）
iaːn	tsiaːn	看（第二人称单数将来时）
uaːn	khuəkhuaːn	生气（第二人称单数将来时）

三、重音

麻窝话里，声调并不区别词义。因此，虽然说话的时候有语调，但声调并没有音位价值。麻窝话里重音却有区别词义的作用，虽然用重音来区别的词并不多，但在初学麻窝话时，如不掌握好重音，就不容易学好。例如，用重音来区别词义的有：

'khɕiχu　　　　犏牛　　　khɕi'χu　　　　纸

再如：

'nəku　　　　耳朵　　　nə'ku　　　　枕头

麻窝话的重音不固定在某一个位置或某一个音节上，重音有时因为构词或构形会转移位置。例如：

'χtiuχtiutʃə　　　　吹牛
qə'qatʂ　　　　头
khuə'khua　　　　生气
χlə χɑ'dɑɻ　　　　土洞

以上举的一些例子说明，麻窝话的重音并不固定在某一位置，它可以在多音节词的第一音节，也可以落在第二音节或第三音节上。麻窝话的重音和次重音的界线并不像俄语或英语那样清楚，有时往往在多音节的词中有两个重音。例如：

'nəku'tshaχʂ ʂ'tshaχʂ　　　　耳屎
'zak'tʃhat　　　　时间

麻窝话的重音和词义有很密切的关系，在一个复合词中，重音一般落在词义较为主要的音节上。如在一个复合词中，需要强调两个主要意思的时候，往往重音可以落在两个不同的音节上。例如：

'χɑ zɣi　　　　铜瓢
铜　瓢

pa'tʂhi　　　　细糠
细　糠

mupu'tshaɻ　　　　着凉
冷　　着

'pəz'pətɕi　　　　家产
祖田　祖房

'χɑzɣi'bɑɻ　　　　大铜瓢
铜瓢　大

'ʁuɑ su ru' pau　　　　五十两银圆
五十两宝

由于重音的转移，在构形或构词中产生了音节的弱化、元音清化、元音脱落等语音现象。例如谓词过去时的语法范畴加前加成分，当重音转移到前加成分上以后，原词根元音出现清化或脱落现象。例如：

dzə	吃	
ˈdaz	已吃（辅音弱化、元音脱落）	
qhuɣ	盖	
ˈdaχu̥	已盖（辅音弱化、元音清化和脱落）	
ʁuə¹	抛弃	
ˈdaʁu̥ə̥	已抛弃（元音清化）	

四、音节结构

麻窝话的音节结构在羌语各方言中算比较复杂的，元音与辅音可构成17种音节结构。现分析如下：

设 C 代表辅音，V 代表元音

1. C	l̥	也		
2. CV	tɕi	房子	tshʴ	桥
3. CVV	kuə	你	dʴi	大腿
4. CVVV	phiau	票	khuai	怪
5. CCV	χla	洗	gzə	小米
6. CCVV	ʂqua	爱护	rguə	九
7. CVC	quŋ	脸	syt	后天
8. CVVC	tiaq	先	kuən	听见
9. CVCC	tɕiʂk	蒜	dz̠uxtʂ	臭虫
10. CVVCC	ʒua¹yz	军官	kuəxtʃ	寄存
11. CCVC	qhsəp	山	ʁluz̠	石板
12. CCVVC	gziuk	嫁	stiaq	麦穗
13. CCVCC	khçust	听	rbəʁl	大樑
14. CCVVCC	xtʂiuʴdz̠	虮子		
15. V	a	一		
16. VC	ap	一年	atʂ	一粒
17. VCC	axtʂ	堵塞（单数命令式）		

五、语流中的语音变化

在语流中，由于构词或构形等种种关系，使语音发生了许多变化，下面就构词和构形等两个方面介绍麻窝话的语音变化现象。

（一）构词中的语音变化

构词中的语音变化有下列几个方面：

1. 辅音的弱化

辅音在一定的语音环境里弱化，其主要内容是塞音、塞擦音或以塞音

第二章　语音系统

起首的复辅音，在构词中出现在第二音节时弱化为同部位或邻近部位的擦音或颤音。现把它们列举出来，然后说明它们的变化条件。

$$ph \rightarrow \phi$$

phɤ	吹	məɸɤs	吹火筒
		火　吹	
phu	逃跑	ʁdzˌəɸu	流星
		星　逃跑	
phi	白	tsəɸi	瀑布
japhian	鸦片	jaɸian	鸦片（汉语借词）

$$b \rightarrow \beta$$

biˈ	绳子	suβiˈ	麻绳
		麻绳	
bulu	虫子	dzəβulu	毛虫
		虫	
buˈ 高 ba 矮		məβuˈmaβa	不高不矮
		不高不矮	

$$ts \rightarrow s$$

jitsə	椅子	jis	椅子（汉语借词）
tʂutsə	桌子	tʂus	桌子（汉语借词）
jitsə	肥皂	jis	肥皂（汉语借词）
sitsə	席子	sis	席子（汉语借词）
qutsə	忙	qus	忙

$$dz \rightarrow z$$

dzə	吃	dzˌuz	反刍
		草吃	
dzu	麻疯	piɑzu	疥疮
		麻风	
dzə	吃	mun daz	日食
		太阳（前加）吃	

$$dzˌ \rightarrow zˌ （在词根中）$$

dzˌudzˌu	喂	dzˌuzˌu	喂
dzˌɤdzˌɑ	扫	dzˌɤzˌɑ	扫
dzˌɤːdzˌe	热	dzˌɤːzˌe	热

在构词中的弱化是在连读和分读、快读和慢读中发现的。

		dʐ→r	
dʐəsi	前天	dʐə rə si	大前天
		前前天	
dʐɤ	锅	χarɤ	铜锅
		铜锅	
dʐu	带子	tʃəru	鞋带
		鞋带	
dʐa	笑	ʁdzəratʃ	开玩笑
		游戏笑	
		tʂh→r̥	
tʂhə	根（量词）	ar̥	一根
tʂhə	根	biˈ r̥	（一根）绳子
		tʃ→ʂ	
tʃə	做	tsəʂ	灌溉
		水做	
tʃə	儿子	ʁleʂ	私生子
		乱搞男女关系	
tʃə	儿子	tʂəʂ	小驴子
		驴子儿子	
		dʒ→ʐ	
dʒə	羊羔	ȵuʐ	绵羊羔
		绵羊羔	
dʒə	刺	bəʐ	蜂尾刺
		蜂刺	
dʒə	头，尖儿	tɤʐ	连枷头
		连枷头	
dʒəβa	语言	ʁəˈʐ	汉语
		汉族语	
dʒəβa	语言	ʂpaʐ	藏语
		藏族语	
dʒəβa	语言	tʂhəʐ	四土话（嘉戎语）
		四土话	
		tɕh→ɕ	
tɕhi	要	miɕi	不要紧，没关系

		不要	
		dʐ→ʐ	
dʑi	粉	χɑp(b)ʑi	糌粑
		炒过的粮食	
dʑi	粉	ʁləʑi	面粉
		麦子粉	
dʐu	洞，孔	tɕiʐu	窗户
		房子　孔	
dʐu	洞，孔	bəʐu	蜂窝
		蜜蜂洞	
		kh→x	
khəˈ	下	məxəˈ	下霜
		霜下	
khuə	烟	muxu̩	烟子
		火烟	
khu	连接处	təxu	连枷纽
		连枷连接处	
khəˈ	清，淡	tsəxəˈ	清汤
		水清	
		khs→xs	
khsə	神	zəxs	土地神
		地神	
khsə	新的	maxsmaβɑ	半新旧
		不新不旧	
khsə	刺，针	lɤxs	杉树叶
		杉树针	
		khʂ→xʂ	
təkhʂɑːχɑ	下面（近指）	təxʂɑːχɑ	下面（这指）
kəkhʂən	好好地（慢读）	kəxʂən	好好地（快读）
khʂəʐ	垫子	tʂəxʂəʐ	驴背上的垫子
		驴子垫子	
		khɕ→xɕ	
khɕi	边，面	tsaxɕi	这边，这面
		这边，面	
khɕaaq	叶子	phuxɕaq	树叶

khçaqhua	半	axçaqhua	一半
		一半	
		g→ɣ	
guə	穿	thiu ɣu	替……穿
		（前加）穿	
gə¹	工钱	tçi ɣə¹	房钱
		房子工钱	
gə¹	守卫	gə¹ɣə¹n	警卫员
		守卫守卫（后加）	
gu	把（量词）	məɣu	火把
		火把	
		gz→ɣz	
gzə	首长	gua¹ɣz	军官
		军队首长	
gzə	麻木	paɣz	脚掌麻木
		脚掌麻木	
gzə	小米	tsəɣz	沙子
		水小米	
		gʐ→ɣʐ	
gʐə	青杠树	siɣʐ	青杠柴
		青杠树	
gʐə	会	dʑiɣʐla	手巧
		手会有	
		gʐ→ɣʐ	
gʐi	钉子	tçiɣʐi	钉子
		房子钉	
gʐuku	揉面槽	siɣʐuku	木揉面槽
		柴揉面槽	
		qh→χ	
rbəqhu¹	横梁（慢读）	rbəχu¹	横梁（快读）
luqhu¹	卷（慢读）	luχu¹	卷（快读）
khçaqhua	半	axçaχua	一半
		一半	
		qhs→χs	
qhsa	稀泥	rmiχsa	稀肥

		肥稀泥	
qhsəqhsə	活的（慢读）	qhsəχs	活的（快读）
qhsəqhsɑ	哄（慢读）	qhsəχsatʃə	哄（快读）

qhʂ→χʂ

qhʂə	粪，大便	suʁuχʂ	牛粪
		牛粪	
qhʂə	粪、渣	jaχʂ	烟灰
		烟渣	
qhʂə	粪、渣	tsəχʂ	水渣
		水渣	

以上所列的语音变化现象多半是词素结合成复合词中的变化，但也有一些现象是词素内部的变化，这些现象是在词的连读和分读中发现的。

以上所列的是构词中出现的连读语音变现象，但并不是所有的塞音或塞擦音在连读时都能起以上的语音变化的，而是有一定的条件，如果不具备一定的条件，辅音也就不能弱化。其条件大致有下列几个方面：

（1）音变的该词一定是多音节词，而且弱化的该音一定是轻音或次重音。反之，如该音节是重音，则辅音不能弱化。例如：

′tiuɣu	中间
′χtsəɸu	吹哨
′ʂpuxs	赤不苏
′səxʂ	麻子
′maɣu	下巴

如该音节为重音，则不发生语音弱化。例如：

nəku′bu	聋子
e′phin	一瓶
bulu′phi	蛔虫
a′dza	亏本
a′khaː	慢慢
si′qhu	刻木记事

（2）音变该音节的前一音节一定是以元音结尾的，如前一音节是以辅音结尾的，该音节的辅音不起弱化现象。例如：

ʁlaŋ butɕhi	象
rgəm ba	寺庙
am phun	切菜板
məs phɣ	吹气

qən phi	眼白
siŋgi	狮子
tʂhəʐ dzu	蜘蛛网
qhsəq dʒatʃ	短刀，腰刀
tɕhut khu	经堂

（3）该音节的前一音节的元音如为长元音，则辅音不发生弱化现象。例如：

buːphi	白糖
buːqhɑl	饼干
jaːˈquaq	房檐边

但前后两个音节如为辅音重叠时，则又可以发生弱化现象。例如：

dzʁːdze 热 弱化为：dzʁːze

（4）辅音的弱化除了以上所列的一些条件以外，还与词之间结合的松紧有密切的关系。一般在一个单词或在复合词里，只要具备上述的条件，都可能弱化。可是在词组中，就只有一部分能发生辅音弱化现象，有一部分则不发生辅音弱化。其条件大致如下：

A. 并列结构

若并列结构中间用连词连接的，则辅音都不起弱化现象。例如：

lutɕi	n̪i khuə	猫和狗	
	猫 和 狗		
bi	n̪i qhʂə	尿和屎	
	尿 和 屎		

如果中间不加连词时，则辅音可以弱化。例如：

bi	新郎	stiβi	夫妻
		新娘新郎	

B. 修饰结构

修饰结构有各种不同的情况。下面分别说明：

性状谓词作修饰语时，如具备前三个条件，一般都要弱化。例如：

bɑˈ	大	zduβɑˈ	秃前额
		额大	
khsə	新	phuβɑxsə	新衣服
		衣服新	
bɑˈ	大	tsəβɑˈ	大河
		水大	
phi	白	ʁluɸi	白石头
		石白	

名词作限制语时，若被限制语为单音节时，一般可以弱化。如被限制的词为双音节或多音节时，一般不发生辅音弱化现象。例如：

ja kum	dʒɑ di	象牙手镯
象牙	手镯	
wə	dʒɑqu	鸟爪
鸟	脚	
ʁəˈ	phuβɑ	汉装
汉族	衣服	
tɕhitʂhe	gəˈβɑ	汽车路
汽车	路	

又如：

gəˈ	工钱	tɕiɣəˈ	房钱
		房子工钱	
biˈ	绳子	suβiˈ	麻绳
		麻绳	
bu	板子	diuβu	门板
		门板	
dẓi	粉	ʁləʐ	面粉
		麦子粉	
biˈ	绳子	səβiˈ	铁链
		铁绳	

C. 主谓结构

主谓结构由于结合较松散，一般不发生辅音弱化现象。例如：

stiːmi	bɑˈ	贪心
心	大	
tʃhə	bɑˈ	月大
月	大	
qɑ	dzɑ	我吃
我	吃	
phuq	buˈ	树高
树	高	

D. 宾谓结构

宾谓结构中如谓词为轻音或次重音时，辅音一般可以弱化。例如：

| phɣ | 吹 | qhsəɸ | 吹哨子 |
| | | 哨子吹 | |

dzə	吃	stəz	吃饭
		饭吃	

如果谓词为重音则不弱化。例如：

məsʻphɤ　　吹气
nəsiʻgəˈ　　看守犯人
qəpatʂʻkhuaˈ　剃头

2. 元音和谐

羌语麻窝话的元音和谐与突厥、满—通古斯等语族的元音和谐的特点不同。麻窝话的元音和谐主要表现在构词和构形中，而词根上的元音和谐现象并不普遍。

构词中的元音和谐主要表现在以下几个方面：

(1) 数词 a "一" 和量词的和谐

由于数词和量词必须结合在一起使用（特殊情况例外），同时麻窝话中量词又用得比较广泛，数词 a "一" 与量词和谐时主要依据量词的元音而定，如量词的主要元音为前元音，则数词 a "一" 也是前元音。例如：

a xaˈ　　一棵
a ka　　一支（烟）
a z(ə)　　一点儿
e si　　一天
e çi　　一辈子
e tɕhi　　一下
e pi　　一元

若量词的主要元音为后元音，则数词 a "一" 也是后元音。例如：

ɑ sɑ　　一句
ɑ pɑu　　一包
ɑ pɑl　　一里
ɑ nɤi　　一拳
o tshu　　一缸（水）
o ʁu　　一桶

如果量词的主要元音为圆唇元音，则数词 a "一" 也是圆唇元音。例如：

o dy　　一口（水）
o pu　　一升
o qu　　一家
o zu　　一条（毛巾）

若量词的主要元音为展唇元音，则数词 a "一" 也是展唇元音。例如：

a tʃha　　　一拃（大拇指和中指间的距离）
e ti　　　　一根（草）
e zi　　　　一双（鞋）

如果量词的主要元音为前高元音，则数词 a "一" 用前次高元音 e。例如：

e tʂi　　　　一次
e thi　　　　一群
e khi[1]　　　一百

如果量词的主要元音为后高元音，则数词 a "一" 用后次高元音 o。例如：

o pu　　　　一升
o qu　　　　一家
o ʁu　　　　一桶

如果量词的主要元音为 ə、a、e 或者经 ə、a、e 结合而成的各种复合元音及带辅音韵母时，数词 a "一" 用前低元音 a。例如：

a tʃha　　　一拃
a ʂka　　　 一驮子
a rguə　　　一个、一块
a qep　　　 一罐
a que[1]　　 一串
a tshən　　　一层

若量词的主要元音为 ɑ、ɤ 或者以 ɑ、ɤ 结合而成的各种复合元音及带辅音韵母时，数词 a "一" 用后低元音 ɑ。例如：

ɑ tʂɑ　　　　一碗
ɑ tʂuɑ　　　 一把，一抓
ɑ tʂɤi　　　　一丈
ɑ ʁuan　　　 一万
ɑ zɤi　　　　一段（路）
ɑ nɤi　　　　一拳

若量词的主要元音为高元音，而其辅音为复辅音时，数词 a "一" 用央元音 ə，如量词的韵母用 iu 时，则量词也用央元音 ə。此处，后高元音 u 出现在舌面前音后面时，量词的元音也用央元音 ə。例如：

ə khçi　　　　一份
ə xtʂi　　　　一排

ə rbu	一小队	
ə tiu	一号	
ə riu	一两	
ə ʐu	一堆	
ə ɕuq	一件（事情）	

（2）复合词的元音和谐

词根上的元音和谐现象并不普遍，仅限于后一音节的主要元音将前一音节的元音和谐为相近或相同的元音。这种元音和谐现象是从该词各音节的分读和连读的时候发现的。例如：

	音节分开读	连起来读
小伙子	bəˈɸu	buˈɸu
小毒蛇	bəgiˈ	bigiˈ
皮衣	tsharu	tshoru
现在	pəti	piti
糌粑	pəli	pili
风	məʐu	muʐu
礼物	stigu	stiuɣu
师傅	sləpun	slupun
轻的	gʐətsu	gʐutsu

在复合词中，词根间的元音和谐现象比较普遍，这种现象是从组成复合词的词根中发现的。例如：

ʁdzə	瓦板	ʁlu	石头	ʁdzuʁlu	压瓦板的石头
stə	七	si	天	stisi	一星期
xḷə	土	ɕi	红	xḷiɕi	朱砂
qhʂə	屎	dʐu	孔	qhʂuʐu	肛门
gʐə	四	ɣdzu	角	gʐuɣru	四方的
tsə	女	gziu	嫁	tsuɣziu	媳妇
ʂpə	仓库	si	柴	ʂpisi	建仓库的木头
stɤq	鼻子	tsuː	山梁子	stuqtsuː	鼻梁
xtʂə	虱子	ɣdzu	卵	xtʂuɣru	虮子
pə	今（不单独用）	si	天	pisi	今天

从上面两组词的举例中可以看出，一般被和谐的一定是前一音节，同时该音节的主要元音多半是 ə，此外，还有 a 和 ɤ，高元音和谐时，一般是加了一个元音。如"礼物"这个词的前一音节韵母 i 被后一音节韵母 u 同化以后，在 i 的后面加上了一个元音 u，构成了复合元音 iu。

(3) 词头、词尾与词根的元音和谐

表示亲属称谓的名词多半加词头 a，表示十位数词的十至十九加词头 ha，由二十至九十加词尾 su。这些词头、词尾都要和词根发生元音和谐现象。例如：

词头的元音受词根元音的和谐而变化：

o wu	祖母
o pu	叔父
o ku	舅舅
a pa	祖父
a ma	妈妈
e ji	爸爸
e tɕi	伯父
e ȵi	姑姑

*　　　　*　　　　*　　　　*

hə diu	十
he tɕi	十一
he si	十三
ha n(ə)	十二
ha st(ə)	十七
ha khaʼ	十八

词尾是加在词根的后面，而元音和谐现象是前一音节受后一音节的影响发生和谐。因此，在这种情况下词根是受词尾 su 的影响而发生和谐变化。例如：

ɣno su	二十
gʐo su	四十
χtʂo su	六十
sto su	七十
rguo su	九十

3. 元音的清化及辅音的换位

元音的清化是由于受轻重的影响而产生的，清化的元音只限于出现在以 ə、ɤ、u 及以 ə、ɤ 为主要元音所组成的各种音节里。

ə、ɤ 出现的音节若轻化，则元音脱落。例如：

ʼjats(ə̥)　　鸭子

ʼtɕiwust(ə̥)　　鸡蛋

ˈdʐaʂ(ɚ)　　　刀子

paˈtəɣz(ɚ)　　脚麻

ˈkuŋs(ɚ)　　　公司

ˈkuz(ɚ)　　　园根地

而有些元音只清化不脱落。例如：

ˈtɕiku̥　　　雪山

ˈtɕigə̥　　　房钱

ȵu hu̥　　　羊毛

ˈkua ku̥　　　寡古（地名）

ˈtɕixu̥　　　看家狗

paˈxə̥ˈ　　　爪

辅音的换位是发生在 thapka "司厨" 这个词中，这个词是从藏语借来的，在麻窝话中，专门给头人、土官做饭的叫 thapka。在实际语言中 p 和 k 可以互相换用。即 thapka 或 thakpa 都可。

（二）构形中的语音变化

麻窝话谓词的形态变化比较丰富，由于形态变化，产生了许多语音变化的现象，大致可以分为九个方面：

1. 辅音弱化

辅音弱化在前面构词部分已经谈得较多，在构形方面只简单介绍一下。

谓词用前加成分表示方向、过去时、命令式等语法范畴，有一部分辅音加上前加成分以后，发生弱化现象。例如：

phaˈsta	搔痒	daɸaˈsta	（过去时）
pha	晒	daβi	（过去时）
buˈ	高	doβuˈ	（过去时）
dʐa	笑	dara	（过去时）
dʐi	关（门）	deri	（过去时）
tshɤ	选	das	（过去时）
dzə	吃	daz	（过去时）
tʃə	做	daβ	（过去时）
ɣdʐæʃ	拴	ʃdaɣʐ	（过去时）
khuæʃ	摘	doxu̥	（过去时）
khəˈ	锯	daxə̥ˈ	（过去时）

qhuɣ	盖	dɑχu̯	（过去时）
guə	穿（衣）	daɣu̯	（过去时）
rguə		darɣu̯	（过去时）

2. 辅音的交替

谓词进行形态变化时，有一部分辅音因加上前加成分而产生语音交替现象。有时由于辅音的变化，使元音也受了一定的影响而发生变化。例如：

ʂə	死	deçi	（过去时）
ʂanə	镶（牙）	daʂaȵi	（过去时）
thala	取	daɬa	（过去时）

这个词交替后将 th 和 l 结合成 ɬ。再如：

l̥y	来	dzəɬ(ə̥)	（过去时）
təl̥y	出产	təɬ(ə̥)	（过去时）

3. 辅音的换位

个别谓词进行形态变化时，前后音节的辅音有换位的现象。例如：

zɚɛ	哭
zɑɹɛː	哭（第一人称单数将来时）
dɑɹzɛ	哭（第一人称单数过去时）

4. 元音和谐

谓词构形方面的元音和谐，主要是指谓词在进行形态变化时所加的前加成分和后加成分与词根元音的和谐。

（1）前加成分与词根的元音和谐

谓词用加前加成分 dɑ-表示谓词的"过去时"，同时，谓词用前加成分 ɑ-表示"向下"的方向并兼表一部分谓词的命令式。这两个前加成分使用时它的元音要根据词根的元音而发生和谐变化。

如谓词词根元音为高元音 i 或 i 组成的复元音或带辅音韵母时，前加成分用 de-或 e-。例如：

bi	背	deβi	（过去时）	eβi	背下去
phiphi	挖	depphi	（过去时）	epphi	挖下去
ji	装	deji	（过去时）	eji	装下去
thi	喝	dethi	（过去时）	ethi	（命令式）
tçiqua	记	detçiqua	（过去时）	etçiqua	（命令式）

如果谓词词根的元音为 e、a、ə 及以 e、a、ə 组成的复元音和带辅音韵母时，谓词的前加成分用 da 或 a—。例如：

məma	闭口	damma	（过去时）	amma	（命令式）
tʃha	种	datʃha	（过去时）	atʃha	种下去
stəsta	敲（门）	dasta	（过去时）	asta	（命令式）
ʁueˈ	挂	daʁueˈ	（过去时）	aʁueˈ	（命令式）
rguə	盖（被）	darguə	（过去时）	arguə	（命令式）
xtʂə	堵塞	daxtʂə	（过去时）	axtʂə	（命令式）
qetʃə	解决	daqetʃə	（过去时）	aqetʃə	（命令式）
sə	认识	dasə	（过去时）	asə	（命令式）

若谓词词根元音为 ɑ、ɣ 及以 ɑ、ɣ 组成的复元音或带辅音韵母时，谓词的前加成分用 dɑ-或 ɑ-。此外，如谓词的元音后高元音 u 时，（非唇音后的），前加成分也是用 dɑ-或 ɑ-。例如：

χpɑr	照相	dɑχpɑr	（过去时）	ɑχpɑr	（命令式）
χtʃɑ	想	dɑχtʃɑ	（过去时）	ɑχtʃɑ	（命令式）
tshɣ	插	datshɣ	（过去时）	atshɣ	（命令式）
nəɣ	睡	danɣ	（过去时）	anɣ	睡下去
qhuɣ	盖	dɑχu̥	（过去时）	ɑχu̥	盖下去
χuri	拧	dɑχuri	（过去时）	ɑχuri	（命令式）
ʂqu	煮	dɑʂqu	（过去时）	ɑʂqu	煮下去
dzu	坐	dazu	（过去时）	ɑzu	坐下来
lu	填	dɑlu	（过去时）	ɑlu	（命令式）

若谓词词根的主要元音为前高圆唇元音 y 时，谓词的前加成分用 dø-或 ø-。当后高元音 u 出现在唇音后面时，前加成分用 də-或 ə-。例如：

sysy	教育	døssy	（过去时）	øssy	（命令式）
ɹyɹy	分配	døɹɹy	（过去时）	øɹɹy	分下去
ʂpu	送（人）	dəʂpu	（过去时）	əʂpu	（命令式）
phu	逃跑	dəɸu	（过去时）	əɸu	跑下去

（2）后加成分与词根元音的和谐

谓词进行人称变化时需加后加成分，所加的后加成分的元音也要与谓词的元音发生和谐。谓词用 ɑ 或 a 表示将来时，如结尾元音为高元音或辅音时，则后加成分加在高元音或辅音的后面，如结尾元音为开元音时，则结尾元音脱落后再加后加成分。所加的后加成分需与原形谓词的元音和谐，若结尾为辅音和前、央元音或由前、央元音构成的其他韵母时用 a，其余的则用 ɑ。见下表。

组别	结尾音	谓词	汉义	第一人称单数将来时
a组	i	phi phi	挖	phi phiaː
	iˑ	khiˑ	赌咒	khiaːˑ
	e	qe	行	qaː
	eˑ	qhəˑqheˑ	砸碎	qhəˑqhaːˑ
	a	ɲita	舔	ɲitaː
	aˑ	khaˑ	量（米）	khaːˑ
	ə	kə	去，走	kaː
	əˑ	khəˑ	锯	khaːˑ
	y	sy	学习	syaː
	ueˑ	quˑqueˑ	包	quˑquaːˑ
	uə	khuəkhua	生气	khuə khuaː
	uaˑ	ʁuaˑ	帮助	ʁuaːˑ
	uə	guə	穿	guaː
	uəˑ	ʁuəˑ	抛	ʁuaːˑ
	u	ʁlut	滚	ʁlutaː
ɑ组	ɑ	χtʃɑ	想	χtʃɑː
	uɑ	ɿəχuɑ	抱	ɿəχuɑː
	u	pu	买	puɑː
	uˑ	qhuˑ	掷	qhuɑːˑ
	ɤ	nɤ	睡	nɑː
	ɑˑ	phɑˑ	抓	phɑːˑ
	ɿɑˑ	qhuɑˑ	切	qhuɑːˑ

5. 元音脱落

在构形中，麻窝话的元音脱落有两种情况：

（1）谓词以 ə、ɤ 结尾的音节，加上过去时、命令式或方向前加成分以后，结尾元音脱落。例如：

stɤ	泡	dast	（过去时）
xlə	弄断	daxl̩	（过去时）
sə	认识	das	（过去时）
zdɤ	念	dazd	（过去时）

nɤ	睡	dɑn	（过去时）
xtʂə	堵塞	daxtʂ	（过去时）
guə	穿	dayu̥	（过去时）
rguə	盖（被子）	dargu̥	（过去时）
qhuɤ	盖（盖子）	daχu̥	（过去时）

（2）谓词中有许多双音节的双声词，加上过去时前加成分以后，第一音节的元音全部脱落，有时如前一音节为鼻音时，不是双声词，元音也可以脱落。但双声词的声母是复辅音时，则不在此列。例如：

mimi	抚摸	demmi	（过去时）
phiphi	挖	depphi	（过去时）
tɤti	打	datti	（过去时）
thɤthi	盘（辫子）	datthi	（过去时）
lɤla	换	daɬɬa	（过去时）
sɤsa	算	dassa	（过去时）
bəba	抢劫	dabba	（过去时）
phupha	铺	dappha	（过去时）
khuəkhua	生气	dakkhua	（过去时）
ɹyɹy	分配	døɹɹy	（过去时）
sysy	教育	døssy	（过去时）
qɤqa	剥（皮）	daqqa	（过去时）
dzɹ̩dzɑ	扫	dadzɹ̩dzɑ	（运去时）
məli	烤火	damli	（运去时）
mupu	冷	dampu	（运去时）

6. 元音增加

以辅音结尾的谓词，进行形态变化需添加后加成分时，在结尾辅音和后加成分之间需增加元音 ə 或 ɤ。例如：

tsaq	削（皮）
datsaqəji	（第三人称单数过去时）
tsaqəs	削的
bəl	做
dabələji	做（第三人称单数过去时）
bələs	做的
xpɑr	照相
daxpɑrɤji	照相（第三人称单数过去时）

第二章　语音系统

xpaʁɣs　　　　　照相的（指照相机）

7. 元音清化

凡以 ə、ɤ、u、əʴ、uʴ 等元音做主要元音的谓词或以 ə、ɤ、u、əʴ、uʴ 等元音构成复元音的词，加上前加成分以后，其元音要清化，ə、ɤ 元音清化后脱落。例如：

qhuɤ	盖（盖子）	daxu̥	（过去时）
khəʴ	锯	daxə̥ʴ	（过去时）
ʁuəʴ	抛	daʁu̥əʴ	（过去时）
guə	穿	daɣu̥	（过去时）
gəʴ	守卫	daɣə̥ʴ	（过去时）
rguə	盖（被子）	dargu̥	（过去时）

8. 音节减缩

双音节谓词如为双声词，而其声母是复辅音时，进行形态变化添加前加成分以后，需减少一个音节，而减去的都是前一音节。例如：

xtʂixtʂi	剪	dəxtʂi	（过去时）
ʁdzəʁdzə	比量	daʁdzə	（过去时）
ʁdz̩əʁdz̩e	摔跤	daʁdz̩e	（过去时）
rdʑirdʑi	倒（土）	dərdʑi	（过去时）
stɤsta	争扯	dasta	（过去时）
stəsta	敲打	dasta	（过去时）
rguərgua	比赛	dargua	（过去时）

9. 重音转移

谓词进行形态变化添加各种前加成分时，重音需要转移前加成分上。如果谓词的元音为 ə、ɤ 及 ə、ɤ 所构成的复元音时，谓词则读成轻音，若谓词为其他韵母时，一般则读成次重音。此外，单音节谓词加前加成分时，重音一般都落在前加成分上。例如：

phɤ	吹	ˈaɸ	（过去时）
χləaʒ	弄断	ˈtəχl	（过去时）
guə	穿	ˈdaɣu̥	（过去时）
ˈqatʂhi	分开	ˈdaqatʂhi	（过去时）
ˈphati	抖	ˈdaɸati	（过去时）
ˈŋuəsa	借	ˈdaŋusa	（过去时）

′ʂətha	使用	′daʂətha	（过去时）
′kara	问	′dakara	（过去时）

六、借词对麻窝话语音的影响

麻窝话中，借词大都从汉语、藏语以及其他邻近语言中借入，新中国成立后随着各民族之间的频繁交往，特别是各少数民族与汉族的交往，使其语言里也吸收了更多的汉语借词，通过这些借词，使汉语的有些语言特点，也融到羌语麻窝话中。下面就两个主要方面来说明汉语在语音上对羌语的影响。

1. 由于从汉语借入了大批的新词术语，使羌语麻窝话在语音上增加了新的音位。同时，还增加了新的语言结构。主要表现在下列三方面：

（1）增加了单辅音音位 ɸ，ɸ 在羌语麻窝话中原来只出现在连续音变中，也就是双唇送气音 ph 在一定的条件下可弱化为同部位的擦音 ɸ。但自从汉语中借入以 f 为声母的词以后，麻窝话即用 ɸ 这个辅音来代替 f。因此，麻窝话中就出现了这个音位。例如：

ɸeitɕi	飞机
ɸalu	法律
ɸãwan	法院
kuŋɸən	工分
ɸən thiau tsə	粉条
ɸutsatʃə	负责

（2）增加了前响的二合元音和三合元音。麻窝话很少有前响的二合元音，而只有后响的二合元音，三合元音基本没有。自从借入了许多汉语借词以后，出现了前响的二合元音和三合元音。例如：

pau tha	包
ta phau	大炮
phaiphai	徽章、牌子
tai piau	代表
kuai tɕa	国家
kuai tha	怪
ɸən thiau tsə	粉条

（3）增加了一些鼻化元音。汉语借词中有许多带鼻韵尾的词被借入麻窝话以后，人们把它读得不稳定，多半都读成鼻化音，但由于各人的读法不统一，读得又不稳定，故在音系中没有作音位处理。例如：

pã tsu	帮助

sɔ̃ tshã	生产
kũ phĩ	公平
çã	乡
çã	县
wei sɔ̃ wã	卫生院

这些鼻化音由于不是独立的音位，因此，标记时仍记成鼻韵尾-n 或-ŋ。
2. 麻窝话中的汉语借词，大部分是从汉语四川话借入的，但从借词中看出，借入的汉语借词多半为卷舌与不卷舌，同时还分尖团音。例如：

ti tʂu	地主
tʂu çi	主席
tʂən tshai	政策
tʂən ɸu	政府
tshin thɑ	请
siəu	硝
a tshian	一钱

第十八节　芦花话音位系统

本音系是从三千多个单词中整理出来的，该点位于黑水北部，使用该土语的共有六千多人。该话通行于上阴山、上阳山、下阴山、下阳山等地，麻窝、扎窝等地也能听懂80%以上。

该点位于上阴山乡政府附近，靠近大路，发音人没有受其他语言的影响。

一、辅音

（一）单辅音

上阴山乡扎拉话共有51个单辅音，按发音部位和发音方法列表如下：

发音方法		双唇音	舌尖前	舌尖中	舌尖后	舌叶音	舌面前	舌面中	舌根	小舌	喉音
塞音	清	不送气	p		t				c	k	q	
		送气	ph		th				ch	kh	qh	
	浊		b		d				ɟ	g		

续表

发音方法 \ 发音部位			双唇音	舌尖前	舌尖中	舌尖后	舌叶音	舌面前	舌面中	舌根	小舌	喉音
塞擦音	清	不送气		ts		tʂ	tʃ	tɕ				
		送气		tsh		tʂh	tʃh	tɕh				
	浊			dz		dʐ	dʒ	dʑ				
鼻音	浊		m		n			ɲ		ŋ		
颤音	清				r̥							
	浊				r							
边音	清				ɬ							
	浊				l							
擦音	清		ɸ	s			ʃ	ɕ	ç	x	χ	h
	浊		β	z			ʒ	ʑ		ɣ	ʁ	
半元音			w			ɻ		j				

（二）单辅音的几点说明

1. 塞擦音 tʂ、tʂh、dʐ 的部位较前，且塞擦音的塞音成分较重，接近于 t、th、d。

2. tʃ、tʃh、dʒ、ʃ、ʒ 的部位较后，近似于舌面音。

3. ɬ 与 χl 有时可以互换。

4. n 与 ɲ 在许多地方相混，有时为 ni，有时为 ɲi。

5. 颤音 r 只出现在复辅音中。

6. ɸ 与 β 绝大多数只出现在借词和弱化音节中。

7. x、ɣ 出现的频率较少，ɣ 多半出现在弱化音节中。ɦ 为 ɣ 的变体。

8. 半元音 w、ɻ、j 的摩擦成分较重，接近于擦音。w 有唇齿倾向，j 与舌面后的擦音不对立，但出现在借词中的 j 接近于半元音，出现在本语词中的 j 接近于舌面后擦音。ɻ 出现在第二音节时，一般都不卷舌，也就是说在逐渐消失。例如：zərə 变成了 zəː，ʔeɻaʂ 变为 ʔeːʂ。

（三）单辅音例词

p	pe	猪	pu	买
ph	phɣ	吹	phu	逃跑
b	be	背	bə	蜜蜂
m	mə	火	mun	太阳
ɸ	ɸuluŋ	富农	ɸalo	法律
w	wə	鸟	wuʒ	阉

第二章 语音系统

ts	tsə	水	tsæ	锋利
tsh	tshə	盐	tshæ	小牛
dz	dzə	吃	dzo	坐
s	sə	豹子	so	麻
z	zə	地	zo	冰雹
t	ti	熊	ta	戴
th	thi	喝	tha	那儿
d	di	捶打	dətʃ	绿豆
n	ne	知道	nʏ	睡
l	le	水蒸气	la	狼
ɬ	ɬæ	骨髓	ɬəxa	土
r	rək	记性	rək pana	聪明
tʂ	tʂa	过滤	tʂə	骡子
tʂh	tʂha	茶	tʂhitʂi	挤
dʐ	dʐə	锅	dʐo	草
ɻi	ɻi	富	ɻo	马
tʃ	tʃə	杀	tʃæ	酸
tʃh	tʃhə	完毕	tʃhæ	拿……来
dʒ	dʒu	兽穴	dʒæ	磨（面）
ʃ	ʃə	牙	ʃama	擦、刷
ʒ	ʒə	公牛	ʒuʒu	灵魂
tɕ	tɕi	男人	tɕeːme	儿子
tɕh	tɕhe	酒	tɕhaz	种子
dʑ	dʑi	面粉	dʑeme	大拇指
ȵ	ȵi	比赛	ȵu	绵羊
ɕ	ɕi	海、湖	ɕan	乡
ʑ	ʑi	有（人）	ʑiʑi	名人
j	ji	装	jaːˡ	房背
c	ci	房子	ce	穴
ch	chis	狱	chi	要
f	mə fi	木炭	səŋ fi	三脚
ç	çi	红的	çi tʃæ	牛轭
k	kə	走	ke tɕi	驴子
kh	khiˡ	米	khu	摘
g	gə	平底锅	gæˡ	军队

ŋ	ŋuə	奶牛	ŋo	大头人
x	xæpe	陡	çindexu	成都
ɣ	ɣuʒu	洞、孔	məɣ	火塘
q	qa	我	qo	害怕
qh	qha	苦	qhua	河坝
χ	χo	老虎	χua	卖
ʁ	ʁə˩	汉族	ʁe	危险
h	hap	后年	hesi	十三

(四) 复辅音

扎拉话共有 58 个复辅音，其结合形式有两种：一种是颤音、擦音、鼻音在前，塞音、塞擦音、擦音、鼻音、边音在后；另一种是塞音在前，擦音在后。前者称为前置型复辅音，后者称为后置型复辅音。分述如下：

1. 前置型复辅音

此类复辅音是由 m、r̥、r、s、z、ʂ、ʐ、ʃ、ʒ、ç、ʑ、χ、ʁ、ɦ 等前置辅音与 p、b、t、d、c、f、k、g、q、ts、dz、tʂ、dʐ、tʃ、dʒ、tç、m、n、ɲ、ŋ、l、z 等辅音结合而成，共结合成 47 个复辅音。其结合情况下表如下：

前置\辅音	p	b	t	d	c	f	k	g	q	ts	dz	tʂ	dʐ	tʃ	dʒ	tç	dʑ	m	n	ɲ	ŋ	l	z
m											/												
r̥		/																					
r	/	/		/	/		/							/							/	/	
s	/		/			/	/													/	/		
z		/		/			/																
ʂ								/															
ʐ											/												
ʃ																							
ʒ													/										
ç															/								
ʑ																	/						
χ	/	/	/						/												/		
ʁ		/	/					/			/			/					/	/	/	/	/
ɦ																		/					/

前置型复辅音例词：

| mdz | mdzæ | 漂亮 | mdzær | 准星（枪） |
| r̥t | r̥taq | 法力 | ɬəɲurtæ | 经旗 |

rb	rbu	鼓	rbəʁo	土块	
rd	rdæ	锣	rdəgu	灌县	
rf	rfi	病	rfopu	土司	
rg	rgæ	开	rgə	涉	
rm	rmu	尸体	rme pe	伤口	
rŋ	rŋapæ	阿坝	rŋate	鼓槌	
rl	khørlo	经筒	khø rlomæ	左轮手枪	
sp	spe	渴	spæ	草地人	
st	sti	招待	ste	饭	
sc	sci	驮子	scal	朗	
sk	skua	烤	sku	佛像	
sq	sqo	难	sqe	偷懒	
sts	stsæ də wæ	生锈	rgə stsæ tʃə	退	
sm	smæn	药	smæn tʃən	医生	
sn	snaq tsa	墨水	snæ kær	牛鼻圈	
sɲ	sɲaŋ le	忌讳	sɲæt	后鞧	
sl	slo mæ	徒弟	slok pən	师傅	
zb	khi¹ zbæ	米饭			
zd	zda	油	zdo	额	
zg	zgær	帐篷	zgær pæ	牧区	
ʂtʂ	ʂtʂə	汗	ʂtʂi	剪	
ʐdʐ	ʐdʐə	星星	ʐdʐi	客人	
ʃtʃ	ʃtʃə	有	ʃtʃun	端公	
ʒdʒ	ʒdʒu	姐姐	ʒdʒæ	兔子	
ɕtɕ	ɕtɕap	黑暗	dʑiɕtɕi	顶针	
ʑdʑ	ʑdʑi	嘴唇	ʑdʑiʑdʑi	揉搓	
χp	χpe	榜样	χpən	和尚	
χt	χtuχtu tʃə	吹牛	χtem bʒəl stsi	庆祝	
χc	tʃæ χcim	小盒儿			
χts	χtsa:me	火链	χtsəχts	邓鸡鸟	
χtʂ	χtʂə	六	χtʂa	小	
χtʃ	χtʃə	债	χtʃæ	想	
χtɕ	χtɕi	喜欢	χtɕi tʃə	爱护	
χl	χla	洗	χlo	老鹰	

ʁb	tshæ ʁbu̥	血		
ʁd	ʁda	锤子	ʁdək	华盖
ʁdz	ʁdze	鱼	ʁdza	垮
ʁdʐ	ʁdʐe	咬	ʁdʐə si	指甲
ʁdʒ	ʁdʒə pe	糊泥刀		
ʁn	ʁnets	泉水	ʁne qo	水神
ʁɲ	ʁɲæl wæ	地狱	ʁɲe rgu̥	腻了
ʁl	ʁlə	小麦	ʁlo	碉楼
ʁz	səʁz	咽、吞		
fil	filia qua	平的		
fin	finə	二	finə khi¹	二百

2. 后置型复辅音

此类复辅音是由 p、ph、b、k、g、q 与擦音 s、z、ʃ、ʒ、ɕ、ʐ 结合而成，共结合成 11 个复辅音。其结合形式列表如下：

后置 辅音	s	z	ʃ	ʒ	ɕ	ʐ
p			/			
ph			/			
b				/		
k	/		/		/	
g		/		/		/
q	/		/			

后置型复辅音例词：

pʃ	pʃe laq	假的		
phʃ	phʃə	方法	phʃu	珊瑚
bʒ	bʒu¹	高	bʒe	细
ks	ksi	三	ksə	新
kʃ	kʃu	敢	kʃe	撕
kɕ	kɕi	犏牛	kɕusto	模子
gz	gzə	官	gzi	飞
gʒ	gʒu	轻	gʒə	血
gʐ	tɕe gʐi	钉子		
qs	qsa	野羊	qso	送
qʃ	qʃə	屎	qʃə wu̥	纸

二、元音

（一）单元音

扎拉话的单元音比较多，一共有 36 个。其中基本元音 11 个，长元音 8 个，卷舌元音 8 个，长卷舌元音 4 个，清化元音 2 个，清化卷舌元音 3 个。列表如下：

发音部位和唇形			基本元音	长元音	卷舌元音	长卷舌元音	清化元音	清化卷舌元音
高	前	展唇	i	iː	iʵ			
	中	圆	ʉ	ʉː				
	后	唇	u	uː	uʵ		u̥	u̥ʵ
次高	前	展唇	e	eː	eʵ	eːʵ		
		圆唇	ø	øː	ɛʵ			
	后	展唇	ɤ					
		圆唇	o	oː	oʵ	oːʵ	o̥	o̥ʵ
低	前	展唇	æ	æː	æʵ	æːʵ		
			a	aː	aʵ	aːʵ		
央元音			ə		əʵ			ə̥ʵ

（二）单元音的几点说明

1. 元音分卷舌与不卷舌，长元音与短元音等，其卷舌作用与长短在音位上有重要价值。

2. 元音 i 与 e 很不稳定，许多 i 元音在分读时都读成 e。

3. ɛ 有复元音倾向，像 ʌE，从语音的变化、语法的前加成分来看，"ɛ" 应记作 "ʌ" 较好，但其实际音质接于 "E"。

4. 元音的性质很不确定，出现在一个词里时，在发音部位和发音方法上经常相互影响。例如，否定词 mæ，有 me、mæ、ma、mə、mo 等形式。

5. ø 与 o 在多数情况下不对立，一般说来，ø 是 o 的变体，但有两个词是对立的，故不能合并。ø 本身的部位靠中。o 出现在喉音 h 后带鼻化。

（三）单元音例词

i	si	柴	ɹi	富
iː	tshiː	花椒	piːto	背兜
iʵ	khiʵ	米	giʵ	小路
e	ze	容易	ɹe	冬小麦
eː	peːme	父母	zeːm	地震
eʵ	qheʵ	石墙	tʃɛβeʵ	小肠

eːˈ	eːˈ	明年	tʂeːˈp	摇铃	
ø	sødu	后天	nøt	性交	
øː	søːmo	铁	søːmo taβa	钢盔	
ɛ	zɛ	溜索	nɛ	知道	
ɛˈ	χɛˈ	肋骨			
æ	ɹæ	写	tshæ	山羊	
æ	thæː	他	tsæˈ	这	
æˈ	pæˈ	熊猫	gæˈ	军队	
æːˈ	æːˈ	烧酒	næːˈpitæβa	胶鞋	
a	sa	血	ba	旧的	
aː	taːχo	男朋友	ʒaːma	歌	
aˈ	paˈ	脚背	qhaˈ	稀疏	
aːˈ	taːˈ	痰	qaːˈ	顶上	
ʉ	zʉ	货	sʉ	生命	
ʉː	døːɹʉː	分别	ʒʉːberi	敬神馍馍	
ə	sə	豹子	dzə	吃	
əˈ	məˈ	菌子	gəˈ	工钱	
ə̞ˈ	cigə̞ˈ	房钱	æxə̞ˈ	一环	
ɣ	zɣ	漏	nɣ	睡	
oː	ʁoːlæ	疯子	moːχo	白白地	
oˈ	qhoˈ	掷	χoˈmo	青草	
oːˈ	qoːˈ	家	poːˈ	火草	
o̞	χo̞χo̞	生的	ɹo̞χo̞	公马	
o̞ˈ	rgəʁo̞ˈ	抛			
õ	hõ	有（钱）	ɹahõ	庄稼	
u	pu	买	su	冬眠	
uː	buː	糖	tuːwæ tha	上面	
uˈ	guˈ	背篓	khuˈsci	绰斯甲	
u̞	qewu̞	声音	tsəqu̞	茧子	
u̞ˈ	təʁu̞ˈ	抛	thøʁu̞ˈ	抛	

（四）复合元音

  扎拉话的复合元音主要是二合元音和三合元音，三合元音主要出现在汉语借词中。其元音与元音可结合成 23 个复元音。举例如下：

ua	tuaq	前面	sia ʁlo	木头
iaː˩	piaː˩	猪膘		
ui˩	tsəgui˩	引水沟		
ue	səʁue	牛	khæ ʃue	开水
ueᵘ	ʁue˩	哑巴	daʁue˩	舌尖
ueː˩	ʁueː˩	五		
uæ	sikuæ	肚子	təkhuæ	生气
uæː	guæːskue	边上		
uæ˩	nəguæ˩	丈夫	tsæŋguæ˩	妻子
ua	ʁua	左	qhua	河坝
uaː	ʁuaːze tsa	绕线架脚		
ua˩	qhua˩	切	ʁua˩	帮助
uaː˩	ʁuaː˩	城墙	uai˩ʁe	红岩
uə	guə	穿	khuə	狗
uə˩	aʁuə˩ne da ʁua	吊起	æ ʁuə˩ne æqe	翻下去
ei	ɸeitɕhi	飞机		
æi	tshæi tsəzə	油菜籽		
əu	khəu depi	谢谢		
əə˩	χua kəə˩	滑杆		
au	tən tshau	灯草		
iau	phiau	票	pian tan	扁担
uai	phə kuai	弯把柄枪		

三、元音与结尾辅音的结合

扎拉话的元音与结尾辅音可结合成 181 个带辅音尾的韵母。扎拉话的结尾辅音共 41 个，其中单辅音有：p、t、d、k、kh、q、ts、tsh、dz、tʂ、tʂh、tʃ、tʃh、m、n、ŋ、l、r、ɸ、β、s、z、ʃ、ʒ、ɣ 共 25 个；复辅音有 sp、st、zd、sk、rg、ʂtʂ、ʐdʐ、xs、ɣz、ɣʒ、χp、χtʂ、χl、χʃ、ʁz、ɸʃ 共 16 个。其结合情况列表如下：

前置\辅音	p	t	d	k	kh	q	ts	tsh	dz	tʂ	tʂh	tʃ	tʃh	m
i										/		/	/	/
i˩														/
ɛ				/			/					/		/

续表

辅音＼前置	p	t	d	k	kh	q	ts	tsh	dz	tʂ	tʃ	tʃh	m
e	／						／	／			／		／
æ	／	／	／	／		／	／			／	／	／	／
æ¹	／					／							
ø		／											
a	／	／		／		／	／	／	／		／	／	／
a¹													
ə	／	／	／	／		／	／			／	／	／	／
ə¹	／												
ɤ						／					／		／
o		／				／	／	／			／		
ʉ				／		／					／		
u	／						／				／		
ia				／									／
ua											／		
uə		／								／	／		／

辅音＼前置	n	ŋ	l	r	ɸ	β	s	z	ʃ	ʒ	ɣ	sp	st	zd
i	／	／	／			／		／						
ɛ						／		／						
e	／	／	／	／			／	／						
æ	／	／	／	／			／	／			／			
æ¹	／													
a	／	／	／	／			／	／	／		／			
ø	／													
ə	／	／	／	／			／	／	／	／	／	／	／	／
ə¹				／				／						
ɤ	／						／							
o	／	／	／	／			／	／	／					
ʉ								／						
u	／	／		／			／	／		／				
ia	／	／												
ue	／													
ue¹								／						

续表

辅音前置＼辅音	n	ŋ	l	r	ɸ	β	s	z	ʃ	ʒ	ɣ	sp	st	zd
uæ			/	/										
ua	/	/	/											
uaˈ	/													
uə							/							

	sk	rq	ʂtʂ	zˌdzˌ	xs	ɣz	ɣʒ	χp	χts	χl	χʃ	ʁz	ɸʃ
i										/			
e						/							
æ	/					/			/				
a						/				/			
ɤ					/								
ə	/	/		/	/	/		/		/	/	/	
u			/										
uə										/			

元音与结尾辅音例词：

ip	stip	信任	is	chis	狱
ik	tik	最	iʒ	rmiʒ bu	堆肥
iq	ŋˌiq	黑的	isk	cisk	蒜
its	jits	椅子	iʂtʂ	siʂtʂ	草虱
itʂh	ŋˌitʂˈ ʁa	打墨线	iɣʒ	siɣʒ	青杠树
itʃ	itʃ	治、医	iχʃ	siχʃ	铁砂
itʃˈ	ksitʃˈ	三月	il	cil wæ stæ	地基
im	ʁætɕim	辰年	iˈm	bigiˈm	巳年
in	rfin	病人	ɛk	χpɛk	例子
iŋ	jiŋ χan	银行	ɛts	ʁnɛts	泉水
etʃ	netʃ	嫩的	æp	tsæp	削
ɛm	zdɛm	云	æts	wæts	筷子
ɛs	pha tɛs	扇子	ætʂ	pætʂ pætʂ	圆的
ɛʒ	rmɛʒ	羌语	ætʂˈ	ætʂˈ	一滴
ep	qep	坛子	ætʃ	dʒætʃ	刀子
ets	tʃha jets	茶叶	ætʃˈ	ætʃˈ	正月
etsˈ	petsˈ	肉	æm	tshæm	未年农历纪年
etʃ	ʁletʃ	私生子	æn	tʃæn	毡

em	pem	亥年	æŋ	tsæŋ ɡuæ¹	妻子
en	spen	胶	æl	pæl dæp	木刻板
eŋ	eŋ ʃoq	几样	ær	skær	称
el	ʒel tɕiɹo	打官司	æz	læz	命运
er	qser	金子	æʃ	æʃ	一下
ez	ɹez	田鼠	æʒ	spæʒ	藏语
eʃ	ʃaɹ	山洞	æst	hæst	十七
exs	hnexs	俄纳斯窝	æsk	dæsk	稠
æp	təzæp	注意	æχts	kæχts	米老鼠
æt	tshæt	偷听	æxs	mæxs maba	半新旧
æd	sæd	镰刀	æ¹p	khæ¹p	满的
æk	æk kuə	一扇（门）	æ¹q	æ¹q	烧酒
æ¹n	ɡæ¹n phe ɣu̯	军服	aʂtʂ	aʂtʂ	堵塞
ap	dap	老了	axs	phʃaxs	磕头
at	ɳat	总是	aχp	χpaχptʃə	举例
ak	χak mæk	不准	aχl	daχl	浅露
aq	baq	面具	a¹p	kha¹p dasa	塞满
ats	χantats	汗衣	a¹m	χa¹m bæ	专横
ats'	dats'	胖了	øt	nøt	性交
adz	χadz	织布的刀	øn	tøn	事情
atʂ'	hatʂ'	十六	əp	zəp	地方
atʃ	χatʃ	木板	ət	tət	扶
atʃ'	atʃ'	一尺	əd	zəd	经文
am	am phən	砧板	ək	rək	记性
an	çan	乡	ək'	mək'	烟子
aŋ	ʃaŋ dzo	木匠	əq	stəq	鼻子
al	qhal	馍馍			
as	ʃa mas	抹布	əts	spəts	外甥
az	tɕaz	种子	əts'	təts'	竖
ar	χpar	印	ətʂ	kətʂ	脸颊
aʃ	saʃ	姐妹	ətʂ'	stətʂ'	直
aʒ	haʒ	十四	ətʃ	zətʃ	孙子
ast	ast	插入	ətʃ'	hnətʃ'	二月
əm	rbəm	丑年	əχts	χtsəχts	邓鸡鸟
ən	qən	眼睛	əχʃ	tsəχʃ	水垢

第二章 语音系统

əŋ	səŋfi	三脚	əʁz	səʁz	吞	
əl	pəl	火葬场	əˈp	khəˈp	翳子	
ər	tsər	阳山	əːˈβ	tʂəːˈβ	摇铃	
əɸ	qsəɸ	吹哨				
əs	bəs	蛇	əˈʒ	ʁəˈʒ	汉语	
əz	məz ʁe	暖和	ɣq	pɣq	利息	
əʂ	nəqəʂ	青苗	ɣtʃ	dzɣtʃ	苦荞	
əʃ	tʂhəʃ	蜘蛛	ɣm	pɣm quəˈqueˈ	藤	
əʒ	məʒ	枪	ɣn	bɣn	穷人	
əɣ	məɣ	火塘	ɣs	lɣs tiq	松果	
əʃɸ	phʃəʃɸ	挖	ɣxs	lɣxs	杉树针	
əsp	nəsp	眉毛	ot	not	公绵羊	
əst	tsər	小腿	oq	phoq	树	
əsk	pəsk	今年	ots	tsha mots	草帽	
ədz	zdəz	连接	otsʻ	ɹotsʻ	马笼头	
ərg	tsərg	涉水	otʂ	stotʂʻʁa	弹指头	
			otʃ	χlotʃ	鬼	
əʐdʐe	məʐdʐe	霹雳	om	ɹom	午年	
əxs	zəxs	雪猪	on	tson	跳蚤	
əɣz	tsəɣz	沙子	oŋ	toŋ	公司	
ol	sqol	下面	ian	pian piaq	扁的	
or	gor	呢子	iaŋ	liaŋ χotsə	油灯	
os	spos	香	uen	kuen tsi	装壶	
oz	soz	麻籽	ueˈʒ	tə ʁueˈʒ	裹	
oʒ	ʁloʒ	石板	uæl	guæl aqe	滚下去	
up	koɕup	马搭子	uær	guær	娃子	
uts	tʂuts	桌子	uatʃ	ŋuatʃ tʃətʃə	惹	
utʃ	kutʃ	菜	uan	tɕi kuan	别生气	
un	ʃtʃun	端公	uaŋ	χuaŋ kua	黄瓜	
uŋ	tʂuŋ	钟	ual	ŋual læ	小爷	
ur	tsur	灶	uaˈn	ʁuaˈn	助手	
uʒ	puʒ	羊毛绽杆	uət	kuət	碰	
ust	kʃust	听	uətsʻ	kuətʂʻ	举（前）	
uʂtʂ	dʒuʂtʂ	臭虫	uətʃ	ŋuətʃ	牛犊	
uʁ	tsuʁ	打嗝	uəm	khuəm	戌年	

245

ᴜk	cᴜk tsu	卓克基	uən	kuən	听见
ᴜtʃ	stᴜtʃ	公猪	uəz	khuəz	犬齿
ᴜʒ	tsᴜʒ	水牛	uəxʃ	ŋuəxʃ	牛粪
iaq	tiaq	首先			
iam	khsiam tɕhi	蝴蝶			

四、音节结构

扎拉话构成一个音节最多有五个音素，最少有两个音素。一个音节至少由一个元音和一个辅音组成，仅有辅音或仅有元音，均不能构成一个音节。元音与辅音可结合成 12 种音节结构形式。举例如下：

C 代表辅音　　　　V 代表元音

1. VCC　　　jits　　　椅子
2. CV　　　qa　　　我
3. CVV　　　ŋuə　　　奶牛
4. CVVV　　　phiau　　　票
5. CVC　　　cis　　　狱
6. CVVC　　　tiaq　　　首先
7. CCV　　　kɕi　　　犏牛
8. CCVV　　　skuæ　　　烤
9. CCVC　　　zgær　　　帐篷
10. CCVVC　　　kɕiam tɕhi　　　蝴蝶
11. CVCC　　　ləxs　　　杉树针
12. CCVCC　　　phʃaxs　　　磕头

五、语音变化

扎拉话中有许多语音变化现象，现将几种主要的现象介绍如下：

1. 辅音弱化

辅音在连读时，由于音节的弱化或其他原因，使该辅音失去原有的性质。辅音的弱化一般在第二音节或第二音节以后的各音节上。辅音的弱化具有一定的条件，具体情况是：

（1）弱化的该词一定是多音节词，且弱化的音节一定是轻音或非重读音。例如：

tᴜɣu̥　　　中间
χoɸin　　　和平
pæxɕi　　　梨

若为重读，则第二音节的性质不变。例如：

nəkˈbu　　　　　　　聋子
toˈgi˩　　　　　　　犁沟
æˈdzæ　　　　　　　亏本

（2）弱化该音节的前一音节一定是元音结尾或浊擦音结尾的，若为鼻音或塞音结尾，则第二音节的音质不变。例如：

rgəm bæ　　　　　　寺庙
məs phɣ　　　　　　吹气
khæ˩p khæ˩p　　　　脆

前一音节如为长元音，一般也不变。例如：

buːdʑi　　　　　　　白糖
buːqhal　　　　　　　饼干
jaː˩guæq　　　　　　房边

（3）辅音的弱化还与词和词之间结合的松紧有密切关系，一般在一个词里或在复合词里，只要合乎上述条件，则发生弱化，但在词组或结构中就不一定所有的都弱化，其条件大致为：

①并列结构连读时第二音节一般不失去其原音素的特性。例如：

lø lø ȵe khuə　　　　猫和狗
bi ȵe qʃə　　　　　　尿和屎

②修饰结构有下列几种情况：

形容词作修饰语时，一般都弱化。例如：

tsə βʐa˩　　　　　　大河
ʁlo ɸʃi　　　　　　　火石
tsə ɣi˩　　　　　　　清水

名词作修饰语时一般不弱化。例如：

səβæ tɕhe　　　　　　青稞酒
青稞　酒

qsa bulo　　　　　　蚯蚓
泥巴　虫

wu dʐaqo　　　　　　爪
鸟　脚

但结合得较紧的复合词则能弱化。例如：

ci ɣɤ˩　　　（gə˩ 工钱）　　　房钱
房子

ʁlə ʑi　　　（dʑi 粉）　　　　面粉
麦　粉

dʉ βu	（bu 木板）	门板
门 板		
tsəχˌʃ	（qʃə 屎）	水渣
水		

动词或宾动结构作修饰语时不发生弱化现象。例如：

tsə kuæ bʒiˈ　　背水绳
水 背 绳

 si　kæ bulo　　咀木虫
木头 咬 虫

smæn dzəs　　内服药
 药 吃的

③主谓结构一般也不弱化。例如：

stiːmi bʒaˈ　　胆大

qəɳi qso　　天灵盖

mun dzə　　日食

但是，如果已成为成语或后面加上辅助动词时，则又能弱化。例如：
mə xəˈ"下霜"可以说成 mə dæ khəˈ 或 məxə də wæ。

④宾动结构如动词为非重音时，一般可以弱化。例如：

qsə ɸ	（phɤ 吹）	吹哨
哨 吹		
dzₒ z	（dzə 吃）	反刍
草 吃		
mə ɸɤ k	（phɤ 吹）	吹火的
火 吹 的		

宾动结构若为重音则一般不弱化。例如：

tsə saːˈ dʒu　　垂涎
口 水 来

ɸa gʒən　　耍把戏的
法 令

məs phɤ　　吹气
气 吹

以上分析了辅音弱化的具体条件，现分别举例如下：

b ——→ β

| dzɤ bulo | dzɤ βulo | 毛虫 |
| khu buˈ | khu βuˈ | 麻疹 |

第二章　语音系统

də be¹	də βe¹	豌豆

ph⟶ɸ

mə phɤs	mə ɸɤs	吹火筒
χo phin	χo ɸin	和平
qsə pʮ	qsə ɸʮ	吹哨

phʃ⟶ɸʃ

tsə phʃi	tsə ɸʃi	瀑布
zə phʃi	zə ɸʃi	文化

bʒ⟶βʒ

qsəp bʒa¹	qsəp βʒa¹	大山
so bʒi¹	so βʒa¹	麻绳
qep bʒa¹	qep βʒa¹	大酒坛

dz⟶z

dzi dzi	dzi zi	咬
dʐo dzə	dʐo zə	反刍
pe꞉ dzo	pe zo	疥疮

dʐ⟶r

dʐu dʐu	dʐu ru	喂
dʐə dʐe	dʐə re	热的
dʐə dʐa	dʐə ra	打扫

以下例词能分读，分读时仍念 dʐə。例如：

tʃə ro	(tʃəβa+ dʐo)	靴带
	鞋　带子	
aro	(a +dʐo)	一捆
	一　捆	
ar	(a +dʐə)	一锅
	一　锅	

以上例词的变化分读时仍念 rə，但从词源来看是从 dʐə 变来的。

dʒ⟶ʒ

ȵudʒ	ȵuʒ	绵羊羔
ci dʒu	ci ʒu	小窗户
bə dʒæ	bə ʒæ	蜂刺

下列几个词分读时仍念 ʒ，但从词源上看与 dʒə 有关。例如：

təʒ	(tə + dʒə)	连枷头
	连枷　头尖	
spæʒ	(spæ +dʒə)	藏语
	草地藏　话	

| ʁəˈʒ | (ʁəˈ+dʒə) | 汉语 |
| | 汉族 话 | |

dʐ⟶ʑ

| χap dʐi | χab ʑi | 糌粑粉 |
| ʁlə dʐi | ʁlə ʑi | 头皮、麦面 |

kh⟶x

khuˈkhuˈ	khuˈxuˈ	雁
mə khə̣ˈ	mə xə̣ˈ	下霜
to khiˈ	to xiˈ	蚂蚁

ks⟶xs

ləks	ləxs	杉树针
zəks	zəxs	山神
thəks	thəxs	粉线

kʃ⟶xʃ

dʒu kʃu	dʒu xʃu	麝香
rbə kʃæl	rbə xʃæl	小钹
tə kʃa tha	tə xʃa tha	下面（远指）

kɕ⟶xɕ

jə kɕi	jexɕi	鼻烟
qha kɕi	qha xɕi	树叶
phə kɕi	phə xɕi	野兽

g⟶ɣ

phe gṵ	phe ɣṵ	衣服
tshə gu	tsə ɣu	香肠
gəˈgə̣ˈ	gəˈɣə̣ˈ	守卫

gz⟶ɣz

guæ gz	guæ ɣz	军官
mə gzi	mə ɣzi	晚上
tsʉ gzʉ	tsʉ ɣzʉ	媳妇

gʒ⟶ɣʒ

si gʒ	siɣʒ	青杠树
dʑi gʒəlæ	dʑiɣʒəlæ	手巧
dʑigʒ	dʑiɣʒ	犁杆上的短棍

gʑ⟶ɣʑ

| tɕegʑi | tɕe ɣʑi | 钉子 |

qh⟶χ

qhə qhe	qheχ	裁（衣）
se qhaˑ	se χaˑ	锯
dzɤ qhal	dzɤ χal	荞子馍

qs⟶χs

spuqs	spuχs	赤不苏（地名）
qsəqs	qseχs	活的
qso qso	qso χso	跳

qʃ⟶χʃ

ŋuəqʃ	ŋueχʃ	牛粪
siqʃ	siχʃ	铁砂
qʃəqʃ a qe	qʃeχʃ ape	可惜

2. 元音和谐

扎拉话在构词、构形中有较为丰富的元音和谐现象，其和谐规律是前元音与前元音和谐，后元音与后元音和谐。下面简单介绍一下构词，构形中的元音和谐。

（1）构词中的元音和谐

①亲属称谓的元音和谐。例如：

e	ji	妈妈
æ	pæ	爸爸
ə	pu	叔叔

②数量词的元音和谐。例如：

e	si	一天
æ	pe	一元
a	po	一升

（2）构形中的元音和谐

①动词前加成分的元音与词根元音的和谐。例如：

guə	穿	dæ gu̥	已穿
pha	晒	da pha	已晒
dẓi	关	de ri	已关

②否定前缀的元音与词根元音和谐。例如：

mæ qe	不行
ma χtʂa	不小
me rfi	不疼

六、弱音节

扎拉话中有些弱音节只能出现在每个词的第二音节或末尾音节里。在弱音节里 ə˺、u、o 元音弱化。扎拉话虽然没有声调，可是弱音节起一定的作用。例如：

ne ku̥　　　耳朵

nə ku　　　枕头

（1）ə˺ 元音清化。例如：

mə kə̥˺　　　　　打霜

mə xə̥˺ dəwæ　　下霜

（2）u 元音清化。例如：

tɕi ku̥　　　　雪山

ʁlo rgu̥　　　大石山

（3）o 元音清化。例如：

ʁlo pe a χo̥　　石洞

a ʁo̥　　　　　一碗

第十九节　羊茸话音位系统

一、辅音

（一）单辅音

羊茸话共有48个单辅音，按发音部位和发音方法列表如下：

发音方法		发音部位	双唇音	舌尖前	舌尖中	舌尖后	舌叶音	舌面前	舌面中	舌根	小舌	喉音
塞音	清	不送气	p		t				c	k	q	
		送气	ph		th				ch	kh	qh	
	浊		b		d				ɟ	g		
塞擦音	清	不送气		ts		tʂ	tʃ	tɕ				
		送气		tsh		tʂh	tʃh	tɕh				
	浊			dz		dʐ	dʒ	dʑ				
鼻音	浊		m		n				ɲ	ŋ		

续表

发音部位 发音方法	双唇音	舌尖前	舌尖中	舌尖后	舌叶音	舌面前	舌面中	舌根	小舌	喉音
颤音			r							
边音			ɬ							
			l							
擦音	ɸ	s		ʂ	ʃ	ɕ	ç	x	χ	h
	β	z		ʐ	ʒ	ʑ		ɣ	ʁ	
半元音	w			ɻ		j				

(二) 单辅音的几点说明

1. p、ph、b 与 i 元音结合时，摩擦较重；
2. ɸ 作单辅音时，只在汉语借词中出现；
3. t、th、d 的实际音值近似于齿化的 t̪、t̪h、d̪；
4. ɕ、ʑ 在 ə、a、ɑ 元音前，接近于舌叶擦音 ʃ、ʒ；
5. 半元音 ɻ 与 i、e、ə 元音结合时，摩擦较重；
6. ç、r 只在复辅音中出现；
7. 凡元音起首的音节有喉塞。

(三) 单辅音例词

p	pɑne	东西	pɤ	燕麦
ph	pha	流产	phe	忍耐
b	bi	尿	ba	矮
m	ma	抹	məme	抚摸
ɸ	ɸanɸa	犯法	təɸu	豆腐
w	ɻawa	颜色	wu	许可
ts	tsa	这个	tsɑ	骑
tsh	tsha	山羊	tshə	插
dz	dzə	吃	dzebe	午餐
s	sa	血	si	柴
z	za	容易	zeta	打
t	ta	懂	teqə	首先
th	tha	那儿	thəthe	捆
d	de	大腿	da	只有
n	na	好	ne	和
r	piru	珊瑚	tere	发生
ɬ	ɬeɬai	光滑	ɬasa	拉萨

l	lələ	交换	lazə	运气
tʂ	tʂə	骡	mətʂa	软
tʂh	tʂha	深	tʂhe	追赶
dʐ	dʐə	融化	dʐaqo	皮口袋
ʂ	ʂam	水獭	ʂko	雕刻
ʐ	ʐe	冬小麦	ʐipə	富裕
ɹ	ɹo	马	ɹa	写
tʃ	tʃə	做	tʃaqo	黄鼠狼
tʃh	tʃhə	完毕	tʃha pe	陡
dʒ	dʒə	搓（绳）	dʒa	磨面
tɕ	tɕoto	楼上	tɕu tɕu tʃə	努嘴
tɕh	tɕhe	欠	tɕhi	放开
dʑ	dʑi	面粉	dʑe so	手指
ȵ	ȵə	人	ȵo	绵羊
ɕ	ɕita	数目	ɕo	骰子
ʑ	ʑi	有	ʑuʑu	闹
j	je	漂亮	aja	哥哥
ci	ci	房子	ciwʉ	鸡
ch	chi	要	chyi	关入
f	fiɹa	下巴骨		
k	kə	去	kapa	根
kh	kho	房间	khə pe	牛（总称）
g	gə	平底锅	go tha	恩惠
ŋ	ŋʷə	是	ŋa ʑe	太太
q	qa	我	qo	害怕
qh	qha	苦	qhə bə	打饱嗝
χ	χo	老虎	χə	饱
ʁ	ʁo	原意	ʁa	锯
h	haȵ	十二	hapə	后年

（四）复辅音

羊茸话的复辅音较多，一共有 74 个，其结合形式有两种：一种是颤音、擦音在前，塞音、塞擦音、鼻音、边音、半元音在后；另一种是塞音在前，擦音在后。前者称为前置型复辅音，后者称为后置型复辅音。分述如下：

1. 前置型复辅音

此类复辅音由 r、s、z、ʂ、ɕ、ʑ、ɕ、χ、ʁ 等前置辅音与 p、b、t、

d、c、f、k、ɡ、q、ts、dz、tʂ、dʐ、tʃ、dʒ、tɕ、dʑ、m、n、ɲ、ŋ、l 等辅音结合而成，此类型可结合成 63 个复辅音，其结合情况如下表：

前置＼辅音	p	b	t	d	c	f	k	ɡ	q	ts	dz	tʂ	dʐ	tʃ	dʒ	tɕ	dʑ	m	n	ɲ	ŋ	l
r̥	/	/	/	/		/		/		/		/				/	/	/	/	/	/	/
s	/		/		/		/										/		/			
z		/		/				/														
ʂ		/																				
ɕ	/	/												/	/			/				
ʑ		/												/	/							
ç														/	/			/				
χ	/	/																				/
ʁ		/	/					/										/	/	/	/	

前置型复辅例词：

r̥p	ka r̥po	石灰		
r̥t	r̥tap	法力	r̥ta khaŋ	敞圈（养牲畜的围栏）
r̥ts	r̥tsi	画	r̥tsoŋ ku	干粮袋
r̥tɕ	r̥tɕe ba	发酵	ta r̥tɕoq	丧旗
rb	rbu	牦牛	rbipa	土块
rd	rdozo	砌砖匠	pardap	木刻板
rf	rfi	病	rfi pu	土司
rɡ	rɡa	开（门）	rɡu	丢失
rdz	la rdzoŋ	梯子扶手	rdzəm n̥o	好节日
rdʐ	rdʐa zgo	大门		
rm	rmə	忘记	rme se	脚后跟
rn	se rnaq	戒指	pə rna	羊毛线锤
rɲ	tha rɲə	他俩	rɲə	二
rŋ	khua rŋa	锣	rŋa pa	阿坝
rl	kho rlo	经筒		
sp	spi	豺狗	spa	草地人
st	ste	相信	stə	七
sc	sci	（鸡）叫	sci po	太平
sk	skuə	偷	ska	驮（粮）
sq	sqo	麻烦	sqa	运

stɕ	stɕoq	铁勺	stɕe	系带
sm	smet	下身	smən tʂək	七姊妹星
sȵ	sȵet	马后鞦	sȵoŋ ʁne	哑巴
sl	slo me	学生	slo χpən	师傅
zb	zbaˈ	板壁	zba mɑ	酒糟
zd	zdɑ	油	zdo	鹿
zg	zgo lo	核桃	zga tʃha	马具
ʂp	ʁȵa ʂpa	管家		
ʂk	ʂko	雕刻		
ʂq	ʂqə ȵi	茂县（地名）		
ɕp	kha ɕpa	水壶		
ɕt	po ɕtik	马肚带		
ɕtʂ	ɕtʂə	虱子	ɕtʂi	砍（头）
ɕtʃ	pu ɕtʃa	燃烧		
ɕtɕ	ɕtɕe pa	掺合	dʑi ɕtɕi	顶针
ɕn	kho kho ɕnes	门纽		
ɕl	ɕlə χa	黄土	ɕla	编（发辫）
ʐd	ʐdor	超过		
ʐg	ʐgaq	差不多		
ʐdʐ	ʐdʐə	足够	ʐdʐe	害羞
ʐdʒ	ʐdʒə	反叛	ʐdʒa χo	肩膀
ʐdʑ	ʐdʑo	妹妹（兄称）	ʐdʒə ʐdʑe	摩擦
ɕtʂ	ɕtʂi	剪		
ɕtʃ	ɕtʃa	点亮	ɕtʃə	有（泛指）
ɕtɕ	ɕtɕap	黑暗		
ɕl	ɕlə	骨髓	ɕlyȵ	端公
χp	χpə	规矩	tʃha χpo	瘫手者
χt	tho χtam	地租		
χts	stə χtso	关心	χtsaˈ ma	火链
χtʂ	χtʂa	小	χtʂə	六
χtʃ	χtʃa	想	pa χtʃə	糨糊
χtɕ	χtɕi tʃə	宠爱	mə khə χtɕu	烟袋
χl	χla	洗（衣）	χlo	老鹰
ʁb	ʁba	管	tsha ʁbo	血
ʁd	ʁda	槌子	la ʁdu	笨手笨脚

ʁdz	ʁdze	量（衣）	ʁdzə	木瓦板
ʁdz̩	ʁdz̩e	咬	ʁdz̩o	竹制口琴
ʁdʒ	ʁdʒa	垮	ʁdʒa ɹa	号（法器）
ʁm	ʁmə rdze	毛尔盖（地名）		
ʁn	ʁne tsɣ	泉水	ʁnam tɕhi	幢
ʁɲ	ʁɲo	锥子	ʁɲa	蝙蝠
ʁl	ʁlo	火石	ʁlɣ	小麦

2. 后置型复辅音

此类复辅音是由塞音 ph、b、k、kh、g、qh 等与擦音 s、z、ʂ、ʐ、ɕ、ʑ 结合而成，可结合成 11 个复辅音。其结合情况列表如下：

前置＼辅音	s	z	ʂ	ʐ	ɕ	ʑ
ph		/				
b				/		
k		/				
kh	/				/	
g	/				/	
qh	/					

后置型复辅音全词

phʂ	phʂa	湿	phʂə phʂə	刨开
bʐ	bʐu	高	bʐa	断（线）
kʂ	kʂo ŋa rdʐin	淋病	kʂa pa	大喇嘛的随员
khs	khsə	新	khsa	劝、安慰
khʂ	khʂe	裁（衣）	ruə khʂi	九百
khɕ	khɕu	敢	khɕe	破
gz	gzi	草坪		
gʐ	gʐi	（饭）稀	gʐu gʐu	鸽子
gʑ	gʑu	轻	gʑui	调皮
qhs	qhsa	野羊	qhso la	绊倒
qhʂ	qhʂə	打碎		

二、元音

（一）单元音

羊茸话一共有 17 个单元音，其中基本元音 9 个，卷舌元音 8 个。列举如下：

i　e　a　ɑ　ə　ɤ　o　u　ø
iⁱ　eⁱ　aⁱ　ɑⁱ　əⁱ　ɤⁱ　oⁱ　uⁱ

（二）单元音的几点说明

1. a 比国际音标的 a 略闭，接近于 æ。

2. ɑ 略靠前，接近于 A。

3. ɤ 略靠前，接近于 ɔ。

4. ə 元音略闭一点。

5. e、u 元音出现在喉音 h 后，带鼻化。

6. 卷舌元音绝大多数出现在构形中。

（三）单元音例词

i	tɕi	男人	si		肝
iⁱ	ʑiⁱ	有（第一人称复数现在时）	thiⁱ		喝（第一人称复数和现在时）
e	qe	可以、能	tɕhe		酒
eⁱ	tseⁱme	姑娘	tseⁱ		看（第一人称复数现在时）
a	sa	豹子	ba		矮
aⁱ	ʐəspaⁱ	搬家	ɹaⁱ		写（第一人称复数现在时）
ɑ	bɑ	坝子	χɑ		黄
ɑⁱ	seqɑⁱ	锯子	tɑⁱ		戴（第一人称复数现在时）
ə	zə	地	sə		谁
əⁱ	təⁱ	野猫	dzəⁱ		吃（第一人称复数现在时）
ɤ	bɤ	蜜蜂	zɤ		漏
ɤⁱ	nɤⁱ	睡（第一人称复数现在时）			
o	so	尾巴	tho		桶
oⁱ	qoⁱ	怕（第一人称复数现在时）			
u	su	生命	thu		冻
uⁱ	skuⁱ	野骡	tshuⁱ		摘（第一人称复数现在时）
ø	khø	油肠	tøn		意思

（三）复合元音

羊茸话的复合元音主要是二合元音，三合元音只有五个，主要出现在汉语借词中，其元音与元音可结合 24 个复合元音。举例如下：

ie	spie	高山	stie		熊
ia	pia ma	沙子	phia ʁuɑŋ		求喇嘛摸头
ue	ʐe kue	天旱	ȵue		短
ua	ȵəkua	耳朵	gua		地壁

uaˈ	χegua˧	肋骨	khɕikhua˧	牛圈（牧场上的）
ua	χua	卖	qua	弄弯
uaˈ	ȵə qhuaˈ	眼眶	ʁuaˈ	帮助
uə	khuə	狗	ŋuə	是
uəˈ	gzi guəˈ	翅膀	rli skuəˈ	旋风
uo	wuo du	手杖		
ei	tei tsɤ	袋子	a kei	格（柜子之一部分）
ai	bai khɕe	大半	papai	努力
əi	təi	（狗）吠	khɕo ɹəi	暴雨
oi	tə qhuak dzoi	斜倚		
ui	skui	驮子	məsui	黎明
au	dau ʁa	赶（驮子）	salau	锅庄舞
ɑu	tshɑu jautʃə	造谣	thɑu ləntʃə	讨论
əu	bəu	蜂蜜	təu ɸu	豆腐
ou	pou	报纸	a pou	一包
iou	phioutsə	票子		
iɑu	tai piɑu	代表	piɑu	表
uei	pha khuei	弯柄步枪		
uəi	khuəi	关入		
uai	khuai	热（天气）		

三、元音与结尾辅音的结合

羊茸话元音与结尾辅音可结合成 85 个带辅音尾韵母。羊茸话的结尾辅音有：p、t、k、q、m、n、ȵ、ŋ、l、r、β、s、ɕ、ʑ 共 14 个。元音与结尾辅音结合情况列表如下：

前置\辅音	p	t	k	q	m	n	ȵ	ŋ	l	r	β	s	ɕ	ʑ
i				/		/	/	/						
e	/	/	/	/	/	/	/	/				/	/	/
a	/	/	/	/	/	/	/	/		/		/	/	
ɑ														
ə	/	/	/	/	/	/	/	/		/	/	/	/	/
ɤ			/											
o	/	/	/	/	/	/	/	/		/		/	/	
u	/	/	/	/	/	/	/	/		/		/	/	
ie					/									

续表

辅音 前置	p	t	k	q	m	n	ȵ	ŋ	l	r	β	s	ç	ʑ
ia				/		/								
iɑ				/				/						
ue						/								
ua	/				/	/	/			/				
uɑ								/						
uə	/			/	/	/		/						

元音与结尾辅音结合的例词：

it	khsit	口哨	aq	ȵipaq	黑
ik	tik	最	am	am ma	闭（嘴）
im	dʑim me tʃə	瞎摸	an	ste san	乞求
in	jin	道理	aȵ	ste saȵ	乞丐
iȵ	ʑidʑiȵ	叛徒	aŋ	ȵaŋ zo	木匠
il	dʑil lɑ	现钱	al	ne kal	多少
ep	r̥tɕe lep	桥板	ar	zgar pa	牧区
et	smet	下身	aβ	aβ ça	晚上
ek	tsek	早晨	ap	khsɑp	公马
eq	to peq ʁa	打结	ak	kuə spak	合拢
em	sem dʑi	三脚	aq	tsaq	削
en	tɕhen	打坐	ɑm	nɑm tʃə	肠子
eȵ	qə beȵ	保人	ɑn	kɑn tʃhaq	赶街
er	khser	金子	ɑȵ	tɕa χpe ʁaȵ	强盗
eβ	tɕheβ çe	月亮	ɑŋ	khɑŋ kə	愿意
es	sman dzes	内服药	ɑl	qhɑl	馍馍
ap	zap zap	小心地	ɑr	χpɑr	照相
at	ta khsat	锉子	ɑs	phe ʁɑs	皮船
ak	ma bʑak	不断地	əp	dʑə dʑəp	大前年
ək	rəkpa	记性	or	skor sa	厕所
əq	zəq	舌头	oβ	tsoβ	作揖
əm	rgəm ba	寺庙	os	spos	香
ən	stən dʑo	鼻子	up	nup pa χe	西
əȵ	zə dzəȵ	女婿	ut	qe sput	布谷鸟
əl	qəl lɑ	下面	uk	sno tuk	鼻烟

ər	gərgər	圆的	un	βla stun	任务
əβ	zəʐ daq	山神	uɳ̥	pane puɳ̥	买主
əs	ne ka tʃəs	怎么办	uɲ̥	ʀo ɲ̥uɲ̥	赛马
əɕ	dʒəɕ phaɕ	叽叽咕咕	ul	stu kul mo dʐuk	突然
əʐ	se tʂhəʐ	线丝	ien	tien tsɤ	旅店
ʁɑ	ʁlʁɑ	眼泪	iaq	tip tiaq	前面
op	tətʂop khoˈlo	缝纫机	ian	tian χua	电话
ot	tshot	偷听	iaq	phiaq	磕头
ok	ma nok	悄悄地	iaŋ	phiaŋ pe	莲花白
oq	tsa ɕoq	这件	uen	kuen tsi	酒壶
om	tɕom pa	鬃毛	uat	quat	斗
on	ton	事情	uam	kuam pa	门槛
oŋ	loŋ pu	太阳	uan	tɕek khuan	别生气
ol	sqol la	下面	uaɳ̥	tɕi quaɳ̥	记录者
uar	guar	丫头	uən	ɲaŋ guən	河水
uaŋ	ʁuaŋ χua	挖苦	uəŋ	si rguəŋ	樵夫
uəm	kuəm de	大家	uəl	ne kade pi ŋuəl	无论如何

四、音节结构

羊茸话构成一个音节最多有五个音素，最少有两个音素。一个音节至少由一个元音和一个辅音组成，仅有元音或仅有辅音，均不能构成一个音节。元音与辅音可构成9种音节结构。举例如下：

C 代表辅音　　　　V 代表元音

1. CV　　　zə　　　地
2. CVV　　χua　　　卖
3. CVVV　khuəi　　关入
4. CVC　　qhal　　　馍馍
5. CVVC　quat　　　斗
6. CCV　　gʐu　　　轻
7. CCVV　rguə　　　九
8. CCVC　khser　　金子
9. CCVVC　si rguəŋ　樵夫

五、元音和谐

羊茸话有比较丰富的元音和谐现象，其和谐规律是前元音与前元音和谐，后元音与后元音和谐。

1. 构形中的元音和谐

（1）动词前加成分的元音与词根元音和谐。例如：

tse	看	datse	已看
ɹa	写	da ɹa	已写
ɕtʂi	剪	de ɕtʂe	已剪
tɑ	戴	dɑtɑ	已戴
su	学	do so	已学

（2）动词否定前缀的元音与词根元音和谐。例如：

kə	去	tʃe kə	别去
qe	能	ma qe	不能
rfi	痛	me rfi	不痛

（3）动词后加成分的元音与词根元音的和谐。例如：

动词	原形	将来时（第一人称单数）	现在时（第一人称单数）
tse	看	tse ma	tse
ɹa	写	ɹa ma	ɹa
dzə	吃	dzə ma	dza
tshu	摘	tshu ma	tsho
ɕipi	饿	ɕipi ma	ɕipe

2. 构词中的元音和谐

（1）亲属称谓的元音和谐。例如：

pi mi	父母	spɤ tsɤ	外甥
a pa	爸爸	zə tʃez	孙子、外孙
sɑ bʐɑ	姐姐	o wu	祖父

（2）数量词的元音和谐。例如：

khsi khsi	三百	ɑ sɑ	一间（房子）
e si	一天	o pu	一叠
ɑ pə	一年	ɑ pou	一副（牌）

第二十节　松潘话音位系统

小姓羌语共有 41 个辅音音位，这些辅音都可以出现在音节首，此外由其中部分辅音组合可以构成 37 个复辅音。这些辅音中，25 个单辅音和 14 个复辅音可出现在音节末尾。

（一）辅音音位

小姓羌语的 41 个辅音音位属于 8 个发音部位和 7 种发音方法。与羌语其他多种方言相一致，其四套塞音中双唇音、齿龈音、软腭音三套有不送气、送气、浊音三位区别，小舌音仅不送气和送气区别，无清浊对立；三套塞擦音齿音、卷舌音硬腭音均有不送气、送气、浊音三位区别。如下表：

小姓羌语辅音音位

		唇	齿	齿龈	卷舌	硬腭	软腭	小舌	声门
塞/塞擦音	不送气清	p	ts	t	tʂ	tɕ	k	q	(ʔ)
	送气清	ph	tsh	th	tʂh	tɕh	kh	qh	
	浊	b	dz	d	dʐ	dʑ	g		
鼻音		m		n		ɲ	ŋ		
擦音	清	f	s	ɬ	ʂ	ɕ	x	χ	h
	浊		z		ʐ	ʑ	ɣ	ʁ	ɦ
通/边音		w		l		j			

上表中括号中声门塞音 ʔ 不是音位，语流中元音开头的音节前偶而会带有该音，但并不与无辅音情况对立。音位 ʐ 和 dʐ 在部分词中出现变体形式的颤音 [r] 和 [dr]。出于传统，将音位 ɲ 写作 nʲ 以与同一发音位置的其他辅音相一致。辅音 [ŋ] 和 [ɣ] 与元音组合受限，只出现在极少词中，但 [ɣ] 可参与组成一系列复辅音，见复辅音。

例词：

/p/	pa	粗	pu	燕麦
/ph/	pha	皮袄	phu	吹
/b/	ba	低	bu	虫子
/m/	ma	女人	mu	火
/f/	fəjtɕi	飞机	fu	剂
/w/	wa	粮食	wu	鸡
/t/	tats	高兴	tu	犁
/th/	tha	腰	thu	撞
/d/	daba	帽子	du	毒药
/n/	na	好（~看）	nu	感觉
/l/	la	狼	lu	舍不得
/ɬ/	ɬi	放	ɬy	骨髓
/ts/	tsaga	这样	tsu	水

/tsh/	tshɑ	柜子	tshu	咳嗽
/dz/	dza	跟	dzu	荞麦
/s/	sa	血	su	苎麻
/z/	zɑ	汤匙	zu	种子
/tʂ/	tʂɑ	能	tʂu	（一）趟
/tʂh/	tʂha	深	tʂhu	白
/dʐ/	dʐa	笑	dʐu	客人
/ʂ/	ʂaka	尾巴	ʂu	扶养
/ʐ/	ʐə	地	ʐu	又
/tɕ/	tɕaq	夏天	tɕy	小孩
/tɕh/	tɕhakə	厕所	tɕhy	绵羊
/dʑ/	dʑo	面粉	dʑy	薄
/ȵ/	ȵa	舔	ȵykǔ	耳朵
/ç/	ça	死	çy	女阴
/ʑ/	ʑa	治	ʑy	阎
/j/	jɑ	岩	jy	马
/k/	kaka	附近	ku	收割
/kh/	khi	要	khu	狗
/g/	ga	倍	gus	衣服
/ŋ/	ŋu	银子		
/x/	xɑntsha	辣椒	xu	香
/ɣ/	ɣɑ	哄孩子		
/q/	qɑ	我	qu	你
/qh/	qha	咸	qhu	盖
/χ/	χa	闲	χu	份儿
/ʁ/	ʁaɬe	啃骨头	ʁu	肯
/h/	hathe	顺利	hø	老虎
/ɦ/	ɦaȵi	一定	ɦo	应答

（二）复辅音

小姓羌语共有 37 个复辅音，从音位角度来看，这些复辅音分别由/x/后接 p, b, m, t, d, ɬ, l, s, z, ts, dʐ, ʂ, ʐ, tɕ, dʑ, ȵ, ç, z, k, g、χ 后接/p, m, t, d, ɬ, l, z, ts, tʂ, dʐ, ʂ, ʐ, tɕ, ȵ, ʑ, q 构成，当后接辅音为浊音时前一辅音/x/与/χ/分别实现为浊音 [ɣ] 与 [ʁ]。鉴于复辅音的组成成分 x、χ、ɣ、ʁ 分别都是独立的音位，也为了识读的方便，此处不将其合并音位。如下表：

小姓羌语复辅音

xp	ɣb	χp	—
—	ɣm	—	ʁm
xt	ɣd	χt	ʁd
xɬ	ɣl	χɬ	ʁl
xs	ɣz	—	ʁz
xts	—	χts	—
xtʂ	ɣdʐ	χtʂ	ʁdʐ
xʂ	ɣʐ	χʂ	ʁʐ
xtɕ	ɣdʑ	χtɕ	—
—	ɣȵ	—	ʁȵ
xɕ	ɣʑ	—	ʁʑ
xk	ɣg	χq	—

可以看到小姓羌语复辅音的分布有一个相对整齐的框架，至于其中的空格，有可能是语言发展演变的结果，也有可能是语料不足所致，有待进一步研究。

例词：

/xp/	xpɑ	咬得动	xpu	爆炸
/xt/	xtə	喂	xtu	油
/xɬ/	xɬe	编织	xɬi	熬
/xts/	xtsə	胶水	xtson	跳蚤
/xs/	xsə	新	xsy	哨子
/xtʂ/	xtʂə	胆	xtʂu	汗
/xʂ/	xʂe	八	xʂu	切（菜）
/xtɕ/	xtɕɑ	叠	xtɕy	释比
/xɕ/	xɕe	牛	xɕy	獐子
/xk/	xkə	蒜	xku	硬
/ɣb/	ɣbɑ	山楂	ɣbu	鼓
/ɣm/	ɣme	羌族	ɣmu	人民
/ɣd/	ɣdɑ	云	ɣdu	鹿
/ɣl/	ɣle	行	ɣly	妹妹
/ɣz/	ɣzə	草坪	ɣzu	官
/ɣdʐ/	ɣdʐə	呻吟	ɣdʐu	容器
/ɣʐ/	ɣʐə	四	ɣʐu	绳子
/ɣdʑ/	ɣdʑi	炒	ɣdʑy	号（名）
/ɣȵ/	ɣȵe	二	ɣȵi	属实
/ɣʑ/	ɣʑɑ	小	ɣʑi	会
/ɣg/	ɣgə	结实	ɣgu	穿

/χp/	χpaχpa	铁杉	χpe	样子
/χt/	χtɑ	屁股	χty	债
/χɬ/	χɬa	滑	χɬu	老鹰
/χts/	χtsa	干净	χtsu	好看
/χtʂ/	χtʂe	记号	χtʂu	六
/χʂ/	χʂa	石墙	χʂu	蜇
/χtɕ/	χtɕi	喜欢	χtɕy	疟疾
/χq/	χqa	晴	χqu	金
/ʁm/	ʁmu	尸体		
/ʁd/	ʁdi	兔子	ʁdu	牛鸣叫声
/ʁl/	ʁlə	麦子	ʁli	箭
/ʁz/	ʁze	瞄准	ʁzu	凿子
/ʁdʐ/	ʁdʐə	星星	ʁdʐu	口弦
/ʁʐ/	ʁʐə	鱼	ʁʐaq	软
/ʁɲ/	ʁɲi	肥料	ʁɲy	蜂
/ʁʐ/	ʁʐæbe	埃溪地名		

（三）音节尾辅音

在小姓羌语中有 25 个音辅音和 14 个复辅音可作音节尾辅音，大多可能为音节合并、词尾元音脱落所致。以下为例词：

/p/	pap	陡	kop	油菜
/b/	ʁlib	麂子	xkieb	梁
/m/	ɣdam	雾	χem	针眼
/t/	mut	圆木	tshət	肥
/d/	kud	害（～人）	ɣgəd	牛犊
/n/	xtson	跳蚤	bələn	农民
/l/	til	绿	wul	打麦场
/ɬ/	xpiɬ	伤口	ɣguɬ	八月
/ts/	phəts	屋子	tats	高兴
/s/	pəs	今天	dʐəs	前天
/z/	az	一点	ləz	松香
/dʐ/	qədʐ	旋	zidʐ	长期
/ʂ/	qhaʂ	冰雹	bəʂ	蟒蛇
/ʐ/	tsuʐ	水田	kuʐ	菜园
/tɕ/	ʁotɕ	碟子（小）	dʐətɕ	耳锅
/ŋ/	təŋ	熟	xtuŋ	兄弟

/ɕ/	leɕ	手套	saɕ	姐妹
/ʑ/	qəʑ	树梢	ʑueʑ	窟窿（小）
/j/	qəj	吆喝	sej	柳树
/k/	pak	手镯	syk	上学
/ŋ/	qəŋ	声音	təŋ	灯
/x/	mux	烟（烧火得）	lɑx	哈欠
/q/	pəq	年初	ȵiq	黑
/χ/	phoχ	墙板	ʂoχ	命运
/ʁ/	qoʁ	进	moʁ	蕨菜
/xp/	buxp	蚊子	saxp	瘀血
/xt/	xsoxt	听	ɦəxt	沏
/xs/	pəxs	过年	phəxs	树苗
/xʂ/	ɦəxʂ	下（~蛋）	ʑəxʂ	旱獭
/xɕ/	ləxɕ	冷杉	ʁlaxɕ	狗尾草
/xk/	tsəxk	今年	zəxk	老鼠
/ɣb/	haɣb	凸	dzəɣb	堆起来
/ɣm/	quɣm	忘记	təɣm	振动
/ɣn/	məɣn	太阳	theɣn	喂
/ɣʑ/	χʂayʑ	石匠	hiɣʑ	十四
/ɣʑ/	tsuɣʑ	沙子	wuɣʑ	鸽子
/χʂ/	dɑχʂ	流产	təχʂ	缺口
/ʁl/	baʁl	乱	tʂhoʁl	秤砣
/ʁʑ/	qəʁʑ	清（水~）	səʁʑ	木鱼

三、元音

（一）基本元音

小姓羌语共有 16 个元音音位，其中包括 10 个普通单元音、3 个鼻化元音、3 个清化元音。与有成套卷舌元音的其他部分羌语方言不同的是，小姓羌语只有一个卷舌元音 ə˞，考虑到方言间的一致性，暂不将其列为单独音位 ɚ。

下表是小姓羌语的 10 个普通元音音位：

小姓羌语普通元音音位

i y		u
e ø	ə	o
a	ɐ	ɑ

例词：

/i/	pi	父亲	ȵi	人
/y/	thy	冷	tɕy	小孩
/e/	pe	猪	le	蒸汽
/ø/	ɦø	酒曲	hø	虎
/a/	pa	躲	ba	背
/ə/	pə	买	kə	去
/ɐ/	thɐ	那儿	tsɐ	这里
/o/	poj	艾草	ʁo	碗
/u/	pu	燕麦	ʁu	同意
/ɑ/	pɑ	开（花）	lɑ	狼

需要说明的是，元音/ø/出现的频率很低，仅出现在两个语素中，且部分当地人发音类似/ə˞/。目前我们没有发现长短元音对立的例子，不过在一些习惯读作升调的音节中，元音音质较长，可能与韵律规则相关。

小姓羌语中清化、鼻化元音主要集中在舌位较高的元音中：

小姓羌语鼻化、清化元音音位

ĩ	i̊ẙ	ũ	ů
		õ	

例词：

/ĩ/	hĩ	喝酒	hĩdze	红色
/ũ/	hũ	毛	mũdɑ	试探
/õ/	ʁlõʑ	石板	soʁõdʐy	牛虻
/i̊/	pɑki̊	脚心	təti̊	懂得
/ů/	mophůly	便宜	tuɣů	穿起来
/ẙ/	motɕẙ	不穿（鞋）	ʂdẙ	打铁

（二）二合/三合元音

小姓羌语中有21个二合元音和2个三合元音，这些复合元音都是前响或后响复合元音。

小姓羌语二合/三合元音

ie	ia	iɑ	iə˞	iu	io	iɑu
ue	ua	uɑ	uə	ui	uəi	
ye	ya	yɑ	yə			
ɑi	əi	oi	əu	ou	ɑu	

下面是例词：

/ie/	xtie	菜	kieti	骡子
/ia/	xpia	药	ɣdia	胆小
/iɑ/	jytiɑ	蜻蜓	kiɑʁ	扁担
/iə¹/	diə¹	梨		
/iu/	kiu	家里	ʂəliu	石榴
/io/	diop	后年	xtioʁu	欠账
/iɑu/	thiɑuke	调羹	ʂəupiɑu	手表
/ue/	ŋue	短	tshue	铜火锅
/ua/	tʂhua	船	wuaze	桩
/uɑ/	quɑ	钢火	ʂuɑ	腌
/uə/	ʁuə	哑巴	tʂuə	雪
/ui/	wui	伤		
/uəi/	xkuəi	苏门羚		
/ye/	khye	圈（动词）	ɣgye	开（门）
/ya/	tɕhya	播种	ɕya	亮
/yɑ/	xtyɑq	凉		
/yə/	ɣgyə	路	dyəb	后年
/ɑi/	χuɑtshɑi	花菜	khɑiʁuɑn	开关
/əi/	pəi	今晚	fəitɕi	飞机
/oi/	poi	马熊		
/əu/	məu	孔雀	tshəu	菜籽油
/ou/	tsou	中间		
/ɑu/	kɑu	小碗	lɑukɑi	劳改

部分二合、三合元音出现的频率很低，仅出现在几个语素中。前响元音和三合元音大部分为汉语借词，本族词中前响元音基本由音节缩合而来，如例词中 pəi（今晚）、məu（孔雀）、tsou（中间）、kɑu（小碗）分别缩合自 pəs ɣgitɕ、məwu、tso ɣgu、qɑʁu，其缩合规律还有待进一步研究。

四、声调重音

小姓羌语没有区别词义的声调，不过有固定的重音与非重音音节的区别。小姓羌语的词以单音节词和双音节词为主，三音节的词较少。其中单音节词的重音就是该音节，双音节词的重音以位于后一音节为主，如重音位于第一音节，则往往第二音节元音清化、弱化。例如：

mu-ˈgu	松明	ˈmu-gŭ	火糖
dzu-ˈku	菠菜	ˈdzu-kŭ	嘴巴
pa-ki̥	脚心	ˈʂu-dẙ	打铁

我们没有发现两个音节都重读的双音节词，三音节词基本为"轻重重"的规则：

tha-ˈma-χa   "烟草"
tə-ˈpu-ˈtsu   "弯（腰）"

小姓羌语清化元音与音节弱化的对应关系可能是词尾元音脱落过程仍在进行的证据。

五、音节结构

小姓羌语最小的音节类型为一个单元音，一个音节的基本辅音可以是任一单辅音，而音节首与音节尾的复辅音都满足"擦音+其他辅音"的规则。小姓羌语音节共有 22 种类型（其中 C 代表辅音、G 代表介音、V 代表元音）：

V	e	一
VC	eɫ	一月
GV	wə	吐
GVC	wəʐ	土
GVCC	jext	晚饭
CV	be	背
CVC	tɕes	锋利
CVCC	fiəxt	沏
CVG	ʂəu-tɕi	手机
CGV	dzue	（一）节
CGVC	gietɕ	内衣
CGVG	piau	表
CGVGC	fən-thiauts	粉条
CCV	ɣmə	姓
CCVC	ɣmep	民族
CCVCC	χʂaγʐ	石匠
CCGV	xpie	喝
CCGVC	xpiet	竹子
CCGVCC	ɣgieɣʐ	路费

第三章 词　　汇

调查点	头	脑髓	额	眼睛
大岐山	qə⁵⁵bu³¹	qə³¹ɹə⁵³mie³¹	ʁda³³bø³⁵	mi⁴²
桃坪	qə³³po⁵⁵tʃʅ³³	qə³¹nia³³	da³¹xku⁵³	mi⁵⁵
曾头	qə³¹po⁵⁵tʂʅ³³	qə³¹nia³³	da³¹xku⁵⁵	mi⁵⁵
龙溪	qə³¹pa⁵⁵tʂʅ³¹	qə³¹nia⁵⁵	du³³ku⁵⁵	ni⁵⁵ma⁵⁵to³¹
绵簾	qə³³pa⁵⁵tʂʅ³¹	qə³¹nia⁵³	da³¹bu⁵⁵	ma³³tie⁵⁵
索桥	qə³¹qə³¹pa⁵⁵tʂʅ³³	qə³¹niɑ³¹	z̩do³¹to⁵⁵	mi⁵⁵
沟口	kie⁴²pʏˑtʂ⁵⁵	kə³³na⁵⁵	du³³ge⁵⁵	mi⁵⁵
黑虎	qʏ³³pʏˑtʂ⁵⁵	qʏ³³nia⁵⁵	do³³xki⁵⁵	mi⁵⁵mi⁵⁵
龙池	qʏ³³petʂ⁵⁵	qʏ³³ni⁵⁵	zdu⁵⁵ʂke⁵⁵	mi⁵⁵mi⁵⁵
三龙	qə³³patʂ⁵⁵	qə³³nie⁵⁵	zdu⁵⁵ʂke⁵⁵	mi⁵⁵mi⁵⁵
曲谷	qəpatʂ	qeɲi	zduʂkeu	mi⁵⁵mi⁵⁵
雅都	qəpatʂ	qeɲi	zduʂke⁵⁵	mei
维古	qəpatʂ	qəɲi	zduʂrku	me:
龙坝	qɑpatʂ	qəɲɑ	zdurku	mei
木苏	qəpatʂ	qəɲi	zdurku	me
茨木林	qəpatʂə	qəɲi	zdo	qən
扎窝	qəpatʂ	qəɲi	zdo	qən
麻窝	qəpatʂ	qəɲi	zdəʂku	qən
芦花	qəpatʂ	qəɲi	zdo	qən
羊茸	qəpatʂ	qəɲe	zdo	qəɲə
松潘	qəpatʂ	qəɲe	rduxku	miɲi
构拟				
说明				

第三章 词汇

调查点	鼻子	耳朵	牙	舌头
大岐山	χmə³ ~ χəm³³ pɑ⁵⁵qɑ³¹	n̩³³ke⁵⁵	ʂʉ³¹	zɻ³³qə⁴³
桃 坪	xni³¹qo⁵⁵pə³³	ni³¹ke³³	suə³³	zɻ³¹qə⁵⁵
曾 头	xni³¹qo⁵⁵pə³³	ni³¹kie⁵⁵	suə⁵⁵	zɻ³¹qə⁵⁵
龙 溪	ti³³pɑ⁵⁵pi³³	ni³³qɑ⁵⁵	ʂu⁵⁵zə³¹	zə³¹qə³¹
绵 篪	n̩³³qɑ⁵⁵pi³¹	nə³¹kɑ⁵⁵	dzɑ³³bɑ³¹	zə³³qɑ⁵⁵
索 桥	ɕi³¹qə⁵⁵	niu³¹ku⁵⁵	ʂu³¹	zə⁵⁵qɑ⁵⁵piɑ⁵⁵
沟 口	tɑ³³kɑp⁵⁵	nʁʂ³³ke⁵⁵	ʂy⁵⁵	zək⁵⁵ ~ zə³³pak⁵⁵
黑 虎	stə³³pɑˀq⁵⁵	nə⁵⁵kuə⁵⁵	ʂuə⁵⁵	zɛl
龙 池	ɕtiq⁵⁵	niuk⁵⁵	dzək⁵⁵	ʐəq⁵⁵
三 龙	stə⁵⁵paq⁵⁵	nə⁵⁵kuə³¹	ʂuə⁵⁵	zəq⁵⁵
曲 谷	stuətsqap	nəkuə	ʂu	zəq
雅 都	ɕtɕyəs	nə⁵⁵kuə	ʂnɕ	zəχ
维 古	ʂtʂəq	ȵikuə	ʂuə	zəq
龙 坝	ʂəq	ȵi⁵⁵kuə	ʂnɕ	zəq
木 苏	ʂtʂəq	nəkuə	ʂnʁ	zəq
茨木林	stəqə	nəkuə	ʂnɕ	zəqə
扎 窝	stəq	nəkuʻ	ʂuə⁵⁵	zəq
麻 窝	stʁq	nəkuə	ʂə	zəq
芦 花	stəq	nəku	ʂə	zəq
羊 茸	stəndʐʉ	ȵək uə	ɕyaqe	zəqa
松 潘	xtəq	ȵuku	dzə	ʐeq
构 拟				
说 明				

调查点	手	大腿	肋骨	肚脐眼
大岐山	i^{55}	χsɑ^{55}pie^{42}	χe^{55}phɑ^{53}phɑ^{53}	pɑ^{55}tʂɿ^{13}tʂɿ^{13}
桃 坪	i^{33}	due^{15}kie^{31}		po^{55}tʂɿ^{33}
曾 头	i^{55}	due^{353}kie^{31}	tsie^{33}ə^{133}	pu^{55}tʂɿ^{33}
龙 溪	li^{33}pɑ^{55}	duɑ^{33}qɑ^{33}	xɑ^{55}ɹɑ^{31}	qu^{55}qə^{33}tsɑ^{33}
绵 篪	i^{33}pɑ^{55}	duɑ^{33}kɑ^{55}	nɑ^{55}ɹɑ^{53}	pɑ^{33}tʂɿ^{33}tʂɿ^{55}
索 桥	li^{31}	duɑ^{31}ke^{31}	ɦɑ^{55}phʂə^{55}	pu^{31}tʂhə^{55}
沟 口	ʐi^{55}pɑ^{55}	duɑ^{55}ke^{31}	ɦã^{155}khuɑ^{131}	puʂ^{55}ke^{55}
黑 虎	dʐɑ^{33}pɑ^{55}	duɑ^{35}	hɑ^{135}	putʂ^{55}
龙 池	lɑ^{33}pɑ^{55}	duɑ^{55}ke^{55}	hɑ^{55}pu^{55}	putʂ^{55}ke^{55}
三 龙	iɑ^{33}pɑ^{55}	duɑ^{55}	hã^{55}	putʂ^{55}ke^{55}
曲 谷	iɑpɑ	duɑp	hɑːɹ	putʂhu
雅 都	ipɑ	duɑlipu	χɑːɹ	puʂu
维 古	iːpɑ	duɑkɑ	χɑɹ	puəʂ
龙 坝	ipɑ	duɑ	χeɹɑ	putʃ
木 苏	ɿəpɑ	duɑkɑ	χɑɹ	puʂ
茨木林	dʐipɑ	deː	χeɹə	pətʃuə
扎 窝	dʐɑpɑ	dəɹe	χeɹə	pətʂ
麻 窝	dʒəpɑ	dɤi	χɤːɹ	pɤtʃ
芦 花	dʒəpɑ	dɛ	χɜɹ	pətʃ
羊 茸	dʒəpɑ	de	χeguɑɹ	pətʃɑ
松 潘	lɑpɑ	duɑ	χepɑ	petʂu
构 拟				
说 明				

第三章 词汇

调查点	心	肺	肝	胆
大岐山	χtie⁵³	tshʉ⁵³	se⁵³	χtsɿ⁵⁵
桃坪	χtie⁵⁵mə⁵⁵	tshu⁵⁵	sie³³	χtʂʅ³³
曾头	χtie⁵⁵mə³³	tshu⁵⁵	sie³³	χtʂə³³
龙溪	çi³³mi³³	tshu⁵⁵	se⁵⁵ʁa⁵⁵	tʂə⁵⁵
绵篪	tie⁵⁵ma³¹	tshəu³¹	se⁵¹	tʂɿ⁵³
索桥	çi³¹mi⁵⁵	tshu³¹	çi³¹ɦiã⁵⁵	ʂtʂə³¹
沟口	χti⁵⁵mi⁵⁵	fei³⁵	kan⁵⁵tsɿ⁵³	tan⁵³
黑虎	çti³³mi⁵⁵	tshon³³ba⁵⁵χa⁵⁵	çi³³χaˑ⁵⁵	ʂtʂə⁵⁵
龙池	çti³³mi⁵⁵	tshum³³pha⁵⁵	çi⁵⁵ha⁵⁵	χtʂə⁵⁵
三龙	çtçi:⁵⁵mi⁵⁵	tshuən⁵⁵ba⁵⁵χa⁵⁵	sə³³hã⁵⁵	ʂtʂə⁵⁵
曲谷	χtçimi	tshu	sehɑːˑ	ʂtʂə
雅都	çtçimi	tshuə	səlχɑ	χtʂə
维古	ʂtʂərmia	tshuə	səːχɑ	χtʂə
龙坝	ʂərmia	tshuəmpha	səχɑ	xtʂə
木苏	ʂtʂərmi	tshuɤ	si	xtʂə
茨木林	stiːmi	tshuə	si	xtʂə
扎窝	stiːmi	tshuə	si	xtʂə
麻窝	stiːmi	tshuŋ（m）pha	si	xtʂə
芦花	stiːmi	tshɤ	si	ʂtʂə
羊茸	stərmi	tshʉɤ	si	çtʂə
松潘	xtiȵi	tshupha	sə	xtʂə
构拟				
说明				

调查点	肾（腰子）	血	筋	汗
大岐山	χpo⁵³lo⁵³	sɑ⁵³	dʑ̩ə³³mie³¹	χtsu⁵⁵
桃 坪	χpə³¹lo³³	sɑ⁵⁵	dʑ̩ʅ³³	χtʂuə³³
曾 头	χpo³¹lo³³	sɑ³³	ɢʑʅ⁵⁵	χtʂuə³³
龙 溪	pu⁵⁵lo³¹	sɑ³¹	ʑ̩ə⁵⁵	tʂu³³
绵 簇	pu⁵⁵lo³¹	sɑ³¹	dʑ̩a³¹	tʂu³¹
索 桥	ʂpʉ⁵⁵lʉ⁵⁵	sɑ³¹	ɢʑ̩ə³¹	ʂtʂu³¹
沟 口	χpɤˑmˑ³⁵	sɑ⁵⁵	dʑ̩ə⁵⁵	le⁵⁵
黑 虎	ɟəˑnˑeˑ³⁵	sɑ⁵⁵	dʑ̩ə⁵⁵	le⁵⁵
龙 池	iau⁵⁵tsə³¹	sɑ⁵⁵	ɢʑ̩ə⁵⁵	χtʂu⁵⁵
三 龙	ʂpen⁵⁵	sɑ⁵⁵	ɢʑ̩ə⁵⁵	χtʂu⁵⁵
曲 谷	ʂpəl	sɑ	gəˑ	ʂtʂu
雅 都	ʂpəl	sɑ	qəˑ	xtʂuə
维 古	r̥pul	sɑ	gəˑ	xtʂuə
龙 坝	r̥polo	sɑ	gəˑ	xtʂuə
木 苏	r̥pul	sɑ	gəˑ	xtʂuə
茨木林	spulo	sɑ	gəˑ	xtʂuə
扎 窝	spolo	sɑ	gəˑ	stʂuə
麻 窝	ʂpulu	sɑ	gəˑ	xtʂə
芦 花	spulo	sɑ	gəˑ	ʂtʂə
羊 茸	spɤlo	sɑ	gʑ̩ə	ɕtʂə
松 潘	xpəl	sɑ	ɣʑ̩ə	xtʂə
构 拟				
说 明				

调查点	尿	屎	人	男人
大岐山	bi⁵⁵	χʂə⁵³ z̞e³³	mə³¹ tsɿ⁵³	
桃坪	bi³³	tʃɿ⁵⁵	mə³³	tsie⁵⁵ me³¹
曾头	bzie³³	qhʂɿ³³	mə³³	tʃɿ³³
龙溪	bi⁵⁵	tshə³¹	mu³¹	tɕo³¹ li⁵⁵ tsu³¹
绵篪	bia⁵⁵	tʂha⁵⁵	ma⁵³	tsɿ⁵³
索桥	bz̞i⁵⁵	tʂhə³¹	ɦmə³¹	tɕi³¹ pəi³¹
沟口	bə⁵⁵	ʂə⁵⁵ mə⁵⁵	tʂe³³ tʂy⁵⁵	
黑虎	bə⁵⁵	ʂə⁵⁵ mə⁵⁵	ba³³ fə⁵⁵	
龙池	bi⁵⁵	χʂə⁵⁵	mi⁵⁵	ba⁵⁵ phi⁵⁵
三龙	bi⁵⁵	χʂə⁵⁵	mi⁵⁵	tʂɿ³³ lam⁵⁵
曲谷	bi	χʂə	mi	tɕiləŋ
雅都	bi	qhʂə	mi	tʃi
维古	bi	qhʂə˩	mi	ɕi: miam
龙坝	bi	qhʂə	mi	tʃam
木苏	bi	qhʂə	mi	ɕi
茨木林	bi	qʂə	nə	tɕi
扎窝	bi	χʂə	nə	tɕi
麻窝	bi	χʂə	nə	tɕim
芦花	bi (ku)	qʂə	na	tɕi
羊茸	bi	qhɕə	n̠ə	tɕi
松潘	saka	χʂə	n̠i	tɕomu
构拟				
说明				

调查点	女人	聋子	兄弟	妹妹
大岐山	tçi̥⁵⁵	nue⁵⁵bʉ³⁵	tsɿ³³χtʉ⁵⁵	sɑ⁵⁵tsʉ³⁵
桃坪	tsuə³¹ma³³	ni³¹kie⁵⁵bu⁵⁵		mi³¹mi³³
曾头	tçi³³	ni³¹kie⁵⁵bu⁵⁵	tu⁵⁵tsuə³³tu⁵⁵ bzʅɑ³¹	zʅy³⁵³
龙溪	tçe⁵⁵tu³¹	ni⁵⁵bo⁵⁵	tu³³ni³³	dzo⁵⁵
绵篪	tçe³¹	nə³³ka³³bu⁵⁵	təu³¹tʂu⁵⁵	mei³¹mei⁵⁵
索桥	tsie³¹pəi³¹	nə³¹ku⁵⁵bo³¹	ʂtu³¹χue³¹	zo³¹
沟口	tçi⁵⁵tʂy⁵³	nəʂ³¹ke⁵⁵bu³¹	xtuˀm⁵⁵	dzʅy⁵⁵
黑虎	tçɑm³⁵	nə⁵⁵kuə³¹bu⁵⁵	stuɤm⁵⁵dzʅu⁵⁵	
龙池	tçi⁵⁵ma⁵⁵	bu⁵⁵ʂɑ⁵⁵	stum⁵⁵	mei³³mei³⁵
三龙	tsi³³lam⁵⁵	nə⁵⁵kuə³¹bu⁵⁵	stuəm⁵⁵	ɣlu⁵⁵
曲谷	tsiləŋ	nəkuəbu	tuətʂ	ɣlu
雅都	tsi	ȵikuəbu	stuəm	ɣliu
维古	tsiam	ȵikubu	stuəm	ɣlo
龙坝	tsim	ȵikubu	stuəm	ɣlo
木苏	tsi	nəkubu	stum	ɣlu
茨木林	tsi	nəkuəbu	stuə	gzʅu
扎窝	tsi	nəkubu	stuə	ɣzʅu
麻窝	tsəm	nəkuəbu	stəm	ɣly
芦花	tsɛ	nəkbu	stən	zʅdʒu
羊茸	tse	ȵəkuəbʉ	stəˀtə	zʅdzʉ
松潘	mamu	buʂa	xtuȵ	ɣly
构拟				
说明				

第三章 词汇

调查点	儿子	媳妇	女儿	女婿
大岐山	tsɿ⁵³ke⁵⁵bzʅ⁵⁵	tɕe⁵⁵ʁzø⁵³	tɕi⁵⁵ke⁵⁵bzʅ⁵⁵	tsɿ³¹mie⁵³
桃 坪	tʃɿ³³	tsy³³dzy³³	tɕi³³	ny⁵³sy¹³
曾 头	tʃɿ³³	tɕy⁵⁵dzy³⁵³ ~ gʑy³⁵³	tɕi³³	tʃɿ⁵⁵ma³¹
龙 溪	tɕi³³	tɕe⁵⁵zo³¹	tɕe⁵⁵	tɕi⁵⁵mia⁵⁵
绵 簾	tsɿ³¹	tɕe³³zəu⁵⁵	tɕe³¹	tsɿ³³miɑ³¹
索 桥	tɕi³¹	tsie³¹zo³¹	tsie³¹	tɕi³¹miɑ³¹
沟 口	tʂe⁵⁵	tɕi⁵⁵zu⁵⁵	tɕi⁵⁵	tʂe³³ma⁵⁵
黑 虎	tʂʅ⁵⁵	tɕi³³zu⁵⁵	tɕi⁵⁵	tʂʅ³³ma⁵⁵
龙 池	tʃə⁵⁵	tɕu⁵⁵ɣzu⁵⁵	tɕi⁵⁵	tʃe³³ma⁵⁵
三 龙	tʃə⁵⁵	tsie⁵⁵ɣzu⁵⁵	tsi⁵⁵	tʂə³³mie⁵⁵
曲 谷	tɕi	tsuɣzu	tsi	tɕimi
雅 都	tʃi	tsugzu	tsi	tʃimi
维 古	ɕi	tsigzu	tsi	ɕi: mia
龙 坝	tʃa	tsigzo	tsi	tʃamia
木 苏	ɕi	tsigzu	tsi	ɕimia
茨木林	tɕi	tsigziu	tsi	tɕimie
扎 窝	tɕi	tsiuɣziu	tsu	tɕimi
麻 窝	tɕi	tsəɣziu	tsi	tɕimi
芦 花	tɕi	tsuɡzʉ	tsɛ	tɕimi
羊 茸	tɕeˀme	tseɡzʉ	tse	zədəɳ
松 潘	tɕe	tɕuɣzu	tɕi	tɕeme
构 拟				
说 明				

调查点	汉族	羌族（自称）	藏族	病人
大岐山	ʁzʅ³³	ʁma⁵³	tshɑu⁵³ti³¹ ko³¹me⁵³	ʁdʑe⁵⁵m³¹
桃 坪	ʁə³³	χma³³	tʂhə³¹pə³³	ʑe³⁵³mə³¹
曾 头	ʁə³⁵³	χmɑ⁵⁵	ʂə⁵⁵pa⁵⁵	ʑe³⁵³mə³¹
龙 溪	ʁi³¹	mɑ⁵⁵	ʂə⁵⁵pɑ⁵⁵	je⁵⁵mu⁵³
绵 篪	dzʅ³¹	ma³¹	tshɑu⁵⁵ti³⁵qa³¹ ki³¹ma³¹	dʑi⁵⁵mu⁵³
索 桥	z̩ʁe⁵⁵	z̩mi³¹	tsho³¹ti⁵⁵mu³¹	ŋe³¹la⁵⁵mi⁵⁵
沟 口	ʁɤ¹³⁵	mɤ⁵⁵	pe⁵⁵	z̩əm³⁵
黑 虎	ʁɤ⁵⁵	mə⁵⁵	fə⁵⁵	ʑi³³ba⁵³
龙 池	z̩ʁe⁵⁵	z̩me⁵⁵	ʂpe⁵⁵	ʑim⁵⁵
三 龙	ʁə⁵⁵	z̩me⁵⁵	ʂpe⁵⁵	ʐdʑim⁵⁵
曲 谷	ʑʁə	ɹme	ʂpe	ʐdʑim
雅 都	ʁəɹ	z̩me	ʂpe	ʐdʑim
维 古	ʁəɹ	rma	rpa	ʐdʑim
龙 坝	ʁəɹ	rma	rpa	ʑim
木 苏	ʁəɹ	rma	rpa	ʐdʑim
茨木林	ʁəɹ	rme	spa	rdin
扎 窝	ʁəɹ	rma	spa	rɨin
麻 窝	ʁəɹ	rma	ʂpa	raʑin
芦 花	ʁəɹ	rme	spa	rɨin
羊 茸	ʁəɹ	rme	spa	rɨin
松 潘	ʁə	ɣmep	xpə	
构 拟				
说 明				

第三章 词汇

调查点	皇帝	伙伴	野兽	豹子
大岐山	ʁmə⁵³tsɿ⁵³	ɕe⁵⁵dzʅu⁵³	phɑ⁵⁵χsu⁵⁵	ɕi⁵³
桃坪	mə³¹tʃə⁵⁵	kie⁵⁵dzʅu³¹	ie³³li³³	si³³
曾头	χmə³¹tʃə⁵⁵	kie⁵⁵dzʅu⁵¹	phɑ⁵⁵khɕy⁵¹	si⁵⁵
龙溪	mu⁵⁵tɕe³³	i³³zʅu³³	phu⁵⁵tɕhu⁵⁵	si⁵⁵
绵篪	ma⁵⁵tsɿ³¹	i³³dzʅəu³¹	ie³³uo³¹	si³¹
索桥	zʅmu⁵⁵tɕi⁵⁵	i³¹dzʅu³¹	χe³¹phu⁵⁵ɕu⁵⁵	si³¹ke³¹pɑ⁵⁵tʂʅ⁵⁵
沟口	me³³tʂe⁵⁵	gue⁵⁵tʂy⁵³	ie⁵⁵ɣu⁵⁵	sə⁵⁵
黑虎	mɤ˩³³tʂi⁵⁵	dzyi⁵⁵	ie⁵⁵ʁu³¹	sɤ³³la⁵⁵qu⁵⁵
龙池	zʅmu³³tʃe³⁵	yetʂ⁵⁵	phu⁵⁵khʂu⁵⁵	ɕi⁵⁵
三龙	zʅmə³³tʂə⁵⁵	zi⁵⁵ʁuə˩⁵⁵	phə³³xsu³⁵	sə⁵⁵
曲谷	zʅmutɕi	ydzʅu	phu xɕu	sə~lɑ pɑ gum
雅都	zʅme tʃe	goru	phu khʂu	sə
维古	rmə ɕi	guar	phu khɕu	sə
龙坝	rmə tʃa	guar	pho kɕu	sə
木苏	rmə ɕi	guar	phu kɕu	sə
茨木林	rməktɕi	guar	phə kɕi	sɤ
扎窝	rmə tɕi	guar	phə xɕi	sɤ
麻窝	rmə tɕi	guar	phu xɕiu	sə
芦花	rmə t ɕi	guar	phə kɕi	sə
羊茸	ʁmə tɕi	guazʅə	phʉ khɕʉ	sə
松潘	ɣmə tɕe	ɣgiedzʅ	xsixpi	ɣdiodzʅu
构拟				
说明				

调查点	熊	豺狗	猴子	狐狸
大岐山	ti˙⁵³	xpɑ⁵¹	ʁzʉ⁵³	ʁguɑ⁵³
桃 坪	ti˙³³	xpɑ⁵⁵	dzuə³³	qhɑ³¹ xguə³³
曾 头	ti˙³³	xpɑ⁵⁵	ʁua³¹ sie⁵⁵	qhɑ⁵⁵ xguə⁵⁵
龙 溪	tie⁵⁵	tʂhai³¹ kəu³¹	ʁue³³ sa³¹	fu³¹ li³¹
绵 篪	ti⁵⁵	pɑ⁵⁵	ʁuɑ³³ sa³¹	qɑ⁵⁵ guɑ³¹
索 桥	tɕe⁵⁵ pia⁵⁵ tʂu⁵⁵	si³¹ khu³¹	ʁuɑ³¹ sɑ⁵⁵	tsi³¹
沟 口	ti˙⁵⁵	xpɣ˙⁵⁵	ɣuɑ³³ sɑ⁵⁵	gue⁵⁵
黑 虎	ti˙⁵⁵	fə¹³³ ɕi˙⁵⁵	ʁuɑ³³ sɑ⁵⁵	guɑ⁵⁵
龙 池	ti˙⁵⁵	ɕy⁵⁵ ʂpu⁵¹	z̩ʁuɑ³³ sɑ⁵⁵	z̩gue⁵⁵
三 龙	tɕi⁵⁵	ʂpe⁵⁵	ʁuɑ³³ sɑ⁵⁵	z̩gue⁵⁵
曲 谷	ɕtɕu¹ gum	ʂpe hĩ	ʁua sa	z̩gue
雅 都	tɕi	ɕpi	ʁua sa	z̩gue
维 古	tɕi	r̥pia	ʁua: sa	rguə
龙 坝	tɕi	r̥pi	ʁua sa	rguə
木 苏	tɕi	r̥pi	ʁua sa	rguə
茨木林	ti	spi	ʁua sa	rgua
扎 窝	ti	spi	ʁua si	rgua
麻 窝	ti	ʂpi	ʁua si	rgua
芦 花	ti	spi	ʁua se	rgua
羊 茸	tḭ	spi	ʁua¹ se	rgua
松 潘	ti	xpiɣz̩uə	ʁua sa	ɣguə
构 拟				
说 明				

调查点	野猪	老鼠	（兽）角	老鹰
大岐山	pa³³	zə²² ke⁵³	ʐʅ³⁵	xla⁵⁵
桃 坪	pa³¹ xa³³	zʅ³¹ kuə³³	ɹa³¹ qə⁵⁵	xuɑ³³
曾 头	pa³¹ xa⁵⁵	zʅ³¹ kuə⁵⁵	ʐa³¹ qa³³	xuɑ⁵⁵
龙 溪	pia³³ xo⁵⁵	zə³³ ku⁵⁵	ɹa³¹ qə⁵⁵	xo⁵⁵
绵 篪	pia³³ xɑ⁵⁵	dza⁵⁵ kua³¹	ɹe³³ qa⁵⁵	ɬa³¹
索 桥	pia³¹ ɦiã⁵⁵	dzə³¹ʂku⁵⁵	ɹə⁵⁵ qə⁵⁵	xo³¹ li³¹ pa⁵⁵
沟 口	pa⁵⁵ hũ⁵⁵	zʅxɛ⁵⁵	ɦiək⁵⁵	ɬu⁵⁵
黑 虎	pa³³ xuə⁵⁵	zʐ⁵⁵ xuə³¹	ɦiəp⁵⁵	ɬo⁵⁵
龙 池	pa⁵⁵ hõ⁵⁵	zəxɛ⁵⁵	ɦiəjʔ⁵⁵	xlu⁵⁵
三 龙	pie³³ hũ⁵⁵	zə⁵⁵ ʂkuə³¹	ɦiaʔ⁵⁵	xlu⁵⁵
曲 谷	pie hũ	zəʂkuə	ɹər	xlu
雅 都	piu xu	zəʂkuə³¹	ɹɑr	xlu
维 古	piɑ xu	zəkuə	ɹər	xlu
龙 坝	pi xo	zərk	ɹər	xlo
木 苏	pia xu	zərkuə	ɹər	xlu
茨木林	pia xo	zə skuə	ər	xliu
扎 窝	pia xo	zə sku	ər	xto
麻 窝	pia xu	zəʂkuə	ɹər	xlu
芦 花	pe xo	dzəsku	ɹr	xlo
羊 茸	pe xo	dzəsko	ɹr	xlo
松 潘	pe hv	zəxk	jaʔ	χɬu
构 拟				
说 明				

调查点	乌鸦	红嘴乌鸦	布谷鸟	鱼
大岐山	nə^{55}ŋɑ^{53}	xtɕʉ^{53}tsʅ^{31}		
桃坪	nə^{31}ŋɑ^{55}	xku^{55}ku^{55}	qi^{55}pu^{31}	dzʅ^{33}
曾头	nə^{31}ŋɑ^{55}	xku^{55}ku^{55}	qe^{55}pu^{31}	gzʅ^{55}
龙溪	la^{33}ʁo^{55}	tɕa^{33}ku^{55}	qi^{55}pu^{31}	ʁa^{31}
绵簇	nə^{33}ŋɑ^{55}	kəu^{33}kəu^{55}	qəu^{55}pu^{31}	tsu^{33}dʐɑ^{31}
索桥		ʂko^{55}ɕy^{55}	qəi^{55}pu^{31}	zia^{31}
沟口	na^{55}ŋũ^{55}	ku^{55}tʂy^{31}	ku^{55}ku^{53}	zʵ^{55}
黑虎	na^{33}ʁu^{55}	ɕtɕe^{44}ku^{55}	kip^{55}	zə^{55}
龙池	na^{55}ʁu^{55}	xtɕa^{55}ku^{31}	ku^{55}kuk^{51}ʁʐe^{55}	
三龙	na^{55}ʁu^{55}	ɕtɕe^{55}ku^{55}	qə^{55}pəq^{55}ʁʐə^{55}	
曲谷	no ʁu	ɕtɕu ku	qu puq	ʁʐə
雅都	nu ʁu	ɕtɕa kuɑ	qu put	ʁzə
维古	nə ʁu	ɕtɕa ku	qe put	ʁzə
龙坝	nə ʁo	ɕa ko	qə¹ put	ʁzə
木苏	na ʁu	ɕtɕa ku	qet put	ʁdzə
茨木林	ŋɑ ʁo¹	stie kuy	qe ku	ʁzə
扎窝	ŋɑ ʁo¹	scia ko	qə spo	ʁzə
麻窝	ŋɑ ʁu	ʂtɕa ku	qet put	ʁdzə
芦花	ŋɑʁo	scin qoq	qe sput	ʁdzə
羊茸	ŋɑʁo	caŋ kuɑq	qe spʉt	ʁdzə
松潘	naʁa		kuku	ʁzə
构拟				
说明				

第三章　词汇

调查点	青蛙	蜘蛛	虫子	虱子
大岐山	dzʉe³¹ pe⁵⁵ xmɑ⁵³	tʂhə³³ tʂhə⁵⁵	be⁵⁵ lo⁵⁵ xtʂʅ⁵³	
桃　坪		tʂhə⁵⁵ tʂhə³¹	bə³¹ dʑa³³	xtɕi³³
曾　头	dzuɑ³³ xpu⁵⁵ ma³¹	tʂhə⁵⁵ tʂhə³³	bə³¹ dʑa³⁵³	xtɕi³³
龙　溪	zo⁵⁵ piɑ⁵⁵	tʂhə⁵⁵ ʂə⁵⁵ ko⁵⁵	bu³³ ʃo⁵⁵	tɕi⁵⁵
绵　篪	dzo³³ piɑ⁵⁵	tʂhɑ³³ ʂʅ³¹	bo³³ lo³¹	tɕi³¹
索　桥	dzo³¹ piɑ⁵⁵	tʂhə³¹ tʂhə³¹ pɑ⁵⁵	bu⁵⁵ lu⁵⁵	
沟　口	du³³ tsu⁵⁵ ku³³ pɑ⁵⁵	but⁵⁵	bun⁵⁵	xtʂə⁵⁵
黑　虎	dzo³³ pɑ⁵⁵	tʂhɤʂ⁵⁵	bə³³ za⁵⁵	ʂtʂə⁵⁵
龙　池	lai³⁵ ke³¹ pɑu⁵³	tʂhə³³ tʂhuʂ⁵⁵	bu³³ ʐe⁵⁵	xtʂə⁵⁵
三　龙	dzu³³ pie⁵⁵	tʂhəʂ⁵⁵	bəl⁵⁵	ʂtʂə⁵⁵
曲　谷	dzu pi	tʂhəʂ miep	bi ʑi	ʂtʂə
雅　都	dzu pie	tʂhəʂ	bəl	xtʂə
维　古	dzu pia	tʂhəʂə	bul	xtʂə
龙　坝	dzo pia	tʂhəʂ	bul	xtʂə
木　苏	dzu pie	tʂhəʂ	bul	xtʂɤ
茨木林	dzo pi	tʂhəʂ(maʲqueʲ)	bu lo	xtʂə
扎　窝	dzo pi	tʂhəʂ	bu lo	xtʂə
麻　窝	dzu pi	tʂhəʂ	bu lu	xtʂə
芦　花	dzo pe	tʂhəʂ	bu lo	ʂtʂə
羊　茸	dzo pe	tʂhəɕə	bʉlo	çtʂə
松　潘	ʁdyzu	tʂheç	bu	xtʂə
构　拟				
说　明				

调查点	跳蚤	马	驴	公黄牛
大岐山	xtso⁵³ lə⁵⁵	ʐø⁵³	dʐə³³ ba⁵⁵	ŋu⁵⁵ zɿ³¹ bo⁵⁵
桃坪	tsu³³ lu³³	ʐu³³	dʐa³¹ ba⁵⁵	ɿɿ³¹ bo¹⁵
曾头	tsu⁵⁵ lu⁵⁵	ʐu⁵⁵	dʐa³¹ ba³⁵³	ɿɿ³¹ bo³⁵³
龙溪	tso⁵⁵ ni⁵³	ɹo⁵⁵	ʐa³³ ba³³	ʐə³¹
绵篪	tsəu⁵⁵ nə⁵³	ɹeu³¹	dʐɑ⁵¹ ba³¹	ʐɿ³¹
索桥	tso⁵⁵ ni⁵⁵	ɹo³¹		ʐə³¹（pəi⁵⁵）
沟口	tsun⁵⁵	ɣy⁵⁵	dʐue⁵⁵ y⁵⁵	ʐɤ⁵⁵
黑虎	tson³⁵	u⁵⁵	due³³ ʁuɤ⁵⁵	ʐɤ³³ xa⁵⁵
龙池	tsum⁵⁵	y⁵⁵	ly³³ tsə ~ ly³³ ly⁵⁵	ʐə³³ u⁵⁵
三龙	tsun⁵⁵	u⁵⁵	dʐue³³ ue⁵⁵	ʐə⁵⁵
曲谷	tsun	ɣuˀ	dʐue ye	xça haˀ
雅都	tsun	ɹu	dʐɑ uɑˀ	ʐə
维古	tsun	ɹu	dʐia ʙa	ʐə
龙坝	tson	jo	dʐɑː ʙa	ʐə
木苏	tsun	ɹu	dʐɑ ʙa	ʐə
茨木林	tson	ɹo	katçi po	ʐəʁo
扎窝	tson	ɹo	dʐe baˀ	ʐə
麻窝	tsun	ɹu	dʐɑː ʙa	ʐə
芦花	tson	ɹo	ke tçi	ʐə
羊茸	tsonɤ	ɹo	løpʉ	ʐə
松潘	xtson	jy	lotspa	ʐiw
构拟				
说明				

调查点	奶牛（母黄牛）	山羊	公山羊	皮子
大岐山	ŋu³¹ua⁵⁵mie³¹	tsha⁵³	tsha⁵³dzι̩i⁵³	ɹa⁵⁵pie⁵³
桃坪	ŋu³³ma³³	tshie³³	tshie³³dzι̩i³¹	ɹa³³pa³³
曾头	ŋu⁵⁵mæ⁵⁵	khsie⁵⁵	dzι̩i³⁵³	zι̩a³³
龙溪	ŋu³³miɑ³³	tɕhɑk⁵⁵	zι̩e⁵⁵	ɹa⁴²piɑ⁵⁵
绵篪	ŋo³³miɑ⁵³	tsha⁵³	tsha³¹dzι̩a³¹	ɹa³¹piɑ⁵⁵
索桥	ŋu³¹miɑ⁵⁵	tshie³¹	dzι̩e³¹	ɹa³¹piɑ⁵⁵
沟口	(zι̩ʁ⁴²)ɦiũʁ¹³⁵	tshe⁵⁵	tshe³³su⁵⁵	ɦia³⁵pa⁵⁵
黑虎	u³³ma⁵⁵	tshe⁵⁵	tshe³³dzι̩ə⁵⁵	ɦiɑ¹³³pɑ⁴⁵⁵
龙池	zι̩ʁem⁵⁵	tshe⁵⁵	dzι̩ə⁵⁵ue⁵⁵	ɦia³⁵pa⁵⁵
三龙	ɦiũ⁵⁵	tshie⁵⁵	dzι̩ə⁵⁵	ɦia³³pie⁵⁵
曲谷	ŋuə	khəˑwie	dzι̩e	ɹepi
雅都	ŋuə	tshe	dzι̩e	ɹepie
维古	ŋuə	tshou	dzι̩i	dzι̩iapia
龙坝	ŋuəx	tsha	dzι̩i	ɹa(dzι̩a)pia
木苏	ŋuə	tsha	dzι̩i	dzι̩apie
茨木林	ŋuəmie	tsha	dzι̩e	dzι̩ɑpe
扎窝	ŋuə	tsha	dzι̩e	dzι̩ɑpi
麻窝	ŋuə	tsha	dzι̩ə	dzι̩ɑpi
芦花	ŋuə	tsha	dzι̩e	dzι̩ɑpe
羊茸	ŋuəə	tsha		tãpe
松潘	xɕeme	tɕhe	dzι̩egu	jɑbɑ
构拟				
说明				

调查点	尾巴	猪	狗	树
大岐山	suɑ^{53}	pie^{53}	khue^{53}	pho^{53}
桃坪	suɑ^{55}kie^{31}	pa^{33}	khuə^{55}	pho^{55}
曾头	suɑ^{55}kie^{33}	pa^{55}	khuə^{33}	pho^{55}
龙溪	suɑ^{33}qɑ^{55}	piɑ^{55}	khu^{55}	phu^{33}
绵篪	suɑ^{31}ka^{31}	piɑ^{31}	khua^{31}	pho^{31}
索桥	so^{31}ko^{31}	piɑ^{33}	khu^{31}	(si^{31}) phʉ^{55}
沟口	su^{55}ke^{55}	pa^{55}	khue^{55}~khy^{55}	phu^{55}
黑虎	so^{33}ki^{55}	pa^{55}	khuə^{55}	phɤ^{55}
龙池	su^{55}ke^{55}	pa^{55}	khu^{55}	phu^{55}
三龙	su^{33}ke^{55}	pie^{55}	khuə^{55}	phə^{55}
曲谷	su ke	pie	khu	phu
雅都	su ku	pie	khuə	səɸ
维古	su kuɑ	pia	khuə	phəq
龙坝	su kɑ	pia	khuə	phɔq
木苏	su kua	pie	khuə	phəq
茨木林	so ka	pie	khuə	phu
扎窝	so ka	pi	khuə	pho: q
麻窝	su kua	pi	khuə	phuq
芦花	so ka	pe	khuə	phoq
羊茸	so	pe	khuə	si qə
松潘	ʂa ka	pe	khu	phə
构拟				
说明				

调查点	（树）叶子	竹子	小麦	（麦）穗
大岐山	se^{55} xçe^{53}	xpø^{55}	ʁlə^{53}	xti^{53} qe^{53}
桃坪	pho^{55} tɕha^{31} qə^{31}	xpu^{33} te^{33}	ʁuə^{31} bz̩i^{33}	(ʁue^{31}) xti^{55} qə^{31}
曾头	pho^{55} khɕa^{33} qə^{31}	xpu^{55} te^{55}	ʁuə^{33}	xti^{55} qə^{33}
龙溪	qə^{33} ma^{33}	po^{33}	ʁə^{42}	ɕa^{33} qə^{33}
绵篪	pho^{55} ɕa^{31} qa^{31}	pu^{33} kua^{31}	la^{31}	(la^{33}) mia^{31}
索桥	ɕa^{31} qa^{31}	ʂpo^{31} ti^{33}	ʁə^{31} ~ z̩də^{31}	(ʁə^{31}) ɕe^{31}
沟口	phu^{42} tʂhak^{55}	mu^{33} ɣu^{55}	dzə^{55}	xti^{55} ~ xtik^{55}
黑虎	ʂa^{33} qu^{55}	mɤ^{33} gu^{55}	lɤ^{55}	ɕtiq^{55}
龙池	phu^{33} khʂe^{55}	ʂpu^{55}	ʁlə^{55}	ɕtiq^{55}
三龙	xʂaq^{55}	ʂpu^{55}	ʁlə^{55}	ɕtɕaq^{55}
曲谷	xɕa pɑ	ʂpu	ʁlə	puəts
雅都	tʂhu khʂu	ʂpu	ʁlə	(ʁlə) ɕtɕəx
维古	phə khɕaq	r̥pu	ʁlə	ɕtɕiq
龙坝	phə khɕaq	mu gu (ʂpi)	ʁlə	(dzə) ɕaq
木苏	khɕaq	r̥pu	ʁlə	(ʁlə) ɕtɕaq
茨木林	phuksiɑq	spu	ʁlə	stiqə
扎窝	xsiɑq	spu	ʁlə	stiq
麻窝	xɕaq	ʂpu	ʁlə	stiɑq
芦花	qha kɕi	spu	ʁlə	stiq
羊茸	qhakhɕe	spʉ	ʁlə	(dzə) sti
松潘	xɕama	xpieti	ʁlə	xti
构拟				
说明				

调查点	大米	粟子	荞子	园根
大岐山	tʂhʅ⁵⁵	xmɑ⁵³	dzuɑ³¹ ʁuɑ⁵³	kø⁵⁵ phʂʅ⁵³
桃坪	qhə⁵⁵	duə³³	dzuɑ³¹ ʁɑ³³	ku³³ phʂʅ³³
曾头	qhə⁵⁵	xmɑ³³	dzuɑ³¹ ʁɑ⁵⁵	du⁵⁵ phʂə³³
龙溪	tʂhi⁵⁵	pɑ⁵⁵	zuɑ³³ ʁɑ⁵⁵	ko³³ phə³³
绵篪	tʂhʅ⁵³	mɑ⁵⁵	dzuɑ³³ ʁɑ⁵⁵	kuə³³ phəʵ⁵⁵
索桥	khʂə³¹	ʂpɑ⁵⁵	dzə³¹ ʁuɑ⁵⁵	ko³¹ dʑe⁵⁵
沟口	khɤ˞⁵⁵	xpɑ⁵⁵	zu⁵⁵	ku⁵⁵ ti⁵⁵
黑虎	qhɤ˞⁵⁵	fɑ⁵⁵	dzɿ³³ ʁɑ⁵⁵	ku⁴⁴ di⁵⁵
龙池	qhe⁵⁵	ʂpɑ⁵⁵	dzu⁵⁵	ku⁵⁵ ly⁵⁵
三龙	qhə˞⁵⁵	ʂpɑ⁵⁵	dzə³³ ʁɑ⁵⁵	ku³³ dʑi⁵⁵
曲谷	qhə˞		dzuə	ku
雅都	qhə˞	ʂpɑ	dzuɑ ʁɑ	ku dʐu
维古	qhə˞	rpɑ	dzuə	ku ʐu
龙坝	qhə˞	rpɑ	dzuə	ku ʐi
木苏	qhə˞	rpɑ	dzuɤ	ku ʐy
茨木林	qhə˞	spɑ	dzuə	ku
扎窝	khə˞	spɑ	dzuə	ko
麻窝	qhə˞	ʂpɑ	dzɤ	ku di
芦花	khi˞	spɑ	dzɤ	ku
羊茸	khʂi	spɑ	dzʁə	kʁdi
松潘	qhə		dzu	
构拟				
说明				

第三章　词汇

调查点	菌子（木耳）	麻	犁	牛轭
大岐山	mə³¹ ɻɯ⁵³	su⁵⁵	to⁴²	dzɿ³³ pe⁵⁵ lio³³
桃坪	mɑ³¹ ʐu³³	sɑ³¹ lɑ⁵⁵	to³³	xnia³¹ tsuə³³
曾头	mɑ³¹ ʐu⁵⁵	sɑ⁵³ lɑ⁵⁵	to⁵⁵	xnia³¹ tsuə⁵⁵
龙溪	mo¹³³	so³¹	to³³	xɑ⁵⁵ tsu⁵⁵
绵篪	mo³³ tsu⁵⁵ ~ mɑ⁵³ ɻɤɯ⁵⁵	sɑ³¹ phie⁵⁵	to³³ qa³¹	nie³³ tsu³¹
索桥		so³¹	tɯ³¹	
沟口	mu³³ ni⁵⁵	su⁵⁵	tu³³ (pɤˀtʃ⁵⁵)	tu⁵⁵
黑虎	mɤ⁵⁵	su⁵⁵	tuʁ⁵⁵	ɕi⁵⁵ tʂuə̥³¹
龙池	mei⁵⁵ su⁵⁵	tuq⁵⁵	hĩ⁵⁵ ʂu³¹	
三龙	mə⁵⁵	su⁵⁵	tuəq⁵⁵	hĩ⁵⁵ tʂuə̥³¹
曲谷	ʂtʂu kui ʐe	su	tuəq	ɕitʂhu ~ hitʂhu
雅都	muy	su	tuəq	ɕiʂue
维古	mui	su	tuə	xiʂuə
龙坝	məi	so	tuə	xiʂuə
木苏	mə¹	su	tuɤ	hĩʂuə
茨木林	mo¹	so	to	xi tʃuə
扎窝	mo:¹	so	to	ɕi tʃu
麻窝	mɤɻɯ	su	tu	ɕitʃ
芦花	mə¹	so	to	ɕitʃa
羊茸	mɤɻɯ	so	to	hĩtʃə
松潘	thoχpa	su	tu	hĩtɕ
构拟				
说明				

调查点	斧头	桎枷	布	麻布
大岐山	sa⁵³pie⁵³	tø⁵³	be²²mie⁵⁵	sɑ⁵³tshi⁵⁵
桃 坪	xta³¹z̩i³³	tu³³	bzŋ³¹me⁵⁵	sɑ⁵⁵xto⁵⁵
曾 头	xta³¹z̩i⁵⁵	tu⁵⁵	bzŋ³¹me⁵⁵	sɑ⁵⁵xto⁵⁵
龙 溪	tɑ⁵⁵i˩	tv⁵⁵	bu³¹miɑ⁵⁵	so³³phu³¹
绵 箎	tɑ⁴⁴i³¹	təu³¹	ba³³mu⁵⁵	sɑ³³to³¹
索 桥	ʂtie³¹ʐɚ³¹	tu⁵⁵	bu²¹miɑ⁵⁵	so³¹ʂtʉ⁵⁵
沟 口	xta⁵⁵i⁵⁵ ~ ʂta⁵⁵i⁵⁵	tu³³	bə³³ma⁵⁵	sup⁵⁵
黑 虎	sta⁴⁴i⁵⁵	tuɤ⁵⁵	ba³⁵	sot⁵⁵
龙 池	stei⁵⁵	tu⁵⁵	bi³³ma	sup⁵⁵
三 龙	stəi⁵⁵	tuə⁵⁵	ba:⁵⁵	sust⁵⁵
曲 谷	stei	tu	bie:	sust
雅 都	stei	tuy	ba:	susu
维 古	stai	tuə	ba	sustu̥
龙 坝	stəi	tuə	ba:	sost
木 苏	staˬ	tuə	ba	sust
茨木林	staɻa	tuə	bəme	sosto
扎 窝	sta:ˬ	tuə	bəme	sosto
麻 窝	staɻa	tɤ	bimi	sustu
芦 花	sta:ˬ	tɑtsa	bəme	sosto
羊 茸	staɻa~staˬ	tɤ̠	bəme	sosto
松 潘	xtej	tusȵi	bəme	suxpu̥
构 拟				
说 明				

调查点	模子（羊毛织）	腰带	帽子	馍馍（馒头）
大岐山	tsha^{53} su^{53}	di^{55}	tɑ^{55} bɑ^{55}	qhɑ^{31} l̩^{53}
桃坪	tɕhy^{55} xtu^{55}	di^{33}	tɑ^{33}	qhɑ^{31} ly^{55}
曾头	khɕu^{55} xto^{55}	di^{353}	tɑ^{33}	qhɑ^{31} ly^{55}
龙溪	tɕha^{55} su^{31} tu^{31}	di^{55}	tɑ^{31} pɑ^{55} xɑ^{31}	qhɑ^{31} liu^{55}
绵篪	ɕu^{33} to^{55}	di^{42}	tɑ^{33} bɑ^{55}	qhɑ^{33} liu^{55}
索桥	ʂu^{31} stʉ^{31}	dʑi^{31}	tɑ^{31}	qhɑ^{31} lʉ^{55}
沟口	tʂhup^{55}	dɑ^{55} ku^{55} ʂuə^{55}	tɑ^{55} ɣuɑ^{55}	fiʁ^{55}
黑虎		di^{33} diɑ^{55}	tɑu^{35} xuɑ^{31}	han^{55}
龙池	khsu^{55} zdə^{31}	dʑi^{33} ʐdiɑ^{55}	tɑ^{33} ʁuɑ^{55}	han^{55}
三龙	xʂust^{55}	dʑi:^{55} dʑe^{55}	tɑ^{55} xuɑ^{55}	qhal^{55}
曲谷	xɕust	dʑi ʑi	tɑ uɑ	qhal
雅都	khʂustu	dzi dze	tɑ uɑ	qhal
维古	khɕu stu	dzə: zia	tɑ ßɑ	qhal
龙坝	kɕu st	dzi zia	tɑ ßɑ	qhal
木苏	khɕu stə	dzə ze	tɑ bɑ	qhal
茨木林	kʂusto	zɤ gzi	tɑ bɑ	qhal
扎窝	xʂu sto	dzə zdi	tɑ bɑ	qhal
麻窝	xɕu	dzə zdi	tɑ bɑ	qhal
芦花	kɕu sto	dzə zdi	tɑ bɑ	qhal
羊茸	khɕʉ（sto）	dzə zde	tɑ bɑ	qhalə
松潘		di pe	dɑ bɑ	hæli
构拟				
说明				

调查点	盐	蒜	葱	花椒
大岐山	tsʅ⁵⁵	xke⁵⁵tu⁵³	tshuŋ⁵⁵tsʅ⁵³	tshe³³ni⁴²
桃 坪	tsʅ⁵⁵	xkə³³	dɑ³³tshie³³	tsʅ³¹xni³³
曾 头	tshə³³	xkə⁵⁵	dɑ³⁵³tshie³³	tshə³¹ni⁵⁵
龙 溪	tshə⁵⁵	kə⁵⁵	do³³tshɑ⁵⁵	tshi³³i⁵⁵
绵 篪	tsʅ³¹	ka³³tu³¹	dã³³tshe⁵⁵	tshɑ³³n̥ə⁵⁵
索 桥	tshə⁵⁵	ʂkə³¹	lo³¹tshɑ⁵⁵	tshi³¹i⁵⁵
沟 口	tshə⁵⁵	suan³⁵	du³³tshɑ⁵⁵	tshe³³hĩ⁵⁵
黑 虎	tshə⁵⁵	stsə⁵⁵	do³³sɑ⁵⁵	tshə³³i⁵⁵
龙 池	tɕhi⁵⁵	xtɕi⁵⁵	tshuŋ⁵⁵tsə³¹	khʂe³³ni⁵⁵
三 龙	tshə⁵⁵	ɕtɕi⁵⁵ba⁵⁵	du³³sɑ⁵⁵	tshə³³hĩ⁵⁵
曲 谷	tshə	tɕits qɑ⁴	də tshuɑ	tshən ie
雅 都	tshə	tɕeɕ	zdu tshuɑ	tshei
维 古	tshə	tɕiʂtʂə̥	də: tshuɑ	tshəi
龙 坝	tshə	tɕiʂ	də tshuɑ	tshəi
木 苏	tshə	tɕiʂtʂə	dətshuɑ	tshi
茨木林	tshə	ti skə	do: tshuɑ	tshəi
扎 窝	tshə	cisk	du tshɑ	tshəi
麻 窝	tshə	tɕiʂk	du tshuɑ	tshə ɕi
芦 花	tshə	cisk	zdo tshɑ	tshi
羊 茸	tshə	tɕi skə	zdo skə	tshəhĩ
松 潘	tɕhi	xkə	dotshe	tɕhe hĩ
构 拟				
说 明				

第三章　词汇

调查点	茶	酒	房子	门
大岐山	tʂhe⁵⁵xɕe⁵³	tɕhe⁵⁵	tɕi⁵⁵	dio³³
桃坪	tʂhɑ³³tɕhɑ³³	tɕhɑ³³	tɕi³³	dio¹⁵
曾头	tʂhɑ⁵⁵tɕhɑ⁵⁵	tɕhɑ³³	tɕi³³	dio³⁵³
龙溪	tʂhɑ³¹ɕɑ⁵⁵	ɕi³¹	tɕe⁵⁵	diu⁵³
绵篪	tɕhɑ⁵⁵	tɕhɑ³¹	tɕi⁵⁵	dio³¹
索桥	tsu³¹ɕɑ⁵⁵qɑ⁵⁵	i³¹	tɕe⁵⁵	dʐu³¹
沟口	tʂhɑ⁵⁵	ɕi⁵⁵	tʂə⁵⁵	dʐy⁵⁵
黑虎	tʂhɑ⁵⁵	ɕi⁵⁵	khue³³tɕi⁵⁵	dʐuə⁵⁵
龙池	tʂhɑ⁵⁵	hĩ⁵⁵	tɕi⁵⁵	di⁵⁵
三龙	tʂhɑ⁵⁵	hĩ⁵⁵	ki⁵⁵	dʐuə³³tɑ⁵⁵
曲谷	tʂhɑ	hĩ~ɕi	tɕi	dʐu
雅都	tʂhɑ	ɕe	tɕi	dʑyə
维古	tʂhɑ	xi	tɕi	dʐuə
龙坝	tʂhɑ	ɕi	tɕi	dʒuə
木苏	tʂhɑ	xi	tɕi	dʐuq pu
茨木林	tʂhɑ	xi	ti	dʒu
扎窝	tʂhɑ	tɕhi	ci	dʒuxpo
麻窝	tʂhɑ	ɕi	tɕi	diu（ɣua）
芦花	tʂhɑ	tɕhe	ci	do xpo
羊茸	tʂhɑ	tɕhe	ci	dʉ
松潘	tʂhə	hĩ	ki	dy
构拟				
说明				

调查点	门（板）	梳子	钥匙	口袋
大岐山	dio⁵⁵bu⁵⁵	qə³³ɕy⁴²	dio²²ʁue⁵⁵zɿ³¹	tshə³¹qɑ⁵³
桃 坪	dio¹³bu³³	qə³¹suə³³	dio³³ʁue³³	tshɑ³¹qɑ³³
曾 头	dio³⁵³bu³¹	qə³³suə⁵⁵	dio¹³ʁue³³	tshɑ³¹qɑ⁵⁵
龙 溪	diu³¹	qə³³sui⁵⁵	diu³³ʁuɑ³³	so³³qo³³
绵 篪	dio³³bu⁵⁵	qɑ³³sui⁵⁵	ʂuɑ³³zɿ⁵⁵	tshŋ³³qɑ⁵⁵
索 桥	dʐu³¹bo⁵⁵	qə³¹sy⁵⁵	dʐu³¹ʐʁuɑ³¹	qo³¹piɑ⁵⁵
沟 口	dʐy⁵⁵	ky³³ʂy⁵⁵	dʐuʁ⁵⁵yuʁ⁵⁵	su³³ku⁵⁵
黑 虎	mən³³pɑn⁵³	qʁ³³ɕu⁵⁵	dʐue³³ʁʁ⁵⁵	so³³qu⁵⁵
龙 池	di³³bu⁵⁵	qu³³ɕy⁵⁵	di³³ʐʁue⁵⁵	su⁵⁵qu⁵⁵
三 龙	dʐuə⁵⁵	qə³³su⁵⁵	dʐuə⁵⁵ɕnʐʁ⁵⁵	su⁵⁵qu⁵⁵
曲 谷	dʐu	qu su	dʐu nʁu	suq pi
雅 都	dʐuəx pu	qu（ə）sɑ	qu（ə）sɑːˈ	nʂu nɾ
维 古	dʐuə bu	qə sia	dʒuə ʁuɑˈ	nb nɾ
龙 坝	dʒuə bu	qə si	dʒuə ʁuɑˈ	qo
木 苏	dʒu bu	qə se	do ʁo	doq
茨木林	dʒu bu	qə sti	spə ʁɑˈ	qo
扎 窝	dʒu bu	qə sci	spɑˈ ʁɑˈ	qo
麻 窝	diu bu	qə si	diu ʁuɑˈ	xtɕutʃ
芦 花	dʉ bu	qəsci	dʉ ʁɑ	xtʃutʃ
羊 茸	dʉ bʉ	qə sci	do rɪʁɑ	ɕtɕutʃə
松 潘	dy bu	qu sy	tshɑ ʁu	jaqu
构 拟				
说 明				

第三章 词汇

调查点	碗	（铁勺）	揉面槽	平底锅
大岐山	ʁu⁵³	ɕi⁵⁵ ʁze⁵³	ʁziɸ³³	ge³³
桃坪	ʁu¹³	ɕi⁵⁵ dzie³¹	dʑy³¹	gə³³
曾头	ʁu⁵⁵	ɕi⁵⁵ gzie³³	gʑy⁵⁵	gə³⁵³
龙溪	ʁu⁵⁵	ɕe³¹ zɑ³¹	dʑo³¹	gə⁵⁵ ~ (gə⁵⁵ zi³¹)
绵篪	ʁəu⁵⁵	ɕi³³ zɑ⁴²	pi³³ ʐu⁵⁵	ge³³ piɑ⁵⁵
索桥	(ʂti³¹) ʁʉ⁵⁵	ɕe³¹ zɑ⁵⁵	ʂti³¹ ʐo³¹	ge³¹ mu³¹ tɕi⁵⁵
沟口	(kɑ³³) ɣu⁵⁵	ɕi⁵⁵ zɑ⁵⁵	pi⁵⁵ ʐu⁵⁵	ge³³ pɑ⁵⁵
黑虎	ʁu³³ tʂɑ⁵⁵	ɕi³³ zɑ⁵⁵	ʐu⁵⁵	gə³³
龙池	ʁu⁵⁵ tʂɑ⁵⁵	ɕy⁵⁵ ʐmu⁵⁵ zɑ⁵⁵	dʒu⁵⁵ pu⁵⁵	ge⁵⁵
三龙	ʁu³³ tʂɑ⁵⁵	ɕi³³ zɑ⁵⁵	ɣʐu⁵⁵	gə⁵⁵
曲谷	ʁuɑ tʂɑ	zɑ	ɣʐu	gə
雅都	ʁuɑ tʂɑ	suːˀmu zɑ	gʑu	gə
维古	buɑ tʂɑ	si rmu zɑ	gʑuku̥	gə
龙坝	ʁo tʂɑ	si rmo zɑ	gʑok	gə
木苏	ʁuə tʂɑ	si rmu zɑ	gʑu kuə	gə
茨木林	ʁuə	siː rmi ze	tʃu gʑu	gə
扎窝	ʁuə	si rmo zʁ	rʑuk	gə
麻窝	ʁu tʂɑ	suˀmu zʁi	ɣʐuku̥	gə
芦花	ʁuɑ	soˀmu ze	gʑu	gə
羊茸	ʁʉə	stɕoq	gʑustə	gə
松潘	ʁo	zatɕ		
构拟				
说明				

调查点	三脚	火钳	柴	木碳
大岐山	ɕi˧˥⁴² m̩³¹ ~ ɕim³¹	xtɿ⁴²	se⁴²	mə⁵⁵ ʁzɿ⁴²
桃 坪	ɕi˧˥³³ mə³³	ɕi˧˥⁵⁵ xtɿ⁵⁵	sie³³	mə³¹ dʐɿ³³
曾 头	ɕi˧˥⁵⁵ mə⁵⁵	ɕi˧˥⁵⁵ xtɿ³³	sie³³	mə³¹ dʐɿ³⁵³
龙 溪	gə³¹ zi³³	ɕe⁵⁵ te⁵⁵	si³³	mə³³ zi³³
绵 篪	ɕi˧˥³³ mə³¹	ɕi˧˥³³ te³¹	se³³	ma³³ dʑi⁵⁵
索 桥	ge³¹ dzi⁵⁵	ɕe³¹ ʂtie³¹	si³¹	mu³¹ dʑi⁵⁵
沟 口	ɕi˧˥⁵⁵ mi˧˥⁵⁵	ɕi˧˥⁵⁵ xte⁵⁵	sə⁵⁵	mu³³ dʐə⁵⁵
黑 虎	ɕi˧˥³³ mi˧˥⁵⁵	ɕi˧˥³³ stə⁵⁵	sə⁵⁵	mɤ³³ dʑi⁵⁵
龙 池	ɕi˧˥⁵⁵ mi˧˥⁵⁵	ɕi˧˥⁵⁵ stə⁵⁵	ɕi˧˥⁵⁵	mu³³ zi⁵⁵
三 龙	si⁵⁵ mi˧˥⁵⁵	si⁵⁵ ɕti⁵⁵	sə⁵⁵	mu³³ dʑi⁵⁵
曲 谷	si mi	si ste	sə	kɑn than
雅 都	si mi	si ste	sə	mi dʐix
维 古	sə: mia	səsti	sə	mə: zi
龙 坝	si mia	sə sti	sə	mə zi
木 苏	sə mie	sə sti	sə	mə dʑi
茨木林	si: mə	siɑ ste	si	mə di
扎 窝	sə ɟi	sia stə	si	məɟi
麻 窝	si: mi:	sə stɻi	si	mədʑi
芦 花	səŋ ɟi	sə ste	si	mə ɟi
羊 茸	sem dʑi	se ste̩	si	mə khʂo
松 潘		tshexte	sə	
构 拟				
说 明				

调查点	月亮	星星	云雾	露水
大岐山	xlu⁵³ ctya⁴²	ʁdẓə²² phe⁵³	ʁde⁵³	lu⁵³⁵ ʂui⁵³
桃坪	çy³¹ ctya³³	xdẓə³¹ pe³¹	xde³³	xdẓə³¹ qə⁴⁴
曾头	çy³¹ çya⁵⁵	xdẓə³¹ pe⁵⁵	xde³³	xdʒə³¹ qə⁵⁵
龙溪	ɸə³³ çya³³	ẓə³³ pɑ³³	dɑ⁵⁵ mu³¹	ẓə⁵⁵ qə⁵⁵
绵篪	ɸə³¹	dẓa³¹	dɑ⁵⁵	dẓa⁵⁵ qa⁴²
索桥	xe³¹ çyɑ⁵³	ẓdẓu³¹ be³¹		tsu³¹ dẓə⁵⁵ qə⁵⁵
沟口	ɸe³³ ʂua⁵⁵	dẓə³³ pɑ⁵⁵	dɑ⁵⁵	dẓək⁵⁵
黑虎	ɸɤ³³ ʂua⁵⁵	dẓə⁵⁵	dɑ³⁵	xqɑdẓ³⁵
龙池	xl̩i⁵⁵ ʂua³¹	ʁdẓə⁵⁵	zdɑ⁵⁵	dẓəq⁵⁵
三龙	xlə⁵⁵ ʂue⁵⁵	ẓdẓə⁵⁵	zdɑ⁵⁵	dẓəq⁵⁵
曲谷	xlu çye	ẓdẓə	zdɑm	dẓəq
雅都	çu ʂaq	ʁrə	zdɑm	dẓəx
维古	xlu çua	ʁdẓə	zduɑm	rqɑrəq
龙坝	ɸə ʂua	ʁdẓə	zdɑm	rqɑrəq
木苏	ɸu çya	ʁdẓə	zduɑm	rqɑrəq
茨木林	tʃhəçue	ʁdẓə	zdem	dẓuə qə
扎窝	tʃhuə	ɣdẓuə	zdɤm	sqasko
麻窝	tʃhəsa	ʁdẓə	zdəm	ʂqɑ rəq
芦花	tʃhəʂe	ẓdẓə	zdɛm	sqɑ sku
羊茸	tçheʐ çe	jdẓʉə	zdem	sqɑ dẓə
松潘	χɬu çua	ʁdẓə	ɣda	xpidẓ qə
构拟				
说明				

调查点	水蒸气	田、地	地界	地震
大岐山	lɿ⁴²	zue⁵¹	dzʅ³³	m̩⁵⁵zʉ³¹m̩³¹
桃 坪	le³³	zuə³³	dzʅi⁵⁵	mə⁵⁵zʅ³³mə³³
曾 头	le⁵⁵qə³³	zuə³³	zuə³⁵³dzʅi³³	mə⁵⁵zuə³¹mə³¹
龙 溪	le⁵⁵qə⁵⁵	zu³³ku³³	zʅi⁵⁵to³¹	mu⁵⁵zu⁵⁵mu³³
绵 篪	tɕhi³³le⁴²	zua³³	zua³³dzʅi⁵⁵	mu³¹dza⁵⁵da³³mo³¹
索 桥	xe³¹tɕhi³³	zu³¹	zu³¹dzʅi⁵⁵	mu³¹dzə⁵⁵
沟 口	le⁵⁵	zə⁵⁵	dzʅə⁵⁵	zʁ³³ɣu⁵⁵
黑 虎	le⁵⁵	zʁ⁵⁵	dzʅi³⁵	luɣ⁵⁵tem⁵⁵
龙 池	lə⁵⁵	zə⁵⁵	zʅə³³liəq⁵⁵	zə³³dzəm⁵⁵
三 龙	le⁵⁵	zə⁵⁵	dzʅəzʅ⁵⁵	zʁp⁵⁵tem⁵⁵
曲 谷	lue	zə	dzʅiʁl	zə təm
雅 都	lue	zə	dzʅezʅ	zə t:eˀm
维 古	lə	zə	zədzʅizʅə	zərmə
龙 坝	lə	zə	zəri	zərem
木 苏	li	zə	zəri	zərm
茨木林	lʁ	zə	zəɣdzʅui	zərmə
扎 窝	lʁ	zə	zəɣdzʅui	zə: rm
麻 窝	lʁ	zə	zəɣdzʅu	zəɹem
芦 花	lɛ	zə	zən dzʅi	ze: m
羊 茸	le	zə	zəjdzʅiɹ	zərm
松 潘	le	zʅə	zə dzʅe	zʅəɣmu
构 拟				
说 明				

调查点	岩石、悬岩	土（黄土）	水	茂县
大岐山	ʐa³³ ʁlo³¹	xle³¹ ʂʅ⁵⁵	tsue⁴²	xqa³¹ niu⁴²
桃坪	ʐe⁵⁵	xo³¹ xni⁵⁵	tsuə³³	xque³¹ niy³³
曾头	ʐe⁵⁵	dzu³⁵³	tsuə⁵⁵	xque³¹ niy⁵⁵
龙溪	ɻɑ⁵⁵	xə³¹ i³¹	tsu³¹	qo³¹ nio⁵⁵
绵篪	ɻɑ⁵⁵	ta³³ nə³¹	tsua³¹	qa³³ nio⁵⁵
索桥	ɻɑ³¹	xe³¹ i³¹	tsu³¹	ʂke³¹ nio³¹
沟口	ia⁵⁵	ɸɤ¹³³ xpɤ⁵⁵	tsu⁵⁵	xlɤ¹³³ ni⁵⁵
黑虎	ia⁵⁵	ɸɤ⁵⁵	tsuɤ⁵⁵	xqɤ¹³³ ni⁵⁵
龙池	ɦia³⁵	xli⁵⁵	tsu⁵⁵	ʂqu³³ ni⁵⁵
三龙	ɦia¹³⁵	xlə⁵⁵	tsuə⁵⁵	ʂqə³³ ni⁵⁵
曲谷	ie ʂtʂu	xlə	tsə	ʂquȵu
雅都	iu pu	xliə xɑ	tsə	ʂqu ȵu
维古	ia patʂə	xləp	tsə	rqə ȵi
龙坝	ia	xɻiɸi	tsuə	rqə ȵi
木苏	ɻap	xlɤ	tsə	rqə ȵi
茨木林	ie	ɒxetɑ	tsə	sqəȵi
扎窝	ɻe	xtə	tsə	sqə ȵi
麻窝	ɻi	xləp	tsə	sqəˈȵi
芦花	ɻe	ɸəxɑ	tsə	sqəȵi
羊茸	ɻe	lçəxɑ	tsɤ	ʂqəȵi
松潘	ja	wəʐ	tsu	
构拟				
说明				

调查点	金子	银子	铁	去年
大岐山	xqɑ⁵⁵	ʁŋø⁵⁵	çi:⁵³	nə⁵⁵pu²
桃坪	xqɑ³³	xŋu³³	çi:³³	ni³¹pə³³
曾头	xqɑ⁵⁵	xŋu⁵⁵	çi:⁵⁵	ni³¹pə⁵⁵
龙溪	qo²¹	ŋu⁵⁵	çe³¹	nə⁵⁵pu³³
绵篪	qɑ³³	ŋo⁵⁵	çi³¹	na⁵⁵pu⁵⁵
索桥	ʂxɑ³¹fiã⁵⁵	ŋʉ⁵⁵phʂe⁵⁵	çe³¹	nə⁵⁵pu⁵⁵
沟口	xku⌐¹⁵⁵	ũ⁵⁵	çe⁵⁵mo⁵⁵	nəp⁵⁵
黑虎	xquə⌐¹⁵⁵	tiu⁵⁵	çi³³mu⁵⁵	nɤp⁵⁵
龙池	ʂqo⌐¹⁵⁵	ũ⁵⁵	çy⁵⁵ʐmu⁵⁵	nəp⁵⁵
三龙	ʂqu⁵⁵	fiũ⁵⁵	siu⁵⁵mu⁵⁵	nəp⁵⁵
曲谷	ʂqu	ŋuə	ço omɐ	dəu
雅都	ʂqu	ŋuə	su:¹mu	dəu
维古	ɣqu	ŋuə:zi	si rmu	dəu
龙坝	r̥qo	ŋuə zi	si rmu	dəu
木苏	r̥qo	ŋuə zi	si rmu	dəu
茨木林	sqo	ŋuə	sirmu	nɤp
扎窝	sqo	ŋuə dzi	si rmu	nəp
麻窝	ʂqu	ŋuə zɤi	su¹mu	nəp
芦花	qser	ŋuəze	sø mo	nəp
羊茸	qhser	ŋuə dze	se rmʉ	nɤpɤ
松潘	χqu	ŋu	çimu	nəp
构拟				
说明				

第三章　词汇

调查点	前年	今天	昨天	后天
大岐山	dzʐə³³pu⁵³	pə³³se⁵⁵	nə³¹dzʐe⁵⁵	su⁵⁵di⁵⁵se⁵⁵
桃坪	dzʐə³¹pə⁵³	pə³¹sie³³	ni³¹sie³³	sy⁵⁵dy³³
曾头	dzʐə³¹pa⁵⁵	pə⁵⁵	ni³¹sie³³sei³³	sy⁵⁵dy³¹
龙溪	zʐə⁵⁵pu³³	pu⁵⁵si³³	nə⁵⁵si³¹	so³¹di⁵⁵
绵篪	dzʐa⁵⁵pu³¹	pa⁵⁵se³¹	nə⁵⁵se³³	səu³³di³¹
索桥	dzʐə⁵⁵pu⁵⁵	pu⁵⁵si⁵⁵	nə⁵⁵si⁵⁵	so³¹dzi⁵⁵si⁵⁵
沟口	dzʐɤp⁵⁵	pə⁵⁵si³¹	nə⁵⁵sə³¹	çy⁵⁵ty⁵⁵na⁵⁵
黑虎	dzʐəp⁵⁵	pəi⁵⁵	nei⁵⁵	çu³⁵diu³³na³¹
龙池	dzʐəp⁵⁵	piç⁵⁵	nəs⁵⁵	dy⁵⁵ly³¹
三龙	dzʐəp⁵⁵	pei⁵⁵	nei⁵⁵	su³³dzi⁵⁵
曲谷	dzʐəp	puəs	nəs	su zu ɲi
雅都	dzʐəp	pəs	nəs	so dzo
维古	dzʐəp	pəs̥ə	nəs̥ə	su dʐi
龙坝	dzʐəp	pəs	nəs	so zo
木苏	dzʐəp	pəs	nəs	su dʐi
茨木林	dzʐəp	pəsi	nəsi	siudə
扎窝	dzʐəp	pəsi	nəsi	siud
麻窝	dzʐəp	pəsi	nəsi	syt
芦花	dzʐəp	pəsi	nəsi	sødu
羊茸	dzʐəpɤ	pəsi	nəsi	sɯdə
松潘	dzʐəp	pəs	nəs	so di
构拟				
说明				

调查点	凿子	漆	秤	价钱
大岐山	ʁzo⁴²	xtsu⁵⁵	tɕhe⁵³	phə⁴²
桃坪	dzo³³	xtʂuə⁵⁵	tɕhe³³	phə³³
曾头	dzo³⁵³	xtʂuə³³	tɕhe³³	phə³³
龙溪	tsho³³tsə³³	tʂu³³	tɕhi⁵⁵	phu³¹
绵簸	zo³¹	tɕhe³¹	tɕhe⁵⁵	pha³¹
索桥	dzu³¹	ʂtʂu⁵⁵	tʂhəi⁵⁵	phu³³
沟口	tsots⁵⁵	xtʂy⁵⁵	tshə⁵⁵	phə⁵⁵
黑虎	zuɤ⁵⁵	ʂtʂuə⁵⁵	tʂhɤ⁵⁵	
龙池	ʁzu⁵⁵	xtʂəx⁵⁵	tɕhi⁵⁵	phu⁵⁵
三龙	ʁzu⁵⁵	ʂtʂuə⁵⁵	tʂhə⁵⁵	phə⁵⁵
曲谷	ʁzu	xe tshe	tʂhə	phu
雅都	ʁzuə	xtʂə~tɕhe	tʃhə	phə
维古	ʁzuʂ̥	xtʂuə ȵi	tʂhə	phə
龙坝	ʁzuə	xtʂuəȵi	tʃhə	phə
木苏	ʁduɸu	xtʂu ȵi	tʂhə	phu xu
茨木林	ʁzo	xtʂuəȵi	tʃhə kə	phə
扎窝	ʁdzu	xtʂuə ȵi	tʃhə	phə
麻窝	ʁdzu	xtʂə ȵi	tʃhə	phə
芦花	ʁdzo	ʂtʂə ȵi	the tʃan	phə
羊茸	ʁdzo	ɕtʂəȵi	the tʃən	phə
松潘	ʁzu	sə	tʂhə	phu
构拟				
说明				

调查点	桥	溜索	鼓	熊胆
大岐山	tshe⁴²	ʁze³¹	xtɕie⁵⁵ bø³⁵	ti⁵⁵ xtsʅ³¹
桃坪	tshie³³	ziɑ³³ bz̩e³¹	xbu³³	ti⁵⁵ xtʂə³³
曾头	tshie⁵⁵ xdɑ⁵⁵	zie³⁵³ bz̩e³¹	xbu⁵⁵	ti⁵⁵ xtʂə⁵⁵
龙溪	tshɑ⁵⁵ to³¹	liu³⁵ so³¹	bo⁵⁵	ɕuŋ³³ tan³³
绵篪	tshɑ⁵⁵	ʐɑ³³ bɹe³³	bu³¹	ti⁵⁵ tʂʅ³¹
索桥	tshɑ⁵⁵	ziɑ³¹ bz̩i³¹	z̩bo³¹	tɕe⁵⁵ ʂtʂə⁵⁵
沟口	tshuɑ⁵⁵ ke⁵⁵	zɑ⁵⁵	bu⁵⁵	ɕyn⁴² tan⁴²
黑虎	tshuɑ⁵⁵	zɑ⁵⁵	u³³ pɑ⁵⁵	ti⁵⁵ ʂtʂə⁵⁵
龙池	tshuɑ⁵⁵ ke⁵⁵	zɑ⁵⁵	z̩bu⁵⁵	ti⁵⁵ xtʂə⁵⁵
三龙	tshuɑ⁵⁵	zie⁵⁵	z̩gu⁵⁵	tɕiʂtʂ⁵⁵
曲谷	tshuɑ	ze	ɹuɐ	tɕiʂtʂ
雅都	tshuɑ	ze	z̩bu	tɕixtʂ
维古	tshuɑ	ziɑ	rbu	tɕixtʂə
龙坝	tshuɑ	ziɑ	rbo	tɕixtʂ
木苏	tshuɑ	ze	rbu	tɕixtʂə
茨木林	tshue	zie	rbu	ti xtʂə
扎窝	tshuə	zie	rbu	ti xtʂə
麻窝	tshʏ	ziɑ	rbu	tixtʂ
芦花	tshɛtsɑ	ze	rbu	ri xtʂə
羊茸	tshe	ze	rbʉ	tiɕtʂə
松潘	tsho pu		ɣbu	ti xtʂ
构拟				
说明				

调查点	麝香	病痛	天花	脓
大岐山	lə²² xɕø³¹	ʁdʐe³³	dʐo³¹ bzɿ⁵⁵	xpu⁴²
桃坪	lə³¹ tɕhy³³	ʐe³³	bo³³	xpu³³
曾头	lə³¹ khɕy⁵⁵	ʐe²⁴²	bo²⁴² ʐe²⁴²	xpu⁵⁵
龙溪	lə³³ tɕho³³	ie⁵⁵	bu³³	pu³¹
绵篪	la³³ ɕo³¹	dʑi⁵⁵	dei³¹ sa³¹ tʂə³¹ ku³⁵	pu³¹
索桥	di³¹ ɕo⁵⁵	die³¹ ʐe⁵⁵	bu³¹ tʂu³¹	ʂpu³¹
沟口	le³³ tʂhə⁵⁵	ʑə⁵⁵	bu⁵⁵	pu³³ sa⁵⁵
黑虎	le³³ ʂu⁵⁵	ʑi⁵⁵	bʁ⁵⁵ tʂuə³¹	fʁ̥¹³³ sa⁵⁵
龙池	liu³³ khʂu⁵⁵	ʑi³⁵	buʂ⁵⁵	ʂpu³³ sa⁵⁵
三龙	lə³³ xʂu⁵⁵	ʑdʑi⁵⁵	bu⁵⁵	ʂpu⁵⁵ sɑ⁵⁵
曲谷	lu xɕu	ʑdʑi	bə˩	ʂpu sɑ
雅都	iu khʂu	ʑdʑi	bʑə	ʂpə sɑ
维古	i khɕu	ʑdʑi	bə˩	r̥pəsɑ
龙坝	lo kɕo	ʑi	bə˩	r̥pəsɑ
木苏	lu dhɕi	ʑdʑi	bə˩	r̥pəsɑ
茨木林	dʑu kʂu	rdi	bu	spə sɑ
扎窝	dʒu xtʂu	rɟi	bu˩	spə sɑ
麻窝	dʑu xɕu	rdʑi	bu˩	ʂpəsɑ
芦花	dʒu kʂu	rɟi	bʑu˩	spəsɑ
羊茸	dʑʉ kɕʉ	bʑʉ		spəsɑ
松潘	luku̥ xɕy	ɣgi	ɣʑutɕ	xpəsa
构拟				
说明				

调查点	年龄	属相	尸体	军队
大岐山	pu⁵⁵ʂu⁴²	ʴo³³tsʅ³³	ʁmu⁵⁵（sʅ⁵⁵）	dʐua⁵³
桃 坪	pə³¹ʂu⁵⁵	ʑy³¹	xmu³³	dʐue³³
曾 头	pə³¹ʂu⁵⁵	ʑy³³	xmu³³	gʐue²⁴²
龙 溪	pu³¹ʂu³¹	diu³³tɕi³³	mo⁵⁵	ʐua⁵⁵
绵 篪	pu³³ʂu⁵⁵	dʐu³¹	mo⁵⁵	dʐua³³
索 桥	pu⁵⁵ʂu⁵⁵	ni⁵⁵ʑy⁵⁵	ʐmo⁵⁵	ʐgue⁵⁵
沟 口	ɕys⁵⁵	zy⁵⁵	(muxt⁵⁵)~mu⁵⁵	dʐue⁵⁵
黑 虎	ʂuəʂ⁵⁵	ʐuə⁵⁵	mu⁵⁵	dʐua⁵⁵
龙 池	ʂyʂ⁵⁵	ʐum⁵⁵	ʐmu⁵⁵	gʐue⁵⁵
三 龙	ʂuəs⁵⁵	dʐuəm⁵⁵	ʐmu⁵⁵	gue⁵⁵
曲 谷	ʂuəst	dʐu	ʴmu	gueˀ
雅 都	ʂuəs̊	ʐuəʐ̥	ʐmu	gueˀ
维 古	ʂuəsə̥	ʐuə sə̥	ʴmu	guaˀ
龙 坝	ʂuəs	ʐuəm	ʴmo	guaˀ
木 苏	ʂuɤ sə	ʐuʂ	ʴmu	guɑ
茨木林	ʂuə se	gʐuə	ʴmu	gueˀ
扎 窝	ʂuə si	ɣʐuə	ʴmu	guaˀ
麻 窝	ʂə si	dʒən	ʴmu	guaˀ
芦 花	ʂə se	ʐdʒə	ʴmɯ	gaˀ
羊 茸	ɕyə se	jdʒuen	ʴmʉ	gʒʉa
松 潘		ɣdʐyp	ʁmu	ɣʐuə
构 拟				
说 明				

调查点	事情	东西	火	我
大岐山	dzʐ̩³³	pɑ⁵¹ne⁵³	m̩⁵⁵	(ŋɑ⁵⁵) ~ qɑ³³
桃坪	dzʐ̩³³	pɑ³¹ne³³	mi⁵⁵	(ŋɑ³³) ~ qɑ³³
曾头	dzʐə³³		mi⁴⁴	(ŋɑ³³) ~ qɑ³³
龙溪	zi⁵⁵	pɑn³¹lɑn³¹	mu⁵⁵	qɑ³³
绵篪	dzʐ̩³¹	pɑ³¹nɑ³¹	mə⁵⁵	(ŋɑ³¹) ~ qɑ³³ (~qo³³)
索桥	dzʐə³¹	pɑ³³nɑ³¹ (hã³¹)	mu⁵⁵	qɑ³¹
沟口	dzʐɤ⁵⁵	pɑ¹³³nɑ⁵⁵	mu⁵⁵	kɑ⁵⁵
黑虎	zʐə⁵⁵	pɤ³³nɑ⁵⁵	mɤ⁵⁵	qɑ⁵⁵
龙池	zʐə⁵³	pə³³nɑ⁵⁵	mu⁵³	qɑ⁵⁵
三龙	zʐə⁵⁵	pə³³nɑ⁵⁵	mə⁵⁵	qɑ⁵⁵
曲谷	dzʐə	pu nɑ	mə	qɑ
雅都	zʐə	pɑ nɑ	mə	qɑ
维古	dzʐə	pɑ nɑ	mə	qɑ
龙坝	dzʐə	pɑ nə	mə	qɑ
木苏	dzʐə	pɑ nɑ	mə	qɑ
茨木林	dzʐə~ton	pɑ pu	mə	qɑ
扎窝	uɑdzʐəmɑ~ton	pɑ ȵi	mə	qɑ
麻窝	dzʐə	pɑȵi	mə	qɑ
芦花	dzʐə~tøn	pɑ ne	mə	qɑ
羊茸	dzʐə~ton	pɑ ne	mə	qɑ
松潘	dzʐə	po pu	mu	qɑ
构拟				
说明				

第三章 词汇

调查点	他	谁	这	那
大岐山	tha⁵⁵la³¹	ʂa⁵³n̩³¹	tsa⁵⁵（ti⁵³）	tha⁵⁵ti³⁵
桃坪	tha³³lə³³	sɿ³³	tsa³³	tha³³
曾头	tha⁵⁵lə⁵⁵	sə⁵⁵	tsa³³	tha⁵⁵
龙溪	thə³³	sə⁵⁵	tɕo³¹	thi⁴²ti³¹
绵簾	ɦa³¹di⁵⁵~ɦa³¹dio⁵⁵	ʂa³³la⁴²~ʂa⁵⁵di³³la⁴²	tɕɑ³³（ko⁵⁵）	ɦa³³ko⁵⁵
索桥	thə³¹	sɑ⁵⁵	tsə³¹（tɕi³¹）	thə⁵⁵lə⁵⁵
沟口	tʂə³³ɣy⁵⁵	sx⁵⁵	tsə⁵⁵（i⁵⁵）	thə⁵⁵i⁵⁵
黑虎	thɑ³³zɑ⁵⁵	sə⁵⁵	tsʅ³³（zɑ⁵⁵）	thɑ³³（zɑ⁵⁵）
龙池	the³⁵~tɕɑu³⁵	sə⁵⁵	tse³⁵	the³⁵
三龙	the³³ʐe⁵⁵	sə⁵⁵	tsə³³（ʐe⁵⁵）	the³³ʐe⁵⁵
曲谷	thɑ~thei	sə	tsei	thei
雅都	the:	sə	tse:	the:
维古	tha ri	sə	tse	tha（xən）
龙坝	thə ri	sə	tsa:	tha:
木苏	tha ri	sə	tsa	thɑ
茨木林	tha rə	sə	tsa	tha
扎窝	tha rə	sə	tsa	tha
麻窝	tha:	sə	tsa:	tha:
芦花	tha:	sə	tsa:	tha:
羊茸	tha	sə	tsa	thɑ
松潘	the	ʂe	tsə	thə
构拟				
说明				

调查点	一	二	三	四
大岐山	a⁵³	nə⁵⁴n̩⁴²	xsi⁵³	ʁzʅ³³
桃坪	a³¹	ni⁵⁵	tshi⁵⁵	dʒʅ³³
曾头	a⁵⁵	ni⁵⁵	khsi³³	gzə³³
龙溪	ɑ³¹	nə³¹	tshe⁵⁵zə³¹	
绵篪	ɑ³¹	nə³¹	si⁵⁵	zʅ⁴²
索桥	tɕi³¹	ni³¹	sie³¹	dẓə³¹
沟口	a⁵⁵（i³⁵）	i³⁵	sa⁵⁵i⁵⁵	dẓʴi⁵⁵
黑虎	ɑ³³（aɑ⁵⁵）	i³³（za⁵⁵）	se³³（za⁵⁵）	ẓə³³（zaˈ）
龙池	e³⁵	nie³⁵	xɕe³⁵	gẓe³⁵
三龙	e³⁵	ɦi⁵⁵	xsi⁵⁵	ɣẓə⁵⁵
曲谷	o (u)	ɦi u	xsi u	ɣẓəu
雅都	ɑːˌ	iəːˌ	khsəːˌ	gẓəːˌ
维古	aˌ	iˌ	khsiˌ	gẓeˌ
龙坝	a (ɹə)	i (ɹə)	ksi (ɹə)	gẓə (ɹə)
木苏	ə	i	khsi	gẓə
茨木林	a	ɣnə	ksi	gẓə
扎窝	a	ɣnə	xsi	ɣẓə
麻窝	a	ɣnə	xsi	ɣẓə
芦花	a	ɣnə	ksi	gẓə
羊茸	a	r̥m̥ə	khsi	gẓə
松潘	ʔe	ɣn̥e	xse	ɣẓə
构拟				
说明				

调查点	五	六	七	八
大岐山	ʁuɑ⁵³	xʂɑ⁵³	ʂən⁴²	tʂha⁴²
桃 坪	ʁuɑ³³	xtʂu³³	ɕiŋ⁴²	tʂhe³³
曾 头	ʁuɑ³³	xtʂu⁵⁵	ɕiŋ⁵⁵	khʂe⁵⁵
龙 溪	ʁue³¹	tʂu⁵⁵	ɕi⁵⁵	tʂhɑ⁵⁵
绵 篪	ʁuɑ³¹	tʂəu⁵⁵	n̥ə⁵⁵	tʂhɑ⁵³
索 桥	ʁue³¹	ʂtʂu³¹	ɕi³¹ ~ʂtə³¹	khʂe³¹
沟 口	ɣuɑ⁵⁵ i⁵⁵	xtʂy⁵⁵ i⁵⁵	xte⁵⁵ i⁵⁵	tʂhe⁵⁵ i⁵⁵
黑 虎	ʁuɑ³³（zɑ⁵⁵）	ʂtʂuə³³（zɑ⁵⁵）	stə³³（zɑ⁵⁵）	tʂhɑ³³（zɑ⁵⁵）
龙 池	ʁue³⁵	xtʂue²⁴	ɕtie³⁵	khʂe³⁵
三 龙	ʁuɑ⁵⁵	ʂtʂuə⁵⁵	stə⁵⁵	khie⁵⁵
曲 谷	ʁuo⁵⁵ ~ u⁵⁵	ʂtʂu ~ u	stəu	kheᵗu
雅 都	ʁuɑːꜜ	xtʂuəːꜜ	ɕtɕiəːꜜ	kheːꜜ
维 古	ʁuɑꜜ	xtʂuəꜜ	ʂtʂəꜜ	khɑꜜ
龙 坝	ʁuɑ（ɹə）	xtʂuə（ɹə）	ʂə（ɹə）	kha（ɹə）
木 苏	ʁuɑ	xtʂɯ	ʂtʂə	khɹɑ
茨木林	ʁuɑ	xtʂuə	stə	khaꜜ
扎 窝	ʁuɑ	xtʂə	stə	khaꜜ
麻 窝	ʁuɑ	xtʂə	stə	khaꜜ
芦 花	ʁueːꜜ	xtʂə	stə	khaꜜ
羊 茸	ʁʉe	xtʂə	stə	khʂa
松 潘	ʁue	xtʂu	xti	xʂe
构 拟				
说 明				

调查点	九	十	十一	十二
大岐山	ʁgu³³	xa³³dio⁴²	xa²²ti³⁵	xa⁴²n̩⁴²（nə⁴²）
桃坪	xguə³³	xɑ³¹dy³³	xɑ³¹tʃɿ³³	xɑ³¹ni³³
曾头	xguə³³	xɑ³¹dy²⁴²	xɑ³¹tʃɿ⁵⁵	xɑ³¹ni⁵⁵
龙溪	gu⁵⁵	ʁɑ³¹dio⁵⁵	ʁɑ³³ti⁵⁵	ʁɑ³³nə⁵⁵
绵篪	gu⁴²	ɦɑ³³diu⁵⁵	ɦɑ³³tə⁵⁵	ɦɑ³³nə⁵⁵
索桥	ʐgu³¹	ɦɑ³¹dʐo⁵⁵	ɦɑ³¹tɕi⁵⁵	ɦɑ³¹nə⁵⁵
沟口	gu⁵⁵i⁵⁵	ha³³dy⁵⁵	ha³³tɕi⁵⁵	han⁵⁵
黑虎	guə³³（zɑ⁵⁵）	ha³³diu⁵⁵	ha³³tɕi⁵⁵	han³⁵
龙池	ʐgue³⁵	ha³³dye³⁵	ha³³tʃe⁵⁵	han⁵⁵
三龙	ʐguə⁵⁵	he³³dʐu⁵⁵	he³³tʂə⁵⁵	han⁵⁵
曲谷	ʐguə~u	ho dʐu	he tɕe	hɑn
雅都	ʐguɤʋ˩	ho dʐu	he tʃe	hɑn̩
维古	rgu˩	hɑːdʐu	hɑːɕi	hɑn
龙坝	rguə（ɹer）	ho ʐo	he ɕi	hɑn
木苏	rguə	hɑ dʐu	ha ɕi	ha nə
茨木林	rguə	ha dʒu	ha tɕi	ha nə
扎窝	rguə	ha dʒu	ha tɕi	han
麻窝	rguə	ha（u）diu	he tɕi	han
芦花	rguə	hø dʉ	he tɕi	han
羊茸	rgɥə	hø dʉ	he tɕi	hanə
松潘	ɣgu	hædy	hæ tie	hæn̩i
构拟				
说明				

第三章　词汇

调查点	十三	十四	十五	十六
大岐山	xɑ²²xsi³¹	xɑ³¹ʁzʅ⁴²	xɑ²²ŋɑ⁵⁵	xɑ⁵⁵tʂhu³¹
桃坪	xɑ³¹si³³	xɑ³³ʐʅ³¹	xɑ³¹ŋɑ³³	xɑ³¹tʂhu³³
曾头	xɑ³¹ɕi⁵⁵	xɑ⁵⁵ʐʅ³³	xɑ³¹ŋɑ⁵⁵	xɑ³¹tʂhu⁵⁵
龙溪	ʁɑ³³se⁵⁵	ʁɑ³³zɑ³³	ʁɑ³²ŋo³¹	ʁɑ⁵⁵tʂhu⁵⁵
绵簏	ɦɑ³³sʅ⁵⁵	ɦɑ³³zʅ⁴²	ɦɑ³³ŋo³¹	ɦɑ³³tʂhəu⁴²
索桥	ɦɑ³¹sie⁵⁵	ɦɑ³¹dzə³¹	ɦɑ³¹ŋo⁵⁵	ɦɑ³¹tʂhu³¹
沟口	hɑ³³ɕi⁵⁵	hɑ⁵⁵z̩ə⁵⁵	hɑ³³hũ⁵⁵	hɑ⁵⁵tʂu⁴²
黑虎	hɑ³³ɕi⁵⁵	haz̩³⁵	hɑ³³u⁵⁵	hɑ³⁵tʂuə⁴²
龙池	hɑ³³ɕi⁵⁵	haz̩⁵⁵	hã³³ɦũ⁵⁵	hɑ⁵⁵tʃu⁴²
三龙	he³³sʅ⁵⁵	haz̩⁵⁵	hə³³ɦũ⁵⁵	hɑ⁵⁵tʂuə³¹
曲谷	he se	haz̩	haŋ	hɑ tʂu
雅都	he se	haz̩	hoŋ	hɑ tʂhuə
维古	hɑ si	hɑ z̩ə	haŋuə	hɑ tʂu
龙坝	ha si	haz̩	haŋu	hatʂ
木苏	he si	haz̩	haŋuə	hatʂuɣ
茨木林	ha si	hɑ z̩ə	haŋuə	hɑ tʂhuə
扎窝	ha si	haz̩	haŋu	hɑ tʂhu
麻窝	he si	haz̩	haŋu	hatʂ
芦花	he si	haz̩	haŋu	hatʂ
羊茸	he si	hazə	haŋo	hatʂhə
松潘	hæ si	hi̵yz̩	hɑ ŋue	hotʂu
构拟				
说明				

调查点	十七	十八	十九	二十
大岐山	xa³³ʂɿ⁻⁴²	xa⁵⁵tʂha⁴²	xa³¹ʁgu³⁵	n̩³¹sa⁴²
桃坪	sa³¹ɕiŋ³³	xa³¹tʂhe³³	xɑ³³xguɑ³¹	nə³¹sɑ³³
曾头	xɑ³¹ɕiŋ⁵⁵	xɑ³¹tʂhe⁵⁵	xɑ⁵⁵xguɑ³¹	nə³¹sɑ⁵⁵
龙溪	ʁɑ⁵⁵ɕi⁵⁵	ʁɑ³³tʂa⁵⁵	ʁɑ⁵⁵gu⁵⁵	nə³¹sɑ⁵⁵
绵篪	ɦɑ³³n̥ə³³	ɦɑ³³tʂha³³	ɦɑ³³gu³¹	nə³³sɑ⁵⁵
索桥	ɦɑ³¹ɕi³¹	ɦɑ³¹khʂe³¹	ɦɑ³¹ʐ̩gu³¹	nə³¹sye⁵⁵
沟口	ha⁵⁵xte³³	ha³³tʂhe³¹	ha³³gy⁵⁵	nɤ³³suɑ⁵⁵
黑虎	hasʈ⁵⁵	ha³³tʂhi⁵⁵	ha⁵⁵gu̥ə³¹	nə³³suɑ⁵⁵
龙池	haɕ⁵⁵	ha³³khʂe⁵⁵	ha⁵⁵ɣu⁵⁵	ni³³su⁵⁵
三龙	hɑsʈ⁵⁵	he³³khie⁵⁵	he⁵⁵gu̥ə³¹	ɦĩ³³sye⁵⁵
曲谷	hasʈ	he kheᴵ	hɑɹgu̥	ɦĩ sue
雅都	haɕtɕ	he kheᴵ	hɑːᴵ gu̥ə ~ hɑ ʐ̩gu̥ə	iu su
维古	haʂtʂə	ha khaᴵ	ha rgu̥ə	i su
龙坝	haʂ	ha khaᴵ	ha rgu̥ə	i so
木苏	haʂtʂə	ha khaᴵ	ha rgu̥ə	i su
茨木林	ha stə	ha khaᴵ	ha rgu̥ə	ɣnə so
扎窝	hasʈ	ha khaᴵ	ha rgu̥ə	ɣnə so
麻窝	hasʈ	ha khaᴵ	ha rgu̥ə	ɣnə su
芦花	hasʈ	ha khaᴵ	ha rgu̥	ɣnə su
羊茸	hasʈə	ha khʂa	ha rgʉə	m̥əso
松潘	hexti	ha xse	hoɣgu̥	ɲ̩isa
构拟				
说明				

第三章 词汇

调查点	一百	一步	一拃（大拇指与中指）	一两
大岐山	a²² tʂʅ⁵³	a³³ tɕhya⁵³	a⁵⁵ tu⁵³	a²² dʐø⁵³
桃坪	a³¹ tʂhi³³	(a³¹) ʁua⁵⁵ tɕa³³	a³³ tu³¹	a³³ dʐu³¹
曾头	a³¹ khʂi⁵⁵	(a³¹) ʁua⁵⁵ tɕa⁵⁵	a⁵⁵ tu³³	a⁵⁵ dʐu³¹
龙溪	a⁵⁵ tʂhi⁵⁵	a³¹ ʁua⁵⁵	a³¹ tu³¹	a³³ ʐo³¹
绵簏	a³³ tʂʅ³¹	a³³ tɕa⁴²	a³³ təu⁴²	a³³ dʐəu³¹
索桥	a³¹ khʂəi³¹	a³¹ ʁua⁵⁵	a³¹ tu³¹	a³¹ dʐo³¹
沟口	e³³ tʂhə⁵⁵	a³³ ɣua⁵⁵	a³³ tɕha⁵⁵	e³³ dʐy⁵⁵
黑虎	a³³ tʂhi⁵⁵	a³³ ʁba⁵⁵	a⁵⁵ tuɣ³¹	a³³ dʐu⁵⁵
龙池	a³³ khʂə⁵⁵	a³³ ʁua⁵⁵	o⁵⁵ thu̥³¹	a³³ l̥u⁵⁵
三龙	ə³³ khə⁵⁵	a³³ ʁua⁵⁵	a⁵⁵ thuə̥³¹	ə³³ lu⁵⁵
曲谷	ə khə˦	a ʁua⁵⁵	a⁵⁵ thuə̥³¹	o dʐ(r)u
雅都	e khe˦	a ʁua	a tuə̥	o ru
维古	a thi	a ɹua	a tu̥	u ru
龙坝	a thi	aʁua	a tuə̥	a ro
木苏	e khɹi	a ʁua	a tu	a ru
茨木林	a khi:˦	a ʁua	a tuə	a riu
扎窝	a thi:˦	a ʁua˦	a tu̥	a ro
麻窝	ə khi:˦	a ʁua	at	ə ru
芦花	e khi:˦	a ʁua	at	ə ru
羊茸	e khʂi	a rʁua	atə̥	ø dʐʉ
松潘	ʔəkxʂə	ʔə ʁosu	ʔotu	ʔo dʐu
构拟				
说明				

调查点	一个月	一夜	一家	红的
大岐山	a⁵³xʐ³¹	a³³ɹɑ⁵⁵	a³³qɑ⁵³	ʂʅ³¹ʂʅ⁴²
桃坪	a⁵⁵ʂʅ³¹	a³¹zɑ⁵⁵	a³¹qɑ³³	xni³¹ni³³
曾头	a⁵⁵ʂʅ⁵⁵	a³¹zɑ⁵⁵	a³¹qɑ⁵⁵	xni³³ni⁵⁵
龙溪	a⁵⁵ɬə⁵⁵	a⁵⁵ɹɑ⁵⁵	a³³qo³³	çi⁵⁵
绵篪	a³³ɬə⁴²	a³³ɹɑ⁴²	a³³qɑ³³	nə⁵⁵
索桥	a³¹lə³¹	a³¹zɑ³¹	a³¹qo³¹	i⁵⁵kə⁵⁵
沟口	aɬ⁵⁵	a³³ia⁵⁵ʂeu⁵⁵	ʁ³³ku⁵⁵	çi⁵⁵xɑ⁵⁵
黑虎	aɬ⁵⁵	a³³ia⁵⁵gits⁵⁵	a³³qu⁵⁵	çi³³dze⁵⁵
龙池	aɬ⁵⁵	a³³kiç⁵⁵	ɑq⁵⁵	hĩ⁵⁵zə⁵⁵
三龙	aɬ⁵⁵	a³⁵	ə³³qu⁵⁵	hĩn⁵⁵dzi⁵⁵
曲谷	ɑɬ	e ie	oq pi	hĩ pu
雅都	aç	ei	o qu	çu pu
维古	aɬ	e ie	ɑ qu	çi zi
龙坝	aɬ	e ia	o qo	çi pɑ
木苏	aɬ̥	e ia	ɑ qu	xi zi
茨木林	a tʃə	a ɹie	ɑqo	xi tʂe
扎窝	a tʃ	e i	ɑ qo	çi
麻窝	atʃ (ʂ)	ə ɹe (i)	ɑ qu	çi zi
芦花	atʃ	e ɹe	ɑ qo	çi
羊茸	atʃʰə	a ɹe	a qo	hẽi
松潘	ʔa ɬi			hĩ dze
构拟				
说明				

第三章　词汇

调查点	白的	黑的	干的	湿的
大岐山	phʂi⁵⁵ phʂi⁵⁵	ni³³ ni⁵⁵	zɿi⁵⁵ kuɑ⁵³	xta³³ xta³³
桃坪	phʂi⁵⁵	ni⁵⁵	zɿi⁵⁵ kuɑ⁵⁵	phʂe³¹ phʂe⁵³
曾头	phʂi⁵⁵	ni⁵⁵ ni³¹	zɿ⁵⁵ kuɑ⁵⁵	mɑ³¹ tʂɑ⁵⁵
龙溪	phe⁵⁵	ni⁵⁵	ɹə⁵⁵ tɕi³¹	phɑ³³
绵篪	phɹi⁵⁵	nə³³ ki⁵⁵	ɹi⁵⁵ ki⁵³	ta³¹ ta³¹
索桥	phʂe⁵⁵ kə⁵⁵	ni³¹ kəi⁵⁵	ɹe⁵⁵（kə⁵⁵）	phʂe³³ kə⁵⁵
沟口	phi⁵⁵	ni⁵⁵ xɑ⁵⁵	i³⁵ kuɑ⁵⁵	phɤɹ⁵⁵
黑虎	phie³³ ʁuɑ⁵⁵	niq³³ pɑɹ⁵⁵ tʂɑ⁵⁵	i³¹ qɑ⁵⁵	phə ɹ⁵⁵ ~ phə ɹ¹³³ kaɹ
龙池	tʃhũ³³ ɦũ⁵⁵	niq⁵⁵	i¹⁵ kue⁵⁵	phe⁵⁵
三龙	phed⁵⁵	niɑq⁵⁵	ɦiə¹³³ kue⁵⁵	phə ɹ⁵⁵
曲谷	phi xu̯	ȵi piɑq	y ke	pheɹ
雅都	phɹiʂ	ȵix	i tɕye	mɑɹ xɑɹ
维古	phiʂ	ȵiq	i tɕuɑ	phiɑq
龙坝	phi xu̯əɹ	ȵiq	i tɕua	phɑɹq
木苏	phiʂ	ȵiq	i tɕye	phiaq
茨木林	phiɹ sti	ȵi qə	ɹə tiue	phɑɹq
扎窝	phi	ȵiq	ɹe ci	phɑɹq
麻窝	phi	ȵiq	ɹə tɕi er	phɑɹq
芦花	phʂi	ȵiq	ɹe ci	phʂa
羊茸	phʂi	ȵi pɑq	zɿe kue	phʂa
松潘	tʂhu	ȵiq	ji kuə	xʂuq
构拟				
说明				

调查点	臭	酸	苦	好
大岐山	bzʅə³³	tsuɑn³³pie⁵³	qhɑ⁵³	ʂiˤ⁵³
桃坪	bzʅ³³	sye³¹sye³³	qhɑ³³	nɑ³³~ʂe⁵⁵
曾头	bzʅ⁵⁵	tsye³¹tsye⁵⁵	qhɑ³³qhɑ⁴²	ʂe⁵⁵~nɑ³³
龙溪	bu³³tʂɑ⁵⁵	tsuɑ³¹	qhɑ⁵⁵	xi⁵⁵~nɑ⁵⁵
绵篪	bu³³tʂɑ⁵⁵	tsui⁵⁵	qhɑ³³ki⁵⁵	nɑ⁵⁵
索桥	bu³³ʂtʂɑ⁵⁵	tsuɑ⁵⁵（kəi⁵⁵）	qhɑ³¹	
沟口	buˈ⁵⁵	tsue⁵⁵	khɑ⁵⁵	iɑ⁵⁵
黑虎	bʁ~bʁˈ³³kɑ³¹	tsue³³kɑ⁵⁵	qhɑ³³kɑ⁵⁵	nɑ⁵⁵~nɑ³³kɑ⁵⁵
龙池	bu³¹xtʂe⁵⁵	tsue⁵⁵	qhɑ⁵⁵	nɑ⁵⁵~ʂə⁵⁵
三龙	bu³³ʂtʂe⁵⁵	tsye⁵⁵	qhɑ⁵⁵	nɑ⁵⁵
曲谷	bə xtʂə	tsue	qhɑ	nɑ
雅都	bə xtʂuə	tsue	qhɑq	nɑ
维古	bə: xtsi	tsuɑq	qhɑ qəi~qhɑq	nɑ
龙坝	bə xtʂi	tsuɑ qə	qhɑ qə	nɑ
木苏	bə xtʂi	tsuɑq	qhɑq	nɑ
茨木林	bəˈ qhɑˈ	tɕue	qhɑ	nɑ
扎窝	bə qhɑˈ	tɕuɑ qe	qhɑ qe	nɑ
麻窝	bə xtʂi	tʃɑq	qhɑq	nɑ
芦花	bə xtʂi mɑˈ	tʃɑ	qhɑ	nɑ
羊茸	bzʅə	tʃɑ	qhɑ	nɑ
松潘	ɣzʅu	tsuɑq	qhɑq	ʂe
构拟				
说明				

调查点	容易	困难	是	有（容器内）
大岐山	zə⁴²	xqɑ⁵³	ŋue⁵³	lə³¹
桃坪	zie³¹xqɑ³³（tɕyi³³）	ŋuə³³	le³³	
曾头	zie³³	xqɑ⁵⁵	ŋuə⁵⁵	lie³³
龙溪	iɑ³³	qo³³	ŋu³³	liɑ³¹
绵篪	zɑ³¹	qɑ⁴²	ŋuɑ⁴²	lɑ³¹
索桥		tɕi³¹ke⁵⁵	ŋue³¹~u³¹	lɑ⁵⁵~ue⁵⁵
沟口	ze⁵⁵	xku⁵⁵dʐ¹³ xku³⁵i³⁵	ɦũ³⁵	le⁵⁵~le³¹i⁵⁵
黑虎	ze⁵⁵~ze³³kɑ⁵⁵	xquə⁵⁵	u³⁵	le⁵⁵
龙池	ze³³tsə⁵⁵	ʂqu⁵⁵	u⁵⁵	le⁵⁵
三龙	zie⁵⁵	ʂqu⁵⁵	ɦũ⁵⁵	le⁵⁵
曲谷	ze	ʂqu	ŋə̃	le
雅都	ze	ʂqu	ŋũə	le
维古	dzɑ	r̥qu	ŋuə	lɑ
龙坝	zɑ tsi	r̥qo	ŋuə	lɑ
木苏	dzɑ	r̥qu	ŋuə	lɑ
茨木林	dzɑ	sqo	ŋuə	lɑ
扎窝	dzɑ	sqo	ŋuə	lɑ
麻窝	dzɑ	ʂqu	ŋuə	lɑ
芦花	ze	sqo	ŋuə	lɑ
羊茸	zɑ	sqo	ŋə̃	lɑ
松潘	ɣze tse	χqo	ŋu	
构拟				
说明				

调查点	有（生命）	有（事）	有（树）	行、能
大岐山	zɿ³³	ŋɑ⁵³	və³³	qe⁵⁵
桃 坪	ʒɿ⁵⁵	ŋɑ³³	ye³³	qe³³
曾 头	ʒɿ³³	ŋɑ⁵⁵	ye³³	qe⁵⁵
龙 溪	i³¹	ŋo⁵⁵	uɑ³¹	qə³³
绵 篪	ʑi³¹	ŋɑ⁵⁵	ua³¹	qa³¹
索 桥	ʑi³¹~ue⁵⁵	hu⁵⁵	ue⁵⁵~lɑ⁵⁵	qa³¹
沟 口	ie⁵⁵	hũ⁵⁵	ue⁵⁵	kɑ⁵⁵
黑 虎	dʑi⁵⁵	xu⁵⁵	gyi⁵⁵	qɑ⁵⁵
龙 池	ie⁵⁵	hũ⁵⁵	ue⁵⁵	qə⁵⁵
三 龙	ʐə⁵⁵	(uie⁵⁵) hũ⁵⁵	ye⁵⁵	qɑ⁵⁵
曲 谷	ʑi	ue	ue	dʑə
雅 都	ʐe	hu	ue	qe
维 古	ʑi	hu	ua	qe~hɑ thɑ
龙 坝	za	xu	ua	qəˈ
木 苏	ʑi	hũ	ua	qe
茨木林	ʑi	hõ	ua	qe
扎 窝	ʑi	hõ	ua	qe
麻 窝	ʑi	hũ	ua	qe
芦 花	ʑi	hõ	ua	qe
羊 茸	ʑi	ŋõ	wa	qe
松 潘	ʐe			ɣle
构 拟				
说 明				

第三章 词汇

调查点	肯、愿意	足够	穿（衣）	补（衣）
大岐山	ʁu³¹	ʁdzʅ³³	gu³³	（tə³³）xpə⁵³
桃 坪	ʁu³³	xdzi³¹	tə⁵⁵guə³³	xpe³³
曾 头	ʁu⁵⁵	xddze⁵⁵	guə³³	xpe³³
龙 溪	ʁo³¹	zə⁵⁵	gu³³	pɑ⁵⁵
绵 篪	ɣəu³¹	dzʅ⁵⁵	ta³³gu³⁵	pa⁵⁵paˈ
索 桥		zdzə⁵⁵	gu³¹	ʂpe³¹
沟 口	ɣu⁵⁵	dzʁ⁵⁵i³⁵	ɣy⁵⁵	xpʁˈtʂə⁵⁵
黑 虎	ʁu⁵⁵	dzə⁵⁵	guə⁵⁵	fʁˈts⁵⁵
龙 池	ʁu⁵⁵	ɣdzə⁵⁵	guə⁵⁵	ʂpɑɕ⁵⁵
三 龙	ʁu⁵⁵	zdzə⁵⁵	guə⁵⁵	ʂpeɕtɕ⁵⁵
曲 谷	ʁu	ɣdzə	gu	ʂpet
雅 都	ʁu	ɣrə	dzʑə	ʂpedz
维 古	ʁu~ʂtʂəkulu	gdzə	guə	rpa
龙 坝	ʁo	ɣdzə	guə	rpa
木 苏	ʁu	ɣdzə	guə	rpa
茨木林	ʁo	ɣdzə	guə	spa
扎 窝	ʁo	ɣdzə	guə	spa
麻 窝	ʁu	ɣdzə	guə	ʂpa
芦 花	ʁo	zdzə	guə	spa
羊 茸	ʁo	jdzʉə	gʉə	spa
松 潘	ʁu	ʁdzə	ɣgu	xpə
构 拟				
说 明				

调查点	吃	啃	舔	喝
大岐山	dzə⁵³	ʁɑ²²ʁə⁴²	tə³³nie⁵⁵	thie⁵³
桃坪	dʒɿ³³	ə³¹ʁɑ³³ɕe³³	tə³¹niɑ³³tɑ³³	sɿ³¹thie³³
曾头	dʒɿ³³	ʁɑ³³ɕe⁵⁵	niɑ³¹tɑ⁵⁵	thie⁵⁵
龙溪	zə³³	ʁɑ³¹ɸiɑ³¹	niɑ⁵⁵tɑ⁵⁵	tɕhi⁵⁵
绵篪	dza³¹	ʁe³³ʁɑ⁵⁵	nie³³tɑ⁵⁵	thie⁵⁵
索桥	dzə³¹~tɕhi⁵⁵	z̩ʁɑ³¹ɕɑ⁵⁵	niɑ³¹tie⁵⁵	tɕhi⁵⁵~tʂe⁵⁵
沟口	zʵ⁵⁵	gaˡ⁵⁵le⁵⁵	ma⁵⁵te³¹	thə⁵⁵
黑虎	dzʵ⁵⁵	ʁɑˡ⁵⁵the⁵⁵	niɑ³³tə⁵⁵	tshə⁵⁵
龙池	dzə⁵⁵	z̩ʁɑ⁵⁵xle⁵⁵	niɑ⁵⁵te⁵⁵	thi⁵⁵
三龙	dzə⁵⁵	ʁɑ³³the⁵⁵	nie³¹te⁵⁵	thə⁵⁵
曲谷	dzə	ʁʁɑʁ	ȵe te	thə
雅都	dzə	ʁɑˈɸi	ȵe te	tɕhə
维古	dzə	ʁɑ ɸɑ	ȵɑ tɑ	tʂhi
龙坝	dzə	ʁɑˈɸɑ	ȵɑ tɑ	tʃhə
木苏	dzə	ʁɑˈɸɑ	ȵɑ tɑ	tʂhə
茨木林	dzə	ʁdz̩ la	ȵe: ta	thi
扎窝	dzə	ʁɑˈla	ȵi ta	thi
麻窝	dzə	ʁɑˈɸɑ	ȵi ta	thi
芦花	dzə	ʁɑˈla	ȵe ta	thi
羊茸	dzə	rʁɑ ɸɑ	ȵe ta	thi
松潘	ɬæ	ʁɑɬe	ȵɑ	thə
构拟				
说明				

第三章　词汇

调查点	吹	饱	饿	呕
大岐山	phu⁵⁵	xɿ⁵³	tə⁵⁵su⁵⁵pɑ⁵⁵	ʂə⁵⁵z̺ə³⁵
桃坪	sɿ⁵⁵phə³³	sɿ³¹xə⁵⁵	da³¹su³³pa³³	u⁵⁵ɹe⁵⁵
曾头	phə³³	xe⁵⁵	suə⁵⁵pɑ⁵⁵	z̺e³³
龙溪	i³¹phu⁵⁵	tə³¹xi³¹	dɑ³¹su³¹pɑ⁵⁵	i³²ɹɑ³²
绵篪	phu⁵⁵	ta³³xa³⁵	da³³su¹³	ɹa³¹
索桥	phu⁵⁵	tə³¹xe³¹	də³¹ʂu³¹	
沟口	phu³⁵te⁴²	tɿ³³xɿ⁵⁵	tə³³ʂy⁵⁵	ɣue⁵⁵se⁵¹
黑虎	phɤ³³tə³³ʂu⁵⁵	ʁuɑ¹⁵⁵		
龙池	phi⁵⁵le⁵³	təx⁵⁵	tə³³ʂpu⁵⁵	ɦo¹³⁵
三龙	ɸu³³te⁵⁵	təx⁵⁵	tə³³ʂue⁵⁵	ue⁵⁵
曲谷	phu	təx	tuɕy	
雅都	phə	təx	eʂue	ɹu
维古	phə	təxa	əɕipia	ɹɿ
龙坝	phə	xə	ɹpia	ɹɿ
木苏	phə	təxə	ɕi pi	ɹɿ
茨木林	phə	xɑ	ʂuə	ɹɿ
扎窝	phə	xə	ʂui	ɹɿ
麻窝	phɤ	(dɑx) xə	ɕi pi	ɹɑ
芦花	phɤ	xə	ɕi pi	ɹɑ
羊茸	phɤ	xə	ɕi pi	ɹɿ
松潘	phə	χə	ɕy pi	wəʂlʅ
构拟				
说明				

调查点	煮	坐	睡	睡着
大岐山	(tə^{31}) xqɑ^{53}	dzo^{33}	ne^{55}	mɑ^{31}ʐe^{31}ʐe^{31}
桃 坪	xqɑ^{33}	(ə^{31}) dzo^{33}	ə^{31}ne^{31}	mɑ^{31}ʐe^{35}
曾 头	xqɑ^{33} (pu^{33})	dzo^{343}	ne^{55}	mɑ^{31}ʐe^{55}
龙 溪	qo^{31}~i^{31}qo^{31}	zo^{55}	ɹə^{33}ni^{55}	ɑ^{55}mɑ^{55}ʐe^{55}
绵 篪	qɑ^{31}	dzo^{55}	ɦɑ^{31}nie^{53}	u^{33}ʐe^{13}
索 桥	(ie^{31}) ʂqo^{31}	dzu^{55}	ʐe^{35}	
沟 口	xku^{,55}	zu^{55}	ʑi^{55}	mu^{33}ʑi^{55}ɑ^{33}tshuɑ^{55}
黑 虎	xquə^{,55}	dzuɤ^{55}	nɤ^{55}	ɦem^{33}ʑi^{55}
龙 池	ʂqu^{55}	dzu^{55}	nə^{55}	kum^{33}tɕi^{55}
三 龙	ʂqu^{55}	dzuə^{55}	nə^{55}	mi^{31}zi^{55}
曲 谷	ʂqu	dzu̠	nə	em ze
雅 都	ʂqu	dzuə	nə	em dze
维 古	r̥qu	dzuə	nə	am dzi
龙 坝	r̥qo	dzuə	nə	məzi
木 苏	r̥qu	dzuə	nə	a mdzi
茨木林	sqo	dzo	nɤ	da məzi
扎 窝	sqo	dzo	nɤ	dam zi
麻 窝	ʂqu	dzu	nɤ	dam dzi
芦 花	sqo	dzo	nɤ	dɑm zi
羊 茸	sqo	dzo	nɤ	mɤze
松 潘	xqu	dzu	nə	
构 拟				
说 明				

第三章 词汇

调查点	做梦	逃跑	看	看见
大岐山	(kue^{53}) ʁmu^{31}	xɑ^{22} phø^{55}	tse^{53}	tiu^{55}
桃坪	(kuə^{31}) xmu^{33}	da^{31} phu^{33}	tsia^{33}	tɕy^{33}
曾头	(ku^{31}) xmu^{55}	phu^{55}	tsia^{33}	tɕy^{55}
龙溪	(a^{33}) mo^{33}	dɑ^{33} pho^{55}	tsɑ^{55}	ɑ^{31} tio^{55}
绵篪	mɑ^{31} (pu^{31})	da^{31} phu^{33}	qa^{33} tʂe^{31}	tiu^{55}
索桥	z̩mo^{31} (pu^{55})	die^{31} pho^{55}	sə^{31}	ɦa^{31} tɕo^{55}
沟口	(e^{55}) mu^{55}	ɤ^{33} phu^{35}	sɤ^{55}	e^{33} tʏ^{55}
黑虎	(e^{33}) mu^{55}	phu^{55}	tɕa^{55}	e^{33} tiu^{55}
龙池	(ku^{33}) z̩mu^{55}	phu^{55}	gz̩u^{33} hĩ^{55}	ku^{33} tʏ^{55}
三龙	(əu^{55}) mu^{55}	phu^{55}	tsie^{55}	ə^{33} tɕu^{55}
曲谷	(o) ɹmu	phu	tse	u tɕu
雅都	(ku) z̩mu	phu	tse	ku tɕu
维古	rmu	phu	tsia~gz̩u	tɕu
龙坝	rmo	phu	tsia	ku tɕu
木苏	rmu ʁe	phu	tses	ku tɕye
茨木林	rmu ʁe	phu	tsie	ku tʃu
扎窝	rmu ʁe	phu	tsi	ku tʃu
麻窝	rmu ʁe	phu	tsi	ku tiu
芦花	rmu ʁe	phu	tse	ku tʉ
羊茸	rmʉ ʁji	phʉ	tse	kʉ tʉ
松潘	muʑy ɣmu	da pha	ɣzə	qu ty
构拟				
说明				

调查点	听	笑	痒	害怕
大岐山	ço⁵⁵ʂʅ³¹	dzֽɑ³³	dzʅ³³dzɑ³³	qø⁵⁵
桃坪	tɕhy³³xniy³³	da³¹dzֽɑ³³	tə⁵⁵dzɑ³¹	xmə³¹qu⁵⁵
曾头	khçy⁵⁵niy⁵⁵	dzֽɑ³⁴³	dzʅ³¹dzɑ³⁴³	qu⁵⁵
龙溪	tsho⁵⁵çi³¹	zֽɑ³³lio³³	ze⁵⁵ze⁵⁵	qo³¹
绵篪	səu³⁵nə³³	dzֽɑ⁴²	dzʅ⁴²dzɑ³¹	qəu³¹
索桥	ʂo⁵⁵tɕi⁵⁵	dzֽɑ³¹	dzə³¹dze³¹	qo³¹
沟口	su⁵⁵xtu⁵³	dzֽɑ⁵⁵	dzʅʶ⁵⁵	ku⁵⁵
黑虎	çtɕuts⁵⁵	dzֽɑ⁵⁵	dze⁵⁵	qu⁵⁵
龙池	xçy⁵⁵çty³¹	dzֽɑ⁵⁵çti⁵⁵	dzə⁵⁵	qu⁵⁵
三龙	xsuçtç⁵⁵	dzֽɑ⁵⁵	dzi³³dzi⁵⁵	qu⁵⁵
曲谷	xsu xsu̥	dzֽɑ	dze	qu
雅都	khʂu çtɕu	dzֽɑtɕ	dze	qu
维古	khçu stə	dzֽɑʂtʂə̥	dzi	qu
龙坝	kçukʂ	dzֽɑ	di	qo
木苏	khçust	dzֽɑ	dzi	qu
茨木林	khʂu stə	dzֽɑ	dze	qo
扎窝	xʂu stə	dzֽɑ	dzʁ	qo
麻窝	kçust	dzֽɑ	dzʁi	qu
芦花	kʂust	dzֽɑ	dzɛ	qo
羊茸	khçʉ	dzֽɑ	dzʁ	qo
松潘	xsoxt	dzֽa	ʁdzֽe	qu
构拟				
说明				

调查点	连接	锯	分	换
大岐山	(ʂə⁵⁵) to⁵⁵ ʁbu³¹	se⁵⁵ ti⁵³	tə³¹ tʂŋ⁵⁵ qe³¹	tə³³ qɑ⁵³ lɑ³¹ ~ tə³³ ŋ³¹ lɑ³¹
桃 坪	xdə³¹	ə³¹ tʂhu³³	ʐu³¹ ʐu³³	tə⁵⁵ lɑ³¹
曾 头	tə⁵⁵ xdə³⁴³	ə¹³¹ khʂu⁵⁵	ʐu³³ ʐu⁵⁵	lə³¹ lɑ⁵⁵
龙 溪	ɑ³³ di⁵⁵ di⁵⁵	tʂho³¹ ~ tʂhu³¹ tʂhuɑ⁵⁵	ɹo³¹ ɹo⁵⁵	lə³³ lɑ³³
绵 篪	i³³ dei¹³	tʂhu³³ tʂhuɑ⁵⁵	ŋ³¹ ɹəu⁵⁵	l³³ lɑ³¹
索 桥		khʂo³¹ khʂɑ⁵⁵	tə³¹ ɹo⁵⁵	lɑ³¹
沟 口	ʀ⁵⁵ dʀ⁵⁵	tʂhe⁵⁵	ɦe³³ fen⁵⁵ thɑ³¹	tʀ³³ lɑ⁵⁵
黑 虎	ʀ⁵⁵ dʀ⁵⁵	tʂhi⁵⁵	u³³ u⁵⁵	lʀ³³ lɑ⁵⁵
龙 池	ku³³ zdə⁵⁵	khʂe⁵⁵	ɦe³³ zy⁴²	nə³³ nɑ⁵⁵
三 龙	əzd⁵⁵	khu⁵⁵	u³³ u⁵⁵	lə³³ lɑ⁵⁵
曲 谷	zdə	xtɕi xtɕi	y yu	lələ
雅 都	zdə	kheˈ	iu iu	lə lɑ
维 古	zdəzdə̥	khaˈ	iu iu	lə lɑ
龙 坝	zdə zdə	khaˈ	y io	lə lɑ
木 苏	kuə zdə	khɑɹa	y iu	lə lɑ
茨木林	zdʀ zdʀ	khəˈ	ʁuˈ ʁuˈ	lʀ lɑ
扎 窝	zdə zdə	khəˈkhə̥ˈ	ɹu ɹu	lʀ lɑ
麻 窝	zdʀ zdʀ	khaˈ	ɹy ɹy	lʀ lɑ
芦 花	zdəzd	səqhaˈ	ɹɯ ɹɯ	lʀ lɑ
羊 茸	zdəzdə	khʂa	ɹɯ ɹɯ	lʀ lɑ
松 潘		xtʂə xtʂə	ɣdzy	la
构 拟				
说 明				

调查点	大的	长的	高的	矮的
大岐山	bʐe³¹bʐe⁵⁵	dʐe³³dʐe³⁵	bʐø⁴²	be³¹
桃 坪	bʐa³³	dʐe³³dʐe³³	bu³³bu³³	be³¹be³³
曾 头	bʐa⁵⁵	dʐe³⁵³	bu³⁵³	be³⁵³
龙 溪	sə³³po³³tʂə³³	tha⁵⁵	bo⁵⁵	ba³¹
绵 篪	bɹa³¹	dʐe⁵⁵	bɹu⁵⁵	ba³¹
索 桥	ba¹³³ka⁵⁵	tha⁵⁵kəi⁵⁵	bo⁵⁵	be³³
沟 口	ba¹⁵⁵	dʐɤ⁵⁵	bu⁵⁵	ba⁵⁵
黑 虎	bo³³ka⁵⁵	dʐə⁵⁵~dʐə³³ka⁵⁵	tʴ³³bu⁵⁵ka⁵⁵	fia³³ga⁵⁵ka¹
龙 池	bu³³ʁu⁵⁵~ba³³ʁa⁵⁵	dʐa⁵⁵ʁa³¹	bi⁵⁵	bo³³tsə⁵⁵
三 龙	ba⁵⁵	dʐə⁵⁵	bu⁵⁵	be⁵⁵
曲 谷	ba¹~bɹa	dʐə~ʂam	ti uie~ba¹	fie ye
雅 都	bʐa	dʐə	bʐe	be
维 古	bua¹	dʐə	bi	ba
龙 坝	ba¹	dʐə	bi	ba
木 苏	bɹa	dʐə	bi	ba
茨木林	ba¹	dʐi	bu	ba
扎 窝	ba¹	dʐi	bu¹	ba
麻 窝	ba¹	dʐi	bu¹	ba
芦 花	bʐa¹	dʐi	bʐu¹	ba
羊 茸	bʐa	dʐi	bʐʉ	ba
松 潘	ɣʐua	dʐə	rʐu	ba tse
构 拟				
说 明				

调查点	粗的（棍）	细的（棍）	厚的	轻的
大岐山	bʐe⁵⁵	bʐʅ⁵⁵	lie³¹ka⁵³	ʁziu³¹
桃坪	pʂe⁵⁵pʂe³³	bʐi³³bʐi³³	la³³la³¹dʐy³³	
曾头	pʂe⁵⁵	bʐi³⁵³	lia⁵⁵lia³¹	gʐy³⁵³
龙溪	pɑ³³	be⁵⁵	lia⁵⁵	dʐo⁵⁵
绵篪	bɑ¹³¹	bi¹³¹bi¹⁵⁵	lia⁵³	ʐu⁵⁵
索桥	puɑ³³	bʐe⁵⁵	lia³¹	ʐo⁵⁵
沟口	pɑ⁵⁵	bi⁵⁵	la⁵⁵	ʐy⁵⁵
黑虎	pɑ⁵⁵~pɑ³³ka⁵⁵	bi⁵⁵	la⁵⁵~lia³³ka⁵⁵	ʐu³³ka⁵⁵
龙池	pɑ⁵⁵	bi³³tsə⁵⁵	lia⁵⁵qe³¹	gʐue³³tsə⁵⁵
三龙	pɑ⁵⁵	bi⁵⁵	lia:⁵⁵	ɣʐu⁵⁵
曲谷	po ke	bi tsi qa	lie	ɣʐu
雅都	pe	bi tse	lie	gʐu tse
维古	pu	bətsi	lia	gʐu tsi
龙坝	pɑ	bə tsi	liɑ	gʐu tsi
木苏	pu	bə tsi	lie	gʐuʴ tsi
茨木林	pe	peᴊ	le taq	gʐu
扎窝	pɤ	be:ᴊ	li	ɣʐu tsə
麻窝	pu	bɤᴊtsi	li	ɣʐə tsu
芦花	pɛ	bʐe	le	gʐu
羊茸	pʉe	bʐe	le	gʐʉ
松潘	pa	ʁʐue	læ	ɣʐy
构拟				
说明				

调查点	重的	硬的	新	旧
大岐山	dzʅ⁵⁵ dzʅ³¹ ~ dzʅ³¹	xkø⁵⁵ xtɕa⁵³	xsʅ⁵⁵（dʐe）	ba⁵⁵
桃 坪	dzʅ³³	xku⁵⁵ tɕa³¹	tshi⁵⁵	ba³³
曾 头	dzə³³	xku⁵⁵ tɕa³¹		ba³⁴³
龙 溪	zə³³	ko⁵⁵ tɕa⁵⁵		ba⁵⁵
绵 簾	dzʅ³¹	kəu³³ tɕa³¹	tshi⁵⁵	ba⁵⁵
索 桥	ʂko³¹ tɕa³¹	si⁵⁵	ba⁵⁵ ke⁵⁵	
沟 口	zə⁵⁵	gin³³ pa⁵⁵	si⁵⁵ kəi⁵⁵	ba⁵⁵ xa³¹
黑 虎	dzə⁵⁵ ~ dzə³³ ka⁵⁵	xku³³ ka⁵⁵	sʁ⁵⁵	ba³⁵
龙 池	gzə⁵⁵	ʂku⁵⁵ ke⁵⁵	xɕi⁵⁵	ba⁵⁵ xua³¹
三 龙	dzə⁵⁵	ʂku⁵⁵	xsə⁵⁵	ba³³ xa⁵⁵
曲 谷	dzi ke	ʂku ɕtɕe	xsə	baxa
雅 都	dzə	ʂku ɕtɕu	khsə	ba
维 古	dzə	ʂku ɕtɕa	khsə	ba
龙 坝	dzə ka	rku ɕa	ksə	ba
木 苏	dzə	rku ɕtɕe	khsə	ba
茨木林	dzə	rga rga	ksə	ba
扎 窝	dzə	sku sɕi	xsə	ba
麻 窝	dzə	ʂku ʂtɕi	xsə	ba
芦 花	dzə	sku sɕi	ksə	ba
羊 茸	dzə	khʂa qə	khsə	ba
松 潘	dʑi	xku	xsə	ba
构 拟				
说 明				

调查点	切	开（门）	洗	抖（衣）
大岐山	ʐə³³tʂho⁵³	(χa³¹) dʐʐ⁵³	χu²²la⁴²	thəu⁴²tha³¹ ~ tə³¹χpa⁵⁵ti⁵³
桃坪	(tə³¹) χgie³³	ə³¹xuə³¹la⁵⁵	ə³¹pha³³te³³	
曾头	(sʅ³¹) khʂu⁵⁵	χgie⁵⁵	χuə³¹la⁵⁵	pha³¹te⁵⁵
龙溪	tʂhu³¹tʂhua⁵⁵	(da³¹) ga³¹	χu⁵⁵la⁵⁵	pha⁵⁵te³³
绵篪	tʂhu³³tʂhua⁵⁵	(i³¹) dʑi⁵⁵	xua³¹la³¹	thəu³¹tha⁵⁵
索桥	(sə³¹) khʂo³¹	(də³¹) ɹge³¹	χu³¹la³¹	ɦa³¹thɯ³¹tha⁵⁵
沟口	tʂʐ⁵⁵tʂhua⁵⁵	ge⁵⁵	xu³³la⁵⁵	pha⁵⁵te³¹
黑虎	tʂhue³³tʂhua	gi⁵⁵	χu³³la⁵⁵	pha³³tə⁵⁵
龙池	(ɧə³³) khʂue⁵⁵	ʐə⁵⁵ (ke⁵⁵)	qhu⁵⁵la⁵⁵	pha⁵⁵te⁵⁵
三龙	ɬie³³te⁵⁵	(he⁵⁵) ʐge⁵⁵	χu³³la⁵⁵	pha³te⁵⁵
曲谷	khuˑkhuˑ	ʐge	χla	pha te
雅都	qhuaˑ	ʐge	χlua	pha te
维古	qhuaˑ	ɹgia	χula	pha ti
龙坝	qhuaˑta	ɹga	χlua	pha ti
木苏	qhuaˑ	ɹge	χla	pha ti
茨木林	khuˑ	ɹga	χuəla	pha te
扎窝	khuˑta	ɹga	χuəla	pha tə
麻窝	qhuaˑ ~ khuˑ	ɹga	χla	pha ti
芦花	qhuaˑ	ɹga	χla	pha te
羊茸	khʂʉ	ɹga	χla	pha te
松潘	xʂu	ɣgye	χulo	de te
构拟				
说明				

调查点	揹	耕	等候	读、念
大岐山	bie³¹	lie³¹	(kue³³) zø⁵³	ɹə³¹ ʁui⁵⁵
桃 坪	(tə⁵⁵ba³³)	lie³³	zy³¹	χdy³¹
曾 头	ba³⁴³	lie⁵⁵	zy³⁴³	χdy³³
龙 溪	biɑ³³	li⁵⁵	zo⁵⁵	də⁵⁵ be⁵⁵
绵 篪	biɑ³¹	lie⁵⁵	zəu³¹	dzɿ³³ ze³⁵
索 桥	biɑ³¹	li⁵⁵	(ɦiə³¹) zo³¹	ʐ̩du³¹
沟 口	ba⁵⁵	(zɿ⁵⁵) lo⁵⁵	ʐy⁵⁵ lu⁵⁵	dʁ⁵⁵
黑 虎	ba⁵⁵	lə⁵⁵	ʐu⁴⁴ lu⁵⁵	dʁ⁵⁵
龙 池	ba⁵⁵	zəl⁵⁵	ʐy⁵⁵ ly⁵⁵	nian³⁵ te⁴²
三 龙	bie⁵⁵	lə⁵⁵	dzu³³ lu⁵⁵	zdə⁵⁵
曲 谷	bie	lə	dzu lu	zdə
雅 都	bie	liə	zu liu	zdə
维 古	bia	lə	zu	zdə
龙 坝	bia	lə	zu lo	zduə
木 苏	bie	lə	zuə	zduʁ
茨木林	bie	li	ziu	zduə
扎 窝	bi	li	ziu	zduə
麻 窝	bi	li	ziu	zdʁ
芦 花	be	(dzʐə) li	ku zʉ	zdʁ
羊 茸	be	(dzʐə) li	zʉ	zdə
松 潘	be	lə	zy	ʁdi
构 拟				
说 明				

调查点	学习	织（布）	帮助	欠
大岐山	su^{31}su^{55}（pɑ^{53}）	tie^{53}	ʁuɑ^{33}ʁuɑ^{31}	tɕhɑ^{53}
桃坪	sy^{33}	ta^{33}ta^{33}	(tə^{55}) ʁuɑ^{31}	tɕhi^{33}
曾头	sy^{33}	tia^{55}tia^{55}	ʁuə^{31}ʁuɑ^{55}	tɕhi^{55}
龙溪	sə^{55}~ço^{55}sie^{31}	tia^{55}	ʁuɑ^{55}	tɕhe^{55}
绵篪	səu^{55}	to^{33}tia^{31}	ʁuɑ^{31}	da^{33}khi^{31}
索桥	so^{55}	tɕɑ^{31}	(tə^{31}) zʁuɑ^{31}	tɕhe^{55}
沟口	çy^{55}	(sə^{33}) ta^{55}	(zi^{35}) ɣua^{155}	tʂhə^{55}
黑虎	çu^{55}	tia^{33}tia^{55}~tia^{55}	ʁuɑ^{155}	tɕhi^{55}
龙池	çy^{55}	ta^{55}	(tə^{33}) zʁuɑ^{55}	tɕhi^{55}
三龙	su^{55}	tɕe^{33}tɕe^{55}	(zi^{55}) ʁuə^{155}	tɕhi^{55}
曲谷	su	tɕe tɕe	zʁuɑ	tɕhɑ
雅都	su	tɕe tɕe	ʁuɑ$^{↑}$	tɕhe
维古	su	tɕa tɕa	ʁuɑ$^{↑}$	tɕhi~tɕhɑ
龙坝	so	tɕi tɕa	ʁua$^{↑}$	tɕyi
木苏	su	tɕe tɕe	ʁuɑ$^{↑}$	tɕya
茨木林	siu	tie tie	ʁuɑ$^{↑}$	ti
扎窝	siu	ti ti	ʁuɑ$^{↑}$	ce
麻窝	sy	ti ti	ʁuɑ$^{↑}$	tɕi
芦花	sʉ	te te	ʁuɑ$^{↑}$	ce
羊茸	sʉ	te te	ʁuɑ$^{↑}$	che
松潘	sy	xɬeɣz	ʁuak	khi
构拟				
说明				

调查点	滤	扯烂	漏	烂
大岐山	tsʅ⁵³	ʂə³¹ phʂʅ³¹ phʂʅ³¹	ʂə³¹ zue⁵⁵	(tə²²) tsu³³ qɑ³¹
桃坪	ə³¹ tʂɑ³³	sʅ³³ phʂʅ³³	zuə³³ ~ bziɑ³³	tsuə³³ qɑ⁵⁵
曾头	tʂɑ³³	phʂʅ⁵⁵	zuə³⁴³	tsuə³¹ qɑ⁵⁵
龙溪	(ʁɑ³³) tʂɑ³³	sə⁵⁵ phu⁵⁵ phu⁵⁵	sə³¹ biɑ³¹ ~ sə³¹ ləu⁵⁵ thɑ³¹	(ɹə³³) tsui⁵⁵ qɑ⁵⁵
绵篪	zua³¹	ʂɑ³¹ phə³¹ phə²⁴	zua³¹	(ta³³) tsui³³ qɑ³¹
索桥	tʂɑ⁵⁵	sə⁵⁵ phʂə⁵⁵	die³¹ zu³¹	(ɦɑ³¹) tɕye³¹ qɑ⁵⁵
沟口	ʂɣ⁵⁵	sɣ³³ phʂɑ⁵⁵	dɣ³³ zɣ⁵⁵	tsu³³ kɑ⁵⁵
黑虎	ʂe⁵⁵	phɣ³³ phɣ⁵⁵	zɣ⁵⁵	(ɦɑ³³) tsuy̥³³ qɑ⁵⁵
龙池	ɕi⁵⁵	phi³³ se⁵⁵	zə⁵⁵	(ɦɑ³³) squɑ⁵⁵
三龙	ʂe⁵⁵	təp³³ phə⁵⁵	zə⁵⁵	(ɦɑ⁵⁵) tshuə̥³¹ qɑ⁵⁵
曲谷	ʂɑ	phi phie	zə	(ɦɑ) tsu qɑ
雅都	tʂɑ	phɹi phɹe	zə	(ɑ³) squɑ
维古	tʂɑ	sə phɹɑ	zəi	tsu qɑ
龙坝	tʂɑ	phə˧ phɑ˧	zə	tsuə quɑ
木苏	tʂɑ	phi phi	zəi	tsu qɑ
茨木林	tʂɑ	phə˧ phə˧	zɣ	tsuə qɑ
扎窝	tʂɑ	phə˧ phə˧	zɣ	squɑ
麻窝	tʂɑ	phi˧ phi˧	zɣ	tsə qɑ
芦花	tʂɑ	phʂə phʂi	zɣ	tsə quɑ
羊茸	tsɤaqə	phʂə phʂə	zɣ	tsə quɑ
松潘	se		ly	tsə qɑ
构拟				
说明				

调查点	皮肤	兄妹	侄子	孙子
大岐山	ʐɑ⁵⁵pie⁵³	pɪ⁵⁵m³¹tsu³¹ʁlio⁵³	tʂə⁵³ɹɐ⁴⁵tsʅ³¹	zə³³tsu³¹
桃坪	(tʃʅ³¹) ʐa³³pa³³	(tu⁵⁵bʐa³³məi⁵⁵) ma³¹χti³³	dʑi³¹	zʅ³¹tsuə⁴⁴
曾头	(mə³¹) ʐa⁵⁵pa⁵⁵	mə³¹χti⁵⁵	dʑi³⁴³	zʅ³¹tsuə⁵⁵
龙溪	ɹɑ³¹piɑ⁵⁵	mu³¹ɕɑ³¹	tsə⁵⁵tʂə⁵⁵	zə⁵⁵tsu⁵⁵
绵篪	ɹɑ³³piɑ⁵⁵	ma³³tia³¹	dʑi³¹	za⁵⁵tsu³¹
索桥	(tshə³¹) ɹɑ³¹piɑ⁵⁵	mu⁵⁵ɕi³¹ni³¹	dʑi³¹dʑi⁵⁵	zə⁵⁵tʂu⁵⁵
沟口	fiɑ³⁵pa⁵⁵	mu³³xti⁵⁵	tʂɤ⁵⁵ə³¹tsʅ³¹	zʅ⁵⁵tʂɤ³¹
黑虎	fiɑ¹³³pa¹⁵⁵	mɤ³³sti⁵⁵	dʐə⁵⁵	zɤ⁵⁵tʂuə³¹
龙池	(mi³³) fiɑ³⁵pa⁵⁵	mu³¹ɕtɪ⁵⁵	dʑi⁵⁵	zuʂ⁵⁵
三龙	(mi³³) fiɑ³⁵pie⁵⁵	mə³³ɕtɕi⁵⁵	dʐə⁵⁵	zə⁵⁵tʂuə³¹
曲谷	ʐe pi	mə ɕtɕi	dʑi	zə tʂhu
雅都	(mi) ɹe pie	mi ɕtɕi	zə tʃhuə	
维古	ɹɑ piɑ	məːɕtɕi	dʑi	zə su
龙坝	ɹɑ pia	mə ɕi	dʑi	zəʂə
木苏	ɹɑ pie	mə ɕtɕi	dʑi	zəʂɤ
茨木林	ɹɑ pe	məsti	dʑi	zə tʃuə
扎窝	ɹɑ pi	mə sti	dʑi	zə tʃu
麻窝	ɹɑ pi	mə sti	dʑi	zə tʃ
芦花	ɹɑ pe	mə sti	dʑi	zə tʃ
羊茸	ɹɑ pe	mə sti	dʑi	zə tʃə
松潘	ja ba		tɕe	ɣʐutɕ
构拟				
说明				

调查点	裁缝	官	贼	野马
大岐山	phu⁵⁵ẓɿ⁵⁵m̩³¹	ʁə³¹	mə⁵⁵χtsu⁴²m̩³¹	χke⁵⁵z̞o³¹
桃坪	phu⁵⁵ʐi³¹mə³¹	dẓɿ³³	mə⁵⁵χkə³³	χkie³¹z̞u³³
曾头	pho³¹ɹɑ³¹ ɹi⁵⁵mu³¹	gẓɿ³⁴³	χkə⁵⁵mə³¹	χkie³¹z̞u⁵⁵
龙溪	pho³¹ɹɑ³¹ ɹi⁵⁵mu³¹	zɑ⁵⁵	mu⁵⁵ku⁵⁵mu⁵⁵	ko³¹ɹə³¹
绵篪	phu³³ɹi³³mu⁵⁵	za³¹	ku³¹mu³¹	ka³³ɹəu⁵⁵
索桥	phu³³ɹɑ⁵⁵mi⁵⁵	zə³¹	ʂku³¹tʂu⁵⁵	ʂko³¹ɹə⁵⁵
沟口	gys⁵⁵i³³im 55	zɤ⁵⁵	xky⁵⁵	ie⁵⁵mɑ⁵⁵
黑虎	guaʂ⁵⁵i³³im⁵⁵	zɤ⁵⁵	χkuə⁵⁵	ɕtɕya³⁵
龙池	guəʂ³³z̞i³³z̞im³³	ɣzə⁵⁵		xtɕu⁵⁵
三龙	guəʂ⁵⁵fiə³³ fiəɹm⁵⁵	ʁzə⁵⁵	ʂkuə⁵⁵	ɕtɕi³³uɹ
曲谷	(gus) fii iem	ʂku	ʂkuə	ʂkuə
雅都	(ɸɑ) im	gzə	ʂkuə	ʂkuy
维古	tshɑi ɸən	gzə	rkuə ʂuəm。	rkui。
龙坝	phoːi iæm	gzə	rkuək tʃuəm	rkuəɹ。
木苏	i iam	gzə	rkuəq ʂuɤm	rkuəɹ。
茨木林	ɹə ɹan	ɣzə	skuə tʃən	skuːɹ
扎窝	ɹə ɹan	ɣzə	skuə tʃən	skuə ɹə
麻窝	ɹə ɹan	ɣzə	ʂkuə tʃən	ʂku ɹɿ
芦花	ɹə ɹan	gzə	skuə tʃən	sku ɹɑ
羊茸	tʂop tʃən̩	gzə	skʉə tʃən̩	skʉːɹ
松潘	gus jin	ɣzu	xku	
构拟				
说明				

调查点	獾	野鸡	虱子	母马
大岐山	tiu⁵⁵ ku³¹	y⁵⁵ dz̪o⁵⁵ qu³¹	ʁdẓu⁵⁵	z̪øra⁵⁵ mie³¹
桃坪	tɕy³³ kua³³	yi³¹ dz̪y³³	χdẓuə³³	z̪u⁵⁵ ma³¹
曾头	tɕy⁵⁵ kuə⁵⁵	y³¹ gz̪y⁵⁵	χtʂuə³³	z̪u⁵⁵ ma³¹
龙溪	tie³¹ ku³¹	y³¹ z̪o⁵⁵	tʂi³³ ku⁵⁵	ɹo⁵⁵ mia⁵⁵
绵篪	ti³³ ku³¹	ʁɑ⁵⁵ i⁵⁵	dẓu⁵⁵	ɹəu³³ mia⁵⁵ nər
索桥	tɕo³¹ ku⁵⁵	y³¹ dz̪o⁵⁵	ʂtʂei³³ tʂu⁵⁵	ɹo³¹ mia³¹ or
沟口	than⁵⁵ tʂu⁵⁵ tsɿ³¹	y³³ dz̪y⁵⁵	xtʂɤ⁵⁵ z̪y⁵⁵	kho³⁵ ma⁵³
黑虎	tiu⁵⁵ kuə³¹	dẓu³³ dz̪u⁵⁵	ʂtʂe³⁵ z̪ṳə³¹	kho³⁵ ma⁵³
龙池	tiuk⁵⁵	u³³ lu⁵⁵	xtʂəz̪⁵⁵	y⁵⁵ ke⁵⁵
三龙	tɕu⁵⁵ kuə³¹	y³³ lu⁵⁵	ʂtʂə⁵⁵ gṳə³¹	u³³ mie⁵⁵
曲谷	tɕu khu̥	y dzu	n̥tʂəʂ ɹgu	yu¹ mi
雅都	tɕu ku̥	u ru	χtʂuz̪u	u¹ mi
维古	tɕu ku̥	uə ru	xtʂə rdẓṳə̥	ɹu mia
龙坝	tɕu khuə̥	yɑ ro	xtʂuɤdz̪	io rmia
木苏	tɕu ku̥	uə ru	xtʂə rgṳe	ɹu mi nr
茨木林	tʃuk	u ri	xtʂə ɤdẓṳe̥	ɹo mi or
扎窝	tʃu ku	u ri	xtʂu rdẓu̥	ɹu mi
麻窝	tiu ku̥	u ri	xtʂuydz̪	ɹu mi
芦花	tʉ ku̥	u ru	ʂtʂən dz̪ə	ɹo me or
羊茸	tʉ kuə	wədz̪ʉ	ʂtʃən dz̪ə	rgot ma
松潘		wudz̪u		jy me
构拟				
说明				

338 羌语方言研究（语音 词汇）

调查点	母山羊	公狗	母狗	杉树
大岐山	tsha^{55}va^{55}mie^{31}	khue^{55}dʐu^{31}	khue^{55}va^{55}mie^{31}	lu^{55}pho^{31}
桃 坪	tshie^{31}ma^{33}	khuə^{55}zɻ^{31}	khuə^{31}ma^{33}	lu^{33}phu^{33}
曾 头	khsie^{55}	khuə^{31}χda^{343}	khuə^{31}ma^{33}	lu^{55}pho^{55}
龙 溪	tɕha^{55}mia^{31}	khu^{55}ɕu^{31}	khu^{55}mia^{31}	lə^{31}
绵 篪	tshie^{31}ma^{33}	khua^{33}dʐa^{33}	khua^{33}mia^{31}	lu^{31}
索 桥	tshie^{55}mia^{55}	khu^{55}ʐdu^{55}	khu^{31}mia^{55}	lu^{31}
沟 口	tshe^{33}me^{55}	khy^{55}du^{55}	khue^{33}mi:^{55}	lɤ^{55}
黑 虎	tshe^{33}me^{55}	khuə^{33}du^{55}	khuə^{33}mi:^{55}	luɤ^{55}
龙 池	tshe^{33}mi^{55}	khu^{33}zdu^{55}	ɕmi^{55}χua^{33}	lə^{55}
三 龙	tshie^{33}mie^{55}	khuə^{55}zdu^{55}	khuə^{33}mie^{55}	lu^{55}
曲 谷	tshe mi	khu zdu	khus mia χa	lu
雅 都	tshe mie	khuə zdu	khuəs mia qha	luə
维 古	ʂua rmia	khuə zdu	khuə mia	lu
龙 坝	tsha mia	khuə zdo	khuə tsə mia qhua	lə
木 苏	tsha mi	khuə zdu	khuə tsə mie	lu
茨木林	tsha mi	khuə zdo	khuə mie	lɤ
扎 窝	tsha mi	khuə zdo	khuə mi	lɤ
麻 窝	tsha mi	khuə zdu	khuəs mi	lɤ
芦 花	tsha me	khuə zdo	khuə me	lɤ
羊 茸	tsha me	pho chi	mo chi	lɤ
松 潘	tɕhe me	khu di	khu me	ləp
构 拟				
说 明				

第三章 词汇

调查点	苦荞	麻秆	烟籽	铧头
大岐山	dzua⁵⁵	sɑ⁵⁵ χqə³¹	ie⁵⁵ zu³¹	ʁdʐu⁵⁵
桃坪	dzua³¹ tsuə³³	sɑ⁵⁵ χqə⁵⁵	ia³¹ zuə³³	dʐuə³³
曾头	dzuɑ³¹ tsuə⁵⁵	sɑ⁵⁵ χqə⁵⁵	ia³³ zuə⁵⁵	gʐuə⁵⁵
龙溪	zuɑ³¹ tsu³¹	so³¹ qə³¹	iɑ⁵⁵ zui³¹	ʐu⁵⁵
绵簾	dzua³³ tsʅ⁴²	sɑ³³ qa³¹	mu³³ khua⁵⁵ zui³¹	dʐu³¹
索桥	dzye³¹ tʂu³¹	so³¹ kə⁵⁵	ie⁵⁵ zy⁵⁵	ʐgu³¹
沟口	khu⁵⁵ tɕhɑu³¹	su⁵⁵ ni⁵⁵ khɣ⁵⁵	ian³⁵ zu⁵⁵	xuɑ³³ theu⁵⁵
黑虎	dʐuə⁵⁵ tʂuə³¹	soχ³⁵	iɑn³³ zuɣ⁵⁵	dʐue³³
龙池	dʐuʂ⁵⁵	su⁵⁵ kɑn⁵⁵ kɑn⁵⁵	ian⁵⁵ zu⁵⁵	gʐo³³
三龙	dʐuətʂ⁵⁵	suχ⁵⁵	ian⁵⁵ zu⁵⁵	guə³³
曲谷	dzutʂ	su χəʴ	iɑn zu	guʴ
雅都	dzuɑʂ	suːʴqha	ien zuə	guəʴ
维古	dzuəʂ	su rqə	ian zuə	guəʴ
龙坝	dzuəʂuə	so rq	rpia zuə	guəʴ
木苏	dzuɣʂ	su rqə	ian zuɣ	guə
茨木林	dzuə tʃu	so sqəʴ	tha mɑ kha zuɑ	guiʴ
扎窝	dzuə tʃu	so sqəʴ	mu khu zuə	quəʴ
麻窝	dzɣʂ(tʃ)p	suʂəʴ	ian zuə	guəʴ
芦花	dzɣtʃ	soz sgəʴ	mə xə zə	gəʴ
羊茸	dzɣ tʃə	so sqəʴ	ian zɣ	guʐə
松潘	dzu kha			
构拟				
说明				

调查点	梿枷把子	肉	猪膘	鸡蛋
大岐山	tø⁵⁵me³¹	tshə⁵⁵	pa⁵⁵khue³¹	y⁵⁵χtə³¹
桃 坪	tu³³ma³¹	tʃhʅ³³	pa³¹khye³³	i³¹χtə³³
曾 头	tu⁵⁵ma³¹	tʃhə³³	pa³¹khye⁵⁵	i³¹（y³¹）χtə³³
龙 溪	tu⁵⁵miɑ³¹	pɑ³¹pɑ⁵⁵	piɑ³³qhuɑ³³	i³¹tə³¹
绵 篪	təu³¹mu⁵⁵	piɑ³¹tsha³¹	piɑ³¹khua³¹	i³³ta⁵⁵
索 桥	tu³¹pi⁵⁵	tshə³¹	piɑ³³khue³¹	y³¹ʂtə⁵⁵
沟 口	tu³³mi⁵⁵	pas⁵⁵	ku⁵⁵tʂhy³¹	yxt⁵⁵
黑 虎	tuɤ³³mi⁵⁵	pas⁵⁵	pa³³xua⁵⁵	dzuəst⁵⁵
龙 池	tu³³mi⁵⁵	pas⁵⁵	pa khue⁵⁵	us⁵⁵
三 龙	ul⁵⁵	pas⁵⁵	pe³³fe⁵⁵	yst⁵⁵
曲 谷	tu mi	pies	pe xue	yst
雅 都	tu（e）mi	piets	pi xe	uəs
维 古	tuə miɑ	piɑ tsə̥	piɑ tsu	tɕou uə stə̥
龙 坝	tuə mia	pias	pia xua	tɕiɣost
木 苏	tuɑ mi	pies	pie xua	tɕiu ust
茨木林	tuə mie	pie tshə	piɑ khua	tiu stə
扎 窝	tuə mi	pi tshə	pi khuɑ	ci ust̥
麻 窝	tɤ mi	pis	pi xa	ust
芦 花	tə me	pets	pe khua	ciustə̥
羊 茸	tə mi	pe tshə	pe khua	ci uə stə
松 潘	tu ȵe pe	pæs	pe kho	wuxti̥
构 拟				
说 明				

第三章 词汇

调查点	酸菜	蜂糖	青稞酒	门
大岐山	kø⁵⁵ çy³¹	be⁵⁵ ly³¹	dzʐ⁵⁵ tɕhe³¹	dio⁵⁵
桃坪	ku⁵⁵ su⁵⁵	bə³¹ i⁵⁵	dzʐ³¹ tɕha³³	dio³¹
曾头	ku⁵⁵ suə⁵⁵	bə³¹ i⁵⁵	dzə³¹ tɕha⁵⁵	dio³⁴³
龙溪	ko³¹ tsuɑ⁵⁵	bu³¹ tshə⁵⁵	zə⁵⁵ çi³¹	diu³¹
绵篪	kəu³¹ si⁵⁵	ba³³ i³¹	dzʐ⁵⁵ tɕha³¹	dio⁴²
索桥	ko³¹ tsua⁵⁵	bəi³¹ i⁵⁵	dzə⁵⁵ i⁵⁵ bəi⁵⁵	dʐu³¹
沟口	kue³³ tse⁵⁵ pi³³	bu⁵⁵ i⁵⁵	zə³³ hĩ⁵⁵	dʐy⁵⁵
黑虎	kue³³ tsə⁵⁵	bəi⁵⁵	dzɤ³³ çi⁵⁵	dʐuə⁵⁵
龙池	kue³³ tse⁵⁵	biʐ⁵⁵	dʑi³³ hĩ⁵⁵	men³¹
三龙	kue³³ tsie⁵⁵	tei⁵⁵	dzə³³ hĩ⁵⁵	dʐuə⁵⁵
曲谷	kue tse	bui	dzə hĩ	mən
雅都	ku tsu	biː	dzə çi	dʐuə
维古	ku tsuɑ	buy	dzə xi	dʐuəq pu
龙坝	ku tsa	bu iyi	dzə çi	ʐuə ~ dʒuə
木苏	ku tsuɑ	buː	dzə xi	dʐuɤ
茨木林	tɕue ku tʃə	bək boː	dzə xi	dʒu χpu
扎窝	kutʃ	buːʁɑ	dzə tɕhi	dʒu χpo
麻窝	ku tʃa	buː	dzə xi	diuq pu
芦花	ku tʃa	buː	sə ßa tɕhe	do χpo
羊茸	ku tʃə tʃʉa	bøː	tɕhe ʁlɑ	(do qo) dʉ
松潘	kotsu	ʁɲy matha	hĩ	dy
构拟				
说明				

调查点	火链	木碗	烟子	背兜
大岐山	tsa⁵⁵ ʁmie³¹	se⁵⁵ ʁu³¹	nkhue⁵⁵	dʐo⁵⁵
桃坪	tsia³¹ χma³³	sie⁵⁵ ʁu³³	mi³¹ khuə³³	dʐo³¹
曾头		sie⁵⁵ ʁu³¹	(tshie³³ pa⁵⁵) ni³³ khuə³¹	gʐo⁵⁵
龙溪	tʂa⁵⁵ mia⁵⁵	si³¹ ʁu⁵⁵	mu³¹ khu⁵⁵	gu⁵⁵
绵篪	tsua³³ mia³¹	se³³ ɣəu⁵⁵	mu³³ qhua³¹ ʁɿa⁵⁵	dʐo³¹
索桥	ʂtʂa³¹ mia³¹	si³¹ tʂa⁵⁵	mu⁵⁵ khu⁵⁵	qʁ⁵⁵
沟口	xtʂa⁵⁵ ma⁵⁵	sɤ³³ ɣu⁵⁵	muk⁵⁵	dʐʏ⁵⁵
黑虎	ʂtʂe³³ ma˙⁵⁵	to³³ pa⁵⁵ ʁu³³ tʂa⁵⁵	mɤ³³ kuə⁴² khue⁵⁵	dʐuə³³
龙池	χtʂa⁵⁵ ma⁵⁵	çi⁵⁵ ʁu⁵⁵	mux⁵⁵	dʒu⁵⁵
三龙	ʂtʂaː⁵⁵ ma⁵⁵	ia⁵⁵ ʁo⁵⁵	ʁlap⁵⁵	guə³³
曲谷	xtɕei mi	iaŋ ʁu	mux	gua
雅都	χtʂei mie	pu ʁu	mu xu	gua
维古	qhsa rmia	sə ʁuːtʂa	u xu	guəˈ
龙坝	qsɑ rmia	sə ʁo tʂa	mu xu	guəˈ
木苏	qhsɑ rmi	sə ʁuə tʂa	mu xu	guəˈ
茨木林	qsa ɹɑ me	si ʁuə	mu khu	guˈ
扎窝	χsɑ rmi	si ʁuə	mu khu	guˈ~pi tu
麻窝	χtsaːˈmi	si ʁu	mu xu	guɹu~piːtu
芦花	χtsɑ me	si ʁo	məx	guˈ~guˈ
羊茸	χtsa rma	si ʁɐə	mə khə	gʐɐ
松潘		sə ʁo	mux	taqu
构拟				
说明				

第三章　词汇　　343

调查点	天亮	冰	前天	大后天
大岐山	zə⁵⁵ ɕyɑi³¹	tsue⁵⁵ pe³¹	dʐə⁵⁵ dʐe³¹	sø³¹ di⁵⁵
桃坪	u⁵⁵ ɕya⁵⁵	tsuə³¹ pe³³	dʐə³¹ sie³³ sie³³	dy³¹ sy³³
曾头		tsuə³³ pe⁵⁵	dʐə³¹ sie⁵⁵ sie⁵⁵	dy³³ sy³³
龙溪	mu⁵⁵ ɕya⁵⁵	tsu⁴² pɑ⁵⁵	ʑə⁵⁵ si³³	so³¹ di⁵⁵
绵篪	hɑ³³ ɕya³³（qɑ¹³）	tsua³³ pɑ⁵⁵	dʐa⁵⁵ se³¹	di³¹ səu⁵⁵
索桥	hɑ³¹ ɕya⁵⁵	tsu³¹ pɑ⁵⁵	dʐə⁵⁵ si⁵⁵	so³¹ dzi⁵⁵ si⁵⁵
沟口	mu⁵⁵ ɕy⁵⁵	tsu³³ pɑ⁵⁵	dʐə⁵⁵ sə⁴²	dy³³ ɕy⁵⁵ na⁵⁵
黑虎	mɤ³³ ɕu⁵⁵	tsuɤ³³ pɑ⁵⁵	dʐəi⁵⁵	diu³³ ɕu⁵⁵
龙池	mu⁵⁵ tə³³ ɕy⁵⁵	tsu³³ pɑ⁵⁵	dʐəs⁵⁵	dy³³ ɕy⁵⁵
三龙	mə⁵⁵ ɦo³³ su⁵⁵	tsuə³³ pɑ⁵⁵	dʐəi⁵⁵	dʐe³³ su⁵⁵
曲谷	mu u su	tsə pɑ	dʐəs	dʑi su
雅都	mu tu su	tsə pɑ	dʐəs	dʑu su
维古	mə tə su	tsə pɑ	dʐə sə̥	dʑi su
龙坝	mə tə so	tsuə pɑ	dʐəs	dʑi so
木苏	mə tu su	tsə pɑ	dʐəs	dʑu su
茨木林	mə ɕu	tsə pe	dʐə si	də siu
扎窝	mə siu	tsə pu	dʐə si	də siu
麻窝	mə də siu	tsə pi	dʐə si	də siu
芦花	mə dø sʉ	tsə pi	tʐə si	dø sʉ
羊茸	mə dø sʉ	tsɤ pe	dʐə si	dʉ sʉ
松潘	mə tə syʂəj	tsupa	dʐə s	di su
构拟				
说明				

调查点	咳嗽	柏枝	初二	羊毛线杆
大岐山	tshu⁵⁵ qhɑ³¹ ʁdʑe⁵⁵	zu⁵⁵	tshu⁵⁵ ɹə³¹	pø l̩⁵⁵
桃坪	tshu⁵⁵ χqɑ³¹ (qhɑ³¹)	zy³⁴³	ni⁵⁵ tɕy³³	pu³³ lə³³
曾头	tshu⁵⁵ qhɑ³¹	zy³⁴³	ni⁵⁵ tɕy³³	pu⁵⁵ lə⁵⁵
龙溪	tshu⁵⁵ tɑ⁵⁵	zu⁵⁵ mɑ⁵⁵	nə³¹ tio³¹	po⁵⁵ li³¹
绵篪	tsho³³ χuɑ⁵⁵	xəu³¹ pho⁵⁵	n̩³³ tiu³¹	pu⁴³ lu⁵⁵
索桥	təxɑ³¹ kəi⁵⁵	χo³¹	ni³¹ dʐo³¹ si⁵⁵	po⁵⁵ li⁵⁵
沟口	tshu⁵⁵	zu³³ mɑ⁵⁵	tshu⁵⁵ ə¹³⁵	pu⁵⁵ zʁ⁵⁵
黑虎	tshuʁ⁵⁵ tshuʁ⁵⁵	zuʁ³³ mɑ⁵⁵	i³³ tiu⁵⁵	pul⁵⁵
龙池	tshu⁵⁵	ʑi³³ mɑ⁵⁵	miɕ⁵⁵	pul⁵⁵
三龙	tshuə³³ te⁵⁵	zuə³³ mɑ⁵⁵	hĩ³³ tɕu⁵⁵	pəl⁵⁵
曲谷	tshup lu	zuɑ mɑ	hĩ tɕu	dʑil
雅都	tshuəp liu	zu mɑ	iu tɕu	puy
维古	tshup lu	zu mɑ	i tɕu	pu i
龙坝	tshuəp lo	zuə mɑ	i tɕu	pul
木苏	tshup lu	zuʁ mɑ	i tɕu	pul
茨木林	tshuə ʐu	zuə	ɣnə tɕu	puʐə
扎窝	tshuə χədʒu	zuə si	ɣnə tʃu	puʐ
麻窝	tshu χu liu	zə mɑ	ɣnə tiu	puʐ
芦花	tshɑ kuɑ dʒu	zə si	ɣnə tʜ	puʐ
羊茸	tshə pə dʐʜ	zuə	ɣnə tʜ	pʜzə
松潘	tshu		ɣn̩tyʜ	
构拟				
说明				

第三章 词汇

调查点	名字	死人	地方	气息
大岐山	ʁmə⁵⁵	tə³¹sə⁵⁵m̩³¹	zue³¹pe⁵⁵	
桃坪	χmə³³	tə³¹ʂe⁵⁵mə³³	zuə³¹pə³³	
曾头	χmə⁵⁵	tə³¹ʃe⁵⁵mə³¹	zuə³³pə⁵⁵	ma³¹tʃə⁵⁵
龙溪	mi³¹tsə⁵⁵	a³¹ɕa³¹mu³¹	zu³³qə⁵⁵	a³¹su⁵⁵~a³¹χu³¹
绵篪	ma⁴²ma⁵⁵		zua³³pa³¹	tɕhi²⁴
索桥		ɕɑ³¹mu⁵⁵	zu³¹pu³¹	
沟口	min³³tsɿ⁵⁵			mus⁵⁵
黑虎	mɣ⁵⁵	a³³ʂam⁵⁵	zɣ³³qɣ⁵⁵	mɣs⁵⁵
龙池	z̩mu⁵⁵		zəp⁵⁵	mus⁵⁵
三龙	z̩mə⁵⁵	e³³ʂem⁵⁵	zəp⁵⁵	məs⁵⁵
曲谷	ʁmɿ	i ɕe ʙe	dez	sem
雅都	z̩mə	de ʂem	zəp	məs
维古	rmə	ʂə̃m	dez	məs
龙坝	rmə	da ʂam	zəp	məs
木苏	rmə	də ɕam	zəp	məs
茨木林	rmə	da ɕin	zəp	məsa
扎窝	rma sa	da ɕin	zəp	məs
麻窝	rmə	ʂə̃n	zəp	məs
芦花	rmɑsɑ	de ɕin	zəp	məs
羊茸	ʁma	ɕə ɲa	zə pə	mə sə
松潘	ɣmɿ	ɕan	dʑəp	məʂ
构拟				
说明				

调查点	根	梦	性命	一庹
大岐山		ʁmø⁵⁵	sø⁵⁵	a³¹ʑe⁵⁵
桃坪	kie²⁴	χmu⁵⁵	siŋ¹³miŋ¹³	a³¹ʑi·³³
曾头	kie³³	kuə³¹χmu⁵⁵	su⁵⁵	a³¹ʑe³⁴³
龙溪	ka³³po⁵⁵	mo³¹	so⁵⁵	ɑ³³tu³³
绵篪	ka³¹ka³¹	mo³¹	səu⁵⁵	ɑ³³ʑe⁵⁵
索桥		ʐmo³¹	so⁵⁵	ɑ³¹ʑe⁵⁵
沟口	xky⁵⁵kia³¹		ɕy⁵⁵	e³³ʑi·⁵⁵
黑虎	χən³³tha⁵⁵		ɕu⁵⁵	a³¹ʑi·⁵⁵
龙池	ko³³po⁵⁵	ku³³ʐmu⁵⁵	su⁵⁵	a³³phai·⁵³
三龙	ke³³pu⁵⁵	tɑu⁵⁵pu⁵⁵	su⁵⁵	e³³ʑi⁵⁵
曲谷		tɑ pu	ku tɕi	e ze
雅都	ko po		ku (e) tʃe	e ze
维古	kɑ pɑ	rmu ʁe	su	ɑ ziɑ
龙坝	kɑ pɑ	rmo bʐi	so	ə zia
木苏	kɑ pɑ	rmu ʁe	su	e ze
茨木林	kɑ pɑ	rmo	siu	a zi
扎窝	kɑ pɑ	rmo ʁe	siu	a zi
麻窝	kɑ pɑ	rmu (ʁe¹)	sy	ɑʐɣi
芦花	kɑ pɑ	rmu ʁe	sʉ	ɑ zɛ
羊茸	kɑ pɑ	rmʉ ʁji	sʉ	e zi
松潘	kə	muʐy	so	ʑi
构拟				
说明				

调查点	一节（骨）	一年	一天	一早晨
大岐山	a³¹ sɑ³¹	a³¹ pu⁵⁵	a³¹ se⁵⁵	a³¹ tə⁵⁵ çya³¹
桃坪	a³¹ dzuɑ³³	a³¹ pə³³	a³¹ sei³³	
曾头	a³¹ sa⁵⁵ qhɑ³³	a³¹ pə³³	a³¹ sie⁵⁵	a³¹ tɕha⁵⁵ mə⁵⁵ thie³³
龙溪	ɑ³³ sɑ³³	ɑ⁵⁵ pu³¹	a³¹ si³¹	ɑ⁵⁵ tsue⁵⁵
绵篪	ɑ³³ sɑ³¹	ɑ³¹ pu³¹	a³¹ se³¹	ɑ³³ tɕhɑ⁵⁵ li³¹
索桥	a³¹ sɑ³¹	ɑ⁵⁵ pu⁵⁵	a³¹ si³¹	a³¹ tsye⁵⁵
沟口	e³³ tɕets¹⁵⁵	ɑp⁵⁵	ɑ⁵⁵ sə³¹	e³³ tsue⁵⁵
黑虎	ɑ³³ saq⁵⁵	ɑp⁵⁵	as⁵⁵	ɑ³³ tsuə⁵⁵
龙池	ɑ³³ saq⁵⁵	ɑp⁵⁵	aç⁵⁵	ɑ³³ tsueʂ⁵⁵
三龙	ɑ³³ saq⁵⁵	ɑp⁵⁵	ɑs⁵⁵	e³³ tsy⁵⁵
曲谷	ɑ saq	ɑp	ɑs	e tsue
雅都	ɑ saq	ɑp	ɑs	e tsue
维古	a saq	ap	asə	e tsui
龙坝	a saq	ap	as	e tsui
木苏	a saq	ap	as	e tsui
茨木林	a saq	a pə	a si	ɑtsue
扎窝	a saq	ap	a si	ɑ tsuə
麻窝	a saq	ɑp	e si	ɑtsɤi
芦花	a saq	ɑp	e si	ɑ tsɛ
羊茸	a sɑq	ɑ pə	e si	ɑ tse
松潘	dzue	pə	si	tsuetɕ
构拟				
说明				

调查点	一瓢	一揩	一刀	一觉（睡）
大岐山	a³¹ qhui⁵⁵ bə³¹ tʂhi⁵⁵ tʂhi⁵⁵	a³¹ χkui⁵⁵	a³¹ lɿ⁵⁵	a³¹ tue⁵⁵
桃坪	a³¹ za³³	a³¹ kyi³³		a³¹ χdue³³
曾头	a³¹ gzie⁴² pə³¹ tʂhe³³	a³¹ ba³⁴³ dio³⁴³	a³¹ tʂho⁵⁵	a³¹ χdue³⁴³
龙溪	a³¹ za³³	a³¹ kua³¹	a³¹ tshua⁵⁵	a³¹ zue⁵⁵
绵篪	a³³ za⁵⁵	a³³ kui⁵⁵	a³³ tshua⁵⁵	a³¹ da³¹
索桥	a³¹ za⁵⁵ tʂu⁵⁵	a³¹ kue⁵⁵	a³¹ tshua⁵⁵	a⁵⁵ ʐdye⁵⁵
沟口		e³³ kue⁵⁵	a³³ tshua⁵⁵	a⁵⁵ dua⁵⁵
黑虎	a³³ za⁵⁵	a⁵⁵ ʐua³¹	a³¹ tshua⁵⁵	a³³ dua⁵⁵
龙池	a³³ za⁵⁵	a³³ kue⁵⁵	a³³ tshua⁵⁵ ~ a³³ kua⁵⁵	a³³ zdua⁵⁵
三龙	a³³ za⁵⁵	e³³ kue⁵⁵	a³³ tshua⁵⁵	e⁵⁵ ʐdy⁵⁵
曲谷	ɑ zɑ	e kue	ɑ xə̊	ɑzd
雅都	a χa dzə	e kue	ɑ tshuɑ	e zdue
维古	ɑ zɑ	a kua	ɑ tshuɑ	ɑ zduɑ
龙坝	ɑ zɑ	a kua	ɑ tshuɑ	ɑ zduɑ
木苏	ɑ zɑ	a kua	ɑ tshuɑ	ɑ zduɑ
茨木林	ɑ ze	a kuə	ɑ tshɑ	a zdi
扎窝	ɑ zɤ	a kua	ɑ tshuɑ	a zdi
麻窝	ɑ zʑi	a kua	ɑ tshɑ	a zdɑ
芦花	ɑ zɛ	a kua	ɑ tshɑ	e zdi
羊茸	ɑ ze	a kʉa	ɑ tshɑ	e zdi
松潘				
构拟				
说明				

调查点	直的	老	冷（天气）	冷（水）
大岐山	χ(ɕ)ti³¹ χ(ɕ)ti⁵⁵	ɹə³¹ pɪ⁵⁵	m̩³¹pe⁵⁵	tsue³¹χtø⁵⁵
桃坪	χtə³¹tə³¹	ə˞³¹pə³¹	mən³¹pe³³	χtu³³
曾头	qə³¹χtə⁵⁵	pə³³	mən³¹pe⁵⁵	χtu³³
龙溪	ti³³ti³³	ʁɑ³¹pɪ³¹	mu³³pɑ⁵⁵	to⁵⁵
绵簾	tei⁵⁵	a³¹pei¹³	ma²⁴thəu⁵⁵	təu⁵⁵
索桥	ʂtə⁵⁵kəi⁵⁵	ha³¹pəi³¹kə⁵⁵	tho⁵⁵	ʂto⁵⁵
沟口	ɤ³³xtɤ⁵⁵	ɦe³³tʂek⁵⁵	mu⁵⁵pa⁵⁵（pa⁴²）	xty⁵⁵
黑虎	pɤ³³ʂə⁵⁵	ɦop³³ka⁵⁵	m̩³³pa⁵⁵	ɕtiu⁵⁵
龙池	stetʂ⁵⁵	ɦop³⁵	men³³pa⁵⁵	ɕty⁵⁵
三龙	əst⁵⁵	ɦɑp⁵⁵	m̩³³pɑ⁵⁵	ɕtɕu⁵⁵
曲谷	stət ʂ	qɑ pɑ	mu pɑ	stu
雅都	khɑp	ɑ tʃhu̥ə̥	mi³³pe⁵⁵	stu
维古	stə tʂə̥	dɑp	mu pu	ɕtɕu qu
龙坝	stɑtʂ	pə	mə pɑ	ɕo (ɕtɕo)
木苏	stər̥	dɑp	mu pui	ɕtɕu
茨木林	stə tʂhə	dɑ pə	mɤ pe	kʂu
扎窝	stətʂ	dɑ pə	mə pu	kʂu
麻窝	stətʂ(r̥)	dɑp	mu pu	stiu qu̥
芦花	stətʂ	dɑp	mo po	stʉ
羊茸	qə stə	dɑpə	mɤ pe	stʉ
松潘	xtə	ɦepi̥	thy	xtyq
构拟				
说明				

调查点	锋利	贵	也	不
大岐山	zɿ⁵⁵	qə³¹ χkø⁵⁵	lə³¹	mi³¹
桃 坪	tsei³¹ tsie³³	phə³¹ ly³³	nə³³	mi⁵⁵
曾 头	tsie⁵⁵	phə³¹ ly⁵⁵	nə³³	mi⁵⁵
龙 溪	tɕɑ³¹	phu⁵⁵ liəu⁵⁵	nə³³	mi⁵⁵
绵 篪	tsa³¹	pha⁵⁵ liu³³	la³³	mi⁵⁵
索 桥	tsie⁵⁵		nə⁵⁵	mɑ³¹
沟 口	tse⁵⁵	phe³³ ly⁵⁵		mɑ³³~me³³
黑 虎	tse³³ ka⁵⁵	phɤ³³ lu⁵⁵	lu⁵⁵	ma⁵⁵
龙 池	tse⁵⁵	phe³³ ly⁵⁵	lə⁵⁵	me⁵⁵
三 龙	tsie⁵⁵	phə³³ lu⁵⁵		mɑ⁵⁵
曲 谷	dze	phu lu	lə	mɑ
雅 都	tse	phu liu	lə	mɑ
维 古	tsa	phə lu	l̩	ma
龙 坝	tsa	phə la	l̩	ma
木 苏	tsa（qe）	phu lu	l̩	ma
茨木林	tsa	phə la	l̩	mi
扎 窝	tsa	phə la	la	mi
麻 窝	tsa（qe）	phə la	l̩	ma
芦 花	tsa	phə la	l̩	ma
羊 茸	tsʉa	phə la	l̩	ma
松 潘	tɕet	phu ly	lə	ma
构 拟				
说 明				

第三章　词汇

调查点	别	慢慢地	和	最
大岐山	tɕi³¹	ɑ³¹tɕi⁵⁵tɕi⁵⁵	ni³¹	χɕu⁵⁵
桃坪	tsɿ⁵⁵	ɑ³¹tɕha³³	na³³	tɕhy³³
曾头	tsɿ³¹	ɑ³¹tɕha⁵⁵tɕha⁵⁵	na⁵⁵	khɕy³³
龙溪	tsə³¹	ɑ³³tɕha⁵⁵tɕha⁵⁵	nɑ³³	tɕho³¹
绵篪	tɕi⁵⁵	ɑ³³kha³³kha³³tsɿ⁵⁵	niɑ⁵⁵	ɕo³¹
索桥	tɕe³¹	ɑ³¹kha³¹tʂə⁵⁵	niɑ⁵⁵	ɕo³¹
沟口	tɤ⁵⁵	ɑ³³kha³³khia⁵⁵	na⁵⁵	tʂhy⁵⁵
黑虎	tsɤ⁵⁵	kha⁵⁵ka⁵⁵	na⁵⁵	ʂu⁵⁵
龙池	tɕi⁵⁵	ɑ³³kha⁵⁵	na⁵⁵	tʃhu³⁵ ~ khʂu⁵⁵
三龙	tʂə⁵⁵	e³³khe⁵⁵	khe⁵⁵	nɑ⁵⁵xʂu⁵⁵
曲谷	tɕɑ	ɑ kha kha ȵi	ȵi	xɕu
雅都	tɕɑ	aːkhaːkha	ȵɑ	khʂu
维古	ɕi	a kha	ȵa	khɕu
龙坝	tɕi	a kha kha	ȵɑ	kɕu
木苏	ɕi	e kha e kha	ȵa	khɕu
茨木林	tɕi	a thia a thia	ȵi	kʂu
扎窝	təi	ɑ ci ɑ ciɑk	ȵi	xʂu
麻窝	tɕi	a khaːk	ȵi	xɕu
芦花	tɕi	a cha cha	ȵi	kʂu
羊茸	tɕi	a tɕha a tɕhak	ȵe	khɕʉ
松潘	tɕi		nə	tik
构拟				
说明				

调查点	要	穿（鞋）	穿（针）	戴
大岐山	ge⁵⁵, mɑ³¹ ɹɑ⁵⁵	(tɑ³¹tɕe⁵⁵) tsu⁵⁵	(χɪ³¹) sʅ⁵⁵	tɑ⁵⁵
桃 坪	tɕha³³	tʃuə⁵⁵	ʃʅ³³	tɑ³³
曾 头	ye⁵⁵dɑ³¹tɕi³³	tʂuə³³	ʃʅ³³	tɑ³³
龙 溪	tɕhi⁵⁵	tsu⁵⁵	sə⁵⁵	(ʁɑ⁵⁵) tɑ⁵⁵
绵 簾	khi⁵⁵	tɑ³³tsu¹³	sʅ⁵⁵	tɑ³¹
索 桥	io⁵⁵tɕi⁵⁵	tə³¹tʂu³¹	sə³¹ʂə⁵⁵	ɦɑ³¹tɑ³¹
沟 口	tʂhə⁵⁵	tʂy⁵⁵	de⁵⁵ʂə³¹	tɑ⁵⁵
黑 虎	tɕhi⁵⁵	tʂuə⁵⁵	sə⁵⁵	tɑ⁵⁵
龙 池	tɕhi⁵⁵	tə³³χʂə⁵⁵	deʂ⁵⁵	(ɦɑ³³) tɑ⁵⁵
三 龙	tɕhi⁵⁵	tʂuə⁵⁵	ʂə⁵⁵	tɑ⁵⁵
曲 谷	tɕhi	tʂu	tɑʂ	tɑ
雅 都	tɕhe	tʃhə	tʃə	tɑ
维 古	tɕhi	ʂuə	(χe) thɑʂ̥	tɑ
龙 坝	tɕhi	tʃuə	ʂə (thɑʂ)	tɑ
木 苏	tɕhi	ʂuɤ	ʂə	tɑ
茨木林	thi	tʃuə	ʂə	tɑ
扎 窝	chi	tʃhə	ʂə	tɑ
麻 窝	tɕhi	tʃə	ʂə	tɑ
芦 花	chi	tʃə	ʂə	tɑ
羊 茸	chi	tʃə	çə	tɑ
松 潘	khi	ɣgu	tɕɑχtsu	
构 拟				
说 明				

调查点	抽（烟）	烟（动）	冬眠	跨过
大岐山	thie⁵⁵		so³¹ sɿ⁵⁵	(da³¹) χsø⁵⁵
桃坪	thie⁵⁵	mi³¹ khye³³	kuə³¹ sye⁵⁵	da³¹ tɕa³³
曾头	thie⁵⁵	tə³¹ ni⁵⁵ khuə⁵⁵	kuə³¹ sio⁵⁵	da³¹ tsa⁵⁵ ʁua⁵⁵
龙溪	tɕhi⁵⁵	mu³¹ khu⁵⁵	(ʁa³³) səu³³	da³¹ ʁua⁵⁵
绵篪	thie³¹	tɕhiu⁵⁵ tha³¹	i³³ ko³³ qa³⁵	i³³ tɕa¹³
索桥	tɕhi⁵⁵	mu⁵⁵ khu⁵⁵	ɦa³¹ so³¹	ʁua⁵⁵ tɕa⁵⁵
沟口	thə⁵⁵	muk⁵⁵ mɤ³³ khu⁵⁵		ʁua⁵⁵ tʂe⁵⁵
黑虎	tʂhe⁵⁵	mɤ³³ khuə⁵⁵	ɤ⁵⁵ suə³¹	da³³ ʁua⁵⁵
龙池	tʂhə⁵⁵	mux⁵⁵	tuŋ⁵⁵ mian³¹	da³³ ʁua⁵⁵ (tʃe⁵⁵)
三龙	tʂhə⁵⁵	muf⁵⁵	ə⁵⁵ suə³¹	da³³ ʁua⁵⁵
曲谷	tʂhe	tɕhiu tha	su pu lu	ʁua tse
雅都	tʂhe	mu xu	kə suə	da ʁua
维古	tʂhi	mu xui	suə	tə ʁua tsi
龙坝	tʂhi	(tə) mo xʉ	(kuə) suə	(tə) ʁuan tsha
木苏	tʂhi	mu xu	suə	da ʁua tsɑ
茨木林	tʂhe	dam khu	so	da ʁua tse
扎窝	tʂhɤ	dam khu	so	da ʁuɑ¹ tsi
麻窝	tʂhɤ	mu xu	su	ʁua tsɑ
芦花	tshɛ	mə khə	su	da ʁua tsɑ
羊茸	tʂhe	mə khə	so	ʁuɑ¹ tsɑ
松潘	tʂhe	mux		
构拟				
说明				

调查点	跳	踩	追上	碰到
大岐山	χsø⁵⁵	tɕhua⁵⁵	ʂə³¹ ʁdɿ⁵⁵	(tə)³¹ʂɿ⁵⁵χa⁵⁵
桃 坪	tshu⁵⁵	ɚ⁵⁵tɕhua³³	kuə³¹χde³⁴³	a⁵⁵tsu³³pa³³
曾 头	(tə³¹) qhsu⁵⁵	ɚ⁵⁵tɕhya³¹	kuə³¹χde³⁴³	kuə³¹χo⁵⁵ʂɿ⁵⁵
龙 溪	tsho⁵⁵ta³¹	tɕhya⁵⁵nio⁵⁵	a⁵⁵de⁵⁵	a³¹tso⁵⁵pa³¹
绵 篪	səu⁵⁵ta³¹	ɦa¹³tɕhya¹³	i³³de³⁵	tə⁵⁵ta⁵³
索 桥	so⁵⁵tie⁵⁵	tɕhy³¹tɕhya³¹	ɦa³¹z̞die³¹	tə³¹so³¹
沟 口	su⁵⁵te⁵³	tshuan⁵⁵ni⁵⁵	e³³te⁵⁵	tɤ³³tsu⁵⁵
黑 虎	so³³tə⁵⁵	tʂhua⁵⁵	a³³dza⁵⁵	a³³tsu⁵⁵te³³pə⁵⁵
龙 池	χsu⁵⁵te³¹	(ɦe³³) tʃhue⁵⁵	kutʂ³³ki⁵⁵	a³³tʃe⁵⁵tə³³pi⁵⁵
三 龙	χsu⁵⁵te⁵⁵	tʂhue⁵⁵	ə⁵⁵di⁵⁵	ə³³tsu⁵⁵pe⁵⁵
曲 谷	xsu te	ɦe³⁵tɕhye⁵⁵	ze zde	ze tɕi pe
雅 都	qhsu qhsu	tʃhuen̪	ki zde	e tʃi tip
维 古	qhsu qhsu	tɕhuɑn	dɑ zdi	ɑ ɕi ti pi
龙 坝	(tho) qso	(ˈa) tʃhua	(də) zdi	e ɕi tə pi
木 苏	tu qhsu	tɕhyan	de zdi	e ɕi tə pi
茨木林	qso	tsuɑ n̪i	dɑ zde	ɑ tɕe dapi
扎 窝	tə χsə	tʃhua n̪i	dɑ zdɤ	ˈa tɕi tə pi
麻 窝	χsu	tɕha n̪i	dɑ zdɤi	e tɕi ti pi
芦 花	qso qso	tɕheːn̪i	dɑ zdɛ	də tsu ci
羊 茸	tə χso	tʃa n̪e	dɑ zde	a tso de pi~ tətsoci
松 潘	χtso	tɕhyæn̪	tʂhək	tu tsu
构 拟				
说 明				

调查点	找	审问	哭	（鸡）叫
大岐山	mie⁵⁵ mie⁵⁵	dʐɑ⁵⁵ dʐɻ⁵⁵	zɑ⁵⁵	(y)³¹ çi⁵⁵
桃坪	tə⁵⁵ma³¹	dʐɑ³¹dʐə³³	zɑ³³	(yi³¹) sɻ³³
曾头	tə⁵⁵ma³¹	dʐɑ³¹dʐə³³	ŋə⁵⁵, zɑ³³	(tə³¹) sə⁵⁵
龙溪	mu⁵⁵liɑ³¹	ʐɑ³¹ʐə⁵⁵	ŋu⁵⁵, zɑ³³	si⁵⁵
绵篪	mu⁵⁵liɑ⁵³	dʐɻ³³dʐɻ⁵⁵	zɑ³¹	(ta³¹) si³¹
索桥	mu⁵⁵tie⁵⁵	dʐi³¹dʐi⁵⁵		si⁵⁵
沟口	mu⁵⁵te³¹	dʐə⁵⁵dʐə⁵⁵	ze⁵⁵ie⁵⁵	(tə³³) çi³⁵
黑虎	mi³³mia⁵⁵	dʐədʐ⁵⁵	ʐa³⁵	çi⁵⁵
龙池	ma³⁵	tə³³ləə⁵⁵	zɑ⁵⁵	(tə³³) çi⁵⁵
三龙	mi³³maː⁵⁵	dʐedʐ⁵⁵	zaː⁵⁵	si⁵⁵
曲谷	mɑˑk	ke dʐe	ze i	se
雅都	mu uˑ	ker	ziː	se
维古	məɣaˑ	kara	zie ia	si
龙坝	(təm) məgaˑ	(tə) khɑrɑ	zi ja	si
木苏	məˑga	kia rɑ	ze je	si
茨木林	mə guəˑ	ɣdʐe ɣdʐa	zə ɹz	sti
扎窝	mə guəˑ	ɣdʐa	zəːˑ (zə ɹz)	sci
麻窝	məyiˑ	ka ra	ɹz ʁz	si
芦花	mə giˑ	ʐdʐa	ɹz ez	sci
羊茸	mi gʐi	jdʐʉa~ ka jdʐʉa	ze ɹz	sci
松潘	ɣmæ		ze	çi
构拟				
说明				

调查点	掷	打铁	打架	打架（禽）
大岐山	qha³¹dɪ⁵⁵ ~ ʂə³¹tʂə⁵⁵	ɕi³¹tɕya⁵⁵	qu⁵⁵qua⁵⁵	tshe⁵⁵tshe⁵⁵
桃 坪	qha³³	ɕi³¹dio³¹	də³¹de³³ ~ quə³¹qua³³	də³¹de³³
曾 头	qha³³	dio³³	tə⁵⁵qua³¹	tshuə⁵³tshua⁵⁵
龙 溪	qho⁵³	diu⁵⁵	qu³¹qua⁵⁵	tshu³¹tshua⁵⁵
绵 篪	χo⁵⁵	dio²⁴	tʂə³¹tʂhi³¹	tshua⁵⁵
索 桥		ɕe³¹tye³¹	qu³¹qua⁵⁵	tu³¹tua⁵⁵
沟 口	kɤ³³te⁵⁵	za⁵⁵te⁵⁵		tʂe³³kua⁵⁵
黑 虎	qhuə⁵⁵	dzuə⁵⁵	qha⁵⁵	tshuɤ³³tshua⁵⁵
龙 池	qə³³tə⁵⁵	di⁵⁵te⁵⁵	qu³³qua⁵⁵	tshu³³tshua⁵⁵
三 龙	qhu⁵⁵	dʐuə⁵⁵	qə⁵⁵ʐdʐi⁵⁵	tshuə³³tshua⁵⁵
曲 谷	qhu¹	dʐu	qu qua	tshu tshua
雅 都	qhu¹	dʐuə	quə qua	tshuə tshua
维 古	qhu¹	dʐuə	quə qua	tshuə tshua
龙 坝	qho¹	dʒuə	quə qua	tshuə tshua
木 苏	qhu¹	dʐuə	qu qua	tshu tshua
茨木林	qho¹	dʒu	quə qua	tshuə tsha
扎 窝	qho¹	dʒu	quə qua	tshuə tshua
麻 窝	qhu¹	dy	quə qua	tshɤ tsha
芦 花	qho¹	dʉ	qo qua	tshə tsha
羊 茸	qhʂo	dʉ	quə qua	tshɤ tsha
松 潘	rguat		tua ti	
构 拟				
说 明				

第三章 词汇

调查点	起来	消（肿）	死	忘记
大岐山	χa³¹ ɹɤ⁵⁵	ʂə³¹ çyo³¹ tha³¹	sə⁵⁵	tə³¹ ʁmə⁵⁵
桃坪	tə³¹ ə˞⁵⁵ ~ tə³¹ z̩³³	ə˞³¹ ça⁵⁵	ʃe⁵⁵	kuə³¹ χmi⁵⁵
曾头	tə³¹ ə˞⁵⁵	ə˞³¹ ça⁵⁵	ʃe⁵⁵	kuə³¹ χmi⁵⁵
龙溪	tə³¹ ɹu⁵⁵	ʁɑ³¹ siɑu⁵⁵ thɑ³¹	a³¹ çɑ³¹	χo³¹ mu³¹
绵篪	tə³¹ ɹɤ³¹	ɦɑ³³ çɑ²⁴	ta³³ s̩²⁴	da³¹ mə³¹ çiɑ⁵³
索桥	tə³¹ z̩u¹³¹	sə³¹ sio⁵⁵ tha⁵⁵	die³¹ ça¹³¹	die³¹ z̩mu³¹
沟口	tə³³ ɣy⁵⁵	ɦɑ³³ ʂa⁵⁵	a³³ ʂa⁵⁵	e⁵⁵ mə⁵⁵
黑虎	tɤu⁵⁵	ɦɑ³³ ʂa⁵⁵	a³³ ʂa⁵⁵	e⁶⁶ mɤʴ¹³²
龙池	tei⁵⁵	ɦe³⁵ ʂe⁵⁵	ku³³ ʂe⁵⁵	ku³³ z̩mu⁵⁵
三龙	təu⁵⁵	ɦe³³ ʂe⁵⁵	e³³ ʂe⁵⁵	z̩mə⁵⁵
曲谷	tu y	ɦe çe	çya	z̩mə
雅都	tuy ~ tu iu	e ʂe	de ʂe	z̩mə
维古	tui	əç ça	də ça	rmə se
龙坝	to iu	a ʂa	da ʂa	rmə
木苏	tuˈ	e ça	da ça	da rmə
茨木林	tə ɹu	da sie	da çe	da rmə
扎窝	tə ɹu	da si	da çi	da rmə
麻窝	tu ɹu	e si	ʂə	(daˈma) ~ rmə
芦花	tə ɹɤ	da si	da çi	(daːma) ~ rmə
羊茸	tə ɹə	se	da çe	(daˈmə) ~ rmə
松潘	təj		ça	quɤm
构拟				
说明				

调查点	认识	拔	剥（皮）	杀
大岐山	sʅ⁵⁵	χte⁵⁵	qi⁵⁵	ʂə³¹ tshuɑ⁵⁵
桃 坪	sʅ³¹ zʅɑ³³	tə³¹ χto³³	qe³³	qə⁵⁵ te³³
曾 头	tə⁵⁵ sʅ³³	tə³¹ χtue³³	qe³³	tʃʅ³³
龙 溪	sə⁵⁵ sə⁵⁵	sə³¹ te⁵⁵	qɑ⁵⁵	tso³¹ tso⁵⁵
绵 篪	χɑ³³ sʅ³¹	ʂa³³ tua²⁴	(ɹa⁵⁵) qɑ³¹	tsʅ³³ tɕɑ⁵⁵
索 桥	sə³¹ sə³¹	ʂtie⁵⁵	(ɹa³¹) qɑ⁵⁵	tshuɑ⁵⁵
沟 口	sə⁵⁵	xte⁵⁵	kaɹ⁵⁵	se⁵⁵
黑 虎	sə⁵⁵	stə³³ stə⁵⁵	qɤɹ⁵⁵	tʂə⁵⁵
龙 池	tshũ³³ ɦũ⁵⁵	ha³³ phe⁵⁵	qa⁵⁵	tʃu³³ tʃu⁵⁵
三 龙	sə⁵⁵	ɕti⁵⁵	qəɹ⁵⁵	tʂə⁵⁵
曲 谷	ʐn sʅ pu ndz̩ə nez̩		qɑ qɑ	tʂə
雅 都	sə	stui stue	(ɹe) qe	tʃə
维 古	sə sə	stu stuɑ	qɑ	ʂə
龙 坝	sə	stua	(ɹa) qə	tʃə~atʃ
木 苏	sə	stuɑ	(er) qə	ʂə
茨木林	sə	stuɑ	tə (er) qə	tʃə
扎 窝	sə	stuɑ	qə qɑ	tʃə
麻 窝	sə	sta	qɑ	tʃə
芦 花	sə	sta	qə qɑ	tʃə
羊 茸	sə	sta	qɑ	tʃʉə
松 潘	tɕhoŋu̥	xtuə	qæ	tɕi
构 拟				
说 明				

调查点	偷	借	锁（门）	包
大岐山	χtsu⁵⁵	ŋa³¹ sʐ⁵⁵	ɹə³¹ suɑ⁵⁵	tə³¹ po⁵⁵ thɑ³¹
桃坪	mə⁵⁵ χkə³³	zʐ³⁵ ni³¹	ə¹⁵⁵ suɑ³³	quɑ³³ te³³ ~ ku³³
曾头	χkə³³	tʂe⁵⁵	suɑ³³	quɑ⁴⁴ te³³
龙溪	tə³¹ ku³¹	ni³¹ ɕɑ⁵⁵	tshɑ⁵⁵ suɑ³³	que⁵⁵ tɑ⁵⁵
绵篪		ŋe³³ ɕi⁵⁵	ʂuɑ³⁵	pɑu³¹
索桥	tə³¹ ʂku³¹	ŋe³¹ siɑ⁵⁵	suɑ³¹	quɑ³¹ tie⁵⁵
沟口	xky⁵⁵ pə⁵⁵	ɣuɑ¹³³ se⁵⁵	sue⁵⁵ ~ ɦe³³ suɑ²⁴	tɤ¹⁵⁵ kuɤ¹³¹
黑虎	χkuə⁵⁵	u³³ sə⁵⁵	sue⁵⁵	queɴ⁵⁵
龙池	tə³³ ʂku⁵⁵	dzəm³³ se⁵⁵	ɦo³³ su⁵⁵	te⁵⁵ que¹³¹
三龙	ʂkuə⁵⁵	ɦũ⁵⁵ ɕe⁵⁵	suɑ⁵⁵	pɑu⁵⁵ thɑ⁵⁵
曲谷	ʂkuə	ŋw se	suɑ	pɑu thɑ
雅都	ʂquəχ	ŋuɑ se	suɑ	qui que
维古	r̥kuə	i sɑ	suɑ	pɑu thɑ ~ que
龙坝	tɑr̥kuə	nə sɑ	o so	tə queɻ queɻ
木苏	r̥kuəq	i sɑ	ɑ suɑ	təq pe
茨木林	skuə	nə sɑ	suɑ	queɻ queɻ
扎窝	skuə	ŋuɑ si	suɑ	queɻ
麻窝	ʂkuə	ŋuə sɑ	sɑ	queɻ queɻ
芦花	skuə	dɑŋu sɑ	ɑ sɑ	tə queɻ
羊茸	skʉə	ŋʉə sɑ	sʉɑ	qʉə que
松潘	xkuts	ɲ̟iɕe	sy	que
构拟				
说明				

调查点	搓	称（动）	买	胜利
大岐山	sa l³¹ lə⁵⁵	tə³¹ tɕhe⁵⁵	po⁵⁵	tə³¹ qa⁵⁵
桃 坪	li³³ dzʐa³¹	tɕhe³³	（tə³¹）po³³	tə³¹ qa³³
曾 头	sʅ³¹ li⁵⁵	tɕhe⁵⁵	po⁵⁵	tə³¹ qa⁵⁵
龙 溪	sə³³ zʐa³³	tə³¹（tɕhi³¹）tɕhi⁵⁵	pu⁵⁵	tə³¹ qo³¹
绵 篪	ʂa³¹ li³⁵	tɕhe⁵⁵		ta³³ qa²⁴
索 桥	sə³¹ dzʐa³¹	tə³¹ tʂhi⁵⁵	（zə³¹）pʉ⁵⁵	in³¹ tha⁵⁵
沟 口	lə⁵⁵	tshə⁵⁵	pu⁵⁵	ku⁵⁵
黑 虎	ʃə³³ ʃə⁵⁵	tʂhə³³ tʂhə⁵⁵	pɤ⁵⁵	tɤ³³ qu⁵⁵
龙 池	ly³³ ly⁵⁵	tɤ³¹ hi³¹	pu⁵⁵	tə³³ qu⁵⁵
三 龙	lə³³ lə⁵⁵	tʂhə³³ tʂhə⁵⁵	pə⁵⁵	tə³³ qu⁵⁵
曲 谷	lə lə	tʂhə tʂhə	pu	tu qu
雅 都	liə	tʃhə tʃhə	pə	tu qu
维 古	ləl	tʂhətʂhə	pə	tə qu
龙 坝	sə ʃe ʃə	tə tʃhə	（dzə）pə	da qəˈ
木 苏	ləl	tət tʂhə	pə	qe
茨木林	zʐə zʐə	tə tʃhə	pu	da qe
扎 窝	dʒə dʒə	tətʃ	pu	da qe
麻 窝	dʒədʒ	tʃhəʂ	pu	tə qu
芦 花	dʒədʒə	skar	pu	da qe
羊 茸	dʒə	skaˈ	pʉ	qe
松 潘	lili	tʂhəq	pə	toχu
构 拟				
说 明				

第三章 词汇

调查点	关入	驮（粮）	磨刀	筛
大岐山	(da)³¹ tɕhy⁵⁵	da³¹ dʐa⁵⁵	(ʂə)³¹ su⁵⁵	ʂe⁵⁵
桃坪	(da²⁴) khyi³³	χkie³³	suə⁵⁵	sie³³ la³³
曾头	(u⁵⁵) khyi³¹	χkie³³	suə⁵⁵	thuã⁵⁵ thɑ³³
龙溪	(i³¹) tɕhy⁵⁵	ʁɑ³¹ kɑ³¹	su⁵⁵ suɑ⁵⁵	se³³ la³³
绵篪	(i³³) khui³¹			ʂe³³ la⁵⁵
索桥		ʂke³¹	(sə³¹) su⁵⁵	sie³¹ la⁵⁵
沟口	(e³³) tʂhy⁵⁵	xke⁵⁵	ʂy⁵⁵	ʂɤ⁵⁵
黑虎	tɕhyi⁵⁵	χki⁵⁵	suə⁵⁵	ɕi⁵⁵
龙池	(ku³¹) tɕhy⁵⁵	tə³¹ ʂke⁵⁵	tʃy⁵⁵ ~ ʂu⁵⁵	ɕi⁵⁵
三龙	tɕhy⁵⁵	χke⁵⁵	suə⁵⁵	si³³ la⁵⁵
曲谷	(i) tɕhy	ʂke	suə	se
雅都	tɕhu	ʂke	suə	qa̱ z̪guə̥
维古	tɕhu	rki̥a	suə	tə ɕiz̪
龙坝	(kuə) tɕhyi	rk̥e	suə	si
木苏	tɕhu	rk̥e	suə	sə
茨木林	thi	sti ska	suə	sə
扎窝	(da) tɕhi (sa)		suə	sə
麻窝	tɕhi	ʂka	sə	sə
芦花	(de) chi (sa)	ska	sə	təs
羊茸	chyi	ska	sʉə	khʂa¹
松潘			χtʂe	se
构拟				
说明				

调查点	招待	邀请，喊	算、数	泡
大岐山	da³¹ ʁui⁵⁵		sue⁵⁵ sue⁵⁵ ~ sue⁵⁵	ɹə³¹ χtə⁵⁵
桃 坪	χtie³³	ʁuɑ³³ zˌɑ³³	sy³¹ sye³³	ɚ⁻..ᵉ χtə³³
曾 头	χtie³³		sye⁵⁵	χtə⁵⁵
龙 溪	dɑ³³ ɕi⁵⁵	ʁuɑ³⁵	su³³ suɑ³³	tə⁴²
绵 篪	tie⁵⁵	ʁuɑ³³ ɹɑ⁵⁵	su⁵⁵ suɑ³¹	(fiɑ⁴⁴) tɑ⁵⁵
索 桥	te⁵⁵ tʂəi⁵⁵	zˌʁuɑ³¹ sɑ³¹	su⁵⁵ (ɹə⁵⁵) suɑ³¹	fiɑ³¹ pho⁵⁵ thɑ⁵⁵
沟 口	xtə⁵⁵	ɣuɑ⁵⁵ se⁵⁵	suɑ⁵⁵	xtʁ⁵⁵
黑 虎	stə⁵⁵ stə⁵⁵	ʁuɑ³³ sə⁵⁵	su³³ suɑ³³ suɑ⁵⁵	stʁ⁵⁵
龙 池	ɕti⁵⁵	zˌʁuɑ⁵⁵ se⁵⁵	su³³ suɑ³¹	stə⁵⁵
三 龙	stə⁵⁵	ʁuɑ³³ sie⁵⁵	su³³ suɑ⁵⁵	stə⁵⁵
曲 谷	tʂau tai pu	ʁuɑ se	suɑ	stə
雅 都	ɕtɕə	ʁuɑ se	ʂi ʂe	stə
维 古	ʂtʂə	ʁui ia	su suɑ	stə
龙 坝	ʂə (daʂ)	(dɑ) ʁuɑ ʁuɑ	(tə) suɑ suɑ	(ɑ) stə
木 苏	ʂtʂə	ʁuɑ sa	su suɑ	stə
茨木林	sti	ʁuɑ	suə suə	stə
扎 窝	sti	ʁuəʳ	suəsuə	stʁ
麻 窝	sti	ʁuəʳ	sʁ sɑ	tsʁ
芦 花	sti	ʁue ɹe	sə sɑ	(dɑ) st
羊 茸	sti	ʁua sa	sə sɑ	stʁ
松 潘	xʂəŋ	ʁua	sua	xtə
构 拟				
说 明				

第三章　词汇

调查点	洒	融化	耽搁	满
大岐山	phə⁵⁵～sɿ⁵⁵	χua³¹ tha⁵⁵	qa³¹ χtø⁵⁵	sue⁵⁵～sue³¹ zʅ⁵⁵
桃坪	sie³³	ɚ⁵⁵ dʑyi³¹	(kuə³¹) qa⁵⁵ χtu³³	(tə³¹) sye³³
曾头	phe⁵⁵	ɚ⁵⁵ dʑy³¹	qa⁵⁵ χtu³³	sye⁵⁵
龙溪	qə³¹ to⁵⁵	da³¹ z̻u⁵⁵	ʁa³¹ qə⁵⁵ to³¹	(tə³¹) sua³¹
绵篪	sa³³ pha³³ sa¹³	sa⁵⁵ dz̻u³¹	qa³³ təu⁵⁵	(ta³¹) sua¹³
索桥	sə³¹ sie⁵⁵ tie⁵⁵	die³¹ dz̻u⁵⁵	qa³¹ ʂto⁵⁵	(tə³¹) phu³¹
沟口	sə³³ se⁵⁵	hɤ³³ dz̻ɤ⁵⁵	ku⁵⁵ χtu⁵⁵	
黑虎	se³³ tə⁵⁵		qu³³ stu⁵⁵	(de³³) suə⁵⁵
龙池	sə⁵⁵ te⁵⁵	dz̻ə⁵⁵	(ku³³) qu⁵⁵ ɕtya⁵⁵	(tə³¹) sua⁵⁵
三龙	sɿ⁵⁵ la⁵⁵	dz̻ə⁵⁵	qu⁵⁵ stu⁵⁵	(tə³³) sye⁵⁵
曲谷	ɸie se	(pe) a dz̻ə	(ˀu) qu stu	(te) sue
雅都	se	ar	qu stu	(ti) sue
维古	phə tsi	ar	qu ɕtɕa	(da) sua
龙坝	qhu tshi	da dz̻ɤ	(kuə) qo ço	(da) sua
木苏	si	dz̻əi	qu stu	sua
茨木林	se	da dz̻ɤ	qo sto	(da) sua
扎窝	sɤ	dz̻e	qo sto	(da) sua
麻窝	qhɤ sɤi	dz̻ɤ	qu stu	sa
芦花	a sɛ	dare	(da) qo sto	(da) sa
羊茸	se	dz̻ɤ	qo sto	sua
松潘	se	dədz̻		tuso
构拟				
说明				

调查点	（棍）断了（自）	放、释放	破（使）	破裂
大岐山	χu³¹ pɑ⁵⁵	(dɑ)³¹ χlə⁵⁵	ʂə³¹ ba⁵⁵ ba⁵⁵ zʅ³¹	tə³¹ χpə⁵⁵ dzʅ⁵⁵
桃坪	ʁuə⁵⁵ χtɕa³³	ɕe⁵⁵	qhe⁵⁵	tə³¹ χpə⁵⁵
曾头	ʁuə³¹ χtɕa⁵⁵	ɕe⁵⁵	qhe⁵⁵	tə³¹ χpə⁵⁵
龙溪	(dɑ³¹) ʁə³¹	(dɑ³¹) ɬi³¹	ʁɑ³¹ ba³¹ zi⁵⁵ tsə³¹	tə⁵⁵ zʅ⁵⁵ dzʅ⁵⁵
绵篪	(ta⁵⁵) ɬu³⁵	(dɑ³³) ɬɑ³⁵		ʂa³³ pɑ¹³
索桥	die³¹ zʐə³¹ liɑ³¹	(die³¹) ɕi³¹	khʂəi³¹ khʂe⁵⁵	die³¹ dzʐəi³¹ dzʐəi³¹
沟口	dɤ⁵⁵ dzʐɤ³¹	(de³³) ɕi⁵⁵	khɤ⁵⁵	dɤ⁵⁵ kɤ⁵⁵
黑虎	dɤl³⁵	ɬi⁵⁵	qhɤ⁵⁵	de³⁵ f̥ə³¹
龙池	(dɑ³³) ʁlɑ⁵⁵	(de³³) ɬi⁵⁵	qhe⁵⁵	de³³ ʂpu⁵⁵
三龙	(dɑ³⁵) ʁle⁵⁵	(de³³) ɬi⁵⁵	qhə⁵⁵	daʂp⁵⁵
曲谷	(dɑ) ɣli	(de) ɬe	ʁʁ	dɑ xpi
雅都	(dɑ) ʁlie	(de) ɕe	qheˀ	daʂp
维古	(dɑ) ʁliɑ	(de) xi	qhe	da r̥pə
龙坝	(dɑ) ʁlə	(də) ɬi	qhəˀ	darp
木苏	ʁlə	ɬi	qhe qhe	r̥pə
茨木林	(dɑ) ʁlə	(dɑ) tɕhi	qheˀ	da spə
扎窝	(dɑ) ʁlə	(dɑ) tɕhi	qhe	spə
麻窝	ʁlə	(de) tɕhi	qheˀ	ʂpə
芦花	(dɑ) ʁlə	(de) tɕhi	qhe	da spə
羊茸	ʁlɤ	tɕhi	qhʂe	spə
松潘		ɬi	khuə	χʂe
构拟				
说明				

调查点	走、去	来	拿（去）	挂
大岐山	ke⁵⁵	liu⁵⁵	tə³¹ tsi⁵⁵	(da³¹) ʁue⁵⁵ la³¹
桃坪	kə³¹	ly³³	zŋ³³ tʂho³³	(ɚ³¹) ʁua³³ la³³
曾头	kə³⁵	ly³³	tʂe⁵⁵	(ɚ⁵⁵) ʁue⁴²
龙溪	kə³³	liu³³	zə³³ kə⁵⁵	ʁue⁵⁵
绵簇	kə⁵⁵	niu³¹	zə⁵⁵ ka⁵⁵	(ta³³) ʁua⁵³
索桥	kə³¹	lo³¹	tə³¹ tsuɑ³¹	(tə³¹) ẕʁue⁵⁵
沟口	kə⁵⁵		ẕɤ⁵⁵ki³¹ ~ ẕɤk⁵⁵	(ɦiɤ¹³⁵) yuɤ⁵⁵
黑虎	kə⁵⁵	lu⁵⁵	ẕə⁵⁵	(ɦie³³) ʁuɤ¹³⁵ la³¹
龙池	kə⁵⁵	ly⁵⁵	ẕək⁵⁵	(ɦie³³) ẕʁuə⁵⁵
三龙	kə⁵⁵	lu⁵⁵	ẕək⁵⁵	ʁuə³³ la⁵⁵
曲谷	kə	luɑ	ẕə kə	(ɑ) ʁue˦
雅都	kə	liu	ẕək	(e˦) ʁue˦
维古	kə	ɭu	ẕək	ʁue˦
龙坝	kə	ɭo	ẕək	(ɑ) ʁue˦
木苏	kə	luɑ	zə kə	ʁue˦
茨木林	kə	dʒu	ẕə kə	ʁue˦
扎窝	kə	dʒu	ẕə kə	ʁua˦
麻窝	kə	ly	ẕə(k)	ʁue˦
芦花	kə	dʒʉ	mək	(a) ʁue˦
羊茸	kə	dʒʉ	ẕə	ʁue˦
松潘	kə	ly		ɦie ʁua
构拟				
说明				

调查点	举	铺	种痘	放（屁）
大岐山	zo⁵⁵	tə³¹ phʂa⁵⁵	dʐo³¹ χlə⁵⁵	χpe³¹ qha⁵⁵
桃 坪	tə³¹ tʂhi⁵⁵		bo³⁴³ ɕe³¹	χpe³³ ɕe³³
曾 头	tə³¹ tʂhi⁵⁵	tə³¹ phe⁵⁵	bo³⁴³ ɕe³¹	χpe⁵⁵ ɕe⁵⁵
龙 溪	tə³¹ tʂhi⁵⁵	tə³¹ pha³¹	bu³¹ ɬi³¹	tshə³³ ɬi³³
绵 篪	ta³¹ tʂhɿ⁵⁵	ta³³ pha³¹	dei³¹ ɬa³¹	
索 桥	tə³¹ tʂhə⁵⁵	tə³¹ pe³¹	bu³¹ ɕi³¹	ʂpəi⁵⁵ ɕi³¹
沟 口	tə³³ kue⁵⁵	tʏ³³ tʂhu⁵⁵	bu³³ ɕi⁵⁵	ʂʏ⁵⁵ xtʏ⁴²
黑 虎	hʏ³³ tʂhu⁵⁵		bʏ³³ ɬi⁵⁵	ʂə³³ ɬi⁵⁵
龙 池	ha³³ tʂhu⁵⁵	te³³ fe⁵⁵	bu³³ sə⁵⁵	χʂə⁵⁵ ɬi⁵⁵
三 龙	hə³³ tʂhu⁵⁵	tə³³ pha⁵⁵	bu⁵⁵ ɬi⁵⁵	χʂə⁵⁵ ɬi⁵⁵
曲 谷	ho tʂhu	tə ɸaˑ	buˑ ɬi	χʂə ɬi
雅 都	tu tʂhu	tə ɸaˑ	bʐə ɕe	qhʂə ɕe
维 古	tə tʂhu	tə phaˑ	bəˑ xi	qhʂə daxi
龙 坝	tə tʂhu	tə phaˑ	bəˑ ɬi	qʂə ɬi
木 苏	tə tʂhu	tə phɻa	buˑ tɕhuʂ	qhʂə ɬi qhʂə ɬi
茨木林	tə tshuə tə tʂhə	tə phaˑ	bu tɕhi	qʂə tɕhi
扎 窝	tə tʂ	tə phaˑ	buˑtɕhi	χʂə tɕhi
麻 窝	tə tʂhu	tə ɸaˑ	buˑ tɕhiʂ	χʂə tɕhi
芦 花	tətʂ	tə ɸaˑ	buˑ tɕhi tʃə	qʂə məs
羊 茸	tə tʂhə̝	tə phʂa	bʐʉ tɕhi tʃə	qhɕa tɕhi
松 潘	hatshu			xʂə ɬi
构 拟				
说 明				

调查点	撒（种子）	喂（水）	头发	嘴
大岐山	zu³¹ si⁵³	tsue³¹ χtie⁵³	qə³¹ tø⁵³	χqa³¹ tɕe⁵³
桃坪	zuə³¹ sie⁵⁵	tsuɑ³¹ χtie³³	qə³¹ χmə⁵³	χqa³³
曾头	zuə³³ zɑ⁵⁵ sie³³	tsuɑ³¹ χtie³³	qə³¹ χmə³³	χqa³³
龙溪	zui⁵⁵ sie⁵⁵	tsu³³ ɕi⁵⁵	qɑ³³ to⁵⁵	qɑ³³ qu³³
绵篪	zui⁵⁵ sui⁵³		qa³¹ təu⁵⁵	dua⁵³
索桥	ʐɑ³¹ zʏ⁵⁵ sie⁵⁵	tsu³¹ ɕi⁵⁵	qo³¹ to⁵⁵	ʂqo⁵⁵
沟口	zu³¹ zɑ⁵⁵ sie⁵⁵	tsu⁵⁵ xte⁵³	kʁ⁵⁵	due⁵⁵ ke³³
黑虎	zuʁ³³ se⁵⁵	tsuʁ⁵⁵ stə⁵⁵	qɯʙ⁵⁵	die⁵⁵ kuə³¹ ~ ʂquʏ̥⁵⁵
龙池	zu³³ sə⁵⁵ te⁵⁵	tsu³³ ɕti⁵⁵	qəm⁵⁵	zdue⁵⁵ ke³³
三龙	zuə⁵⁵ si⁵⁵	tsuə⁵⁵ stə⁵⁵	qəm⁵⁵	zdie⁵⁵ kuuə̥³¹
曲谷	（zu）se	tsə stə	ɦeŋ	zde khuə̥
雅都	zuə se	tsə ɕtɕə	ɦeŋ	zde khue ~ʂqu
维古	zu si	tsə s̥tʂə̥	quːtɕui	dzə kuə̥
龙坝	tʃhua z si	tsuəʂ̥	qo tɕu	dzə ku̥
木苏	zuʁ si	tsəʂ̥ə̥	qu ɕya	dzə kuə̥
茨木林	tɕhue zuə se	tsə sti	qo tɕu	stə phu
扎窝	tɕhuɑz sʁ	tsə sti	qo tʃu	stə pho
麻窝	tʃhaz sʁi	tsə sti	qə tɕu	dzə kuə̥
芦花	tɕhez sɛ	tsə sti	qə tɕu	stən phu
羊茸	tɕhe zʁ se	tsʁ̩ sti	qo tɕʉ	jdʒʉa pha
松潘	zu se	tsu dz̩u	qu ty	dzukṳ
构拟				
说明				

调查点	喉咙	小指	下巴骨	胡子
大岐山	χqø⁵⁵ mu⁵⁵	khɑn⁵⁵ tsu³¹ tsu³¹	ʐɿ³³ mɑ⁵⁵ qɑ³¹ tshə ɹə³³	χu⁵³⁵ tsɿ⁴²
桃坪	mɑ³³ kie³³	nɑ³¹ ne³³ khɑ³³		tshuə⁵⁵ χmə³³
曾头	khʂuŋ³³ tu³³	nɑ³¹ ne⁵⁵ pə³³ tʂhe³³	dʑi³¹ ʁue⁵⁵ qə³³	qhsuə⁵⁵ χmə³¹
龙溪	χəu³¹ luŋ⁵⁵ kuɑn³¹	liɑ³³ khɑ³³ mu⁵⁵ tsu⁵⁵	ɕɑ³⁵ phɑ³¹ ko³¹	fu³³ tsə⁵⁵
绵篪	xo³³ lũ³⁵	i³³ nə⁵⁵ qɑ³³ tsu⁵³	khɑ³¹ ɹɑ³¹ ʁeu⁵⁵	khɑ³¹ m̩³¹
索桥	χəu³¹ lu⁵⁵ kɑn⁵³	di³¹ tɕhɑ³¹ tʂhɑ³¹ tʂu⁵⁵	ɕɑ⁵⁵ phɑ⁵⁵ ko⁵⁵	ʐdye³¹ mə⁵⁵
沟口	kɑ³³ dy⁵⁵ ke³¹	ʑi⁵⁵ tse⁵⁵		xu³³ tsə⁵⁵
黑虎	xqɤ¹³³ tiu⁵⁵ kɑ⁵⁵	khɑ³³ tʂuə⁵⁵	iɑ³³ tɕhɑn⁵⁵	χots⁵⁵
龙池	ʂqu³³ ty⁵⁵ ke⁵⁵	le³³ miq⁵⁵ tʃɑ⁵⁵ tʃɑ⁵⁵		χu³³ tsə⁴²
三龙	ʂqə³³ tɕu⁵⁵ ke⁵⁵	i³³ suq⁵⁵ ʂtʂɑ⁵⁵	pie³³ ʐdʑi⁵⁵	χots⁵⁵
曲谷	stəl	tɕhe tʂhu̥	dʑil qɑˠ	χuts
雅都	zu mə tɕhuʂu	iu sɑχ χtʂɑ	dʑəl qɑːˠ	χutsᵘ
维古	tshu χtɕi	tɕhɑʂu̥	dʑiˠ	dzəx tshuŋ
龙坝	tshoq tɕu	i su	dʑi ɹə	dzə ksəŋᵘ
木苏	tshuq tɕi	tɕhɑʂ	dʑyˠ	dzuq tshuŋᵘ
茨木林	tshuə sqo tiu	khɑˠ tʃuə	di ɹə	gzuɑ tshəm
扎窝	tshə sqo ti	khɑ pə ʑi	ɣdʐuɑː quə	ɣdʐuɑːˠ tshəm
麻窝	tshu ʂqu mati	kɑˠ tɕi	ɣdʐɑˠ queˠ	ɣdʐɑ hũ̥
芦花	tshə sqo ti	khe tɕi	ɹɑˠ que	ʐdʐɑ hõ
羊茸	sqo mɑ	khe tɕi	ɹi ɹɑ	ʐdʐɑ hũ
松潘	tshosxti makə̥	kietɕy tɕy	mej	ɣdio ŋu
构拟				
说明				

调查点	指甲	膝盖	脚背	身体
大岐山	i³¹se⁵⁵	lo³¹qə⁵³	dʑi³¹χna⁵³	çe⁵⁵pe⁵⁵
桃坪	sie⁵⁵qə⁵⁵	χŋu⁵⁵po⁵⁵tʃə⁵⁵	dʑi³³tçy³¹pa³¹	çe⁵⁵pe³³
曾头	sie³³qə³³	χŋu⁵⁵po³³tʂə³¹	dʑi³³χna⁵⁵	çe⁵⁵pe³¹
龙溪	lia³¹sə⁵⁵qə³¹	ʁo³³qə⁵⁵	pa³³pia⁵⁵	çi³¹pi⁵⁵
绵篪	i³³sa³¹	ŋo³³qa⁵⁵	gəu³³pei³³pei⁵⁵	çi³³pi⁵⁵
索桥	di³¹sia³¹qɑ⁵⁵	go³¹sa³¹qɑ⁵⁵	go³¹pa³¹pia⁵⁵	çi³¹to⁵⁵
沟口	zi⁵⁵su⁵⁵fia³⁵pa⁵⁵	ɣuɣ¹³⁵~ɣuɣ¹k³⁵	tso⁵⁵kuɑ⁵⁵tsɿ³¹	pen³³ʂə⁵⁵
黑虎	dʑɿ⁵⁵xqɑ⁵⁵	ʁuɣ¹³³paq⁵⁵	pa⁵⁵ʁuɣ¹³¹	pə³³ʂqɑ⁵⁵
龙池	leç⁵⁵	ẓʁuaç³³(tɑ⁵⁵)	tço³³pei³⁵	pen⁵⁵ʂə³¹
三龙	its³³qɑ⁵⁵	ẓguəṇ⁵⁵	pau⁵⁵	pə⁵⁵tʂuə³¹χa⁵⁵
曲谷	is	ẓguəṇ	puɹɯ	pənʂə
雅都	ɣɹəs	ʁəɹpaχ	puɹ	pəẓɻua
维古	ʁdẓəs	ʁuərqa	puəɹ	ku ti
龙坝	ʁdẓəs	ʁəɹrqo	puəɹ	ku ti
木苏	ʁdẓə s	ʁu rka	puɹ	ku ti
茨木林	ʁdẓəsi	ʁoɹsqo	pa ɹa	ku tiu
扎窝	ʁdẓəsi	ɹoɹsqo	pa pi	ko ti
麻窝	ʁdẓə si	ʁuəɹsqə	paɹ	ku ti
芦花	ʁdẓə si	ʁo sqo	paɹ	ku ti
羊茸	ʁdẓə si	ʁo sqəɹ	pə ɹa	ku to
松潘	ʁdẓəs	ʁuaχ		khupu
构拟				
说明				

调查点	肠子	屁股	肛门	骨髓
大岐山	psʅ⁵⁵	tha⁵⁵ba¹⁵	χsʅ³¹dʐo⁵⁵	χʉ⁵³
桃坪	psʅ³³	tha³¹ba³³	siaŋ³¹tshuə³³	χni³³
曾头	psʅ³³	tha³¹ba³⁴³	qhsʅ³¹dʐo³⁴³ χo⁵⁵χo⁵⁵	χni⁵⁵
龙溪	pu³³	tha³³ba³¹	tshə⁵⁵qə⁵⁵ɹɑ⁵⁵ pu⁵⁵	ɬiu⁵⁵
绵篪	ko³³lo⁴²	tʂa³³ʐo⁵⁵	tʂha³³ʐo⁵⁵ɹɑ³³ pu⁵³	ko³¹ma⁵⁵
索桥	pu⁴⁴qha⁵⁵	tshə³¹qə⁵⁵	tʂhə³¹dʐʉ³¹	ɹə³¹mi⁵⁵
沟口	tsue³³ni⁵⁵	ta⁵⁵ke⁵⁵	ʂə³³ɕi⁵⁵ja³³pu⁵³	fiɣ¹t⁵⁵
黑虎	pi³³ni⁵⁵kua⁵⁵	ʂəq⁵⁵	ʂəq⁵⁵je⁵⁵pu⁵⁵	niɑɬ⁵⁵
龙池	tʃy³³ni⁵⁵ke⁵⁵	sta⁵⁵ke⁵⁵pa⁵⁵	sta⁵⁵ke⁵⁵	xli⁵⁵
三龙	pi³³h̃i⁵⁵le³³kue⁵⁵	χʂəq⁵⁵	χʂu⁵⁵fio⁵⁵pu⁵⁵	xlu³³ku⁵⁵
曲谷	pu	sta ke	χʂuɲ	xləɹ
雅都	pi	sta sta	qhʂuəʐ̩	xɬ (l) iə
维古	ʂui ba lɑ	sta ba	qhʂə ʐ̩u	ɹəpatʂ xlə
龙坝	tʃuə n̠i ba lɑ	sta ta	qʂo ʐ̩e	ɹəpatʂ xɭi
木苏	ʂui βa lɑ	sta ba	qhʂə ʐ̩e	ɹə patʂ er
茨木林	tʃuə n̠i ba lɑ	sta sa	qɕi ʐ̩u	tshə ɹək stə
扎窝	tɕui n̠i ba lɑ	staːsa	χʂo ʐo	xtə
麻窝	tɕi n̠i ba lɑ	sta sa	χʂə ʐu	xlə
芦花	tɕi (tʃə) n̠i ba lɑ	sta sa	qhʂə ʐ̩u	ɬa
羊茸	namtʃə~ tɕin̠ibala	qhɕə ʐu	khɕə ʐu ɹə dʐu	çlə
松潘	tɕyn̠i	χta ʁu	xʂuʐ	ɬy
构拟				
说明				

调查点	泪	眼屎	小孩	疯子
大岐山	mi³¹ʁlə⁵³	mi³¹χʂə⁵³	ke³¹bʑi⁵⁵	bə³³ʁmie⁵³
桃坪	mi⁵⁵ʁo³³	mi⁵⁵tʃʅ³³	tʂi³¹bʑi⁵⁵	χbə³¹χma³³
曾头	mi⁵⁵ʁo³³	mi⁵⁵qhʂə³³	tʂi³¹bi³⁴³	χbə³¹ma⁵⁵
龙溪	mu³³li⁵⁵qə³³	mi⁵⁵pu⁵⁵	pu⁵⁵su⁵⁵tʂɑ⁵⁵	dɑ³¹ʁo⁵⁵mu³¹
绵篪	mu⁴²la⁵⁵qa³¹	mu³¹tʂha⁵⁵	ka³¹bɻi³¹tsʅ³¹	fu³³tha³³mu⁵⁵
索桥	mi³³nə⁵⁵qə⁵⁵	mi³³tʂhə⁵⁵	ŋɑ³¹ŋɑ⁵⁵tʂu⁵⁵	mu³¹ʁo⁵⁵
沟口	mɤ˞ʂ⁵⁵ke³¹	mɤ˞ʂ⁵⁵	tʂə⁵⁵y⁵⁵	fuŋ⁵⁵tsʅ⁴²
黑虎	mi³⁵laq⁵⁵	mə˞f³⁵	tʂi³³ni⁵⁵	qɤ³³tu⁵⁵
龙池	miq⁵⁵	miχ⁵⁵	tʃu³³z̪u⁵⁵	fuŋ⁵⁵tsə⁴²
三龙	mieʁl⁵⁵	mieχʂ⁵⁵	tʂuə⁵⁵me⁵⁵	ɦəq⁵⁵dum⁵⁵
曲谷	ʁləq	mi xʂə	tɕy mi	
雅都	ʁləχ	mie χuə̞˞	tʃui mi	tu ʁum
维古	ʁləq	mə̊rp	tʂəːku ~ tʂaku	ʁuːʁu lɑp
龙坝	ʁləq	mə̊rp	tʃuɑm	ʁo ʁo lam
木苏	ʁləq	mə̊rpə	tʂɑ ku	ʁu ʁu la
茨木林	ʁləq	nə̊sp	a la ~ tɕyemi	ʁoːn
扎窝	ʁləq	nə̊sp	tɕui mi	ʁo ʁo lan
麻窝	ʁləq	nəʂp	tɕiːmi	ʁu ʁun
芦花	ʁləq	nəsp	(alʉ) tɕiːmi	bə rmən
羊茸	ʁləqə	ŋə khɕə	tɕe me	bə rmen̥
松潘	mæl	miχʂ	tɕy	ʁuʁu ʁun
构拟				
说明				

调查点	瞎子	瞽子	兔唇	结巴
大岐山	mi³³χtyɑ⁵³	tø⁵⁵pa⁵³	χqa³¹tshue⁵⁵pie³¹	zʅ³³qə⁵⁵tso⁴²
桃坪	χtɕya³³	lo³¹pu³¹χua⁵⁵	tɕhye³¹fu⁵⁵fu⁵⁵	ʂə⁵⁵qa³¹
曾头	χtɕua⁵⁵	tshə³¹ə⁵⁵		ʂə⁵⁵qɑ³³
龙溪	mi⁵⁵tɕya⁵⁵	to³¹po³¹	tɕhe⁵⁵χo⁵⁵χo⁵⁵	qo⁵⁵tsho⁵⁵
绵簏	tyɑ³¹	təu³³pei³¹	dua⁵⁵ki³¹	dʐe³¹
索桥	ɕtɕya³¹	i⁵⁵tsə⁵⁵	zʴdye³¹po³¹tɕho³¹	zʴdye³¹tɕe³¹tsə³¹
沟口	ɕɑ³³tsʅ³¹	dʐə⁵⁵	xo⁵⁵tsʅ³¹	tɕe³³tsʅ³¹
黑虎	ɕɑ³³tsə⁵⁵	mɑi⁵⁵	die⁵⁵kuə̯³¹tɕhye³³	xqʴɤ³³tɕhu⁵⁵
龙池	ɕɑs⁵⁵qɑ⁵⁵	khʂəp⁵⁵	zduek⁵⁵tɕhye⁵⁵tɕhye⁵⁵	rqo³³tsho⁵⁵
三龙	ɕats⁵⁵	tup⁵⁵	χo⁵⁵χo⁵⁵	ʂqə³³tshu⁵⁵
曲谷	khəˀp	tup	tɕhye χo χo	ʂqu tshu
雅都	mei khəˀp	tupu (~khəˀp)	zde ku̯ətʃi tɕi	ʂqu tshue
维古	khəˀp	tup	xtɕim pha	rqu tshu
龙坝	miːmia qə	khəˀp	tɕi ɸa	rqo tsho
木苏	mi mɑ tɕu	khəˀp	xtɕem phɑ	rqu tshu
茨木林	ʂɑ tsə	khəˀp	stən pha	sqo tshiu
扎窝	qə tɕui	khəˀp	stən pha	sqo tshui
麻窝	qə tʃɑ	khəˀp	stəm pha	ʂqu tshɤi
芦花	qə tɕi	khəˀp	kha ɕu	sqo tshʉ
羊茸	qə tɕe	to po	kha dʐʉr	sqo tshʉ
松潘	miȵi moty		χtypaq hasue	ʑi hæly maʁu
构拟				
说明				

第三章 词汇

调查点	哑巴	跛子	寨子	家
大岐山	ja⁵⁵pɑ⁵⁵	dʑi¹¹tɕhi⁴³	tshue⁵³	tɕi⁵⁵ko⁵⁵
桃坪	iɑ⁵⁵pɑ⁵⁵		mə³¹zo⁵⁵	tɕi⁵⁵ko³³
曾头		tɕhe³³lɑ³³	zo³⁴³	tɕi ko⁵⁵
龙溪	iɑ⁵⁵pɑ⁵⁵	go³³tɕhi⁵⁵	tshuɑ⁵⁵ku³³	tɕe⁵⁵
绵篪	mi³¹ɬã⁵⁵pɑ³¹	gəu³³khuɑ⁵⁵	ma³³tshuɑ⁵⁵	tɕi³³qo⁵⁵
索桥	iɑ³¹pɑ³¹	go³¹liɑ⁵⁵	tshuɑ⁵⁵（qə⁵⁵）	tɕu³¹ku⁵⁵
沟口	iɑ⁵⁵pɑ⁵⁵	duɑ⁵⁵ʐi⁵⁵	tshuɑ⁵⁵	kin⁵⁵tɑ⁵⁵
黑虎	ʁuə¹³⁵	duɑ³³i⁵⁵	tshuɑ⁵⁵	tɕin⁵⁵
龙池	iɑ⁵⁵pɑ⁵⁵	tɕhoq⁵⁵pu³¹	tshuɑ⁵⁵	tɕik⁵⁵
三龙	iɑ⁵⁵pɑ⁵⁵	duɑq⁵⁵lɑ⁵⁵	tshuɑ⁵⁵	kin⁵⁵tɑ⁵⁵
曲谷	ʐ̩ʁuɑ	duɑq lɑ	mɪ tshuɑ	tɕi khu
雅都	ʁueˑ	(dʐu qu) khə lɑ	mi tshuɑ	tɕuːtɑ
维古	ʁuəˑ~iɑːpɑ	khə lɑ	ɑ tshuɑ	tɕiu
龙坝	ʁuɑˑ	khə lɑ	zuə (ɑ tshuɑ)	tʃɑːˑ
木苏	ɹbueˑ	khə lɑ	ɑ tshuɑ	tɕu
茨木林	ʁueˑ	khə lɑ	ɑ zo	ti u
扎窝	ʁueˑ	khə lɑ	ɑ zo	ci u
麻窝	ʁuəˑ	khə lɑ	ɑ zu	quːˑ
芦花	ʁueˑ	khə lɑ	ɑ zo	qoːˑ
羊茸	ʁueˑ	khuɑ lɑ	(ɑ) zo	qo ɹo
松潘	ʁuə	χtɕi ɬi	tshuɑ	kiw
构拟				
说明				

调查点	祖母	夫妻	木匠	樵夫（砍柴的）
大岐山	a²² dɑ⁵³	a³³ qa⁵³	se⁵⁵ ʁzʅ³¹	se⁵⁵ ʁgue⁵⁵ m̩³¹
桃坪	lai⁵⁵ lai³¹	a³³ tʃə⁵⁵ qa³³ ni³¹	sie⁵⁵ dzʅ³³	sie³³ tshua⁵⁵ mə³¹
曾头	la⁵⁵ la³³	a tʃʅ⁵⁵ qa⁵⁵ ni³¹	sie⁵⁵ qzʅ³³	sie³¹ tshua⁵⁵ mə³¹
龙溪	ɑ⁵⁵ le³¹	ça³³ mia³³	mo³¹ tsian³⁵	si³¹ tshua⁵⁵ mu³¹
绵篪	ɑ⁵⁵ dɑ³¹	ntio⁵⁵ tua³¹	ma³³ dʐa⁴²	se³³ tshua mu⁵⁵
索桥	a³¹ do⁵⁵	a³¹ qo³¹ ni³¹ tsə³¹	si³¹ tua³¹ mi⁵⁵	si³¹ tshua⁵⁵ mi⁵⁵
沟口	pho³³ pho⁵⁵	xti⁵⁵ pa³¹	buk⁵⁵ tyn³¹	sə³¹ tshua⁵⁵ mə⁵⁵
黑虎	do³⁵	çti³³ ba⁵⁵	mo³³ tça⁵⁵	sə³³ tshuam⁵⁵
龙池	lai⁵⁵ lai²⁴	çti⁵⁵ ua³¹	bu⁵⁵ tʂi⁵⁵ ke⁵⁵	çi³³ ʐgem⁵⁵
三龙	ə³³ du⁵⁵	çtçi³³ bie⁵⁵	bu³³ tʂə⁵⁵ ke⁵⁵ dʐi³³ tem⁵⁵	sə tshuam⁵⁵
曲谷	u du	çtçi n̩i bi	mu tçan	sə ʐguəm
雅都	ou	stsim	muːtçaŋ	sə ʐgəm
维古	ou	çtçi mia	ʂaŋ dzu	də rgən
龙坝	əue̥	çi n̩a bia	ʂuan dzo	sə rguəm
木苏	au	çtçi mi	ʂaŋu dʐu	si rguə kəm
茨木林	a u	sti bi	mə tsa	si rguən
扎窝	əu（ba）	stiːbi	ʂaŋ dzo tʃən	si rguən
麻窝	əu	sti bi	ʂaŋ dzo	si rguən
芦花	əu	sti bi	ʂaŋ dzo	si rguən
羊茸	a ma bʐɑ	stə bi	çiŋ zo	si rguən̩
松潘	ʔaji	xte be	ɣmə tça	səɣgən
构拟				
说明				

第三章　词汇

调查点	猎人	活佛	和尚	徒弟（学生）
大岐山	χo⁵⁵ m̩³¹	χo⁴²⁴ fo⁴²	χo⁴²⁴ ʂɑŋ⁵⁵	thʉ⁴²⁴ ti⁵³
桃　坪	χo⁵⁵ mə³³	χo³³ fo³³	χo³¹ ʂɑŋ¹³	sy³³ mə³¹
曾　头	χo⁵⁵ mə³¹	χo³³ fo³³	χo³¹ ʂɑŋ¹³	thu³¹ ti¹³
龙　溪	qho⁵⁵ mə³¹	χo³³ fo⁵⁵	pɑ³³ sə³³	thu³³ ti³⁵ su⁵⁵
绵虒	tʂhəu⁵⁵ ɬɑ³³ mu³¹	xo³¹ fu³¹	xo³¹ ʂɑŋ³⁵	qɑ⁵³ tɕɑ⁵³
索　桥	tʂhʉ⁵⁵ khʂo³¹ mi⁵⁵	χo³¹ ɸu³¹	pe³¹ ʂə³¹	thu³¹ ti⁵⁵
沟　口	ie⁵⁵ ɣu⁵⁵ kə³³ ten³³	fuo³³ fuo³¹	xu⁵⁵ ʂɑ⁵⁵	thu³³ ti³⁵
黑　虎	khuə³³ ɸim⁵⁵	χo³³ fu³¹	χo³³ ʂe⁵⁵	χo³³ ʂe⁵⁵ pʏ¹ tʂ⁵⁵
龙　池	dup⁵⁵ qə³³ təm⁵⁵	xo³³ fo³¹	χu⁵⁵ sɑ⁵⁵	thu³³ ti³⁵
三　龙	xʂu⁵⁵ qhum⁵⁵		χo³³ ʂɑ⁵⁵	thu³³ ti⁵⁵
曲　谷	məl qhuˈ kəm		χuʂɑ	thu ti
雅　都	qhuˈgəm	ɕpi sku	paʂ	kɑ pəːˈ
维　古	khuəxi kəm	spi sku	(ŋuə) χpun	sla ma
龙　坝	khuə ɹo kəm	r̥pi sku	χpon	sta ma
木　苏	khuəˈ kəm	spi sku	χpən	sla ma
茨木林	phə hɕi qhoˈn	skuə kɕe	seːrmo	siun
扎　窝	qhoˈ kən	spu sku	χpʏn	kɑˈ pɑ
麻　窝	qhoˈ kən	spu sku	χpʏn	sla ma
芦　花	qhoˈn kən	spu sku	χpən	slo ma
羊　茸	qhɑˈ kən̥	spʉ skʉ	χpənə	slo ma
松　潘	khuw kən		xtɕy	ɕodan
构　拟				
说　明				

调查点	端公	首领，头子	土司	头人
大岐山	ʂe⁵³qʉ⁵³	thəu⁴²⁴tsʅ⁴²	ʁdʑe³³pø³¹	thəu³³ʐə³¹
桃坪	ʃə⁵⁵qo⁵⁵	qə³¹qɑ³³	thu⁵⁵sə⁵⁵	
曾头	ʃə⁵⁵qo³³	gzʅ³³	ʐɑ³³pɑ³³	dʑe³³que³³
龙溪	pi⁵⁵	thəu³¹tsə³¹	thu³³sə⁵⁵	thəu³¹ʐən³¹
绵簁	pi⁵⁵	da³³ba³³	thu³³su³¹	thəu³¹ʐən⁵⁵
索桥	ʂpi⁵⁵	qə³¹pu⁵⁵mi⁵⁵	ʐɑ⁵⁵bo⁵⁵	thəu³¹thəu⁵⁵ pu³¹mi⁵⁵
沟口	xtɕy⁵⁵	baɿ⁵⁵tʂem⁵⁵	thu⁵⁵sə⁵⁵	
黑虎	xy⁵⁵	thəu³³tsʅ⁵⁵	thu⁵⁵sə⁵⁵	thəu³³ʐən⁵⁵
龙池	tan⁵⁵kuŋ⁵⁵	ɣʐi⁵⁵	thu⁵⁵sə⁵⁵	thu⁵⁵kuan⁵⁵
三龙	ɕy⁵⁵	thəu³³tsə⁵⁵	ʐdʑe⁵⁵	hũ³³dʐu⁵⁵
曲谷	tuɑn kuŋ	qəʂem	ʐdʐu pu	ŋuə dzo
雅都	xɬiu	qə patʂ tʃuəm	ʐdʐu pu	khɑr taχ
维古	xliu	gzə	rdʐɑ pu	khɑr taq
龙坝	kɕu	gzə	rga pu	kha rtaq
木苏	xlu	gzə	rdʐɑ pu	khɑr dɑg
茨木林	mu mie	gzə	rdie pu	gzə χtʂa
扎窝	xlyn	ɣzə	rdʐɑ pu	kha rdaq
麻窝	xlyn	ɣzə	rdʐɑ pu	kha rdaq
芦花	ɕtɕun	gzə	rɟo pu	kha rdɑq
羊茸	ɕlyn̠	gzə	rɟi pʉ	khua rdɑq
松潘		qəpæʂeb	ɣgu wə	qəpatʂ
构拟				
说明				

第三章 词汇

调查点	管家	保人	客人	师傅
大岐山	kuɑn⁵⁵tɕɑ⁵³	me³¹po⁵⁵thɑ⁴²m̩³¹	ta³³phi⁵⁵	sʅ⁵⁵ɹu³¹
桃坪		pɑu⁴²z̩ən³¹	zɑ³³mə³³	dzə³³
曾头	tɑŋ³³tɕɑ³³pu³³mə³¹	χte⁵⁵χe³³lie³³mə³¹	z̩ɑ³³mə³³	sə⁵⁵fu³¹
龙溪	kuɑn⁵⁵tɕɑ⁵⁵	pɑu⁴²z̩ən³¹	mu³¹z̩i⁵⁵	sə⁵⁵ɹu³¹
绵篪	dzɑ³³ki⁵⁵ku³³thɑ³³mu⁵⁵	go⁵⁵ti⁴⁴ɹi³³mu⁵⁵	ʂke⁵⁵pu⁵⁵	sə³¹ɸu⁵⁵
索桥	kuɑn³¹tɕɑ³¹	pɑu³³z̩ən⁵⁵	ʂke⁵⁵pu⁵⁵	sə³¹ɸu⁵⁵
沟口		pɑu³⁵thɑn³¹	khe³¹	sʅ⁵⁵fo⁴²
黑虎	kuɑn⁵⁵tɕɑ⁵⁵	pɑu⁵⁵thɑm⁵⁵	dz̩o⁵⁵	sə⁵⁵ɹu³¹
龙池		pɑn⁵⁵z̩ən³¹	dz̩u⁵⁵	sə⁵⁵ɹu³¹
三龙	niəl⁵⁵pe⁵⁵	pɑu⁵⁵z̩ən³¹	dz̩u⁵⁵	
曲谷		pɑu thɑm	dz̩u	səɸu
雅都	ȵɑr pɑ	mi pɑu thɑm	dz̩u	
维古	ȵɑr pɑ	qəːʙiɑm	dz̩ui	slu pun
龙坝	ȵɑ rpɑ	qə ʙiɑm	dz̩ui	stə pun
木苏	ȵɑ rpɑ	qə ʙyn	dz̩ui	slu pən
茨木林	rnɑ rpɑ~phe thy	qə bin	ɣdz̩ui	ɣgeɣgɑ
扎窝	ȵɑ rpɑ	qə bin	ɣdz̩ui	rgi rgin
麻窝	ȵe rpɑ	qe ʙin	ɣdz̩i	slə (u) pun
芦花	ȵe rpɑ	qə ʙən	zdz̩i	slok pən
羊茸	ʁnɑ u̥pɑ	qə beṇ	jdz̩ui	slo χpən
松潘			dz̩u	ɣz̩in
构拟				
说明				

调查点	象	狮子	虎	鹿
大岐山		sʅ⁵⁵tsʅ³¹	psʅ⁵⁵dɑ⁵⁵	ʁdɑ⁴²
桃坪	siaŋ³⁵	sʅ⁵⁵tsʅ³¹	psʅ³¹dɑ³³	lo³³tsʅ³³
曾头	siaŋ²⁴nə⁵⁵	sʅ⁵⁵tsʅ³¹	psʅ³¹dɑ⁵⁵	lo⁵⁵tsʅ³³ ~ χdɑ³³
龙溪	ɕiã³⁵	sə⁵⁵tsə³¹	pi³³dɑ⁵⁵	lo³³tsə³³
绵簏	ɕã¹⁴	sʅ⁵⁵tsʅ⁴²	pi³³dɑ⁵⁵	dɑ⁵⁵
索桥	siaŋ³⁵	sə⁵⁵tsə⁵⁵	pi³³do³⁵	ʐdo⁵⁵
沟口	ɕan³⁵	sʅ⁵⁵tsʅ³¹	hũ⁵⁵	(ie) lo⁵⁵tsʅ⁵⁵
黑虎	ɕan³⁵	sə⁵⁵tsə³¹	χuə⁵⁵	
龙池	ɕaŋ³⁵	sə⁵⁵tsə³¹	hõ⁵⁵	zdu⁵⁵
三龙	ɕan³⁵	sə⁵⁵tsʅ⁵⁵	hũ⁵⁵	zdu⁵⁵
曲谷	ɕaŋ	sə tsə	pi dɑ	zdu
雅都	ɕaŋ	sə tsə	χu	zdu
维古	ʁlaŋ bu tɕi	səŋ gi	χu	zdu
龙坝	ʁlam bu tɕi	səŋ gi	χo	zdo
木苏	ʁlɑ bu tɕi	sin gi	χu	zdu
茨木林	laŋ tɕi	səŋ di	χo	zdo
扎窝	lam bu tɕi	səŋ gə	χo	zdo
麻窝	ʁlam bu tɕi	siŋ gi	χu	zdu
芦花	ʁlaŋ bo tɕi	səŋ gə	χo	zdo
羊茸	ʁlaŋ po tɕhe	sən ge	χo	zdo
松潘	jæti	saŋ ga	hv	ɣdu
构拟				
说明				

第三章　词汇

调查点	切	洗	抖（衣）
大岐山	χsə⁵⁵ʅ⁴²	ʁdə⁵³	tsʉe³³lu³¹
桃坪	tɕhi³¹lə³³	thu³³tsʅ³³	tiɑu⁵⁵lin³¹tsə³³
曾头	khɕi¹lə⁵⁵		gʑe³¹gʑe³³
龙溪	tshə³¹lə³¹	thu²⁴ɚ⁵⁵	tshui³¹li⁵⁵qə³¹
绵篪	sa⁴³⁴lə³¹	də³³tsu⁵⁵	tshu³³li⁵⁵
索桥	khʂə³¹li³¹	ʐ̩di⁵⁵	dʐ̩ə³¹ʂpi⁵⁵
沟口	tʂhʁɛ⁵⁵	zə⁵⁵ke³³pu³¹	zə³³tsy⁵⁵
黑虎	ʂu⁵⁵	zə³³tsuə⁵⁵	iɑ³³sɑ⁵⁵
龙池	khʂu⁵⁵	ʐ̩ə⁵⁵ʂqu³³pu⁵⁵	zə³³tɕy⁵⁵
三龙	zie⁵⁵ke⁵⁵	ʐ̩ə³³tɕɑq⁵⁵	tiɑu⁵⁵lin³³tsə⁵⁵
曲谷	zɑ ke	ʐ̩ə tɕhɑg	ɹe tɕyex
雅都	khʂu	ʐ̩dʐə ʂqə pi	ie tɕye
维古	khɕu	gʐ̩ə	ɹap tɕat
龙坝	khɕu	gʐ̩ə	ɹap tɕat
木苏	khɕu	gʐ̩ə	ʁə wu tɕyɑ
茨木林	ksə ʑ̩ə	ʑdə	ɹe tɕi
扎窝	xsəʑ̩	ɣdʑə	ɹa ti
麻窝	xʂəʑ̩	ɣdʑə	ɹə tɕi
芦花	kʂəʑ̩	ʐ̩dʒɑ	ɹez
羊茸	khɕə ʑ̩ə	jdʒɥə	ɹə dʐ̩
松潘	xʂu	χulo	dete
构拟			
说明			

调查点	水獭	鸟	喜鹊	雁
大岐山	ʂui³²⁴ mɑu³²⁴ tsʅ⁵³	ʁzie³³ m̩³¹	tʂe⁵⁵ tʂe⁵⁵	ŋɑn⁴³⁴ ʁo⁵¹
桃坪	ʂue⁵⁵ mɑu³³ tsʅ³¹	dʐe³¹ jye³³ mə³¹	χtɕɑ³³ tɕɑ³³	ŋɑn¹⁵ ʁo³¹
曾头	ʂue⁵⁵ mɑu³¹ tsʅ³¹	dʐe³¹ jye⁵⁵ mə³¹	χtɕɑ³³ χtɕɑ³³	ly³¹ ly⁵⁵ ʁue³⁴³
龙溪	ʂui⁵⁵ thɑ³¹ tsʅ³³	i³¹ tshɑ⁵⁵	tɕɑ³³ tɕɑ⁵⁵	ŋɑn³⁵ ʁo³¹
绵篪	ʂue⁵⁵ mau³³ tsʅ³¹	i³³ tshɑ⁵⁵	tɕɑ³³ tɕɑ⁵⁵	ŋɑ¹¹ ʁo³¹
索桥	tsu³¹ tɕi⁵⁵ khu³¹	lɑ³¹ tshɑ⁵⁵ ly³¹	ɕɑ³¹ ɕɑ⁵⁵	ŋɑn⁵⁵ ʁo⁵⁵
沟口	ʂui⁵⁵ mɑu³³ tsɤ³¹		tʂɑ⁵⁵ xtʂɑ⁵⁵	iɑn³⁵ ʁu³¹
黑虎	zə̩⁵⁵ pi³³ ni⁵⁵		tʂɑ³³ tʂɑ⁵⁵	gɑn³⁵ ʁu³¹
龙池	ʂui⁵⁵ mɑu³³ tsə³¹	uə⁵⁵	qɑ⁵⁵ qɑ⁵⁵	ŋgɑn³⁵ ʁu³¹
三龙	ʂui⁵⁵ mɑu³³ tsə³¹	y³³ ɕe⁵⁵	ɕtɕɑ⁵⁵ ɕtɕɑq⁵⁵	quə˧˥⁵ quə˧˥⁵
曲谷	ʁzə pu lɕy	y tshu	ɕtɕɑ ɕtɕɑq	ku˧ ku˧
雅都	ʁzə pu ɲ̥u	u tse	ɕtɕɑ ɕtɕɑq	ku˧ ku˧
维古	ɣdʐi	wə	qɑ˧ qɑ˧	khu˧ khu˧
龙坝	ɣdʐi	ɣuə	qɑ˧ qɑ˧	kho˧ kho˧
木苏	ɣdʐi	wuɣ	qɑ˧ qɑ˧	khu˧ xu˧
茨木林	ɣdʐi	u	qɑ˧ qɑ˧	khu˧ khu˧
扎窝	ɣdʐi	u	qɑ˧ qɑ˧	khu˧ khu˧
麻窝	ɣdʐi	uə	qɑ˧ qɑ˧	khu˧ khu˧
芦花	z̩dʐi	uə	qɑ˧ qɑ˧	khu˧ khu˧
羊茸	ʂam	wu	qɑ˧ qɑ˧	khʉ˧ khʉ˧
松潘	tsu dʐe	wu	χqæ χqe	
构拟				
说明				

调查点	猫头鹰	贝母鸡	鸽子	麻雀
大岐山	y⁵⁵ kho⁴²	y³¹ ni⁵⁵ tu³¹	y³¹ dz̯o⁵⁵	y¹¹ tshə⁵³
桃坪	kho⁵⁵	yi³¹ χpu³³	i⁵⁵ dz̯u³¹	i³¹ tshie³³
曾头	kho³³	pe¹³ mu⁵³ tɕi⁵⁵	i⁵⁵ gz̯o³³	i³¹ tshie³³
龙溪	qhu⁵⁵	pɪ³⁵ mu³¹ tɕi⁵⁵	phu³³ ku³³ tsə³³	i³³ tsha⁵⁵
绵簾	kho³¹	pei³⁵ mu³³ tɕi⁵⁵	pha⁵⁵ qa³³ tsu³¹	tɕi⁵⁵ ba³³ i³³ tsha⁵⁵
索桥	khʉ³¹	pəi³¹ mə⁵⁵ yi³¹	gu³¹ gu³¹	ʁui³¹ i⁵⁵
沟口	yk⁵⁵	pei³⁵ mo³³ tɕi⁵⁵	phu³³ ko⁵⁵ tsɿ⁵⁵	y¹¹ tɕha⁵⁵
黑虎	dzuə̥⁵⁵ kuə̥³¹	pəi³⁵ mo³³ tɕi⁵⁵	phɑu³³ kuts⁵⁵	tɕieʂ³³ ui⁵⁵
龙池	ux⁵⁵	nit⁵⁵	phu³³ ku³³ tsə³³	ʁuaʂ⁴⁵
三龙	ie³⁵ ʂə³³ in⁵⁵	y³³ ʂpu⁵⁵	y⁵⁵ guə̥³¹	ʁuai⁵⁵
曲谷	iux	pe mu tɕi	yu gə̥ˊ	ʁui
雅都	uəɸ	ɲit	guˊ guˊ̥	ʁuai
维古	ʁnəx ba la	urpu̥	guˊ yu̥	ʁuˊ ji
龙坝	ɣu xu̥	ɣurpi̥	guˊ guˊ̥	bəˊ ɣ u̥
木苏	u xu	urpu̥	guˊ guˊ̥	ʁe u
茨木林	ɣnə khu̥ba la	u spu	u gə̥ˊ	ʁe u
扎窝	no χo ba la	u spo	gua gu̥	ʁeˊu̥
麻窝	nəχ ba la	uʂpu	guˊ guˊ	ʁe u
芦花	ɣnə qu̥ba la	u spu	guˊ guˊ	u tʃa
羊茸	wʉ khʉ̥	wʉ spʉ	guˊ guˊ̥	ʁe wʉ
松潘	wu xu̥		wuɣʐ̩	ʁew
构拟				
说明				

调查点	翅膀	蛇	马蜂	黄蜂
大岐山	ʁzie⁵³ ɹe³¹	be³¹ ʐɥ⁵³	tsɑn⁴² bzɿ³¹ bzɿ³¹	be³³ ʁziu³³
桃坪	dʑe²⁴ qe³³	bə³¹ χguə³³		bə³¹ dʑy⁵⁵
曾头	gʑe³¹ ə˞⁵⁵ qə³¹	bə³¹ guə³³	mɑ⁵⁵ fuŋ⁵⁵	ba³¹ gʑy³⁴³
龙溪	dʑyɑ³¹ qhɑ⁵⁵	bu⁵⁵ sə⁵⁵	niəu³¹ ko³¹ fuŋ⁵⁵	bu³¹ iu³¹
绵篪	ʑɑ³³ ka³¹	bɹi³¹ ɹi⁵⁵	biɑ³¹ buɚ³¹ bu⁵⁵	biɑ³¹ ʑu⁵⁵
索桥	ʑɑ³¹ khʂɑ³¹	bu³¹ tshə³¹ tsu⁵⁵	io³¹ ɹɚ³¹	bu³¹ ʐo⁵⁵
沟口	dʑɑ³⁵ khɑ¹³¹	bəs⁵⁵	mɑ⁵⁵ fuŋ⁵⁵ pɑu⁵⁵	
黑虎	dʑi⁵⁵ qɑ¹³³ pɑ⁵⁵	bəs⁵⁵	nia³⁵	
龙池	gʑɚ⁵⁵ pa⁴²	bi⁵⁵ ʂu⁵³		ʁniye³⁵
三龙	zie³³ ba⁵⁵ xɑ⁵⁵	bəs⁵⁵	hĩ³³ niə⁵⁵	hĩ³³ niə⁵⁵
曲谷	ɣzɑ ɸɑ	bəs	ɦii	
雅都	gzei pɑ	bəs		
维古	gzia guaᴶ	bəs	ʁu gzia	ʁəᴶ n̠i
龙坝	gzia pɑ	bəs	ʁo gzia	ʁəᴶ n̠i
木苏	gze gua	bəs	gzie	bə
茨木林	gzi ʁueᴶ	bʁsə	ʁo gzi	ʁn̠i u
扎窝	ɣzi ʁueᴶ	bəs	ʁo ɣzi	ʁəᴶ n̠u
麻窝	ɣzi guaᴶ	bəs	ɣzi	ʁəᴶ n̠u
芦花	gzi gua	bəs	gzi ßu	ʁoᴶ n̠a
羊茸	gzi guaᴶ	bə sə	khçi bə	ʁɲʁ ɹʁ
松潘	ɣʑa xkuə	bigu		ʁn̠y
构拟				
说明				

调查点	苍蝇	牧场	蚕茧	蚂蚁
大岐山	be³¹ɕu³¹	po⁵³dʐo³⁵	bo³¹lo⁵⁵tʂhu⁴²qa⁴²	χtiu⁵⁵tʂhua⁵⁵
桃 坪	bə³¹χu³³	niən³¹tʃhaŋ⁵³	tɕa⁵⁵pa⁵⁵	mɑ⁵⁵˙i⁵⁵tsɿ³³
曾 头	ba³¹χku⁵⁵	tʂhaŋ⁵⁵nə³¹	tɕã⁵³kho³¹tsə³¹	mɑ⁵⁵je⁵⁵tsɿ³¹
龙 溪	tshan⁵⁵in⁵⁵tsə³¹	tsau³¹pɑ¹³	tɕan⁵³kho³¹tsə³¹	mɑ³¹˙i³¹tsə³¹
绵 篪	tsh ã⁵⁵ĩ⁵⁵tsɿ³³	tsha³¹ŋo³¹tiu³¹	tshan³¹tsɿ³¹kho³¹kho⁵⁵	mɑ³³˙i³³tsə³¹
索 桥	bu³³zo³¹ɦã⁵⁵	ɕy³¹pha⁵⁵	tshau³¹kho⁵⁵	ɕo³¹khʂa⁵⁵
沟 口	bu³³ni⁵⁵khɤ˙⁵⁵		tɕan⁵⁵khəə⁵⁵	mɑ⁵⁵ie³³tsɿ³¹
黑 虎	bɤ³³ni⁵⁵	niu³³tshan⁵³	bə³³za⁵⁵kho³³kho⁵⁵	tiu³³ʂa⁵⁵
龙 池	bu³³gʐe⁵⁵	(niu³³)tʃhaŋ⁵⁵	tɕan⁵⁵khos⁴²	tiuk⁵⁵tʃhuʂ⁵⁵
三 龙	bu³³ni⁵⁵	niu³³tʂhaŋ⁵³	tɕan⁵⁵kho³³tsə³¹	tɕu³³khue⁵⁵
曲 谷	bu ȵu	ȵiu tʂan	bu zi kho kho	tɕu khuˊ
雅 都	bei χɑ	gzə χɑ	bu lɑ qhuɑˊ	tɕu khuˊ
维 古	bəp	gzə χɑ	ta qhuɑʂ̥	tɕik khuaˊ
龙 坝	bəp	gzə χɑ	ta qhuɑˊ	tɕu khɑˊ
木 苏	bəp	gzə χɑ	bul qhuʂ	tɕu xɹa
茨木林	bə pə	gziak to	ma tɕa qotʃ	tʃu kheˊ
扎 窝	bəp	ɣzia χɑ	ta qhuɑˊ	tiu khuaˊ
麻 窝	bəp	ɣzia χɑ	ta qhuɑˊ	tiu khuaˊ
芦 花	bəp	ɣzia χɑ	ta qhuɑˊ	to khiˊ
羊 茸	bəp	ɣzi	bʉ bo tɕi	tʉ khʂʉ
松 潘	buʑy			tik xʂuə
构 拟				
说 明				

调查点	骆驼	马鞍子	马嚼子	马鞭子
大岐山	lo⁵⁵ tho⁵⁵	ŋan⁵⁵ tsʅ³¹	tʂha⁵⁵ tsʅ⁵³	χan³³ thi⁵³
桃坪	lo⁵⁵ tho³¹	ma⁵⁵ ŋan⁵⁵ tsʅ³³	ma³³ tʂha¹³ tsʅ³³	ma³³ piaŋ³³ tsʅ³¹
曾头	lo⁵⁵ tho³¹	ʐu⁵⁵ χto³¹	ma⁵⁵ tɕa⁵⁵ tsue³¹	ma⁵⁵ pia⁵⁵ tsʅ³³
龙溪	lo⁵⁵ tho³¹	ɹo⁵⁵ ŋan⁵⁵ tsə³³	tʂha³¹ tsə³³	ma⁵³ pian⁵⁵ tsə³¹
绵篪	lo³¹ tho³¹	ŋan⁵⁵ tsʅ³¹	ma⁵⁵ tɕa³¹ tsui⁵⁵	ʁuɑ³³ tsə³¹
索桥	lo³¹ tho⁵⁵	ŋan⁵⁵ tsə⁵⁵	tʂha⁵⁵ tsə⁵⁵	ɹo³¹ ʂa⁵⁵ ʁuɑ³¹ tsɑ³¹
沟口	lo³³ tho³¹	gan⁵⁵ tsʅ³¹	ma⁵⁵ tʂa³³ tsʅ³¹	ɣyk⁵⁵ tes³⁵
黑虎	lo³³ tho³¹	gɑn⁵⁵ tsə⁵⁵	tʂha³⁵ tsə⁵⁵	ma⁵⁵ pian⁵⁵ tsə⁵⁵
龙池	lo³³ tho³¹	y⁵⁵ ɕy³³ ty⁵⁵	ma⁵⁵ tʃha³³ tsʅ³¹	ma⁵⁵ pian⁵⁵ tsə³¹
三龙	lo³³ tho³¹	gɑn⁵⁵ tsə⁵⁵	ma⁵⁵ tʂha³³ tsəˈ³³	ma⁵⁵ pian⁵⁵ tsə⁵⁵
曲谷	lo tho	gɑn tsə	tʂha tsə	mɑ piɑn
雅都	loː tho	gɑn tsə	tʃha tsə	mɑ pian tsə
维古	rŋuɑ mɑu	ɹuː sti	r̥qu tshi	tʂa khsaŋ
龙坝	lo tho	io ço	rqo tshie	tʃa ksən
木苏	rŋuɑ maɲu	ɹu sti	r̥qu tshəi	tʂak tsan
茨木林	na ɹo om dɑ	ɹo kʂu	tshi	ɹo ua sti
扎窝	ʁna mu	ɹo xtʂo	ɹo tshi	ɹo ua sti
麻窝	rŋuɑ mu	ɹu stu	ʂqo tshɣi	tʃa xtʃan
芦花	rŋɑ mon	ɹo sto	sqots	tɕa ksən
羊茸	rŋuɑ moŋ	ɹo sto	tshəqɑ que	tɕaq tshen
松潘		jy xty	tsheli	ʁla ʂa
构拟				
说明				

调查点	骡子	牦牛	犏牛	绵羊
大岐山	ka³³thi⁵⁵	ʁbo³³	χsu⁵⁵ȵu⁵³	iø⁵³
桃坪	ke³¹tɕe¹³	χbo¹³	tɕhi⁵⁵	χgʉ⁵³
曾头	kie³¹tɕe⁵⁵	χbo³⁴³	khɕi⁵⁵	χgy³³də³³ba³³
龙溪	kɑ tiɑ	mɑu³¹niu³¹	sə³³	io⁵⁵
绵簏	ka³³ti³¹	mɑu³³niu³¹	phiã⁵⁵niu³¹	iu⁵⁵
索桥	ke³¹tɕe⁵⁵		phiɑn⁵⁵niu⁵⁵	nio⁵⁵
沟口	ket⁵⁵	ru⁵⁵	tʂhe⁵⁵	niy⁵⁵ma⁵⁵~ɻi⁵⁵
黑虎	ki³³tɕi⁵⁵	ʁuɤ⁵⁵	phiɑn⁵⁵niu³¹	niu³³ʁuɑ⁵⁵
龙池	ke³³tʃe⁵⁵	z̩ʁuə⁵⁵~z̩bu⁵⁵	khʂe⁵⁵	tɕhy⁵⁵
三龙	ke³³tʂə⁵⁵	ue⁵⁵	xʂə⁵⁵	ni⁵⁵ue⁵⁵
曲谷	keˑtɕi	z̩en	xɕe	ȵo ɻuɯ
雅都	keˑtʃe	z̩bə	khʂe	ȵuːˑuɑ
维古	kə ɕɑ	rbə	khɕɑ	ȵu
龙坝	kə ɕi	rbə	kɕɑ	tɕho
木苏	tʂə	rbə	khɕi	ȵu
茨木林	ka tɕi	rbu	xɕi	ȵu
扎窝	tʂə	ʁo rbə	xɕi	ȵu
麻窝	tʂə	ʁuːrbu	xɕi	ȵu
芦花	tʂə	ʁo rb	kɕi	ȵu
羊茸	tʂə	rbʉ	khɕi	ȵʉ
松潘	ke ti	ɣbu	xɕe	tɕhy
构拟				
说明				

调查点	绵羊羔	毛	鸡	杨树
大岐山	iø⁵³ l̩⁵³	χmə⁵⁵	y⁵³	sə⁵⁵ ɹə³¹ pho³¹
桃坪	tshie³¹ pə⁵⁵ tʂuə³¹	χmə³³	yi³¹	sʐ³¹ ɚ⁵⁵ pho⁵⁵
曾头	χgy³³ lə⁵⁵ tʃuə³³	χmə⁵⁵	y⁵⁵	sə³¹ ɚ⁵⁵ pho⁵⁵
龙溪	io⁵⁵ mu³¹ tsu⁵⁵	χu³¹	y³³	sə⁵⁵ ɹə⁵⁵
绵篪	iu³³ lo³³ tʂu⁵⁵	mə̥³¹	i³¹	iɑ⁵⁵ liu³¹
索桥	nio⁵⁵ tʂu⁵⁵	mə˩³¹	y³¹	su⁵⁵ ɹə⁵⁵
沟口	niy⁵⁵ maˑ⁵⁵ tɕy⁵⁵ tʂy³¹	hũ⁵⁵	y³⁵	sue³⁵ sə⁵⁵
黑虎	niu³³ ʁuɑˑ⁵⁵ tʂuə⁵⁵	χuəˑ⁵⁵	dzuə⁵⁵	iɑn³³ liu⁵⁵
龙池	tɕhy⁵⁵ tʃy⁵⁵	hũ⁵⁵	u⁵⁵	se³⁵ ɕi³¹
三龙	niəl⁵⁵ tʂuə⁵⁵	hũ³³ pa⁵⁵	y³⁵	səˑ⁵⁵
曲谷	pe me	hu pɑ	yu	səɚ
雅都	ȵuy	xu pɑ	tɕuy	
维古	ȵuȵ ʂuɑ	xu pɑ	tɕou	tsə səɚ
龙坝	nor	xu pɑ	tɕiɣ ũ	sə ɚ es
木苏	ȵul	xu pɑ	tɕiu	səɹ
茨木林	ȵu z̩ə	hõ	ti u	sə ɚ
扎窝	ȵuz̩	hũ pɑ	ci ũ	sə ɹə
麻窝	ȵuz̩	hũ pɑ	tɕiu̥	səɹ (sə ɚ)
芦花	ȵudʐ	ho̥pɑ	ciu	səɹ
羊茸	ȵu z̩ʉ	hũ	ci wʉ	sʉ dʐo
松潘	logu	hũ	wu	ʁlap
构拟				
说明				

调查点	白杨	棉花草	核心，种子	（麦）壳儿
大岐山	la³³pə⁵³	pɪ⁵⁵	mi¹¹mi³¹	ʁlə⁵³ɹɑ⁵⁵pie⁵³
桃 坪	pe³³iaŋ³³ʂu²⁴	man³¹χua⁵⁵ tshau⁵³	fu³³fu³³	pə³¹tsɿ³³
曾 头	gzu⁵⁵pho⁵⁵	tsia³¹ma⁵⁵psɿ⁵⁵	zuə³³	tu⁵⁵pə³³
龙 溪	la³³pa³³phu³³	pia⁵⁵ʐə⁵⁵	fu⁵⁵fu⁵⁵	ʁə³¹kho⁵⁵kho⁵⁵
绵簾	go³³pho³¹	pi³³dza⁵⁵	zui³¹	la³³qa³¹
索 桥	zo⁵⁵phu⁵⁵	ʂpo³¹ɹə³¹	zy³¹（mi⁵⁵）	ʁə³¹pu⁵⁵tsə⁵⁵
沟 口	lɑp⁵⁵	xpʉ¹³³tɑk⁵⁵	xo⁵⁵xo⁵⁵	
黑 虎	tshɤɟ⁵⁵	pɑ³³tɑg⁵⁵	zuɤ⁵⁵	lɤp⁵⁵
龙 池	lɑp⁵⁵		χu⁵⁵χu⁵⁵	ʁlə⁵⁵puʂ⁵⁵
三 龙	tɕhiɟ⁵⁵		ʐdzə⁵⁵kuəst⁵⁵	pəts⁵⁵
曲 谷	ʁzuɸ	pe te qu	ʁlə	ʁləp
雅 都	ʁzou	pə tɑq	zuə	
维 古	ʁdzu ɸu̥	pəˈ	zuə	pɑˈ χɑˈ
龙 坝	ʁzo ɸu̥	pə tɑ qo	zuə	pəˈ χɑ
木 苏	ʁdzuə	pə tɑ qu	zuə	ʁlə pə χɑ
茨木林	ʁzo si	pɑ tɑ qo	zuə	pə χɑ
扎 窝	ʁzo si	pɑ tɑ qo	zuə	pɑ χɑ
麻 窝	ʁdzu si	pɑ tɑ qu	zɤ	pɤ χɑ
芦 花	ʁdzu si	pɑ tɑ qo	zə	pɑ χɑ
羊 茸	ʁdzo si	pɑ tɑ qo	zɤ	pə χɑ
松 潘			zu	ja ba
构 拟				
说 明				

调查点	青稞	青苗（嫩苗）	弯刀	锄头
大岐山	dzɿ³³	χsɿ⁴² qha⁴²	mo⁵⁵ lia⁴²	ɕy⁵³
桃 坪	dzɿ³³	χgya³³ qə³³	χda³¹ ʁo³³	kua³³
曾 头	dzə³³	χgya⁵⁵ qə⁵⁵	χda³¹ ʁo⁵⁵	kya⁵⁵
龙 溪	zə⁵⁵	χa⁵⁵ χui⁵⁵	uan⁵⁵ tau⁵⁵	tɕya⁵⁵
绵 篪	dzɿ⁵⁵	ne³¹ ki⁵⁵	do³³ ʁo³³ bɹa³¹	kua³¹
索 桥	dzə⁵⁵	ɕya³¹ pai⁵⁵ kə⁵⁵	do³¹ ɹʁo³¹	tɕya³¹
沟 口	zə⁵⁵	ia⁵⁵ ke⁵⁵	ʂa⁵⁵ tu⁵⁵	kua⁵⁵
黑 虎	dzə⁵⁵	ɦia³⁵ qɤ̥¹³¹	ʂa³³ tu⁵⁵	kua⁵⁵
龙 池	dʐi⁵⁵	miɑu³³ miɑu³⁵	ʂa⁵⁵ tu⁵⁵	kua⁵⁵
三 龙	dzə⁵⁵	tshin⁵⁵ miɑu³¹	doʁ⁵⁵	kue⁵⁵
曲 谷	dzə	tɕhin miɑn	doəˈʁ	tɕye
雅 都	dzəχ	tɕhin miɑn	du ʁu	tɕye
维 古	dzə	nə qəʂ	du ʁu	staːtɕua
龙 坝	dzə	qəʂ	so tɕo	tɕua
木 苏	dzə	nə qəʂ	du ʁu	stai tɕya
茨木林	dzə~səba	neːtʃuə	dza ʁo	staːtie
扎 窝	sə ba	ne tʃuə	dza ʁo	ci pi
麻 窝	sə βa	nə qəʂ	diu ʁu	steːˈtɕi
芦 花	sə βa	nə qəʂ	do ʁo	ce pe
羊 茸	sə ba	nə qə	do ʁu	kua pe
松 潘	bøndʐo		xʂatu	kua
构 拟				
说 明				

第三章 词汇

调查点	小锄头	梿枷板	犁沟	绸缎
大岐山	ia³³ ɕy⁵³	tø⁴² qə⁵⁵ bu³¹	to⁴² ɹu⁵³	mə³¹ tsʅ⁵⁵ χto⁵³
桃坪	ʁu³¹ tsuə⁵⁵	tu³³ lə³³	to³³ mə³³	ʁuɑ⁵⁵ χtu⁵⁵
曾头	ʁuɑ³¹ tsuə⁵⁵	tu⁵⁵ qə³³	to⁵⁵ mə⁵⁵ χu⁵⁵	ʁuɑ³⁴³ (χto³³)
龙溪	χuɑn³³ kuɑ⁵⁵ mi³³	tu⁵⁵ miɑ³¹	to³¹ y³¹	ʁue³³
绵篪	kuɑ³¹ tsu⁵⁵	təu³¹ lə	to³³ ɹɿ³¹	ʁue³³ to³¹
索桥	tɕyɑ³¹ tʂu⁵⁵	tu³¹ li⁵⁵	tʉ³¹ zəi⁵⁵ tɕi⁵⁵	z̩ʁue³¹ ʂtu³¹
沟口	kuɑ⁵⁵ tʂy⁵³	tu⁵⁵ zə⁵⁵	tu³³ y⁵⁵	ɣuʁ⁵⁵
黑虎	kuɑ³³ tʂuə⁵⁵	tuɤʃ⁵⁵	dɤː³³ kɑ⁵⁵	ʁuɑ³³ bɑ⁵⁵
龙池	dʒue³³ ɕi⁵⁵	tul⁵⁵	tu³³ yeχ⁵⁵	z̩ʁuə⁵⁵
三龙	dz̩ue³³ ʂə⁵⁵	tuəl⁵⁵	lei⁵⁵ ye⁵⁵	ʁuɑ⁵⁵
曲谷	z̩dz̩ə ɕe	tuəl	lui	z̩ʁuɑ sthu
雅都	dz̩e se	tuy	li (ə) que¹	ʁue¹
维古	dz̩iɑ si	tue i	tu guɑ¹	kuk tɕan
龙坝	dʒuɑ si	tuəʃ	tuə gɑ¹	kok tʃan
木苏	dz̩e si	tuəl	tu guə¹	kuk tɕan
茨木林	ɣdz̩ue si	tuəl	to gui¹	ʁue¹
扎窝	ɣdz̩uɑ si	tuəz̩	to gui¹	ko xtʃɑ̃
麻窝	ɣdz̩uɑ si	tɤz̩	tu gui¹	ku xtʃan
芦花	z̩dz̩e si	təz̩	to gi¹	koː ʂtʃən
羊茸	dz̩e wuə kuɑ pe	tɤ zə	to gz̩ʉi	ko çtʃən
松潘				ʁue
构拟				
说明				

调查点	扣子	索子（绳子）	鞋子	饭（总称）
大岐山	pha⁴²⁴ tsɿ⁵³	sa³³ l̥⁵³	ta⁵³ tɕe⁴²	tshu⁵³
桃坪	ɚ⁵⁵ tso⁵⁵	so³³ so³³	ta³¹ tɕa³³	tɕhy³³
曾头	ʐu⁵⁵ tso⁵⁵	sia³¹ li⁵⁵	ta³ tɕa⁵⁵	tɕhy⁵⁵
龙溪	phɑn³⁵ tsə³³	so⁵⁵ so⁵⁵	tsuɑ³⁵ χɑ³¹	tə³¹ qhuɑ⁵⁵
绵篪	niu³³ tsɿ³¹	tso³³ lo⁵⁵	ba³¹ tsɿ⁴²	tɕhu³¹
索桥	niu³¹ tsə³¹	bzʅəi³¹ tsʉ³¹ li³¹	be³³ tʂu³¹	ʂti³¹
沟口	kiɑ³³ tɑ⁵⁵	dɑ³³ lɑ⁵⁵	sɑ˩³³ xɑ˩⁵⁵	mɑ⁵⁵ tʂɑ⁵⁵
黑虎	ke³³ tɑ⁵⁵	tai³³ tai⁵⁵	tʂuɑ³⁵ χɑ˩⁵⁵	mɑ⁵⁵ χu⁵⁵
龙池	niu⁵⁵ tsə⁵⁵	ɕtɕye⁵⁵	tʃu³³ ʁuɑ⁵⁵	ʈʂhiʂ⁵⁵
三龙	phə⁵⁵ tsuə³¹	tai³³ tai⁵⁵	tʂuɑ⁵⁵ χɑ⁵⁵	tʂhə³³ χo⁵⁵
曲谷	kɑ tɑ	tɕi tʂhɑn tai	tʂuˉ χɑ	stuɑ χɑ
雅都	pe tʂhe		tʃu χɑ	stuɑχ
维古	ɹə tsuə	ɕtɕyə	ʂuə ßɑ	stə
龙坝	phə tsuə	ɕtɕuɑ	tʃuə ßɑ	stə
木苏	ɸu tsək	ɕtɕy	tʂə bɑ	stə
茨木林	phu tso	sti	tʃuə bɑ	ste
扎窝	pho tso	sci	tʃə bɑ	ste
麻窝	phu tsuk	ʂtɕi stɑ	tʃə ßɑ	stʏ
芦花	pe tʂhi	sci stɑ	tʃə ßɑ	stɛ
羊茸	phə tʂik	skʉi	tʃə bɑ	ste
松潘	phits	ɣʐu	tɕys	tʂhoχo
构拟				
说明				

调查点	面粉（粉）	糌粑粉	清汤	牛奶
大岐山	ba³¹liu⁴²	dzu¹¹ba⁴²liɯ³¹	ʐe³³	lai⁵⁵tsʅ³¹
桃坪	ba³¹ly³³	pə³¹la⁵⁵	thu³³	niəu³¹lai⁵⁵
曾头	ba³¹ly⁵⁵	pə³¹la⁵⁵dzy³³	thu⁵⁵	ŋu⁵⁵nit⁵⁵niy⁵⁵
龙溪	ba⁵⁵lio⁵⁵	tsan⁵⁵pa⁵⁵	tho⁵⁵	niu³¹lai⁵³
绵篪	ba³³liu³¹	dzui⁵⁵	ʐe⁵⁵	ŋo³³nia³³nia⁵⁵
索桥	be³³lo³¹	dzy⁵⁵	tho³¹	sə³¹pa³¹pa³¹
沟口	be³³ly⁵⁵	tsan⁵⁵pa⁵⁵	thaŋ⁵⁵thaŋ⁵⁵	niu³³lail⁵³tsʅ³¹
黑虎	bu³³lu⁵⁵	dzu³³bu⁵⁵lu⁵⁵	tʂhoː³⁵	pa³³pa⁵⁵
龙池	dzy⁵⁵	hap³³dzy⁵⁵	thaŋ⁵⁵	ʂə³¹pa³³pa⁵⁵
三龙	bu³³lu⁵⁵	dzuə⁵⁵		lai⁵⁵tsʅ⁵⁵
曲谷	bo lo	dzu		ŋa ma
雅都	bu liu	χap dʒu	than	pa pa tsəp
维古	ʐui	χap dʒu	tsə xə̥	tsəp
龙坝	dzyi	χap dzyi	tsuə χə̥	tsuəp
木苏	ʐyi	χap ʐyi	tsə χə̥	tsəp
茨木林	dzui	χap dzui	tsə khə̥	bə qo
扎窝	dzui	χap dzui	tsə sti	tsəp
麻窝	dzi	χap dzi	tsə xə̥	tsəp
芦花	dzi	χap dzi	tsə khə̥	tsop
羊茸	dzi	χap dzi	tsɤ dze	tsɤɣ
松潘	dzo		ji	tsup
构拟				
说明				

调查点	油	糖（蜂糖）	酒曲	鼻烟
大岐山	χnio⁵⁵	mɑ³¹tha⁵³	tɕhe⁵⁵ɕe⁵³	pi³¹iɑn⁵⁵
桃坪	χniu⁵⁵	tɕhy³³tɕhy³³	χa⁵⁵bzi³³	pie⁵³iɑn⁴²
曾头	χnio⁵⁵	tɕhy³¹tɕhy³³	χa³³bzi³⁴³	pie³¹iã⁵⁵
龙溪	so³¹ˑi⁵⁵	tshu⁵⁵tɕi³¹	tɕhy⁵⁵tsə³¹	
绵篪	mɑ⁵⁵	tshu⁵⁵ki³¹	χa⁵⁵bˑeˑ³¹	ɕi⁵⁵qə⁵⁵ie⁵⁵
索桥	ʂtʉ⁵⁵	tʂhu⁵⁵kəi⁵⁵	ɦũ³¹baˑ⁵⁵	ɕi⁵⁵qə⁵⁵ie⁵⁵
沟口	xtu⁵⁵	mɑ³³tha⁵⁵	hũˑ⁵⁵tʂy³¹ ~ xu⁵⁵tʂu³¹	
黑虎	du³⁵	mɑ³³tha⁵⁵	χuəˑ⁵⁵	pi³³iɑn⁵⁵
龙池	zdue⁵⁵	mɑ³³thaŋ⁵⁵	hõˑ⁶⁶	pi³³iɑn⁵⁵
三龙	z̧dye⁵⁵	mɑ³³tha⁵⁵	hũ⁵⁵	pi³³iɑn⁵⁵
曲谷	xli	mɑ tha	hũˑ	pi iɑn
雅都	zdue	mɑ tha	tɕhu χu	pi iɑn
维古	zduɑ	bu	χu	snɑ tu kuə
龙坝	zduɑ	bui	χo	stɑn tok
木苏	zduɑ	bui	χo	stɑn tuk
茨木林	zduɑ	boː	χo	nɑ to
扎窝	zduɑ	buː	tɕhi χo	stə ɲɑ kɑ
麻窝	zdɑ	buː	χu	sɲɑ tək
芦花	zdɑ	buː	tɕhe χo	soø tʉk
羊茸	zdɑ	bə wuə	tɕhe χo	sno tʉk
松潘	xtu	ma tha		
构拟				
说明				

调查点	仓库	经常	瓦板	楼下
大岐山	χpe⁵⁵	z̪ø³³ qo⁵⁵ phʂi⁵⁵ li⁴²	χqı¹¹ bø¹³	
桃坪	χphə³³	z̪u³³ tɕi⁵⁵ la³³ χɑ³³	bu³³ z̩ʅ³¹	ʁue⁵⁵ qo³¹
曾头	χpə⁵⁵	z̪u⁵⁵ tɕi⁵⁵ qə³³		
龙溪	χo⁵⁵ ku³¹	ɹo³¹ tɕe⁵⁵	ʁuɑ⁵³ ko³¹ tsə³¹	tɑ³³ gɑ³¹
绵篪	pa³³ ko⁵⁵	ɹəu³¹ tɕi⁵⁵ .neɹ	mu³¹ uɑ⁵⁵ pan⁵⁵	ləu³¹ kɑ⁵⁵ tɑ³¹
索桥	ɦidəi³¹		tɕe⁵⁵ ʁuɑ⁵⁵ ɹbu⁵⁵	lu³¹ tɕi⁵⁵
沟口	tshaŋ⁵⁵ khu³⁵	xup⁵⁵	tʂhuan³³ tsʅ⁵⁵	kin⁵⁵（ta⁵⁵）
黑虎	tshaŋ⁵⁵ khu³⁵	χuɐ³³ ɕtɕi⁵⁵	buɹ⁵⁵	qɹb³³ saq⁵⁵
龙池	tshaŋ⁵⁵ khu³¹	ʂpu³³ tɕi⁵⁵	ʁzua⁵⁵ pa⁵⁵	tɕi⁵⁵ qəl⁵⁵
三龙	tshan⁵⁵	bu³³ qɑ⁵⁵	ʂɑː⁵⁵ pan⁵³	tʂhəl⁵⁵ dzi⁵⁵
曲谷	tshaŋ	ʂpu	ʁzɑ	tʂhəl lɑ
雅都	ʂpə	ɸaŋ tɕhyan tsə	ʁzuɑ	tʂhəl lɑ
维古	r̥pə	tʂhut ku	ʁzuɑ	tɕal
龙坝	r̥pə	tɕhut ko	ʁdzuə	tsi tsia
木苏	r̥pə	tʂhut ku	ʁzuɤ	tɕal
茨木林	（bu）spə	zəz̩ tie	ʁzuə	tiɑ lə
扎窝	spə	tʃhot ku	ʁzuə	cal
麻窝	spə	tɕhit khu	ʁdzə	tɕal
芦花	spə	tɕhot khu	ʁdzə	scal
羊茸	spə	mtɕhot kho	ʁdzə	stɕal
松潘	xpu	ʔes te		keili̥
构拟				
说明				

调查点	墙角	窗子	石板	白灰（涂墙示告）
大岐山	tɕi⁵⁵ ʁdzo⁵⁵	tshaŋ⁵⁵ tsʅ³¹	ʁlo²² bəʐ³³	ʂə⁴²⁴ χui⁵³
桃坪	ʁo³¹ zuə⁵⁵ χdzo³¹	tʂhuɑŋ³³ tsʅ³¹	ʁo³³ bzʐ³³	χo³¹ phʂi⁵⁵
曾头	tɕi⁵⁵ χdzo³⁴³	tʂhuɑŋ⁵⁵ tsʅ³¹	ʁo³⁴³ bzʐ³¹	
龙溪	tɕe⁵⁵ zu³¹	tʂhuan tsə³¹	ʂə⁵⁵ pan³³	ʂə³¹ χui⁵⁵
绵篪	lo³¹ zu³¹ pia̰⁵⁵ pia⁵⁵	tʂhuã⁵⁵ tsʅ³¹	lo³³ bu⁴²	pa³³ ɕa³¹
索桥	khʂa³¹ zdzʉ³¹		zdʉ³¹ pu³¹ tshie⁵⁵	bu³³ zu³¹ phʂe⁵⁵
沟口	tɕhaŋ³³ ko⁵⁵ tsʅ⁵⁵	xuɑ⁵⁵ tʂhuᴶan⁵⁵	ʂɿ⁵⁵ pan⁴²	
黑虎	tɕi⁵⁵ dzu̥ə³¹	tʂhuan⁵⁵ tsə⁵⁵	ʂə³³ pan⁵³	
龙池	qha⁵⁵ ɣdzu̥⁵⁵ ~ ɕi⁵⁵ ɣdzu̥⁵⁵	tʃhə³³ mazo⁵⁵	fia³⁵ ɬi⁵⁵	χli³³ tʃhũ³³ ɦũ⁵⁵
三龙	ki⁵⁵ zdzu̥ə³¹	tʂhuan⁵⁵ tsə⁵⁵	ʂə³³ pan⁵³	
曲谷	tɕi dzu̥	ɹu ʁum	ʁlʉu	ʂə χu̥
雅都	tɕi ɣru̥ə	tʂhuɑn tsə men	ʂə pan	pəks
维古	tɕi ɣdzu̥ə	tɕa zu̥ə	ʁluz̩	karpu
龙坝	tɕi ɣdzu̥ə	tʂhuan tsə	ʁloz̩	karpu
木苏	tɕi ɣdzu̥ə	un dzu ta	ʁluz̩	karpu
茨木林	ti ɣdzu	ti zu	ʁlo zə	dzui pa
扎窝	ci ɣdzu	ci dʒu	ʁloz̩	karpu
麻窝	tɕi ɣdzu̥	tɕi (u) zu	ʁluz̩	kar pu
芦花	ci zdzʉ	un du	ʁloz̩	kar po
羊茸	zeʵ ~ ɹeʵ	wun dʉ	ʁlo dʒə	karpo
松潘	qeʁu̥	xʂəm		
构拟				
说明				

调查点	帐篷	枕头	箱子	手镯
大岐山	tṣaŋ²⁴ phuŋ³¹	ko⁵³	ɕaŋ⁵⁵ tsʅ⁵³	ia³¹ tɕy⁵³
桃坪	tṣaŋ¹³ phuŋ³¹	ko³³	ɕaŋ⁵⁵ tsʅ⁵³	ia³¹ tɕy⁵³
曾头	tṣaŋ¹³ phuŋ³¹	ko³³	siaŋ⁵⁵ tsʅ³³	pa⁵⁵ kie³³
龙溪	taŋ³⁵ phuŋ³¹	ni³³ que³³	ɕiaŋ⁵⁵ tsə³³	pa³³ ku³³
绵篪	tṣã³⁵ phũ³¹	nia³³ ko³¹	səu³¹	pa³³ kui³¹
索桥	tṣan³⁵ phuŋ³¹	nə³¹ ku³¹	phu³³ so⁴²	pu³¹ ku⁵⁵
沟口	tṣan⁵⁵ phuŋ³¹	nək⁵⁵ ~ ku³¹ pəts⁵⁵	ɕan⁵⁵ tsʅ³³	puk⁵⁵
黑虎	tṣan⁵⁵ phən³¹	nə⁵⁵ tsuʁ³¹	ɕan⁵⁵ tsə³¹	dʑi⁵⁵ kuə³¹
龙池	tʃan³⁵ phuŋ³¹	nək⁵⁵	ɕaŋ⁵⁵ ɕaŋ⁵⁵ ~ ɕaŋ⁵⁵ tsə³¹	puk⁵⁵
三龙	tṣaŋ³⁵ phəŋ³¹	nə⁵⁵ tṣuə⁴²	ɕan⁵⁵ tsə⁵⁵	i⁵⁵ kuə³¹
曲谷	pu phən	nə kuə	ɕaŋ ɕaŋ	i kuə
雅都	zgar	nə khuə	ɕaŋ dzə	i de
维古	zgar	nə kuə	rgam bu	i di
龙坝	zgar	nəkuə	rgam bə	i di
木苏	zgar	nəku	rgam bu	i di
茨木林	phəˈ ti	nə kuə	rguam bə	dʑɑ di
扎窝	zgar	nə ko	rguam bu	dʑɑ di
麻窝	zgar	nə ku	rgam bu	dʒɑ di
芦花	zgar	nə ku	rgom bu	dʑɑ de
羊茸	zgar	nə kʉ	rgam bə	dʑe de
松潘		nuku	gom	pak
构拟				
说明				

调查点	耳环	珊瑚	麻线	锁
大岐山	n̩³³ke⁵⁵ti¹³ti¹³	ʂan⁵⁵fu³³	sa⁵⁵tshi⁵⁵sa⁵⁵l̩⁵³	dio³³ʁue⁵³
桃坪	nə³¹ma⁵⁵	ʂaŋ¹³fu³¹	sa³¹də³³	qa⁵⁵ʂua³¹¹
曾头	ni³¹ma⁵⁵	ʂuã⁵⁵fu³¹	sa⁵⁵sia⁵⁵li⁵⁵	qa⁵⁵sua³¹
龙溪	ni³¹ma³¹~nə³¹ma³¹	ʂan⁵⁵fu³¹	təu³¹ka³¹sa³¹ni⁵⁵	tsha⁵⁵sua³¹
绵篪	nə³¹ma³¹	mã³³pei⁵⁵	to³³pa³³	ʂua³¹
索桥	nə³¹ʁo⁵⁵	ma³¹pu³¹tʂu⁵⁵	so³¹tʂhəi⁵⁵	sua³¹pu⁵⁵
沟口	nɤˈ³³ɣuɤˈ⁵⁵	ʂa⁵⁵xo³¹	su⁵⁵ni⁵⁵tʂhɤˈ⁵⁵	suep⁵⁵
黑虎	nə³³ma⁵⁵	ʂan⁵⁵χo³¹	iʃ⁵⁵	qu³³sue⁵⁵
龙池	ni³³z̩ʁue⁵⁵	pia⁵⁵lu⁵⁵	suʂ⁵⁵qul⁵⁵	qu⁵⁵su⁵⁵~qu⁵⁵sa⁵⁵
三龙	nə³³ʁuəˈ⁵⁵	pie³³lu⁵⁵	su³³ɸe⁵⁵	qu³³sua⁵⁵
曲谷	nu ʁu	pie dʐu	sua ʁa	qu sua
雅都	ɲ̊i khuə pal	piu ru	su i lɪ̥	qu (ə) sɑːˈ
维古	pa la k̥u	pia ro	su il	quː sua ʁaˈ
龙坝	pa la k̥u	pia ro	soʃ	qo so
木苏	nə ku çtçie	pia ru	sul	qo sua
茨木林	nə ku pala	çui ru	soz̩	qo sa
扎窝	nə ku pala	piː ru	soz̩	qo sa
麻窝	nə kuə pala	pi ru	su suz̩	qu sua
芦花	nə ku pala	ph ʂu	so tʂhəz̩	qo sɑ
羊茸	ɲ̊i kuə a luŋ	pi ru	so zə	qo sɑ
松潘	ɲ̊i ʁue		sutʂ	tshæ sy
构拟				
说明				

调查点	眼镜	铃	手杖（棍子）	伞
大岐山	iɑn⁵⁵tɕin⁵³tsʅ³¹	tʂhən³¹tʂhe⁵³	ʁuɑ³⁵do⁵³	tsʉ³³se⁵³
桃坪	iɑn³³tɕin¹³tsʅ⁵³		tɑ³¹pu⁵⁵	tsu³³sie³¹
曾头	iã⁵³tɕin⁵⁵tsʅ³³	tʂo³³	χtʂe⁵⁵qə⁵⁵	tsu⁵⁵sie³³
龙溪	(iɑn⁵³) tɕin³⁵tsə³¹	tʂhən³¹lin⁵⁵	li⁵⁵qə³³suɑ³³	tʂu³³ʂɑ³³
绵簾	iã⁵³tɕĩ³⁵tsʅ³¹	khɑ³¹ni³³ni³¹	ʁuɑ⁴²tsʅ⁴²	tɑu³³ʂuɑ³¹
索桥		khʂəi⁵⁵li⁵⁵	ȵi³¹tɑ⁵⁵ʁuɑ³¹tsə³¹	to³¹ʂɑ³¹
沟口	iɑn⁵⁵tɕin³⁵tsʅ⁵⁵	khi⁵⁵ni⁵⁵	ɣuɑ⁵⁵tsu³¹	san⁴²
黑虎	iɑn⁵⁵tɕin³⁵tsə³¹	dʐə⁵⁵	pɑn³³pa⁵⁵	san⁵³
龙池	iɑn⁵⁵tɕin¹³tsə⁵⁵	ɣdʐe⁵⁵	gues⁵⁵	tʂhu⁵⁵tɑ³¹
三龙	iɑn⁵⁵tɕin³⁵tsə⁵⁵	z̩dʐə⁵⁵	kuai⁵⁵kuən⁵⁵	tʂu sɑ
曲谷	iɑn tɕin tsə	z̩dʐə	kuɑi ɸɑtsə	tʂu sɑ
雅都	iɑn tɕin tsə	ʀuʁl	ued	tʂhu tɑ
维古	iɑn tɕin tsə	ʁdʐə	uɑ dʐə̥	tʂhu tɑ
龙坝	mot qo	ʁdʐə	uɑz̩	tʂho tɑ
木苏	iɑn tɕin tsə	ʁdʐə	uɑ z̩ə	tʂhu tɑ
茨木林	mɑ	khuə ʁdʐə	uɑ ʑi	tʂho tɑ
扎窝	nə ke	khuə ɣdʐə	uɑ dʑi	tʂho tɑ
麻窝	nə (i) ki'	khuə ʁdʐə～khuə ʁdʐə	uɑ di	tʂhu tɑ
芦花	tʃhəʂɑl	khuəz̩dʐ̩	uø du	tʂho tɑ
羊茸	ȵi khʂə	tʂə' rbə khʂɑ lɑŋ	wuədʉ	tʂho tɑ
松潘	ʁȵiʁɑ	ʁdʐə	ʁuɑqte	tʂho tɑ
构拟				
说明				

调查点	浆糊	绳子	盖子	火石
大岐山	tɕaŋ²⁴tsʅ⁵³	bzʅe⁵³	qu²²qu⁵⁵	ʁlo⁵⁵phʂi⁵⁵
桃 坪	tɕan¹³tsʅ³³	bzʅe³³	qo³¹qo⁵⁵	tsia³¹χma³³
曾 头	tsiaŋ¹³tsʅ³¹	bzʅe⁵⁵	qu³¹qu⁵⁵	ʁo³⁴³phʂi⁵⁵
龙 溪	tsiaŋ³⁵tsə³³	ʂuən³¹ʂuən⁵⁵	kɑi³³kɑi³³	ʁo³¹phe⁵⁵
绵 篪	tɕã⁵³tsʅ⁵³	bʴe³¹	qa⁴²qa³¹	lo⁵⁵phʴi³³
索 桥	tɕã³⁵tsə³¹	bzʅi³¹	qo³¹qo³¹	ʂtʂa³¹mia³¹ʁʉ⁵⁵
沟 口	tɕan³⁵tsʅ⁵⁵	zɣɚ⁵⁵~zɑ⁵⁵ɚ⁵⁵	kɚʂ⁵⁵	le³¹phi⁵⁵ku³¹tʂua⁵⁵
黑 虎	tɕan³⁵tsə⁵⁵	bɤʴ⁵⁵	kɑi³³kɑi⁵⁵	nə³³xyi⁵⁵
龙 池	tɕaŋ³³tsə⁵⁵	gzʅy⁵⁵	qeɕ⁵⁵	ʁnə³³tɕhy⁵⁵
三 龙	tɕan³⁵tsə⁵⁵	ʂuen³³tsʅ⁵⁵	qe⁵⁵χu̥³¹	
曲 谷	tɕan tsə	dzʅə̥ʴu	qə̥ʂku	xtɕɑi mi
雅 都	tɕan tsə	dzʅə⁽ʴ⁾uʴ	quə tɕ	ʁlu ɸeʴ
维 古	pɑ χsə̥	bəʴ	qe ku̥ə̥	ʁlu ɸi
龙 坝	pɑχ	bəʴ	(ku tɑ) qe tʃu̥ə̥	ʁlo ɸi
木 苏	puk tɕu	bəʴ	qe ku̥	ʁlu phi
茨木林	pɑ qsə	biʴ	qə ku̥ə̥	ʁlo phiʴ
扎 窝	pɑ xtsɑ	bi	qə ku	ʁlo phi
麻 窝	pɑ xɕu	bi	qe ku̥ə̥	ʁlə ɸi (~phi)
芦 花	pɑ χtʃu	bzʅi	quə qu̥	ʁlo phʂi
羊 茸	pɑχtʃə	bzʅi	qɤb qʁb	ʁlo phʂi
松 潘	mæ la	ɣzʅu	kie χu	ʁlə tɕhi
构 拟				
说 明				

第三章　词汇

调查点	筷子	坛子	砧板	锅
大岐山	du^{24}	ço^{55}pʉ^{31}	tshai^{435}pɑn^{53}	lɑ^{31}quɑ^{53}
桃坪	duə^{33}	tɑ^{31}χto^{33}	tshie^{31}kə^{55}	tshie^{33}pa^{33}
曾头	duə^{343}	tɑ^{31}χto^{33}	ŋa^{13}pa^{31}	tshie^{55}pa^{55}
龙溪	bu^{33}çɑ^{55}（tçɑ^{55}）	qha^{33}	ŋan^{35}pɑn^{31}~tshai^{35}pɑn^{31}	tshɑ^{33}piɑ^{55}
绵篪	du^{31}	thã^{31}tsʅ^{31}	tshɑ^{31}ka^{31}	tshɑ^{31}
索桥	du^{55}	qɑ^{31}pu^{33}	tshie^{55}（tʂə^{55}）pa^{55}	tshɑ^{31}（piɑ^{55}）
沟口	mɤ^{35}ʐ̩uə^{31}	than^{33}than^{31}	tshai^{35}pɑn^{53}	ʂɑ^{55}ku^{55}
黑虎	mɤ^{35}ʐ̩uə^{31}	qap^{35}	tshai^{35}pɑn^{53}	ʂe^{33}ku^{55}
龙池	muʐ̩^{55}	qap^{35}	tsai^{35}pɑn^{53}	ʂɑ^{55}ku^{55}
三龙	muʐ̩^{55}	qap^{55}	tsai^{35}pɑn^{53}	ʂo^{33}ku^{55}
曲谷	muʐ̩	qap	tshai pɑn	dʐ̩ə
雅都	ues	qap	tʂhɑ ɸən	dʐ̩ə
维古	ua tsə̥	qap	om phut	dʐ̩ə
龙坝	uas	qap	ɑm phut	dʐ̩ə
木苏	uas	qap	ɑm phut	dʐ̩ə
茨木林	ua tshə	qep	gɑn pan	dʐ̩ə
扎窝	uats	qep	ɑm phən	dʐ̩ə
麻窝	uas	qep	ɑm phun	dʐ̩ə
芦花	uats	qep	ɑm phən	dʐ̩ə
羊茸	wuɑ tshɤ	qepə	ɑm phən	dʐ̩ə
松潘	medi̥	qap	tshe pen	dʐ̩ə
构拟				
说明				

调查点	铜锅	灶	皮火筒	火星
大岐山	χtɕi⁵⁵ʂʅ⁵⁵ la⁵³kuɑ⁵³	tʂu³¹dzʐe⁵⁵	phi²⁴χo⁵³thuŋ⁴²	m̩³¹qho⁵³
桃坪	χa³³tshie³³pa³³	tsu⁵⁵dzʐu³¹		mə³¹qho³³
曾头	χa³¹tshie⁵⁵pa⁵⁵	tsu⁵⁵dzʐu³¹		mə³¹qho³³
龙溪	χa⁵⁵tsha³³pia⁵⁵	tʂo³¹tʂo³¹	zʐa³³fən⁵⁵siɑn⁵⁵	mə⁵⁵qho⁵⁵
绵篪	dəu³⁵tsha⁵³	tso³³qo³¹	phi³¹χo³¹thuŋ³¹	mu⁴²ka⁵⁵
索桥	ɦã⁵⁵tsha³¹	tso³¹tɕe⁵⁵	dzʐa³¹bu³²ti⁵⁵	mu³¹dzʑi⁵⁵i⁵⁵
沟口	thuŋ³³lo³³ku⁵⁵	tsau⁵⁵		mu³³khə³³
黑虎	ha³³la⁵⁵qua⁵⁵	dzuəts⁵⁵	phi³³χo⁵⁵thun³¹	mʁ⁵⁵χʁ̥⁵⁵
龙池	la⁵⁵qua⁵⁵	tsul⁵⁵	χu⁵⁵phi³³tai³⁵	mu³³χəχ⁵⁵
三龙	la³³qua⁵⁵	tsul⁵⁵	phi³³χo⁵⁵thuŋ⁵⁵	məχ⁵⁵
曲谷	la qua	tsutʂ	phe te	muə χə̥¹
雅都	ʂar dzuŋ	tsu ru	dzʐa pha te	mə rə̥
维古	khu¹ rdzuaŋ	tsur	khuəl mu	mə rə̥
龙坝	ʂa rdaŋu	tsor	khuəl mo	mə tʃhuə̥
木苏	khuə rdzaŋu	tsur	khəl mu	mər̥
茨木林	χoŋ dza	tsə mə tie	kho mu	mə tʃhə
扎窝	χo rdzã	rfia thap	khuə rmu	mətʂ
麻窝	khu rdzaŋu	tsur	khuəl mu	mər̥
芦花	kho¹ zaŋ	tsur	kho rmo	mətʂ
羊茸	khʂo jzʉaŋ	rdza thap	khol mo	mətʂhə
松潘		tsum gi	phəs	
构拟				
说明				

第三章　词汇

调查点	锅煤烟	吸酒竹管	磨刀石	天
大岐山	ʁlə⁵⁵ni⁵⁵	tɕhe⁵³l̩³¹	ʁlo⁵⁵χtʂʅ⁵³	m̩³¹ta⁵³
桃坪	ko⁵⁵iaŋ⁵⁵tsʅ³³	tɕha⁵⁵χdiu⁵⁵	ʁo⁵⁵χtʂə⁵⁵	χmə³¹da⁵⁵pə³¹
曾头	gə³¹ʁuɑ⁵⁵ni⁵⁵	tɕha⁵⁵χdio³⁴³	ʁo³⁵³χtʂʅ³¹	mə³¹da³⁴³pə³¹
龙溪	ko⁵⁵iaŋ⁵⁵tsə³³	ɕi³¹kan⁵⁵kan⁵⁵	mo³¹tau⁵⁵ʂə³¹	mu³³to⁵⁵
绵簾	tshɑ³³dɑ³³nə⁵³	tɕha³¹dio⁵⁵	lo³³tʂi³¹	m̩⁵⁵pia³¹
索桥	z̪ʁe³¹ni³¹	tɕha³¹ti⁵⁵	z̪du³¹ʂtʂə³¹	mu⁵⁵pia⁵⁵
沟口	dz̪a³³ni⁵⁵	ɕi³⁵xkɤ˩⁵⁵	ʂyk⁵⁵	mɤˀn⁵⁵
黑虎	de³³ni⁵⁵	ɕit⁵⁵	nə³³ʂtʂi⁵⁵	mɤ³³tu⁵⁵
龙池	ʁlen³³tɕiq⁵⁵	zi³³bi⁵⁵	ʁnuaʂ⁵⁵	mu³³tuq⁵⁵
三龙	ʁla⁵⁵ni⁵⁵	hĩt⁵⁵	ʁlə⁵⁵ʂtʂe⁵⁵	mu³³toq⁵⁵
曲谷	ʁla ɲi	ɕit ~ hit	mu tauʂə	mu tup
雅都	dz̪ə ʁnei	tʂhuei	ʁluas	mu tup
维古	ʁla ɲi	tʂhəu	ʁlu sə̥	mu tup
龙坝	ʁla ɲi	tʂhə i	ʁlos	mo top
木苏	ʁla ɲi	tʂhiu	ʁlus	mu tu
茨木林	ʁla ɲi	tʂhe u	ʁlo sə	mə to
扎窝	ʁla ɲi	tɕhi u̥	ʁlos	mo təp
麻窝	ʁla ɲi	tʂhiu	ʁlus	mu tu
芦花	ʁla ɲi	tɕheu	ʁlos	mo tɑ
羊茸	ʁla ɲi	tɕhe tʂhəu	sə ʁlo	mɤ to
松潘	ʁlo ɲi		ʁla χtʂe	mə
构拟				
说明				

调查点	天晴	太阳	阳光	风
大岐山	m̩³³χnie⁵³	mə⁵³ni⁵³	mə³¹ɕi⁴²	me⁵⁵ʐe⁵³
桃坪	χmə³¹χnia³³	ma³¹ʂʅ⁵⁵	mə³¹ni⁵⁵pa⁵⁵le³³	ma³¹ʁo³³
曾头	mə³¹χnia³³	ma³¹ʂʅ⁵⁵~mə³¹ni⁵⁵	mə³¹ni⁵⁵qə³¹	ma³¹ʁo⁵⁵dʐa³¹
龙溪	mu⁵⁵qa⁵⁵	mu³¹ni³¹	mu³¹si⁵⁵	mu³³ʁo⁵⁵
绵篪	mu⁵⁵ʂe³¹	ma³³nə³¹	ɕa³³tɕi³⁵	ma⁵³ma⁵³
索桥	mu⁵⁵ʂqa⁵⁵	mu⁵⁵ni⁵⁵	mu³¹si⁵⁵	mu³¹pa⁵⁵
沟口	mu⁵⁵xa³³na⁵⁵	mu³³ɕi⁵⁵	mu³³ɕi⁵⁵fiʴk³⁵	
黑虎	mʴ⁵⁵ha³³na⁵⁵	mʴ³³i⁵⁵qa³¹	məi⁵⁵qa³¹	go³³fən⁵⁵
龙池	mu³³ʂqa⁵⁵	mi³³ieq⁵⁵	mu³³ʂaq⁵⁵（pal⁵⁵）	mu³³ʁu⁵⁵
三龙	mə³³ʂqa⁵⁵	mei⁵⁵	mu³³si⁵⁵	muts⁵⁵mu³³ʁu⁵⁵
曲谷		mu iaq	mi siaq	mu ʁu
雅都	məʂqa	mu iuχ	mi siaq	mu ʁu
维古	mə na~mərga	mun	mə siaq	mə ʁu
龙坝	məʂqa	mun	mə siaq	mə ʁo
木苏	mərqa	mun	mə saq	mə ʐu
茨木林	mə sqa	mun	mə stiaq	mo ʐu
扎窝	mo sqa	mun	mə staq	mo ʐu
麻窝	mə ʂqa	mun	mə saq	mu ʐu
芦花	mə sqa	mun	mə saq	mu ʐu
羊茸	mə sqa	mʉ ɲɑ	mə scaq	mə ʐʉ
松潘	mə χqæ	mə ɤɲ	mə ɕe	mo ʁu
构拟				
说明				

调查点	雨	雷	霹雳	冰雹
大岐山	mu³⁵ i⁵⁵	mə³¹ ʁqo³¹	mə³¹ ʁqol³¹ bʐe³¹ bʐe⁵⁵	dʐɿ³¹ gʉ³¹
桃坪	ma³¹ ʐi³³	mə³³ go³¹		ɕye³³ taŋ³³ tsɿ³¹
曾头	ma³ ʐi⁵⁵	mə⁵⁵ go³¹		
龙溪	mɪ³¹ lio³¹	mu⁵⁵ gu⁵⁵ mu³¹	la³¹ sa⁵⁵ χua³³	ɕye³³ taŋ³⁵ tsə³³
绵篪	me¹³³ ɻi³¹	mu³¹ go⁵⁵	da³³ go³⁵	ɕye³³ tũ³⁵ tsɿ³¹
索桥			mə˩³¹ ɪgu⁵⁵ de³¹ sa⁵⁵	dʐə³¹ ʐgu⁵⁵
沟口	mu³⁵ i⁵⁵	muk⁵⁵	lui³¹ ʐə³³ tha⁵³	mu³³ i³³ phi⁵⁵
黑虎	məi³³ ɸi⁵⁵	mɤg (ə)⁵⁵	dʐuaʃ⁵⁵	ʐu⁵⁵
龙池	mu⁵⁵ gʐə³¹	mu⁵⁵ mu³³ sa⁵⁵	mu⁵⁵ lu³¹	y⁵⁵ petʂ³¹
三龙	mə˩⁵⁵ ɸi⁵⁵		ʐdʐuəl⁵⁵	zuə⁵⁵
曲谷	mui ɸi		muə ʐdʐu̥	zu
雅都	mə˩ da˩	muə da˩ guə̥	məʁ	zu
维古	mə: ʁe˩	mə rguə̥	mu ɣdʐuə̥	zuə
龙坝	mə ʁʐi	məɾg	məɣdʐ	zuə
木苏	mə ɪʁe	mə rguə	mu ɣdʐə	zuɤ
茨木林	mə ʁe	mə rgu	mə ɣdʐu	zo
扎窝	mə ʁe	mə rgu	mu ɣdʐuə	zo
麻窝	mə ʁe˩	mə rgu	muɣdʐ	zu
芦花	mə ʁe	mə rgu	muɣdʐ	zu
羊茸	mɤ ʁe	mɤ rgʉ	mɤ jdʐʉ	zo
松潘	mə ɣʐy̥	mə ɣgu	ɣda	qhaʂ
构拟				
说明				

调查点	霜	坝子	高山	石头
大岐山	thəu⁵³ʐe⁵³	ʁui⁵⁵lø³¹	χsu⁵³qɪ⁵⁵	ʁlo³³
桃坪	pɑ³¹thu³³	phie³¹ni³³	tshuə³³bu³³	ʁo³³
曾头	χpiɑ³¹thu⁵⁵	tiŋ³¹pɑ⁵⁵	qhsuə⁵⁵bu³⁴³	ʁo³⁴³
龙溪	piɑ³³	bɑ⁵⁵to⁵⁵	ʁo⁵⁵bo⁵⁵	ʁo³¹piɑ⁵⁵
绵篪	pei³¹thəu³¹	χəu³¹bɑ⁵⁵	ʂu³³buˉ⁵⁵sʅ³¹	bo³³bo⁵⁵
索桥	ʂpie³¹tho³¹	zu³¹ʐe³¹	su³¹bo⁵⁵	ʁu³¹piɑ⁵⁵
沟口	χkaˈtʂ⁵⁵ ~ χkatʂ⁵⁵	bɑ⁵⁵tu⁵⁵	ɣuɣˉ¹³³bu⁵⁵	muˉ¹³³paˉ¹⁵⁵ ~ le³³
黑虎	ʂuan³³tɕɑ⁵⁵	bɑ³⁵	zɤq⁵⁵	nə³³pa⁵⁵
龙池	çpi⁵⁵	bɑ⁵⁵tu⁵⁵	ʐʁuq⁵⁵	ɦɑ³⁵u⁵⁵
三龙	çy³³tɕhu⁵⁵	bɑ⁵⁵	zəq⁵⁵	ɣɑ⁵⁵ʁuəˉ¹⁵⁵
曲谷	muə x̥əˈ	bɑ	zəʐ tɑ	ɑ ʁɑ
雅都	mə x̥əˈ	pɑː pɑː	çpiɑχ tɑ	ɑ ʁuɑ
维古	mə χəˈ	bɑ	rpiɑ qə ʁɑ	ʁlu piɑ
龙坝	mə x̥əˈ	bɑ	rpiɑq	ʁlo pie
木苏	məˈ x̥əˈ	bɑ	rpiɑq	ʁlu pie
茨木林	sqɑ sku	bɑ	spie	ʁlo pie
扎窝	mə x̥həˈ	bɑ	spiɑ qɑ	ʁlə pi
麻窝	mə x̥əˈ	bɑ	ʂpiɑq	ʁlə pi
芦花	mə x̥həˈ	bɑ	spe	ʁlo pe
羊茸	mɤ khʂə	bɑ	spe	ʁlo pe
松潘	mə xpi	qɑq ʁɑ		ʁlə pe
构拟				
说明				

调查点	石堆	沙子	泥巴（尘）	湖
大岐山	ʁlo⁵⁵bo³⁵	ʂɑ⁵⁵tsʅ³¹	χʂuɑ⁵³pie⁵⁵	ɕy⁵³qɿ⁵⁵
桃坪	ʁo³³bo³³	ʂɑ³³tsʅ³³	dzu³³	
曾头	ʁo³³bo³¹	ʂɑ⁵⁵tsʅ³¹	qhue⁵⁵	
龙溪	ʁo⁵⁵qɑ⁵⁵ʁu⁵⁵	ʂɑ⁵⁵tsə³¹	qhuɑ⁵⁵	fu³¹
绵篪	tʂhɑ³³piɑ⁵³	ʂɑ³³bɑ⁵⁵zʅ³¹	bɑ³³zʅ³¹	fu³¹
索桥	khʂɑ⁵⁵quɑ³¹	ʂɑ³¹pe³¹tʂu⁵⁵	χe³¹dz̦o³¹	tsu³¹thɑ⁵⁵
沟口	khɑˀ⁵⁵lu⁵⁵	ʂɑts⁵⁵	ʂuɑ⁵⁵mɑ⁵⁵tʂɑ⁵⁵	ty⁵⁵tsu³¹
黑虎	qhɑˀ⁵⁵z̦uə³¹	ʂɑts⁵⁵	ʂuɑ	ʂu⁵⁵kuə³¹tʂu⁵⁵
龙池	qhɑp⁵⁵	ɣz̦ep⁵⁵	χʂuɑ³⁵	ʂue⁵⁵
三龙	qhɑb⁵⁵	ʂə³³tsɑts⁵⁵	χlə⁵⁵	ʂuə⁵⁵tsuə³¹
曲谷	qhɑˀu	ʂɑts	buz̦	ɕu
雅都	qhɑˀuˀ	ʂɑ tʂhuə	buz̦u	ʂu
维古	qhɑˀʙəˀ	tsɑ gzə	bu z̦ə	ɕui
龙坝	qhɑˀʙu	tsuə ɣzə	boz̦	ʂuɑ
木苏	qhɑˀbəˀ	tsə gzə	buz̦	ɕy
茨木林	qheˀbu	tsə ɣzə	buz̦	ɕui
扎窝	qeˀbu	tsəɣz	buz̦	ɕui gu
麻窝	qhəˀʙu	tsəɣz	buz̦	ɕi ɣu
芦花	qheˀʙu	tsəgz	bəz̦	ɕi gu
羊茸	qhʂo lo	piɑ mɑ	bə z̦ə	ɕyi
松潘	ʁlə ɣz̦en²		wəz̦	ɕuə qɑ
构拟				
说明				

调查点	浊（水）	清（水）	山涧	泉水
大岐山	tsue³¹ ʁli⁴²	tsue⁵³ ɕø⁵³	tsue³¹ qhuɑ⁵⁵ ko³¹	tɕhyɑn⁵³⁵ ʂui⁵³
桃坪	tsuə³¹ ʁuə²⁴	tsuə³¹ dʐe³¹	tsuə³¹ qhuɑ⁵⁵	ʐpɑ³¹ lə³³ tsuə³³
曾头	tsuə³¹ ʁuə³³	tsuə³¹ gʐe³³	qhuɑ³¹ tsho⁵⁵	
龙溪	tsu³¹ χuən⁵⁵ thɑ³³	tsu³¹ ʐə³³	qhuɑ³¹ qu⁵⁵	tsu³¹
绵篪	tsuɑ³³ xui⁴	tsuɑ³³ tshi³¹	qhuɑ³¹ tsuɑ⁵⁵	tsuɑ³³ miɑ³³ miɑ⁵⁵
索桥		tsu³¹ gʐəi³¹	qhʉ³¹ tʉ⁵⁵	tsu³¹ ʂto³¹ tsu⁵⁵
沟口	tsu⁵⁵ ɦɑp³³ lɑ⁵⁵	tsu⁵⁵ tɕhin⁵⁵ thɑ³³	ʂɑn⁵⁵ kiu⁵⁵ sui⁴²	tsu³³ xty⁴⁴
黑虎	tsuɣ⁵⁵ qhu⁵⁵ tu⁵⁵	tsuɣ⁵⁵ tɕhin⁵⁵ lian⁵⁵	iɑ⁵⁵ tsuɣ³¹	diu⁵⁵ tsuɑ⁴²
龙池	tsu³³ ʁluɑ³⁵	tsu³³ tɕhin⁵⁵ liaŋ³¹	tsuk⁴² (tu⁵⁵)	ʁniy⁵⁵ sy⁵³
三龙	tsuə⁵⁵ ʁlue⁵⁵	tsuə⁵⁵ thin⁵⁵ lian⁵⁵	tsuə⁵⁵ χu³¹	dʐy⁵⁵ tsuə³¹
曲谷	tsə mɑˈ hã̩ˈ			
雅都	tsə maˈ χaˈ (haˈ)	tsə gəˈ gə̩ˈ	zə χ tsə	ʁɲits
维古	tsə ʁʐuɑ	tsə gəˈ giˈ	tsəʅ	ʁnə tsə
龙坝	tsuə ʁʐuɑ	tsuə gəˈ	tsuəʅ	ʁnə tsuə
木苏	tsə ʁdʑye	tsə gəˈ ɣəˈ	tsəl	ʁnə tsə
茨木林	tsə mɛm χaˈ	tsə gəˈ tʃuɳ	tsə ʐə	ʁnə tsə
扎窝	tsə ʁdʑuɑ	tsə gəˈ	tsəʐ	ʁɲits
麻窝	tsə ʁdʑuɑ	tsə gəˈ	tsəʐ	ʁnəts
芦花	tsə ʐdʑa	tsə giˈ	tsəʐ	ʁnɛts
羊茸	tsɣ skə	tsɣ gʐi	tsɣ ʐə	ʁne tsɣ
松潘		tsu qəʈʂ ŋ	tsutɕ	tsuku
构拟				
说明				

调查点	井	引水沟	芦花	阿坝
大岐山	tsue⁵⁵ χsʅ⁵⁵	tsue³¹ ɹu⁵⁵	lu³¹ χua⁵⁵	ŋɑ⁴² pɑ⁵⁵
桃坪	tsin⁵³ nə³¹	tsuə³¹ χo⁵⁵	lu³¹ χua⁵⁵	ŋɑ³¹ pɑ⁵⁵
曾头	tsiŋ³¹ nə³¹	tsuə³¹ χu⁵⁵		
龙溪	tsu⁵⁵ ku⁵⁵	tsu³³ lio³³ tɕi³³ kəu⁵⁵ kəu	lu³¹ χua⁵⁵	ŋɑ³¹ pɑ³⁵
绵簏	tsua³³ ku³¹	tsua³³ ɹi³¹	lu³¹ χua⁵⁵	ŋɑ³¹ pɑ³⁵
索桥	tsu³¹ qo³¹	tsu³¹ ʐə³¹ qho³¹	di³¹ pia⁵⁵	a³¹ pɑ⁵⁵
沟口	tɕin⁵³	tsu³³ y⁵⁵	lu³³ xua⁵⁵	ɣu（o）⁵⁵ pɑ³⁵
黑虎	tsuɤ⁵⁵ kuɤ³¹	ʂui⁵⁵ kəu⁵⁵	lu³³ χua⁵⁵	gɑ³³ pɑ⁵⁵
龙池	tsuk⁵⁵	tsu³³ ye⁵⁵	ʁlu³³ χua⁵⁵	ɣɑ⁵⁵ pɑ³³, ŋgɑ³³ pɑ³⁵
三龙	tsuə⁵⁵ kuə³¹	tsuə³³ i⁵⁵	ʁlu⁵⁵ χua⁵⁵	gɑ³³ pɑ⁵⁵
曲谷	tsə khu	tsə χutʂ	ʁlu ɴɑ	ɴɑ ɖɯɹ
雅都	tsə khuə	tsuy	ʁluə χɑ	gɑ ɴɑ
维古	tsə kuə	tsə ɣuɹ	ʁlu ɴɑ	ɴɴuɑ pɑ
龙坝	tsuək	tsuə gɑɹ	ʁlo qhuɑ	ɴɴuɑ pɑ
木苏	tsəku qhuɑ	tsu ɣəɹ	ʁlu ɴɑ	ɴɴuɑ pɑ
茨木林	tsə ka	tsə guiɹ	ʁlo qhuɑ	dzo χpɑ
扎窝	tsə ku	tsə guiɹ	ʁlo qhuɑ	ɴɴɑ pɑ
麻窝	tsə kuə	tsə guiɹ	ʁlu qhuɑ	ɴɴuɑpɑ
芦花	tsə ku	tsə guiɹ	ʁlo χuɑ	ɴɴɑ pɑ
羊茸	tsɤ kuə	tsɤ gʐi	ʁlo qhʉɑ	ɴɴɑ pɑ
松潘	tsuku			
构拟				
说明				

调查点	拉萨	铜	红铜	锡
大岐山		χuɑŋ³⁵thuŋ³³	χtɕi⁵⁵ʂʅ⁵⁵	tsʅ⁵³
桃坪	lɑ⁵⁵sɑ⁵⁵	χuɑŋ³¹thuŋ³¹	ɕi³¹tɕe⁵⁵ni³¹	χtsʅ³³
曾头		χɑ⁵⁵	tɕi⁵⁵ɕe³¹thuŋ³¹	χtʂə⁵⁵
龙溪	lɑ³³sɑ³³	χɑ⁵⁵	χɑ⁵⁵ɕi⁵⁵	thi⁵⁵thie³¹
绵篪	lɑ⁵⁵sɑ³³	dəu⁵⁵χɑ³¹	huŋ³¹thuŋ³¹	tsʅ⁵⁵
索桥	lɑ⁵⁵sɑ⁵⁵	z̩dzəi³¹i³¹	hã⁵⁵i⁵⁵	ʂtʂə⁵⁵
沟口	lɑ³³sɑk⁵⁵	thuŋ³²	hɑˀm⁵⁵	xtʂə³⁵mu⁵⁵
黑虎		χuɑn³³thu⁵⁵	dz̩ɑ³³ɕi⁵⁵	ʂtʂə⁵⁵
龙池		χuɑŋ³³thuŋ⁴²	ɣdz̩ə³³hĩ⁵⁵	xtʂə⁵⁵
三龙			dz̩ə³³hĩ⁵⁵	ʂtʂə⁵⁵
曲谷	ɬɑ tshe		dz̩i hĭ	ʂtʂə
雅都	n̩i mɑ ɬe tshe	χuːˀmu	dz̩i ɕe	xtʂə ~ kets
维古	ɬɑ tshɑ	χɑphi	dz̩i xi	xtʂə
龙坝	ɬɑ tshɑ	χɑ ɸi	dz̩ə xi	z̩ɑ ɲi
木苏	ɬɑ tshɑ	χɑ phi	dz̩ə xi	z̩ɑ nə
茨木林	ɬɑ sɑ	χɑˀphiˀ	dz̩ə xi	z̩ɑ ɲi
扎窝	ɬɑ sɑ	χɑ phi	dz̩ə ɕi	z̩ɑ ɲi
麻窝	ɬɑ sɑ	χɑɸi	dz̩ə ɕi	z̩ɑ ɲi
芦花	ɬɑ sɑ	χɑphʂi	dz̩ə ɕi	z̩dʒe ɲi
羊茸	ɬɑ sɑ	χɑphʂi	dzə hĩ	rdʐe ɲi
松潘		hæ		ɣze ɲi
构拟				
说明				

第三章 词汇

调查点	今年	明年	明天	初一
大岐山	tsə⁵⁵pu³¹	die⁵⁵tsɿ⁵⁵	tə³¹pɪ⁵⁵	ti⁵³se⁵³
桃坪	tsə³¹pʰə³³	dɑ³³tʃɿ³³	ta³¹pə³³	tɕy³¹tɕy³³
曾头	tsə³¹pə⁵⁵	dɑ³³tʃhə³³	tə³¹pə⁵⁵	tʃə³¹pa⁵⁵
龙溪	tsə⁵⁵pu³³	diɑ⁵⁵tɕhi³³	tə³³pɪ⁵⁵	ti⁵⁵tio³³
绵篪	tsa⁵⁵pu⁵⁵	diɑ⁵⁵tɕhi³¹	ta³³pei⁵⁵	ti⁵⁵tiu³¹
索桥	tsə⁵⁵pu⁵⁵	də³¹dʐa⁵⁵	tə³¹pəi⁵⁵si⁵⁵	tɕi³¹tɕo⁵⁵
沟口	tsəp⁵⁵ ~ tsə⁵⁵pu³¹	a³³ka⁵⁵na⁵⁵	tyn³³na³⁵, ~təm⁵⁵	tshu⁵⁵ie⁴²
黑虎	tsɤp⁵⁵	tsɤ³³min⁵⁵na³¹	tən³³na⁵⁵	tɕi³⁵tiu³¹
龙池	tsəp⁵⁵	tʃa³³məʂ⁵⁵	ɕy³³y⁵⁵	tʃu⁵⁵ty³¹
三龙	tsəp⁵⁵	tsa³³mi⁵⁵tsu̥³¹	təm³³ne⁵⁵	tʂə³³tɕu⁵⁵
曲谷	tsəp	tsə məs ni	təp n̠i	tɕu tɕu
雅都	tsə xə̥	ei	o suquɑ	tʃu tɕu
维古	tsərkə̥	e ia	suː	o tɕu
龙坝	tsərk	e ia	ɑ tsə qo	o tɕu
木苏	tsərkə̥	e ia	ɑ tsu qɑ	ɑ tɕu
茨木林	pəsk	a ie	ɑ sqo	ɑ tʃu
扎窝	pəsk	a ia	ɑ sqo	a tʃu
麻窝	pəʂk	e ɹe	ɑ sqo	e tiu
芦花	pəsk	eːɹ	ɑ sqo	ø tɯ
羊茸	pəskə	a ɹe	a tsə qo	ø tɯ
松潘	tsəxk	nuetɕ	koxtu	tieɬi tiety
构拟				
说明				

调查点	白天	锉子	锤子	铁丝
大岐山	ɕya⁵³ dʑo³³	tsho⁴²	ɕi⁵⁵ ta³¹ pu⁴²	thie⁵³⁵ sə⁵⁵ tsʅ⁵⁵
桃坪	nə³¹ χua³³	tsho¹³ tsʅ³³	χdua³³	thie³¹ sʅ³³
曾头	nə³¹ χua⁵⁵	tsho¹³ tsʅ⁵³	χdua³⁴³	ɕi⁵⁵ sia³³ li³¹
龙溪	ɕya⁵⁵ χe³¹	tsho³⁵ tsə³³	tʂhui³¹ tʂhui⁵⁵	thie³³ sə⁵⁵
绵篪	n̩⁵⁵na̍³¹	tsho³⁵	tʂhui³¹ tʂhui³¹	ɕi³³ sa³³ li³¹
索桥	ha³¹ χa⁵⁵	ke³¹ ɹə⁵⁵ su⁵⁵ ke⁵⁵	ɕe³¹ ʂku³¹ niu⁵⁵	ɕe³¹ so³¹ li³¹
沟口	mo³³ ɬu⁵⁵	tsho³⁵	tʂhui³³ tʂhui³¹	thie³³ sʅ⁵⁵
黑虎	nɤ³³ ɬu⁵⁵	tsho³⁵ tsə³¹	ɕi³³ mu⁵⁵ tʂhui³³ tʂhui⁵⁵	thie³³ sə⁵⁵
龙池	niu³¹ χlu⁵⁵		tin⁵⁵ tʃhui³¹	ɕy⁵⁵ z̩mu⁵⁵ sul⁵⁵
三龙	ɦĩ³³ χlu⁵⁵	tsho³⁵ tsʅ⁵⁵	tʂhui³³ tʂhui⁵⁵	thie³³ sʅ⁵⁵
曲谷	ɦi χlu	tsho	tʂhui tʂhui	thie sə tsə
雅都	ɕtɕu χlu	tshuː tsə	ʁdua	sitʂ
维古	ɕtɕa χlu	khɐˈʁdz̥ə	ʁdua	si tʂə̥
龙坝	ɕa χlo	khaˈʁdz̥	ʁdua	sitʂ
木苏	ɕtɕa χlu	qhˈaʁdz̥ə	ʁdua	sir̥
茨木林	stia χto	si ʁz̥ə	ʁdua	si tʂhə
扎窝	sca χto	si ɣdz̥ə	ʁdua	si tʂ
麻窝	stia χlu	ta khaˈt	ʁdatʃ	sər̥
芦花	stia χlo	ta khaˈt	ʁda	sə tʂhəz̥
羊茸	ste χlo	ta khʂat	ʁda	se tʂhə
松潘	n̥o χlu	ɕiʁl	ʁdua	ɕitʂ
构拟				
说明				

调查点	钉子	糊泥刀	轮子	工钱
大岐山	tin⁵⁵ tsʅ³¹	ȵi⁵³⁵ tʂaŋ⁵⁵ tsʅ⁵³	ɣan⁵³⁵ lə˩⁵⁵ lə˩⁵³	qa⁵⁵ dzʅ³¹
桃坪	tin⁵⁵ tsʅ³¹		lən³¹ tsʅ³³	qa⁵⁵ dzʅ⁵⁵
曾头	tin⁵⁵ tsʅ³¹	ni³¹ tʂaŋ⁴² sʅ³¹	lən³¹ tsʅ⁵³	gzə³¹ qa⁵⁵ phə⁵⁵
龙溪	ɕe³³ tin⁵⁵ tsə³³	tʂhə³¹ phe³¹	lən³¹ tsə³¹	kuŋ⁵⁵ tshiɑn³³
绵篪	tĩ⁵⁵ tsʅ³¹	ni³¹ tʂã³¹ tsʅ⁵⁵	kuə̃³³ tsʅ³¹	dzɑ³³ qa³³ pha⁵⁵
索桥	ɕe³¹ tɕe³¹	sua³¹ za⁵⁵ tʂhuan³¹ tsə³¹	tɕha³¹	dzo³¹ qo³¹ phu⁵⁵
沟口	tin⁵⁵ tsʅ⁵³	min⁵⁵ tsʅ⁴²	kun⁵⁵ kun⁴²	kuŋ⁵⁵ tɕha³¹
黑虎	tin⁵⁵ tsə³¹	ni³³ tʂan⁵⁵ tsə⁴²	kuən⁵⁵ tsə³¹	ʁuazʅ³⁵
龙池	tin⁵⁵ tsə³¹	χsua³⁵ χu³³ la⁵⁵ phian⁵⁵ phian³¹	kun⁵⁵ tsə³¹	zʅʁuazʅ³⁵
三龙	tin⁵⁵ tsə⁵⁵	ni³³ tʂan⁵⁵ tsə⁵⁵	kuən⁵⁵ tsə⁵⁵	gə⁵⁵
曲谷	tin tsə	ʁza pi	kun tsə	ʁuaˈgə̊ˈ
雅都	tʃaχ pe	ȵi tʃan tsə	lutsu	gəˈ
维古	gzil̩	gze pia	khu rlu	ʁuaˈgə̊ˈ
龙坝	gzil̩	bu pia	kho rlo	gəˈ
木苏	gzil	ʁzia pia	khu rlu	gəˈ
茨木林	gzi	qsua gzi pie	khuˈʁlo	gəˈ
扎窝	tɕi ɣzi	ʁdzi pi	kho rlo	gəˈ
麻窝	tɕi ɣzi	ʁdzi pi	kho rlo	gəˈ
芦花	tɕe gzi	ʁdʒə pe	khø lø	gəˈ
羊茸	se tɕe	ʁzə pe	kho rlo	gzə
松潘	ɕi tia		kholo	ʁla ɣzʅ
构拟				
说明				

调查点	债	路	驮子	话
大岐山	χtsu⁵⁵	ɹu⁵⁵	χkua⁵³	zə³³mə⁵³
桃坪	χtuə³³	ʁo³¹dʐe³³		zə³¹mə³³
曾头	χtuə⁵⁵	ʁo³¹dʐe³³	χkie⁵⁵	zɿ³¹mə⁵⁵
龙溪	phe⁵⁵	y⁵⁵to⁵⁵	to³⁵tsə³¹	zə³¹mu⁵⁵
绵篪	tu³¹	ɹi⁵³	to³⁵tsɿ³¹	zua³³mə⁵⁵
索桥	ʂtu³¹	ɹi³¹	to⁵⁵tsə⁵⁵	zi³¹mi³¹
沟口		ye⁵⁵	to³⁵tsɿ⁵⁵	maˈ⁵⁵ly⁵⁵maˈ⁵⁵ly⁵⁵
黑虎	tʂɑn³⁵	dʑyi³³tu⁵⁵	to³⁵tsə⁵⁵	ʑi³³mi⁵⁵
龙池	tʃɑŋ³⁵	ye⁵⁵	ʂke⁵⁵	ʐo³³mu⁵⁵
三龙	ʂtʂuə⁵⁵	iˈ³³uɑ⁵⁵	to³⁵tsɿ³¹	dʐə⁵⁵tʂuə³¹
曲谷	ʂtʂu	yuˈ		dʐu uɑˈ
雅都	ɕtɕyə	gu:ˈ	ʂkes	mel
维古	χtʂuə	gəˈba	ɕtɕuə	ʐəː βa
龙坝	χtʃuə	guaˈ	ɕyi	dʒuə βaˈ
木苏	χtʂuə	gəˈba	ɕtɕy	ʐə ba
茨木林	qʂuə	guiˈ		dʑi baˈ
扎窝	χtʃuə	guiˈba	sci	dʒə ba
麻窝	χtʃə	gəˈβa	ʂtɕi	dʒə βa
芦花	χtʃə	giˈ	sci	dʒə βa
羊茸	χtʃə	guʐi ba	skʉi	dʒə βa
松潘	χty	ɣgye		ʑi
构拟				
说明				

第三章　词汇

调查点	墨水	手摇鼓	竹口琴	骰子
大岐山	ma⁵³ʂui⁴²	pa³¹laŋ⁵⁵ku³¹	ʁdzu³¹lie⁵³	dze³³
桃坪	laŋ³¹ʂue⁵⁵	pa⁵⁵laŋ⁵⁵ku⁵³	khəu⁵³tɕhin³¹	dzie³³
曾头	ma³¹ʂue⁵³		χduə³¹le⁵⁵	dzie³⁴³
龙溪	me⁵⁵~me⁵⁵ʂui³¹	pan⁵⁵laŋ⁵⁵ku³¹	khəu³¹ɕan³¹tsə³¹	ɕo³³
绵篪	ma³³ʂui⁵⁵	pa⁵⁵lã⁵⁵ku⁵³	dʐəu³¹	tsi⁵³~sa⁵⁵tsɿ⁵³
索桥		pa³³lan³¹ku⁵⁵	khəu³¹tɕhin³¹tsə³¹	ɕo³¹ʐgu⁵⁵
沟口		pa⁵⁵laŋ⁵⁵ku³¹	tsui⁵⁵tɕhin⁵³	ʂy⁵⁵
黑虎	me³³ʂui⁵⁵	pa³³lan⁵⁵ku⁵⁵	dʐu⁵⁵	ʂu⁵⁵
龙池	me³¹ʂui⁵⁵	pa⁵⁵laŋ⁵⁵ku⁵⁵	ɣdʐu⁵⁵	ʂue⁵⁵
三龙	me³³ʂui⁵⁵	paŋ³³tʂa⁵⁵	ʐdʐu⁵⁵	ʂuə⁵⁵
曲谷	me	qua tʂəŋ	ʐdʐu	ɕu
雅都	meʂui	ʐbuʂu	ʁru	ʂu
维古	qə zdəl sə pa	du ru	ʁdzuə	ɕui
龙坝	rnaq tsa	də ro	ʁdzo	ʂua
木苏	snaq pər	da ru	ʁdzuɣ	ɕy
茨木林	sta qsa	nə qə rbu tʃə	ʁdzo	ɕui
扎窝	stak tsa	də ru	ʁdzo	ɕui
麻窝	snaq tsa	də ru	ʁdzu	ɕi
芦花	snaq tsa	dø ru	ʁdzo	ɕi
羊茸	sna χtsa	mdəɯ ʁɯ	ʁdzo	ɕo
松潘	tsu ɲiq			
构拟				
说明				

413

调查点	哨子	伤口	癣	鬼
大岐山	ɕy⁵⁵ɕy³¹	tə¹¹nio⁵⁵	ɕyan⁵³	du³³
桃 坪		qə³¹lu⁵⁵ɹa³³pa³³	guə³¹pe³³	
曾 头	ʂau¹³tsʅ⁵³		χguə³¹pe⁵⁵	du³⁴³
龙 溪	sui⁵⁵	ʂan⁵⁵khəu³³	ɕyan³¹	du⁵⁵
绵 篪	sui³³sui³³	ʂaŋ⁵⁵ɕin³¹	ɕyã⁵⁵	dəu³¹
索 桥	di³¹sye⁵⁵	mi³³ɹa⁵⁵	ʐd̪z̪u³¹be³¹	χo³¹pu⁵⁵
沟 口	tɕau³³tɕau⁵⁵	ʂan⁵⁵khəu⁵³	gie³³pa⁵⁵	ɬup⁵⁵
黑 虎	tɕau³³tɕau⁵⁵	ʂan⁵⁵khəu⁵³	gə³³pa⁵⁵	ɬop⁵⁵
龙 池	ɕy⁵⁵ɕy⁵⁵	ʐmi⁵⁵	ʐge³³pa⁵⁵	duɕ⁵⁵mi³¹
三 龙	ʂau³⁵tsə⁵⁵	ʂan⁵⁵	ɕyan⁵⁵	χɬup⁵⁵
曲 谷	xtɕyə¹t	tshuɑi mi	ʂpɑ ɬɑ	duəq mɪ
雅 都	ʂɑu tsə	tshuɑi mi	ʂpɑɬɑ	duəx mɪ
维 古	χtsuə	rmi tsə̥	rpɑ lɑ	χluʂ
龙 坝	xtsyə¹	rmi pia	rpɑ ɬɑ	χloʂ
木 苏	χtsyi	rmi	r lɑ̥	χluəʂ
茨木林	qsə	rmi pie	ɹɑ phi¹	χto tʃə
扎 窝	χtsə	rmi pi	spɑ ɬɑ	χtotʃ
麻 窝	χtsə	rmi⁽¹⁾ mi	ʂpɑ lɑ	χluʂ
芦 花	qsə (pək)	rme pe	spɑ lɑ	χlotʃ
羊 茸	qhsit	rme pe	spɑ ɬɑ	χlo tʃə
松 潘	xsy	xpiɬ	tɕhi dɑpɑ	dubɑ
构 拟				
说 明				

第三章　词汇

调查点	庙子	佛像	敬神	白塔
大岐山	χse⁵³tɕi⁵³	χse³¹	χse⁵⁵χtie³¹ ~ (χtiem)	tha²⁴tsɿ⁵³
桃坪	tshie³¹tɕi³³	tshie³³mə³¹	tshie³³χtie³³	tha³³tsɿ³³
曾头	khsie³³tɕi⁵⁵	khsie³³	khsie⁵⁵tɕin³⁵tha³³	lə³³tʂie⁵⁵
龙溪	tshi⁵⁵tɕe³¹	tshi⁵⁵	tshi⁵⁵ɕi⁵⁵	pai³¹tha³¹
绵篪	se⁵⁵tɕi⁵³	se⁵⁵bi³¹	se⁵⁵tie³¹	tha³¹tsɿ³¹
索桥	si⁵⁵tɕe⁵⁵	si⁵⁵ian³¹ɸə⁵⁵	si⁵⁵tɕin³⁵tha³¹	tha³¹tsə³¹
沟口	sə³³dʐə⁵⁵	mu⁵⁵pa⁴²	muʴ⁵⁵pa³¹xuʂ⁵⁵	tha³³tsə⁵⁵
黑虎	sɤ³³tɕi⁵⁵	mɤʴ³³paʴ⁵⁵	mɤʴ³³paʴ⁵⁵ʂtʂa⁵⁵	
龙池	xɕi³³tɕi⁵⁵	ʐmux	ʐmux⁵⁵qu²²lu⁵⁵	
三龙		ʐma⁵⁵pie⁵⁵	xsə⁵⁵stə⁵⁵	pa³³tha⁵⁵
曲谷	xsə tɕi	xsəm	xsəs tək	tɕhut tər
雅都	ʐguem be	khsəm	khsə ɕtɕə	tʃhur ten
维古	rgum ba	sku	rmus̯u χu ru	tɕhu rtin
龙坝	rguəm ba	sko	rməʂ χo ro	tɕho rtin
木苏	rgum ba	sku	rmuʂ χu ru	tɕhu rtin
茨木林	rguəm ba	sku	rməʂə qo ro	tʃhə stan
扎窝	rgən ba	sku	rməʂ χo ro	tʃho rtən
麻窝	rgəm ba	sku	rməʂ χo ro	tɕhur tan
芦花	rgəm ba	sku	rməʂ χo ro	tʃho rtən
羊茸	rgəm ba	skʉ	rmə khɕə	mtɕho rtən
松潘	xsə ki			
构拟				
说明				

调查点	念经	袈裟	打卦	罪恶
大岐山	niɑn²⁴tɕin⁵⁵pu³¹	la⁵⁵ma⁵⁵ʂʅ⁴²phu³¹	kuɑ²²ɡuɑ⁵³di³¹	dzui³⁵
桃坪	niɑn³¹tɕin⁴⁴pu³³			dzue²⁴
曾头		tɕɑ⁵⁵ʂɑ⁵⁵	kuɑ¹⁵ə˩⁵⁵χdzʅi³¹	tsue³¹ŋo⁵⁵
龙溪	pɑ³¹sə³¹niɑn⁵⁵thɑ³¹	pɑ³¹sɑ³³pho³³	kuɑ³⁵tɑ³¹thɑ⁵⁵	tsui³⁵ko³⁵
绵篪	niã¹⁵tɕi⁵⁵	la³¹ma⁵⁵phu³¹	kuɑ⁵⁵tuɑ³¹	tsui⁵⁵
索桥	niɑn⁵⁵tɕin⁵⁵	tɕɑ³¹ʂã³¹	kuɑ⁵⁵ʐɡo³¹	tsui⁵⁵
沟口	tɕin⁵⁵niɑn³⁵thɑ⁴²	fa³³i˩⁵⁵	kuɑ³⁵ɣu³³te³¹	tsuəi³⁵
黑虎	tɕin⁵⁵niɑn³⁵thɑ⁵⁵	tɑ³⁵lin³³i˩⁵⁵	kuɑ³⁵ʐə⁵⁵	tsui³⁵
龙池	tɕin⁵⁵niɑn³⁵te³¹		kuɑ³⁵ɬi⁵⁵	tsui³⁵
三龙	tɕin⁵⁵niɑn³³thɑ⁵⁵		kuɑ⁵⁵ʁuə˩⁵⁵	tsuei⁵⁵
曲谷	ŋan tɕin pu	dzen	kuɑˈɬi	tsui
雅都	ʂpaːɕtɕ	ʁzan	kuɑ ʁuəˈ	ȵɑs pɑ
维古	r̥pɑ ɕtɕa	zuan	χtʂu ʂpɑ	zdik pɑ
龙坝	r̥pɑ ɕi	zuan	χtʂuə r̥pɑ	zdəq pha
木苏	r̥pɑ ɕtɕe	zuanʂan tap	χtʂe ʂpɑ	zdək pi
茨木林	spɑ sti	ʁze	χtʂe ʂpɑ	zdə pɑ
扎窝	spɑ sci	ʁzər sam	χtʂə ʂpɑ	zdək pi
麻窝	ʂpɑʂtɕi	zan	χtʂə ʂpɑ tsi	zdək pi
芦花	spɑ sci	zanʂam	kʂə ʂpɑ	zdək pe
羊茸	spɑ sce	jzʉan	khɕi ʂpɑ	zdək pe
松潘			xʂomu xty	
构拟				
说明				

调查点	规矩	寿命	火葬	靶子
大岐山	li⁵⁵ɕi³¹	sø⁵⁵tsʐ³¹	dzʐ³³	pɑ³¹tsʐ³¹
桃坪	kue³³tɕy³³	tʃʐ³³dʒe⁵⁵	pə³¹tɕa⁵⁵mə³³pə³¹	pɑ³³tsʐ³³
曾头	kue⁵⁵tɕy⁵⁵	su⁵⁵dʐe⁵⁵	ə¹³¹hpə⁵⁵tɕa⁵⁵	pɑ³³tsʐ³³
龙溪	kui⁵⁵tɕy³¹	pu³³su³³	mo⁵⁵pu³¹tɕa⁵⁵	pɑ³³tsə³³
绵篪	kui⁵⁵tɕy³¹	səu⁵⁵dʐe⁵⁵	i³³pu³³tɕa⁵⁵	pɑ⁵³tsʐ⁵³
索桥	kui⁵⁵tɕy⁵⁵	so⁵⁵	ʐmo⁵⁵tsu³¹	pɑ³³tsə³¹
沟口	kui³⁵tɕy⁴³	ɕy⁵⁵	mu³⁵(fie³³)χtue⁴²	
黑虎	kui⁵⁵tɕy⁵³	ɕu⁵⁵	mʁs⁵⁵fiem³³ɬi⁵⁵	pɑ³³tsə³¹
龙池	kui⁵⁵tɕye⁴²	ɕy⁵⁵	ʐmu⁵⁵stue⁵⁵	pɑ⁵⁵tsə⁵⁵
三龙	kui⁵⁵tɕy⁵⁵	tʂə⁵⁵	ʐmu⁵⁵phu³³ɕtɕu⁵⁵	ʁzuə⁵⁵
曲谷	kui tɕy	tʂə	ʂəp	ʁzuə
雅都	kui tɕy	ku(e)tʃe	(mi)ʐbə	ʐuə
维古	gəˈua	ʂə ri	rbə	gzuə zdɑ
龙坝	guaˈ	tʃə ri	rbəs	gzuə
木苏	gəˈ ua	ʂə ri	rbə	gɹuɤ
茨木林	guiˈ(ua)	tʃə	rbɤ	gzuə
扎窝	guiˈ	tʃə ri	rbɤ	ɣzuə zdɑ
麻窝	gəˈ(ua)	tʃə ri	rbɤ	ɣdʒə zdɑ
芦花	gəˈ ua	tʃə ri	rbɤ	dʑiʂtʃa tʂhi
羊茸	giˈ(ua)	tʃə dʐi	rbɤ	ben
松潘		so	ʁmu fieɕute	
构拟				
说明				

调查点	城墙	左	右	下面
大岐山	tʂhən²⁴ tɕhaŋ⁵³	ʁdzɿ⁵³	ʁdɑ⁵³	χsɿ³³ ko⁵³
桃坪	tʂhən³¹ tɕhaŋ⁵⁵	χgyi³³ lə³³	χdɑ³³ lə³³	tʃɿ³¹ ko³³
曾头	ʁue²⁴²	χgy³³	χdɑ³⁴³	tʃə³¹ ko³³
龙溪	tʂhən³¹ tshiɑn³¹	zi⁵⁵ lə³³ ʁuɑ³³	nɑ⁵⁵ lə³³ ʁuɑ³³	qɑ⁵⁵ to⁵⁵
绵篪	ʁue³¹	gui³¹ gui⁵⁵	dɑ⁵⁵	ȵi⁵⁵ lɑ³³
索桥	ʁue³¹	z̪u̪⁵⁵ z̪ə⁵⁵	nɑ⁵⁵ z̪ə⁵⁵	tɕi⁵⁵ z̪ə⁵⁵
沟口	tʂhɿn³³ tɕhɑ⁵⁵	tso⁵³	iu³⁵	khi³³ ti⁵⁵
黑虎	tʂhən³³ tsə⁵⁵	ʂa³³ lə⁵⁵	nɑ³³ lɑ⁵⁵	tse³⁵
龙池	tʃhən³³ tɕhaŋ³¹	z̪ʁuɑ⁵⁵	nɑ⁵⁵	qəl³³ tɕɑ⁵⁵
三龙	ʁu⁵⁵ fie³³ ɸe⁵⁵	ʁuɑ⁵⁵	nɑ⁵⁵	qəl³³ tɕɑ⁵⁵
曲谷	ʁuɑ	ʁuɑ	nɑ	qəl
雅都	ʁuəːˀ	ʁuɑ	nɑ	ʂqul
维古	ʁuɑˀ	ʁuɑˀ	nɑ	r̥qul
龙坝	ʁuaːˀ	ʁuɑˀ	nɑ	r̥qol
木苏	ʁuɑˀ	ɪʁuɑˀ	nɑ	r̥qəl
茨木林	ʁuɑ ɹɑ	ʁuɑ ɹɑ	nɑ ɹɑ	qələ
扎窝	ʁuɑˀ	ʁuɑˀ	nɑːˀ	ʂqol
麻窝	ʁuaːˀ	ʁuɑˀ	na	ʂqul
芦花	ʁuaːˀ	ʁuɑ	nɑ	ʂqol
羊茸	ʁuɑ ɹɑ (ʂkuəˀ)	rdze pe	nɑ pe	ʂqol
松潘	ʁuɑ	ʁuɑ ja	næ ja	qəl̥i
构拟				
说明				

第三章 词汇

调查点	方法	忌讳	黑暗	例子
大岐山	faŋ²⁴fɑ⁵³	ʐe⁵⁵tɑ⁵⁵ɹɑ⁴²	ŋu³¹χtio⁵³	li²⁴tsɿ⁵³
桃 坪		ʑi³¹ʑe⁵⁵	χe³¹ŋɑn²⁴	li²⁴tsɿ³³
曾 头	phʂɿ³¹	ʑi³¹ʑe⁵⁵		
龙 溪	phə³¹	tɕi³⁵thɑ³¹	mu⁵⁵	tɑ³³pi³³
绵 篪	phəɚ⁵⁵	tɕi³³χui⁵⁵pu³¹	mo³³sɿ⁵⁵	tɑ³³pi³³niɑ⁵⁵
索 桥	tʂu³¹i⁵⁵	tɕi⁵⁵thɑ⁵⁵	mu³¹(ɕi⁵⁵)dʐəi³¹	tə³¹dzə³¹dzie³⁵
沟 口	fɑ⁵⁵	tɕi³⁵xui³⁵	ni³³pu⁵⁵	li³⁵tsɿ⁵³
黑 虎	tʂu⁵⁵i⁵⁵	tɕi³⁵χui³¹	ʂtʂuap⁵⁵	li³⁵tsə³¹
龙 池	pɑn³⁵fɑ⁴²	tɕi³⁵χui³¹	ni⁵⁵pɑ⁵⁵laq⁵⁵	pi⁵⁵phei³⁵
三 龙	pɑn⁵⁵fɑ³¹	tɕi³⁵χuei⁵⁵	ɕtɕyep⁵⁵	li³⁵tsə⁵⁵
曲 谷	tʂu i	tɕi χui	mu ʐu	
雅 都	tʃuː ie	tɕiː thɑ	xtʃap	
维 古	phəˈ	sȵaŋ la	xtɕɑ pɒ̥	χpɑχp
龙 坝	phəˈː	stiŋ las	xtʃap	rpɑ̥
木 苏	phəˈ	sȵaŋ la	xtɕap	χpɑ χpɒ̥
茨木林	phəˈ	tsa	kɕuep	χpɑ χpɤ
扎 窝	phəˈ	sci ʁȵi	xtɕuap	χpɑ χpə
麻 窝	phəˈ	sȵiŋ ɣli	xtɕap	χpɑχp
芦 花	phʂə	sȵaŋ le	ɕtɕap	χpɛk
羊 茸	phʂə(tsho)	sȵiŋ ʁne	ɕtɕap	χpe ma
松 潘			ȵimtʂaq	
构 拟				
说 明				

调查点	角、棱	印子、痕	影子	命运
大岐山	lən²⁴tsʅ⁵³	la³¹mi⁵⁵	χlio⁵⁵ɹo⁵⁵	kue³³tsʅ⁵⁵
桃 坪	χdʐo³³	iŋ²⁴tsʅ³³	χue⁵⁵əɹ³¹	min³¹lə³³
曾 头	χdʐo³³	mə³¹gu⁵⁵	χue⁵⁵əɹ³¹	min³¹nə⁵⁵
龙 溪	lən³¹lən⁵⁵ʐu⁵⁵	mi³³mi³³	in³¹tsə³¹	min³⁵
绵 篪	dʐo³³dʐo⁵⁵	mi³¹mi⁵⁵	ʐən³¹ʐən⁵⁵	mi³¹su⁵⁵
索 桥	ʐdʐu³¹lən³¹	in³¹in⁵⁵	in⁵³tsə³¹	pɑ³³tsə⁵⁵
沟 口	ko⁵⁵tsʅ⁵⁵	ye³³mʴ³³i⁵⁵	in⁵⁵tsʅ³³	xu⁵⁵tʂʅ⁴²
黑 虎	ko³³tsə⁵⁵	mʴ³³i⁵⁵	ʂuaq³⁵	min³⁵
龙 池	ko⁵⁵ko⁵⁵~ɣdʐu⁵⁵	ye³³mi⁵⁵	ʂuaq³⁵	χuɕ⁵⁵
三 龙	ʐdʐuə⁵⁵	mi³³hʅ⁵⁵	ʂueq⁵⁵	khuə³³tʂə⁵⁵
曲 谷	ʐdʐuə	mui	ɕyɑq	ku tɕi
雅 都	ɣruə	i miʂu	ʂaːq	lez
维 古	ɣdʐuə	rmə ɣaˈ	ɕuɑ ˌbeɹ	laz
龙 坝	rdʐuə	rmə gua	ʂbnʂ	laz
木 苏	ɣdʐuɤ	rmə gɹɑ	ɕyaˈp	laz
茨木林	ɣdʐu	nə guiˈ	ksiɑˈ qə	ɣla zə
扎 窝	ɣdʐu	nə guiˈ	xsiɑˈp	laz
麻 窝	ɣdʐu	rmə ɣiˈ	qhsiɑ̊ˈqu	laz
芦 花	ʐdʐdu	nə giˈ	qsəˈp	laz
羊 茸	zəˈ	ȵə gʐʉˈ	iʐ qhsɑ ɹe	lazə
松 潘	ɣguə tɕet	ɣȵes	məʂ	ʂoɣ
构 拟				
说 明				

调查点	你	哪里	半庹	一筐
大岐山	(no)⁵³ ~ kue⁵³	a⁵⁵ko⁵³		a³³khuaŋ⁵⁵khuaŋ⁵⁵
桃 坪	(no³³) ~ kuə³³	a⁵⁵ni˙³³	a³³χa⁵⁵tʃɿ³¹	a³¹lo⁵⁵təu⁵⁵
曾 头	(no³³) ~ kuə³³	a⁵⁵ni˙³³	a³⁴³χa⁵⁵ɿ³¹	
龙 溪	(u³³) ~ ku	a⁵⁵no³¹	a³¹ʑe⁵⁵ ~ a³¹dʑe⁵⁵	a³¹təu⁵⁵tɕhan⁵⁵
绵 篪	no³³to³³ ~ u³³	ɦa³³ta⁵⁵	a³¹ʑe⁵⁵	a³³khuã⁵⁵
索 桥	nə³¹	a⁵⁵ki⁵⁵	a³¹ʑe⁵⁵	a³¹tʉ³¹tʉ³¹
沟 口	ən⁵⁵	ta³⁵	its⁵⁵mo̥s ͧ	e³³tʂhuets⁵⁵
黑 虎	u⁵⁵	tie⁵⁵	pɑn³⁵phai˙³¹	a³³lo⁵⁵təu⁵⁵
龙 池	ku⁵⁵	ta⁵⁵	pɑn¹⁵phai˙⁵³	a³³lo⁵⁵teu⁵⁵
三 龙	ũ⁵⁵	tɕe⁵⁵		ə⁵⁵ɹgu̥e
曲 谷	ũ	tɕɑ ʁɑ	o qhu tɕe	o lo təu
雅 都	kə	tɕɑː	o qhu	ɑːˈgu̥e
维 古	kuə	tɕi nɑ	a lə gə̥ˈ	a kuan
龙 坝	kuə	tɕɑ	a la gə̥ˈ	a gu̥e
木 苏	kuə	tɕi nɑ	a ləˈ gə̥ˈ	aˈgə̥e
茨木林	kuən	tiɑ nə	a dʑe gə̥ˈ	a guˈ
扎 窝	kuən	tiɑ nə	a dʑa gə̥ˈ	a guˈ
麻 窝	kuə	tɑ nu	a dʑa ɣə̥ˈ	ə guˈ
芦 花	kuən	to no	a dʑaʁ	ə guˈ
羊 茸	kən	te (khɕi)	a dʑa gəˈ	ø gʐʉ
松 潘	qu	tana		
构 拟				
说 明				

调查点	一锅	一排	一窝	一丛
大岐山	a³³la⁵³quɑ³¹	a³¹phe⁵³	a²²ʁo⁵⁵	a²²khue⁵³
桃 坪	a³¹dʐə³³	a³¹phai³¹	a³¹χbu³³	a³¹ʁo¹³
曾 头	a³¹dʐə³⁵³	a³¹ʁe³⁵³	a³¹ʁo³⁴³	a³³qə³³tsuã⁵⁵
龙 溪	a³¹tshɑ³¹	a³¹phai³¹	a³¹ʁo⁵⁵~a³¹bu³¹	a³¹ʁo³³
绵 篪	a³³tshɑ⁵⁵	a³³pha⁵³	a³¹bu³¹	a³³ʁəu³¹
索 桥	a³¹tshɑ⁵⁵	a³¹ʁa⁵⁵	a³¹ʐbu³¹	a³¹bu³¹
沟 口	ɑ³³ʂa⁵⁵ku⁵⁵	a³³phai⁵⁵phai³¹	ɤ³³ɣots⁵⁵	a³³tsuɑn³⁵
黑 虎	a³³ku⁵⁵	a³³phai⁵⁵	a⁵⁵ʁuɤ̥³¹	a³³tʂhuan⁵⁵tʂhua³¹
龙 池	a³³ʂa⁵⁵ku⁵⁵	a³³phai⁵⁵	a¹p⁵⁵	a³³tʃuan⁵³
三 龙	ɑdʐ⁵⁵	e³³phai⁵⁵	ə¹⁵⁵ʁu⁵⁵	a³³tsuɑn⁵⁵
曲 谷	a dʐə	e phai	ɑ u̥	o ɹʁuɸ
雅 都	ɑr	ɑχtʂ	a¹ u̥	om dzu χu̥
维 古	ɑr	a χtʂə	a rbə̥	o rgu
龙 坝	ɑr	ɑχtʂ	a rb	o rgo
木 苏	ɑr	ɑ χtʂi	a rbə̥	ɑ rgu
茨木林	a dʐə	ɑ χtʂi	a rbə	a rguə
扎 窝	adʐ	a χtʂi	a rbə	a rgu
麻 窝	ɑr	a χtʂi	a¹ ʙu̥	ə rgu
芦 花	ɑr	a χtʂi	a¹ ʙu̥	ə rgu
羊 茸	a dʐə	a χtʂi	a rbə	ø rgʉ
松 潘	dʐə		ɣbu	
构 拟				
说 明				

调查点	一串	一个（人）	一滴	一张（纸）
大岐山	a³³tʂhuɑn⁵⁵ tʂhuɑn⁵⁵	a³³gu³³	a³³tiɑn⁵³	a³³tʂu⁵³
桃坪	a³¹tʂhuan⁵⁵	a³¹lə³³	a³³dzie³³	a³¹bzʅ³³
曾头	a³¹que⁵⁵	a³¹lə⁵⁵	a³¹tiã⁵⁵nə⁵⁵	a³¹bzʅ⁵⁵
龙溪	ɑ³¹qɑ⁵⁵	ɑ³¹ɹo³¹	ɑ³¹zɑ³¹	ɑ³¹tshe³¹
绵篪	a³³tʂhuã³³ tʂhuã⁵⁵	a³¹ko⁵⁵	a³³ta³¹	a³¹tshi⁵⁵
索桥	a³¹qɑ⁵⁵	a³¹li⁵⁵	a³¹tiɑn³¹	a³¹tshie⁵⁵
沟口	a³³tʂhuɑn³⁵	a⁵⁵ʔi⁵⁵	atʂ⁵⁵	a³³tʂan⁵⁵
黑虎	a³³za⁵⁵		a³³tian⁵⁵	a³³tʂan⁵⁵
龙池	a³³tʃhuɑn³⁵	e³⁵	atʂ⁵⁵	a³³tʃɑŋ⁵⁵
三龙	a³³tʂhuan⁵⁵	e³³ẓe⁵⁵	atʂ⁵⁵	a³³tʂɑn⁵⁵
曲谷	ɑ kəəʴ	ɑɹ ɑ̥	atʂ	ɑ tʂan
雅都	ɑχ	ɑɹ ɑ̥	atʂ	e pi
维古	ɑ qu̥	ɑʴ	aṟə̥	ə pia
龙坝	ɑ qu̥ə̥	a ri	atʂ	ə pia
木苏	ɑ qu̥	e ri	aṟ̥	e pie
茨木林	ɑ qu̥ə	a ɹə	a tʂhə	a tshə
扎窝	a queʴ	a re	atʂ	ats（azu）
麻窝	ɑ queʴ	a ri	atʂ(aṟ̥)	e pi
芦花	a queʴ	a re	atʂ	a pe
羊茸	a que	a dẓe	a tʂhə	a pe
松潘	ʔaq tɕhi	ʔe	tʂə	ʔe
构拟				
说明				

调查点	一棵（树）	一捆	黄的	凸的
大岐山	a³¹ pho⁴²	a³³ khun⁵³	ɕe⁴² ɕe⁵³	χa³³ pø⁵⁵
桃 坪	a³¹ dʐi⁵⁵	a³¹ dʐa³³	χa⁵⁵ χa³³	tə³¹ bzia³³
曾 头	a³¹ dʐi⁴³	a³¹ dʐa³⁴³	χa⁵⁵ χa⁵⁵	
龙 溪	a³¹ ʁo⁵⁵	a³³ ʐo³¹	χa⁵⁵	tə⁵⁵ bu⁵⁵
绵 簏	a³¹ dʐi¹⁴	a³¹ dʐi¹⁴	χa⁵⁵	ta³³ tɕo¹⁴
索 桥	a³¹ bu⁵⁵	a³¹ dʐo³¹	ɦã⁵⁵ kəi⁵⁵	po³¹ tʂha⁵⁵
沟 口	ɤ³³ ɣuts⁵⁵	e³³ khyn⁵⁵	xuaŋ³³ ti⁵⁵	tɤ³³ pu⁵⁵
黑 虎	a³³ ʁuts⁵⁵	a³³ khən⁵⁵	χuan³³ di⁵⁵	tɤ³³ pum⁵⁵ puq⁵⁵
龙 池	a³³ ʐ̩gue⁵⁵	a³³ lu⁵⁵	hã⁵⁵ ɦũ⁵⁵	hɑk³³ pu⁵⁵
三 龙	ə˩⁵⁵ ʁu⁵⁵	ə³³ lu⁵⁵	χuan³³ di⁵⁵	tətʂ⁵⁵
曲 谷	ɑɸ	ɑ khun	hɑ tʂhɑ	tə phu qu̥
雅 都	o ʐ̩guꟲ	o ru	χɑʂ	tuŋ bu χu̥
维 古	e xia	ɑ ru	χɑʂ	zdum phu
龙 坝	a kha	o ru	χɑʂ	zdo qu̥
木 苏	ɑ ɻɑ	ɑ ru	χɑʂ	zduŋ bu
茨木林	a ua	ɑ ro	χɑ	zdom phu
扎 窝	ɑ khaꟲ	a ro	χɑ	zdum phu
麻 窝	a xa	ɑ ru	χɑ	zduŋ phu
芦 花	a khaꟲ	ɑ ro	χɑ	zdom pho
羊 茸	a kha	a dʐo	χɑ	zdom phʉ
松 潘	ɣgo		hæw	haʁb
构 拟				
说 明				

第三章　词汇

调查点	小的	短的	远的	近的
大岐山	bə³³tʂhi⁵³tʂhi⁵³	miɑ⁵⁵miɑ⁵⁵	dʐe³³（tsu³¹）	ŋuɑ⁵⁵tsu⁵³
桃坪	pə³¹tʂhe³³	tio³³tio³³	χuɑ³³	mi³¹χuɑ⁵⁵
曾头	pə³³tʂhe⁵⁵	tio³³	χuɑ³³	kie³³zi⁵⁵
龙溪	tʂɑ³³	niɑ³¹	χue³³	piɑ⁵⁵pu³¹
绵篪	bi³³bi⁵⁵	dzuɑ³¹dzuɑ³¹	ɹi⁵⁵χuɑ⁵³	ɹi⁵⁵zɑ⁵³
索桥	ʂtʂɑ³¹kə⁵⁵	ŋe³¹kəi⁵⁵	ɹə³¹χue⁵⁵	ɹə⁵⁵ni⁵⁵
沟口	tse³⁵	ɦũɑ˞⁵⁵ ~ ɦũɑ̃⁵⁵	ye³³xuʴ⁵⁵	ye³⁵nə⁵³
黑虎	tse⁵⁵ ~ tse³³kɑ⁵⁵	uɑ³³kɑ⁵⁵	（dʑyi⁵⁵）χuɑʴ⁵⁵ kɑ⁵⁵	nə⁵⁵ ~ nə³³kɑ⁵⁵
龙池	tʃɑ⁵⁵tʃɑ⁵⁵ ~ ɑ³³ʂku⁵⁵	ɣni⁵⁵tsə⁵⁵	ye³³χu⁵⁵	yen⁵⁵
三龙	ʂtʂɑ⁵⁵	ɦũ⁵⁵	y³³χu⁵⁵	yn⁵⁵
曲谷	ʂtʂɑ	ŋə tse	y χuɑ	yn
雅都	χtʂɑ	ŋuɑ tse	guɑˊχɑˊ	gueˊn̯i
维古	χtʂɑ	ŋuə tsi	guəˊχu	guəˊn
龙坝	χtʂɑ	mo tsi	gɑˊχo	guɑˊn
木苏	χtʂɑ	ŋuə tsi	guˊχu	guˊnə
茨木林	χtʂɑ	ŋueˊ	guəˊχe	guiˊnə
扎窝	χtʂɑ	ŋuɑˊtsi	ɒui χe	guin
麻窝	χtʂɑ	ŋuə tsi	guəˊχe	guəˊn
芦花	χtʂɑ	ŋuɛ	gəˊχe	gʐɨi n̯a
羊茸	χtʂɑ	ŋue	gʐuə χe	gʐɨi n̯a
松潘	ɣzɑ	ŋue	ɣgio χu	ɣgio n̯i
构拟				
说明				

调查点	粗的（粉）	细的（粉）	薄的	空的
大岐山	tshu⁵⁵tshu³¹	di³⁵	bzɿ³³bzɿ³³	khuŋ⁵⁵tha⁵⁵
桃坪	tshɿ⁵⁵tshɿ³¹	dze³³dze³¹	bzɿ³³	khuŋ⁵⁵ni⁵⁵
曾头	tshə³³	dze⁵⁵dze³¹	bzɿ³⁴³bzɿ³¹	khuŋ⁵⁵ne⁵⁵
龙溪	la⁵⁵	die⁵⁵	bu⁵⁵	khuŋ⁵⁵tha³¹
绵篪	tshu³³（la³¹）	di³¹	bu⁵³	kho³³ki⁵⁵
索桥	tshu³¹	dze³¹	bu³³kə⁵⁵	qhʉ³¹
沟口	tshu⁵⁵tha³¹	ɕi³⁵tha⁵³	zy⁵⁵	khuŋ⁵⁵tha³¹
黑虎	ʂa³³ka⁵⁵	ʂtʂe³³ka⁵⁵	bə⁵⁵~bə³³ka⁵⁵	khun⁵⁵di³¹
龙池	khʂə⁵⁵pa⁵⁵	xtʂə³³tsə⁵⁵	ʁzuə³³tsə⁵⁵	ɕy⁵⁵χua⁵⁵
三龙	khə⁵⁵	ʂtʂe⁵⁵	bin³³tsa⁵⁵qa⁵⁵	ɦa³⁵χu̥³¹tə³³qa⁵⁵
曲谷	khəˑ	ʂtʂe	bi tsi qa	sua χa
雅都	khəˑ	tʂhe	bi tse	ɹa χe̥n
维古	khiˑ	tʂhia	z̢uə tsi	ɹa χu̥
龙坝	khi	tʂha	dʒuə tsi	ɹa χuə̥n
木苏	khəˑ	tʂhe	z̢uə tsi	ɹa χu̥
茨木林	khiˑ	tʂhe	bʒuə	ɹa qhuə̥
扎窝	khəˑ	tʂhi	dz̢uə tsi	ɹa qhu̥
麻窝	khiəˑ	tʂhi	dʒə tsi	ɹa χuə̥n
芦花	khəˑ	tʂhe	dʒə	ɹa χo̥
羊茸	khʂə	tshe	mdʒə	ɹa qhuə̥
松潘			dẓy	sot
构拟				
说明				

调查点	满的（水）	平的	陡的	多的
大岐山	sue⁴² sue⁴²	phin⁵⁵ thɑ³¹	χlin⁵⁵ pie⁵³	dio³³
桃坪	ɕy³¹ ɕy³³	ʑi¹⁴ ko³¹	ɕe³¹ qə³³	dio³³
曾头	tə³³ sye⁵⁵	phin³³ ne⁵⁵	ɕe⁵⁵ qə⁵⁵	dio³⁴³
龙溪	tə³¹ suɑ³¹	phin³³ thɑ⁵⁵	ɬi⁵⁵	diu⁵⁵
绵簾	kua³³ ki⁵⁵	phĩ⁴² tiɑ⁵⁵	təu³¹	dio⁵⁵
索桥	die³¹ sye³¹	ʐe³¹ ʐe⁵⁵	ɕi⁵⁵ piɑ⁵⁵	dʐy⁵⁵
沟口	tə³³ sue⁵⁵	phin³³ thɑ⁵⁵	teu⁵³ thɑ³¹	ia³⁵ pi³¹
黑虎	de³³ suə⁵⁵	phin³³ thɑ⁵⁵ ka⁵⁵	ɧe³³ tshuə⁵⁵	ʁeuɑ³³ ka⁵⁵
龙池	tə³³ suɑ⁵⁵	phin³³ tɑ⁵⁵	tus⁵⁵	ɦioˈ³⁵
三龙	khəp⁵⁵	phin³³ di⁵⁵	pie³³ pu⁵⁵	u³³
曲谷	khəˈp	phin thɑ	pie pu	qɑ qe
雅都	kheˈn	phin	tə suə le	qu liu
维古	khəˈ khəˈ	ɣli	xa	quə li zdu ru
龙坝	khaˈp	ɣʐi	χa pia	qo ʅia
木苏	khəˈp	ɣlia qua	xa pie	qu lie
茨木林	khaˈp	ɣla qua	xa	queː ɣle
扎窝	khaˈp	ɣlia qua	xa pi	quə li
麻窝	khaˈp	ɣlia qua	xa pi	quə ɣli
芦花	khaˈp	ɣlia qua	xa pe	que ɣli
羊茸	khʂap	rle to	tʃha pe	que rle
松潘	tuso	delə	pæp	que
构拟				
说明				

调查点	脆的	慢的	密	松
大岐山	tshui⁵⁵thɑ³¹	ʁue⁵⁵	mie³¹thɑ⁵³	suŋ⁵⁵thɑ⁵³
桃 坪	tshye⁵⁵thɑ³³	phi³¹thɑ⁵⁵	dʑe²⁴dʑe³¹	suŋ⁵⁵thɑ³³
曾 头	tshue⁵⁵thɑ³¹	a³³tɕha⁵⁵	kuə³¹la⁵⁵	suŋ⁵⁵thɑ³¹
龙 溪	tshuei⁵⁵thɑ³³	phi³³thɑ⁵⁵	mi⁵⁵thɑ³¹	suŋ⁵⁵thɑ³¹ ~ qhui⁵⁵
绵 簸	tshui³¹	ma³³lia⁵⁵	lia³¹	mi⁵⁵se³³
索 桥	tshui⁵⁵thɑ⁵⁵	phi³³thɑ⁵⁵	mi³¹mi³¹	qhui⁵⁵la⁵⁵
沟 口	tshui³⁵thɑ⁵³	phi³³thɑ⁵⁵	mie³³thɑ⁵⁵	suŋ⁵⁵thɑ³¹
黑 虎	tshui³³thɑ⁵⁵ka³¹	khə⁵⁵khɑ⁵⁵	e⁵⁵stsə⁵⁵	sun³³thɑ⁵⁵
龙 池	tshui³⁵ (la⁵⁵)	ʁla⁵⁵	mie⁵⁵ (la³¹)	suŋ⁵⁵thɑ³¹
三 龙	tshui⁵⁵thɑ⁵⁵	ba³³ba⁵⁵	thə⁵⁵	suŋ⁵⁵thɑ⁵⁵
曲 谷	tshui thɑ	bɑ stɑ	thə	suŋ thɑ
雅 都	tshui thɑ	bɑ stɑ	xtʃap	do suŋ χɑ
维 古	tʂha tshu	ʁla	thə thə	daχ χə
龙 坝	tʂhuɑp tʂhuɑp	ʁla	tʂhə tʂhə	χə χə
木 苏	tʃhap tʃhap	ʁla	thə thə	qhə qhə
茨木林	qhaᴉp qhaᴉp	ʁla	thə thə	qho qhə
扎 窝	khaᴉp khaᴉp	ʁla	thə thə	qhə qhə
麻 窝	tʂhap tʂhap	ʁla	thə thə	qhəq
芦 花	khaᴉp khaᴉp	ʁla	thət	qhəq
羊 茸	tʂhap tʂhap	ʁla	thə the	qhə qhə
松 潘	qha qha	ʁla	xtɕep	daq
构 拟				
说 明				

调查点	紧	热（水）	活的	强烈（酒）
大岐山	tɕin⁵⁵thɑ⁵³	ɕi⁴²ɕi⁵³	χsə³¹ɹu³¹	
桃坪	tɕin⁵³thɑ³³	sʅ³³sʅ³¹	χo³³li³³	
曾头	tɕin⁵⁵thɑ³³	(tsuə³³sʅ⁵⁵)	χo⁵⁵thɑ³¹	
龙溪	tɕi³¹thɑ⁵⁵	də³¹	χo⁵⁵thɑ³³	tɕi³¹tɕɑ³³
绵簏	se⁵⁵	duɑ³¹	xo³³thɑ⁵⁵	ŋo³¹tshɑu¹⁵
索桥	tɕi³¹kəi⁵⁵	du³¹	χo³¹ti⁵⁵	
沟口	tɕin³³thɑ⁵⁵	du⁵⁵	χo³³ti⁵⁵	uai⁵⁵thɑ³¹
黑虎	tɕin³³thɑ⁵⁵	dɤ³³ka⁵⁵	χo³³di⁵⁵	tʂʅ⁵⁵xku⁵⁵
龙池	tʂep⁵⁵	dẓə³³dẓə⁵⁵	χsə⁵⁵	χen³³thɑ⁵⁵
三龙	tɕin³³thɑ⁵⁵	dəd⁵⁵	χo³³di⁵⁵	qu⁵⁵le⁵⁵
曲谷	tɕin thɑ	si	tɕɑ χs̥u	χen thɑ
雅都		si	tɕɑ χs̥uə	qhɑ
维古	ɣap	dẓi dẓi	qhsə qhsə	qərku̥
龙坝	ɣap	dẓiːdẓiː	qsə	qərko
木苏	ɣap	dẓi	qhsə qhsə	qə sku
茨木林	ɣap	dẓeː dẓe	ksə ksə	qə sku
扎窝	ɣap	dẓə dẓe	χsəχs	qə sku
麻窝	ɣap	dẓɤ	χsəχs	qəʂku
芦花	sɤsɛ	dẓe re	qsəqs	qə sku
羊茸	sə sə	(tsə) dẓe	khsə khsə	qə skʉ
松潘	ɦəs	ɕop	χsə	
构拟				
说明				

调查点	结实	有（泛指）	裁（衣）	量
大岐山	ʁgue³¹	ŋɑ³¹	tshi⁵³	(tə³¹) ʁzi³³
桃　坪	tɕe³¹sʅ³¹	ŋɑ³³	tshie³³	tə⁵⁵zʅi³¹
曾　头	χguə³³tɕhy⁵⁵	ŋɑ⁵⁵	(tə³¹tshia³³)	phu⁵⁵ə⁵⁵gzie³³
龙　溪	zə³³zə³³		tshe³³tshe⁵⁵	zʅo⁵⁵zʅə⁵⁵
绵　篪	dzʅa⁵⁵ɹə³³		ʂa³³tshe⁵³	ʂa³³ze³¹
索　桥	zʅgu³⁵	ue⁵⁵	sə³¹tshie⁵⁵	dzʅu³¹dzʅo³¹
沟　口	tʂuai⁵⁵ʂʅ⁵⁵	hũ⁵⁵	tə³³tshai⁵⁵thɑ⁵⁵	dzʅy⁵⁵
黑　虎	gə⁵⁵	sə⁵⁵	fɣɹ⁵⁵	ze³⁵ze³¹
龙　池	zʅge⁵⁵	tɕi⁵⁵	ʁzə⁵⁵	pi⁵⁵lɑ³¹
三　龙	zʅgə⁵⁵ ~ tʂuai⁵⁵ʂʅ⁵⁵	ʂə⁵⁵	ʂtʂə³³ʂtʂə⁵⁵	ʁzi³³ʁzi⁵⁵
曲　谷	pe	ʂə	qhəˈqhəˈ	ʁzə ʁze
雅　都	zʅguə	ʂə	qhe qhe	ʁzi ʁzi
维　古	rguə	khʂə	qhe qhe	ʁzi ʁzi
龙　坝	rgə	kʂə	xtʂi xtʂi	ʁzi ʁzi
木　苏	rgui	khʂə	qhe qhe	ʁdzəʁdzi
茨木林	tsi	kʂə	khəˈkhəˈ	ʁzə ʁzə
扎　窝	rguə rfi	xʂə	qhəˈqhəˈ	ʁzə ʁzə
麻　窝	rguə (rguə rdzi)	xtʃə	qhəˈqheˈ	ʁdzyi ʁdz
芦　花	rguə rfi	ʂtʃə	qhə qhə	ʁdzə ʁdz
羊　茸	rgʁə (rdʑe)	ɕtʃə	qhʂe	ʁdze
松　潘	ɣgə	eɕ		xtʂə	ʁze
构　拟				
说　明				

第三章　词汇

调查点	吮、吸	听见	想	说
大岐山	n̩ə⁵⁵	nio⁵⁵	tə³¹ ʁba³³ dʐu̥³⁵	zə³³ ɹɚ³¹
桃坪	tə³¹ χtʂe³³	no³³	χba³³ χdʐu³³	da³¹ dʑi¹³
曾头	χtʂe⁵⁵	no³³		dy³⁴³ ~ dʑi³⁴³
龙溪	ku⁵⁵ tɑ³¹	ɑ⁵⁵ no⁵⁵ ti⁵⁵	ɕi³¹ ze⁵⁵	də³¹ dɑ⁵⁵
绵篪	i³³ qəu⁵³	no¹³	ba³³ dʐəu²⁴	diu⁵⁵
索桥	tʂhe⁵⁵ tie⁵⁵	nə³¹ tɕi⁵⁵	ʐbe³¹ lo⁵⁵	ʐda⁵⁵
沟口	tho⁵⁵	ɑ³³ sɑ⁵⁵	ru¹³³ dy⁵⁵	zə³³ tɑ⁵⁵
黑虎	tʂhe⁵⁵	em⁵⁵	ʁuɑ¹³³ diu⁵⁵	thol̥⁵⁵
龙池	tʂhe⁵⁵	ku³³ χsɑ⁵⁵	χtɕye⁵⁵	gʐə³³ la⁵⁵
三龙	tʂhə⁵⁵	e⁵⁵ mi̥³¹	ue³³ dʐu⁵⁵	ʐdʐɑ⁵⁵
曲谷	tʂhe	em bi	ɹur ʐu	dʑi
雅都	tʂhe	kəm	ʐbu dʐu̥	dʑe
维古	tʂhi	kuəm	qhɕua	ɹu
龙坝	tʂhi la	kuən	qʂua	ɹo
木苏	tʂhi	kuə ma	qhɕya	ɹu
茨木林	tʂhe	kuə nə	qɕue	ɹo
扎窝	tʂhɤ	kuən	χɕu	ɹo
麻窝	tʂhə	kuən	χtʃa	ɹu
芦花	tʂhɛ	kuən	χtʃa	ɹo
羊茸	tʂhe	kʉɑ n̠ɻ	χtʃa	ɹo
松潘	tʂhe	qun̩ij	χtɕua	ʐə
构拟				
说明				

调查点	叫（狗）	漱口	解手	累乏
大岐山	zɑ³¹ ɹɑ⁵³	χqɑ³¹ ʂue⁵⁵ lɑ³¹	χʂʅ³¹ sʅ⁵⁵ ~ bi³³	tə³¹ ʁbɑ⁵⁵
桃　坪	khuə³¹ χte³³	χqɑ³¹ ʂue³³ lɑ⁵⁵	z̩ɑ³³	tə³¹ χbɑ³³
曾　头	χte⁵⁵	χqɑ⁵⁵ ʂue³³ lɑ⁵⁵	z̩ɑ⁵⁵ kə⁵⁵	χbɑ³⁴³
龙　溪	khu⁵⁵ zɑ⁵⁵	qɑ³¹ ʂuɑ³¹ lɑ³¹	tshə⁵⁵ pə⁵⁵	dɑ³³ qo³³
绵　簾	te³¹ tɑ⁵⁵	ʂuɑ³³ liɑ⁵⁵	dio³³ zi⁵⁵ qɑ³¹	dɑ³³ bɑ¹³
索　桥	te³¹ tɑ⁵⁵	ʂxo⁵⁵ χu⁵⁵ lɑ³¹	ʁuɑ³¹ dz̩ə⁵⁵	də³¹ ɹbɑ³¹
沟　口	te⁵⁵ te³¹	due⁵⁵ ke⁵⁵ xu³³ lɑ³¹	tʂə³³ yy⁵⁵ ki³¹	ʁ˞⁵⁵ v˞⁵⁵
黑　虎	te⁵⁵	di⁵⁵ kuə³³ χu³³ lɑ⁵⁵	saɬ³³ kʁ⁵⁵	e³³ ʁuɑ⁵⁵
龙　池	tə⁵⁵	su³⁵ lɑ³¹	detʂ⁵⁵ ki³¹	(dɑ⁴²) phɑ⁵⁵ z̩ʁu⁵⁵
三　龙	ti⁵⁵	ʂqu⁵⁵ χu⁵⁵ lɑ⁵⁵	siel⁵⁵ (kə⁵⁵)	ə⁵⁵ z̩ue⁵⁵
曲　谷	te	χlɑ	bu ɬi	ɹuɑ
雅　都	te	ʂqu χluɑ	sei (kɑ)	oʂu
维　古	(khuə) ʁdz̩i	rqul lɑ	dɑ dz̩ə	rbɑ
龙　坝	ʁdz̩i	rqo lə lɑ	dɑ rə	dɑ rbɑ
木　苏	ʁdz̩i	rqul lɑ	dɑ dz̩ək	dɑ rbɑ
茨木林	ʁdz̩e	sqo χtʂe	dɑ pa	rbɑ
扎　窝	ʁdz̩e	sqo lɑ	dɑ rə	rbɑ
麻　窝	ʁdz̩i	ʂqul lɑ	dɑ rɣi	dɑ rbɑ
芦　花	ʁdz̩e	sqol lɑ	dz̩e	dɑ rbɑ
羊　茸	ʁdz̩e	sqol lɑ	dz̩e	rbɑ
松　潘	te	dzə χulo		phɑ ʁu
构　拟				
说　明				

第三章　词汇

调查点	爱、喜欢	怀疑	相信	懂
大岐山	χtie³¹nɑ⁵³	χtie⁵⁵tshue⁵⁵	ço⁵⁵ʂʅ³¹	tə³³χui⁵³
桃坪	mɑ³³	ni³¹siŋ⁵⁵pu³¹	dʑɑ³³	sʅ³³
曾头	mɑ³³		dʑɑ³⁴³	sʅ³³
龙溪	çi³³nɑ³³	çi³³mi³³do⁵⁵	dʑɑ³¹	sə⁵⁵
绵篪	mɑ⁵⁵	tie³³dio¹³	dʑɑ⁵⁵ɹɑ³¹	sʅ³¹ɹɑ⁵⁵
索桥	tɑ⁵⁵po⁵⁵	qo³¹z̪be³¹lo⁵⁵	dʑɑ⁵⁵	nə³¹tɕi⁵⁵
沟口	tɑ⁵⁵pu⁵⁵		zə⁵⁵	lo⁵⁵ti⁵⁵
黑虎	tɑ³⁵pu³¹	χuai³³ni³³pə⁵⁵	zə⁵⁵	sɑ⁵⁵
龙池	χtɕi⁵⁵	ɣdʐu⁵⁵	stɑ⁵⁵	χsɑ⁵⁵
三龙	tau⁵⁵pu⁵⁵	χuai⁵⁵ni⁵⁵pə⁵⁵	ɕtɕe⁵⁵	χsɑ⁵⁵
曲谷	tɑ pu		ɕtɕe	tə χsɑ
雅都	tu pu	ɣru	ɕtɕe	qhsɑ
维古	qhɕi	ɣdʐu	ʂtʂəp ~ ɕtɕa	qhsɑ
龙坝	qɕi	ɣdʐo	stiɑ	qsɑ
木苏	qhɕe	ɣdʐuɤ	ʂtʂɑ	qhsɑ
茨木林	qɕi	ɣdʐu	stie	tə
扎窝	χtɕi	ɣdʐu	sɕi	χsɑ
麻窝	χtɕi	ɣdʐu	sti	χsɑ
芦花	χtɕi	z̪dʐa	ste	tə
羊茸	χtɕi	jdʐɥi	sti̠	tə
松潘	χtɕi		χte	ɣzi
构拟				
说明				

调查点	锉	砸	挖	拴
大岐山	su⁵³ ~ tshə⁵⁵tha⁵³	qhɿ⁵³	tshuɑ⁵⁵	tə³³tso⁵³
桃坪	sʅ³¹sui³³	ə³¹tɕua³³	qhə³¹la³³	ə⁵⁵tso³¹
曾头	suə⁵⁵ ~ tsho⁵⁵tha³³	tɕya⁵⁵	qhə³¹la⁵⁵	tso³³
龙溪	tsho³⁵tha³³	ʁɑ³³qə³³tsɿ⁵⁵ ~ zɑ³¹tɑ³³	qhu³³liɑ⁵⁵	ɑ⁵⁵tsu⁵⁵
绵篪	ʂa³¹su¹³	tʂhe³³tʂha³¹	dzɿ³³liɑ⁵⁵	ɦɑ³³tso¹³
索桥	sə³¹su⁵⁵	ɦɑ³¹khʂe³¹	ʐbu³¹la⁵⁵	zə³¹tsu³¹
沟口	tsho³⁵tha⁵³	ɦie³³di⁵⁵	phu³³ʂɑ⁵⁵	zy⁵⁵
黑虎	tsho⁵⁵tha⁵⁵	di³³pa⁵⁵	ya⁵⁵	bə⁵⁵
龙池	ʂu⁵⁵	ɦɑ˞³³qha˞⁵⁵	phi³³se⁵⁵	ɦo³³χsu⁵⁵
三龙	tsho³³tha⁵⁵	dʐi³³te⁵⁵	ʐge⁵⁵	y⁵⁵
曲谷	su	(ɦie) dʐi	phi phie	i ye
雅都	kheˠ	dʐe	phɻi phɻe	ʐdʐyə
维古	suə	qhe	phi phi	gʐuə ~ tə qhʂə̥
龙坝	suə	qhəˠ qheˠ	phəˠ phaˠ	gʐuə
木苏	sə	qhəˠ qhe	phi phie	ɑ gʐuɤ
茨木林	suə	qhəˠ qheˠ	phə	zə gʐuə
扎窝	suə	qhəˠ qhəˠ	phəˠ phə̥ˠ	ɤdʒuə
麻窝	sə	qhəˠ qheˠ	phi phi	ɤdʒə
芦花	sə	qhəˠ qheˠ	phʂə phʂ	ʐdʒə
羊茸	suɐ	khʂe	phʂə phʂə	jdʒuɐ
松潘	xʂe	ɕuə	xʂuə	ɕuə
构拟				
说明				

调查点	盖	涂、敷	挤	赎
大岐山	ɹə⁵³ qu⁵⁵	dɑ³³ tʂhə³¹ tʂhə³¹	thi³³ thi⁵⁵ pɑ³¹	zə³¹ gø⁵⁵ zɻ³¹
桃坪	χqe⁵⁵	kuə⁵⁵ ɕɑ³³	tsi⁵⁵ thɑ³³	ɕy³¹ ɕye³³
曾头	ə¹⁵⁵ qu⁵⁵	χmɑ³³	thy³¹ thio³³	tə³¹ z̞u⁵⁵
龙溪	ʁɑ³¹ qhu⁵⁵	ʁɑ⁵⁵ mɑ⁵⁵	tsi³³ tsi⁵⁵	zə³¹ go⁵⁵
绵篪	ɦiɑ³¹ khuɑ⁵⁵	m̥ɑ³¹	tsɿ⁵⁵ thɑ³³	ʂɑ³¹ ə²⁴
索桥	ɦɑqhue⁵⁵	tə³¹ z̞mɑ³¹	si³¹ si⁵⁵	zə³¹ go⁵⁵
沟口	xkɤˑ⁵⁵	ɦiɑ³³ tshɑ⁵⁵ te³⁵	tɕi⁵⁵ thɑ⁵⁵	
黑虎	χɤˑ⁵⁵	pɑ¹³³ tʂɑ⁵⁵	tɕi⁵⁵ thɑ⁵⁵	he⁵⁵ the³¹
龙池	ɦie³³ χtɕi⁵⁵	ɦiɑm³⁵ mɑ³¹ ~ mu⁵⁵ mɑ̥³¹	ku³³ tɕi⁵⁵ lɑ³¹	
三龙	ɦiɑ⁵⁵ χu̥³¹	mə³³ mɑ⁵⁵	tsi³³ thɑ⁵⁵	he³³ the⁵⁵
曲谷	quə	mu mɑ	suɑ	ʂtʂe
雅都	dz̞e	mə mɑ	tʂhi tʂhe	qe tɕhe
维古	χuə	mə mɑ	ɕtɕi ɕtɕi	thuəi thɑ
龙坝	χuə	mə mɑ	tʂhə tʂhɑ	thɑ lɑ
木苏	ɑ χu̥	mə mɑ	tʂhi tʂhi	thɑ lɑ
茨木林	qhuə	mɤ mɑ	tʂhə tʂhe	thɑ lɑ
扎窝	qhuə	mə mɑ	di di (thə)	thɑ lɑ
麻窝	qhuə	mɤ mɑ	tʂhi tʂhi	thɑ lɑ
芦花	qhuə	mə mɑ	tʂhi tʂhi	thɑ lɑ
羊茸	qhuə	mɤ mɑ	tʂhə tʂhe	thɑ lɑ
松潘	kie χuts̩	xʂə χʂte	so	
构拟				
说明				

调查点	梳（头）	剃（头）	砍（头）	敬（神）
大岐山	qə⁵⁵ tʂhuɑ⁵³	thi⁵⁵	tshuɑ⁵⁵	χse⁵⁵ χtie⁵⁵
桃 坪	tʂhuɑ³¹	tɕhe³³	sɿ³¹ tshua³³	(tshie⁵⁵) χtie³¹
曾 头	khʂuɑ³¹	tɕhe³³	tshuɑ⁵⁵	χtie³³
龙 溪	qə³³ pɑ⁵⁵ tʂə³¹ sui⁵⁵	thi³³	qɑ³³ pɑ⁵⁵ tʂə³³ tshuɑ⁵⁵	ɕi⁵⁵
绵 篪	sui³¹	ɦiɑ³¹ ti⁵³	qɑ³³ tsuɑ⁵⁵	se⁵⁵ xɑ³¹
索 桥	sə³¹ sy⁵⁵	ɦiɑ³¹ tɕhɑ³¹	sə³¹ tshuɑ⁵⁵	tɕin thɑ⁵⁵
沟 口	tʂhe⁵⁵ dzə³¹	(kʁ⁵⁵) thʁ³¹	tshuɑ⁵⁵	xu⁵⁵ ʂɿ³¹
黑 虎	tʂhitʂ⁵⁵	thʁ⁵⁵	ʂtʂi⁵⁵	ʂtʂɑ⁵⁵
龙 池	(qəm³¹) tʃheʂ⁵⁵	khʂue⁵⁵	χtʂe⁵⁵	qu³³ lu⁵⁵
三 龙	khe⁵⁵	khue⁵⁵	dzy⁵⁵	stə⁵⁵
曲 谷	khəˈk	khueˈ	dzue	
雅 都	kueˈ xeˈ	khueˈ	xtʂe	
维 古	khaˈ la	khuaˈ	xtʂi	χu ru
龙 坝	khaˈ la	khuaˈ	xtʂi	χo ru
木 苏	kha la	khua	xtʂi	χu ru
茨木林	khaˈ	khueˈ	xtʂi	qo ru
扎 窝	khaˈ	khuiˈ	xtʂi	χu ru
麻 窝	khaˈ la	khuaˈ	xtʂi	χu ru
芦 花	khaˈ la	kheˈ	ʂtʂi	χo ro
羊 茸	khʂa	khʂʉe	ɕtʂi	støt
松 潘	xʂe		tsho	
构 拟				
说 明				

第三章　词汇

调查点	发誓	种	欢送	给
大岐山	zə⁵⁵mə⁵⁵pu³¹	phie⁵³	χa³¹χlə⁴²	da³¹ʁzu⁴²
桃坪	zʅ³¹mə³³pu⁵⁵	phia³³	ɕe⁵⁵	da⁵⁵χda³³
曾头	zʅ³¹mə⁵⁵pu⁵⁵	phia⁵⁵	ɕe⁵⁵	χda⁴³
龙溪	i⁵⁵tʂhe³⁵	da³¹phia³¹	ɬi³¹	zə⁵⁵
绵篪	dui³¹	phia³¹	ʂa³³ɬa¹³	zʅ⁵⁵
索桥	du³¹gʐəi⁵⁵pu³¹	phia³¹		zə⁵⁵
沟口	due³³tʂə⁵⁵pə⁵⁵	tshua⁵⁵	he³³ɕi⁵⁵	fie³³le⁵⁵u⁵⁵
黑虎	ɕu³³tʂhi⁵⁵	pha⁵⁵	ɬik⁵⁵	da³³da⁵⁵
龙池	fie³³khʂe⁵⁵	tʃhua⁵⁵	ɬi⁵⁵	dzəz³³ta⁵⁵
三龙	khə⁵⁵	phie⁵⁵	ɬi⁵⁵	dei⁵⁵de⁵⁵
曲谷	khəˀkhəˀ	phie	siɬi	ɣʐə
雅都	kheˀ	phie	theχɪk	gʐə
维古	khiˀ	tɕhua	r̥puku	gʐə
龙坝	khi	tʃhua	ɬi	gʐə
木苏	khɻi	tɕhya	r̥pu	gʐə
茨木林	khiˀkhiˀ	tɕhue	spu	gʐə
扎窝	khiˀ	tɕhui	spu	ɣʐə
麻窝	khiˀ	tʃha	ʂpu	ɣʐə
芦花	khiˀ	tɕhe	spu	gʐə
羊茸	khʂi	tɕhe	spʉ	gʐə
松潘		tɕhua		ɣde
构拟				
说明				

调查点	请求	印、照上	掷	飞
大岐山	ʁua¹⁵sɿ⁵⁵	tʂau⁵³tha⁵³	χa³¹tɕya⁵³	ʁzie³³
桃 坪	χti³³	tʂau¹³siaŋ¹³pu³³	sɿ³³χzpʑi³¹	dze²⁴¹
曾 头		tʂau¹³ta³¹	χta³³	gze⁴³
龙 溪	ʁua³¹ɕa³¹	tʂau³⁵tha³¹	sə³¹go³¹	la⁵⁵ŋo³¹
绵 篪	ʁue³³ɕi⁵⁵	i³¹tʂau¹⁴tha³¹		ʂa³³ze³¹
索 桥	ʁua³¹sa³¹	sə³¹in⁵⁵tha⁵⁵	sə³¹ʐgo³¹	die³¹la⁵⁵
沟 口	ɣua⁵⁵	sə³³in¹⁵tha⁵⁵	i³⁵te⁵³	da³³la⁵⁵te³¹
黑 虎	ʁua¹³³sə⁵⁵	dzə³³in³³tha⁵⁵	se³³gu⁵⁵	da³³la³⁵
龙 池	(ʐʁua⁵⁵) se⁵⁵	in³⁵tha³¹	sə³³u³³fe⁵⁵	da³³la⁵⁵te⁵⁵
三 龙	ʁua³³tsie⁵⁵	in³⁵tha⁵⁵	səu⁵⁵gu⁵⁵	la³³te⁵⁵
曲 谷	ʁua se	in tha	ha ʁu	da la
雅 都	ʁua˩ se	khui tha	da ʁua˩	da la
维 古	ʐy	χpar	qhu˩	gzia
龙 坝	ʐu	χpar	qho˩	gzia
木 苏	ʐʁua sa	χpar	qhu˩	gze
茨木林	nʐu	χpar	qho˩	gzi
扎 窝	nʐu	χpar	qho˩	ɣzi
麻 窝	ʐu	χpar	qhu˩	ɣzi
芦 花	ʐʁ	χpar	qho˩	gzi
羊 茸	ʐʁ	χpar	doː˩	gzi
松 潘			ɣguat	ɣze
构 拟				
说 明				

调查点	垮	倒	焦	颤动
大岐山	ʁuɑ⁵³	ʂə³¹tuɑ⁵³	χtɕi⁵⁵qø⁵³	χpɑ⁵⁵ti⁵⁵pɑ³¹
桃坪	ə³³ʁə⁵⁵	dɑ³¹χgyi³³	ə³¹χtɕi³³qɑ⁵⁵	
曾头	ə¹³¹ʁe⁴³	dɑ³¹χgyi³³	ɕi³³qɑ⁵⁵	zy³¹lɑ⁵⁵
龙溪	ʁu³³ʁuɑ⁵⁵	dɑ⁵¹tui³¹	ʁɑ⁵⁵ɕi⁵⁵qhɑ⁵⁵	se⁵⁵lɑ⁵⁵~tshɑ³¹te⁵⁵
绵篪	ʂa³³dʐuɑ¹³	ʂa³¹gui⁵³	ta³³tɕi³⁵	ʂe³³lɑ⁵⁵
索桥	ɦɑ³¹ɕɑ³¹	də³¹dzy³¹	ɕi³qhɑ⁵⁵	sie³¹tɑ⁵⁵
沟口	dɑ³³khuɑ⁵⁵le⁵⁵	dʁ⁵⁵kuʁ⁵⁵	ɦe³³tʂə⁵⁵kɑ⁵⁵zʁ⁵⁵	
黑虎	ɦe³³ɕi⁵⁵	qʁ³³tʂe⁵⁵	nə³³ɕtɕi⁵⁵	sə³³tə⁵⁵
龙池	de³³ɕi⁵⁵	dɑ³³zʐʁuɑ⁵⁵	ku³³dʐi⁵⁵	xɕe³³te⁵⁵
三龙	ɦɑ⁵⁵qhuə⁵⁵	dɑ³³tuɑ⁵⁵	ə³³dzə⁵⁵	χsie³⁵te⁵⁵
曲谷	ɑ qhuɑ˩	dɑ tuɑ	e dʐe	gə˩n
雅都	dɑ qhuɑ˩	dɑ tuɑ	e dʐe	lə quɑ
维古	(dɑ tshu)~ʁzuɑ	sisi~də tshu	edzə̥ dʐi	lu quɑ
龙坝	ʁzuɑ	tsho	dʐi	lə quɑ
木苏	ʁzɑ	dɑ tshu	et dʐi	lə quɑ
茨木林	ʁzuɑ	tshiu	dzə dʐe	lɑ quə
扎窝	ʁzuɑ	tshiu	dzə dʐe	lʁ quɑ
麻窝	ʁdzɑ	tshiu	dzʁi	lʁ quɑ
芦花	ʁdzɑ	də tshʉ	dɑ dʐʁi	lɑ
羊茸	ʁdʒa	dø tshʉi	dzʁi	lɑ (i)
松潘		due tshy	tədzʐ qhɑ	dɑkxsə
构拟				
说明				

调查点	稀（饭）	涨（水）	裂开	发霉
大岐山	tə³³dz̞ø¹³	tsue³¹χɑ³³zu³¹	dzʅ³³	tɕhi⁴²mɪ⁴²
桃 坪		sʅ³¹dzɑ³³	tə³³dzi³¹	khuə³¹χbu³³mu³³
曾 头	zə̞e⁴³ze̞⁴³	sʅ³¹bzɑ⁴³	dɑ³¹zɑ̞⁵⁵	ə¹³¹phə⁵⁵ɕe⁵⁵
龙 溪	ʁɑ⁵⁵zo̞⁵⁵	tsu³¹sə³¹bɑ³¹	tə⁵⁵zɪ⁵⁵zɑ̞⁵⁵	tɕhi³¹mɪ³¹tə³¹pu³¹
绵 篪	dze̞³³dze̞⁵⁵	ʂɑ³³bʲɑ¹³	tɑ³³tʂhe³³tʂhɑ⁵³	dɑ³³phɹi³³kɑ²⁴
索 桥	die³¹ze̞⁵⁵	tsu³¹ʐy⁵⁵	die³¹dzəi³¹kəi⁵⁵	ɦɑ³¹qhui³¹ki⁵⁵
沟 口	e³³ɕi⁵⁵thɑ⁵³	ɦɑ¹³⁵bɑ⁵⁵	dʐʵ¹⁵⁵kʵ¹⁵⁵	tə³³χpɑ⁵⁵
黑 虎	zɑ̞⁵⁵	tʂi⁵⁵	lɑ⁵⁵	dzʵ³³phʵ⁵⁵
龙 池	ɦie³⁵	tə³³uɑ⁵⁵	dɑ³³dzɑ̞⁵⁵	dzə³³qhuɑ⁵⁵
三 龙	ɦie⁵⁵ɣze̞⁵⁵	ɦɑ³³bɑ⁵⁵	ɦɑ⁵⁵dzɑ̞⁵⁵	dzə³³mei⁵⁵thɑ⁵⁵
曲 谷		tə uɑ˩	dɑ dzɑ̞	dzəɸ χɑ
雅 都	e gzi̞ʂu̥	tə uɑ˩	dɑ dzɑ̞	sə pəɸ
维 古	a gzə̞ tsi	sə ɕi	dɑ dzə̞ dzɑ̞	dzə: ɸem
龙 坝	gi˩ tsi	tɕi	dzə dzə̞	thuə mə
木 苏	gzə̞ tsi	tə ɕei	dɑ dzɑ̞	phəm
茨木林	dɑ gə˩ tʃu	tɕi	dzə dzɑ̞	dɑ phə me
扎 窝	gi˩ (ɹɑ)	tɕi	dzə dzɑ̞	dɑm phəmə
麻 窝	gə˩ tsi	tɕi	dzɑ̞	dɑn phu mu
芦 花	(de) gi˩	de tɕi	dzɑ̞	døm phu mu
羊 茸	(de) gzi̥	bə rme	dɑ dzɑ̞	phʂi pʵ ɹə
松 潘	qhə ji		ʁe	
构 拟				
说 明				

调查点	后脑	牙根	门牙	獠牙
大岐山	qə³³tha⁵⁵ba³¹	su³³ka⁵⁵la⁵³	dzə³¹bzʅø⁵⁵	dzə³³
桃 坪	χəu¹³tʂua³¹tʂua³¹	suə³¹kie³³	dzʅ³³dio¹³	
曾 头	qə⁵⁵tha³³ba³¹	suə³¹kie³⁵	dzə³¹dio³⁴³	dzə³¹dzʅe³⁴³
龙 溪	qə⁵⁵tha⁵⁵pia³¹	ʂu³¹ka³¹po⁵⁵	mən³¹ia³¹	liau⁵³ia³¹
绵 篪	χəu⁵⁵tʂua³¹tʂua³¹	su⁵⁵ka²¹ta³¹	dza³³dio⁴²	dza³³dzʅe⁵⁵
索 桥	qə³¹ʂta³¹pia⁵⁵	ʂu³¹ke⁵⁵	ʂu³¹mi⁵⁵	ʂu³¹tha⁵⁵
沟 口	xeu³⁵tʂua⁵³tʂua³¹		men³³ia⁵⁵	liau³³ia⁵³
黑 虎	χəu³⁵tʂua³³tʂua³³	ʂuə³³ki³³pu⁵⁵	mən³³ia⁵⁵	liau³³ia⁵⁵
龙 池	gə³³sta⁵⁵	dzək⁵⁵kin⁵⁵kin⁵⁵	dzu³³ɕti⁵⁵dzək⁵⁵	liau³³ia³¹
三 龙	χəu²⁵tʂua⁵⁵tʂua⁵⁵	ʂuə⁵⁵ke³³pu⁵⁵	mən³³ia⁵⁵	liau³³ia⁵⁵
曲 谷	zdəl qu tʂa	ʂu ku pu	ʂu zdu	dzaˈ qə pi
雅 都	u ru χu tʃhu	ʂuə ku pu	ʂuə zdu	dzə
维 古	qəː sta	ʂuə ka pa	ʂuə zdu	ʂuə ha tsia
龙 坝	qə sta	ʂuə ka pa	ʂuə zdo	dzə
木 苏	qə sta	ʂuɤ ka pa	ʂuɤ zdu	dzə
茨木林	qə sta	ʂuə ka pa	ʂuə zdo	dzuə
扎 窝	qə sta	ʂuə ka pa	ʂuə zdu	dzuə
麻 窝	qə sta	ʂə ka pa	ʂə zdu	dzɤ
芦 花	gə sta	ʂə ka pa	ʂə zdo	dzɤ
羊 茸	qo lo ka pa	ɕye ka pa	zdo ɕyə	dzɤ
松 潘	qəxta		xduz	khuz
构 拟				
说 明				

调查点	手指	大拇指	脚	脚后跟
大岐山	i³³na⁵⁵qa⁵³	iɑn⁵⁵bze̞⁵⁵	dʑi³¹	dʑi²⁴ma⁵⁵se³¹
桃坪	nɑ³¹ne³³	nɑ³¹ne³³bzɑ³³	dʑi³³	mɑ³¹sʅ⁵⁵kie⁵⁵
曾头	nɑ³¹ne⁵⁵	nɑ³¹ne⁵⁵bzɑ³³	dʑi³⁴³	mɑ³¹sʅ⁵⁵kie⁵⁵
龙溪	liɑ³³so⁵⁵	liɑn⁵⁵pɑ⁵⁵	go⁴³	mi³³suɑ³³gɑ⁵⁵
绵篪	i³³nə³³qa⁵⁵	i³³nə⁵⁵qa³¹baɹ³¹	gəu³¹	gəu³³mɑ³³sɑ³¹
索桥	di³¹pə⁵⁵	di³¹niɑn³¹baɹ³¹	go³¹	mu³¹si³¹ke⁵⁵
沟口	zi³⁵suk⁵⁵~zi³⁵su⁵⁵	tɑ³⁵tʂʅ⁵⁵mo⁴²	dzu⁵⁵kuɑ⁵⁵	xeu³⁵kin⁵⁵
黑虎	dʑi³³miq⁵⁵	tɑ³⁵tʂə³³mo³¹	dzo³³qɑ⁵⁵	ni³³sɑ⁵⁵ki³¹
龙池	le³³miq⁵⁵	tɑ³⁵tʂə³³mo³¹	lu³³qu⁵⁵	ʑmi⁵⁵se⁵⁵ke⁵⁵
三龙	i³³suq⁵⁵	bu³³ʁu⁵⁵	guə³³qɑ⁵⁵	χəu³³kən⁵⁵
曲谷	y tshuq	i miaq	gua qa	i mi sa
雅都	iu saq	i miaq	dzu qu	i mi sa
维古	liɑ su	i miaɡ	dzɑ qu	χəu kan
龙坝	i so	iu mia	dʑi qo	rmi sa
木苏	la su	i miaq	dzɑ qu	rmia sa
茨木林	dza so	dze: mie	dza qo	rmia se
扎窝	dza su	dza mi	dza qo	rmia sə
麻窝	dʒa su	dʑi: mi	dʒa qu	rmia si
芦花	dʒø so	dze me	dʒa qo	rmɛ se
羊茸	dze so	dʑi mi	dʒa qo	rme se
松潘	le su	leȵi pukə	dza qu	
构拟				
说明				

调查点	脚板	脚尖	脚趾	胃
大岐山	dzi²² pɑ⁴²	dzi²⁴ na⁵³ qæ⁴² tian⁵⁵ tian⁵⁵	dzi⁴² na⁵⁵ qa³³	pa³³ χtio⁵⁵
桃坪	dzi³¹ pa⁵⁵ tʃɿ⁴⁴	mɑ³¹ qə⁵⁵ tian³³ tian³¹	dzi³³ nɑ³³ ne³³	pa³¹ χtə³³
曾头	dzi³³ pa³³ tʃɿ³³	dzi³³ ma⁵⁵ qə⁵⁵	dzi³³ na⁵⁵ ne⁵⁵	pa³¹ χtə⁵⁵
龙溪	go³³ pa³³	go³¹ tian⁵⁵ tian⁵⁵	pa³¹ qə³¹	tshə³³ tə³³ qhua⁵⁵
绵篪	gəu⁵³ pa⁵³	gəu³³ sa³³ sa⁵⁵	gəu³³ i⁵⁵ nə³³ ka⁴²	tʂha³³ pa³³ təu⁵⁵
索桥	go³¹ ʂqə⁵⁵	go³¹ tian³¹ tian³¹	go³¹ lin³¹ pə˞⁵⁵	tʂhə³¹ ʂtə⁵⁵ qua⁵⁵
沟口	tɕo⁴² pan⁵⁵ phi⁴²	pak⁵⁵ tu³¹	tʂɿ⁵⁵ mo³¹ tsɿ⁵⁵ ~ zi³⁵ su⁵⁵	ʂʏ⁵⁵ ku³³ pa⁴²
黑虎	pa³⁵ tɕi³¹	paq⁵⁵	pa³³ miq⁵⁵	stuʏ³³ χa⁵⁵
龙池	lu³³ qu⁵⁵ paç⁵⁵	paq⁵⁵	lu³³ qu⁵⁵ le³³ miq⁵⁵	stə⁵⁵ χua⁵⁵
三龙	patç⁵⁵	guə³³ qa⁵⁵	pa³³ miaq⁵⁵	stuə⁵⁵ χa⁵⁵
曲谷	past	paq	pa χə̥˞	χʂəst qhua
雅都	dʐu qu ti pan	paq	(dʐu qu) iu tsaq	khʂuə sqa
维古	pa qua tʂa	(dʐɑ qu) paq	(dʐɑ qu) la su	stuə χua
龙坝	pa pi	paq	pa so	stə qhua
木苏	patʂ	paq	la su	stə χua
茨木林	pa pie	pa qə	pa so	stə qhua
扎窝	pa pi	paq	pa su	stə qhua
麻窝	pa pi	paq	pa su	stə qhua
芦花	pa pe	paq	pa so	stə χua
羊茸	pa pe	paq	pa so	stə quə
松潘	pa ki̥		dʐaqu lesu	pho bu
构拟				
说明				

调查点	胎衣	关节	痦子	颈瘤
大岐山	tsue³¹ ʁlio⁵⁵ pa³¹	tshə˥⁵ sɑ⁵³ sɑ⁵³	i³¹ se⁵³	χpɿ⁴²
桃坪	tsuə³³ phu⁵⁵	sɑ⁵⁵ qhɑ³³	ɕəu⁵⁵ tsɿ³³	χəu³¹ ɚ³³ pɑu³³
曾头	kie⁵⁵ dʐu³¹	sɑ⁵⁵ qhɑ³¹	i⁵⁵ sie³¹	χəu³¹ ə˥⁵ pɑu⁵⁵
龙溪	tsu³³ pho³³	sɑ⁵⁵ ~ kuɑn⁵⁵ tɕe³¹	y⁵⁵ si⁵⁵	pe⁵⁵
绵篪	tsu³³ phu⁵⁵	ɹa³¹ ʁuə⁵⁵ sɑ³¹ sɑ⁵⁵	i³³ sa³¹	tɕhi³¹ pɑu⁵⁵
索桥	χəu⁵⁵ ʂəu⁵⁵	tsie³¹ tsə³¹	y³¹ si³¹	mo³¹ go³¹ ʂpe⁵⁵
沟口	tʂu⁵⁵ ku⁵⁵ pa⁵⁵	sɑk⁵⁵	ɕu³⁵ tsɿ³¹	mʏ⁵⁵ xpʏ⁵⁵
黑虎	tʂuə³³ qu⁵⁵ pa⁵⁵	tɕe³³ tɕe⁵⁵	dzuəts⁵⁵	tɕhi³³ pɑu⁵⁵
龙池	tʃu³³ z̩u⁵⁵ yetʂ⁵⁵	saq⁵⁵	y³³ ɕu⁵⁵ tsə³¹	ʂpu⁵⁵ qu⁵⁵
三龙	tʂuə³³ fia³⁵ qu⁵⁵	ə⁵⁵ də⁵⁵	y⁵⁵ tsuə̥³¹	mu⁵⁵ ʂpe⁵⁵
曲谷	y dʐu̥	saq	ue ste	ʂpe le qap
雅都	guru	saq	uəs	ʂpe
维古	gua ra sa	saq	uə stə̥	rpu̥
龙坝	tʃuə quə˩	saq	ɣuts	rpu̥
木苏	guar	saq	u si	rpu̥
茨木林	tʃuə que	tsaq	u se	spe
扎窝	gua raʂ	saq	u sə	spʏ
麻窝	gua raʂa	saq	u si	ʂpʏ
芦花	gua raʂa	saq	u sɛ	spɛ
羊茸	tʃuə ci	(tə spre tək) saq	wə se	spe
松潘	tɕy qu̥ que			
构拟				
说明				

调查点	茧子（手上）	牙垢	驼背	邻居
大岐山	tshə³¹ qu⁵⁵	su³¹ χtsə⁵³	den⁵⁵ pø⁵³	tɕi⁵⁵ tshə⁵⁵
桃坪	tɕan⁴³ pɑ⁵⁵	suə³¹ tʃɿ³³	χdʐo³¹ ʁo³³	tɕi³³ tshie³³ pə³¹
曾头	tɕã⁵⁵ pɑ⁵⁵	suə³¹ qhʂə⁵⁵	χde³⁴³ dʐo³³ ʁo³³	tɕi⁵⁵ tshie⁵⁵ pə³¹
龙溪	tɕan³³ tɕan³³	ʂu³¹ tshə³¹	ka³³ tɕi³³	tɕe⁵⁵ tshɑ⁴² pu³¹
绵簾	sɿ³³ dʐu³⁵	dza³³ ka³³ tʂha⁵⁵	mo³³ ʁo⁵³	tɕi⁵⁵ nə³³ tshə³³ pu⁵³
索桥	sə³¹ tɕɑ³¹	ʂu³¹ tshi⁵⁵	ʂta³¹ tso³¹ po³¹	tɕe⁵⁵ tshə⁵⁵ pu⁵⁵
沟口	sɿ⁵⁵ phi³³ tsɿ³¹	ʂy⁵⁵ ʂɤ⁵⁵	tsu⁵⁵ pu⁵⁵	the³³ ʐa⁵⁵ thɑ³³ qu⁵⁵
黑虎	sə⁵⁵ tɕan⁵⁵	ʂuə³³ tɕi⁵⁵	tso³³ pu⁵⁵	the³³ ʐa⁵⁵ thɑ³³ qu⁵⁵
龙池	sə⁵⁵ tɕan⁵⁵	dʐək⁵⁵ χʂə⁵⁵	tsu⁵⁵ pu⁵⁵	ke³³ pie⁵⁵ tsə⁵⁵
三龙	sə⁵⁵ tɕan⁵³	ʂuə³³ dʐi⁵⁵	tsu³³ pu⁵⁵	ke³³ pie⁵⁵ tsə⁵⁵
曲谷	tshuq	ʂuəχʂ	tho pei ts	ke pi lin tɕy
雅都	tsuəq	ʁə¹ɸ	tsu pu	tɕi tshe
维古	tsuəq	ʂuə qhʂə̥	tsu pu	tɕi tsha
龙坝	tsuəq	ʂuəpʂ	tsuə po	tɕi tsha
木苏	i tsəq	ʂuə qhʂə	tsu pu	tɕi tsha
茨木林	tsuəq	ʂuə qʂə	tso pu	ti tsha
扎窝	tsuəq	ʂuə χtʃ	tso po	ci tsha
麻窝	tsəq	ʂəχʂ	tsu pu	tɕi tsha
芦花	tsə qu̥	ʂə qʂ	tso pu	ci tsha
羊茸	dʑi tsə qʁə	çyə qhʂə	tsom pʉ	tɕi tsha
松潘	tsoq jikuə	dzəχʂ		kie tsha
构拟				
说明				

调查点	叔父	舅舅	姐妹	哥哥
大岐山	iau⁵⁵pa³¹	a⁵⁵ku³⁵	a³³tɕi⁵⁵sa⁴²	ko⁵⁵ko⁵⁵
桃 坪	iau⁵⁵pa³¹	tɕəu⁵⁵tɕy⁵⁵	mə³¹χti³³	ko³³ko³³
曾 头	a⁵⁵pa³¹	tɕy³¹tɕy⁵⁵	tɕi⁵⁵sa³¹	ko⁵⁵ko⁵⁵
龙 溪	a³¹pa⁵⁵tʂa³¹	tɕəu³¹kuŋ⁵⁵	sa³¹ni³¹	a⁵⁵ko³³
绵 篪	a³¹pu³¹le⁵⁵	aku³¹~tɕu³³tɕu³³	sa⁵⁵nə⁴²~sa⁵⁵	ko⁵⁵ko³¹
索 桥	a³¹pi⁵⁵gʉ⁵⁵	a³¹ku³¹	sa³¹χue³¹	po³¹po⁵⁵
沟 口	iau⁵⁵pa³¹	tɕu³¹tɕu³⁵	i³³sa⁵⁵	ku³³ku⁵⁵~tu⁵⁵va³¹
黑 虎	iau⁵⁵pa⁵⁵	tɕiu³³tɕiu⁵⁵	i³³sa⁵⁵	ɦa³⁵ku⁵⁵
龙 池	ɚ³⁵pa³¹	tɕiu³³tɕiu³⁵	saʂ⁵⁵	ko³³ko⁵⁵
三 龙	iau⁵⁵pa⁵⁵	tɕiu³³tɕiu⁵⁵	sa⁵⁵tʂuə̥³¹	ku⁵⁵ku⁵⁵
曲 谷	iau pa pa	tɕiu ʐu	sa tʂhu̥ (sa⁵⁵ua⁵⁵)	ku ku
雅 都	o pu	a kua	(tsi) sa tʃuə̥	kuː
维 古	o pu	a kua	sa ʂu̥	ə ia
龙 坝	o pu	o ku	sa ʂuə̥	tuə ßaˤ
木 苏	a pu	a ka	sa ʂuɤ̥	a ku
茨木林	a pu	a kuə	sa ʂuə	tuə
扎 窝	a pu	a kuə	sa ʂu	a ia
麻 窝	ə pu	ə ku	sa ʂ	e ia
芦 花	ə pu	a kuə	sa ʂ	tə bʐaˤ
羊 茸	ø pʉ	a tʃə me	sa çə	a ia
松 潘	ʔakʅ	ʔaʐu	saç	ʔaʑi
构 拟				
说 明				

调查点	弟弟	外甥	彝族	富人
大岐山	tu⁵⁵tsu³¹	χpʉ³¹tsʅ⁵³	i⁵³⁵tɕho⁵⁵	zʅ⁵³pu⁵³m̩³¹
桃 坪	tu⁵⁵tsuə³¹	tɕi³³zʅ³³tsuə³³	i³³tɕho³¹	zi³³pə³¹
曾 头	tu⁵⁵tsuə³¹	tɕi⁵⁵zʅ⁵⁵tsuə⁵⁵	i³¹tshio³³	dæ³¹zʅ⁵⁵pə³³
龙 溪	a⁵⁵ɕuŋ³¹	tsə⁵⁵po⁵⁵	lo⁵⁵lo⁵⁵	ɹə³³pu³³mu³¹
绵 篪	təu³³tsu⁵⁵ ~ ɕũ⁵⁵ti³¹	tsʅ³³po⁵⁵	i³¹tɕho³¹	ɹe³³pu⁵⁵mu³¹
索 桥	tu⁵⁵tʂu⁵⁵	tsə³¹ʂpu⁵⁵	i³¹tsho⁵⁵	ue⁵⁵mi⁵⁵
沟 口	tu⁵⁵tʂy³¹	uai³⁵sin⁵³		dʑik⁵⁵tʂuə³³mə⁵⁵
黑 虎	tuʁtʂ⁵⁵	tsə⁵⁵	lo⁵⁵lo⁵⁵	i⁵⁵pʁm⁵⁵
龙 池	tu⁵⁵tsə⁴²	tɕy³³χua⁵⁵pu³¹	suən⁵⁵suən⁵⁵	dʑik⁵⁵tɕim⁵⁵
三 龙	tuətʂ⁵⁵	zə̥⁵⁵tsuə³¹	i³³tɕho³¹	ɦiŋ¹³³pəm⁵⁵
曲 谷	tutʂ	ʂputs		i pum
雅 都	tuətʂ	ʂpəts	lu lu	
维 古	mə χtʂɑ	r̥pə tsi	lu lu	i pəm
龙 坝	tuə χtʂɑ	r̥pə ts	lo lo	i pəm
木 苏	tuɣ χtʂɑ	r̥pə tsə	lɑ lu	ʑi pəm
茨木林	tuə χtʂɑ	spə tsə	lo lo	i pən
扎 窝	tuə χtʂɑ	spəts	lo lo	i pən
麻 窝	tə χtʂɑ	ʂpəts (s)	lu lu	ɹi pən
芦 花	tə χtʂɑ	ʂpəts	lø lø	ɹi pən
羊 茸	tə̥ χtʂɑ	spʁ tsʁ	lo lo n̥ə	zi pən
松 潘	tu	tɕi qhɑp		jopən
构 拟				
说 明				

调查点	尼姑	囚犯	主人	寡妇
大岐山	tɕy⁵⁵tsɿ⁵³ pho⁵³⁵pho⁵³⁵	tɕyi⁵³pa̱⁵⁵m̱³¹	tɕi⁵⁵pu³¹tɕe³¹qa³¹	χqɑ⁵⁵dzə⁵⁵məi⁵⁵
桃 坪	ni³¹ku⁵⁵		tɕi⁵⁵lə⁵⁵pə³¹	
曾 头	ni³¹ku⁵⁵	la⁵⁵tɕi⁵⁵dzo³⁴³mə³¹	tɕe³¹lə³¹pu⁵⁵	kuɑ⁵⁵fu⁵⁵
龙 溪	ni³³ku⁵⁵	i³¹tɕhy⁵⁵mu³¹	tɕe³¹lə³¹pu⁵⁵	pu⁵⁵mi⁵⁵
绵 篪	ni³¹ku⁵⁵	khua³³tɕi⁵⁵ dzo³³mu³¹	tɕi³³la³³pu⁵⁵	kuɑ⁵⁵mu⁵⁵tsɿ⁵⁵
索 桥	ni³¹ku⁵⁵	ie³¹tɕhy⁵⁵mi⁵⁵	tɕe³¹lə³¹pu⁵⁵	pu³¹mi⁵⁵
沟 口	ni³³ku⁵⁵	dʐʁ³³tshem⁵⁵	kʁ⁵⁵pu⁵⁵	pu³³mi⁵⁵
黑 虎	ni³³ku⁵⁵	fan³⁵ʐən³¹	tʂu⁵⁵ʐən³¹tɕɑ⁵⁵	pʁ³³mi⁵⁵
龙 池	ni³³ku⁵⁵	fan³⁵ʐən³¹	tɕuk⁵⁵pu⁵⁵laq³¹	kuɑ³³mu³³tsə³¹
三 龙	ni⁴³ku⁵⁵	fan³⁵ʐən³¹	kil³³pu⁵⁵	kuɑ⁵⁵mu⁵⁵tsɿ⁵⁵
曲 谷	ȵi ku	de tshem	tɕil pu	pu mi
雅 都		de tshem	tɕip	kuɑː muː tsə
维 古	tɕi mu	mə sa	tɕi ləp	tsan pə mia
龙 坝	tɕyi mu	mə sa	tɕip	tsam tɕi β̞i
木 苏	tɕi mu	mə sɑ	tɕip thɑ qu	tsaŋ pə me
茨木林	tʃu mu	nʁ se	ti pə	tsaŋ pe me
扎 窝	tʃə mu	nə si	cil pɑ qo	tsɑːŋ pe me
麻 窝	tɕu mu	nə si	tɕip	tsaŋ pi mi
芦 花	tʃə mo	nə si	cil pɑ qo	tsaŋ pe me
羊 茸	tɕʉ mu	ȵə se	ci pʁ(qəˑ)	tsam pi mi
松 潘	ma xtɕy	qukyen	ku ne tɕi	ma χquʐ
构 拟				
说 明				

第三章　词汇

调查点	孤儿	私生子	野牛	野羊
大岐山	mə⁵⁵ pu³¹ tsu³¹	də⁵⁵ʅ ʁmu³¹ tsu³¹	ŋu³¹ ɕe⁵⁵	χsa⁵³
桃坪	pʂə³¹ ɚ⁵⁵ tʃuə³¹	qa³¹ liu⁵⁵ tsua³¹	ŋu³³ χa³³	tshie³³ χa³³
曾头	pə³¹ ə˞⁵⁵ tʃuə³¹	qə³¹ lio⁵⁵ tʃuə³¹	ŋu⁵⁵ χa⁵⁵	sa³¹ u⁵⁵ χa³¹
龙溪	qɑ⁵⁵ pu⁵⁵ tsu⁵⁵	qə⁵⁵ phu⁵⁵	ie⁵⁵ niu³¹	tshɑ³³
绵篪	ka³¹ pu³¹ tsu⁵⁵	qa³³ pho³¹	ŋo³³ χa⁵⁵	sa³¹
索桥	ke³¹ pu³¹	qə³¹ phʉ³¹	χe³¹ ʐə⁵⁵	sie³¹
沟口	kep³³ tʂy⁵⁵	ma⁵⁵ tɕy⁵⁵	ie⁵⁵ niu³¹	ge³³ ian⁵⁵
黑虎	kip⁵⁵	ʐiq³³ pa⁵⁵	ie⁵⁵ niu³¹	se⁵⁵
龙池	kep³³ tʃu⁵⁵	ʁləɣ⁵⁵ ~ qə¹³³ pa⁵⁵	ʐə⁵⁵ hõ⁵⁵	χse⁵⁵
三龙	kep⁵⁵	ɦã³³ me⁵⁵ tʂu̥ə ~ ʁle⁵⁵ tʂu̥ə³¹	ʐə³³ hũ⁵⁵	χsie⁵⁵
曲谷	kep	ʁle tʂu̥	ʐə hũ⁵⁵	χsie
雅都	kep	ʁle tʃu̥ə	ʐə hũə	qhse
维古	kɑ pu ʂə	ʁli ʂu̥ə	ʐə χu	qhsɑ
龙坝	kɑ pə ʂu̥ə	ʁli tʃu̥ə	ʐə χo	qsɑ
木苏	kɑ pəʂ	ʁli ʂu̥ʁ	ʐə χu	qhsɑ
茨木林	kap tʃuə	ʁle tʃuə	ʐə χo	qsɑ
扎窝	kap tʃə	ʁle tʃu̥	ʐə χo	χsɑ
麻窝	kap tʃə	ʁlitʃ	ʐə χu	χsɑ
芦花	kap tʃə	ʁletʃ	ʐə χo	qsɑ
羊茸	kɑ pʁ tʃuə	ʁle tʃə	nə ŋa rŋa	qhsɑ
松潘	kəp tɕy	ɣdioq phu	ɣdʑy hø	
构拟				
说明				

调查点	野猫	雪猪	黄鼠狼	鸢
大岐山	ie³¹ mə˦⁵⁵	ɕye³¹ tʂu⁵⁵ tsʅ³¹	χuɑŋ³¹ ʂui⁵⁵ lə˦¹³¹	χle³¹ χkø⁵⁵
桃坪	ma³¹ niu⁵⁵ χa³³	dzuə³¹ tɕhi³³	χuɑŋ³³ χue³³ lɑ³³	
曾头	ma³¹ niy⁵⁵ χa³¹	gzuə³¹ ʂki⁵⁵	χuɑŋ³¹ ʂue⁵⁵ lɑ⁵⁵	bə³¹ nə⁵⁵ ŋɑ⁵⁵
龙溪	tə⁵⁵ ɹə³³ mɑ⁵⁵ nio⁵⁵	ɕye³¹ tʂu⁵⁵ tsə³³	tɕɑ³¹ qo⁵⁵	in³³ ɲeə³³
绵簏	i³³ mo³³ tsʅ³³	ɕye³¹ tsu³¹ tsʅ³¹	xuã³¹ ʂui³¹ ləə⁵⁵	lɑ̃³³ ŋɑ³¹
索桥	tsie³¹ qo⁵⁵	pəi³¹ pia⁵⁵ tʂu⁵⁵	χuɑn³¹ ʂu³¹ lɑ⁵⁵	iɑu⁵⁵ tsə⁵⁵
沟口	ie⁵⁵ mɻə⁵⁵		tʂe³³ ku⁵⁵	y³³ kɑ⁵⁵
黑虎	ie⁵⁵ mə:˦⁵⁵		χuɑn³³ ʂui⁵⁵ lə:˦⁵⁵	tshə³³ iqh⁵⁵
龙池	i⁵⁵ meə⁵⁵	ɕye³³ tʃu⁵⁵ tsə³¹	tʃu³³ qu⁵⁵	ɦũ⁵⁵
三龙	tuə˦⁵⁵	ɕye³³ tʂu⁵⁵	tse³³ qu⁵⁵	tsʅ³³ hĩqh⁵⁵
曲谷	tuˑ	ɕye tʂu əˑ	tɕu qu	ʐən iɑu tsə
雅都	tuə:	zəkhs	tʃu qu	ŋuə ʁɑ
维古	tuə˦	zə xsə̊	ʂə qu	ŋuə ʁɑ
龙坝	tuə˦	zə ksi	tʃɑ qo	ŋuə ʁɑ
木苏	tuɤ˦	zə khsə	ɕɑ qo	ŋuə ʁɑ
茨木林	tuə ɻ̩	zə ksə	tɕɑ qo	ŋuə hõ
扎窝	tuə ɻ̩	sχɛz	tɕɑ qo	ŋuə hõ
麻窝	tə ɻ̩	sχzs	tʃɑ qu	ŋuə ʁɑ
芦花	tɑˑ	zəks	tʃɑ qu	ŋuə ʁɑ
羊茸	tə:˦	zə khsə	tʃɑ qu	ŋo
松潘			tɕe qu	
构拟				
说明				

调查点	鱼鹰	羽毛	蚯蚓	冰蝉
大岐山	y³¹ lɑ³¹ uɑ⁵⁵	y³¹ tshə³¹ χmə⁵⁵	bən³¹ tsʅ³¹ be³¹ lio⁵⁵	piɑn³¹ tʂʅ³¹ tʂʅ³¹
桃坪	y³¹ lɑu³³ uɑ³³	yi³¹ χmə³³	tɕhye³³ ʂaŋ²⁴ tsʅ³³	pa³¹ tʃʅ⁵⁵ i³¹ tshie³³
曾头	gzʅ³¹ nə⁵⁵ ŋɑ⁵⁵	χmə³¹ ye⁵⁵ mə³¹	dzu³⁴³ bə³¹ dʐa³¹	pu⁵⁵ tʂʅ³¹
龙溪	y³¹ lɑu⁵⁵ uɑ⁵⁵	y³³ χo³³	tɕho³³ ʂan³⁵ tsə	piɑ³¹ i⁵⁵
绵篪	y³³ lɑu⁵⁵ uɑ⁵⁵	i³³ tsha⁵⁵mə³¹	ba³³ diɑ⁵⁵	z̩ua³¹ ni³¹ ni³¹
索桥		ɦũ⁵⁵	mu⁵⁵ tɕi⁵⁵ bu³¹ lu³¹	z̩uan³¹ z̩uan³¹
沟口	ʂui⁵⁵ lɑu⁵⁵ uɑ⁵⁵	y³³ hũ⁵⁵	ɕi³³ dʐɤ¹³¹ bun²⁴	tʂɤ⁵⁵ tʂɤ⁵⁵
黑虎	ʂui⁵⁵ lɑ⁵⁵ ʁuɑ⁵⁵	χuɑ⁵⁵	mo³³ du⁵⁵ bə³³ za⁵⁵	tʂe³⁵ tʂe³¹
龙池	y³³ lɑu⁵⁵ ʁuɑ⁵⁵	u³³ niɑ⁵⁵	mu⁵⁵ bu³³ z̩e⁵⁵	tʃho⁵⁵ χsu³¹
三龙	ʂui⁵⁵ lɑ⁵⁵ ʁuɑ⁵⁵	hũ⁵⁵ pa⁵⁵	mei⁵⁵ dʑi⁵⁵ bəl⁵⁵	tʂə⁵⁵ tʂə⁵⁵
曲谷	ʁz̩ə nu ʁu	hũ pa	mu zdu bi z̩i	ʁbz̩ə
雅都	ʁz̩ə nuʁu	u ɲe	ʁləχbəl	tse ɤz
维古	ʁz̩ə nɑ ʁu	uɲa	qhsuɑ bul	ʁdz̩ez
龙坝	ʁz̩ə nɑ ʁo	yu ɲa	qsɑ bol	ʁdz̩əz
木苏	ʁdz̩ə nɑ ʁu	uə ɲa	qhsɑ bəl	ʁdz̩ə zə
茨木林	ʁz̩ə ɲɑ ʁoʲ	u ɲi	qsɑ bu lo	ʁdz̩ə zə
扎窝	ʁz̩ə ɲɑ ʁo	uan	χsɑ bu lo	ʁdz̩əz
麻窝	ʁz̩ə ɲɑ ʁu	uɲi	χsɑ bu lu	ʁdz̩əz
芦花	ʁəʲ ɲɑ ʁo	un	qsɑ bu lo	ʁdzez
羊茸		uə hũ	khsɑ bʉ lo	dz̩ə zən
松潘		wu ɲe	bu di	
构拟				
说明				

调查点	蜂子	蜂刺	公马	马龙头
大岐山	be³¹ ʁʐu³¹	lə⁵⁵	sɑu³¹ mɑ⁵⁵	luŋ³¹ thəu⁵³
桃 坪	bə³¹ dʑy³³	lə³³	ʐw³³ zɿ³¹	χduə³¹ dʐɑ³³
曾 头	bə³¹ gʑy⁴³	lə⁵⁵	ʐw⁵⁵ ɿ³¹	χduə³¹ dʐɑ⁵⁵
龙 溪	bu³³ iu³³	lə⁵⁵ piɑ³¹	ɹo⁵⁵ pi⁵⁵	ɹo⁵⁵ luŋ³³ thəu³³
绵 篪	bɑ³³ ʐu⁵⁵	lə³¹	ɹəu³³ pi⁴²	luŋ³¹ thəu³¹
索 桥		lə³¹	ɹo³¹ pi³¹	luŋ³¹ thu⁵⁵
沟 口	bu³³ ʐu⁵⁵	zə⁵⁵	sɑu⁵⁵ mɑ⁵³	luŋ⁴⁴ theu⁵⁵
黑 虎	bu³³ ʐu⁵⁵	lʵ⁵⁵	sɑu⁵⁵ mɑ⁵³	lun³³ thəu⁵⁵
龙 池	bu⁵⁵	bəl⁵⁵	y⁵⁵ ke⁵⁵	yn³⁵ thu⁵⁵
三 龙	bu³³ ɣʐu⁵⁵	lə⁵⁵	sɑu⁵⁵ mɑ⁵⁵	mɑ⁵⁵ luŋ³³ thəu⁵⁵
曲 谷	bu	bu lə	sɑu mɑ	tɕɑ tsui
雅 都	bə	bə ie	u˩ χu̥	tshi
维 古	bə	bə˩ ɲi	ɹu̥ χu̥	tshi
龙 坝	bə	bə lə	io χu̥ə̥	tshi
木 苏	bə	li	ɹu χu̥	ɹu tshi
茨木林	bʵ	bə qho˩n	ɹo χo	ɹo tshi
扎 窝	bə	bədʒ	ɹo χu̥	ɹo tsi
麻 窝	bə	bəʐ̩	ɹu̥ χu̥	ɹuts
芦 花	bə	bə dʒɑ	ɹo χo	ɹots
羊 茸	bə	bə dʒɑ	pho̥ rtɑ	ɹo tshə
松 潘	ʁŋ̩y		jyχ	jyn thu
构 拟				
说 明				

第三章 词汇

调查点	前鞘	牛	公犏牛	水牛
大岐山	tɕhan³¹ tɕhiu³¹	ŋu⁵⁵	χsu³¹ ŋu⁵⁵ zʅ³¹ bo³¹	ʂui⁵⁵ niəu³¹
桃坪	tɕhan³¹ tɕhəu³³	zʅ³¹ ŋu⁵⁵		ʂue⁵⁵ niəu³¹
曾头	la⁵⁵ qə³³	zʅ³¹ ŋu⁵⁵	khɕi⁵⁵ ʒʅ³¹	tsuə⁵⁵ zʅ³¹ ŋu³³
龙溪	tshiɑn³¹ tshiəu⁵⁵	ma³³ i⁵⁵ ~ sə³¹	ʐə³¹	ʂue⁵⁵ niəu³¹
绵篪	tɕhã³¹ tɕhiu⁵⁵	χua³¹ niy³³	kuŋ⁵⁵ phiã⁵⁵ niu³¹	ʂui⁵⁵ niu³¹
索桥	qə¹³¹ zie⁵⁵	ŋu³¹	sə³¹ pəi⁵⁵	ʂui³¹ niu³¹
沟口	tɕhan³³ tɕhu⁵⁵	sʵ⁵⁵	tʂhe⁵⁵	ʂui⁴² niu⁵³
黑虎	tɕhan³³ tɕhiu⁵⁵	sʵ³³ ʁu⁵⁵	ʂi³³ pi⁵⁵	ʂui³³ niu⁵⁵
龙池	phan⁵⁵ ɕuŋ⁵⁵	ʂə⁵⁵	khʂe⁵⁵	ʂui⁵⁵ niu³¹
三龙	tɕhan³³ tshiu⁵⁵	sə³³ ʁu⁵⁵	xʂə⁵⁵ ʐə⁵⁵	ʂui⁵⁵ niu⁵⁵
曲谷	tɕhan tɕhiu		xɕe hɑːˈ	ʂui niu
雅都	tɕhan tai	su ʁu	khʂei	tsuəʐ
维古	kuŋ daq	sə ʁuəˈ	khɕɑχ	tsə ʐə̥
龙坝	kuŋ daq	sə ʁuəˈ	kɕɑχ	tsəʐ
木苏	kuŋ thaq	su ʁu	khɕiχ	tsəʐ
茨木林	kuŋ ta	sə ʁue	kɕi ʁo	tsə ʐə
扎窝	kun ta	sə ʁue	xɕi χu̥	tsəʐ
麻窝	kuŋ thaq	sə ʁu	xɕ χu̥	tsəʐ
芦花	kon thaq	sə ʁue	kɕi thʉk	tsʉʐ
羊茸	kuŋ taq	sə ʁue	khɕi χʉə	ba hẽ
松潘	ȵyex	xɕe	xɕe χu	tsu xɕe
构拟				
说明				

调查点	牛颈垂肉	牛鼻塞	母绵羊	母猪
大岐山	lu³¹ ʂui⁵⁵ phe³¹	pø³¹ χsʅ⁵⁵	iø³¹ ʁa³¹ mie⁵⁵	pie³¹ mu³¹ tʂu³¹
桃坪	khə⁵⁵ lɑ³¹	χni³¹ ʁue³³	χgu³³ ma³³	mu⁵³ tʂu³³
曾头	khə⁵⁵ lɑ³¹	niəu³¹ pie³¹ so³¹	χgy³³ ma³³	pa⁵⁵ ma⁵⁵
龙溪		pie³³ so³³	io⁵⁵ miɑ³¹	piɑ⁵⁵ miɑ³³
绵篪	lu²⁴ ʂui³³ pha³¹	pie³³ so³¹	iu³³ miɑ⁵⁵	piɑ³¹ miɑ⁵⁵
索桥	tsu³¹ ta⁵⁵ phai³¹ tsə³¹		nio⁴⁴ miɑ⁵⁵	piɑ³¹ miɑ⁵⁵
沟口	muʂ⁵⁵	pie³³ tɕʴʅ³⁵	mu⁵⁵ ian³¹	pa⁵⁵ mi⁵⁵
黑虎	mu³³ ʂa⁵⁵		niu³³ ʁuɑ⁵⁵ tshe³³ mi⁵⁵	mɑu³³ tʂu⁵⁵
龙池	mu⁵⁵ ʂɑ⁵⁵	ɕti³³ ʁuəʴ⁵⁵	tɕhy⁵⁵ tshe³³ mi⁵⁵	pa⁵⁵ ke⁵⁵
三龙	mu³³ ʂɑ⁵⁵	pi³³ so⁵⁵	ni⁵⁵ ue⁵⁵ mie⁵⁵	mu⁵⁵ tʂu⁵⁵
曲谷	mu ʂɑ		tshie mi	pie i mi
雅都	mu ʂɑ	ɕtɕu ʁuəʴ	ȵu mie	pɑl
维古	mu ʂuɑ	zə ʁəʴ	ȵu miɑ	pia ka
龙坝	mu ʂɑ	ʂuə ʁəʴ	no mia	pia luə̥
木苏	mu ʂuɑ	ʂtʂu ʁu	ȵu mie	pie ke
茨木林	mu ʂɑ	stə ʁueʴ	ȵu mie	pa lo
扎窝	mu ʂɑ	stə ʁueʴ	ȵu mi	pɑː lo
麻窝	mu ʂɑ	stə ʁu	ȵu mi	pɑ lu
芦花	mɤ ʂɑ	stə ʁueʴ	ȵu me	pɑ lo
羊茸	mɤ sɤ	stə̠m phaq	ȵo me	pɑ lo
松潘		xɕek χtəqɣzy		pe ȵi
构拟				
说明				

第三章 词汇

调查点	猪圈	狗崽子	猎狗	青杠树
大岐山	pie³¹ ye⁵⁵	khue³¹ tse⁵⁵	χo³¹ khue⁵⁵	pha³¹ χtsə⁵⁵
桃坪	pa³³ ʁue³³ ko³¹	khuə³¹ tsie³³ tʂuə³¹	χo⁵⁵ khuə⁵⁵	χo³³ pho³³
曾头	pa⁵⁵ ʁue³¹	khuə³¹ tsie⁵⁵ tʃuə³¹	χo⁵⁵ khuə⁵⁵	qho⁵⁵ pho⁵⁵
龙溪	pia⁵⁵ ya³¹ ku³¹	khu³¹ bu³¹ la⁵⁵	khu⁵⁵ tʂhɿ⁵⁵	qhu³¹ si³¹
绵篪	pia³³ ɹe⁵⁵	khua³³ la³³ tʂu³³	xo⁵⁵ khua³¹	la⁴² bə⁻¹³¹ ba⁻⁴²
索桥	pia³¹ khue⁵⁵	khu³¹ na³¹ tʂu⁵⁵	khu³² tʂhəi⁵⁵	si³¹ zə³¹
沟口	pa⁵⁵ khue⁵⁵ dzə³¹	khue³³ la⁵⁵ tʂy⁵⁵	nian⁵³ kiu⁵³	tɕhin⁵⁵ kaŋ⁵⁵
黑虎	pa³³ khyi⁵⁵	khua³³ la⁵⁵ tʂuə³¹	khuatʂ⁵⁵	qhuʴs⁵⁵
龙池	khua³³ pa⁵⁵	khu³³ ʁlua⁵⁵	khu³³ di⁵⁵	qhoᴊçʴ⁵⁵
三龙	pie³³ khua⁵⁵	khua³³ ʁla⁵⁵	khuatʂ⁵⁵	qhuəʴs⁵⁵
曲谷	tʂu tɕyan	khua ɣla	khutʂ	qhuᴊs
雅都	pie tɕaːᴊ	khuə ʁla	khu (ə) dʑi	səɣʐ
维古	pia khuaʂə̥	khuə ʁla	khuə dʑi	sə gʐə
龙坝	pia khua xu̥	khuə ʁla	khuə ʑi	sə gʐə
木苏	pie khua	khuə ʁla	khuə dʑi	sə gʐə
茨木林	pie khua	khuə ʁla	khuə tʂhe	si gʐə
扎窝	pi khua	khuə ʁla	khuə di	siɣʐ
麻窝	pi khua	khuə ʁla	khuə di	siɣʐ
芦花	pek scaŋ	khuə ʁla	khuə di	si gʐ
羊茸	pe khua~scal	khuə ʁla	qhaᴊ khua	si gʐə
松潘	pe ki		phu xɕy ʁuak khu	sə ɣʐ
构拟				
说明				

调查点	柴根	根茎	草	荆棘、刺
大岐山	se³¹ ʁa⁵⁵ le³¹	pho³¹ psʅ⁵⁵ ɕy³¹ ɕy³¹	χsʅ³¹ qhɑzʅ⁵⁵ kuɑ³¹ ~ χsʅ⁵⁵	zu³¹ ʁue⁵⁵ pho³¹
桃 坪	sie⁵⁵ ke³³ tu³³	pho⁵⁵ dzʅ³¹	dzo³³	sie⁵⁵ χma³³
曾 头	sie³³ kie³¹	pho⁵⁵ gzʅ³¹	dzo³³	tshə³¹
龙 溪	zɑ³¹ kɑ³¹	ɕy⁵⁵ ɕy⁵⁵	χɑ³¹ qə⁵⁵	tshi⁵⁵
绵 篪	sɑ³³ kɑ⁵⁵	dzɑ³³ pa³³ li⁴²	sʅ⁵⁴ ȵi⁵⁵ ~ sʅ³¹ xue⁵⁵	
索 桥	(si³¹) zie³¹ ke³¹	si³¹ gzə³¹	ɕyɑ³¹ pu⁵⁵	tshə⁵⁵ qua⁵⁵
沟 口	sə³³ ke⁵⁵ pu³¹	la⁵⁵ pa⁵⁵ kan⁵⁵ kan³¹	ian⁴² tɕhy⁴² xuɑ⁵⁵	ko⁵⁵ mu²² tsʅ³¹
黑 虎	si⁵⁵ ki³³ pu⁵⁵	phu³³ pɣl⁵⁵	ʂuap⁵⁵	tshɣ³³ ma⁵⁵ phɣ⁵⁵
龙 池	ɕi⁵⁵ qu³³ pu⁵⁵	qu³³ pu⁵⁵ ɕy³³ ɕy⁵⁵	tʃhə⁵⁵	phu³³ ʂau⁵⁵ ʂau⁵⁵
三 龙	phə³³ ke⁵⁵ pu⁵⁵	phə³³ pal⁵⁵	hã³³ qu⁵⁵	tshə³³ ma⁵⁵ ʂqa⁵⁵
曲 谷	sə ko pu	phu kə pal	hɑŋ	tshɑ mɑ
雅 都	ze ke	ku pu ɕy ɕy	χɑŋ	tshə mɑ
维 古	sə kɑ pa	gəɿ	dzuɑ	tshə rmɑ
龙 坝	sə kɑ pa	gəɿ	dzuɑ	tshə rmɑ
木 苏	sə kɑ pa	gəɿ	dzu	tshɑ rmɑ
茨木林	si kɑ pa	gəɿ	dzo	tshɑ rmɑ
扎 窝	si kɑ pa	gəɿ	dzo	tshɑ rmɑ
麻 窝	si kɑ pa	gəɿ	dzu	tshɑɿ mɑ
芦 花	si kɑ pa	gəɿ	dzo	tshɣ pu
羊 茸	si kɑ pa	gəɿ	dzo	tshɣ pʉ
松 潘	kə	lop kə	xɕi	tshe mu
构 拟				
说 明				

第三章 词汇

调查点	花	果子	冬麦子	燕麦
大岐山	pɑ³¹ tsu⁵⁵	se³¹ miˑ⁵⁵	so³¹ ʁlə⁵⁵	χpe³¹ ʁzue⁵⁵
桃 坪	pɑ³¹ tʂuə³³	sie³³ mə³³		iˑ³¹ mɑ³³
曾 头	pɑ³¹ tʃuə⁵⁵	sie⁵⁵ mə⁵⁵	sio³¹ ko⁵⁵ ʁuɑ³³	iˑ³¹ mɑ⁵⁵
龙 溪	pɑ⁵⁵ tsu³³	ko⁴² mo³¹	su³¹ ʁɜ³³	iˑ³¹ mɑ³¹
绵 篪	tiɑ³³ tiɑ⁵⁵	sa³³ mu⁴²	so⁵⁵ la³¹	iu³³ mɑ³³ tsʅ³¹
索 桥	pəiˑ⁵⁵ pəiˑ⁵⁵	ko³¹ mo³¹	su³¹ ʁɜ³¹	iu³¹ mɑ⁵⁵
沟 口	lɑ³³ pɑ⁵⁵		aˑ³³ iaˑ⁵⁵ me³³ tsʅ⁵⁵	ian³⁵ me⁵³
黑 虎	lɑ³⁵ pɑ³¹	ku⁵⁵ mo³¹	lɤ³³ ia⁵⁵	pɤ⁵⁵
龙 池	lɑ⁵⁵ pɑ³¹	ɕiˑ⁵⁵ miˑ⁵⁵	tuŋ⁵⁵ me³³ tsə³¹	pu⁵⁵
三 龙	lɑ³³ pɑ⁵⁵	ko⁵⁵ mu⁵⁵	ɦəˑʴeiʲ⁵⁵	pə⁵⁵
曲 谷	lɑ pɑ		iɑʁl	pu
雅 都	lan phɑ	siː mie	ie	pə
维 古	lan pa	sə rmiɑ	iɑ	pə
龙 坝	lɑ pɑ	sə rmia	ia	pɤ
木 苏	lam pa	sə rmie	ie	pə
茨木林	lɑ pɑ	sieː mie	ie	pɤzʴ
扎 窝	lan pa	si rmi	i	pɚ (zʴ)
麻 窝	lan pa	səˑmi	ȵi	pɤ
芦 花	lan pa	seː me	ȵe	pə
羊 茸	lam pa	se rme	zʴe	pɤ
松 潘	la pa	phuɻʴe		pu
构 拟				
说 明				

调查点	豌豆	绿豆	二季豆	麻籽
大岐山	uɑn⁵⁵ təu³¹ tsʅ³¹	tɕhin⁵⁵ təu³¹ tsʅ⁵⁵	ɹə³¹ tɕi³¹ təu³¹·ɚ	sɑ⁵⁵ mi³¹ ~ sɑ³¹ zu⁵⁵
桃 坪	də³³ bzˌɑ³¹	lo³¹ təu¹³	ɚ³¹ tɕi⁵⁵ təu¹⁵	sɑ³¹ lɑ³¹ zuə³³
曾 头	ʁuã təu³⁵	χue³³ də³⁴³	ə¹³⁵ tɕi⁵⁵ təu⁵⁵	sɑ³³ mə⁵⁵ zuə³¹
龙 溪	uaŋ⁵⁵ təu³⁵	di²¹ pia⁵⁵ χui⁵⁵	ɹə³⁵ tɕi³⁵ təu³⁵	so⁵⁵ zui⁵⁵
绵 簴	uã⁵⁵ təu³³ tsʅ³¹	lu³¹ tɚ³⁵	ɚ³¹ tɕi³¹ təu²⁴	sɑ³³ zui³¹
索 桥	zˌdi³¹ ʁo³¹ tʂu⁵⁵	di³¹ pia³¹ χui⁵⁵	ɹə⁵⁵ tɕi³¹ təu³⁵	so³¹ zy⁵⁵
沟 口	uɑn⁵⁵ teu³⁵			su³³ lu⁵⁵
黑 虎	do³⁵ ʁuɤʅ⁵⁵	lu³³ təu³⁵	də³³ pa⁵⁵	so³³ mi⁵⁵
龙 池	uɑn⁵⁵ teu³⁵		ɚ³⁵ tɕi³³ teu⁵⁵	suz⁵⁵
三 龙	ʁuɑn⁵⁵ təu⁵⁵	lu³³ təu³⁵	ə¹³⁵ tɕi⁵⁵ təu⁵⁵	su⁵⁵ mi⁵⁵
曲 谷	də	də tʂḩu	də pi	su zə
雅 都	zˌmed	də tʃuə̥		su zuə̥
维 古	də:baʴ	dəs̥u	də: pia	su zu̥
龙 坝	də		də pia	soz
木 苏	də baʴ	dəʂ	də pie	su zuʁ
茨木林	də	də tʃuə	də pi	so zə
扎 窝	duə	duə tʃu̥	də pi	soz
麻 窝	də ßaʴ	dəʂ	də pi	suz
芦 花	də ßeʴ	dʒətʃ	də pe	soz
羊 茸	uə (bʴe)	də tʃə	də pe̥	so zʁ
松 潘	ditɕ	dipəq		
构 拟				
说 明				

第三章　词汇

调查点	向日葵	犁杆	犁扣	晒麦架
大岐山	ma³¹ nø³¹ pa⁵⁵ tsu³¹	to³¹ i⁵⁵	to³¹ χqu⁵⁵	laŋ³¹ tɕa⁵⁵
桃 坪	mə³¹ ni³³ kua³³ tsʅ³¹	to³³ ni³³ kie³³	to⁴³⁴ χkyi⁴³⁴	
曾 头	mə³¹ ni⁵⁵ kua³³ tsʅ³¹	to⁵⁵ ta⁵⁵ pu⁵⁵	to⁵⁵ χkyi⁵⁵	laŋ³¹ tɕa²⁴
龙 溪	ɕan³⁵ χui³¹	li³¹ ʂau⁵⁵	to³¹ ɕy³¹	lan³¹ tɕa³⁵
绵 簾	ma³³ nə³¹ tia³³ tia⁵⁵	to³³ mu⁵⁵	to³³ kui⁵⁵	nã³⁵ tɕa³⁵
索 桥	mu⁵⁵ ni⁵⁵ pəi⁵⁵ pəi⁵⁵	li³¹ ʂau⁵⁵	tʉ³¹ ɕy⁵⁵	lan³¹ tɕa⁵⁵
沟 口	thai³⁵ iaŋ³¹ xua⁵⁵	li⁴² tɕhan³⁵	tuʂ⁵⁵	lian³³ tɕa³⁵
黑 虎	thai³⁵ iaŋ³³ χua⁵⁵	tuɤ³³ i⁵⁵	tuɤ⁵⁵ χuə³¹	u³³ mi⁵⁵
龙 池	thai³⁵ iaŋ³¹ χua⁵⁵	tu³³ lia⁵⁵	tuɕ⁵⁵	y⁵⁵ mi⁵⁵
三 龙	ɕan³⁵ ə¹⁵⁴ khui³¹	tuə³³ i⁵⁵	tuəx⁵⁵	u³³ mie⁵⁵
曲 谷	mu iaq	tui	tu xə˩	ɣu˩ me
雅 都	kua tsə qə patʂ	tuəq tui	tuə xə˩	iu khu
维 古	min tuq	tuəi	tuʴkuə	iu
龙 坝	man tək	tuə ʐi	tuəʴkuə	iu χa
木 苏	min tuq	tuəi	tuɤ rkuə	iys
茨木林	mun spun	to ʐi	to skuə	ɣu˩
扎 窝	min toq	to dʐi	to sku	ɹu
麻 窝	min tuq	tu dʐi	tuʂkə	ɹy
芦 花	men toq	to ʐi	to ska	ɹʉ
羊 茸	men toq	to dʐi	to skə	ʐʉ（tsa）
松 潘	muɤŋ lapa			
构 拟				
说 明				

调查点	梿枷纽	打麦场	篱笆	栏杆
大岐山	iɑn³¹ kɑn⁵⁵ mo³¹ mo³¹	tɕit³¹ pɑ⁵⁵（房背）pɑ⁵⁵ tsɿ⁵⁵（坝子）	tsa³¹ pie⁵⁵	lɑn³¹ kɑn⁵⁵
桃坪	tu³³ qə⁵⁵ tso³³ li³³	ʂa¹³ pɑ¹³	li³¹ pɑ¹³	lɑn³¹ ka³³
曾头	tu⁵⁵ qə⁵⁵ tʂuan³³ tsua³¹	ta⁵³ ko³³ tʂhaŋ³¹	li³¹ tʂe⁵⁵	lã³¹ kã⁵⁵
龙溪	tu³³ li⁵⁵ qə³³ ʐə³³		pa⁵⁵ pa⁵⁵	tsa³¹ ma³¹
绵篪	təu³³ kha³³ lo⁵⁵		pa⁵⁵ tsɿ³¹	tɕã⁵⁵ tsɿ⁵³
索桥	tu⁵⁵ tʂuan³¹ ko⁵⁵	pa⁵⁵ tsə⁵⁵	tsie³¹ qua³¹	lɑn³¹ kɑn³¹
沟口	tuŋ³³ pak⁵⁵	y⁵⁵ ʁua⁵⁵ tu³¹	tse³³ pa⁵⁵	
黑虎	tuɣtʂ⁵⁵	ie³³ ʁu⁵⁵	tse³³ pa⁵⁵	to³³ qɑɹ⁵⁵
龙池	tux⁵⁵	y⁵⁵ ʁua⁵⁵	tsa³³ pe⁵⁵	lɑn³³ kɑn⁵⁵
三龙	tuə³³ qɑl⁵⁵	ɦa³³ ʁu⁵⁵	tsie³³ pie⁵⁵	lɑn³³ kɑn⁵⁵
曲谷	tu xə̥	ɹu ʁu	tse pi	lɑn gɑn
雅都	tuə ex̥	iu ʁu	tsə ɕpie	lɑn gɑn
维古	tuərku̥	ia ʁɑ	tsa pia	iɑn pɑl
龙坝	tuə xuə̥	ia ʁo	tsɑ pia	iɑŋ pɑ
木苏	tuɤ xu	ia ʁu tu	tse pie	iɑŋu laq
茨木林	tuə khuə	ɣuᴵ ʁe	tsɑ pe	la ka
扎窝	tuə khu̥	ɹ er ʁo	tsɑ pi	iɑŋ pɑ
麻窝	tə xuə̥	ia ʁu	tsɑ pi	iɑn pɑ
芦花	tə khu̥	i	tsɑ pe	iɑŋpɑ
羊茸	tə kʉə̥	jʉ	tsɑ pe	iɑŋ pɑ
松潘			tsək	tʂe ʁu
构拟				
说明				

调查点	面条	酵头子	糌粑团	生肉
大岐山	qhɑ³¹ me⁵⁵	tɕiɑu³¹ thəu⁵⁵ tsʅ³¹	dzu³¹ zi̩⁵⁵ kuɑ³¹ ~ pe³¹ le⁵⁵ zi̩³¹ kuɑ³¹	tshə³¹ ʂe⁵⁵ lio³¹
桃坪	qhɑ³³ thu³³	tɕɑu³⁴ thəu³³ tsɻ⁴³	dʐyi¹³ pə³¹ lɑ³³	tʃɻ³¹ ʂe⁵⁵
曾头		χne⁵⁵ tsʅ³³	pə³¹ lɑ⁵⁵	tʃhə³¹ ʂe³³
龙溪	qhɑ⁵⁵ mɪ⁵⁵	χɑ⁵⁵ kɑ⁵⁵ miɑ³¹	zui⁵⁵ pu³¹ liɑ³¹	piɑ³¹ tshə³¹ ʂe⁵⁵
绵篪	tɕhi³³ pi⁵⁴	nie³³ bɑ³¹	dzui⁵⁵ ɻi⁵⁵	sɑ³¹ ki⁵⁵
索桥	miɑn⁵⁵ thiɑu⁵⁵ tsə⁵⁵	i³¹ tʂhɑ³¹ bəi⁵⁵	dʐy⁵⁵ ʂti⁵⁵	tshə³¹ ʂɑ³¹（ke⁵⁵）
沟口		pi⁵⁵ ~ xpi⁵⁵ xtʐ³¹		（pas⁵⁵）hɑ¹³³ mɑ¹³³ lɑk⁵⁵
黑虎	me³⁵	pho³³ pɑ⁵⁵	tsɑn⁵⁵ pɑ⁵⁵ tho³³ tho⁵⁵	pas⁵⁵ hɑ³³ tʂhɑq⁵⁵
龙池	mu³³ thu⁵⁵	ɕtɕyɑ⁵⁵ pɑ³¹	pu³³ liɑ⁵⁵	hɑ⁵⁵ tʂɑq⁵⁵
三龙	miɑn³⁵ thiɑu⁵⁵	tɕɑu⁵⁵ ʂui	pu³³ lie⁵⁵	pas⁵⁵ hɑ̃³³ tʂhɑq⁵⁵
曲谷	miɑ thiɑu	tɕɑu ʂui	dʐu pu li	hɑ tʂɑq
雅都	qhuˀ tu	thɑ sti the ste	pu liu	piets χə
维古	pa taq	kɕɑ ßɑ	pu liɑ	piɑ tsə χəː tʂɑq
龙坝	pa taq	kɕuɑ ba	pə liɑ	pias χəq
木苏	pa taq	khɕya ba	pə le	pies χə tʂaq
茨木林	pa taq	kɕuɑ stə	pə le	pie tshə xoq
扎窝	pa taq	xɕuɑ ba	pə li	pits χoq
麻窝	pa taq	xtɕɑ ßɑ	pə li	pis χu tʂoq
芦花	pa taq	ʂtʃe ßɑ	pə li	pets χo
羊茸	pa taq	ɕtɕe ba	pə le	pe tshəχʁə χʁə
松潘	ʁlu xtɕua			
构拟				
说明				

调查点	酥油	清油		
大岐山	su⁵⁵ iəu³¹	y³¹ ʑe⁵⁵		
桃 坪	su⁵⁵ iəu³¹	sɑ³¹ ie⁵⁵		
曾 头	ŋu⁵⁵ suə⁵⁵	sɑ³¹ i̥⁵⁵		
龙 溪	su⁵⁵ iu³¹	so³¹ i̥⁵⁵		
绵 篪	su⁵⁵ iəu³¹	tshi³³ iu⁵⁵		
索 桥	su⁵⁵ iu⁵⁵	ko³¹ mi⁵⁵		
沟 口	su³⁵ iu³¹	ku⁵⁵ mʶ⁵⁵		
黑 虎	su⁵⁵ iu³¹	ku³³ mə⁵⁵		
龙 池	su⁵⁵ iu³¹	ku⁵⁵ mu⁵⁵		
三 龙	su⁵⁵ iu⁵⁵	tshin⁵⁵ iu⁵⁵		
曲 谷	su iu			
雅 都	iɑ mɑ	zdueːˡ		
维 古	mu	tshui		
龙 坝	mo	tshə iəu		
木 苏	mu	tɕhin iu		
茨木林	me	iəu		
扎 窝	mʶ	iəu		
麻 窝	mʶi	tshəː iuŋu		
芦 花	mɛ	tshə ŋu		
羊 茸	me	tshən iʉ		
松 潘	ʶde	xtu		
构 拟				
说 明				

调查点	砸酒	房间	草栅	楼上
大岐山	tɕhe³¹ ȵo~⁵⁵ ɻgu³¹ tɕhe⁵⁵	tɕi³¹ xtɕe⁵⁵ ~ faŋ³¹ tɕhyaŋ⁵⁵ tsɿ⁵³	xtʂɿ³¹ qha⁵⁵ phuŋ³¹ phu⁵⁵	l̩³¹ qɪ⁵⁵
桃 坪	xgu⁵⁵ tɕha³³	faŋ³¹ tɕhyaŋ³³ tsɿ³¹	phuŋ³¹ tsɿ³³	go³³ phe⁵⁵ qə³³
曾 头	xmɑ⁵⁵ tɕha³¹	tɕi⁵⁵ sɑ⁵⁵	dʐo³³ tɕi⁴⁴	
龙 溪	ia⁵⁵ phia³³	fan³¹ ȵan⁵⁵ tsə³¹	tshɑu³¹ phu³¹ tsə³¹	lo³¹ qi³¹
绵 篪	gəu³³ tcha³¹	pha⁵⁵	tshɑu³¹ phuŋ³¹ phu⁵⁵	ləu³³ qa⁵⁵
索 桥	ʐgu³¹ ʑi³¹	xu⁵⁵ tʂu⁵⁵	tsho³¹ phuŋ³¹ phuŋ⁵⁵	ləu³¹ qə⁵⁵
沟 口	tsɑ⁵³ tɕu⁵³	faŋ³³ yan⁵⁵	tshɑu³³ phuŋ⁵⁵	leu³³ ʂaŋ³⁵
黑 虎	be³³ ɕi⁵⁵	fan³³ tɕhyan⁵⁵	ʂuap⁵⁵ phən³³ tsə⁵⁵	ləu³³ ʂan⁵⁵
龙 池	dʑi³³ hĩ⁵⁵	tɕi⁵⁵ sa⁵⁵	tshɑu⁵⁵ phuŋ³³ tsə³¹	tɕy⁵⁵ tu⁵⁵
三 龙	dzə³³ hĩ⁵⁵	fan³³ tɕhyan⁵⁵	tshɑu⁵⁵ phən³¹	ləu³³ ʂan³⁵
曲 谷	dzəhĩ⁵⁵	tɕi sɑ	tshɑu phən	tɕu tu
雅 都	ʐme ɕi	tɕi sa	phun dzu	tɕu tǎ
维 古	rmɑ xi	tɕi sɑ	khʂəp tɕi	tɕɑ tu
龙 坝	rmɑ ɕi	tɕi sɑ	kʂəp tɕi	tɕi to
木 苏	xi ʁlɑ	tɕi sɑ	khʂəp tɕi	tɕɑ tu
茨木林	rmɑxi	ti sa	kʂəp ti	tia to
扎 窝	rmɑ tɕhi	ci sa	xʂə ci	cɑ to
麻 窝	rmɑxi	tɕi sɑ	xʂəp tɕi	tɕɑ tu
芦 花	rmɛ tɕhe	ci sɑ	kʂəp ci	cɑ to
羊 茸	ʁme tɕhe	ci sɑ	khʂə pəci	co to
松 潘	hĩ	phəts		ko tu
构 拟				
说 明				

调查点	梯子	柜子	碉堡	铺盖
大岐山	se³¹ ʁdə⁵⁵	xkɑ³¹ tshe⁵⁵	tiɑu⁵⁵ pɑu³¹	xtui⁵⁵
桃 坪	di³¹ gie³³	guə⁵⁵		ne³³ guə³¹
曾 头	xdə³¹ xgie⁵⁵		quɑ⁵⁵ tɕi⁵⁵	ne³³ guə⁴³
龙 溪	bo³⁵ di³¹	tshɑ³³ di³³	tiɑu⁵⁵ pɑu³³	su³¹ the⁵⁵
绵 篪	to³¹ mo³¹ thi⁵⁵	pa³³ qa³¹	lo⁵⁵ dʐi³³	quɑ⁵⁵ thie³¹
索 桥	ʁdə³³	di³¹ bo⁵⁵	tio⁵⁵ po⁵⁵	kue⁵⁵ tshie⁵⁵
沟 口	to³³ mo²⁴ leu³³ thu⁵⁵	tshɑ⁵⁵	nʁ⁵⁵ ke⁵³	kue⁵⁵ thi³¹
黑 虎	dʁq⁵⁵	kui³⁵ tsə³¹	tiɑu⁵⁵ pɑu⁵³	quə¹³⁵ thi³¹
龙 池	zdə⁵⁵ ke⁵⁵	pan⁵⁵ tshaŋ⁵⁵	tiɑu⁵⁵ pɑu⁵³	pi⁵⁵ ta³¹
三 龙	tu³³ thits⁵⁵	tʂɑː³³ kui⁵⁵	tiɑu⁵⁵ pɑu⁵⁵	quɑ³³ tɕi⁵⁵
曲 谷	tu thi tsə	ʂpu	quɑ tɕi	quɑ tɕhi
雅 都	zdə		quɑ tɕi	phu kai
维 古	zdə	xu tshu	quɑ tɕi	phu ka
龙 坝	zdə	dʐə tsho	quɑ tɕi	phoːka
木 苏	zdə	xu tshu	quɑ tɕi	phə ka
茨木林	zdʁ	dʐuə tsho	quɑ ti	phu ka
扎 窝	zdə	dʐu tshu	quɑ ci	phu ka
麻 窝	zdɑ	dʐu tshu	quɑ tɕi	phə ka
芦 花	zdə	dʐu tshu	quɑ ci	phu ke
羊 茸	zdʁ	dʐə tshʁ	quɑ ci	phə kʉe
松 潘	ʁdyn gu	tshɑ		pi ta
构 拟				
说 明				

调查点	柜	头发线	线	顶针
大岐山	kue⁵⁵ tsʅ³¹	qə³¹ tø⁵⁵ saɭ³¹	sa³¹ɭ³¹	tin³¹ tʂən⁵⁵ tsʅ³¹
桃坪	guə³³	tsɑu¹³ sian¹³	sia³¹ li³³	tiŋ⁵³ tʂəŋ⁵⁵
曾头	guə³³	qə³³ xmə⁵⁵ sia³³ li⁵⁵		tin⁵⁵ tʂən⁵⁵ tsʅ³¹
龙溪	di³¹ ku³¹	qə³¹ to⁵⁵ sɑ³¹ ȵi⁵⁵	so³³ ɕyɑ⁵⁵	li⁵⁵ sue⁵⁵
绵篪	gui³¹	thəu³¹ ɸɑ³¹ sɑ³¹ li⁵⁵	sa³¹ li⁵³	i³³ quɑ⁵⁵
索桥	tshɑ³¹ tʂu⁵⁵		so³¹ li³¹	tɕin³¹ tʂə³¹
沟口			iə⁵⁵	tin⁵⁵ tʂɤə⁵⁵
黑虎	kui³⁵ tsə³¹	tso⁵⁵ iu³¹ ɕan³⁵	ba³³ il⁵⁵	tin³¹ tʂə⁵⁵
龙池	tshɑ⁵⁵	tso⁵³ iu³¹ ɕan³⁵	ɕan³⁵ ~ʂpol⁵⁵	tin⁵⁵ tʃəə⁵⁵
三龙	tshɑ⁵⁵	qə⁵⁵ zdəl⁵⁵	baː⁵⁵ tʂhəl⁵⁵	tin⁵⁵ tʂən⁵⁵ tsə⁵⁵
曲谷	tshɑ	qu tɕu xʂul	il	tɕin tʂan tsə
雅都	tshɑ	qu qhʂu ly̥	su	tin tʃaŋ
维古	tshan	qə zdəl	ba il	i khɕi
龙坝	tshɑ	qə zdəl	soɿ	i kɕɑ
木苏	tshan	qə zdəl	sul	i xɕi
茨木林	tshue	qə zdə	tʂhəz̩	dʑi kɕi
扎窝	tshuə	qəzd	soz̩	dʑi xɕi
麻窝	tshian	qəzd	suz̩	dʑi xɕi
芦花	ɕi zgi	koʂtʃən tʃa la	soz̩	dʑi ɕtɕi
羊茸	tshe	qo lo zy̥ə	so z̩ə	dʑi ɕtɕi
松潘	tshɑ	mæχa	mæχa	xtɕimu
构拟				
说明				

调查点	皮口袋	麻袋	麻绳	塞子
大岐山	ɻɑ³¹ tshɑ⁵⁵ qɑ³¹	sɑ³¹ tshi⁵⁵ tshɑ³¹ gɑ³¹	ʂun³¹ tsʅ⁵⁵	tsəu³¹ tsuəi³¹
桃坪	ʐɿɑ³³ tshɑ³³ qɑ³³	sɑ³³ tshɑ³³ qɑ³³	sɑ⁵⁵ bʐe³³	tsəu²⁴ tsəu¹³
曾头	ʐɿɑ³³ tshɑ³³ qɑ³³	sɑ⁵⁵ tshɑ⁵⁵ qɑ⁵⁵	sɑ⁵⁵ bʐe³¹	ə⁵⁵ xtʂʅ³³ pɑ³¹
龙溪	ʐɿɑ³³ so³³ qo³³	so³¹ phu⁵⁵ so³¹ qo³¹	təu³³ kɑ³³ sɑ³³ ni⁵⁵	tsəu³¹ tsəu⁵⁵
绵篪	ɻɑ³³ piɑ⁵⁵ tshɑ³³ qɑ³¹	sɑ³¹ tshi⁵⁵ tshu³³ qɑ³¹	sɑ³³ xu⁵⁵ li³¹	tʂʅ³³ təu⁵⁵
索桥	dʐɿɑ³¹ ʐɿɑ³¹ qo⁵⁵	so³¹ tshie⁵⁵ qo³¹ piɑ⁵⁵	so³¹ bʐəi³¹	ʂtʂə³¹ to⁵⁵
沟口	phɑ³³ tsɑ⁵⁵	su⁵⁵ xpɤ⁵⁵ su³³ ku³¹	tɕɑ³⁵ ʂun³¹	tseu³³ tseu³⁵
黑虎	dʐɿɑ³³ so⁵⁵ qu⁵⁵	so³³ so⁵⁵ qu³¹	sup⁵⁵	tsəu³³ tsəu⁵⁵
龙池	phe³³ tse⁵⁵	sup⁵⁵ su⁵⁵ qu⁵⁵	mɑ³³ ʂun³¹	tseu³³ tstu³⁵
三龙	phe³³ tshie⁵⁵	suk⁵⁵ su³³ qu⁵⁵	tɕɑː³³ ʂun⁵⁵	tsəu³³ tsəu⁵⁵
曲谷	qu	su suq pi	su sul	tsəu tsəu
雅都	dʐu qu	suːɻ（suɻu）quʂu	tɕɑːʂuen	sə xtʂəs
维古	dʐɑ qu	su（stuɻɑː）qu	su ʙə̥ɻ	səxtʂ
龙坝	dʐe qo	so qo	so bə̥ɻ	sə xtʂəs
木苏	dʐɑ qu	su qu	suʙ	qe ku̥
茨木林	dʐɑ qo	so qo	so biɻ	sə tʂhis
扎窝	dʐɑ qo	so qo	so bi	xtʃək
麻窝	dʐɑ qu	su qu	su ʙiɻ	xtʂək
芦花	dʐɑ qo	so qo	so bʐiɻ	sə tʂhis
羊茸	dʐɑ qo	so qo	so bʐi	çtʃʉək
松潘	jɑ qo	su qo	su ɣʐ̩	
构拟				
说明				

调查点	火把	火草	酒坛	铜瓢
大岐山	m̩³¹ ɕya⁵⁵	pɪ³¹ ɕe⁵⁵	tɕhe³¹ kaŋ⁵⁵ tsɿ³¹	zø³¹ ku⁵⁵ ʁze³¹
桃 坪	mi³¹ ɕya⁵⁵	tsia³¹ xma³³ psɿ³³	tcha⁵⁵ qa³³ pə³¹	xa³³ phio³³
曾 头	xo⁵⁵ pa⁵⁵ mi³¹ ɕya⁵⁵			xa⁵⁵ gzie⁵⁵
龙 溪	mə³³ gu³³	pia⁵⁵ zɿə⁵⁵	ɕi³¹ qha³¹	xa⁵⁵ za³³
绵 篪	ma³³ ɕa³¹ dʐa³¹	xo³³ tshau³¹	ʂuã³³ ta⁵⁵	dəu³⁵ za³¹
索 桥	mu³¹ go³⁵ tʂua³¹	ʂpo⁵⁵ ɹə³¹	i³¹ lu³¹ ka³¹	ɦã⁵⁵ za³¹ tʂu³¹
沟 口	pen⁵⁵ ky⁵⁵	xu⁵⁵ tshau⁵⁴		thuŋ³³ phiau⁵⁵
黑 虎	xo⁵⁵ pa⁵³	mɤ³³ lu⁵⁵	ɕi³³ qap⁵⁵	ha¹³⁵ mu³¹ za³⁵
龙 池	mu³³ ʁu⁵⁵	xo⁵⁵ tshau⁵³	ɕi⁵⁵ qap⁵⁵	thuŋ³³ phiau³¹
三 龙	mu⁴⁴ gu⁵⁵	khe⁵⁵ pə⁵⁵	dzə³³ hĩ⁵⁵ qap⁵⁵	thuŋ³³ phiau⁵⁵
曲 谷	mu gu	pe˩	kan	hã˩ za
雅 都	ʂum pharu	pəː˩	(ɕi) qap	xɑ tsu ʁu
维 古		pəː˩	qap	xɑ tsə ʁu
龙 坝	mə go	po ɹo	qəp ba˩	xɑ za
木 苏	mə sti tshu	pə˩	qap ba˩	xɑ za
茨木林	mə ro	po ɹo	qep ba˩	xɑ ze
扎 窝	mə gu	phoː˩	qep ba˩	xɑ zɤ
麻 窝	mə ru	pɤ˩ (er ʌd)	qep ba˩	xɑ zʑi
芦 花	mə gu	poː˩	qep bʐa˩	xɑ zɛ
羊 茸	mə ru	po ɹo	qe pə bʐa	xɑ ze
松 潘	mə dʐua		qap	hæ za
构 拟				
说 明				

调查点	漏瓢	箍（桶上）	揩水垫背之圆圈	擀面棍
大岐山	ləu³¹ʂɑ⁵⁵	dɪ⁵⁵	bɑ³¹ʁdio⁵⁵xsʅ³¹ tiɑn³¹thɑ⁵⁵sə³¹	miɑn³¹kɑŋ⁵⁵
桃 坪	ləu¹³phiɑu³¹ thio³³de³³		lə³¹dʐo³⁴³	
曾 头	ləu²⁴phiɑu³¹	thio⁵⁵khu³³khu³¹		lə³¹dʐo⁴³
龙 溪	ləu³⁵phiɑu³¹	po³¹də³¹	lə³³kuə³³	miɑn³⁵kɑn³¹
绵 篪	ləu¹³phio³¹	tɕhyɑ̃³³tɕhyɑ̃³³	tshɑu⁵⁵tɕhyɑ̃⁵⁵	lɑ³³ʐo³³
索 桥	ləu⁵⁵phiɑu⁵⁵	ʂpo³¹khu⁵⁵	lə³¹ku⁵⁵	miɑn⁵⁵kɑn⁵⁵
沟 口	leu³⁵phiɑu³¹	khu⁵⁵khu⁵⁵	tsu³³ket⁵⁵tɕhyɑn⁵⁵ tɕhyɑn⁵⁵	miɑn³⁵pɑŋ⁵⁵
黑 虎	ləu³⁵phiɑu⁵³	xu³³də⁵⁵	luʁq⁵⁵	lʁs⁵⁵
龙 池	leu¹⁵phiɑu³¹	thuŋ³³khu⁵⁵khu⁵⁵	be³³xli⁵⁵	ləs⁵⁵~ɬəs⁵⁵
三 龙	ləu³⁵phiɑu³¹	ʂpu³³di⁵⁵	lə⁵⁵kuə	miɑn³⁵kɑn⁵⁵
曲 谷	zə	zu de	lə khu	ləs
雅 都	xɑ dzɑ zə	zue de~thue de	lə khuə	ləs
维 古		zuə di	lə kuə	lə sə
龙 坝	tʂhɑ zɑ	zuə di	lək	ləs
木 苏	tʂhɑ zɑ	zuʁ di	lə ku	(pataq) ləs
茨木林	ze zʁn	de	lɑ kuə	lə si
扎 窝	tʂhɑ zʁ	ziu dʁ	lɑ ku	lə si
麻 窝	tʂhɑ zʁi	dʁi	lɑ kuə	lə si
芦 花	tʂhɑ zɛ	zə dɛ	lɑ ku	(pataq) ləsi
羊 茸	tɕha tshaq	spo de	lɑ kuə	(pataq) ləsi
松 潘		de		
构 拟				
说 明				

调查点	锅圈	风箱	灰	粗筛
大岐山	la³¹ quɑ⁵⁵ dzo³¹ tsʅ³¹	phə³¹ tɑ⁵⁵	tɕi³¹ be⁵⁵ zu³¹	tɕhɑu⁵⁵ ʂe³¹
桃坪		fuŋ⁵⁵ siɑŋ⁵⁵	mə³¹ bzʅi³³	dzʅ³¹ ɕe⁵⁵
曾头	lə³³ kuə⁵⁵	phɑ³¹ thɑ⁵⁵	mə³³ bzʅi⁵⁵	tshɑ⁵⁵ tshə³¹ siɑ³³ xguə⁵⁵
龙溪	tshɑ³¹ qə³¹ gu⁵⁵	fuən⁵⁵ siɑn⁵⁵	mə⁵⁵ be⁵⁵	zə⁵⁵ sɑ³³
绵篪	tshɑ³³ ghuɑ³¹	fuŋ³³ ɕɑ³¹	mu³¹ bɑ⁵⁵ zʅ³¹	
索桥	tshɑ³¹ lə³¹ ku⁵⁵	ɸən⁵⁵ siɑn⁵⁵	bu³¹ zʅu³¹	tshu³¹ sie⁵⁵ lɑ⁵⁵
沟口		fuŋ⁵⁵ ɕɑn⁵⁵	gy⁵⁵ zʁ⁵⁵	lan⁵⁵ ʂai⁵⁵
黑虎	ʂe³³ ku⁵⁵ luʁq⁵⁵	fuŋ⁵⁵ ɕɑn⁵⁵	buzʅ⁵⁵	sɑ³³ qhɑ⁵⁵
龙池	lek⁵⁵	fuŋ⁵⁵ ɕɑŋ⁵⁵	uzʅ⁵⁵	khʂe³³ se⁵⁵
三龙	dzʅə³³ lə⁵⁵ kuə³¹	phɑ³³ tɑ⁵⁵	buʁzʅ⁵⁵	sie³³ qhɑ⁵⁵
曲谷	dzʅə lɑ kuə	phe te	tɕu hū¹ buzʅə	se ghɑ¹
雅都	dzʅə lə kuə	phɑ te	tɕu xu bzʅu	sɑ qhɑ¹
维古	dzʅə lə kuə	phɑ tɑ	tɕiːxu bu zʅə	sɑ qhɑ¹
龙坝	dzʅə lən	phɑ tɑ	tɕi ɸi bozʅ	sɑ qhɑ¹
木苏	dzʅə lə ku	phɑ tɑ	tɕu xu buzʅ	sɑ qhɑ¹
茨木林	dzʅə lɑ kuə	phɑ tɑ	ti thi buzʅ	sɑ qhɑ¹
扎窝	dzʅə lɑ ku	phɑ tɑ	ci chi buzʅ	sə qhɑ¹
麻窝	dzʅəl	phɑ tɑ	tɕi ɕi buzʅ	sɑ qhɑ¹
芦花	dzʅəl	phɑ tɛ	ci ɕi bßzʅ	sɑ ghɑ¹
羊茸	dzʅə lə	phɑ t̪e	ci khə bə zə	sɑ qhʂɑ
松潘		phɑ tɑ	wuzʅ pɑ	xʂe se
构拟				
说明				

调查点	竹筐	磨子	烤柴木架	日晕
大岐山	lo³¹ təu⁵⁵	is³¹ ɿ³¹ dzuɑ³¹ lo³¹	qho⁵⁵	mə³¹ ni⁵⁵ xue³¹
桃 坪	lo³¹ təu⁵⁵	tsuə³¹ dʑe³³	qho⁵⁵ tɕɑ³³	mə³³ ni⁵⁵ pɑ⁵⁵ le³¹
曾 头	lo³¹ təu⁵⁵	tsuə³¹ dzie³⁴³		mə³³ ni⁵⁵ ʁue⁵⁵ ʂuə³¹
龙 溪	lo³¹ təu⁵⁵	zuɑ³¹ ʁu³¹	qho³¹ qi³¹	mu³¹ ni³¹ ʁue⁵⁵
绵 篪	lo³³ təu⁵⁵	dzo³³ lo³³	qho⁴²	ma³³ mə³¹ ɣue³¹
索 桥	lo³¹ təu³¹	dzo³¹ ʁo³¹ tʂu⁵⁵	qho³¹ qə³¹	mu⁵⁵ ni⁵⁵ bo³¹ lo³¹ qhuɑ³¹
沟 口	lo³³ teu³³	tsuə³³ zɑ⁵⁵		z̩ʁ³¹ yan³⁵
黑 虎	lo³³ təu⁵⁵	dzuen⁵⁵	kho³⁵ tʂaq³¹	mʁ³³ i⁵⁵ qɑ³³ ʁuɣ⁵⁵
龙 池	lo³³ teu³³	tsu³³ za⁵⁵	qho⁵⁵	z̩ai³¹ yan³⁵
三 龙	lo³³ təu⁵⁵	dzyen⁵⁵	qhoq⁵⁵	mei³³ ʁuə⁵⁵
曲 谷	lo təu	dzuɑʁl	qhutʂ	mu iɑq ʁuɑ
雅 都	loːteu	dzuʁl	se ɣdʐue	mu iuq ʁueːˑsə
维 古	ta qhɑˑ	ʐɑ ʁluə	khuə ri	mun ʁuɑːˑtsi
龙 坝	ʁəˑ quəˑ	tɕi dʒuɑ ʁlo	khuə ri	mun ʁuɑːˑtsə
木 苏	ʁəˑ guˑ	tɕi ʐɑ ʁlu	khuə ri	mun ʁuɑˑ
茨木林	ʁəˑ guˑ	dʐuɑ ʁlo	khuə ri z̩ə	mun ʁue
扎 窝	ʁəˑ guˑ	dʐa ʁlo	khuə riz̩	mun ʁueˑtsu
麻 窝	ʁəˑ guˑ	dʒɑ ʁlu	khuə ri	mun ʁuɑːˑ
芦 花	ʁəˑ guˑ	dʒɑ ʁlo	khuə ri	mun ʁuɑ skue
羊 茸	ʁəˑ guˑ	dʒa ʁlo	khuə req	muŋə ʁuɑɹɑ skuəˑ
松 潘	puɣʐ̩			
构 拟				
说 明				

第三章 词汇

调查点	闪电	荒地	河坝	草坝
大岐山	ʁde³¹ la⁵⁵	zue³¹ bɑ⁵⁵	qhuɑ³¹ tshue⁵⁵	xsʅ³¹ qhɑ⁵⁵ zue³¹ bɑ³¹
桃坪	xde³³ la³³	zuə³³ bɑ³¹		dzie³¹
曾头	ɕye³¹ gzʅ⁵⁵	zuə³⁴³ bɑ³¹	pæ⁵⁵ xqɑ³³	dʐo³⁴³ bɑ⁴²
龙溪	z̩u⁵⁵ lə³³	zu³³ bɑ⁵⁵	xo³¹ pɑ³⁵	tshɑu⁵³ pɑ³⁵ tsə³¹
绵篪	ɕy³³ qɑ⁵⁵	zuɑ³³ bɑ⁵⁵	piɑ³¹ tɑ³¹	tshɑu³¹ tʂhã³³
索桥	ɕy³¹ z̩dɑ⁵⁵	zu³¹ bɑ⁵⁵	xo³¹ pɑ⁵⁵	tsho³¹ pɑ⁵⁵ tsə⁵⁵
沟口	ʂuɑn⁵⁵ nə³¹ fiʁk³¹ te³⁵		xu³³ pɑ³⁵ tɑ⁵⁵	
黑虎	ʂu³³ dɑ⁵⁵	zʁ³³ xɑ⁵⁵	xo³³ pɑ⁵⁵	tshɑu⁵⁵ phin³³ phin⁵⁵
龙池	tʃhai⁵⁵ la³¹	zə³³ ɕi⁵⁵	qhuɑ⁵⁵	tshɑu⁵⁵ phin³¹
三龙	ʂu⁵⁵ zdɑ⁵⁵	yzə⁵⁵ hã⁵⁵	xo³³ pɑ⁵⁵	tshɑu⁵⁵ phin³¹
曲谷	ɕy zdɑ		xu pɑ	tshɑu phin
雅都	ʂu zdɑ	ʂpi se	qhuɑ	guə xɑ
维古	ɕuɑ zdɑ	zəːsi	qhuɑ	gzə xɑ
龙坝	ʂuɑ zdɑ	zə si	qhuɑː	gzə xɑ
木苏	ɕyi zdɑ	zə si	qhuɑ	gzə xɑ
茨木林	ʂuɑ zde	zə si	qhuɑː	gziq
扎窝	ʂuɑzd	zə si	qhuɑː	ʁuqə
麻窝	ʂɑ zdʁi	zə si	qhuɑː	ɣziɑq
芦花	ʂe zdɑ	zə si	qhuɑ	gzi xɑ
羊茸	ɕye zd̥e	zə si	qhʉɑ	gzi xɑ
松潘	ɣdɑ	sugi		
构拟				
说明				

调查点	山沟	悬岩	鹅石	搪泥
大岐山	xsu³¹ qhua⁵⁵	ʐɑ³¹ qɪ⁵⁵	tʂhɑ³¹ ʁlo⁵⁵	ʂua³³ pie³³
桃坪	tshuə⁵⁵ quɑ³³ tsho⁵⁵	ʐe³³	ʁo³¹ qhe³³ lɑ³³	qhue³¹ mɑ³³ tʂɑ³³
曾头	ʐe⁵⁵ qhuɑ³³ tsho³¹	xmə⁵⁵ xni⁵⁵	ʁo³³ xdʐə⁵⁵	qhuə³¹ mɑ³³ tʂɑ³³
龙溪	xu³³ tsɑ⁵⁵	ɹɑ³¹ (xe³¹)	ʁo³¹ lo³¹ ʂə⁵⁵	qhuɑ⁵⁵
绵篪	tɕhɑ³³ tshɻ³¹	ɹɑ⁵⁵ mɑ³³ n̥ə³¹	go³¹ bɑ³¹ɹ bɑ³¹ɹ	tʂhu⁵⁵
索桥	su³¹ qhu³¹	ɹɑ³¹ mu³¹ i̥⁵⁵	ʁu³¹ lo³¹ tʂhə⁵⁵	suɑ⁵⁵
沟口		gie³³ kiɑ⁵⁵ tɑ⁵⁵	u⁴² luan³⁵ ʂɻ³¹, laŋ³⁵	
黑虎	ʁuə¹ qʰ³⁵ kəu⁵⁵ kəu⁵⁵	iɑ³³ dʐi̥⁵⁵	ʁu³³ lan⁵⁵ ʂə³¹	ʂuɑ⁵⁵
龙池	ʐʁu³³ pu⁵⁵ keu⁵⁵ keu³¹	çyan³³ ŋai³³	ʁo³¹ laŋ³⁵ ʂə³¹	xsuɑ³⁵
三龙	ʂan⁵⁵ kəu⁵⁵	ɦiaq⁵⁵ tɑ⁵⁵	ʁo³³ kuan³⁵ ʂɻ³¹	xʂuɑ⁵⁵
曲谷	xul	gai	ɹɑʁu petʂ	mɑ hã˩
雅都	xuətʃ	iu pu ɬɑːtɑː	tsu ʁu patʂ	mɑ tʂɑ
维古	xuʂ		gʐe̥ ɹdʐ̥uə	mɑ tʂɑ
龙坝	xoʂ	ia xi	tsuə ʁlo patʂ	mɑ tʂɑ
木苏	xuʂ	ʐe	tsuə ʁlo patʂ	mɑ tʂɑ
茨木林	xuə tʃə	ie	tsə ʁlo patʂə	mɑ tʂɑ
扎窝	xo tʃu̥	ia	tsə ʁlo patʂ	mɑ tʂɑ
麻窝	xuʂ(tʃ)	ɹi	tsu ʁlu	mɑ tʂɑ
芦花	xotʃ	ɹe	tsə ʁlo patʂ	mɑ
羊茸	xuə tʃə	ʐe	tsə ʁlo patʂə	mɑ tʂɑ
松潘	χupu	ɦexa	tsol patʂ	χtɕuə χ
构拟				
说明				

调查点	水渣	四土	铁沙	钢
大岐山	tsue³¹ ka⁵⁵ka³¹	sʅ³¹ thu⁵⁵	ɕi³¹ʂa⁵⁵ tsʅ³¹	qu⁵⁵
桃坪	tsuə³¹ kie³³	tʂhə³¹ pə⁵⁵	ɕi⁵⁵ tʃʅ³¹	qu³³
曾头	tsuə⁵⁵ qhʂʅ⁵⁵	tʂhə³³ pə⁵⁵	ɕi⁵⁵ qhʂʅ³¹	qu⁵⁵
龙溪	tsu³¹ tɕo⁵⁵ tɕo⁵⁵	sə³⁵ thu⁵³	ɕe³¹ ʂa⁵⁵ tsa³¹	qo⁵⁵
绵篪	tsua³¹ tʂa³¹ tʂa⁵⁵	tʂha³³ pu³¹	ɕi³¹ tʂha³¹	qəu⁴³
索桥	ʂui³¹ tɕo³¹	sə⁵⁵ thu⁵⁵	ɕe³¹ ʂa³¹ tsə³¹	qo⁵⁵
沟口	ɕu³⁵ʂɤ³¹			kaŋ⁵⁵
黑虎	tsuɤ⁵⁵ tʂa³³ tʂa⁵⁵	sə³⁵ thu⁵³	thie³³ ʂats⁵⁵	qu⁵⁵
龙池	tsu³³ tɕo⁵⁵ tɕo⁵⁵	sə³⁵ thu⁵³		qo⁵⁵
三龙	tsuə³³ ke⁵⁵ tʂuə̥³¹	sə³⁵ thu⁵⁵		qu⁵⁵
曲谷	tsə xʂə	sə thu	thie ʂats	qu
雅都	tsəxʂ	tʂhəp	sixʂ	kaŋ
维古	tsə qhʂə̥	tʂhəp	si qhʂə̥	kaŋ xu
龙坝	tsuəqʂ	tʂhəp	siqʂ	kaŋ xo
木苏	tsə xʂə	tʂhəp	si qhʂə	kaŋ xu
茨木林	tsə qʂə	tʂhəp	si qʂə	qo
扎窝	tsə xʂ	tʂhɤp	sixʂ	kaŋ xo
麻窝	tshəxʂ	tʂhəp	səxʂ	kaŋ xu
芦花	tsəqʂ	tʂhəp	siqʂ	kaŋ xo
羊茸	tsɤ qhɕə	tʂhə pə	se qhɕə	kaŋ
松潘				qua
构拟				
说明				

调查点	硝	上半年	每年	大前天
大岐山	ʐa³¹ tsʅ⁵⁵	ʂaŋ³¹ pan³¹ nian³¹	a³¹ pu⁵⁵ pu³¹	dʐəi³¹ dʐə⁵⁵ dʐe³¹
桃坪	sio³³	ʂaŋ³⁵ pan¹⁵ nian³¹	a³¹ pə³³ mə³³ qə³³	dʐə³¹ dʐə³¹ sie³³
曾头	sio⁵⁵		a³³ pə⁵⁵ mə³³ qə³¹	thə⁵⁵ dʐə³³ sie³³
龙溪	tshə⁵⁵	ʂan³³ pan³⁵ nian³³	a⁵⁵ pu³¹ ma³¹ qɪ³¹	thə⁵⁵ ʐə⁵⁵ si³¹
绵篪	ɕau⁵³	ʂã³¹ pã⁵⁵ niã³¹	a³³ pu³³ mu⁵⁵ qa⁴⁴	dʐa³¹ dʐa³¹ se⁵⁵
索桥	sio⁵⁵	ʂan³¹ pan⁵⁵ nian⁵⁵	a⁵⁵ pu⁵⁵ ma⁵⁵ kəi⁵⁵	dʐə³¹ dʐə³¹ si⁵⁵
沟口	ɕau⁵⁵	ʂan⁵⁵ pan⁵⁵ nian³¹	tɕan³⁵ nian³¹	dʐɤ³³ dʐɤ⁵⁵ sə³¹
黑虎	ɕau⁵⁵	ʂan³⁵ pan³⁵ nian³¹	ap⁵⁵ ma³³ qa⁵⁵	dʐə³³ dʐəi⁵⁵
龙池	ɕau⁵⁵	ʂaŋ³⁵ pan³⁵ nian³¹	a³³ puŋ⁵⁵	dʐən³³ ɕa⁵⁵
三龙	siau⁵⁵	naq⁵⁵ təu⁵⁵ nə⁵⁵	ap⁵⁵ ma³³ qa⁵⁵	dʐə³³ dʐəi⁵⁵
曲谷	ɕau	dʐe kuk	ap ŋap	dʐə dʐəs
雅都	nu ʁu tshə qɑ	ʂaŋ pan ȵan	ap ma qa	dʐə səs qhə¹thas
维古	su	dʐa ku ku	ap na qa	dʐəː dʐə sə̥
龙坝	siɑ u	dʐa tɕi ku̥ə̥	ap na qa	dʐə dʐəs
木苏	la ʁu tshə xɑ	dʐe ku ku̥	ap na qa	dʐə dʐəs
茨木林	duə phi¹	losa kuku	ap ma qa	dʐə dʐə si
扎窝	duə phi	lo sa kuku	ap ma qa	dʐə dʐəsi
麻窝	siu	di ku	ap na qa	dʐə dʐə si
芦花	ta tʃham	løsa kuku	ap na qa	dʐə dʐə si
羊茸	ta tʃham	losa¹ kʉkʉ	ap ma qa	dʐə dʐə si
松潘	xsy	pəq	ʔop ma qa	dʐə dʐəs
构拟				
说明				

调查点	每天	时间	提线棍	夹线板
大岐山	a³¹ se³¹ se³¹	ʂʅ³¹ xɵ⁵⁵	to³¹ tse⁵⁵	saŋ³¹ tɕa⁵⁵ sə³¹
桃　坪	a³¹ sie³³ mə³³ qə³³	ʂə³¹ xu³³	to³³	ta³¹ khye³³
曾　头	a³¹ sie⁵⁵ mə⁵⁵ qə⁵⁵	ʂʅ³¹ xəu⁵⁵	to⁵⁵	ta³¹ khye⁵⁵
龙　溪	a⁵⁵ si⁵⁵ ma³¹ qi³¹	ʂə³¹ xəu³⁵	tu⁵⁵	tia⁵⁵ khu⁵⁵
绵　篪	a³³ se⁵⁵ mu⁵⁵ qa³¹	ʂʅ³³ xəu³⁵	qa³³ ɕa³¹	ɕi⁵⁵ khu³¹
索　桥	a⁵⁵ si⁵⁵ ma⁵⁵ kəi⁵⁵	ʂə³¹ xʉ⁵⁵	ʂtʉ³¹ ʁua³¹ tsə⁵⁵	ʂtʉ³¹ tɕa³¹ tsa³¹
沟　口	tɕan³⁵ thian⁵⁵	ʂʅ³³ tɕan⁵⁵	tu⁵⁵ ~ pu³³ tʂə⁵⁵	tak⁵⁵ tɕa³³ tɕa⁵⁵
黑　虎	as⁵⁵ mə̝i⁵⁵	ʂə³³ xo⁵⁵	tuɤtʂ⁵⁵	tia⁵⁵ kuə³¹
龙　池	a³³ ɕuŋ⁵⁵	ʂə³³ tɕan⁵⁵	tu³³（ʂpu⁵⁵）	tax⁵⁵
三　龙	as⁵⁵ ma⁵⁵ qa⁵⁵	ʂə³³ xəu⁵⁵	tuə⁵⁵	tɕef⁵⁵
曲　谷	as ma qa	ʂə xəu	tu̯ ʂpu	tɕɑ qa
雅　都	as ma qa	ʂə̝ xuə	tuəʂpu	tɕi ku
维　古	as na qa	zət	tuə rpu	tɕa xu
龙　坝	as na qa	zət	tuə rpi̥	tɕa xuə̥
木　苏	as na qa	zak tshat	tuɤ rpu	tɕa xu a（tsa）
茨木林	a si ma qa	zət	to ʂpu	tie khuə
扎　窝	a si ma qa	ʂə tɕan	ti ʂpu si	ti khu（tsa）
麻　窝	e si na qa	zak tʃhak	tu ʂpu	ti xu̥
芦　花	e si ma qa		tə ʂpu si	te khua（tsa）
羊　茸	ŋ̍ə matə̩ si si	zak tshet	to ʂpu	te khua（tsa）
松　潘	əs ma qa			
构　拟				
说　明				

调查点	织布刀	钳子	锯子	锥子
大岐山	ɕi³¹ phiu⁵⁵	xtɿ⁵⁵	kɑ³¹ z̩e⁵⁵	ʁnio⁵⁵
桃坪		tɕhan³¹ tsɿ³³	kie³¹ z̩i³³	xniy⁵⁵
曾头	ɕi⁵⁵ phʂi³¹	tɕhæ³¹ tsɿ⁵³	kie³¹ z̩i⁵⁵	xnio⁵⁵
龙溪	tiɑ⁵⁵ xɑ⁵⁵	ɕe⁵⁵ te⁵⁵	kɑ³³ i³³	nio³¹
绵箎	tiɑ³¹ xɑ⁵⁵	tɕhã³¹ tsɿ³¹	qɑ³³ ɻi⁵⁵	nio³¹
索桥	tɕɑ³¹ xɑ⁵⁵	ɕe³¹ ʂtie³¹	ke³¹ ɹə⁵⁵	tɕi³¹ niu³¹
沟口		tɕhan³³ tsɿ⁵⁵	ke⁵⁵ tɕy³⁵	tʂe⁵⁵ ni⁵⁵
黑虎	xɑ³³ mi⁵⁵	ɕi³³ stə⁵⁵	ɕi³³ qhɑ⁵⁵	niu⁵⁵
龙池	xɑ⁵⁵ mi⁵⁵	ɕi³³ stə⁵⁵	ɕi⁵⁵ qhɑ⁵⁵	ʁniye⁵⁵
三龙	si³³ ɕy⁵⁵	tɕhan³³ tʂə⁵⁵	si⁵⁵ qɑ⁵⁵	fĩ³³ ni⁵⁵
曲谷	xe mie	si ste	si qɑ	y tʂhu kep
雅都	xɑ mi	tshi ste	sə qɑː˩	ʁe ɲi
维古	xɑ miɑ	si sti	si qɑ˩	ʁə˩ ɲi
龙坝	xɑ miɑ	tsə sti	si qhɑ˩	ʁə˩ ɲi（qo tsia）
木苏	xɑ mie	sə sti	si qɑ˩	ʁə˩ ɲi
茨木林	xɑ mi	tshə ste	si qɑ˩	ʁə˩ ɲu
扎窝	xɑ mi	tshə stə	si qɑ˩	ʁə˩ ɲu
麻窝	xɑ mi	sə stʁi	sə qɑ˩	ʁə˩ ɲu
芦花	xɑ me	tshə stɛ	se xɑ˩（tsɑ）	ʁo ɲu
羊茸	xɑ mi	se ste	se qɑ˩	ʁɲʉ
松潘		tshe xte	ɕiqa	ʁɲy
构拟				
说明				

第三章 词汇

调查点	楔子	墨线	粉线	刀子
大岐山	xɕu⁵⁵	ma³¹ ɕan⁵⁵	ɕan³¹ pau⁵⁵ tsɿ³¹	tɕo³¹ tsu⁵⁵
桃 坪	sie³³ tɕhy³³	me³¹ ɕan²⁴	fən⁵³ ɕan³⁵ pau⁵⁵	tɕa³¹ dʐo³³
曾 头	sie⁵⁵ khɕy⁵⁵	ma³¹ siæ³⁵ nə³³	fən⁵³ siã³⁵	tɕa³¹ dʐo³⁴³
龙 溪	tɕho⁵⁵	me³¹ sian²⁴	fən³¹ sian³⁵	tɕa³¹ ɹu³¹
绵 篪	se⁵⁵ ɕo³¹	ma³¹ ɕã³⁵	ɸə³⁴³ ɕã¹³	tsɿ³³ zo⁵⁵
索 桥	ɕo³¹	me⁵⁵ təu⁵⁵ so³¹ li³¹	ɸən³¹ po⁵⁵ so³¹ ni³¹	tsie³¹ zy⁵⁵
沟 口	ɕets⁵⁵	me³³ ɕan³⁵	fen⁵³ ɕan³⁵	tʂuə⁵⁵
黑 虎	ɕe³³ tsə⁵⁵	me³³ ɕan³⁵	xui⁵⁵ ɕan³⁵	pha³³ sta⁵⁵
龙 池	ɕe⁵⁵ tsə⁵⁵	me³³ ɕan³⁵	fen⁵³ ɕan³⁵	tʃoẓ⁵⁵
三 龙	ɕi³³ tsə⁵⁵	me³³ sian⁵⁵	xui⁵⁵ pau⁵⁵	dʐueẓ⁵⁵
曲 谷	si	me ɕan		dze ʐu
雅 都	qe se	me ɕan		dze tʃue
维 古	sia	ɲ̊i tʂə ~ ɲ̊ir	thə khsə̊	dzuaʂ
龙 坝	sia	ɲ̊itʂ	thəks	dza tʃua
木 苏	sia	ɲ̊ir	thə khsə̊	dzuaʂ
茨木林	sa	ɲ̊i tʂhə	tʂhəẓə phiˀsti	dzue tʃuə
扎 窝	sia	ɲ̊itʂ	thəxs	dza tʃu
麻 窝	sa	ɲ̊ir	thəxs	dʐatʃ
芦 花	sa	ɲ̊itʂ soẓ	thəks	dʐatʃ
羊 茸	sa	ɲ̊i tʃhə	thə sket	dʐa tʃə
松 潘	sə			tɕuetɕ
构 拟				
说 明				

调查点	玻璃	街	房线	利息
大岐山	po³¹ li³¹	qe³¹ tɑ⁵⁵	tɕi³¹ phə⁵⁵	qə³¹ tsɿ⁵⁵
桃坪	po⁵⁵ li³³	qe⁵⁵ tɑ³³	tɕi³³ phə³³	qə³¹ dʐə³³
曾头	po⁵⁵ li³¹	qe⁵⁵	tɕi⁵⁵ qʐɿ⁵⁵	li³⁵ tshã³¹
龙溪	po⁵⁵ li³¹	qe³¹ xe³¹	tɕe⁵⁵ phu⁵⁵	qə³³ piɑ³³ ŋu⁵⁵
绵篪	po⁵⁵ ni³¹	qe³³ i·³¹ tɑ⁵⁵	ʐɑ³³ dʐe⁵⁵	lə³¹ dze⁵⁵
索桥	po⁵⁵ li⁵⁵	qə³¹ to⁵⁵	tɕe⁵⁵ phu⁵⁵	qə⁵⁵ ʐu⁵⁵
沟口	po⁵⁵ li³¹	kɤ⁵⁵ tu⁴² ~ kɤ³³ ni·⁵⁵	tʂə⁵⁵ phə³¹	li³⁵ tɕhan³¹
黑虎	po⁵⁵ li⁴²	qɤ³³ tu⁵⁵	khue³³ tɕi·⁵⁵ pɤ⁵⁵	qɤɻ dʐ³⁵
龙池	po⁵⁵ li³¹	qə⁴³⁵ tu³¹	fɑŋ³³ tɕhan⁵³	li³⁵ ɕe³¹
三龙	po⁵⁵ li⁵⁵	tʂhe⁵⁵	fɑn³³ tshian⁵⁵	piɑq⁵⁵
曲谷	po lie	tɕhe	tiɑn tɕhɑn	puq
雅都	pau li:	tʃhɑq	ie gə̥ˈ	pieq
维古	mɑ	tɕhɑ ~ tɕhɑq	tɕi gə̥ˈ	pəq
龙坝	mɑ:	qəˈ	tɕi gə̥ˈ	pi:q
木苏	mɑ ɕil	tɕhɑq	tɕi gə̥ˈ	pəq
茨木林	mɑ	qe to	ti gə̥ˈ	pɤ qə
扎窝	ɕal	kan tɕhɑq	ci gə̥ˈ	pɤq
麻窝	ɕil	tʃhɑq	tɕi gə̥ˈ	pɤq
芦花	po le	kan tʃhɑq	ci gə̥ˈ	pɤq
羊茸	ɕa lə	kan tʃhɑq	ci gʐə	pɤ qə
松潘	melu	ʁəɣgye		pi
构拟				
说明				

调查点	银圆	运输	溜索圈	故事
大岐山	in³¹ yɑn³¹	xkua³¹ tçy⁵⁵ sʅ³¹	liu³¹ kho⁵⁵ tsʅ³¹	kə³¹ ɹə⁵⁵ zə³¹ me³¹
桃坪	xgy³¹ xgy³³	xkie³³ kə³³		ni³¹ xte³³
曾头	xŋu⁵⁵ xgy⁵⁵	qhua⁵⁵ ba³¹	liəu⁵⁵ kho³¹ tsʅ³¹	tʃə³¹ əɹ⁵⁵ zʅ³³ mə³¹
龙溪	in³¹ yɑn³¹	yn³⁵ su⁵⁵	liəu²⁴ kho³³ tsə³³	tsə⁵⁵ ɹə³¹ zə³¹ mu⁵⁵
绵篪	ĩ³³ yã³¹	qhua³³ bia³³	liu²⁴ kho³¹ tsʅ³¹	lo³³ mã³³ tʂhə³⁵
索桥	zʅŋʉ⁵⁵ siː³¹ si⁵⁵	yn⁵⁵ su⁵⁵	zia³¹ ʂku³¹	tʂə⁵⁵ ɹə⁵⁵ pe³¹ thio³¹
沟口	ũ⁵⁵	yn³⁵ su⁵⁵	liu⁵⁵ kho³⁵ tsʅ⁵⁵	kɤ⁵⁵ kɤ˞³¹ dzɤ˞³³ tu³¹
黑虎	in³³ yan⁵⁵	yn³³ su³³	liu³⁵ kho³³ tsə³¹	tʂe⁵⁵ zi³³ miː⁵⁵
龙池	in³³ yan⁵⁵	yn³⁵ su⁵⁵	liu³⁵ kho³¹ tsʅ³¹	ko³⁵ sə³⁵
三龙	in yɑn	ʂtçy bie khe	liu³⁵ khots⁵⁵	tʂə⁵⁵ z̩miː⁵⁵
曲谷	in yan	çtçu bie	ze ɹɿ xu	nəp ləˀz̩mi (dʑi)
雅都	tʂan khɑ	çtçyrqɑ̥	ze qhuaˀ	ʂkuəp mel
维古	tʂaŋ kha	çyiʁ ka	ziarquə̥	çi zəm
龙坝	tʂan kha	çtçyrkam̥	ziarquə̥	tʃam
木苏	tʂan gɑ	sti sgɑ	zierqu	tʂə zəm
茨木林	tʂan ka	sci sqɑ	zie sqo	tçi z̩əm
扎窝	tʂan ka	ʂtçiʂqɑ	zia sqo	tçi z̩əm
麻窝	tʂan ka	sci gə̥	ziaʂqo	tʃə z̩əm
芦花	tʂan ka	sci gə̥	zɛ sqo	tʃeː zəm
羊茸	tʂaŋ ka	sci sqɑ	ze sqo	dʒə xpə
松潘	totse xkukə			dixpe
构拟				
说明				

调查点	墨	歌	小扁鼓	小喇叭
大岐山	ma⁵⁵	ko⁵⁵	xtɕe³¹ bø⁵⁵	la³¹ lʉ⁵⁵
桃坪	me³³	ko³³		la³¹ pa⁵⁵
曾头	ə¹³¹ suə⁵⁵ tsʅ³¹	zo³⁴³	xbu³³ pə³³ tʂhe⁵⁵	la³¹ pa⁵⁵
龙溪	me⁵⁵	ko⁵⁵	piɑn³¹ ku³¹ tsu³¹ tsu⁵⁵	tʂhui⁵⁵ tʂhui⁵⁵
绵篪	su³³ ki⁵⁵	ko⁵⁵	pa³¹ lã⁵⁵ kui³¹	tɕi³³ la⁵⁵
索桥	me³¹ ʂui⁵⁵	ko⁵⁵	piã³³ ku³¹ tʂu⁵⁵	tʂa³¹ xɑu⁵⁵ tʂu⁵⁵
沟口	me⁵⁵	ko⁵⁵	piɑn⁵⁵ ku⁵⁵ tsʅ⁴²	
黑虎	me³⁵	ko⁵⁵		xal⁵⁵
龙池	me⁵⁵	ko⁵⁵	piɑn⁵⁵ ku⁵³	sa⁵⁵ la⁵⁵ tsə³¹
三龙	me⁵⁵	zəm⁵⁵	ɕɑu⁵⁵ piɑn⁵⁵ ku⁵⁵	ɕɑu⁵⁵ la⁵⁵ pa⁵⁵
曲谷	me	zəm	qua dʐ̩əu	lɑ pa
雅都	me	zəm	ʐ̩bu tʃhuə̥	xɑ li̥
维古	me	zəm rbu	rbu ʂu̥	lɑ pa
龙坝	rnɑq tsa	zəm	rbo tʃuə̥	sa la xtʂa
木苏	snɑq tsa	ʐ̩uɑ rma	rbu	lɑ pa
茨木林	sta qsa	ʐ̩uɑːma	rbu tʃuə	lɑ pa xtʂa
扎窝	nɑ xsɑ	ʐ̩ɑː ma	rbu tʃu̥	lɑ pa xtʂa
麻窝	snɑq tsa	ʐ̩aˡ ma	rbutʃ	lɑ pa
芦花	snɑq tsa	ʐ̩ɑ ma	rbutʃ	lɑ pa xtʂa
羊茸	sna xtsɑ	ʐ̩ɑ ma	rbʉ tʃə	lɑ pa
松潘	me	me		la pa
构拟				
说明				

调查点	洋号	松香	图章	鹿茸
大岐山	iaŋ³¹xau³¹	suŋ⁵⁵ɕaŋ³¹	sʅ⁵⁵tʂaŋ³¹	lo³¹ʐuŋ⁵⁵
桃坪	iaŋ³¹xau¹³		sʅ³³tʂaŋ³³	lo³³ʐuŋ³¹
曾头	kaŋ³¹xau¹³	lu⁵⁵xnio⁵⁵	sʅ⁵⁵tʂaŋ⁵⁵	lo³¹ʐuŋ³¹
龙溪	iaŋ³¹xau³⁵	suŋ⁵⁵ɕan⁵⁵	sə⁵⁵tʂan⁵⁵	lo³³ʐuŋ³³
绵篪	iãxau¹³	suŋ⁵⁵ɕã⁵⁵	tʂã~dʐã³¹	da⁵⁵ɹe³³ka⁵⁵
索桥	iɑn³¹xau⁵⁵	ʂpia⁵⁵ʂtʉ⁵⁵	thu³¹tʂaŋ³¹	lu³¹ʐuan⁵⁵
沟口		suŋ⁵⁵ɕan⁵⁵	sʅ⁵⁵tʂan⁵⁵	lo⁵⁵ʐuŋ³¹
黑虎	iɑn³³xau³⁵	lu³⁵zuɤ³¹	tʂan⁵⁵	lo³³ʐun³¹
龙池	iaŋ³¹xau³⁵	ləz	sə⁵⁵tʃaŋ⁵⁵	lo³³ʐuŋ³¹
三龙	iaŋ³³xau⁵⁵	suŋ⁵⁵ɕan⁵⁵	thu³³tʂan⁵⁵	lu³³ʐun⁵⁵
曲谷	iaŋ xau	luz	sə tʂaŋ	
雅都	iaŋ xau	luə zuə	tʃan	zdu ɹɐɹ
维古	ʐəz	lə zu	tʂan	zdu ɹɐɹ
龙坝	ʐəz	ləz	thi	zdə ɹɐɹ
木苏	ʐuəʐ	luz	thi	zdu ɹɐɹ
茨木林	ʐəzd	lʁz	thi (in)	zdo ɹə ɹ
扎窝	ʐəzd	luə zu	thi	zdo ɹə ɹ
麻窝	ʐəz	lʁz	thi	zdu ɹɐɹ
芦花	ʐəzd	lʁz	thi (sətʃaŋ)	zdo ɹə ɹ
羊茸	ʐə zdə	lʁzʁ	thi	zdo ɹə ɹ
松潘	hæ ʁʐy	ləz	thi	ɣdukjaq
构拟				
说明				

调查点	蛇油	医治	脱臼	麻风
大岐山	be³¹ ʐɯ⁵⁵ xȵo³¹	(it³¹ ha³¹) tʂʅ³¹ tha³¹	ʂə³¹ dzɯ⁵⁵	dzɑ⁵⁵
桃 坪				dzɑ³³ ~ lai¹³ tsʅ⁵³
曾 头	bə³¹ guə⁵⁵ xnio³¹	i⁵⁵ tha³³	z̩ɑ³¹ kie⁵⁵ dɑ³¹ xdz̩ə³¹	dzɑ³³
龙 溪	bu⁵⁵ sə⁵⁵ se⁵⁵	ie⁵⁵ i⁵⁵ tha³¹	la³³ tsho³³	(ʁa³¹) zo³¹
绵 篪	bi⁵⁵ ma³¹	i³¹ tha³¹	ʂa³³ tshəu³³ qa¹³	tsui³¹ qa⁵⁵
索 桥	bu³¹ tshə³¹ sie⁵⁵	ŋe³¹ pu³¹ pu³¹ kəi⁵⁵	tho³¹ tsie³¹ lə³¹ pu³⁵	dzo³¹ ŋe³¹
沟 口	bəs³³ tu⁵⁵	z̩ə⁵⁵ xpa¹³³ ʂə⁵⁵	dʐ³³ khu⁵⁵	fio³³ zu⁵⁵
黑 虎	bəs³³ due⁵⁵	tʂhi³³ pu⁵⁵	do³³ qu⁵⁵ ɬa⁵⁵	dzo⁵⁵
龙 池	bu³³ zʅ⁵⁵ zdue⁵⁵	tʃhueʂ⁵⁵	do³³ xlu⁵⁵	fio³³ zu⁵⁵
三 龙	bu³³ z̩e⁵⁵ qə³³ si⁵⁵	tʂhə³³ po⁵⁵	tsie³³ tsie⁵⁵ do³³ xlu⁵⁵	ma³³ fən⁵⁵
曲 谷	bi ʑi xɬe	tɕhu pu	du qu ɬa	dzu
雅 都	bəs se	tʃhip	saq do xlu	dzu (ha la)
维 古	bə sə si	tɕhi ʂu	daq la	dzu
龙 坝	bəs si	tɕhi ʂuə	da qu lə	dzo
木 苏	bəs si	tɕhuʂ	daq la	dzu
茨木林	bʁsə se	tɕhi tʂə	da qho la	zo (rdi)
扎 窝	bʁs sʁ	tɕhitʃ	da squə	dzo
麻 窝	bəs sʁi	tɕhiʂ	da qə la	dzu
芦 花	bəs sɛ	tɕhitʃ	da squə	dzo
羊 茸	bə sə se	tɕhi	da squɯ	dzo (rjj)
松 潘		ʑa	saq doχɬu	dzu
构 拟				
说 明				

第三章　词汇

调查点	牛痘	出天花	菩萨	经筒
大岐山	ȵəu³¹ təu³¹	dzo³¹ dzʐ⁵⁵ psie³¹	xse⁵⁵	tɕin⁵⁵ thuŋ³¹
桃坪		fu⁵⁵ tsʅ³¹ tʂho³³ tha³³	tshie³³	
曾头				qho⁵⁵ lo⁵⁵
龙溪	bv³¹	bv³¹ tsu³¹ tə³¹ ɕi³¹		
绵篪	niu³¹ təu³⁵	dei³³ ʂa³³ tsəu¹³	se⁵⁵ ~ a³¹ pɑ⁵⁵ se³¹	tɕī⁵⁵ ~ thuŋ³¹
索桥	nu³¹ təu³⁵	khʉ³¹ bʉ⁵⁵	a³¹ pɑ³¹ si⁵⁵	
沟口	bu⁵⁵	bu³³ tə⁵⁵ sə³¹	mu⁵⁵ pa⁵³	
黑虎	bʏ⁵⁵	bʏ⁵⁵ ka⁵⁵ tʂuḁ³¹	mʏ¹³³ pa⁵⁵	tɕin⁵⁵ thun³¹
龙池	bu⁵⁵	bu⁵⁵ ha³³ ɕi⁵⁵	zmes̥⁵⁵	
三龙	niu³³ təu⁵⁵	bu⁵⁵ hə⁵⁵ tʂuḁ³¹	zma⁵⁵ pie⁵⁵	tɕin⁵⁵ ɕa⁵⁵
曲谷	buᴊ	bəᴊ	xsə	khu lu
雅都	bzə	bzə ha la	khsə	ma ȵi khuər
维古	bəᴊ	bəᴊ ha la	rmus̥u	khu rlu
龙坝	bəᴊɬin	bəᴊ hə la	rməs̥u	kho rlo
木苏	bəᴊuəm	bəᴊ haɬ	rmuʂ	khu rlu
茨木林	bu tɕhue	bu da pa	rməʂ	khoᴊ ʁlo
扎窝	buᴊtɕhitʃə	buᴊ da xɬu	rməʂ	kho ʁlo
麻窝	buᴊtɕhi	buᴊ daxl	rməʂ(tʃ)	khu rlu
芦花	buᴊtɕhitʃ	bzuᴊ da xlə	rməʂ	khø rlo
羊茸	bzʉ tɕhi	bzʉ thi da ɬei	rmə khɕa	khø rlo
松潘		ɣzutɕ	ɣmiɕ	
构拟				
说明				

调查点	面具	摇铃	天堂	礼物
大岐山	ɕi³¹ liɑn³¹ kho³¹ tsʅ³¹	tʂhən³¹ tʂhe⁵⁵	thiɑn⁵⁵ thɑŋ³¹	phəi³¹ liɑn³¹
桃 坪			thiɑŋ⁵⁵ thɑŋ³¹	
曾 头	si⁵⁵ liã⁵⁵ kho³³ tsʅ³¹	tʂo³¹ zy⁵⁵ lɑ⁵⁵		phei⁵⁵ ʐy³⁴³
龙 溪	ɕi⁵⁵ liɑn³¹ kho⁵⁵ kho⁵⁵	ɕi³¹ tshɑ³¹ lɑ⁵⁵	thiɑn⁵⁵ thɑn³¹	sə⁵⁵ fɑn⁵⁵
绵 篪	qɑ³³ tɑ³³ ki⁵⁵	tɕi⁴² tshɑ³³ lɑ³³	m̩³³ piɑ³³ tɑ³¹	phei³¹ lã³¹
索 桥	kɑi³¹ liɑn³¹ kho³¹	ɕi³¹ sɑ³¹ lɑ⁵⁵	thiɑn⁵⁵ thɑn⁵⁵	
沟 口		khi⁵⁵ ni⁵⁵	thiɑn⁵⁵ thɑn³¹	phei³³ lian³⁵
黑 虎	mian³⁵ kho³³ kho³¹	lin³³ lin⁵⁵	thiɑn⁵⁵ thɑn³¹	phəi³³ lian⁵⁵
龙 池	ɕi⁵⁵ liɑn⁵³ kho³³ kho³¹		thiɑn⁵⁵ thɑŋ⁴²	phei³³ lian³⁵
三 龙	pəˈq⁵⁵ pə³³ lɑ⁵⁵	z̩ dz̩ə	thiɑn⁵⁵ thɑn⁵³	phei³³ lian⁵⁵
曲 谷				
雅 都	bɑq	tʂi	mu tup	gze uˈ pɑ nɑ
维 古	bɑq	tʂil bu	khʂə ßa	stu guˈ
龙 坝	bɑq	tʂə rbo	rgi ua	stə goˈ
木 苏	bɑq	tʂel ua	zdi ua	stə gɹu
茨木林	ba qə	tʂə rbə	rdie wa	ste guˈ
扎 窝	bɑq	tʂəːˈ bə	rgi ua	stə ɣə
麻 窝	bɑq	tʂəˈb	rdie ua	sti ɣu
芦 花	bɑq	tʂəːˈß	rde ua	stʉ guˈ
羊 茸	bɑq	tʂəˈbə	de ua	ste gz̩ʉ
松 潘				
构 拟				
说 明				

调查点	火葬场	棺材	大炮	俄枪
大岐山	psʅ³¹ sʅ⁵⁵	que³¹ ʁbe⁵⁵	tɑ⁵⁵	pho⁵⁵
桃坪	pə³¹ dʑa³³ mə³³ pə³³	ku³¹ be⁵⁵	ɕi⁵⁵ xdio³³ bz̪a³¹	ŋo¹³ tshiaŋ³¹
曾头	xpə³¹ tɕæ⁵⁵ mə³³ pə³¹		ɕi⁵⁵ xdio⁵⁵ bz̪a³¹	
龙溪	mo⁵⁵ pu³¹ tɕa⁵⁵	so⁵⁵	tɑ³⁵ phɑu¹³	
绵篪	ma⁵⁵ pu³¹ tɑ³¹	bu⁵⁵	tʂhəu³¹ baˑ⁵⁵	ŋo³¹ tɕhã⁵⁵
索桥	ʂo⁵⁵ ɸu⁵⁵	kua³¹ tshie³¹	tʂhɯ⁵⁵ baˑ⁵⁵	ʁo³¹ tʂhɯ⁵⁵
沟口	mu⁵⁵ xtue³¹ ʑʳ³³ kʳ⁵⁵	khʳˑ⁵⁵ u⁵⁵	ly³³ tʂa⁵⁵ baˑ⁵⁵	
黑虎	ʂəp⁵⁵	qhʳˑ³³ gu⁵⁵	tɑ³⁵ phɑu³⁵	go³³ tɕhan⁵⁵
龙池	pulˑ⁵⁵	qhəˑ⁵⁵	dup⁵⁵ ba³³ ʁa⁵⁵	pu³³ la⁵⁵
三龙	ʂəp⁵⁵	bu⁵⁵	tɑː³⁵ phɑu³⁵	pu³³ dʑe⁵⁵
曲谷	ʂəp	qhu ßu	tɑ phɑu	pre ~ pu dʑe
雅都	pəl	qheu	tɑ phɑu	pəra ~ pra
维古	pəl	rguam bu	tɑ phɑu	pə ra
龙坝	pəl	rgam bo	tɑ phɑu	pə ra ua
木苏	pəl	rgam bu	tɑ phɑu	pə ra
茨木林	pə lə	rguam bə	tɑ phɑu	pʳ ra
扎窝	pəl	rguam bu	tɑ phɑu	pə ra
麻窝	pəl	rgam bu	tɑːphɑu	pʳ ra
芦花	pəl	rgom bu	tɑ phɑu	pʳ ra
羊茸	pə lə	(z̪umu) rgam bə	tɑː pho	pə ra
松潘	ʁmu tɕuɕte ʂəta	kuæntshe	phao	ʁlo tshu
构拟				
说明				

调查点	矛	政治	狱	外面
大岐山		tʂən³¹ tʂɿ³¹	pan⁵⁵ faŋ³¹	ʁɑ³¹ li⁵⁵
桃 坪	xtʂe⁵⁵	tsən¹³ tʂə³⁵	tɕaŋ³³ nə³³	ʑɑ³³ lə³³
曾 头	miɑu³¹ tsɿ⁵⁵	tʂən³⁵ tʂɿ³⁵	lɑ⁵⁵ tɕi⁵⁵	ʑɑ⁵⁵ dio³⁴³
龙 溪	miɑu³¹ kɑn³¹ tsə³¹	tʂən³⁵ tʂə³⁵	ʁuɑ³¹ tɕe³¹	biɑ³¹
绵 篪	tʂe⁵⁵	tʂə̃¹³ tʂɿ²⁴	khua³³ tɕi⁵⁵	ʁuɑ³³ ʁɑ³¹
索 桥	miɑu³¹ kɑn³¹ tsə³¹	tʂən³⁵ tʂə³⁵	mu³¹ tɕe⁵⁵	ʁuɑ³¹ ʑə⁵⁵
沟 口		tʂen³⁵ tʂɤ³¹	pa⁵⁵ khue⁵⁵ tʂə³¹	khue³³ ni⁵⁵
黑 虎	miɑu³³ kɑn⁵⁵ tsə³¹	tʂən³⁵ tʂə³¹	pan⁵⁵ fan³¹	khue³³ ni⁵⁵
龙 池	xtʂe	tʃen³⁵ tʃə³¹	pan⁵⁵ faŋ³¹	khe³³ ni⁵⁵
三 龙	miɑu³³ tsə⁵⁵	tʂən³⁵ tʂɿ³⁵	pan⁵⁵ fan³¹	khue³³ ɦĩ⁵⁵ tɑ⁵⁵
曲 谷		tʂən tsə	mi tɕhys	ʁuɑ lɑ
雅 都		tʃen tʃe	khu(e) tɕi	khuei
维 古	xtsə	li sən	tɕhu sə̥	khuɑi
龙 坝	xtʂə	li sin	tɕhyis	
木 苏	xtʂə	li sən	tɕhys	khui
茨木林	xtʂi	le sin	thiʂ	khua ȵu
扎 窝	xtʂi	le sin	chis	khua ȵi
麻 窝	xtʂi	le sin	tɕhis	khu ȵu
芦 花	xtʂi	leː sin	chis	khø ȵu
羊 茸	xtʂi	lei sən	chys	kho ȵʉ
松 潘	xtʂə			khəȵi
构 拟				
说 明				

调查点	前面	以后，后面	手艺	颜料
大岐山	qo³¹ lɿ⁵⁵	xnɑ³¹ tɑ⁵⁵ xtie³¹ xtie³¹	i³¹ ʁzʅ⁵⁵	iɑn³¹ liɑu³¹
桃坪	qə³¹ ɚ⁵⁵	ma³¹ tʃʅ³³	ʂəu⁵⁵ ni³	iaŋ³¹ liɑu³⁵
曾头	qə⁵⁵ lə³³ tɑ³¹	ma³¹ tʃʅ⁵⁵	i⁵⁵ gzʅ³¹	iã³³ liɑu³⁵
龙溪	qi⁵⁵ niɑ³¹	suɑ³¹ ʁɑ⁵⁵ niɑ³¹ qi³¹	li³¹ pu³¹	iɑn³¹ liɑu³⁵
绵篪	qeˀ³¹ i⁵⁵ ɦiɑ³¹ lə³³	ge⁵³ ge⁵⁵	ʂəu⁵⁵ n̩i²⁴	iã³³ liɑu³⁵
索桥	qə³¹ ɹə³¹ zie⁵⁵	mu³¹ tʂhu⁵⁵ niɑ⁵⁵ qa⁵⁵	di³¹ z̩⁵⁵ mi⁵⁵	iaŋ³¹ lio⁵⁵
沟口	kɤ⁵⁵ z̩ik⁵⁵	ta⁵⁵ ku⁵⁵ tu³¹	bu³³ ɣue⁵⁵	ian³³ liɑu³⁵
黑虎			ʂəu⁵⁵ ni³¹	z̩an⁵⁵ liɑu³⁵
龙池	qəˀ³⁵ laqˀ⁵⁵	tsu⁵⁵ ku⁵⁵ tu⁵⁵	ʂeu⁵³ iˀ³⁵	ian³³ liɑu³⁵
三龙	qeiˀ⁵⁵		ʂəu⁵⁵ niˀ⁵⁵	ian³³ liɑu⁵⁵
曲谷	qəˀ	mi miʂ tei	ʂəu n̩i	ian liɑu
雅都	qəːˀtɑ	ste ge		z̩an thəs z̩be
维古	tɕaq	sta kia	in tan	sə pa
龙坝	tɕiq	sta kɑ	in tan	sə pa
木苏	tɕaq	sta ka	in tan	sə pa
茨木林	tiaq	sta ka	dʑi gz̩ə la	sə pɑ
扎窝	tiaq	sta ka	in tən	sə pɑ
麻窝	tiaq	sta ka	in tan	sə pɑ
芦花	tiaq	sta ka	iantan, pənsə	sə pɑ
羊茸	tiaq	sta ka	ion tan	sɤ pɑ
松潘	qe	χta kə	leʑi	
构拟				
说明				

羌语方言研究（语音 词汇）

调查点	力气	记性	证据	信任
大岐山	dzʐə³¹ qɑ⁵⁵	tɕi³¹ ɕin³¹	pɑ³¹ phi⁵⁵	ɕo³¹ ʂɻ⁵⁵
桃 坪	tɕhi²⁴ lie³³	tɕi¹³ sin³³	pɑ⁵⁵ phin³¹	
曾 头	gzɻ⁵⁵ qɑ⁵⁵	tɕi¹³ sin⁵⁵ nə⁵⁵	pɑ⁵³ phin³¹	
龙 溪	qo⁵⁵	tɕi³¹ sin³⁵	tʂən³⁵ tɕy³⁵	dzɑ³¹ ~iɑ³¹
绵 篪	dzɑ³¹ qɑ³¹	tɕi³³ ɕĩ⁵⁵	pɑ³³ phĩ³¹ˣ	dzɑ⁵⁵
索 桥	die³¹ tɕhi⁵⁵	tɕi³¹ si⁵⁵	tʂən⁵⁵ tɕy⁵⁵	dzɑ⁵⁵
沟 口	ku⁵⁵	xti⁵⁵ mi⁵⁵ le⁵⁵	tʂen³⁵ tɕy³⁵	zʐə⁵⁵
黑 虎	qu⁵⁵	tɕi³⁵ ɕin³¹	tʂən³⁵ tɕy³¹	
龙 池	qu⁵⁵	tɕi³³ ɕin⁵⁵	tʃen³⁵ tɕy³⁵	stɑ⁵⁵
三 龙	qu⁵⁵	tɕiː³⁵ ɕin⁵⁵	tʂən³⁵ tɕy⁵⁵	ɕtɕie⁵⁵
曲 谷	qu	tɕi ɕin	tsɑŋ ʁu	
雅 都	qu	tɕiːɕin	qu tɕu	ɕtɕip
维 古	gəˈqu la	rik	ku ɕuq	ʂtʂəp
龙 坝	gəˈqo	rək	ʂkuk	ɕɑ
木 苏	gəˈqo	rik	kɑ ɕuq	ʂtʂəp
茨木林	gəˈqo	rə stɑ	kuɑʂuq	stip
扎 窝	guˈqo	rək	kuɑ ɕuqu	stip
麻 窝	gəˈqu	rik	kuə ɕuq	stip
芦 花	gəˈqu	rək	kuɑʂoq	stip
羊 茸	gzʐə qo	rək pa	kʉɑ ɕoq	sti pɣ
松 潘			kie me	
构 拟				
说 明				

调查点	尖尖，头	洞洞	脚印	记号
大岐山	qə³¹ tsə⁵⁵	dʐo³¹ dʐo⁵⁵ ~ ʁo³¹ ʁo⁵⁵	(dʑi³¹) la⁵⁵ mi³¹	tɕi³¹ xau³¹
桃 坪	tsie³¹ tsie³³	dʐo³³		tɕi¹³ xau²⁴
曾 头	qə³³		dʑi³⁴³ mə⁵⁵ gu⁵⁵	sʅ³⁵ tuə³¹
龙 溪	tian⁵⁵ tian⁵⁵	ɹɑ⁵⁵ pu⁵⁵ ~ ʁo⁵⁵ ʁo⁵⁵	go⁵³ mi³³	tɕi³¹ xau⁵⁵
绵 篪	tī³³ po³¹	ɹɑ⁵⁵ pu³¹	gəu³¹ mi³¹ mi⁵⁵	pi³³ tɕi³¹
索 桥	tsie⁵⁵ kə⁵⁵	ɹɑ³¹ bu³¹	go³¹ mi³¹ ʐɑ⁵⁵	tɕi³¹ xo⁵⁵
沟 口	tian⁵⁵ tian⁵⁵ ~ tɕan⁵⁵ tɕan⁵⁵	ia⁵⁵ pu⁵⁵		tʂʅ⁵⁵ kua⁵⁵
黑 虎	tɕan³³ tɕɑq⁵⁵	ie³³ pu⁵⁵	dʐo³³ qa⁵⁵ mʁ³³ i⁵⁵	tɕi³⁵ xau³¹
龙 池	tɕan⁵⁵ tɕɑq⁵⁵	zək⁵⁵	lo³³ qu⁵⁵ ye³³ mi⁵⁵	ye³³ mi⁵⁵
三 龙	tsian⁵⁵ tsiɑq⁵⁵	ɦo³³ pu³⁵	guə³³ qa⁵⁵ mi³³ hī⁵⁵	tʂʅ³³ qua⁵⁵
曲 谷	qu ʐu	ɹu pu	pɑ tɕhy	i tɕə qua βe
雅 都	qu dʒu	iuʐ̩	i mi gəɹ	tɕi: xau
维 古	gɛ ʐ̥ə	ɹap	rmə ɣaɹ ʂpa	ɕi qua
龙 坝	dəp	ia ʐuə	pɑ tʃhua	tɕi qua
木 苏	qəʐ̩	ie ʐuɤ	pɑ tɕhya	ɕi qua
茨木林	qə ʐ̥ep	ɹə ʐer	pɑ tɕhue	tɕi (tʃuə)
扎 窝	qəʐ̩	ɹa ʐu	pɑ tɕhui	tɕi qua
麻 窝	qə dʐa	ɹə ʐu	pɑ tʃha	tɕi qua
芦 花	qə ʐa	yu ʐu	pɑ tɕhi	tɕi qua
羊 茸	qə ʐa	ʐ̩e dʐu	pɑ tɕhe	tɕi qua
松 潘	qəp	ʐ̩ək	ȵuen gie	χtʂe
构 拟				
说 明				

调查点	火焰	碎渣	财产	数目
大岐山	ʐ̩³¹ qə⁵⁵	bzʐ̩³¹bzʐ̩⁵⁵ tʂa³¹tʂa³¹	zue³¹ ni⁵⁵ tɕi³¹	su³¹ ɹə⁵⁵
桃坪				su¹³ mo³¹
曾头	xo⁵⁵ miɑu³¹	tʂa⁵⁵tʂa⁵⁵bziː³³bziː³¹	tɕi⁵⁵ qo³¹ zuɑ⁵⁵ na³³ tɕi³¹	su³⁵ mo³¹
龙溪	mu⁵⁵ qə⁵⁵	tɕo³¹ tɕo³¹	tɕɑ⁵⁵ tʂhɑn³¹	su³⁵ mo³¹
绵篪	mo³¹ qɑ⁵⁵	tʂa⁵⁵ tʂa⁵⁵	zuɑ³³ bɑ⁻¹³¹ ɕi³³ ɹɑ⁵³	su³⁵ mu³¹ tsʐ̩³¹
索桥	mu⁵⁵ qə⁵⁵	tʂa³¹ pu³¹ tʂa³¹ la⁵⁵	ʂtʂə³¹ niɑ⁵⁵ lə³¹	su⁵⁵ mo⁵⁵
沟口	mu⁵⁵ u⁵⁵ dɑk⁵⁵	tʂa⁵⁵ tʂa⁵⁵ tse⁵⁵	nɤ³³ ie⁵⁵	su³⁵ mo⁵³
黑虎	mɤ³³ dɑ⁵⁵	tʂa³³ tʂa⁵⁵ ʂtʂe⁵⁵	ʂi⁵⁵	su³⁵ tsə³¹
龙池	mu³³ zdɑ⁵⁵			su³⁵ mu⁵⁵ tsə³¹
三龙	mə³³ le⁵⁵	tʂa⁵⁵tʂa⁵⁵dziɑ³³qɑ⁵⁵	piz⁵⁵ pi̠³³ tɕi⁵⁵	su³⁵ mu⁵³
曲谷	mu	ɕau tʂa tʂa		su mu
雅都	mə zdɑ	ba la		suːmuːtsə
维古	məːzda	ba la	ʂə tsi	ɕi ta
龙坝	mə zdɑ	ba la	ʂə tsi	ɕi ta
木苏	mə zdɑ	ba la	zəm tɕi ʁu	ɕi ta
茨木林	mə zde	ba la	ʂə tsi	ɕi ta
扎窝	mə zdə	ba la	ʂə tsi	ɕi ta
麻窝	mə zdɑ	ba la	ʂə tsi	ɕi ta
芦花	mə zde	ba la	ʂə tsi	ɕi ta
羊茸	mə zd̪e	ba la	ɕə tsi	ɕi ta
松潘	mə le			
构拟				
说明				

第三章 词汇

调查点	一千	一里	一拃（大拇指与食指）	一拳（宽）
大岐山	a³¹ xto⁵⁵	a³¹ li⁵⁵	a³¹ tʉ⁵⁵	xʂue³¹ ȵia³¹ tue⁵⁵
桃坪	a³¹ hto³³	a³¹ pan³³ nə³³	a³¹ tɕha³³	
曾头	a³³ xto⁵⁵	a³¹ li⁵⁵	a³¹ tɕha⁵⁵	a³¹ xkuə⁵⁵ ni⁵⁵
龙溪	a³¹ tu⁵⁵	a³¹ pia⁵⁵ li³¹	a³¹ tu⁵⁵	a³¹ kua³³
绵篪	a³³ tshe³¹	a³³ lu⁵⁵	a³³ kha³¹	a³¹ ku³¹
索桥	a³¹ ʂtʉ⁵⁵	a³¹ li³¹	a³¹ li⁵⁵ tu⁵⁵	a³¹ ʂku⁵⁵ niu⁵⁵
沟口	ha³³ dy⁵⁵ tʂə⁵⁵	e³³ li⁵⁵	a³³ kha⁵⁵	e³³ tin³⁵ tsɿ⁵⁵
黑虎	a³³ tɕhan⁵⁵	ad⁵⁵	a⁵⁵ tuɤ³¹	
龙池	a⁵⁵ su³¹	a³³ pa⁵⁵	at⁵⁵	
三龙	e³³ tshian⁵⁵	a³³ pal⁵⁵	a⁵⁵ tuə³¹ ~siɑu⁵⁵ kha⁵⁵	
曲谷	ɑ stu̥	ɑ pal	e tɕhe	e tɕhyɑn
雅都	ɑ stu̥ə̥	e pe li	e tʃhe	aȵ
维古	a stu̥	ɑ pal	a tʃha	ɑn
龙坝	ɑ stu̥ə̥	ɑ pal	a tʃha	an
木苏	stuŋ tsɑari	ɑ pal	e tɕha	an
茨木林	stoŋtsoari	ɑ pal	a tɕhe	ɑ ne
扎窝	stoŋ tso a və	ɑ pal	a tɕha	ɑ nɤ
麻窝	stoŋ tsua ri	ɑ pal	a tʃha	a nʑi
芦花	stoŋ tso a ri	ɑ pal	a tʃhe	ɑ nɛ
羊茸	stoŋ tso a dʐe	a pal	a tɕhe	a ne
松潘	ʔoxtu̥	pal	ʔotu̥	
构拟				
说明				

调查点	一斗	一辈子	一篮子	一缸
大岐山	a³¹ pø⁵⁵	a³¹ thɪ⁵⁵	ie³¹ lɑn³¹ tsʅ⁵⁵	a³¹ tʂha³¹ thio³¹
桃坪	a³¹ que³³tə³³	a³¹ ʂʅ³³	a³¹ təu⁵⁵təu⁵⁵	a³¹ tshu⁵⁵
曾头	a³¹ que⁵⁵tə⁵⁵	a³¹ ʃʅ⁵⁵	a³¹ təu⁵⁵təu⁵⁵	a³¹ tshu⁵⁵
龙溪	a³¹ ʁo³¹	na⁵⁵ ɕi³³ pu⁵⁵	a³¹ təu⁵⁵təu⁵⁵	a⁵⁵ ʁo⁵⁵ tshu³¹
绵箎	a³³ pu⁵⁵	a³¹ pei⁵⁵tsʅ³¹	a³³ təu³³ təu⁴⁴	a³¹ tʂhəu⁵⁵
索桥	a³¹ po⁵⁵	a³¹ pai⁵⁵ tsə⁵⁵	a³¹ lɑn⁵⁵ tsə⁵⁵	a³¹ ʁu³¹ tsho⁵⁵
沟口	ɤ³³ pu⁵⁵	e³³ ʂə⁵⁵ kɤ³¹	e³³ thi⁵⁵ teu⁵⁵	a³³ kaŋ⁵⁵
黑虎	a³³ ʁu⁵⁵	a³³ ʂi⁵⁵	a³³ thi⁵⁵ təu³¹	a³³ kan⁵⁵
龙池	a³³ put⁵⁵	a³³ ʂə⁵⁵	a³³ teu⁵⁵teu⁵⁵	a³³ ʂə⁵⁵ kaŋ⁵⁵
三龙	ə³³ ʁu⁵⁵	ə³³ ʂə⁵⁵	e³³ tɕhi⁵⁵ təu⁵⁵	e³³ ʂui⁵⁵ kan⁵⁵
曲谷	u ʁu	e ɕe	e tɕhe təu	u ɕu tʂu
雅都	ɑ quat	e ʂe	e tɕhi teu tsə	ɑ ʂə̥ kaŋ
维古	ɑ quat	e ɕi	o pu ku̥	o tshu
龙坝	ɑ quat	e ɕi	ə puk̥	o tsho
木苏	ɑ quat	e ɕi	ɑ puk	ɑ tshu
茨木林	ɑ qe	e ɕi	a puk	ɑ tsho
扎窝	ɑ quat	e ɕi	ə puk	ɑ tsho
麻窝	ɑ quat	e ɕi	ə puk	ɑ tshu
芦花	ɑ quat	eɕi	a pɤk	ɑ tsho
羊茸	a quat	e ɕi	a pəkə	ɑ tsho
松潘	ʔeɕ	eɕi	pək	ʂut
构拟				
说明				

第三章　词汇

调查点	一罐	一小队	一双，一对	一束
大岐山	a³¹ kuɑ⁵⁵	ie³¹ ɕau⁵⁵ tui³¹	a³¹ tsə⁵⁵	a³¹ tʂua⁵⁵（一把）
桃坪	a³¹ kuaŋ¹³ kuaŋ¹³	a³¹ siau⁵³ tue¹³		
曾头	a³¹ kuã⁵⁵ kua⁴⁴	a³¹ due¹³ pə³¹ tʂhe³³	a³¹ tue³⁵	a³¹ dʐa³⁴³
龙溪	ɑ⁵⁵ qɑ⁵⁵ pu³¹	a³¹ siau⁵⁵ tui⁵⁵	ɑ³¹ tue³¹	a³¹ tʂua³³
绵篪	a³³ kua⁵⁵	a³¹ ɕau⁵³ tui¹³	a³¹ tui⁵⁵	a³³ tso³³ tso⁵⁵
索桥	a³¹ quɑ⁵⁵ tsə⁵⁵	a³¹ siau⁵⁵ tui⁵⁵	a³¹ tye⁵⁵	a³¹ tʂua³¹
沟口	a³³ kuan³⁵	e³³ tui³⁵	e³³ tue⁵⁵	ɤ³³ tsɿts⁵⁵
黑虎	a³³ kuan⁵⁵	a³³ tui⁵⁵	a³³ tue⁵⁵	a³³ pats⁵⁵
龙池	a³³ kuaz⁵⁵	a³³ tue³⁵	a³³ tue⁵⁵	a³³ tʂua⁵⁵
三龙	a³³ kuan⁵⁵ kuan⁵⁵	e³³ ɕau⁵⁵ tui⁵⁵	e³³ tsie⁵⁵	a³³ tʂua⁵⁵
曲谷	ɑ qap	e ɕau tui	e tse	ɑ tsə qa
雅都	ɑ qap	(xtʂa) e tui	ɑ dʐuə̥	o ru
维古	ɑ qap	a rbu	a tsa	o ru
龙坝	a qap	ə rbu	a tsa	o ro
木苏	a kuan kua	ɑ rbu	a tsa	ɑ ru
茨木林	a qhep	a rbu	ɑ te	a rə
扎窝	a qep	a rbu	ɑ tsa	ɑ ro
麻窝	a qep	ə rbu	ɑ tsa	ɑ ru
芦花	a qep	ə rbu	ɑ tsa	ɑ ro
羊茸	a qe pə	a rbʁ	ɑ tsa	a dʐo
松潘	qep		tue	
构拟				
说明				

调查点	一边，一半	一片	一只（袖）	一间
大岐山		a³¹ tshi⁵⁵	a³¹ tɕe⁵⁵	a³¹ xtɕe⁵⁵
桃 坪		a³¹ phie³⁵		a³¹ qe³³
曾 头	a³¹ khɕa⁵⁵ qhua⁵⁵	a³¹ khɕa⁵⁵ qə³³	a³¹ tɕhi³³	a³¹ sa⁵⁵
龙 溪	a³¹ tɕha⁵⁵ qhua³¹	a³¹ phia³¹	a³³ zə³³	a³¹ qo³¹
绵 篪	ɑ²² ku	a³³ phie³¹	a³¹ ʐɑ³¹	a³³ tɕĩ⁵⁵
索 桥	a³¹ ɕya⁵⁵ qa⁵⁵	a³¹ phia⁵⁵	a³¹ ʐə³¹	a³¹ ke³¹
沟 口	a³³ tʂha⁵⁵ pa⁵⁵	a³³ tʂhak⁵⁵	e³³ ze⁵⁵ ku³³ ~ a³³ tɕha⁵⁵	a³³ tɕan⁵⁵
黑 虎	a³³ ʂa⁵⁵ pa⁵⁵	a³³ yi⁵⁵	aʐ⁵⁵	a⁵⁵ tɕan⁵⁵
龙 池	a³³ tɕhi⁵⁵ pa⁵⁵	a³³ khʂe⁵⁵	a³³ thuŋ⁵³	a³³ sa⁵⁵
三 龙	ə³³ pan⁵⁵	e³³ pie⁵⁵	aʐ⁵⁵	e³³ tɕan⁵⁵
曲 谷	e xɕe	e pie	ɑ dua	ɑ sa
雅 都	e khʂe	e xie	e khʂe	ɑːˢ
维 古	a khɕa	a khɕaq	ɑ ɹɑ	ɑ sa
龙 坝	ə kɕa xua	ə kɕaq	a ɹa	ɑ sa
木 苏	e khɕe	a khɕaq	ɑ ɹɑ	ɑ sa
茨木林	a ksie	a ksiaq	ɑ ɹɑ	ɑ sa
扎 窝	a xɕi	a xsaq	ɑ ɹɑ	ɑ sa
麻 窝	e xɕi	ə xɕaq	ɑ ɹɑ	ɑ sa
芦 花	a kɕi	a kɕaq	ɑ ɹɑ	ɑ sa
羊 茸	a khɕe	a khɕe ma	ɑ ɹɑ	ɑ sa
松 潘				ʔæqe
构 拟				
说 明				

调查点	一样	一件（衣）	一只（狗）	一团（面）
大岐山	a³¹ ɹme⁵⁵	a³¹ la⁵⁵	(khue⁵⁵) a³¹ dze⁵⁵	a³¹ tho⁵⁵
桃坪	a³¹ xme⁵⁵	a³¹ la³³	a³¹ zia³³	a³¹ thuan¹³
曾头	a³¹ i⁵⁵	a³¹ la⁵⁵	a³¹ zia⁵⁵	a³¹ tho³³ tho⁵⁵
龙溪	a³³ qa⁵⁵	a³³ lə³³	a³¹ za³¹	a³¹ tho³¹
绵篪	a³³ ma⁵⁵	a³³ le³¹	a³³ ko⁵⁵	a³³ tho³³
索桥	a³¹ ian⁵⁵ tsə⁵⁵	a³¹ lə⁵⁵	a³¹ ɚ⁵⁵	a³¹ tho³¹
沟口	aɹm⁵⁵	e³³ tʂhə⁵⁵	ʁ⁵⁵	a⁵⁵ i⁵⁵
黑虎	a³³ xan⁵⁵	ai⁵⁵	a³³ za⁵⁵	a³³ stə⁵⁵
龙池	a³³ ɣe⁵⁵	a³³ tʂhə⁵⁵	e³⁵	a³³ stə⁵⁵
三龙	a³³ xan⁵⁵	e³³ z̞e⁵⁵	e³³ z̞e⁵⁵	a³³ thuan⁵⁵
曲谷	a xɑn	ɑl	o u	e ste
雅都	a xɑn	e pe	aːɹ	eː
维古	o ɕuq	a rkuə	a ri	e sti
龙坝	o ɕoq	a ri	ə ri	ə sti
木苏	ɑ ɕuq	a rkuə	e ri	e ça
茨木林	a ʂuq	ɑ skuə	a rə	abu (a stie)
扎窝	a ʃoq	a sku	a rə	a sti
麻窝	ə ɕuq	a ʂkuə	a ri	ɑ stʳi
芦花	a ɕoq	a re	a re	ɑ st (ɛ)
羊茸	a ɕoq	a skɵə	a dz̞e	a ste
松潘			ʔe	
构拟				
说明				

调查点	一环（戒指）	一把（扫帚）	一根（线）	一条（毛巾）
大岐山		ɑ^{31} bz ʅ^{55}	ɑ^{31} dzʅ^{55}	ɑ^{31} dzo^{55}
桃 坪		ɑ^{31} xpi^{44}	a dzʅ^{55}	ɑ^{31} dzʅ^{33}
曾 头	ɑ^{31} xgy^{33}	ɑ^{31} xpi^{33}	ɑ^{31} dzʅ^{44}	ɑ^{31} bzʅ^{343}
龙 溪	ɑ^{33} ɹo^{33}	ɑ^{31} tsi^{55}	ɑ^{33} ɹe^{33}	ɑ^{31} tshie^{31}
绵 篪	ɑ^{31} tʂhuɑ^{31} tʂhuɑ^{55}	ɑ^{31} ko^{55}	ɑ^{31} dzʅ^{55}	ɑ^{33} tshi^{55}
索 桥	ɑ^{31} ʂku^{55}	ɑ^{31} tsi^{55}	ɑ^{31} tʂhəi^{55}	ɑ^{31} tshie^{55}
沟 口	ɑ^{55} i^{55}	ɑ^{33} tʂuɑ^{55}	atʂ^{55}	ɑ^{33} tʂan^{55}
黑 虎	ɑ^{33} su^{55}	ɑ^{33} dzʅu^{55}	atʂ^{55}	ɑ^{33} ʂɑ^{55}
龙 池	ɑ^{33} pɑ^{55}	ɑ^{33} tsɑ^{55}	atʂ^{55}	ɑz^{55}
三 龙	(i^{33} su^{55}) ɑx^{55}	ə^{33} lu^{55}	ə^{33} lə^{55}	(phɑ^{55}tsə^{55}) ə^{33} tʂan^{55}
曲 谷	ɑ xə̩	ar	e dzʅe	ɑ zu
雅 都	ɑ̍xə̩	ɑ pɑ~o ru	ɑ rɑ	ɑ zuə
维 古	xɑ xə̩	a tsa	ar	ɑ zuə
龙 坝	a xuə̍	ar	atʂ	ɑ zuə
木 苏	a̍ xu	a tsæ	ar	ɑ zu
茨木林	ɑ ɬe	ɑ tsɑ	a tʂhə	ɑ zo
扎 窝	a khuə̍	ɑ tsɑ	a tʂhi	ɑ zo
麻 窝	a xə̍	ɑ tsɑ	ar	ɑ zu
芦 花	a xə̍	ɑ tsɑ	atʂ	ɑ zo
羊 茸	a khʂə	ɑ tsɑ	a tʂhe	ɑ dzo
松 潘		tsa	tʂə	za
构 拟				
说 明				

调查点	一条（裤子）	一把（米）	一下（来）	一点儿
大岐山	a³¹ fu⁵⁵	a³¹ tʂua⁵⁵	a³¹ xkue⁵⁵	a³¹ ta⁵⁵ ga³¹
桃坪	a³¹ gə³³	a³¹ tʂua³³	a³¹ tʂhə³³	a³¹ tə³³
曾头	a³¹ gə³³	a³¹ tʂua⁵⁵		a³¹ tə³³
龙溪	a³¹ ɹe³¹	a³¹ tʂua³¹	a³¹ çi⁵⁵	a³¹ nia⁵⁵
绵篪	a³¹ dzˌi⁵⁵	a³³ tʂua³¹	a³³ iu⁵⁵	a³³ qa³³ tie⁵³
索桥	a³¹ ɹə⁵⁵	a³¹ tʂua³¹	a³¹ çi⁵⁵	a³¹ nia³¹ qa⁵⁵
沟口	a⁵³ tsa⁵⁵	a³³ tʂua⁵⁵	a⁵⁵	a³³ tian³⁵
黑虎	a³³ za⁵⁵	a³³ tʂua⁵⁵	a³³ xua⁵⁵	a³³ zə⁵⁵
龙池	a³³ tsa⁵⁵	a³³ tʂua⁵⁵	aʂ⁵⁵	a³³ zə⁵⁵
三龙	(do³³ qu⁵⁵) ə ɹ³⁵	a³³ tʂua⁵⁵	aʂ⁵⁵ (dzu³³ lu⁵⁵)	ə³³ zə⁵⁵
曲谷	e dzˌe	a tʂua	aʂ	a zə
雅都	e tse	a tʂua	aʂ	a za
维古	a tsa	a ri	aʂ	a zə
龙坝	a tsa	ə rpi	aʂ	ə zi
木苏	a tsa	a tʂua	aʂ	az
茨木林	a tsa	a phaˑ	a la	az
扎窝	a tsa	a phaˑ	aʂ	az
麻窝	a tsa	a tʂa	aʂ	az
芦花	a tsa	a xpe	aʂ	az
羊茸	a tsa	a phʂa	a tʃə	a zə
松潘			ɬe	az
构拟				
说明				

调查点	圆形的	凹的	胖的	瘦的
大岐山	yan³¹ le⁵⁵	dɑ³¹ ʁø⁵⁵	lu³¹ lu⁵⁵	də³¹ dʑe⁵⁵
桃坪	xgy³³ gy³³		sʅ³¹ lu³³	
曾头	xgy³³ xgy³³	dʐo³⁴³ qhə³¹ lɑ⁵⁵	lu⁵⁵ lu³³	gʐo³⁴³ gʐo³³
龙溪	qo⁵⁵	i³³ qhɑ³³	lɑ³³ puɑ⁵⁵ uɑ³³	mu³³ xuɑ³³ kə³³ tsi³³
绵篪	yà³³ fɑ⁵⁵ ki³³	ɦɑ³³ dʐuɑ³¹	ləu³¹	xuɑ⁵⁵
索桥	bu³¹ ti⁵⁵	qhʉ³¹	phɑ⁵⁵ tsə⁵⁵	xuɑ⁵⁵ kə⁵⁵
沟口	yan³¹ thɑ⁵⁵	ɑ³³ kuɑ⁵⁵ tʂɑ⁵⁵	tshɤ³³ ue⁵⁵	xuɑ⁵⁵ ie⁵⁵
黑虎	yan³³ di⁵⁵	ɦɑ³³ quɑ⁵⁵	tshɑ³³ tɑ⁵⁵	tshɑ³³ dʐi⁵⁵
龙池	yan³³ dʐə⁵⁵	ku³³ ʁu³⁵ tʂɑ⁵⁵	tshɑ⁵⁵ ue⁵⁵	tshɑ⁵⁵ gʐə⁴²
三龙	ɦio⁵⁵ ɣlu⁵⁵ bəd⁵⁵	khə⁵⁵ khən⁵⁵ pɑu⁵⁵ pɑu⁵⁵	tshɑ⁵⁵ ye⁵⁵	tshɑ⁵⁵ gə⁵⁵
曲谷	yɑn di	quɑ tʂɑ	tshɑ¹ ue	tshɑ¹ gə¹
雅都	yan de	quɑ tʂɑ	bed~phaŋ phaŋ	tshə xɑ
维古	pɑ tʂə̥	quɑ tʂɑ	tshɑ¹ uɑ	tshɑ¹ ʁi
龙坝	patʂ	quɑ tʂɑ	tshɑ¹ uɑ	tshɑ¹ ʁʑi
木苏	patʂ patʂ	quɑ tʂɑ	tshɑ¹ uɑ	tshɑ¹ ʁe
茨木林	patʂ(a xia ɹɑ)	quə tʂɑ	tshɑ¹ uɑ	tshɑ¹ ʁe
扎窝	patʂ patʂ	quɑ tʂɑ	tshə~tshɑ¹ uɑ	so~tshɑ¹ ʁe
麻窝	(pætʂ) ~xərxər	quɑ tʂɑ	tshɑː¹ uɑ	tshɑ¹ ʁe¹
芦花	patʂ patʂ	quɑ tʂɑ	tshɤ	so
羊茸	gər gər	qʉə tʂɑ	tshʉn tʂaq	ȵamə ʁji
松潘	patʂ	qatʂe	ɣguat	tshæ ɣʐe
构拟				
说明				

调查点	深的	浅	少	软
大岐山	bzʅɤ⁵⁵	bə⁵⁵	bə³¹ tʂhi⁵⁵	ʐuan³¹ tha³¹
桃坪	bu³³	be³³	pə³¹ tʂhe³³	ma³¹ la³³
曾头		mi³³ tʂha³³		ma³¹ la⁵⁵
龙溪	ɹə⁵⁵ gu⁵⁵	mi⁵⁵ bo³¹	tʂa⁵⁵	ma³¹ ma³¹
绵篪	nia³¹	mi³³ nia⁵⁵	pa⁵⁵ tʂhe³³	ʐa³³ la³¹
索桥	nia³¹ kəi⁵⁵	ma³¹ nia³¹ kəi⁵⁵	ʂtʂa³¹ kəi⁵⁵	ma³¹ ma³¹ kəi⁵⁵
沟口	ʂɿn⁵⁵ tha³¹	tɕhan⁵⁵ tha³¹	zek⁵⁵	ɦia¹³³ ma⁵⁵ la⁵⁵ ~ ɦia³³ ma⁵⁵ la⁵⁵
黑虎	ʂən³³ tha⁵⁵	tɕan³³ tha⁵⁵	tse⁵⁵	mɤ³³ la⁵⁵
龙池	ʂən⁵⁵ ta³¹	tɕhan⁵⁵ te³¹	ke⁵⁵ tʃe⁵⁵	ma³³ tʂa⁵⁵
三龙	tʂha⁵⁵	tshian⁵⁵ tha⁵⁵	tɕi⁵⁵	ʐuan⁵⁵ tha⁵⁵
曲谷	ʂən tha	tɕhan tha	ke tɕe	ma tʂa
雅都	rʂha	ma tʂha	ke tɕi	(ɕiːtha) ~ma tʂa
维古	tʂha	ma tʂha	ka tɕi	məːtʂa
龙坝	tʂha	ba tsə	ka tɕi	mə tʂa
木苏	tʂha	ma tʂha	ka tɕi	mə tʂa
茨木林	tʂha	mi tʂha	ka ti	(mə tʂa) mə tʂa
扎窝	tʂha	ma tʂha	ka ci	mə tʂa
麻窝	tʂha	ma tʂha	ka tɕi	mɤ tʂa
芦花	tʂha	ma tʂha	ke tɕi	mə tʂa
羊茸	tʂha	ma tʂha	ke tɕi	mɤ tʂa
松潘	tʂha	dʑy tse	kie tɕi	ʁʐa
构拟				
说明				

调查点	嫩的	肥（肉）	甜	穷
大岐山	lən³¹ thɑ³¹	(tshə⁵⁵) lu⁵⁵	tshu³¹ tshu⁵⁵	xtʂa⁵⁵
桃 坪	ləŋ³³ thɑ³¹		tɕhyi³¹ tɕhyi⁵⁵	xtʂe³³
曾 头	lən⁵⁵ thɑ³³	tʃhə³¹ lu⁵⁵		xtʂe³¹
龙 溪	li⁵⁵	tshə³¹ piɑ⁵⁵ uɑ³¹	tshu⁵⁵	(ʁɑ³³) bu³³
绵 篪	le³¹	ləu³³ ki⁵⁵	tshu⁵⁵	tʂa³¹
索 桥	li³¹ kəi⁵⁵	tshə³¹ lu⁵⁵	tʂhu⁵⁵ kəi⁵⁵	ʂtʂe³¹ mi⁵⁵
沟 口	ta⁵⁵ tse⁵⁵	tshʵ³³ ue⁵⁵	thian³³ thɑ⁵⁵	bu⁵⁵
黑 虎	lən³³ thɑ⁵⁵ ka⁵⁵	pas⁵⁵ khua⁵⁵	tshʵ³³ ʐaq⁵⁵	fie³³ gu⁵⁵
龙 池	len³⁵ tɑ³¹	khue⁵⁵	bi³³ ni⁵⁵	bi³³ ɬax⁵⁵
三 龙	lən³⁵ thɑ⁵⁵	khue⁵⁵	tʂhə⁵⁵	bɑ³³ xɑ⁵⁵
曲 谷	lən thɑ	khue	tʂhə	bɑ xɑ
雅 都	len thɑ	tshaː¹ ue	tshəq	bə
维 古	nəʂ	tshə	bu i ɲi	bə
龙 坝	qəʂ nəʂ	khua	bo i ɲi	bə
木 苏	nəʂu̥	tshaˡ ua	buːɲi	bə
茨木林	neːtʃuə	tshʵ	boːȵe	bʵ
扎 窝	nə tʃu̥	tshʵ	buː ɲi	bə
麻 窝	nʵʂ	tshʵ	buːɲi	bʵ
芦 花	nɛtʃ	tshʵ	buːɲi	bʵ
羊 茸	ne tʃə	tshʉə	bʉːɲi	bʵ
松 潘	xsʵ	tshət	zim ɲiaq	bi
构 拟				
说 明				

第三章 词汇

501

调查点	吝啬	能干	聪敏	胆小
大岐山	təu³¹ tʰɑ³¹	qe⁵⁵	lin³¹ ɕiˑ⁵⁵	xtie⁵⁵ tsu³¹ la³¹
桃坪	qə⁵⁵tsie³³	lən³¹kan²⁴		xti³³ mə³³ pə³¹ tʂhe³¹
曾头	bzִi³³	lən³¹kan¹³	tshuŋ⁵⁵ min³¹	xtie³³ mə⁵⁵ pə³¹ tʂhe³³
龙溪	zɕi⁵⁵be⁵⁵	tɕi³³tɕɑ⁵⁵	zɑ³¹	tɑn³¹ tsɑ³¹ tʂɑ⁵⁵
绵篪	tʂo⁵⁵	pei³¹ʂa⁵³a⁵³	tsa⁵⁵xɑ³¹	tie⁵⁵ me³¹ bi³¹ biˑ⁵⁵
索桥	tʉ⁵⁵tʰɑ⁵⁵	pe³³ɕa³¹	tɕi³¹ zɑ³¹	ʂtʂə³¹ ʂtʂɑ⁵⁵
沟口	tsam⁵⁵ɕi⁵⁵	kɑ⁵⁵	tɕin⁵⁵lin³¹	xti⁵⁵ miˑ⁵⁵ tse⁵⁵
黑虎	sɐ³³tʰɑ⁵⁵		min³³pa⁵⁵	ɕti³³ miˑ⁵⁵ tse⁵⁵
龙池	dze³³	ɣlia⁵⁵	ʁɑ⁵⁵kiˑ⁵⁵	ɕti⁵⁵ tsə⁵⁵
三龙	dzie⁵⁵	he³³tʰe⁵⁵	xsɑ⁵⁵	tɑn⁵⁵ ʂtʂɑ⁵⁵
曲谷	təu tʰɑ	lən kɑn	tsin lin	xtɕi mi ʂtʂɑ
雅都	dze	he tʰe	tshim be	ɕtɕiːmi xtʂɑ
维古	dza rmia	ha tʰa	rək pa nɑ	ʂtʂə rmia xtʂa
龙坝	dza	ha tʰa	rək pa nɑ	ʂə rmia xtʂa
木苏	luʂ	ha tʰa	rik pa nɑ	ʂtʂə rmia xtʂa
茨木林	dza	ha tʰa	rə spa nɑ	stie mie xtʂa
扎窝	dza rmi	ha tʰaː	rək pa nɑ	stiːmi xtʂa
麻窝	dzaˑmi	ha tʰa	rik pa nɑ	stiːmi xtʂa
芦花	dzaːmi	ha tʰa	rək pa nɑ	stiːmi xtʂa
羊茸	dza rme	ha tʰa	rək pa nɑ	sti rmi xtʂa
松潘	ma ja		dzət	ɣdiæ
构拟				
说明				

调查点	力气大	危险	清楚	马上
大岐山	dzʐə³¹ qɑ⁵⁵ bzʐe⁵⁵	ui³¹ ɕan³¹	tɕhin⁵⁵ tshu³¹	mɑ⁵⁵ ʂan³¹ ~ le³¹ ta⁵⁵ qa³¹
桃坪	dzʐʅ³³ qɑ³³ lie³³	dzʐe³³		
曾头	gzʅ⁵⁵ qɑ³³ lie³³	qə³¹ xtə⁵⁵ ba³⁴³ ta³³		də³⁴³ duɑ³¹
龙溪	qo⁵⁵ liɑ⁵⁵	mu³¹ qo³¹	tshin⁵⁵ tshu³¹	a³³ ɕi⁵⁵ tsu³³
绵篪	dzʐɑ³³ qɑ³³ ba¹³³	mɑ⁵⁵ kəu³¹ zʅ³¹	ta³³ qɑ³³ zʅ⁵³ qa³³	kən⁵⁵ tau⁵³
索桥	dzʐo³¹ qo³¹ ba⁵⁵	ui³¹ ɕan⁵⁵	tshiu⁵⁵ tshu⁵⁵	mɑ⁵³ ʂan³¹
沟口		ku⁵⁵ su⁵⁵ ɣue⁵⁵ ~ kus⁵⁵	tɕhin⁵⁵ tshu⁴²	kin⁵⁵ tau³¹
黑虎	qu³³ le⁵⁵	qus⁵⁵ gyi⁵⁵	tɕhin⁵⁵ tshu⁵³	phin³³ ʂan³¹
龙池	gu⁵⁵ le⁵⁵	qus⁵⁵ ue⁵⁵	tɕhin⁵⁵ tshu³³	kin⁵⁵ tau³¹
三龙	qu⁵⁵ le⁵⁵	qus⁵⁵ ye⁵⁵	pe³³ tʂe⁵⁵	kən⁵⁵ tau⁵⁵
曲谷	qu le qule	qo sə ue	tɕhin tshu	kən tau
雅都	guᴵ quᴵ le	qusu ue	tɕhin tshuː	kin tau
维古	guᴵ qu la	qu su ua̯	tə pɑ tsə̯	do ɬu
龙坝	qəᴵ qo la	qes ua	pa tʃa	do ɬo
木苏	quəᴵ qu la	qus ua	pa ɕi	du ɬən
茨木林	quᴵ qo la	qoʂə ua	pa tɕe	da tʃhuk
扎窝	qəᴵ qo la	qos ua	tə pa tɕi	da tʂhuk
麻窝	quᴵ qu la	qusu ua	pa tɕi	də ɬyk
芦花	quᴵ qo la	qo sʉ ua	tə pats	do tʃhun
羊茸	qzʐə qo la	qos ua	pa pe	dø tɕhyn
松潘			taχmu	təmta
构拟				
说明				

调查点	早	老是	很	一起
大岐山	tə³¹ tsue⁵⁵	pe³¹ pe³¹	la⁵⁵	a³¹ xe⁵⁵
桃坪	dzʐa³³	ŋə⁵⁵	tɕi⁵⁵	zŋ³¹ ŋa³¹ ~ a³¹ sy⁵⁵ ta⁵⁵
曾头	thə³¹ qə⁵⁵ ə¹⁵⁵	qe³³ qe³³	tɕhy³³	a³¹ sy⁵⁵ ta⁵⁵
龙溪	qi⁵⁵ ~ zʐi³¹	tʂan³³ ɕin³³	xua³³	a³³ so⁵⁵
绵篪	tɕi³³ to⁵⁵	tɕa⁵⁵ qa³¹	qa³¹ qa³³	a³³ iu⁵⁵
索桥	dzʐa⁵⁵	tʂhan³¹ ʂə³¹	a⁵⁵ kəi³¹	kuŋ⁵⁵ thuŋ⁵⁵
沟口	a³³ dzʐa⁵⁵ u⁵⁵	ki⁵⁵ ze⁵⁵ thi⁵⁵	ia¹⁵ ze³¹	an⁵⁵ pə³¹
黑虎	dzʐa⁵⁵		ia⁵⁵ a⁵⁵ za⁵⁵	a³³ ɕu⁵⁵
龙池	dzʐa⁵⁵	pe³³ tse⁵⁵ ni⁵⁵	gin³⁵ ~ ia³⁵ ze³¹	aŋ⁵⁵
三龙	tsu⁵⁵ tsaː³³ nə⁵⁵	nə³³ qa⁵⁵	ia³⁵ zʐə⁵⁵	ə³³ tʂə⁵⁵
曲谷	dzʐa	gən	e tɕe	
雅都	tɕa ra	tsuŋ ʂə	gin	e ɕtɕe
维古	da ra ȵi	ȵat	gən	ɑ ŋua
龙坝	ra ra	ȵat	khən	ɑŋu
木苏	da ra	ȵat	gən	ɑŋu
茨木林	da ra	ȵat	ʁa¹ ʁa¹	ɑŋu
扎窝	da ra	ȵat	xpɤ, gən	ɑŋu
麻窝	da ra	ȵat	gən	ɑŋu
芦花	da ra	ȵat	ʂa ka	ɑŋu
羊茸	da dzʐa	ȵa tə	ŋo ma	ɑ ŋʉi
松潘	dzʐu		ȵeχpek	ʔaŋu
构拟				
说明				

调查点	准，可以	愿意	完毕	开始
大岐山	ʁu⁵⁵	ʁu⁵⁵	qe³¹ ie⁵⁵	da³¹ və⁵⁵
桃 坪	tshɑ³³	khən⁵⁵ thɑ³³	ɚ⁵⁵ xtʃi³³	da³³ ye³¹
曾 头	ʁu³³	khən⁵⁵ thɑ³³	ə⁵⁵ xtʂi³¹	da³⁴³ ye³³
龙 溪	ʁo³¹	ʁo³¹	qɑ⁵⁵	ɑ³³ tse³³
绵 篪		ʁəu³³	ta³¹ ɕo⁵⁵ qa¹³	da³³ tsi¹³
索 桥	çy⁴² kho⁵³	u³¹	tə³¹ ʂa³¹ ko³¹	ɦa³¹ tsie³¹ çi⁵⁵
沟 口		yan³⁵ ˑi³¹	ɦa³³ ʂa⁵⁵ ku⁵⁵	de⁵⁵ kue³¹
黑 虎		khəm⁵⁵ kə⁵⁵	de³³ i⁵⁵	khai⁵⁵ ʂə⁵⁵
龙 池	hũ⁵⁵	yan³⁵ ˑi³¹	de³³ y⁵⁵	de³³ ue⁵⁵
三 龙			ɦo³³ ʂo⁵⁵ ku⁵⁵	ə³³ ʁa⁵⁵
曲 谷		khəŋ ka	du ia	ə ʁa
雅 都	xu	khəŋ kə	das	khai ʂa
维 古	xu	khəŋ kə	das	də ua
龙 坝	xu	khəm ka	das	də ua
木 苏	hū	khəŋu	da sa	də ua
茨木林	hõ	sti ku kə	tʃhə	da ua
扎 窝	hõ	khəˈŋu kə	tʃhə	da ua
麻 窝	hū	khəŋu kə	das	də ua
芦 花	hõ	khaŋ kə	tʃhə	də ua
羊 茸	ŋo	khaŋ kə	tʃhə	da ua
松 潘	ŋu	ʁu		
构 拟				
说 明				

调查点	成了	蛰，咬	咽	脚麻
大岐山	pɑ³¹	tə³¹nie⁵⁵	ʂə³¹thue⁵⁵~thən⁵⁵	i³³ʂe⁵⁵ʁze⁵⁵
桃坪	pa³¹ke³³	kuə³¹niɑ⁵⁵	sɿ³¹dzuə³³	dzuɑ³¹pə³³dzɿ³³
曾头	tə³¹ʂɿ³³	lə³¹kuə⁵⁵qhɑ⁵⁵	sɿ³¹qzuə³³	sɿ³¹qzɿ³³
龙溪	tə³³qə⁵⁵z̞o⁵⁵	ɹɑ⁵⁵qhop⁵⁵	sə³¹zui³¹	bo³¹bo³¹
绵篪	tə³¹pɑ³⁵	ta³³su³¹	zui⁵³	za³³bu³¹
索桥	ɦɑ³¹tsie³¹ɕi⁵⁵	ɦɑ³¹z̞dz̞e⁵⁵	ɦɑ³¹zy³¹	dzo³¹bo³¹
沟口	tə³³pi⁵⁵	dz̞ɤ⁵⁵	sɤ³³du⁵⁵	dɑ³³mɑ⁵⁵thɑ⁵⁵
黑虎	te³³pə⁵⁵	niɑ⁵⁵	sɤ⁵⁵duɤ³¹	dez³⁵bu³¹
龙池	te³³pi⁵⁵		sə³³ʁlu⁵⁵	mɑ³³le⁵⁵
三龙	tə³³pe⁵⁵		sə³³tɑ⁵⁵	təɣz̞³³pu⁵⁵
曲谷	tə uəl pe	lə u qhuˈ	sə ɬi	də ɣzə
雅都	de pe		sə ʁzuə	gzə
维古	də pi	tsə sti	sə ʁzuə	pɑ tə gzə
龙坝	də pi	tsə sti	ʁzuə	pɑ (tə) gzə
木苏	da pi	tsə sti	sə ʁdzui	pɑ gzə
茨木林	da pi	tsə ste	sə ʁzuə	pɑ piegz
扎窝	da pi	tsə stɤ	sə zuə	pɑɣz
麻窝	da pi	tsə sti	ʁdzə	pɑ ɣzə
芦花	de pi	tsə stɛ	səʁz	pɑgz
羊茸	de pi	tsɤ ste	sə ʁdzə	pɑ gzə
松潘		ʁdz̞ɑe	ʁzu	ɣz̞əndz̞e
构拟				
说明				

调查点	渴	蒸	熬	烤，煨
大岐山	(xqa³¹) ʐi³¹kua⁵⁵	tɕe⁵⁵	ŋo³¹tha⁵⁵~zo⁵⁵	da³¹zo⁵⁵
桃 坪	da³¹xpa³³	u⁵⁵tɕe³³	tʂha³³tɕha³⁴zo³³	zo⁵⁵
曾 头	da³¹xpa⁵⁵	u⁵⁵tɕe³³	ŋau⁵⁵tha³³	au⁵⁵khye⁵⁵
龙 溪	tsu³¹tə⁵⁵pia⁵⁵	qo³³~ʁa⁵⁵tɕi⁵⁵	qo³³	khua³¹
绵 篪	da³³pia¹³	i³¹tɕe¹³	ta³³qa³³ʐ̩⁵⁵	zo⁵⁵
索 桥	ʂxo⁵⁵tə³¹ʐe⁵⁵	tə³¹tɕi³¹	ŋo³¹tha⁵⁵	je³¹tshu⁵⁵
沟 口	xku⁵⁵i⁵⁵kua⁵⁵	tsə⁵⁵	tshu⁵⁵	nə³³xˡkue⁵⁵
黑 虎	xquə¹³³i⁵⁵qa⁵⁵	tsə⁵⁵	nə³³gau⁵⁵tha⁵⁵	xkyi⁵⁵
龙 池	ʂqu⁵⁵i³⁵kue⁵⁵	təɕ⁵⁵	tə⁵⁵xli⁵⁵	ʂkue⁵⁵
三 龙	(ʂqu⁵⁵) ta³³ɦia³⁵	tsə⁵⁵	gau³³tha⁵⁵	khue⁵⁵
曲 谷	y ke	ʂqu	lə	tshu
雅 都	e ɕpi	ʂqu	lə	ʂkue
维 古	tsə rpia	rpia	rqulə	rkua
龙 坝	(tə) rpia	(tho) rqo	lə	(kuə) kua
木 苏	tərpie	rqu	lə	rkua
茨木林	spie	sqo	lʁ	skua
扎 窝	spi	sqo	lʁ	skua
麻 窝	ʂpi	ʂqu	lʁ	ʂkua
芦 花	spe	sqo	lʁ	skua
羊 茸	spe	sqo	lʁ	skua
松 潘	xpie	χqu	xɬi	xkuə
构 拟				
说 明				

调查点	烤火	揉糌粑	陇了，到达	追
大岐山	dɑ³¹ khue⁵⁵	xme⁵⁵ ~ ʐuɑ³¹ thɑ⁵⁵	(ɹə³¹) ti⁵⁵	tʂui³¹ thɑ³¹
桃 坪	mi³¹ khye³³	tə³¹ dzɿ³³ thi³³	kuə³¹ ti³³	xo³¹ xo³³
曾 头	mi³¹ khye⁵⁵	sə³¹ gzʐə⁵⁵ thia⁵⁵	kuə³¹ ti⁵⁵	xo³¹ xo⁵⁵
龙 溪	mə⁵⁵ le⁵⁵	ʐuɑ³¹ thɑ⁵⁵	dɑ³¹ i³¹ kə⁵⁵	xu⁵⁵ niu⁵⁵
绵 篪	mu⁵⁵ khuɑ³¹	thɑŋ⁵⁵ pɑ⁵⁵ ʐuɑ³³ thɑ⁵⁵	dɑ³³ phɑ¹³	de³¹ ɕɑ⁵⁵
索 桥	je³¹ khue³¹	ʐuɑ³¹	zə³¹ pe³¹	ʔɑ³¹ nə³¹ tʂhəi³¹
沟 口	mu³³ ʂkue⁵⁵	pə³³ lɑ⁵⁵	de³³ ie³⁵	tʂhu³³ ni⁵⁵
黑 虎	mɯ³³ pɑ⁵⁵ li⁵⁵ xkyi⁵⁵	ɕtɕyɑ⁵⁵	ɑ³³ pɑ⁵⁵	dzɑ⁵⁵
龙 池	mu³³ ʂkue⁵⁵	pu³³ liɑ⁵⁵ dzuʂ⁵⁵	deɕ³³ tʂə⁵⁵	ku³³ tʂhə⁵⁵
三 龙	mə³³ li⁵⁵	ɕtɕye⁵⁵	e³³ pel⁵⁵	dzɑ⁵⁵
曲 谷	ʂkue		ʔe pe	dzɑ
雅 都	mu li	pu liu bəl	ki pe	dzɑ
维 古	mə li	(pu liɑ) ʂu	dɑn kə	tʂhək
龙 坝	(ɑm) mə li	pə liɑ tʃuɑ	dɑ nə	tʂhə
木 苏	mə li	pə liɑʂɤ	dɑn kə	tʂhək
茨木林	mə li	pə letʃ	dɑ nə	tʂhe
扎 窝	məli	pə li tʃə	dɑn kə	tʂhɤ
麻 窝	mə li	pə li tʃə	dɑn	tʂhɤi
芦 花	mə li	pə li tʃə	dɑn kə	tʂhɛ
羊 茸	mə li	pə le tsɤ	dɑ ɲə	tʂhe
松 潘	mu xkuɑ	xtɕuɑ	dueɲij	tʂhək
构 拟				
说 明				

调查点	爬上去	偷听	闹	打
大岐山	kue³¹ kue³¹ pɑ³¹	xtsu³¹ ɲi⁵⁵ ço³¹ ʂʅ³¹	zɑ³¹ ɹɑ⁵⁵	dɪ³¹ ~ ʂə⁵⁵
桃坪	tə³¹ tsie³³ hpɑ³³	tɕhy⁵⁵ niy⁵⁵	tɕo³³ zo³³	kuə³¹ tʂhi³³
曾头	tə³¹ tʃhə⁵⁵ pɑ⁵⁵	tə³¹ hkə⁵⁵ khɕy³³ niy³³	lo⁵⁵ thɑ³³	khʂi⁵⁵ tɑ⁵⁵
龙溪	tə³¹ pɑ⁵⁵ thɑ³¹	mɑ³¹ ɕɑ⁵⁵ tsho⁵⁵ ɕi³¹	lau³⁵ thɑ³¹	qə⁵⁵ tɑ⁵⁵
绵篪	tɑ³³ tsɿ³³ qɑ⁵⁵	pie³¹ tɕhy³¹ səu⁵⁵ nə³¹	ze³³ i⁵⁵	tuɑ⁵⁵
索桥	tə³¹ kʉ⁵⁵	mɑ³¹ ʂtʂə⁵⁵ ʂo⁵⁵ tɕi⁵⁵	lo⁵⁵ thɑ⁵⁵	qə³¹ tie³¹
沟口	hɑ³³ lɑ⁵⁵	kuʵ⁵⁵ kuʵ⁵⁵	kʵ⁵⁵ ie³¹	zɑ⁵⁵ te³¹
黑虎	hɑ³³ phɑ⁵⁵	ʑi³³ mi⁵⁵ xkuə⁵⁵	ɦiɑ³³ lau⁵⁵ thɑ⁵⁵	te⁵⁵
龙池	hɑ³³ pɑ⁵⁵ le³¹		tɑ³⁵ sɑ³¹	tə³³ xʂɑ⁵⁵
三龙	he³³ kue⁵⁵	məʂ⁵⁵ tɕɑː³³ nə⁵⁵ xʂuɕtɕ⁵⁵	lau⁵⁵ thɑ⁵⁵	dʐi
曲谷	tə qɑ	lau thɑ		dʐi
雅都	ti de	tshɑt	lau thɑ	dʐe te
维古	də dɑ	tshɑt	ʐ̩u ʐ̩u̥	ti
龙坝	di di	(kuə) tshɑt	ʐ̩uə ʐ̩uə	ziɑ tɑ
木苏	di di	tshɑt	ʐ̩u ʐ̩u̥	zie
茨木林	dʵ de	tʂuəˈtsie	ʐ̩u ʐ̩u	zie tɑ
扎窝	dʵ dʵ	tshɑt	ʐu ʐu	zi tɑ
麻窝	dʵ dɑ	tshɑt	ʐu ʐu	zi tɑ
芦花	də dɛ	tshɑt	dø ʐ̩ʉ	ze tɑ
羊茸	də de	tshot	ʐʉ ʐʉ	ze tɑ
松潘	buk	xku xsoxt		ti
构拟				
说明				

调查点	敲打	打仗	牛顶架	使起来
大岐山	tse³¹ tshe⁵⁵ ~ tɕya³¹ tɕya⁵⁵	qua⁵⁵ ~ tʂət³¹ʂə⁵⁵	xa³¹ ɕy³¹ ɕy⁵⁵	xa³¹ ɹəzl⁵⁵
桃坪	tɕya⁵³	tʂaŋ³⁵ qua³³	tshʅ³¹ tsha³³	tə³¹ə⁻⁵⁵ zie³³
曾头	tɕya⁵⁵		suə³³ suə⁵⁵	
龙溪	ɹe⁵⁵ ta⁵⁵	tʂam²⁴ qua⁵⁵	ma³³ i⁵⁵ thə³³ thə³³	tə⁵⁵ ɹu⁵⁵ tsə⁵⁵
绵篪	tua³¹ tɕa⁵⁵	dʐua³³ qua⁵⁵	xo⁵⁵ xo³¹	tə³¹ tʂhu³¹
索桥	tu³¹ tie³¹	tɕi³¹ qua⁵⁵	thu³¹ thu³¹	tə³¹ ʐu³¹ʂə⁵⁵
沟口	za⁵⁵ te³¹	tʂan³⁵ kua⁵⁵	tʂe³³ kua⁵⁵	tɤ¹³³ xku⁻⁵⁵ te⁵⁵
黑虎	tʂua³³ tə⁵⁵	tʂʅ³³ qua⁵⁵	thɤ³³ thɤ⁵⁵	tʂhuə⁵⁵
龙池	gau³⁵ la³¹	tʃaŋ³⁵ tə³³ qua⁵⁵	zə³³ ze⁵⁵	təʂ³³ qua⁵⁵
三龙	qha³³ the⁵⁵	qu³³ qua⁵⁵	sə³³ sə⁵⁵	tʂhuə³³ tʂhuə⁵⁵
曲谷	khe⁻¹te	qu qua	sə sə	tʂhu tʂhu
雅都	ɹe	qu qua	sə sə	tʂhuə
维古	tshua ti ~ zia	qua	thɕa tʂə tʂə̥	tʂhu tʂhu
龙坝	tshua ti	ti ti	suə sə	tʂhuə tʂhuə
木苏	tshua ti	ti ti	suə sə	tʂhuə
茨木林	tshua te	tə te	sə sə	tʂhuə
扎窝	tshua tə	tɤtɤ	sɤ sɤ	tʂhuə
麻窝	stə sta	tɤtɤi	sɤs	təts̩
芦花	tsha tɛ	tə tɛ	səs	təts̩
羊茸	tsha ta ~ stə sta	tɤ te	sɤs	təts̩
松潘	tua ti	tua ti jitsə		ʂə̆da
构拟				
说明				

调查点	咧嘴	闭（眼）	闭（嘴）	翘起（嘴）
大岐山	dzֽa³¹ qhe⁵⁵	se⁵⁵	pi³¹ tha³¹	tɕho⁵⁵ tha³¹
桃坪	dzʅ³¹ ke³³ sʅ⁵⁵ zֽa³³	ə⁵⁵ sie³¹	ə⁵⁵ pie³¹	tə³¹ tɕho³³ tha³¹
曾头	da³⁴³ zֽa³¹	ə⁵⁵ sie³³	əɹ⁵⁵ pie³¹	xa³¹ tɕho⁵⁵ tha³³
龙溪	qa³³ da³³ tʂi⁵⁵ tʂi⁵⁵	mi⁵⁵ a³³ tɕa³³	qa³³ ʁa³³ qu³³	tə³¹ tɕhau³⁵ tha³¹
绵篪	da³³ pa³¹	ɦa³³ se³¹	ɦa³³ pia³¹	sə³¹ tɕho⁵⁵
索桥	ʂχo⁵⁵ tə³¹ qa³¹	ɦa³¹ tsie³¹	ɦa³¹ pi⁵⁵	tə³¹ tɕho⁵⁵ tha⁵⁵
沟口	de³³ sy⁵⁵	a³³ tʂa⁵⁵	ɦe³³ sue⁵⁵	tə³¹ tɕhau³⁵ tha³¹
黑虎	qhɤ⁵⁵	e tsə⁵⁵	ɦan³⁵	he³³ tɕhau⁵⁵ tha⁵⁵
龙池		ɦe³⁵ tɕi³¹	ɦe³⁵ mi³¹	sə³³ tʃu⁵⁵
三龙	sə³³ phie⁵⁵ xa⁵⁵	ɦe³³ tʂe⁵⁵	ɦam³⁵	he³³ tɕhau⁵⁵ tha⁵⁵
曲谷	dzֽa ɕtɕe	ɦe tɕe	ɦam ma	sə pha
雅都	he qhe	χtʃue	dzəm ma	dzun dzֽu gu
维古	ha qə˩	ə ɕa	am mə	səp pu
龙坝	χa qhe	tɕa	am ma	pha
木苏	ha qhe	e ɕe	am mə	səp phu
茨木林	ha qhe	da tɕi	a qhe	sə phu
扎窝	ha qhe	a tɕi	am ma	sə phu
麻窝	ha qhe	e tɕi	am m	sə phu
芦花	ha qhe	e tɕi	am ma	sə phu
羊茸	ha qhe	e tɕi	am ma	stəm hu
松潘		ɦe tɕi	ɦoqu	
构拟				
说明				

调查点	揭	和睦	关心	记住
大岐山		tui⁵⁵	χtie³¹ ʁdʑe⁵⁵	χtie³¹ ko⁵⁵ kuə³¹ lə³¹
桃 坪	tə⁵⁵ ni³¹	tue⁵⁵	kuan⁵⁵ ɕin⁵⁵ pu³³	ə˥³¹ tɕi³³ to³³
曾 头	tə³¹ ŋəŋ⁵⁵ tha⁵⁵	da³¹ tue⁵⁵	χtie⁵⁵ pu³³	dʑi²⁴ tu²⁴ pu³¹
龙 溪	tə³¹ ŋən³¹ tha⁵⁵	tue³¹	ɕi³¹ mi³¹ ie⁵⁵	ʁa³³ tɕi²³⁵ tha³¹
绵 篪	ʂa³³ ɬia³¹	xo³¹ mo⁵⁵ tye⁵⁵ nia⁵⁵ gʑe⁵⁵	kua⁵⁵ ɕĩ⁵⁵ pu³¹	fia³³ tɕi⁵⁵ tha³¹
索 桥	ŋe⁵⁵ ɕa⁵⁵	tye⁵⁵	tʂho³¹ tha⁵⁵	tɕi⁵⁵ to⁵⁵
沟 口	e³³ gin⁵⁵ tha³¹	xo⁵⁵ tha³¹	kuan⁵⁵ ɕin⁵⁵ pə⁵⁵	e³³ tʂə⁵⁵ kua⁵⁵
黑 虎	tə³³ gən⁵⁵ tha⁵⁵	tue⁵⁵	kua⁵⁵ ɕin⁵⁵ pə⁵⁵	as³³ tha⁵⁵
龙 池	gin⁵⁵ ta³¹	xo³³ tɕhi³⁵	ɕti⁵⁵ mi⁵⁵ ʑi³⁵	ku³³ tʃu⁵⁵ qua⁵⁵
三 龙	tə³³ gən⁵⁵ tha⁵⁵	ty³³ ty⁵⁵	kuan⁵⁵ sin⁵⁵ pə⁵⁵	e³³ tɕi⁵⁵ tha⁵⁵
曲 谷	tə qhəˀ	lau⁵⁵ ʑe⁵⁵		tɕi qua
雅 都	tə qhəˀ	tui tue	χtʃue	tʃi qua
维 古	qhəˀ qheˀ	tui tui	ʂtʂə xsu	ɕi qua
龙 坝	qhəˀ	tyi tyi	ʂə xsuə	ɕi qua
木 苏	qhəˀ qeˀ	det tyi	ʂtʂə xsui	ɕi qua
茨木林	qhəˀ qheˀ	da te	sti xsu	tɕi qua
扎 窝	da qhəˀ	da tə	sti xso	da tɕi qua
麻 窝	qhəˀ qheˀ	da tʁi	sti xsu	de tɕi qua
芦 花	qhəˀ qheˀ	da tə	sti qso	de tɕi qua
羊 茸	qhəˀ qheˀ	tə tə	sti xtso	tɕi qua
松 潘				duk le
构 拟				
说 明				

调查点	知道	哄	安装	拼凑
大岐山	tə³¹ xui⁵⁵ ~ tə³¹ sʅ³¹	qho⁵⁵	da³¹ dʐa⁵⁵	tə³¹ xo⁵⁵ tha³¹
桃坪	sʅ⁵⁵	tɕhi³³ tɕhe³³	ə¹³¹ lie³³	tə³¹ siaŋ⁵⁵ tu³¹
曾头	sʅ³¹	tə⁵⁵ ʑe³¹	sʅ³¹ iy³³	tə³¹ tue⁵⁵ tha³³
龙溪	sə⁵⁵	tə³¹ qu⁵⁵ ya³¹	ŋan⁵⁵ tha³¹	lu³¹ ba³¹
绵篪	tə³¹ xuə³¹ ɕia⁵⁵	qa⁵⁵ ga³¹		da³³ tue²⁴
索桥	nə³¹ tɕi⁵⁵	dzə³¹ qhua⁵⁵	tə³¹ ŋan⁵⁵ ti⁵⁵	tə³¹ lu³¹ ba³¹
沟口	nʁ⁵⁵ ~ lo⁵⁵ ti³¹	xun⁵⁵ tha	tʂ³³ ʂaŋ³⁵ tha³¹	tsheu³⁵ tha³¹
黑虎	nʁa⁵⁵	ɕu³³ ɕu⁵⁵	lu⁵⁵	fie³³ phin⁵⁵ tha³¹
龙池	nə⁵⁵	ge⁵⁵	ha³¹ ʂaŋ³⁵ te⁵⁵	ku³³ phin⁵⁵ ta³¹
三龙	dʐə⁵⁵ kuə³¹ le⁵⁵	ʐdziɬ⁵⁵ ɬi⁵⁵	əɬ³³ lu⁵⁵	fia³³ tshəu⁵⁵ tha⁵⁵
曲谷	tʂə tau	su su	gan tʂuan	ə zdʁ
雅都	nə	khʂeʐdʐ	dʐu	li ʂpe
维古	nə ~ tənə̣	xuŋ tha	tshə tsha	zdʁzdʁ
龙坝	na	qsuə qsuə	tshə tsha	kuə zdʁ
木苏	tə ɳa	qhsu qhsua	tshə tsha	kuə zdʁ
茨木林	ne	qsə qsa	tshə tsha	zdʁ
扎窝	nʁ	xsə xsa tʃə	tshə tsha	tə zdʁ
麻窝	ɳi	xsə xsoʂ	tshə tsha	kuə zdʁ
芦花	nɛ	qsə qsə tʃə	tshə tsha	kuə zdə
羊茸	no	qhsəˌtʃə	tshə tsha	zdə zdʁ
松潘	tɕho ŋu̥	ɣa		
构拟				
说明				

第三章 词汇

调查点	合陇	钉	锥	拧（螺丝）
大岐山	tə³¹ xo⁵⁵ tha⁵⁵ zɿ³¹	ɹə³¹ tie⁵⁵	da³¹ tsɿ⁵⁵	dzu³¹ lie⁵⁵
桃 坪	kuə³¹ dzie³³	kuə³¹ tin⁵⁵ tha³³	kuə³³ pia³³	tə³¹ xtue³³
曾 头	zɿ³¹ dzie³⁴³	tin²⁴ tha³¹	u⁵⁵ pia³³	tə³¹ nin⁵⁵ tha³³
龙 溪	a⁵⁵ zə⁵⁵ za⁵⁵	ʁa⁵⁵ te⁵⁵	tsə⁵⁵	tsiu³¹ tha⁵⁵
绵 篪	i³³ qhue⁵⁵	tuə³⁵	tsɿ⁵⁵	ta³³ dʐu³³ dʐua³¹
索 桥	təd³¹ qu⁵⁵		ie³¹ tʂə³¹	dʐu³¹ dʐua⁵⁵
沟 口	a³³ xo⁵⁵ tha³¹	e⁵⁵ i⁵⁵	e³³ tsui⁵⁵ tha³¹	dʐy³³ tʂua⁵⁵
黑 虎	e³³ xo⁵⁵ tha³¹	ʁɤ⁵⁵	pha⁵⁵	dʐua³³ dʐua⁵⁵
龙 池	ku³³ xo⁵⁵ la³¹	ɕie³³ tin³⁵ ta³¹	tʃə³³ tʃe⁵⁵	ku³³ xtʂue⁵⁵
三 龙	tʃə⁵⁵ pie⁵⁵	ɕia³³ ɕia³⁵	e³³ tʂe⁵⁵	dzə³³ tʐue⁵⁵
曲 谷	i ʂpe	thin tha	tsui tha	ȵiu tha
雅 都	ɕtɕi ɕtɕe	ɹe	ɣlə	que ɹe
维 古	dzə r̥pa	ɹeɹa	kuəʂ	da xuə ɹa
龙 坝	dzə r̥pa	a ʐda	kuə tʃua	xuə ria
木 苏	dzə r̥pa	ɹa	kuə ʂaˈ	xuə re
茨木林	kuə r̥pa	da ɹa	kuə tɕue	xtʂue re
扎 窝	dzə ʂpa	ɹə	tɕui	xtɕui ri
麻 窝	dzə ʂpa	ɹə	tʃa	xu ri
芦 花	kuə ʂpa	a ɹa	kuə tʃe	xtʃə ri
羊 茸	kʉə ʂpak	ɹe	tʃe	xtʃə re
松 潘		tia		χudʐua
构 拟				
说 明				

调查点	互相拉	拿来	拖、牵	搭
大岐山	zə³¹ xtuə⁵⁵ da³¹ xtuə⁵⁵	zə³¹ xtue⁵⁵	sʅ⁵⁵	tə³¹ qə⁵⁵ tui⁵⁵
桃 坪	tə³¹ xtue³³	xa³¹ xtue³³	ʃʅ⁵⁵	tuə³³
曾 头	xtuə³¹ xtue³³	zʅ³¹ xtue³³	ʃʅ³³ la⁵⁵	tə³¹ ʐya⁵⁵
龙 溪	zə³¹ ku⁵⁵ da³¹ ku⁵⁵	ku³¹ ku⁵⁵	sə⁵⁵ ko³³	a³¹ tui³¹
绵 篪	sə⁵⁵ la⁵⁵	tua³¹	sʅ⁵⁵ la³¹	ʐya⁵⁵
索 桥	ʂə⁵⁵	zə³¹ ʂə⁵⁵	ʂə⁵⁵	ta³¹ tha⁵⁵
沟 口	ʂə⁵⁵ kue³¹			tu⁵⁵
黑 虎	xkue⁵⁵ xku̯ə³¹	dze³⁵ ʂku̯ə	e⁵⁵ ʂku̯ə³¹	tuʁ⁵⁵
龙 池	ʂtʂu⁵⁵ ʂtʂu⁵⁵	ha⁵⁵ ʂtʂu³¹	sə³³ tho⁵⁵ la³¹	ɦot³⁵ ~ tu⁵⁵
三 龙	ʂku̯ə³³ ʂtuə⁵⁵	dzə³³ ʂku̯ə⁵⁵	ʂə⁵⁵ ʂku̯ə³¹	ɦaʂ³⁵
曲 谷	ʂkuə ʂkuə	dzə ʂku̯	ɦa xʂəˈ khu̯	tu
雅 都	ʂkuə ʂtu̯ə	tuə		
维 古	xtə stua	dzə rku̯ə	ʂə rku̯ə	tuə
龙 坝	stuə stua	dzə la	ʂə rku̯ə	tuə
木 苏	rkuə rku̯ə	dzə la	ʂə ʂku̯tuə	
茨木林	xə xə	dzə la	kʂə skuə	tuə
扎 窝	stuə stua	kuə la	ʂə ʂku̯	tuə
麻 窝	stʁ sta	dzə la	ʂa ʂku̯ə	tuə
芦 花	stʁ sta	dzə la	dzə ʂə sku̯	at
羊 茸	stʁ sta	dzə la	ça sku̯ə	tʁ
松 潘	xudʐ̞u	dzutʂu̥	çixk	tua
构 拟				
说 明				

调查点	削	填	擦、刷	搅拌
大岐山	ʂə³¹sue⁵⁵	ɹə³¹thian⁵⁵tha³¹	tʂhə³¹tʂhə⁵⁵~tsha³¹tha⁵⁵	tə³¹xma⁵⁵lie³¹
桃坪	sʅ⁵⁵phie³³	sʅ⁵⁵lo³¹	sʅ⁵⁵dzye³¹	tə³¹pan³³tha³³
曾头	sʅ⁵⁵phie³¹	lo³³	sʅ⁵⁵dzye³¹	xua³¹lie⁵⁵
龙溪	ɹa³³pia⁵⁵nə⁵⁵	tə³³thian³³tha⁵⁵		
绵篪		lo⁵⁵	sa³³tʂhʅ³³tha³¹	xo³³li⁵⁵
索桥	sye³¹ta⁵⁵	ɦa³¹tɕhe⁵⁵	tsha³¹tha⁵⁵	ʐbəi⁵⁵la⁵⁵
沟口	sue⁵⁵te³¹	ɦa³³thian⁵⁵tha⁵⁵	ɦa³³tsha⁵⁵te⁵⁵	ɣu⁵⁵te³¹
黑虎	sue³³tə⁵⁵	ɦa³³thian⁵⁵tha⁵⁵	mɤ³³ma⁵⁵	ʁɯ³³tə⁵⁵
龙池	sued⁵⁵te⁵⁵	ɦa³¹thian⁵⁵tha⁵⁵	mum⁵⁵ma³¹	tə⁵⁵tʃpe³¹
三龙	ʂua⁵⁵te⁵⁵	ɦe³³thian⁵⁵tha⁵⁵	mə⁵³ma⁵⁵	nə³³ɣlie⁵⁵
曲谷	ɕye te	thian tha	mo ma	ɹwe te
雅都	sue	thian tha	mə ma	ʐbi te
维古	tsaq	luə	ɕua ma	ɹpə ta
龙坝	tsaq	luə	ʂua mo	ɹpa ta
木苏	tsaq~tsaqə	luə	ɕa ma	ɹpə te
茨木林	ɕue pa	lo	ʂua ma	spa te
扎窝	tsaq	lo	ʂua ma	spa tɤ
麻窝	tsaq	lu	ʂa ma	spɤ ta
芦花	tsaq	lo	ʂa ma	spɛ ta
羊茸	tsaq	lo	ɕa ma	spe ta
松潘	ɕuə	ləba	ɕueti	tɕytɕtɕo
构拟				
说明				

调查点	抱	牵	带（物）	用
大岐山	tə³¹ xtø⁵⁵	tə³¹ tɕhe⁵⁵ pa³¹	tʂua⁵⁵	io⁵⁵
桃坪	kuə³¹ xtu³³	ta⁵⁵	xta⁵⁵	iye³³
曾头	tə⁵⁵ xue³³	ta³³	phʂe³³	iye³³
龙溪	zə³¹ to³¹	ta⁵⁵	tɕt⁵⁵	po⁵⁵
绵篪	da³³ təu³⁵	ta⁵⁵		io⁵⁵
索桥	ʂto³¹	ta⁵⁵	tə³¹ tɕy⁵⁵	dʐə³¹ tə³¹
沟口	the⁵⁵	ta⁵⁵ xty³¹	xta⁵⁵	sʅ³³ te⁵⁵
黑虎	the⁵⁵	ta⁵⁵	qʴ¹³³ qʴ¹⁵⁵	ʂə³³ tha⁵⁵
龙池	tə³¹ thə⁵⁵	ʂə⁵⁵ ʂə³¹	sta⁵⁵	tə³³ stʂa⁵⁵
三龙	thi⁵⁵	ta⁵⁵ ɕtɕu⁵⁵	li⁵⁵	ʂɛ³³ tha⁵⁵
曲谷	the	xʂəkuə	he tɕy	ʂə tha
雅都	ɹəxua	ki tse	le	pu
维古	qe qe~ɹə xʴ ə́p	ʂə́ ɻkuə̣	hətɕy	pə
龙坝	ta ɹa xua	ʂə́ ɻkua	he tɕui	pu~dzəp
木苏	ɹə xua	ʂə́ ʂkụ	ha tɕyn	paˡ
茨木林	ɹa qhua	əʂ et	a ti	pʴ
扎窝	ənhp ər	əʂ	ha ci	pə
麻窝	ɹə xua	ʂa ʂkụə	he tɕi	pʴ
芦花	ɹa xua	sa skụ	he ci	pʴ
羊茸	qhʉap	ça skʉə	tə cyi	pʴ
松潘	the	çi	χtse	ʂəda
构拟				
说明				

调查点	放置、寄存	抢	关（门）	盖
大岐山	kue³¹ qhø⁵⁵	thue⁵⁵	xa³¹ que⁵⁵	ɹə³¹ thə⁵⁵
桃坪	kuə³¹ xtʐ³³	tə³¹ ẓa³³ qe³³ ~ bə³³ be³³	xa⁵⁵ xe³³	ə¹³¹ xqe³³
曾头	kuə³¹ xtʐ³³	tə³¹ be³³	xa⁵⁵ xe³¹	xqe⁵⁵
龙溪	a³¹ sə³¹	bu⁵⁵ ba⁵⁵	diu³³ qua³³	qu⁴²
绵篪	u³¹ tə²⁴	zʅ³³ ta³¹	qua³¹	fia⁵⁵ que³¹
索桥	fia³¹ dʐya⁵⁵	tə³¹ ẓa³¹ qa⁵⁵	sə³¹ qua³¹	qhue⁵⁵
沟口	e³³ sə⁵⁵	dʐy³¹ tʂua⁵⁵	ha³³ kua⁵⁵	ɣy³¹
黑虎	eʂ⁵⁵	thue⁵⁵	qu³³ qua⁵⁵	quə⁵⁵
龙池	ku⁵⁵ ʂa⁵⁵	beɹ³⁵ be³¹	ha³³ qua⁵⁵	fie³⁵ ẓguə³¹
三龙	əʂ⁵⁵	thy⁵⁵	hə³³ qua⁵⁵	ẓguə⁵⁵
曲谷	ʂkə	thu thue	sə qua	gu̥
雅都	kəʂ	dʐui dʐue	qua	dʐuə
维古	kuə khʂə	bəp ba	ha ɣdʐi	rguə
龙坝	kuəkʂ	da bə ba	ha ɣdʐi	a ɹguə
木苏	kuəxʂ	bə ßa	ha ri	rguə
茨木林	kuəkʂ	bəba	dʐi	rguə
扎窝	kuəxʂ	bə ba	dʐi	rguə
麻窝	kuəxtʃ	ba	dʐi	rguə
芦花	kuə ʂtʃə	bəßa	dʐi	rugə
羊茸	kʉə çtʃə	bə ßa	dʐi	rgʉə
松潘	quxç	bə	tsə	kieχutsʅ̥
构拟				
说明				

调查点	晒	堵塞	荡动	摇摆
大岐山	khue³¹ sʅ⁵⁵		le³¹ la³¹ pu⁵⁵	xpa³¹ tɿ³¹ pa⁵⁵
桃坪	liaŋ³⁵ tha³³	ə⁵⁵ xtʂʅ³³	do³³ da³⁴³ ~ taŋ¹³ tha³³	lo³³ la³¹
曾头	dzʅi³⁴³	ə⁵⁵ xtʂə³³	do³³ da³⁴³	pe⁵⁵ tha³³
龙溪	sə³¹ lian³⁵ tha³¹	a⁵⁵ tʂə⁵⁵ tʂə⁵⁵	mu³³ li³³ mu³³ ɬia³¹	pai³¹ tha⁵⁵
绵篪	ʂa³³ dzʅi⁵⁵	ʂa³³ tʂʅ³³	da³³ dəu³⁵	pe³³ la⁵⁵
索桥	sə³¹ ze³¹ pu⁵⁵	ʂtʂə³¹	lan⁵⁵ tha⁵⁵	du⁵⁵ da⁵⁵
沟口	i⁵⁵ pə³¹	tə³³ sue⁵⁵ zʵ⁵⁵	tʵ³³ ɣu⁵⁵	xtua³³ le⁵⁵
黑虎	i³³ pu⁵⁵	ʂtʂə⁵⁵	luʵ³³ lua⁵⁵	dzə³³ tshuə⁵⁵ de³³ tshuə⁵⁵
龙池	sə³³ ʂkue⁵⁵	ku³³ tu⁵⁵ la³¹	dzə³¹ iau⁵⁵ la⁵⁵	sə³³ iau³³ la⁵⁵
三龙	pha⁵⁵	tə³³ syez⁵⁵	stua³³ te⁵⁵	ʂa³³ te⁵⁵
曲谷	lin tha	ə xtʂə	xle te	si ie nei ie
雅都	pha	xtʂə	stuə stua	ʐi ʐi
维古	pha	axtʂ	zdə zda	qu ta
龙坝	pha~daɸa	a xtʂə	(da) zdə zda	tə qə tua
木苏	pha	a xtʂə	zdə zda	gu ta
茨木林	pha	a sʂə	zde zda	qə ta
扎窝	pha	axtʃ	zdʵ zda	qə ta
麻窝	pha	xtʂə	zdʵ zda	qu ta
芦花	pha	aʂtʂ	zdə zda	qə ta
羊茸	pha	ҫtʃə	zdə zda	qʵ ta
松潘	xkuə	χtʂu		jiji
构拟				
说明				

调查点	花了（钱）	赔偿	打扮	刮（脸）
大岐山	xua³¹ tha⁵⁵	da³¹ ba⁵⁵ ~ ba³¹ zɿ⁵⁵	tsho³¹ tshe⁵⁵ pa³¹	ɹə³¹ qua⁵⁵
桃 坪	sɿ³¹ si³³	tə³¹ ba⁵⁵	ər³¹ xgie³³ tsi³³	que³³
曾 头	sɿ³¹ iye³³	bə³¹ ba³⁴³	xgie³¹ tsie⁵⁵	que³³
龙 溪	da³¹ ʐu³¹	tə³³ phe⁵⁵	tsho³³ tshi³³	khua⁵⁵ ta²⁴
绵 篪	ta³³ io²⁴	ba³³ u³⁵		tʂhua⁵⁵
索 桥	die³¹ dʐu⁵⁵	tə³¹ ba³¹	tə³¹ dʑi³¹ dʐa⁵⁵	ɦa³¹ khʂua⁵⁵
沟 口	xpɤɹ⁵⁵	tə³³ phei⁵⁵ tha⁵⁵	tsha⁵⁵	thɤ⁵⁵
黑 虎	ɦa³³ qa⁵⁵	ba⁵⁵	tɕhats⁵⁵	ɦa³³ kua⁵⁵ tha³¹
龙 池	sə³³ xua⁵⁵ la³¹	phei³¹ la⁵⁵	ɦe³³ tshe⁵⁵	ɦa³³ kua³⁵ le³¹
三 龙	ɦa³³ qa⁵⁵	tə³³ phəɹ⁵⁵	tshie⁵⁵	khue⁵⁵
曲 谷	ɦa ga	phei tha	tshe tshə	khueɹ
雅 都	dze	phei tha	qhsua	khueɹ
维 古	sə qa	(phi tha) ~ ɹa li	qhsua	khuəɹ
龙 坝	sə qa	ɹa lia	qsua	khuaɹ
木 苏	sə qe	ɹa lie	qhsa	khuaɹ
茨木林	sə qe	ɹa ɣli	qsua	khueɹ rmi
扎 窝	sə qe	ɹa li	xsua	khuəɹ
麻 窝	sə qe	ɹa li	xsa tʃə	khuaɹ
芦 花	sə qe	ɹa le	da qsa	kheɹ
羊 茸	sə qe	ɹa le	qhsa	khʂue
松 潘	ʂə da			xʂe
构 拟				
说 明				

调查点	守卫	调解	转回	逮住
大岐山	dio³¹ dʐu⁵⁵	du³¹ du⁵⁵	kue³¹ gø⁵⁵	tɕhe³¹ pa⁵⁵
桃 坪	dʐə³³		gu³³	kuə³³ tsi³¹
曾 头	gʐə³³	tə³¹ khɕe³³	u⁵⁵ gu³³	kuə³¹ ʐa³³
龙 溪	ʐi³³ tɕi³³	thiau³¹ tɕe³¹	tshe³¹ thui⁵⁵ pu³¹	a³³ tʂua³³
绵 篪	dʐu³¹	ta³³ pa³³ zʅ³¹	lə³³ zʅ²⁴	ɦa³³ tʂua¹³
索 桥	ʂəu³¹ ui⁵⁵ pu³¹	thiau³¹ tɕe⁵⁵ pu³¹	ʐdʐəi⁵⁵	tʂua³¹
沟 口	e³³ ʂeu⁵⁵ tha³¹	tʂhe⁵⁵	hɤ³³ ɣɤ⁵⁵	e³³ tɕi⁵⁵
黑 虎	ɦe³³ ʂəu⁵⁵ tha⁵⁵	thiau³³ tɕai⁵³ pə⁵⁵		e³³ tɕi⁵⁵
龙 池	ʂeu⁵⁵ la³¹	thiau⁴⁴ tɕe⁵³	ha³³ ʁue⁵⁵	ku³³ tʂa⁵⁵
三 龙	qə³³ gə⁵⁵	xʂe⁵⁵	he³³ thui⁵⁵ tha⁵⁵	e³³ tsi⁵⁵
曲 谷	gə˩gə˩	thiau tɕai pu	pəs tsa ȵi e pel	i tsi
雅 都	gə˩gə˩	khse	he thue	gi ge
维 古	gə˩ɣə	khsa	ha gu	gi gia
龙 坝	gə˩gə˩	ksa	ho go	kuə tsi
木 苏	gə˩ɣ	khsa	da gu	kuətsi
茨木林	gə˩gə˩	khsa	ha gu	kuə tsi
扎 窝	gə˩	xsa	gu	kuə tsi
麻 窝	gə˩gə˩	khsa	gu	kuə tsi
芦 花	gə˩gə˩	khsa	gə gu	kuə tsi
羊 茸	gə˩gə˩	khsa	gʉ	kʉə tsi
松 潘				que se
构 拟				
说 明				

调查点	罚	赛马	比赛	备（鞍子）
大岐山	fa³¹ tha⁵⁵	zø³¹ xle⁵⁵ zʅ³¹	xle⁵⁵	dʐe³¹ dʐe⁵⁵
桃坪	sʅ³¹ fa⁵⁵ tha³³		tə³¹ pi⁵⁵ tha³³	phie⁵⁵ tha³⁵
曾头	fa⁵⁵ tha³³	ʐu⁵⁵ phə³³ phə³³	phə³³ phə⁵⁵	phe²⁴ tha³³
龙溪	sə³¹ fa⁵⁵ tha³¹	ɹo⁵⁵ pi³¹ tha⁵⁵	pi³¹ tha⁵⁵	phi³⁵ tha³¹
绵篪	ɸa⁵⁵ tha³¹	ɹəu³³ tʂhe³¹	phĩ⁵⁵ tha³³	qhua³³ ɬa³¹
索桥	ɸa³¹ tha⁵⁵	ɹo³¹ dzu⁵⁵ pi³¹ tha⁵⁵	phin⁵⁵ tha⁵⁵	phi³³ tha⁵⁵
沟口	tɻ³³ fa⁵⁵ tha⁵⁵	ɣy³⁵ ta³³ tʂha⁵⁵ tha⁵⁵	pi⁵⁵ tha³¹	pi³⁵ tha³¹
黑虎	nə³³ fa⁵⁵ tha⁵⁵	u⁵⁵ sai³⁵ tha⁵⁵	pi⁵⁵ sai³⁵ pə⁵⁵	gan⁵⁵ tsə³¹ ses³⁵
龙池	fa⁵⁵ te³¹	y³⁵ pi⁵³ sai³⁵ tʃy⁵⁵	pi⁵⁵ sai³⁵	sə³³ ɕtɕy⁵⁵
三龙	fa³³ tha⁵⁵	u⁵⁵ sai⁵⁵ tha⁵⁵	pi⁵⁵ sai⁵⁵ pə⁵⁵	ʂtə³³ ʂke⁵⁵
曲谷	ɸa tha	phau tha	a ʂkə haŋ	sə ʂke
雅都	qu ru ʂke	u¹ xu̯ ɕe	pi:tha	ʂke
维古	r̥kia	ɹu n̥y	rgu rgua	(ɹu sti) r̥kia
龙坝	r̥ka	do n̥u	rguə rgua	(o) ɕoː
木苏	r̥kas	ɹu n̥i	rquə rqua	r̥ke
茨木林	ska	ɹor n̥u	rguə rgua	kʂu
扎窝	ska	ɹo n̥i	rguə rgua	xʂu
麻窝	ʂka	n̥i	rguə rgua	ʂka
芦花	ska ʂa	n̥i	rgə rga	ska
羊茸	ska	ɹo or	rgə rga	ska
松潘			xtu xtu	
构拟				
说明				

调查点	赶（牲口）	点、种	对半分	扮演
大岐山	ʑʊø³¹ və⁵⁵	phie⁵⁵	tə³¹ ɹø³¹ ɹø⁵⁵ a³¹ lə³¹ a³¹ tsue⁵⁵	tə³¹ xpa⁵⁵ xpu³¹
桃 坪	ʑu⁵⁵ iye³³	tian⁵⁵ tha³³		pan⁵⁵ tha³¹
曾 头	tʂhe⁵⁵	tiã⁵⁵ tha³³	a³¹ khça⁵⁵ ʑu⁵⁵ ʑu⁵⁵	tə³¹ pã²⁴ tha³³
龙 溪	u³¹ ʁua⁵⁵	phia⁵⁵	ɹo³¹ ɹo³¹	pa³¹ po³¹
绵 篪	nio⁵⁵	gəu³³ tua³¹	ɹə⁵⁵ ɹu³¹	ta³³ pa⁵⁵ pu³¹
索 桥	die³¹ tʂhəi³¹	ɹa³³ ʐy³⁵	a³¹ ke³¹ nə³¹ to³¹	tʂuan⁵⁵ tha⁵⁵
沟 口	ɣue⁵⁵		a³³ xa⁵⁵ dʐy³¹	tsha⁵⁵
黑 虎	gyi³³ gyi⁵⁵	a³³ tian⁵⁵ tha⁵⁵		ʂpa⁵⁵
龙 池	tə³³ ʁo⁵⁵ u⁵⁵		aa³³ na⁵⁵ tçhi⁵⁵ pa⁵⁵	ʂpa⁵⁵ te⁵⁵
三 龙	ɣaʁ⁵⁵	tian⁵⁵ tha⁵⁵	phin³³ pan⁵⁵ u³³ u⁵⁵	ʂpə³³ ʂpa⁵⁵
曲 谷	ɣuᴵua（kə）	phie	buᴵpanɸun tha	tʂuan pan pu
雅 都	ʁuaʁ	kui li̥	tui pan iu iu	ʂpa ta
维 古	ua ʁə̥	tçhua	ɹa khça	r̥pa
龙 坝	tə uaʁ	tʃhua	ɹa kça	r̥pa
木 苏	ua ʁəi	tçhye	ʑu ʑu	r̥pa
茨木林	uaːʁa	tçhue	ɹa ksie	da spa sɤ
扎 窝	u ʁa	stuə	ɹa xçi	da spa
麻 窝	u ʁa	stɤ tʃha	ɹa xçi	ʂpa
芦 花	uə ʁa	tʃhe	ɹa khçe	da spa
羊 茸				
松 潘	ʁə	tçhua	ɣdʐy	χpata
构 拟				
说 明				

第三章 词汇

调查点	离婚	结婚	迎接	送（礼）
大岐山	io³¹qə⁵⁵qə⁵⁵ʂə³¹pa⁵⁵	tɕhe³¹su⁵⁵	zə³¹di⁵⁵	da³¹ʁzu⁵⁵
桃坪	li³¹xuən³³	ʂe³³xte³³pu³³	də³³	da²⁴xdo³³
曾头	li³¹xuen⁵⁵jpu³³	ʂe⁵⁵xte⁵⁵pu⁵⁵	kuə⁵⁵də³³	da³⁴³xda³³
龙溪	da³³li⁵⁵tha³³	ɕi³¹pu³¹	(ʁa³¹) ɬi⁵⁵	da³¹zə⁵⁵
绵篪	ʂa³³ke³¹ka⁵³		i³³dei³¹	da³³zɿ³¹
索桥	di³¹xuən³¹pu³¹	ge³¹tshu³¹pu³¹	fia³¹tsie³¹ tsie³¹tha⁵⁵	suŋ³¹tha³¹
沟口	li³³xuŋ⁵⁵pə⁵⁵	tɕi⁵⁵dʐu⁵⁵ku³³ty⁵⁵	tɕe³³tha³¹~ʐʅ³¹tʂ³³	tʂ³³suŋ³⁵tha³¹
黑虎	li³³xuən⁵⁵dep³⁵	ɕi⁵⁵stʂ⁵⁵	dʐ⁵⁵	e³³sun⁵⁵tha³¹
龙池	li³³xuŋ⁵⁵pə⁵⁵	tɕe³³xun⁵⁵ tʃən³⁵tʃhai⁵⁵la³¹	tɕe⁵⁵la³¹	suŋ³⁵tha³¹
三龙	li³³xuən⁵⁵pə⁵⁵	ʐə³³ye⁵⁵pən⁵⁵	dək⁵⁵	ə³³suŋ⁵⁵tha⁵⁵
曲谷	fia gai ʐi	tɕe xun pu	in tɕe	ʐən tshe li
雅都	qar	gei ʐdʐe	də	qhsu
维古	qa ɹa	a qu de pi	də kə̣	qhsu
龙坝	(a) qəɹəp	kuə ɬi (a quʂuə)	dək	(to) qso
木苏	qa ɹa	a qu ʂuʁ	dək	qhsu
茨木林	qa ɹa	a qo tʃə	də kə	qso
扎窝	qa ɹa	a qo tʃə	dʁ	xso
麻窝	qa ɹa	a qo tʃə	dʁk	xsu
芦花	qaː¹ (qa ɹa)	a qo tʃə	də kən	qhso
羊茸	qa ɹa	aːqo tʃə	dʁk̚	qhso
松潘	fie dʐi	tɕudʐu ju dʐu		kuə
构拟				
说明				

调查点	掩遮	躲藏	碰、撞	捡、拾
大岐山	ɹa³¹ xtu⁵⁵	(xa³¹) to³¹ tha⁵⁵	tɕya³¹ pa⁵⁵	tə³¹ ɕe⁵⁵ ɕe⁵⁵
桃坪	kuə⁵⁵ stuʁ⁵⁵	kuə⁵⁵ xtuə³³ kə³³	a⁵⁵ tsuə³³ jpa³³	tə³¹ ɕa³³ ʐa³³
曾头	tə⁵⁵ ɕye³³	kuə⁵⁵ xtuə³³	tə⁵⁵ thə³³	tə³¹ ɕa³³ ʐa³³
龙溪	a³¹ lia³¹	a³³ pia³³	thə³¹ ta³¹	tə⁵⁵ təu⁵⁵ ta⁵⁵
绵篪	ta³³ su³³ sua⁵⁵	ta³³ ko³⁵		ta³³ ɕi³³ ba²⁴
索桥	ku⁵⁵ la⁵⁵	die³¹ ʂtu⁵⁵	tə³¹ tʐi³¹ tʐe⁵⁵	tə³¹ tɕa³¹
沟口	dʁ³³ xtu³³	a³³ pa⁵⁵	nʁ³³ phuŋ³⁵ tha³¹	zə³³ tua⁵⁵
黑虎	stuʁ⁵⁵ stuʁ⁵⁵	pa⁵⁵	thʁ⁵⁵	tə³³ tya⁵⁵
龙池	do³¹ stu⁵⁵	ku³³ pa⁵⁵	ku³³ thə⁵⁵	tə⁵⁵ tɕi³¹
三龙	stuə⁵⁵	pie⁵⁵	ət⁵⁵	tə³³ tya⁵⁵
曲谷	da stu̱	pie	thə thə	te tɕya
雅都	stuə	pi	kət	ti tse
维古	pu ʂu	pia	kuət	tə tsi
龙坝	puʂ	(kuə) pia	kuə tə	tə tsə
木苏	pəʂ	pie	thə	tə tsi
茨木林	pə tʃuə	pie	khuə thə	tə tsi
扎窝	pʁtʃ	pi	not	təx
麻窝	tə xu	pi	thə	tə tsi
芦花	tʁtʃ	pe	kuət	tə tsi
羊茸	(pətʃə) a qhɥə	pe	kɥə thə	tə tsi
松潘	z̥ua	pæ	thu	deti
构拟				
说明				

第三章　词汇

调查点	开会	排列	教育	雕刻
大岐山	ta³¹ ʁlie⁵⁵ pa³¹ ~ khaiˑ⁵⁵ xuiˑ³¹ pu³¹	a³¹ psie⁵⁵ psie⁵⁵	(da³¹) sø⁵⁵ sø⁵⁵	tiau³¹ tha⁵⁵
桃坪	ça⁵⁵ xte³³	phai⁵⁵ tha³³	ʂe⁵⁵ sy⁵⁵	tiau⁵⁵ tha³³
曾头	ça⁵⁵ xte⁵⁵	phai³¹ tue²⁴ pu³³	tɕau³⁵ jo³¹ pu⁵⁵	khe⁵⁵ tha⁵⁵
龙溪	mu³³ tso⁵⁵	tshu³³ tshu⁵⁵	so⁵⁵	tiau⁵⁵ tha³¹
绵篪	zua³³ ma⁵⁵ ça³³ lia³¹	ʂa³¹ ʁa³¹	tsha³¹ səu⁵⁵	thio³¹
索桥	xui⁵⁵ z̩ge³¹	tə³¹ phai³¹ tha⁵⁵	die³¹ so³¹ tɕhe⁵⁵	fia³¹ khe³¹ tha⁵⁵
沟口	xui³⁵ khai⁵⁵ tha³¹	de³³ phai⁵⁵ tha⁵⁵	tʂʴ⁵⁵ ɕy⁵⁵	thiau⁵⁵ tha⁴²
黑虎	mɤɹ³³ tsu⁵⁵	sə³³ phai⁵⁵ tha⁵⁵	tɕau³⁵ io³¹ ɦiep³⁵	tə³³ tiau⁵⁵ tha⁵⁵
龙池	z̩mu³³ tsu⁵⁵	ɦu³³ phai³⁵ la³¹	tɕau³⁵ te³¹ tʃy⁵⁵	tiau⁵⁵ la³¹
三龙	z̩mə³³ tsu⁵⁵	phai³³ tha⁵⁵	tɕau³⁵ io³³ pə⁵⁵	tiau⁵⁵ tha⁵⁵
曲谷	ɹmo tsu	phai tha	tɕau iau pu	tiau tha
雅都	z̩mə tsu	daxtʂ	su ʂqu (ə) ʂqua	
维古	rmu tsu	xtʂə	tə tshu	r̥qu r̥qu
龙坝	(a) rmə tso	(pa) guaʴ	(a) tsho tsho	(tə) rq̥ də rqua
木苏	tsu	(pa) xtʂə	tshu tshu	rqu rqua
茨木林	rmə tso	(a) xtʂi	siu siu	squ squa
扎窝	tso	da xtʂi	siu siu	squə squə
麻窝	rmu tsu	xtʂi	siu siu	ʂquə ʂqua
芦花	rmə tso	(da) xtʂi	sʉ sʉ	squə qua
羊茸	tso (rmə tso)	xtʂi	sʉ sʉ	ʂko
松潘				χqu χqua
构拟				
说明				

调查点	保护	连着	提炼	退还
大岐山	ɹə³¹ xqua⁵⁵	da³¹ qhe⁵⁵		da³¹ gø⁵⁵ zɿ³¹
桃坪	pau⁵¹ fu¹³ pu³³	kuə³¹ dzie³³	ʔɚ⁵⁵ dʑyi³¹	zɿ³¹ thui⁵⁵ tha³³
曾头	pau⁵³ fu¹³ pu³³		lian³⁵ tha³¹	ba³⁴³
龙溪	da⁵⁵ çu⁵⁵	a⁵⁵ zə⁵⁵ za⁵⁵	thi³¹ lan³⁵	ʁa³¹ thui⁵⁵
绵篪	la³³ tshɿ³³ pu³¹	i³³ dza²⁴		ba⁵⁵ qe³¹ sia³¹
索桥	tə³¹ po³¹ ɸu³¹	zə³¹ dza³¹	thi³¹ lian⁵⁵	ɦa³¹ thui⁵⁵
沟口	jau⁵⁵ tha⁴²	a³³ tʂha⁵⁵	sə³³ lian³⁵ tha³¹	e⁵⁵ ɣue⁵⁵
黑虎	pau⁵⁵ fu³¹ pə⁵⁵	a³³ dza⁵⁵	da³³ lian⁵⁵ tha³¹	he³³ gyi⁵⁵
龙池	ʂqua⁵⁵	ku³³ za⁵⁵	dʐə⁵⁵	ha³³ ue⁵⁵
三龙	pau⁵⁵ fa⁵⁵ pə⁵⁵	ə³³ dza	tʂə⁵⁵	he³³ ye⁵⁵
曲谷	ʂqua	ʔeʂke	xɬe xɬe	he ŋue
雅都	ʂqua	kə dza	lə	he queʐ
维古	rqua	kuə rpa	tsu tsua	ha ua
龙坝	(tə) rqua	rjpə rpa	(tə) tsə	hə wa
木苏	rqua	kuə rpa	tsuɣ	ha wua
茨木林	squa	spə spa	tso	ha quə
扎窝	squa	kuə spa	tso	ha wa
麻窝	ʂqua	kuə ʂpa	tsu	ha ua
芦花	squa	a spa	tso	ha ua
羊茸	ɹə qʉa	kuə spa	tso	gʉ
松潘				
构拟				
说明				

第三章 词汇

调查点	准备	引诱	蘸	装、灌
大岐山	tʂun⁵⁵ pi⁻³¹ pu⁵⁵ ~ y⁵⁵ pi⁻⁵⁵ pʉ³¹	da³¹ xtue⁵⁵	ɹə³¹ su⁵⁵ ~ ɹɚ³¹ pie⁵⁵	ɹɚ³¹ y⁵⁵
桃坪	tʂuəŋ⁵³ pi⁻¹³		ə⁻³¹ suə⁵⁵	sə⁵⁵ xkyi⁵⁵
曾头	tʂuən⁵⁵ pi⁻³⁵ pu³³	ta³³	suə⁵⁵	xy⁵⁵
龙溪	bu⁵⁵ zi³¹		tə³³ ʂu⁵⁵	ʁa⁵⁵
绵篪	ta³³ zɔu³³	su³³ ʑa⁵⁵	su⁵⁵	ʁe³¹
索桥	bu⁵⁵ zə⁵⁵	ta⁵⁵ ʂko⁵⁵	ɦa³¹ su⁵⁵ tie⁵⁵	tə³¹ ɕy³¹
沟口	tsun⁵⁵ pi⁻³⁵ pə⁵⁵	thau³³ luŋ³¹ pə⁵⁵	tsan³⁵ tha³¹	sʐ⁵⁵ ɣu⁵⁵
黑虎	y³⁵ pan³¹ pə⁵⁵	ʂe³⁵ ʂi⁵⁵	suə⁵⁵	ʁuʐ⁵⁵
龙池	bu³³ ke⁵⁵	tiau⁵⁵ so⁵⁵ tʃy⁵⁵	tsan³⁵ tei 31	ɦiau⁵⁵
三龙	tʂhən⁵⁵ pi⁻⁵⁵ pə⁵⁵	ta⁵⁵ ɕtɕu⁵⁵	suə⁵⁵	le³³ le⁵⁵
曲谷	ɦu wu zu	ha ʂkụ	ʔəst	sui
雅都	o u	ta	stə	iu
维古	bu kua	dzə̥ ʀqua	stə	iuː
龙坝	(də) bu ka	(dzə) ʀqua	(a) stəs	(sə) jo jo
木苏	bu ka	ʀqua	(a) stə	jyu
茨木林	bu ka	squa	stə	i
扎窝	bə ka	squə squa	(ʔa) stʐ	ji
麻窝	bu ka	ʂqua	stʐ	i
芦花	bu ka	squa	(a) st	i
羊茸	bəka~tə gzə	squɐ	stʐ̥	jy
松潘			titi tie	kəle
构拟				
说明				

调查点	泼	倒（土）	称呼	戳破
大岐山	ʂə³¹ dzy⁵⁵	(dzu³¹) ʁdzy⁵⁵	ʁui³¹ ɹa⁵⁵	tie⁵⁵ ~ (ʂə³¹) phʂɻ⁵⁵
桃坪	xa³¹ qə⁵⁵ thu³³	xgyi³³	xmi³³	kuə³¹ pia³³
曾头	xgy¹³	xgy³³		pia⁵⁵
龙溪	pha³³ tha³³	sə³¹ y⁵⁵ ~ sə³¹ sie⁵⁵	ʁua³⁵ tɕi³¹	tʂho⁵⁵ tha³¹
绵篪	pha³³ se³³	gui⁵⁵	ma⁵⁵ ma⁵⁵	tshəu⁵⁵ tia³¹
索桥	sə³¹ phe³¹	sə³¹ qo³¹ to⁵⁵	tə³¹ tʂhən⁵⁵ ɸu⁵⁵	sə³¹ phʂə⁵⁵
沟口	sʁ³³ pho⁵⁵ tha³¹	ɣu⁵⁵	tʂe⁵⁵	nʁ³³ tsha⁵⁵ te⁵⁵
黑虎	tho⁵⁵	ɦie³³ yi⁵⁵	fʁ⁵⁵	pha⁵⁵
龙池	ɦaq³³ tua⁵⁵	haq³³ tua⁵⁵	ʂpa⁵⁵ ~ z̩mu³¹	ku⁵⁵ tʃe⁵⁵
三龙	si⁵⁵ la⁵⁵	ʁə⁵⁵	z̩məd⁵⁵	tʂə⁵⁵
曲谷	se	(bu zə) sə ʁə	na	tə qhaˠ
雅都	z̩dʐu	z̩dʐu	ʂpə	tʃə
维古	hap tshi	e z̩dʐye	rpə	kuəʂ
龙坝	(ə) si	(e) z̩uʐu	rpə	kuə tʃua
木苏	si	z̩dʐui	rmə	kuəʂ
茨木林	se	a rdi	spi	kuə tɕue
扎窝	sʁ	a rɨi	spi	təʂ
麻窝	sʁ(i) ~pha	rdʐi	ʂpi	kuəʂ
芦花	sɛ	e rɨi	spi	kuətʃ
羊茸	se	rɨi	spi	tʃe
松潘	se	quto		phə
构拟				
说明				

第三章　词汇

调查点	喂	刻本记事	晾	下（蛋）
大岐山	xte⁵⁵		(ʂə³¹) liŋ⁵⁵ tha³¹	(xtə³¹) tʂʅ⁵⁵
桃坪	dʐu³¹ dʐo³³		lian⁵⁵ tha³³	yi³¹ tə⁵⁵ tʂhi⁵⁵
曾头	xtie⁵⁵		ma³¹ sʅ⁵⁵ khye⁵⁵	sʅ³¹ khʂi⁵⁵
龙溪	da¹³ çi⁵⁵		da³³ lian³⁵ tha³³	i³³ təd³³ tʂhə⁵⁵
绵篪	mu⁵⁵			i³³ ta⁵⁵ tʂʅ³¹
索桥	die³¹ çi⁵⁵	khe⁵⁵ tsə⁵⁵	mu³¹ si⁵⁵ khue³¹	sə³¹ khʂəi⁵⁵
沟口	dʐu⁵⁵ dʐu³¹		sə³³ lian³⁵ tha⁴²	tʂhə⁵⁵
黑虎	dʐuə³³ tʐuə⁵⁵		da³³ lian⁵⁵ tha³¹	tʂhə⁵⁵
龙池	dʐue⁵⁵	çi⁵⁵ qhu⁵⁵	lian³⁵ te³¹	ɦe³³ khʂe⁵⁵
三龙	dʐuəd³³ dʐuə⁵⁵	mu³³ khe⁵⁵		khə⁵⁵
曲谷	stə stə	sə qhu	ʂhie	khəˢ
雅都	dʐuə dʐuə	sə qhu	da lian tha	li la
维古	tsə ʂtʂə	sə qhu	r̥kua	(uə stə) khəˢ
龙坝	(a) dʐuə dʐuə	sə qho	(ha) r̥kua	(a) khəˢ (xəˢ)
木苏	dʐu dʐu	su qhu	r̥kua	khəˢ
茨木林	dʐo dʐo	si qho	skua	khəˢ
扎窝	dʐo dʐo	si qho	skuaːˢ	khəˢ
麻窝	dʐu dʐu	si qhu	ʂkua	khəˢ
芦花	dʐu dʐu	si qho	skua	da khəˢ
羊茸	dʐo	si qho	skua	khʂə
松潘	dʐu		xkuə	ɦəxʂ
构拟				
说明				

调查点	生长	扬场	落（太阳）	炎热
大岐山	xa³¹psie⁵⁵ ~ xa³¹zu⁵⁵	be³¹zu⁵⁵	ɹə³¹ʁdzu⁵⁵	ɕi³¹ɕi³¹tsu³¹
桃坪	ɚ³¹dəi³¹	ʃɿ³¹xku³³	ə³¹ləi⁵⁵	khye⁵⁵le³³
曾头	ə³¹də³⁴³	ʂə̩³¹xku³³		
龙溪	tə³¹ɕi³¹	sə⁵⁵ko³¹	ʁa³¹da³¹	khu⁵⁵khua⁵⁵
绵篪	ta³³ʐu⁵³		ɦia³³da³⁵	khua⁵⁵khua³¹
索桥	tə³¹ʐy⁵⁵	mu³¹pa⁵⁵ʂə⁵⁵	ɦia³¹tsho³¹	du³¹zxa³¹so³¹
沟口	təd⁵⁵zy³¹	mu³³ɣu⁵⁵ɕi⁵⁵	ɦia³³da⁵⁵	dʐʵ¹³³dʐʵ¹⁵⁵
黑虎	tə³³bua⁵⁵	mʌm³³ɬə⁵⁵	ɦia³³da⁵⁵	
龙池	tuʐ̩⁵⁵	mu³³ʁu⁵⁵ɕi⁵⁵	a³³qa⁵⁵	sa⁵⁵pe³¹ ~ sap⁵⁵
三龙	tə³³bu⁵⁵	məm⁵⁵ɬi⁵⁵	ɦia³³da⁵⁵	
曲谷	tə sə wie	xʂə̍ ʂku	ɦia qu	də
雅都	mə ad	ʂə̩ ʂkhu̯ə	a qa	si le ua¹
维古	xuə	məm	ha qa	khua
龙坝	xuə（tə xu̯ə）	（t）əməm（təm）	qsyi	khua
木苏	xə	məm	a qe	khua
茨木林	da xu	mə mə	da qsue	khua
扎窝	da xu̯	məm	a qe	khua
麻窝	xuə	məm tɕhi	a qe	khua
芦花	da xo	məm	a qe	(da) khua
羊茸	xʉə	mʉʐʉ tɕi	a qe	khua
松潘	tuʐ̥y̥		ɦioxʂua	ɕe
构拟				
说明				

调查点	熄灭	变为球形	褪色	费（衣）
大岐山	ʂə³¹ xpə⁵⁵	tə³¹ yan⁵⁵ tha³¹	ʂə³¹ dzʅ⁵⁵	(phu³¹) tshʅ⁵⁵
桃　坪	ɚ³¹ tɕhi⁵⁵		sʅ³¹ ɦdzʅe³³	tshʅ⁵⁵ tshuə³³
曾　头	khɕi⁵⁵	tə³¹ xgy⁵⁵ xgy⁵⁵	thue³³ sa⁵⁵ pu³³	tʃhə⁵⁵
龙　溪	ɹa³³ mia³³	ʁa⁵⁵ go⁵⁵	iaŋ³³ se⁵⁵ sə³³ thui⁵⁵	si³¹
绵　篪	ʂa³³ m̥a³⁵	ɦa³³ to³³ lo³⁵	ta³¹ tʂʅ³¹	tɕhi⁵³
索　桥	(sə³¹) ʂpe³¹	ɦa³¹ di³¹	ɦa³¹ thye³¹	tɕhi³¹ xa³¹
沟　口		yan³³ ti⁵⁵ tə³³ pi⁵⁵	da³³ ka⁵⁵	e³³ tʂhəz⁵⁵ ka³¹
黑　虎	ɦa¹³³ ma˩⁵⁵		he³³ thui⁵⁵ tha⁵⁵	tʂhi⁵⁵
龙　池	de³³ z̩me⁵⁵	tə³³ petʂ⁵⁵	ha³³ thui³⁵ la³¹	ɣne⁵⁵
三　龙	ə⁵⁵ ɹme⁵⁵	tə³³ petʂ⁵⁵	ɦa³³ ʁa˩⁵⁵	tʂhə⁵⁵
曲　谷	dei mi	tə patʂ	ɦa ʁe	tɕhi
雅　都	dei mie	tə pstʂ	(ian se) eˈ geˈ	tʃhe
维　古	rpa	tə patʂə	ian sə da ɬə	da tɕhi
龙　坝	da rmia	tə pstʂ	da ɬo	(tə) tɕhi zi
木　苏	da rmi	tə patʂ	da ɬu	tɕhi zai
茨木林	da rmi	da patʂ	da xlui	tɕhi za
扎　窝	da rmi	tə patʂ	da xɬə	tɕhi za
麻　窝	deːˈ mi	tə patʂ	xlə	tɕhi za
芦　花	da ɹə mi	tə patʂ	da xlə	tɕhi za
羊　茸	ʂpa	pa tʂə	xlə	tɕhi za
松　潘	xpiæ	patʂ		
构　拟				
说　明				

调查点	耐用	发生	相同、符合	稠、浓
大岐山	ʁgue⁵⁵	(dzɿ³¹) xa³¹ tse⁵⁵	ŋue³¹ ŋue⁵⁵	tə³¹ tɕe⁵⁵ tsu⁵⁵
桃坪	ye³³ le³³	ɚ⁵⁵ bzia⁵⁵	a³¹ xpa³³ jye³³	tə³¹ tɕe⁵⁵
曾头	xguə³³	xa³³ bzia⁵⁵	xqə⁵⁵ ta³¹	tɕe⁵⁵
龙溪	po⁵⁵ ʁa⁵⁵ lia⁵⁵	xo³³ lio³³	ʁua³¹	tɕi³³
绵篪	gua³¹	ɬa⁵⁵ sən³¹	ta³³ tue³⁵	ʂa⁵⁵ ʐa⁵⁵ tʂhə⁵³
索桥	ʐɿgu⁵⁵	tə³¹ ʐʉ³¹	tə³¹ ʐʉʁua⁵⁵ ma⁵⁵	ni⁵⁵
沟口	ʂɿ³³ te⁵⁵ le⁵⁵	tʂhu⁵⁵ tha³¹	tue⁵⁵	e³³ i⁵⁵ kua⁵⁵
黑虎	ʂə³³ tha⁵⁵ le⁵⁵	he⁵⁵ tʂuə³¹	tue⁵⁵	i³³ qa⁵⁵
龙池	tɕin⁵⁵ sə³⁵	ha³³ tʃho⁵⁵ la³¹	fie³³ tue⁵⁵	ȵan³⁵ te³¹
三龙	ʂə tha⁵⁵ le⁵⁵	hə⁵⁵ tʂuə³¹	ə³³ tsəm⁵⁵	fie³⁵ kue³⁵
曲谷	ʂə tha le	(ʐə) ha la	a qəʂ ue	ȵan tha
雅都	ʂɿ tha le	ha la	tue	o ʂku ʂu
维古	rguə	ha la	tuə tui	dzə ʂtʂə
龙坝	rgə	tə rə	(də) tyi tyi	ʔo rku
木苏	rguə	tə ri	ty tyi	(dzə) ʂə
茨木林	rguə	tə re	tʵ te	da skə
扎窝	rguə	tə rə	tʵ tʵ	da skə
麻窝	rguə	tə ri	tʵ tʵi	ʂkə
芦花	rguə	tə re	da tə	dask
羊茸	rguə	tə re	tʵte	skə
松潘	ɣgə			bi
构拟				
说明				

第三章　词汇

调查点	竖	歪、斜	溢（出来）	（树）倒了
大岐山	（ɹə³¹）z̩ɿ⁵⁵	ɕi³¹ tɕi⁵⁵ pa³¹	phu³¹ tha⁵⁵	ʂə³¹ tua⁵⁵
桃坪	tə³¹z̪i⁵⁵	tɕhid⁵⁵xka³³	xa³¹bə³³	sɿ³¹xgyi⁵⁵
曾头	zo³⁴³	tshye⁵⁵qa⁵⁵	（tə³¹）phu⁵⁵tha³³	ə¹⁵⁵xgyi³¹
龙溪	tə³¹tshu⁵⁵	da³¹su³¹	ʁa³¹phu⁵⁵sie⁵⁵	ʁa³³z̪u⁵⁵
绵篪	tei³³tei⁵⁵	qa³³tshua⁵⁵	ʂa³³pu³⁵	ʂə⁵⁵gui³¹
索桥	ɦa³¹tshʉ⁵⁵	ɦa³¹kəi³¹	ɦa³¹phu³¹sied³¹	died³¹dz̪y⁵⁵
沟口	tʀk⁴⁴tshu⁵⁵zʀ⁵⁵	çe³³tha⁵⁵e⁵⁵sə³¹	ɦo³³phu⁵⁵tha⁵⁵	
黑虎	tshuʀ⁵⁵	sə³³dz̪ua⁵⁵	ɬe⁵⁵	
龙池	ha⁵⁵sy³¹	sə³³xtʂue⁵⁵	（ɦa³³）xla⁵⁵	da³³z̪ʁua⁵⁵
三龙	tə⁵⁵tshu̯ə³¹	da³³qhua⁵⁵	（da⁵⁵）xle⁵⁵	da³³tua⁵⁵
曲谷	tshuə tshuə	qhua	ɦie ɬe	da tua
雅都	tə tshu̯ə	da qhuaz̪	de xle	da tua
维古	tə tsu̯ɲi	da qhua	xli	da tshu
龙坝	tə tshuə	dsa qhua	（da）xla	（də）tsho
木苏	tə tshui	qhua	xli	tshu
茨木林	tə tshuə	da xa, da qua	（da）xta	da tshiu
扎窝	tə tshuə	da qhua	xta	də tshy
麻窝	tə ts	qhua	（da）xla	də tshy
芦花	təts	da qhua	（da）xla	dø tshʉ
羊茸	tə tshə	da qhʉa	xla	tshʉ
松潘	hətʂ	dotɕho	ha χɬa	tshy
构拟				
说明				

调查点	（线）断了（自）	（棍）断了（使）	解开（结子）	（碗）破（自）
大岐山	ʂə³¹ pʰʂə⁵⁵ pa³¹	xu³¹ zʅ⁵⁵		ʂə³¹ ba⁵⁵ ba³¹
桃坪	da³¹ bz̩e⁵⁵	da³¹ ʁua³³ xtɕa³³		
曾头	sʅ³¹ se⁵⁵		tə⁵⁵ z̩a³¹	ʁe³³
龙溪	da³³ ba⁵⁵	da³¹ ʁə³¹ tsə⁵⁵	da³¹ xu⁵⁵	ʁa³¹ ba³¹ zi⁵⁵
绵篪	da⁵⁵ dzua⁵⁵	ta⁵⁵ ɬu³⁵ ɬia⁵⁵	ʂa³³ ɹa⁵¹	ta³³ ba⁵⁵ ba³¹
索桥	die³¹ bz̩e³¹	die³¹ z̩ʁə³¹ lia³¹ ʂə⁵⁵		sə³¹ kʰʂe⁵⁵
沟口	dʁ̩¹³³ bʁ̩⁵⁵	nək³³ ɬa⁵⁵	ɣua⁵⁵ le⁵⁵ ~ tʁ̩³³ kʰua⁵⁵	ɦʁ̩¹³³ kʰʁ̩⁵⁵
黑虎	bʁ̩⁵⁵	qʁ̩³³	te³⁵ pʰu³¹	ʁ̩⁵⁵
龙池	de³³ pe⁵⁵	ȵi³³ zu⁵⁵ ke⁵⁵	da³³ pʰa⁵⁵ le⁵⁵	z̩ʁe⁵⁵
三龙	deb⁵⁵ bə̩⁵⁵	dzə³³ xle⁵⁵	pʰu⁵⁵ la⁵⁵	ʁə⁵⁵
曲谷	de be˩	be xɬi	da ɸa˩qa	ʂpu
雅都	de bz̩e	qe ɬie	o puː˩ʁu˩	ʁe˩
维古	da gə̩˩	qə xə̩	pʰa˩ʁa	ʁə̩˩ ʁe
龙坝	da gə̩˩	axɬ	da ɸa ʁa	ʁə˩
木苏	gə̩˩	xlə	pʰa ʁa	ʁe
茨木林	da gə̩˩	da xtə	da pʰa˩ʁua˩	ʁe˩
扎窝	gə̩˩ (kʰə̩˩)	da xtə	(da) pʰa˩ʁa	ʁe˩
麻窝	gə̩˩	xlə	pʰa ʁa	ʁe˩
芦花	da gə̩˩	da xlə	da ɸa ʁa	ʁa
羊茸	da gə̩˩	xlʁ̩	pʰa ʁa	da˩ ʁe
松潘			tuwwə	χʂe
构拟				
说明				

调查点	破旧	破烂（衣）	膨胀	拿住
大岐山	gu³¹ qa³¹ mi⁵⁵ lə³¹	io³¹ qa⁵⁵ mi³¹ lə³¹	tʂaŋ⁵⁵ tha³¹	tə³¹ tʂua⁵⁵
桃 坪		dzʅi³³	tə³¹ tʂaŋ⁵⁵ tha³³	zʅ³¹ tʂe⁵⁵
曾 头	ə¹³¹ ba³⁴³	sʅ⁵⁵ bzʅ³¹	tə³¹ tʂaŋ³² tha³³	kuə⁵⁵ tʂi³¹
龙 溪	da³¹ tɕhi³¹	tsho⁵⁵ tsho⁵⁵	tə³¹ tʂan³⁵ tha³¹	a³¹ tshie⁵⁵
绵 簾	ta³³ tɕhi¹³	ta¹³ ɕa⁵⁵ qhua⁵³	ta³³ sua⁵⁵ sua³¹	u⁵⁵ tʂua³¹
索 桥		sə³¹ phʂə³¹ phʂə³¹	tə³¹ tʂan⁵⁵ tha⁵⁵	tə³¹ tʂua³¹
沟 口	e³³ tʂhə⁵⁵	ɦa³³ lan³⁵ tha⁵⁵	tʂaŋ³⁵ tha³¹	
黑 虎	bu³³ nia⁵⁵	de³³ bɤꞌ⁵⁵	tɤp³³ pha⁵⁵	e³³ tɕi⁵⁵
龙 池	de³³ ptse⁵⁵		tʃaŋ³⁵ te³¹	ku³³ tɕi⁵⁵
三 龙		deb⁵⁵ bəꞌ⁵⁵	təp³³ pha⁵⁵	tɕy⁵⁵
曲 谷	be	de tɕhe	tə pha	tə xse
雅 都	tʃhe	de dzʅe	tə pha	ki tse
维 古	tɕhi	da bia	tə phua	tə xsi
龙 坝	tɕhi	da baꞌ (da phaꞌ)	tə phua	tə qsi
木 苏	tɕhi	bi bei	təp pha	tə xsəi
茨木林	tɕhi, da ba	da bə' bə'	da phə pha	tə qse
扎 窝	tɕhi	da bə'	bəp pha	tə xsə
麻 窝	tɕhi	bi' bi'	təp pha	tə xtsi
芦 花	tɕhi	da bzʅ'	təp phua	tə cin
羊 茸	tɕhi	bzʅə	phɤ pha	tə tʉi
松 潘	ba	dozo	phəp pha	dzu tʂu̥
构 拟				
说 明				

调查点	装	揉搓	使用	摩擦
大岐山	da³¹ qhɵ⁵⁵	ʐua³¹ tha⁵⁵	io³¹ sə⁵⁵	tshɿ³¹ tha⁵⁵
桃坪	ou⁵⁵ jy⁵⁵		ye³³~ʂə⁵⁵ tha³³	dzy³¹ dye³³
曾头	ə³¹ jy³¹	ʐua⁵⁵ tha³¹	jye⁵⁵ sɿ³¹	tsha⁵⁵ tha³³
龙溪	i³¹ ʁa³⁵	i³¹ ʐua³¹ ʐui⁵⁵	po³³	tshə⁵⁵ tha³¹
绵簏		ʐəu³¹ tha⁵⁵	ʂa³¹ io³⁵	tshɿ³¹ tha⁵⁵
索桥	je³¹ ɕy³¹	tə³¹ ʐəu³¹ tha³¹	tə³¹ y³¹ kəi³⁵	sə³¹ tsha³¹ tha⁵⁵
沟口	sə³³ le⁵⁵	dʐə⁵⁵ tʂa⁵⁵	sɿ³³ te⁵⁵	tsha⁵⁵ te⁵⁵
黑虎	ɦie³³ le⁵⁵	səd³³ ʐua⁵⁵ tha⁵⁵		sə³³ tshə⁵⁵ tha⁵⁵
龙池	ɦiek³⁵ le³¹	sə³³ quə⁵⁵	tə³³ ʂə³⁵ la⁵⁵	tsha⁵⁵ le⁵⁵
三龙	ɦie³³ le⁵⁵	ʐua³³ tha⁵⁵	tə³³ ʂə⁵⁵ tha⁵⁵	ɣli³³ ɣlie⁵⁵
曲谷	e le	tsho tha	təʂə tha	tsha tha
雅都	ki li̯	ɣli ɣlie	sɿ tha	ɣli glie
维古	a tsha	ɣdʐi ɣdʐi	ʂə tha	ɣdʐi ɣdʐi
龙坝	tsha	ɣdʐi ɣdʐi	ʂə tha	gɿi gɿia
木苏	tsha	ɣdʐi ɣdʐi	ʂə tha	ɣdʐi ɣdʐi
茨木林	tsha	gʐi gʐie	ʂə tha	ɣdʐi ɣdʐi
扎窝	tsha	ɣdʐi ɣdʐi	ʂə tha	ɣdʐi ɣdʐi
麻窝	tshə tsha	ɣdʐi ɣdʐi	ʂə tha	ɣdʐi ɣdʐi
芦花	tshə	ʐdʐi ʐdʐi	ʂə tha	ʐdʐi ʐdʐi
羊茸	tsha	jdʒə jdʒə	ʂə tha	jdʒə jdʒə
松潘	kə le	xtɕua	ʂə da	li li
构拟				
说明				

调查点	比较	搜	反刍	管
大岐山	(tə³¹) pi³¹ tha⁵⁵	tə³¹ səu⁵⁵ tha³¹	dʐo⁵⁵ ʁdʐə⁵⁵	kue³¹ tha⁵⁵
桃坪	pi⁵⁵ tɕau²⁴ pu³³	ʔɚ³¹ səu⁵⁵ tha⁵⁵	xue³¹ tshau⁵³	kuə³¹ kuai³³ tɕa³³
曾头	pi³¹ tɕau²⁴ pu³³	ɚ¹³¹ səu⁵⁵ tha³³	xue³¹ ʂə⁵⁵ pu³³	que⁵⁵ tɕa⁵⁵
龙溪	tə³³ jpi³³ tha⁵⁵	səu⁵⁵ tha³¹	xui³¹ tshau³¹ pu³¹	qua⁵⁵ tha⁵⁵
绵篪	ta³³ pi³³ tha⁵⁵		xui³³ tshau³¹	
索桥	pi³¹ tha⁵⁵	səui⁵⁵ tha⁵⁵	xui³¹ tso³¹ pu³¹	qua³¹ tha⁵⁵
沟口		e³³ seu⁵⁵ tha³¹	xui³³ tshau⁵⁵ tʃy⁵⁵	kuand⁵⁵ tha⁵⁵
黑虎	ɦe³³ pi⁵⁵ tha⁵⁵	ɦe³³ səu⁵⁵ tha⁵⁵	xui³³ tshau⁵³ pə⁵⁵	ɦa³³ kuan⁵⁵ tha⁵⁵
龙池	pi³¹ tɕau³⁵	ɦe³³ seu⁵⁵ la³¹	xui³¹ tshau⁵⁵ pə⁵⁵	kuan⁵⁵ te³¹
三龙	pi⁵⁵ tɕau⁵⁵ pə⁵⁵	tə³³ səu⁵⁵ tha⁵⁵	xui³³ tshau⁵³ pə⁵⁵	kuan⁵⁵ tha⁵⁵
曲谷	ɣzə ɣze	səu tha		kuan tha
雅都	piː tha	tʃha ta		kuan the
维古	stu stu	lə	ɣdʐi	ʁlə ʁlə
龙坝	sto sto	lə	ɣdʐə	ʁlə ʁlə
木苏	stu stu	lə	ɣdʐə	ʁlə ʁlə
茨木林	sto sto	lɤlɤ	ɣdʐə	ʁle ʁla
扎窝	stu stu	lɤ	ɣdʐi	ʁlə ʁla
麻窝	stu stu	lɤ	ɣdʐi	ʁlə ʁla
芦花	sto sto	lɤ	dʐo dzə	ʁlə ʁla
羊茸	stə sto	lɤ	jdʐə	ʁlə ʁla
松潘			ʁdʐu	
构拟				
说明				

调查点	做生意	爬行	捻、纺	乞求
大岐山	tə³¹ se⁵⁵ pu³¹	ʁo³¹ ka⁵⁵ pu³¹	sa l̩³¹ dʐe⁵⁵	qə³¹ ʂə⁵⁵
桃坪	tə³¹ sie³³ pu³³	da³¹ ʁua³³	li³³	ʃɿ⁵⁵
曾头		da³¹ ʁua³³	sɿ⁵⁵ xmæ³¹	ʃɿ⁵⁵
龙溪	tə³³ si⁵⁵ pu³³	pha³¹ tha⁵⁵	li³³	qha³¹ ça³¹
绵篪	ta³³ se⁵⁵ pu³¹	pha⁵⁵ tha⁵⁵	li³¹	çi⁵⁵
索桥	tə³¹ si⁵⁵ pu⁵⁵	pia³¹ pia³¹ go³¹ go⁵⁵	sə³¹ dʐa³¹	qha⁵⁵ sia⁵⁵
沟口	tes³³ ku³³ ty⁵⁵	sʴ³³ pha⁵⁵ tha⁵⁵	lə³³ te⁵⁵	se⁵⁵
黑虎	təs³³ pə⁵⁵	ʐua³³ tə⁵⁵	l̩³³ l̩⁵⁵	qʴ³³ ʂə⁵⁵
龙池	tis³³ qa⁵⁵ te⁵⁵	ɦa³³ pha³³ le⁵⁵	li³³ te⁵⁵	dzəm³³ se⁵⁵
三龙	təts⁵⁵ pə⁵⁵	dzuə³³ ʁʐua⁵⁵ pə⁵⁵	lə³³ te⁵⁵	ʐgə³³ sie⁵⁵
曲谷	təs puə	bətʂ pu	(su) dʑe	khsi
雅都	təs pu	bətɕ pu	lil te	gʐi se
维古	təs \ ʂu	butʂ tʂhu	laʴ ʂua	kha sam
龙坝	tə si tʃə	bək tʃua	laʴ tʃua	kha sa tʃua
木苏	təs ʂuʴ	tutʂ tʂhu ʂuʴ	laʴ ʂua	kha sam ʂuʴ
茨木林	təsi tʃə	bək tʃə	dʑe rə ʐə	khə sa tʃə
扎窝	tə si tʃə	bək tʃə	dʑar dʒə	khə sa tʃə
麻窝	tə si tʃə	bʴk tʃə	dʑar dʒɛ	khə sa tʃə
芦花	tə si tʃə	bʴk tʃə	dʑar dʒə	stɛ san tʃə
羊茸	ti si tʃə	dʒa dʐə dʒə	khə sa tʃə~ ste sa	
松潘		dəde	dzotʂ	khəçe
构拟				
说明				

第三章 词汇

调查点	掷骰子	推	忘性大	疯子
大岐山	dze³¹ ʁbo⁵⁵	sʐ³¹ xti⁵⁵	xtie³¹ qə⁵⁵ ʁmu³¹	bə³¹ ɹə⁵⁵ mie³¹
桃坪	dzɛ³¹ le³³	sɿ³¹ thue³³ tha³³	xtie⁵⁵ ʁua³³	xbe³³ xma³³
曾头	dzie³⁴³ bo³⁴³	thue⁵⁵ tha³³	kuə³³ xmi⁵⁵ dzˌa³⁴³	tə³¹ xbə⁵⁵ ma⁵⁵
龙溪	ɕo³³ ɬi⁵⁵	ɕfe⁵⁵ ta³¹	uan³¹ sin³⁵ pa³¹ tɕa⁵⁵	da³¹ ʁo⁵⁵
绵篪	tʂi³³ dua⁵⁵ ɕi³¹	a³³ ti³³	tie⁵⁵ məə³¹	ɸu³³ tha³¹
索桥	ɕo³¹ ɕi⁵⁵	sə³¹ thui⁵⁵	zˌmo³³ tsho⁵⁵ ba¹³¹	die³¹ ʁo⁵⁵
沟口	ʂy³³ tɕi⁵⁵	ti⁵⁵ xte⁵⁵	uan²⁴ ɕin³⁵ le⁵⁵	tɤk³³ dzʵ⁵⁵ ~ kʵ³³ dzʵ⁵⁵
黑虎	ʂu³³ ɬi⁵⁵	niu³³ tə⁵⁵	mɤˀs⁵⁵ le⁵⁵	qʵ³³ du⁵⁵
龙池	ʂue³³ ɬi⁵⁵	sə³³ tsheu³⁵ la³¹	ku⁵³ zˌmu⁵⁵ ue⁵⁵	tu³³ ʁu⁵⁵
三龙	ʂu³³ ɬi⁵⁵	niu³³ te⁵⁵	zˌməs⁵⁵ le⁵⁵	qu³³ du⁵⁵
曲谷	ɕi ɬi	he thue	zˌmə stə le	du ʁu
雅都	ʂu ɕe	the ɕtɕe	daːˀm ʁu	ʁu ʁu
维古	ɕy ʁa	da thə	rmə la	ʁuːʁu
龙坝	ʂua ʁa	at ʁa	rmə la	ʁo ʁo la
木苏	ɕy ʁa	dat	rmə la	ʁu ʁu la
茨木林	ɕui ʁa	a thə ʁa	rmə la	ʁo ʁo la
扎窝	ɕui ʁa	at da ʁa	rmə la	ʁo ʁo la
麻窝	ɕi ʁa	at ʁa	rmə la	ʁu ʁu la
芦花	ɕi ʁa	at da ʁa	rmə la	ʁoːla
羊茸	ɕø ʁa	at ʁa	rmə la	ʁuɐ la
松潘	ɣguat	xte		ʁuʁu ʁun
构拟				
说明				

调查点	滚下	上门（招女婿）	取名	解（大便）
大岐山	kho³¹ ɹə³¹ lie⁵⁵	tsɿ³¹ ʁmu⁵⁵ ke⁵⁵	ʁmə³¹ xsa⁵⁵	xʂə³¹ ʂə⁵⁵ xʂɿ³¹
桃 坪		dio²³¹ tə³¹ lie³³	xmə⁵⁵ la³³	tʃhɿ³¹ tʃhɿ⁵⁵
曾 头	ə¹³³ xna⁵⁵		xmə⁵⁵ qhsa³³	ʐa⁵⁵ dʐa³⁴³
龙 溪	ʁa⁵⁵lə⁵⁵ ça⁵⁵	diu³¹ ʁa⁵⁵ ke³¹	min³³ tsə⁵⁵ tsho³³	tshə³³ pu³³
绵 簾	ʂa³³ dʐua⁵³	tsɿ³³ mia³¹ dzo⁵⁵	ma³³ tha³¹	tʂha⁵⁵ dua³¹
索 桥	fia³¹ li³¹ ça³¹	tçi³¹ mia³¹ kəi³¹	ʐmu³¹ tʂəi³¹	tʂhə⁵⁵ pu⁵⁵
沟 口	de³³ tçhy⁵⁵ ~ de³³ ly⁵⁵	tʂe³³ ma⁵⁵ a³³ la⁵⁵	min³³ tsɿ⁵⁵ tçhy⁵⁵ tha³¹	ʂɤ³³ çi⁵⁵
黑 虎	lu³³ lu⁵⁵	ʂan³⁵ mən³¹ pə⁵⁵	mɤ⁵⁵ fə¹⁵⁵	ʂə⁵⁵ ʂə⁵⁵
龙 池	fie³³ ly⁵⁵ ke⁵⁵	ʂaŋ³⁵ men³¹ tʃy⁵⁵	ʐme⁵⁵ fia³³ sa³³ la⁵⁵	xʂə⁵⁵ ʁu⁵⁵
三 龙	fiol⁵⁵ lu⁵⁵	ʂan³⁵ mən³¹ pə⁵⁵	ʐmeə⁵⁵ ʂpə⁵⁵	xʂə⁵⁵ xʂə⁵⁵（kə⁵⁵）
曲 谷	dʑi qa fia qa	ə lak	ɹmɯ ʂpu	xʂə xʂə
雅 都	ʁluəç a qa	kə qa	ʐmə ʂpə	qhsə çek
维 古	la ka a qa	guːzu xi	rmə la	qhsə iu
龙 坝	ʁlotʃ a qa	zə zəm kəs	rmə ʂpa	qʂə ju
木 苏	ʁlutʂ a qe	zəz kəs	rmə rpə	qhsə ju
茨木林	pa la ɹə qe	zəzən ~ zətçhua	rməla, rmə spi	qʂə i
扎 窝	ʁlotʂ a qe	zə zən kəs	rmə spi	xʂə ji
麻 窝	ʁlut a qe	zəz kə	rməʂpi	xʂə i
芦 花	ʁlot a ʁa	zə zən kəs	rmə spi	qʂə i
羊 茸	ʁlo ɹə a ʁa	zə dzən kə	rmə spi	qhçə tçhi
松 潘	ləçə		ɣmu dʐu	xʂə tsə
构 拟				
说 明				

调查点	有胎（猪）	堆肥	烙印子	涉（水）
大岐山	paɬ³¹ le⁵⁵	ʁmi³¹ bo⁵⁵	la³¹ mi⁵⁵ da³¹ sʁɿ⁵⁵	tsue³¹ ta⁵⁵ da³¹ ke⁵⁵
桃 坪	pa³¹ lə⁵⁵ kyi³³	xmi³¹ bo³⁴³		tsuə ʑi
曾 头	pa⁵⁵ ma⁵⁵ tʃuə³¹ ky⁵⁵	xmi³¹ bo³⁴³		
龙 溪	pan³¹ tsu⁵⁵ lia³¹	mi⁵⁵ pia³¹	sə⁵⁵ xue⁵⁵ xue⁵⁵	tsu³³ y⁵⁵（tɕi³³）
绵 篪	tʂuə⁵⁵ ʑi⁴⁴	tuəi⁵⁵ ɸəi³³ pu⁵⁵	mi³¹ mi⁵⁵ da³³ ka³³ zi⁵⁵	tsua³³ la⁵⁵
索 桥	tʂu³¹ tʂu⁵⁵ lie⁵⁵	mi³¹ bu³⁵ tə³¹ pia³¹	mi³¹ ɹa⁵⁵ fia³¹ dʐjo³¹	tsu³¹ ʐ̞ke⁵⁵
沟 口	pe⁵⁵ zy⁵⁵ le⁵⁵	mi⁵⁵ thua⁵⁵	ye³³ mɤ⁵⁵	tsu³³ ʐ̞ɤ⁵⁵
黑 虎	paɹ³³ tʂuə⁵⁵ le⁵⁵	mi⁵⁵ a⁵⁵ ie³³ le⁵⁵	nə³³ lo⁵⁵ tha⁵⁵	tsuɤ⁵⁵ tʂha⁵⁵ tha⁵⁵
龙 池	pəl³³ le⁵⁵	ʐmi⁵⁵ pi⁵⁵	ye³³ mi⁵⁵	tsu³³ ʁlu⁵⁵
三 龙	pel⁵⁵ le⁵⁵	ʐ̞mi⁵⁵ bu³³ bə⁵⁵	mi³³ hĩ⁵⁵ lo⁵⁵ tha⁵⁵	tsua⁵⁵ ʁlu⁵⁵
曲 谷	pie tʂu le	(i mi) bu	(in tsɿ) lo tha	(tsɿ ʁa) səl
雅 都		i mi bə	e dʐe	tsə ʐdʐə
维 古	pie ʂuə la	rmi bu	sip xi	tsəʐg
龙 坝	paɹ la	rmi bə	sip ɬi	tsuəʐ
木 苏	pal la	rmi ɣli bui	sip ɬi	tsəarg
茨木林	paʐ la	rmi bu	si pə tɕhi	tsə rgə
扎 窝	paʐ la	rmiʐ bu	sip tɕhi	tsə rgə
麻 窝	paʐ la	rmiʐ bu	səp tɕhi	tsə rg
芦 花	paʐ la	rmiʐ bu	səp tɕhi	tsə rg
羊 茸	pe ʐkə la	rmi dʐə bʉ	ʑip tɕhi（ʂaq ʁa）	tsɤ rgə
松 潘				
构 拟				
说 明				

调查点	硝（皮子）	游泳	补充
大岐山	ɹa³¹ ȵi⁵⁵	ʁla³¹ pa⁵⁵	da³¹ xpo⁵⁵
桃　坪	ʐa³³ ni³³	ʁua³³	pu⁵³ tshuŋ³³ pu³³
曾　头	ʐa⁵⁵ ni⁵⁵	tsə⁵⁵ fu³¹ tha³³	pu⁵⁵ tʂhuɳ⁵⁵ pu
龙　溪	ʐa³¹ nə⁵⁵	fu³³ tha³³	pu⁵⁵ tshuŋ⁵⁵ pu⁵⁵
绵　篪	ɹa³³ piu³³ ʐua⁵⁵	tsua³³ ɕa³¹	
索　桥	dʐa³¹ ʐua⁵⁵	tsu³¹ ʐʁu⁵⁵	pu⁵⁵ tʂhuŋ⁵⁵ pu³¹
沟　口	ɦa³⁵ pa⁵⁵ ku³³ ty⁵⁵	(tsu⁴²) fu⁵⁵ tha⁵³	
黑　虎	tʂhua⁵⁵	tsuɤ⁵⁵ fu³³ tha⁵⁵	pu⁵⁵ tshun⁵⁵ pə⁵⁵
龙　池	ɦa³⁵ pa⁵⁵ ɕau⁵⁵ la³¹	tsu³³ fu³³ lka⁵⁵	pu⁵⁵ tʃuŋ⁵⁵ tʃy⁵⁵
三　龙	ɦa³³ pie⁵⁵ pə⁵⁵	fu³³ ʂui⁵³ pə⁵⁵	pu⁵⁵ tshun⁵⁵ pə⁵⁵
曲　谷	ɹe pi ɕau tha	ʁlu	pu tʂhuɳ pu
雅　都	(ɹe pie) ni the	ʁluə	puːtshuɳ pu
维　古	(dʐia pia) nə tha	ʁlu	lu ʙa ɹu
龙　坝	nə tha	ʁluə	lo ʙa ɹo
木　苏	mə ɬa	ʁlu	lə ʙa ɹu
茨木林	nə ɬa	ʁlo	lo ba ɹo
扎　窝	dʐa pi ŋuə ɬa	ʁlo	lo ba ɹo
麻　窝	ŋuə ɬa	ʁlu	lu ʙa ɹu
芦　花	ŋuə ɬa	ʁlo	lo ba ɹo
羊　茸	ŋuə ɬa	ʁlo	lo ba ɹo
松　潘		tsuʁʐ	
构　拟			
说　明			

第三章　词汇

调查点	嘴唇	下巴	腋	拳头
大岐山	xqa³¹tɕe⁵⁵ɹa³³jpie⁵³	zɿ³¹ma⁵⁵qa³¹	ʁzie³³la⁴²qhu³¹	xtʂue³¹ni⁴²
桃坪	xduə³³ʐa³³pa³³	mə³¹sɿ³³kha³³	dʐa³³xqa³³	hkue³¹ni⁵⁵
曾头	xduə³¹ʐa⁵⁵pa⁵⁵	mæ³¹tsɿ⁵⁵khie⁵⁵	dʐa³³xga⁵⁵	hkuæ³¹ni⁵⁵
龙溪	zua³³sui³³ɹa³³pia⁵⁵	ça³⁵pha³¹	xa⁵⁵qo³¹	qu³³ni⁵⁵qə³³
绵簇	dua³⁵ɹa³¹	kha³¹	dʐa³³li⁵⁵ka³³fa³³	ku³³nia⁵⁵
索桥	ʐdye³¹ʐa⁵⁵pia⁵⁵	ça⁵⁵pha⁵⁵	di³¹tɕa³¹qhu⁵⁵	ʂku³¹niu⁵⁵
沟口	dua³⁵pa³¹	dʑak³⁵	tɕa³³tʂə⁵⁵ɣuə⁵⁵	ku⁵⁵tʂu⁵⁵pu³¹
黑虎	da³⁵	dʑi⁵⁵qa⁵⁵	tɕa⁵⁵tʂə⁵⁵ʁu⁵⁵	xku³³dʑi⁵⁵
龙池	zdua³⁵pa³¹	dʑil⁵⁵qa⁵⁵	dʐa⁵⁵ma⁵⁵~dʐa⁵⁵ua⁵⁵	leç³³mi⁵⁵
三龙	tshən³³pa⁵⁵	ʐdzəl³³qa	dʐa⁵⁵qə⁵⁵qəl⁵⁵	ʂku⁵⁵ni⁵⁵
曲谷	tshəm pa˩	dʑu˩	i pi ti tsa la	y ʂpul
雅都	tshə pa˩	dʑəː˩	i pi ʂqul	iʂpal
维古	tshəːpa˩	dʑu lua	dʑia βla r̥qul	iː r̥pa ʁu˩
龙坝	tshə pa˩	dʑi la˩	dʐa βula r̥qol	i r̥pə ʁuə˩
木苏	tshə pa˩	dʐil la	dʐe βla r̥qul	i r̥ku lia
茨木林	gʐua ɹa	ma gə	dʑe di mol	ʐon tho
扎窝	rdʐua˩	maɣ	dʐa de sqol	ʐon tho
麻窝	ɣdʐa˩	maɣuə	dʒa βu laʂqul	ʐən thu
芦花	ʐdʐa˩	ma ɣu	dʑe di sqol	ʐən tho
羊茸	jdʒua ɹa	ma gə	dʒe de sqol	ʑin tə˩
松潘	tshəpe	mej	dʐama	ɣloxn̥i
构拟				
说明				

调查点	鼻屎	口水	痰	妻子
大岐山	xne⁵⁵ ɹa⁵⁵ pie³¹	tsue³¹ ɹa⁴²	tshu³¹ ɹa³¹ xne⁵³	ɕuŋ⁵⁵ tɕi⁵⁵ ta³¹ m³¹（am³¹） xa⁵¹ dze³⁵
桃坪	ni³¹ qo⁵⁵ pə³³ xne³³	ʃɿ³¹ ma³³	tshu⁵⁵ xqa³³ hne⁵⁵	tsi³³ tsie³³ me³¹
曾头	xne³³ dʐa³³ ba³³	ʃɿ³¹ mæ³³	qha³³	tsuə³¹ ma³³
龙溪	ti⁵⁵ khu⁵⁵	pia³⁵	thu⁵⁵ pu⁵⁵	tɕe⁵⁵ mi³³
绵篪	ɹa³³ pia⁵⁵	kha³¹ tsɿ⁵⁵ pia³¹	tshəu³³ pu⁵⁵	tɕe⁵⁵ ma³¹
索桥	ɹa³¹ dzu³¹ tʂhə³¹	tsu³¹ ɹa⁵⁵	xa³¹ pu⁵⁵	tsie³¹ tu⁵⁵
沟口	hã⁵⁵ niy⁵⁵ ku⁵⁵ pa⁵⁵	tsua³⁵	tshu⁵⁵ xpʶə¹³¹	tɕi⁵⁵ ma⁵⁵
黑虎	ha³³ ti⁵⁵ i³³ qa⁵⁵	tsʶs³³ pa⁵⁵	tshue³⁵ fə¹³¹	be³³ le⁵⁵
龙池	hã⁵⁵ ku⁵⁵ pa⁵⁵	tʃua⁵⁵	tshu⁴⁴ pha⁵⁵	tɕi⁵⁵ ma⁵⁵
三龙	hã⁵⁵ ku³³ pa⁵⁵	tsəs⁵⁵	tshueʂp⁵⁵	tsi³³ lam⁵⁵
曲谷	ha̱˧ ku pa	tʂua˧	tshus ma˧ hã˧	tsan be
雅都	xɑː˧ ɸ	tsəs	tshuəp qha˧	uy u tɕo
维古	xa i tɕua	tʂua˧	tshəp tʂua˧	zia ʁua˧
龙坝	xa i tɕua	tuaː˧	tshə ɸu̱ qha˧	zia ʁua˧
木苏	xai tɕya	tʂua	tshup tʂua	zia ɹʁua˧
茨木林	stə khə˧	tuə saː	tuə ste	tsaŋ gua
扎窝	stə khṵ˧	tə sa	tshuə ste	tsaŋ gua
麻窝	stʶ xə˧	tsə sa˧	tshəɸ ta˧	tsaŋ gua˧
芦花	stɛ khə̱˧	tə sɛ	tshə ste	tsaŋ gua˧
羊茸	stən dʐu qhɕə	ta ɹa	tshə ste	tse gzʉ
松潘	hæxʂ	xtyja	tshyxpi	bele
构拟				
说明				

调查点	砌砖匠	医生	叛徒	爪（鸟）
大岐山	ʁlo⁵⁵ zu⁵⁵ tɕhi⁵⁵ m̩³¹	sø⁵⁵ dze⁵⁵	xa⁵³ ʁɿ³¹ pa⁴² m̩³¹	i³³ se⁴²
桃坪		ʑe³³ i⁵⁵ tha⁴⁴ mə⁵⁵		dʑi⁵⁵
曾头	ʁo³⁴³ zuə³³ pu⁵⁵ mə³¹	ʑe³⁴³	i⁵⁵ tha⁴⁴ mə³¹	
龙溪	qha³¹ tsu³¹ ɬa³¹ mu³¹	ie⁵⁵ tsa³¹ mu³¹	phan¹⁴ thu³¹	tʂau³³ tʂau³³
绵篪	lu³³ zu⁴² tʂhu⁵⁵ mu³¹	dʑi⁵⁵ sɿ³³ mu³³	phan¹⁴ thu³¹	gəu³³ gəu⁵⁵
索桥	khʂa⁵⁵ ɕa³²¹ mi⁵⁵	ŋe³¹ pu⁵⁵ mi⁵⁵		tʂo³¹ tso³¹
沟口		ʐə⁵⁵ xpa³¹ ʂəm⁵³		dʐu⁵⁵ kua⁵⁵
黑虎	qhaɹ³³ ɬim⁵⁵	ʑi³³ u⁵⁵ tʂhi³³ pum⁵⁵	he⁵⁵ dʐəm⁵⁵	tʂau³³ tʂau⁵⁵
龙池	qha⁵⁵ xliem³¹	ʑik⁵⁵ tʃhum⁵⁵		lu³³ qu⁵⁵
三龙	qha⁵⁵ xliem⁵⁵	ʐdʑi⁵⁵ fiũ⁵⁵ tʂha³³ pəm⁵⁵	hə⁵⁵ ɣləm⁵⁵	paˣ⁵⁵
曲谷	qhaˑxliem~ qhaˑɣʐə⁵⁵	i sən	ha ɣləm	pa xə̣ˑ
雅都	qhaˑxliem	imi tʃhi pem	ha ɣliəm	pa xə̣ˑ
维古	qhaˑ（qhaˑtʂə̣) xliam	i sən	ha ɣəm	pa xə̣ˑ
龙坝	tɕi xliam	sə pa tʃuəm	ha ɣləm	pa xə̣ˑ
木苏	tɕi xlam	sə pa ʂtʂəm	ha ɣlən	sa qhaˑ
茨木林	qheˑstam	sbin tʃən	gʐu ɣgu	sa qhəˑ
扎窝	qhe xtam	span tʃən	ɣʐu rguən	u dʐaq
麻窝	qhəˑxlian	sman tʃən	ha ɣlən	sə ʁuaˑ
芦花	ʁʐø zu	sman tʃən	ʐdʑi rgu	sa ʁuaˑ
羊茸	rdo zo	sman tʃəɲ	ʐə rgu	se ʁua
松潘		ɣgi zæn	ɲi quza	pɑᶻ
构拟				
说明				

调查点	家畜	猫	核桃	韭菜
大岐山	so³¹ ʁo⁵⁵ pei⁵³	ma³¹ niø⁵³	xa⁵⁵ tho⁵³	tɕəu³¹ tshe⁵³
桃 坪	khuə³¹ pa³³	ma³¹ niy⁵⁵	xe³⁵ thu³¹	xkə³³ tsi³³
曾 头	khuə³¹ pa³³	ma³¹ niu⁵⁵	xe⁵⁵ thu³³	xkə³¹ tsi³³
龙 溪	khu⁵⁵ pia⁵⁵	pi⁵⁵	xe⁵⁵ thu³¹	kə³³ tsi⁵⁵
绵 簏	khua³¹ pia³¹	ma³³ niu³³	ʁo³¹ lo³¹	ka³³ tsi⁵⁵
索 桥	khu³¹ pia³¹	bia³³ niu⁵⁵	ʁua³¹ la³¹	ʂkek³¹ tsi⁵⁵
沟 口	khu³³ pa⁵⁵	ma⁵⁵ niy⁵⁵	ɣuə⁵⁵	tɕu⁵⁵ tshai⁵⁵
黑 虎	qutʂ⁵⁵ qʴ³³ pa⁵⁵	pi³³ ni⁵⁵	ʁuʴl⁵⁵	stsə⁵⁵ kuə³¹
龙 池	khu³³ pa⁵⁵	ma¹⁴ ni⁵³	ʁua⁵⁵	tɕu tshai³⁵
三 龙	qutʂ⁵⁵	pi⁵⁵ ni⁵⁵	ʁol⁵⁵	tɕiu⁵⁵ tshai³⁵
曲 谷	qutʂ pi	pu ȵiu	ʁol	
雅 都	puː¹ quʂu	pu ȵu	xa the	tɕiu tshai
维 古	khuə r pai	pu ȵu	xai thuŋ	ʂtʂə khuə
龙 坝	khuə rpal	ȵu ȵu	xoːtho	ʂə tʃuə
木 苏	khuə rpal	la lu	xe thuŋu	ʂtʂə pie pie
茨木林	khuə pi	lo tɕi	ʁoˈʁlo	skə kuə
扎 窝	khu pi	lo tɕi	rgo lo	skə khu
麻 窝	khuə pi	lu tɕi	rgu lu	ʂkə pipi
芦 花	khə pe	lølø	rgo lø	skə pepe
羊 茸	khə pe	lo lo	ʐgo lo	skə kuə
松 潘		meȵi	ʁol	ʂəqʰɑ
构 拟				
说 明				

第三章　词汇　　547

调查点	衣服	裤子	裹腿	菜（泛指）
大岐山	phʉ⁵⁵	ʁa³¹xtə⁵⁵	dʐø³³di³¹	xø⁵⁵
桃坪	phu⁵⁵	ɹa³¹ʃɹ̩⁵⁵	dʐo³³de³³	xu³¹ba³³
曾头	phu⁵⁵	ɹa³¹ɕi⁵⁵	dʐo³³de³³	xu⁵⁵ba⁵⁵
龙溪	pho³³	khu³¹tsə³¹	zu³³de⁵⁵	ko¹³tsu³³
绵篪	phu⁵³	ɹa³³ti⁵⁵	diũ³¹di⁵⁵	tɕhu³³ti³¹
索桥	phu³³	ɹa³¹ɕi⁵⁵	dʐu³¹de⁵⁵	ko³¹
沟口	gys⁵⁵	da⁵⁵ku⁵⁵	pu³³ni⁵⁵	ku⁵⁵tʂy³¹
黑虎	guaʂ⁵⁵	do³³qu⁵⁵	dzuə³³də⁵⁵	kutʂ⁵⁵
龙池	gus⁵⁵	da⁵⁵ku⁵⁵	dzu³³lu⁵⁵	kuʂ⁵⁵
三龙	gus⁵⁵	do³³qu⁵⁵	tʂuə³³di⁵⁵	kutʂ⁵⁵
曲谷	gus	dṳqṳ	bi di	kutʂ
雅都	ɸa	du qu	ʂui de	kuʂu
维古	phu ʙa	du qu	pu di	kuʂə
龙坝	phu ua	duə qo	dʒu di	kutʃ
木苏	phu ba	du qu	puːdi	kuʂuə
茨木林	ɹə qo	dia qo	gu de	kutʃ
扎窝	ɹə qo	dia qo	go de	qhal sti
麻窝	phu ʙa	diu qu	gu di	qa sti
芦花	phe gu	ku ɸa	z̻on de	kutʃ
羊茸	tʃhəla~phe guə	kʉ phɣ	z̻on de	sti
松潘	gus	daqu	dʐy de	xtie
构拟				
说明				

调查点	房背	地板（楼板）	扫帚	调羹
大岐山	tɕi⁵⁵ ta⁵⁵	bu³³ l̩⁵³	dʐya³³	thiau⁴³⁴ kəɹ⁵³
桃坪	tɕi³³ ta³³	bu³³ ɚ³³	dʐua³³	thiau³¹ kəɹ⁵⁵
曾头	tɕi⁵⁵ ta⁵⁵		dʐya³³	thiau³¹ kə⁵⁵
龙溪	ia⁵⁵ to³¹	ləu³¹ pan³¹	tɕya⁵⁵ la³¹	thiau³¹ tən⁵⁵
绵篪	tɕi³³ ɹa⁵⁵	zua³³ sua⁴²	dʐua³¹	thiau³³ kəɹ³¹
索桥	tɕa⁵⁵ ɹa⁵⁵	phe⁵⁵ to⁵⁵	dʐue³¹ khʂa⁵⁵	tshə⁵⁵ za³¹ tʂa⁵⁵
沟口	tʂa³⁵	xuɹ⁵⁵	pa⁵⁵ dʐə⁵⁵	thiau³³ kən⁵⁵ tsʅ³¹
黑虎	tɕa³⁵	xuan³⁵	ta³³ dʐu⁵⁵	thiau³³ kən⁵⁵ tsə³¹
龙池	tsu³³ za⁵⁵ tɕi⁵⁵	xual⁵⁵	ta⁵⁵ lu⁵⁵	thiau³³ təɹ⁵⁵
三龙	tɕaː⁵⁵	xol⁵⁵	to³³ dʐu⁵⁵	thiau³³ tən⁵⁵ tsʅ⁵⁵
曲谷	tɕa piaq	xual	tu ʐu	thiau kəɹ
雅都	tɕi piax	xa la bu	tu ru	tɕhuɹ ken tse
维古	yaɹq	xal	tu ru	thiau kəɹ
龙坝	iaːɹ	xal	tuə ro	thiau kəɹ
木苏	iaɹq	xal	tu ru	kə ʐi
茨木林	ti pie	kə bu	dʐue	tɕhau kəɹ
扎窝	ci pi	tʃə phu	dʐua	kə fa
麻窝	iaːɹ	tɕiu ɸu	dʐa	kə dʐa
芦花	iaːɹ	tʃə ɸu	dʐa	kə fa
羊茸	ye ɹqa	tʃə pho	dʐa (tsa)	kə dʐa
松潘			wu ɕe	zatɕ
构拟				
说明				

调查点	桶	水桶	火塘	成都
大岐山	tʂhɑ⁵⁵ thio⁵³	ʂui⁴²⁴ thuŋ⁴²	m̥³¹ ɹa⁵⁵ qhu⁵³	ʁdi³¹ tɑ⁵⁵
桃 坪	thio³³	tsuə³¹ thio³³	mi⁵⁵ ʁo³¹	xdie³³ tɑ³³
曾 头	thio⁵⁵	tsuɛ⁵⁵ thio³¹	mi⁵⁵ ʁo³³	xdie³³ tɑ³³
龙 溪	thiu³³	tsu³³ thiu⁵⁵	mu³¹ ʁua⁵⁵ qi̥³¹	dʐi³³ to³³
绵 篪	thio³¹	ta³³ lə³¹	mu³¹ bo⁵⁵	dia³³ bɑ⁵⁵
索 桥	tso³¹ phəi³¹	tsu³¹ tɕhu³¹	mu⁵⁵ qu³¹	ʁue³¹ ku⁵⁵
沟 口	thuŋ⁵⁵ thuŋ³¹	tsu³³ kep⁵⁵	mu³³ u⁵⁵ tu³¹	zə³³ tu⁵⁵ ɣuʁ⁴²
黑 虎	thun⁵³	tsuʁ³³ kit⁵⁵	mʁ⁵⁵ guə̥³¹	zʁ³³ du⁵⁵ ʁu⁵⁵
龙 池	thu⁵⁵	khu³³ ʂɑ⁵⁵	muʁ⁵⁵	ɣʑi³³ tu⁵⁵ xua³¹
三 龙	thuŋ⁵³	tsuə³³ ket⁵⁵	mə⁵⁵ guə̥³¹	ʁzə⁵⁵ tu⁵⁵ ʁu⁵⁵
曲 谷	ɕu dʐu	tsə kuet	mug	doq qu du~zu tɑ
雅 都	ʂuət	tsə kuət	mu gu̥	zdʐu tu
维 古	lu thu	tsə kuat	mu ɣu̥	ʐə tu ʁu
龙 坝	tho	tsuə kat	mu ɣuə̥	ʐə to ʁo
木 苏	thu	tsə kuat	mu ɣu̥	zdu ʁu
茨木林	tho	tsə pə	mu gu	zdi tə ʁe
扎 窝	tho	tsəp	mə gu	zdi to ʁo
麻 窝	thu	tsəp	mu ɣu̥	zdi tə⁽ᵘ⁾ ʁu
芦 花	tho	tsʁ pə	mək gʉ	ɕin də ɸʉ
羊 茸	tu̥	buʂuə	mugu̥	
松 潘				
构 拟				
说 明				

调查点	后年	刨子	木头（横探）	书、信
大岐山	sua⁵⁵ pu⁴²	thui⁵⁵ po⁵⁵	se⁴² tø⁴²	zə⁵⁵ tʅ³¹ pən³¹ pən³¹
桃 坪	xye³¹ tʃhʅ³³	thue⁵⁵ pau²⁴	te³³	ʂu⁵⁵
曾 头	thə⁵⁵ da³³ tʃhə³³	thue⁵⁵ po³¹	te³³	ʒʅ³¹ ʒʅ³¹
龙 溪	fu⁵⁵ pu⁵⁵	pau³⁵ tsə³¹	si³¹ to³¹	ʂy⁵⁵ pɪ³¹
绵 篪	xəu³³ pu⁵⁵	thui³¹ pɑu⁵⁵	se³¹	ʂu⁵⁵
索 桥	tho³¹ pu⁵⁵	thui⁵⁵ po⁵⁵	si³¹ to⁵⁵	ʂu⁵⁵
沟 口	dyp⁵⁵ na⁵⁵	thui⁵⁵ pɑu³⁵	tu⁵⁵ pa⁵⁵	lə⁵⁵ z̩ə⁵⁵
黑 虎	a³³ ka⁵⁵ na³¹	thui⁵⁵ pɑu⁵⁵	to³³ pa⁵⁵	ləz̩⁵⁵
龙 池	dip⁵⁵	thuei³⁵ pau³¹ ~ pau³⁵ tsə³¹	mut⁵⁵ ləz̩⁵⁵	
三 龙	dz̩əp⁵⁵	thui⁵⁵ pau⁵⁵	tu³³ pie⁵⁵	ləɣz̩⁵⁵
曲 谷	tsə məʂɲi	thui pɑu	tu pi	ləɣz̩
雅 都	dʑip	pau tsə	luə z̩mu	ləɣz̩
维 古	dʑip	pɑa tsə	lu rmu	ləgz
龙 坝	dʑip	pəu tsə	sə ʂuə	ləɣz
木 苏	thap	pau tsə	si ʂur	zət phi
茨木林	hap	pau tsə	sia lo	zəz̩
扎 窝	hap	pau tsə	sia lo	zəz̩ phi
麻 窝	hap	bə rləm	sia lu	zət phi
芦 花	hap	beːləm	sia ʁlo	zə ɸʂi（pu）
羊 茸	hɑ pʏ	bə rlen	se ʁlo	zə də phʂi
松 潘	dyəp		so ʁl	lə ɣz̩
构 拟				
说 明				

调查点	纸	笛子	毽子	药
大岐山	zə⁵⁵tʅ⁵⁵	tie⁵⁵tsʅ⁵³	tan³³tɕe⁵³	sə⁵⁵
桃 坪	ʐʅ³¹ʐʅ³³	tie³¹tsʅ³³	yi³¹pa³³	sʅ³³
曾 头		tie³¹tsʅ³³	yʅ³¹pa³³	sʅ⁵⁵
龙 溪	zə⁵⁵də⁵⁵	tie⁵⁵tsə³³	tian³⁵tsə³³	sə⁵⁵ka⁵⁵
绵簾	phɹe⁴²	tie³¹ɚ⁵³	tʂhu³³ki⁵⁵	ye³¹
索 桥	i³¹dzə³¹	tie⁵⁵tsə⁵⁵	tɕhin³¹tɕa⁵⁵	sə³¹ke⁵⁵
沟 口	lə⁵⁵z̩ə⁵⁵	tie³³tsʅ³¹	tɕi⁵⁵mau³³tɕan³⁵	sʵ⁵⁵
黑 虎	zed⁵⁵	tshiŋ⁵⁵		sʵ⁵⁵
龙 池	z̩əz̩⁵⁵	tie³³tsə³¹		ʂpa⁵⁵
三 龙	zəd⁵⁵	tie³³tsə³³	tɕan³⁵tsə⁵⁵	sə³³pe⁵⁵
曲 谷	zədz̩	tɕhil	tɕan tsəə⁵⁵	sə³³pe⁵⁵
雅 都	zəz̩	tɕhi li	tɕan dz̩əː	səpe
维 古	zəz̩ə	tɕhi li	tsʅ	səːpɑ
龙 坝	zəz̩	tɕhiɻ	tɑl	sə pa
木 苏	khɕu xuɑ	tɕhi li	tal	sə pa
茨木林	qso qso	ɣli thi	san	spie
扎 窝	xɕi u	spu ɣli	san	span
麻 窝	xɕiᵘxu	ʂpu ɣli	san	sman
芦 花	qʂə u	spu li	san	sman
羊 茸	qhʂə sʉə	spʉ rli	san	sman
松 潘	ʂoʂo	sylu	thitɕo	xpiæ
构 拟				
说 明				

调查点	毒	发烧	龙	上面
大岐山	to⁵³	ʂau⁵⁵ tha⁵³	ʁbu⁵³	qə³³ tɪ³¹
桃坪	mɔ³¹ lo⁵⁵ thɑ³¹ pɑ³¹	tə³¹ so⁵⁵ tha³³	xbə³³	qə⁵⁵ te³³
曾头	xdə³⁵³	ʂau⁵⁵ tha³³	xbə³⁴³	mə³¹ tɑ⁵⁵
龙溪	mə³³ lau³⁵ tha³³	khu⁵⁵ khua⁵⁵	qo³¹ bu⁵⁵	qə⁵⁵ ti³¹
绵簾	ma³³ dəu⁵⁵	dua⁵⁵ dua³¹	bu⁵⁵	qa⁵⁵ ti³¹
索桥	mu³¹ du³¹	du³¹	z̩bu⁵⁵	qə³¹ ti⁵⁵
沟口	du⁵⁵	dzʅ³³ tʂʅ⁵⁵	luŋ⁴²	xui⁵⁵ ɣua˞⁵³
黑虎	du˞⁵⁵	d˞⁵⁵	lun³¹	q˞³³ sti⁵⁵
龙池	du⁵⁵	dzʅ³³ lə⁵⁵	z̩bu⁵⁵	qə³³ ɕtia⁵⁵
三龙	duə⁵⁵	dɑd⁵⁵	luŋ³¹	məq⁵⁵
曲谷	duə	də	ɕo̥ɹu	məq
雅都	duə	si	luŋ	məq
维古	duə	dzʅi		məq~tiqəl
龙坝	duə	dzʅi	ʂuarb	tiːq
木苏	du˞	dzʅəi	bəˈk	tiq
茨木林	duə		rbə	ɹɑ to
扎窝	duə	dzʅe	mə rgu z̩ən	qo to
麻窝	d˞	dzʅɣi	bəˈk	tiːq
芦花	d˞	dzʅɛ	bz̩q	ɹɑ to
羊茸	d˞	dzʅe	tz̩k	q˞ɑb
松潘	du	dzʅəqha	ɣbu	qəti̥q
构拟				
说明				

第三章 词汇

调查点	中间	里面	害羞	污秽
大岐山	xtie³³ xtie⁵³	qa³³ ko⁵⁵	dʐe³³	xtø⁵³ ẓe⁵³
桃 坪	lio³³ qo³³	ko³³ ko³³	da³¹ dʐa³³	to³¹ ɚ⁵⁵
曾 头	ti³³ lio³³ go³⁴³	ko³³ ko⁵⁵	dʐɑ³³ qhu⁵⁵	xto⁵⁵ ẓe⁵⁵
龙 溪	ti³³ ɕi⁵⁵	kv³¹ kv⁵⁵	ẓa⁵⁵ qhu⁵⁵	xə³¹ ɲi⁵⁵
绵 篪	go⁵⁵ ti⁴²⁴	ko³³ ko⁵⁵	dʐa⁵⁵ qhu³¹	to³³ ɹi⁵⁵
索 桥	ɕi⁵⁵ ko⁵⁵	ku³¹ ẓə³¹	dʐa⁵⁵ qho⁵⁵	khʂu³¹
沟 口	gui⁵⁵ lḁ⁴²	kuk⁵⁵	dʐɑ⁵⁵	tʂhuə⁵⁵
黑 虎	te⁵⁵ guə̥³¹	dʐes⁵⁵ gyi⁵⁵	tʂhuə⁵⁵	
龙 池	gu⁵⁵ tu³¹	kuk³³ tɕa⁵⁵	dʐɑs⁵⁵ ue⁵⁵	stue³⁵
三 龙	tɕist⁵⁵	tɕi⁵⁵ guə	dʐes⁵⁵ ye⁵⁵	khue⁵⁵
曲 谷	de gu̥	tɕi qua	dʐo xos ue	khueˈ
雅 都	ɹe guə̥	tɕu khu̥	dʐu xu	khueˈ
维 古	ɹə gu̥	tɕi ku	dʐa xu	khuaˈ
龙 坝	ẓə guə̥	tɕi kuə	dʐo xo	khuaˈ
木 苏	ɹə guə̥	tɕi ku	dʐu xu	khuəˈ
茨木林	ti gu	ku ku	ɣdʐe	khuəˈ
扎 窝	ti gu	ku ku	ɣdʐia qhe	ʁdʐə
麻 窝	tiᵘ gu	ku ku	ɣdʐi	khuəˈ
芦 花	tu gu	ku ku	ẓdʐe	(khuəˈ) ~ẓdʐə
羊 茸	te gʉ	kʉ kʉ	ẓdʐe jdʐʉi	khʂʉə
松 潘	ɣgutu	ky	dʐæ	
构 拟				
说 明				

调查点	一万	一方	一口	宽的
大岐山	a^{33}ye^{55}	a^{33}faŋ^{55}	a^{33}xqa^{53}	khuan^{55}tha^{53}
桃坪	a^{31}xgya^{33}	a^{31}faŋ^{55}	a^{31}xqa^{33}	lie^{33}lie^{33}
曾头	a^{31}xgya^{55}	a^{31}dʒo^{343}	a^{31}xqa^{33}	qhue^{55}qhue^{55} ~ le^{55}le^{55}
龙溪	a^{31}xgya^{55}	a^{31}fan^{55}	a^{31}qa^{31}	la^{55}
绵篪	a^{31}ua^{55}	a^{33}dẓo^{31}	a^{33}qa^{55}	la^{55}
索桥	a^{31}ʁua^{55}	a^{31}φa^{55}	a^{31}ṣqo^{55}	la^{55}
沟口	a^{33}ɣuan^{35}	a^{33}faŋ^{55}	ʵ^{33}xku^{55}	khuan^{55}tha^{31}
黑虎	a^{33}ʁuan^{55}	a^{33}fan^{55}	a^{55}xquə^{55}	khuan^{33}tha^{55}ka^{55}
龙池	a^{33}ʁuan^{35}	a^{33}faŋ^{55}	a^{33}ṣqo^{55}	khuan^{55}te^{31}
三龙	a^{33}ʁuan^{55}	ə^{33}fan^{55}	ə^{33}ṣqu^{55}	khuan^{55}tha^{55}
曲谷	a ʁuan	a fan	o qu	khuan tha
雅都	a ʁuan	aφaŋ	o qu	la
维古	a ʁuan	a φan	u qu	sta
龙坝	a ʁuan	a φa	o ẓo	sta
木苏	tʂhi tsu a ri	a xa	a qu	sta
茨木林	tʂhu tsə a rə	a kha	a dʒu	le
扎窝	a ʁuan	a kha	a dʒu	ɣluə
麻窝	a ʁuan	a xa	ə diu	sta
芦花	a ʁuan	a kha	ə du	sta
羊茸	a ʁuan	a kha	a sqo pe	sta
松潘	ʔa ʁuan			ɣlio ɣli
构拟				
说明				

调查点	窄的	光滑的	快的	稀疏
大岐山	tsa⁵³tha⁵³	khɑn⁵³tha⁵³	dʉ³⁵da³³	ɕi⁵³tha⁵³
桃 坪	tɕhe³³tɕhe³³	xdʐʅ³³dzʅ³¹	duɑ³³duɑ³¹	qɑ³³
曾 头	tɕhe⁵⁵tɕhe⁵⁵	xdzə³⁴³xdzə³¹	duə⁵⁵duɑ³¹	qɑ⁵⁵
龙 溪	tɕhe⁵⁵	ʁuɑ⁵⁵ʁuɑ³¹	du⁵⁵li⁵⁵	qɑ⁵⁵
绵篪	ɹo⁵³	zue⁵⁵	pha³³khua⁵⁵	bu³¹
索 桥	tɕhe⁵⁵	ɕɑ³¹ʂtʉ⁵⁵	khue⁵⁵tha⁵⁵	die³¹zɑ⁵⁵
沟 口	tɕhi⁵⁵	ɸɑ⁵⁵ɬɑ³¹	khuai³⁵tha³¹	khaˈ⁵⁵
黑 虎	tse³³tha⁵⁵ka⁵⁵	ɬɑ³⁵ɬɑ³¹	ɑ³³ɬo⁵⁵	qhʐaˈ³³ka⁵⁵
龙 池	tɕhi⁵⁵tsə⁵⁵qɑ⁵⁵	ɬax⁵⁵	ɬy⁵⁵	qhaˈ⁵⁵
三 龙	tse³³tha⁵⁵	ɬɑː⁵⁵ɬɑ⁵⁵	ɬu³³ɬu⁵⁵	qha⁵⁵
曲 谷	tse tha	ɬɑ ɬɑ	ɬu ɬu	qhaˈ
雅 都	tshi	ɬɑːɬɑ	ɬu ɬu	qhaˈ
维 古	rqu rqu	ɬɑ ɬɑ	ɬu ɬu	qhaˈ
龙 坝	rpu	ɬɑ ɬɑ	ɬo ɬo	qhaˈ
木 苏	rpu	ɬɑ ɬɑ	dɑ ɬun	qhaˈ
茨木林	ɹo ɹo	qsə qsɑ	tʃhu tʃhu	ɹɑ
扎 窝	spəspə	ɬɑ ɬɑ	tʃhu tʃhu	qhaˈ
麻 窝	ʂpu ʂpu	xləm xləm	tɕhu ri	qhaˈ
芦 花	ɹo	xləm xləm	tɕhu ri	qhaˈ
羊 茸	ɹo	ɬə ɬai	tɕhʉ dʐʉ	qhʂa
松 潘	wutse	χtsama	dʐu	χʂæ
构 拟				
说 明				

调查点	干净	会	衔	摘
大岐山	çø⁵⁵tiu⁵³	ŋue⁵³	tə³¹qø⁵⁵	ʂə³¹to⁵³
桃坪	kan³³tsiŋ³³	ŋuə³³	ɚ³¹qu⁵⁵	ɚ³¹to³³
曾头	çy⁵⁵	ŋue⁵⁵	qu⁵⁵	to⁵⁵
龙溪	ço⁵⁵	bu⁵⁵ua³¹	ʁa³³z̻e⁵⁵	tsho⁵⁵
绵篪	ço⁵⁵te³¹	ŋua³¹	ɦa³³ʁɑ²⁴	ʂa³¹tshəu³¹
索桥	ço⁵⁵kəi⁵⁵	z̻ə³¹	ɦa³¹z̻dz̻e⁵⁵	tsho⁵⁵
沟口	kan⁵⁵tse⁵⁵	z̻ə⁵⁵~de³³z̻a³⁵	ʁ⁵⁵dz̻ʁ⁵⁵	tɕhy⁵⁵te³¹
黑虎	kɑn³³tɕi⁵⁵	z̻ə⁵⁵	dz̻e⁵⁵	tɕhu⁵⁵
龙池	kɑn⁵⁵tɕi⁵⁵	gz̻ə⁵⁵	ɣdz̻e⁵⁵	tɕy⁵⁵te⁵⁵
三龙	kɑn⁵⁵tsi⁵⁵	ɣz̻ə⁵⁵	ɦe⁵⁵z̻dz̻ə⁵⁵	ku³³te⁵⁵
曲谷	kɑn tse	ɣz̻ə	ɦe z̻dz̻e	tshu tshu
雅都	kɑn tse	gz̻ə	e ɣʐe	tshu tshu
维古	kan tsi	gz̻ə	a ʁdz̻i	tshuːtshu
龙坝	ço tɕu	gz̻ə	ʁdz̻i	tsho tsho
木苏	çu tɕu	gz̻ə	ɑ ʁdz̻i	khu
茨木林	çui tə ka	dz̻ə	ɑ ʁdz̻e	khu
扎窝	ʂu ti	ɣz̻ə	ʁdz̻i	khu
麻窝	çy tiu	ɣz̻ə	ʁdz̻i	khu
芦花	ʂə tɯ	gz̻ə	ʁdz̻e	khu
羊茸	çu tɯ	gz̻ə	ʁdz̻e	tshɯ
松潘	χtsama	ɣzi		tsho
构拟				
说明				

第三章 词汇

调查点	铺	剪	扫	搔（痒）
大岐山	ʂə³³tʂha⁵⁵	tsu⁵³	tə²²sue⁵³	dzɿ³³dɑ³³~qhu⁵³qhu³¹
桃坪	ɚ³¹tʂha³³	tsie³¹	ɕya³¹ma⁵⁵	phʂɿ³¹phsɑ³³
曾头	da³⁴³phɑ³³	tsi³¹tsie⁵⁵	sya³¹ma⁵⁵	phʂɑ³³
龙溪	tʂhɑ³¹	dɑ³¹tsu⁵⁵	ɕya³³te⁵⁵	ze³³ze³³
绵簾	tʂɿ³³tʂhɑ³¹	pei⁵⁵	sua⁵⁵ma³¹	phu³³ʂɑ³¹
索桥	sə³¹phɑ³¹	die³¹ʂpi⁵⁵	sə³¹tɑ³¹tʂəi³¹	phɑ³³ɕɑ⁵⁵
沟口	sʏ³³phɑ⁵⁵	xpuˊ⁵⁵tɕi³¹	dʐə⁵⁵dʐə³¹	phɑˊ⁵⁵ʂʏˊ⁵⁵
黑虎	phʏ³³phɑ⁵⁵	tuʏ³³tuɑ⁵⁵	dʐuts⁵⁵	phɑˌ³³ʂɑ⁵⁵
龙池	(dɑ³³)phɑ⁵⁵	(dzə³³)ti⁵⁵te⁵⁵	dʐuɑˊ⁵⁵sɑ³³luɑˊ⁵⁵	kha⁵⁵se⁵⁵
三龙	phə³³jphɑ⁵⁵	tuɑ³³ti⁵⁵~tuə³³tuɑ⁵⁵	dʐu³³dʐu⁵⁵	phɑ⁵⁵xʂɑ⁵⁵
曲谷	phu phɑ	tuɑ te	su dʐu	dze khueˌ
雅都	phə phɑ	dze	dʐu dʐu	dze ɸeˌ
维古	phɛ phɑ	stʂi xtʂi	dʐui dʐui	dzi khuaˌ
龙坝	phə phɑ	dzi dzi	dʐui dʐui	dzi khuaˌ
木苏	phəp phɑ	xtʂi	dʐu dʐui	phɹɑ
茨木林	phɑ	xtʂi	dʐuə dʐue	phɑˌ stuɑ
扎窝	phə phɑ	stʂi xtʂi	dʐuə dʐuɑ	phɑˌ sta
麻窝	phʏ phɑ	xtʂi xtʂi	dʐʏ dʐɑ	phɑˌ sta
芦花	phɑː	ʂtʂi	dʐə rɑ	phɑˌ sta
羊茸	phɑ	ɕtʂi	dʐə dʐɑ	phʂɑ sta
松潘		xtʂə	dʐu dʐu	xʂua
构拟				
说明				

调查点	亏本	编（辫子）	磕头	骑
大岐山	ʂə⁵⁵tʂhə⁵⁵khui³¹	xtsə³¹	ɹa³¹kui⁵⁵to³¹ ie⁵⁵pu⁵⁵	ʐø⁵⁵tsɑ⁵³
桃 坪	ʂe⁵⁵tha³³	sɿ⁵⁵kie³³	xŋu³³tshu³³	tsɑ³³
曾 头	tə³¹gʐe⁵⁵	kie³³pa³³	xŋu⁵⁵tshu³³	tsɑ³³
龙 溪	khui⁵⁵pən³¹	sə³¹ka³¹kia⁵⁵	ʁu⁵⁵tshu⁵⁵	tsɑ³¹
绵 篪	i³³dʐuɑ³¹	ka³¹piʒa⁵⁵	ʐo³³phu⁵⁵	tsɑ³¹
索 桥	ʂe³¹tha⁵⁵	kə³¹piɑ⁵⁵	qu⁵⁵thu⁵⁵	dzu⁵⁵
沟 口	tʂuɑn³⁵tha³¹	sə³³ɬa⁵⁵pa⁵⁵	ɣuʁ⁵⁵tshu³¹	ba⁵⁵se⁵⁵
黑 虎	pən³³tɕhi⁵⁵ fie³³ʂe⁵⁵	ɬi³³pa⁵⁵	ʁuʁ⁵⁵tshu⁵⁵	ba³³sə⁵⁵
龙 池	pen⁵⁵tɕhan³¹ se³³ʐy⁵⁵	pa³³xli⁵⁵	ʐʁu⁵⁵tshu⁵⁵	ba⁵⁵se⁵⁵
三 龙	fie³³ʂep⁵⁵	xlie³³pie⁵⁵	ʁu⁵⁵tsuə³¹	tsɑ⁵⁵
曲 谷	fie dze	xli pi	ʐu tshuə	tsɑ
雅 都	e khʂe	xɬie pi	ʁuɑ tshuə	qe tʃe
维 古	a ɣlə	xɬia pia	ʁuˀ tshuə	qə tɕha
龙 坝	ɣlə	xla pia	ʁuɑˀ tshuə	qə tʃa
木 苏	a ɣla	sə xlia pia	ʁuɑˀ tshu	tsɑ
茨木林	qho	sta pie	ʁoˀ tshuə	tsɑ
扎 窝	a dza	sta pi	tɕuɑq	tsɑ
麻 窝	a dza	xla pi	phiaxs tshɤ	tsɑ
芦 花	a dza	ɬa pe	phʂiɑks	tsɑ
羊 茸	a dza	çla	phiɑq	tsɑ
松 潘	quk xçi		ʁu tshu	ta
构 拟				
说 明				

第三章　词汇

调查点	脸颊	牙龈	脖子	小腿
大岐山	tɕi⁵⁵pie⁵³	su³³tshə⁴²lio³¹	xla⁵⁵bø³⁵	dʐi²²sa⁵³
桃坪	tʃʅ³¹pa³³	suə³¹tʃʅ³³	ʂʅ³¹kie³³	dʐi³³sa³³
曾头	tʃʅ³¹pa³³	suə³¹tʃhə⁵⁵	ʂʅ³¹kie⁵⁵	la³¹ə⁵⁵ka³³
龙溪	tɕi³³piɑ⁵⁵	ʂu³³gu⁵⁵	mo³³qɑ³³	liɑn³⁵kɑn³¹
绵篪	tɕi⁵⁵piɑ³¹	su⁵⁵n̥ə³¹	qɑ³¹mo³¹	duɑ³³tie⁴²
索桥	qo³¹hũ³¹	ʂu³¹tshə⁵⁵	mu³¹qo⁵⁵	go³¹sɑ³¹
沟口	tʂe³³xpaˊ⁵⁵paˊn⁵⁵	ia³³kin⁵⁵	tɕin⁵⁵po³³tsʅ³¹	iɑ⁵³əˊ³⁵kɑn⁵³
黑虎	tsɤ³³qu⁵⁵	ʂuən³³dze⁵⁵ʁuɤˊ⁵⁵	mɤ³³ki⁵⁵	sɑqˑ⁵⁵
龙池	tɕi³³pa⁵⁵~tɕi³³ne⁵⁵	dze³³ke⁵⁵	mu³³ke⁵⁵~mu⁵⁵ke⁵⁵	gzə³³ʂke⁵⁵
三龙	tɕi³³qu⁵⁵	ʂuək⁵⁵pas⁵⁵	mu³³ke⁵⁵	sɑqˑ⁵⁵
曲谷	tɕi pi	iɑ kən	mutʂ ke	iɑˊ kən
雅都	tɕi pi	tɕu qu qɑːˊ	tʃu (e) ge	dzy (e) ʂpeʂ
维古	tɕi piɑ	ʂuə dzuə̣	mu kuɑ	dʒuəʂpɑtʂ
龙坝	tɕi piɑ	ʂuə gz	tʃuə ka	ʁɑst
木苏	ɹə ɸi	ʂuyz	tʂu ka	dzuʂ pɑtʂ
茨木林	kə tʂə	ʂuə rdi	qʂə ka	est er
扎窝	kətʂ	ʂuə zdi	xtʃə	ɹser
麻窝	kə pi（kətʂ）	ʂə zdi	tʃə ka	ɹser
芦花	kətʂ	ʂə zdi	xtʃə	ɹser
羊茸	kə tʂə	çyə zdi	xtʃɑː	ɹsser
松潘		ɬys	makə	
构拟				
说明				

调查点	下身	胸	乳房	背
大岐山	ça^424 ʂən^53	z̪ø^33 pie^53	niø^55 niø^55	de^31 ga^55
桃 坪	çe^55 pe^13 qha^31 le^33 tɕha^31	z̪u^33 pa^33	niy^55 niy^55	de^33
曾 头	çe^55 pe^31 qha^31 lə^55 khça^31	z̪y^55 pa^55	niy^55 niy^55	de^343 ta^55
龙 溪	çɣa^35 ʂən^55	ɹo^55 pia^31	niaʒ^31 nia^55	tso^31 bo^31
绵 篪	çi^31 pei^55 z̪i^55 la^31	ɹəu^55 pia^31	ȵa^33 ȵa^55	de^33
索 桥	tçi^55 ça^55 zua^55	çi^31 mi^55 ʂxo^55	pa^33 pa^31	çi^55 pəi^55
沟 口	pen^33 ʂɤ^55 khi^33 ti^55	ɣy^35 pak^31	pa^33 pa^55	tsu^55 ke^55
黑 虎	ça^35 ʂən^55	u^35 pa^31	pa^33 pa^55	tsop^55
龙 池	pen^33 ʂə^55 gəl^33 tça^33	y^35 pa^31	pa^33 pa^55	tsu^55 ku^55
三 龙	ça^35 ʂən^55	u^33 pie^55	pa^33 pa^55	tsup^55
曲 谷	pən ʂqəl	u pa	pa pa	tsup
雅 都	dz̪u (ə) la	zdz̪ə qhua	pa pa	thu su
维 古	dz̪ul lə	i qhua	ma ma	ta su
龙 坝	dz̪uə lə	y qhua	pa pa	ɹa sta
木 苏	dz̪uɹ lə	i xua	ma ma	ɹa sta
茨木林	dz̪o lə	ɣu pie	pa pa	ɹa sta
扎 窝	kuti qə li	ɹu	pa pa	ɹa sta
麻 窝	dz̪ul lu	ɹu qhua	pa pa	ɹa sta
芦 花	dz̪o le	ɹu	pa pa	ɹa sta
羊 茸	smet	z̪ʉ rga	pa pa	ɹa sta
松 潘		jepe	papa	tsəkə
构 拟				
说 明				

第三章　词汇

调查点	腰	肚子	男生殖器	骨头
大岐山	tha⁵⁵ xue⁵⁵	se⁴² qu⁵⁵	xta³¹ qa⁵³	tshə⁵³ ɹə⁴²
桃坪	ta³³ sa³³	pa³¹ xtə³³	bu³¹ lo³³	ʐa³¹ kie³³
曾头	xta⁵⁵ sa⁵⁵	pu⁵⁵	la⁵⁵ sʅ⁵⁵ kie⁵⁵	ʐa³¹ lie⁵⁵
龙溪	ta³³ ka³³	si⁵⁵ gua⁵⁵	lia³³ qə³³	ɹa³³ qə⁵⁵ pa³³ tʂə³³
绵篪	tɕhi³³ tha³¹ sʅ⁵⁵	pa³¹ təu³¹	lia³³ qa³³	ɹa³³ ɣəu³¹
索桥	ɦia⁵⁵ ʂqo⁵⁵	ʂtə⁵⁵ qua⁵⁵	lie³¹ qəɹ⁵⁵	ɹa³¹ ke⁵⁵
沟口	tha⁵⁵	ɕi³³ ɣy⁵⁵	li⁵⁵	ɦɤɹ³⁵ ke⁵⁵
黑虎	tha⁵⁵	ɕi³³ gyi⁵⁵	liq⁵⁵	ɦəɹ³³ ki⁵⁵
龙池	tha⁵⁵	ɕi³³ u⁵⁵	liq⁵⁵ ~ li⁵⁵	ʐə³³ ke⁵⁵
三龙	tha⁵⁵	si³³ gue⁵⁵	liaq⁵⁵	ɦəɹ³³ ke⁵⁵
曲谷	xʂəq	sə ɣue	liaq	ɹe ke
雅都	dzei dzəq	pu	liəq	ɹə patʂ er
维古	dzəː zia guaɹ	səːkua	bəɹ	ɹə pa tʂə
龙坝	tha so	səᵘ ua	lik	ɹə patʂ er
木苏	tho so	phuː	uʂ	ɹə patʂ er
茨木林	tha siu	si gua	nə ɣdzʅ i	tshə er
扎窝	tha so	sə kua	nə ɣdzʅ i	ɹə patʂ er
麻窝	tha su	si kua	uʂ	ɹə patʂ er
芦花	tho so	si kua	li	tshə ɹə er
羊茸	tha	si kua	bəɹ	tshɤɹ
松潘	tha	pobu	pipi	jekə
构拟				
说明				

调查点	皱纹	鼻涕	秃子	左把手
大岐山	ʁda⁵³bø⁵⁵ɹø³³ɹø⁵⁵	xne⁵³tsue⁵⁵	qə³¹ʁmi⁵⁵	tso⁵⁵kua³⁵tsɿ⁵³
桃坪	tsuŋ¹³tsuŋ¹³	xne³³	qə³¹dzɑ³⁵	xgyi³³lio³³
曾头	bɑ³¹de³⁴³	xne⁵⁵tʂʅ⁵⁵	qə³¹dzɑ³⁴³	xgy³¹i⁵⁵
龙溪	tsi³¹tu⁵³	ti⁵⁵	qə⁵⁵zo⁵⁵	tso³⁵kuɑ³¹tsə³¹
绵篪	tsi³³po⁵⁵	ɹɑ³³piɑ⁵⁵	qɑ³¹dzɑ³¹	gui³¹gui⁵⁵dzʅ³¹pu⁵⁵mu¹
索桥	tsuŋ³¹tsuŋ⁵⁵	z̞ɑ³¹dzu⁵⁵qɑ⁵⁵	qə³¹dzo³¹	zy⁵⁵z̞ə⁵⁵
沟口	dɣɚ⁵⁵	hã⁵⁵niy⁵⁵~dy⁵⁵	kə³³thɑ⁵⁵	
黑虎	mɣ³³i⁵⁵	hɑ³³ti⁵⁵	ʁɑ¹p⁵⁵	ʁuɑ³³lɑ⁵⁵qə³³pɑ⁵⁵
龙池	ku³³tu⁵⁵	hã⁵⁵	thos⁵⁵	qeɹ³³pɑ⁵⁵
三龙	zdoɹ⁵⁵	hã⁵⁵	ʁɑp⁵⁵	tso⁵⁵khuɑ⁵⁵tsɿ⁵⁵
曲谷	phu tu	hãˡ	dzuq pɑtʂ	ʁuɑ i qe pi
雅都	phə	xɑ	qu dzu	ʁuɑi qe pi
维古	phə	xɑ	qɑˡmɑ lɑ	ʁuɑˡ iɑ
龙坝	phə	xɑ gziɑ	qɑːˡ mɑ lɑ	rgɑ piɑ
木苏	phə	ʂtʂə ʁu	qɑˡ mɑ lɑ	ɹʁuɑ iɑ
茨木林	phe	steːgzie	qaɹɑmilɑ	rdie pie
扎窝	tso lo	stɣ	qɑːˡmɑ lɑ	rɟɑ pi
麻窝	tsu lu	stə ɣzi	qɑːˡmɑ lɑ	ʁuɑˡ iɑ
芦花	tso lo	stə ku	go z̞ɑq	rɟe ʂɑ
羊茸	tsol	stɣȵi	pɑ le	rɟe pe
松潘	quts tsu	hæ		ʁuɑtɕɑqəpe
构拟				
说明				

第三章　词汇

调查点	亲戚	伯父	地主	娃子
大岐山	ka^{33}dz̞i^{55}	ta^{435}ie^{51}	zue^{55}pu^{53}	lu^{435}pəi^{35}pa^{31}m̩^{31}
桃坪	kie^{31}dz̞i^{33}	pe^{31}pe^{33}	ŋa^{33}mə^{33}	xkə^{31}dʐy^{33}
曾头	kie^{31}dz̞i^{343}		z̞i^{55}pə^{31}mə^{31}	gʐy^{343}
龙溪	ka^{31}z̞e^{31}	a^{31}pa^{55}ba^{31}	ɹə^{33}pu^{33}tɕi^{33}	lu^{31}pɪ^{33}
绵篪	ka^{33}dz̞e^{31}	a^{55}tə^{31}	ti^{35}tʂu^{55}	ua^{31}tsɿ^{31}
索桥	ke^{31}dz̞e^{31}	a^{31}pi^{55}ba^{455}	tɕe^{31}lə^{31}pu^{55}	ʂke^{31}pu^{55}mi^{55}
沟口	ku^{33}nats^{55}	ta^{33}ti^{55}	ti^{35}tʂu^{31}	lu^{31}pei^{35}
黑虎	kuəts^{55}	ta^{33}ti^{55}	ti^{35}tʂu^{53}	lu^{33}pəi^{35}
龙池	ku^{33}na^{55}tɕi^{31}	ta^{33}ti^{55}	ti^{35}tʃu^{55}	lu^{33}pei^{35}
三龙	ən^{55}	e^{33}pi^{55}	ti^{35}tʂu^{53}	lu^{33}pei^{55}
曲谷	ku ɲi tsə	e pi ta ie	ti tʂu	
雅都	ku（ə）ŋa tsə~kəɲ	e pi	tiː tʃuː	khuə paq
维古	kuə ŋa tsə	e çyi	ti tʂu	ʁua¹m
龙坝	kuə ŋa tsə	a çyi	tiːtʃu	gʐuə
木苏	ke mi	a pu	ti tʂu	mi tɕu ʑim
茨木林	ka mi	e tɕui	ti tʂu	qo pu dzon
扎窝	ka mi	e tɕui	ip	qo pu
麻窝	kə mi	e tɕi	ti tʂu	qu pu
芦花	xos	e tɕi	ti tʂu	qo¹ ka qo¹
羊茸	ça spa	a kuə	ti tʂʉ	kø lø pʉ
松潘	kun etɕy	ʔakɿ		tɕy
构拟				
说明				

调查点	乞丐	主人	母獐子	蚯蚓
大岐山	qə⁵³ʂə⁵⁵m̩³¹	tɕi⁵⁵pu³¹tɕe³¹qɑ³¹	lə³¹mie³¹	be³¹die⁵⁵n̩³¹
桃坪	qhɑ³¹ʃɿ⁵⁵mə³¹	tɕi⁵⁵lə⁵⁵pə³¹	lə³³mɑ³³	tshɑu³¹tʂhuŋ³¹
曾头	qhɑ³¹ʃɿ⁵⁵mə³¹	tɕe³¹lə³¹pu⁵⁵	lə³¹mɑ⁵⁵	pu⁵⁵bə³¹dzɑ³¹
龙溪	qhɑ³³ɕɑ³³mə³¹	tɕe³¹lə³¹pu⁵⁵	tshə³¹lə³¹miɑ³³	tshɑu³¹tʂhuŋ³¹
绵虒	tʂho³³xuɑ³³mu³¹	tɕi³³lɑ³³pu⁵⁵	lɑ³³miɑ³¹	bɑ³³diɑ⁵⁵bo³³lo³¹
索桥	qhɑ³¹siɑ³¹mi⁵⁵	tɕe³¹lə³¹pu⁵⁵	li³¹miɑ⁵⁵	tshɑu³¹tʂhuŋ³¹
沟口	khɑ³³ʂam⁵⁵	kʴ⁵⁵pu⁵⁵	tshɑu⁵⁵pɑu⁵⁵tsʅ⁵³	tshɑu³³tʂhuŋ⁵⁵
黑虎	qʴ³³ʂəm⁵⁵	tʂu⁵⁵zən³¹tɕɑ³⁵	lʴ³³mi⁵⁵	xuɑ³⁵ʂə⁵⁵tʂhun³¹
龙池	thu³³khʂum⁵⁵	tɕuk⁵⁵pu⁵⁵laq³¹	ɦɑ³⁵qho⁵⁵	ɕye³⁵ʑi⁵⁵
三龙	kə³³ɕam⁵⁵	kil³³pu⁵³	lə³³mi⁵⁵	tshɑu³³tʂhuŋ⁵⁵
曲谷	khi sim	tɕil pu	zɑ ke	bu lu ʑi
雅都	khɑ ʂam	tɕip	iu mi	bəl qu tʃu
维古	khɑ sɑm	tɕi ləp	stə	stu bu lu
龙坝	khaːsam	tɕip	ɹɑ qo	bol phi
木苏	kha sa ʁlim	tɕip thɑ gu	stə	bul phiʂ
茨木林	spɑŋ phu	ti pə	ɹɑ qo	bu lo xi tʂe
扎窝	ste san	cil pɑ qo	dʒu mi	bu lo phi
麻窝	khəsatʃən	tɕip	dzuːmi	bu lu phi
芦花	stɛ san	cil pɑ qo	dʑi me	bo lo pʰʂi
羊茸	ste saɳ	ci pʴ(qəˀ)	dzo ʁoˀ	bʉ lo pʰʂi
松潘	khə ɕən	kune tɕi		sy
构拟				
说明				

调查点	后鞦	肚带	马蹬	马料
大岐山	xəu³¹ tɕhəu⁵⁵	tu³¹ te³¹	tɕo³¹ tən⁵⁵	liɑu⁵⁵ tʂhu³¹
桃坪	xəu²⁴ tɕhəu⁵⁵	mɑ⁵⁵ tu¹³ tai¹⁵	tɕo³¹ tən¹³	lio⁵⁵ dʑo³³
曾头	lɑ⁵⁵ suɑ³³	ʐu⁵⁵ di³¹	ʐu⁵⁵ dʑi³⁴³ tɕhy³³	mɑ⁵⁵ liɑu¹³
龙溪	xəu¹³ tshiəu⁵⁵	tu³⁵ tai³⁵	tɕo³¹ tən⁵⁵	mɑ⁵³ liɑu³⁵
绵篪	xəu¹³ tɕhiu⁵⁵	tu³¹ tai³⁵	gəu³³ tɕhyɑ³³ bɑ⁵⁵	mɑ⁵⁵ liɑu³¹
索桥	ʁuɑ¹³¹ zie⁵⁵	ʂtə³¹ quɑ⁵⁵ bʐəi³¹	ɹo³¹ qɑ⁵⁵ go³¹ tɕhyɑ³¹ kə⁵⁵	ɹo³¹ liɑu³⁵
沟口	xeu³⁵ tɕhu⁵⁵	tu³⁵ tai³⁵	tɕo³¹ ten³⁵	liɑu³⁵
黑虎	xəu³³ tɕhiu⁵⁵	tu³³ tai⁵⁵	tən³⁵	liɑu³⁵
龙池	xəu³⁵ tɕhiu⁵⁵	mɑ⁵⁵ tu³⁵ tai³⁵	thɑ³³ tɕo³¹ ten³⁵	liɑu³⁵
三龙	xəu³⁵ tshi⁵⁵	tu³⁵ tai⁵⁵	tɕo³³ tən⁵⁵	mɑ⁵⁵ liɑu⁵⁵
曲谷	xəu tɕhiu	tu tai	tɕo təu	liɑu
雅都	xeu tai	tuːtai	tɕoːten	u˩ liɑu
维古	snɑt	pu stiq	iɑp tɕɑn	tʂu˩ liɑu
龙坝	stɑ ykuɑ̥	pəd	iɑp tʃɑn	io rguə
木苏	sɲat	puʂ tik	iɑp tɕɑn	tʂu rguə
茨木林	ɹo so ʁe	pa tə	ɹo mi skuə	ɹo rguə
扎窝	ɹo sə ʁueˀk	pɤ də	ɹo mi skuə	ɹo rguə
麻窝	sɲat	pu stak	iɑp tʃɑn	ɹu rguə̥
芦花	sɲat	po stɑq	iɑp tʃɑn	ɹo rgu̥
羊茸	sɲet	po ɕtek	iɑp tʃen	tʃhɑq
松潘	χtæp		ȵyex	
构拟				
说明				

调查点	公绵羊	蹄子	公猪	柏树
大岐山	iø³¹ nɑ⁵⁵	dʑi³¹ ku⁵⁵	tɕo³¹ tʂu⁵⁵	zu⁵⁵（zu³¹ pho⁵⁵）
桃坪	dʑi³³	thi³¹ tsɿ³¹	ia³¹ tʂu⁵⁵	zy⁵⁵ pho³³
曾头	xgy³³ xnɑ³³	thi³¹ tsɿ⁵⁵	pa³¹ xtio⁵⁵	zy³⁴³ pho³¹
龙溪	io⁵⁵ nəu³¹	ku⁵⁵ tɕa³³	pia⁵⁵ ɕu³³	zu⁵⁵ ma⁵⁵ phu³³
绵篪	iu⁵⁵ nɑ³³	thi³¹ khəə³¹	pia³¹ ka⁵⁵	xəu³¹ pho⁵⁵
索桥	nuŋ³¹	tɕi³¹ tʂu³¹	pia³¹ ɕy⁵⁵	xo³¹ phu⁵⁵
沟口	niy⁵⁵ ma⁵⁵ tɕe⁵⁵ tsɿ⁵⁵	dʑu⁵⁵ kua⁵⁵	khʁts⁵⁵	tshe⁵⁵ zy⁵⁵
黑虎	niu³³ ʁuɑ⁵⁵ dʑe³⁵	thi³³ tsə³³	ia³³ tʂu⁵⁵	zuɣ³³ ma⁵⁵ phʁ⁵⁵
龙池	tɕhy⁵⁵ dʑə⁵⁵ ue⁵⁵	tʃuex⁵⁵	paɕ⁵⁵	ʑi³³ ma⁵⁵ ɕi⁵⁵
三龙	ni⁵⁵ ue⁵⁵ dʑə⁵⁵	tɕi⁵⁵ tʂua³¹	tɕau³³ tʂu⁵⁵	zua³³ ma⁵⁵ phə⁵⁵
曲谷	dʑe	tutʂ qaˀ	pie ʂtʂhu	zua mɑ
雅都	nuʂu	tʃuəq	pieɕ	zu mɑɸ
维古	nu	tʂəq	ʂtʂuə ʂtʂə	zuə sə
龙坝	no	tʃuəq	pia ʂuə ʂu	ʁzoɸ
木苏	ɳu	tʂuəq	ʂtʂu ʂtʂə	zu mɑ
茨木林	no	ʁdʑə kua	pie kʂu	zuəːsi
扎窝	no xuə	ʁdʑə khuə	pie xtʃu	zuə si
麻窝	ɳut	ʁdʑə kuə	stytʃ	zə si
芦花	ɳot	ʁdʑə khuə	stʉtʃ	zə si
羊茸	ɳo tə	qo ʁdʑə	stʉ tʃə	zuə si
松潘		qətɕaq	pexti	zəma
构拟				
说明				

第三章 词汇

调查点	棕树	青草	庄稼	蚕豆
大岐山	tsuŋ⁵⁵ ʂu³¹	xue³¹ xue⁵⁵	tʂuaŋ⁵⁵ tɕɑ³¹	fu³¹ təu⁴²
桃坪	tsuŋ⁵⁵ ʂu³⁵	dz̥o³¹ xue³³	tʂuaŋ³³ tɕɑ³³	fu³¹ təu³³
曾头	tsuŋ⁵⁵ nə³³ pho³³	dz̥o³³ xue³³	tʂuaŋ⁵⁵ tɕɑ⁵⁵	fu³¹ təu³⁵
龙溪	tsu⁵⁵ ɹɑ³³ phu³³	xɑ³¹ qə⁵⁵ xui⁵⁵	tʂuɑn⁵⁵ tɕɑ⁵⁵	fu³¹ təu³⁵
绵箎	tso³³ ɹɑ³³ pho⁵⁵	sɿ³¹	tʂuã³³ tɕɑ³¹	tʂã³³ tʂã³³ təu⁵⁵
索桥	tsu⁵⁵ phu⁵⁵	ɕyɑ³¹ pu³¹ xui⁵⁵	tʂuɑn³¹ tɕɑ³¹	ɸu³¹ tɯ⁵⁵
沟口	tsun⁵⁵ ʂu³⁵	dz̥y⁵⁵	tʂuaŋ⁵⁵ tɕɑ⁵⁵ ~ ɣua⁵⁵	xu³³ teu³⁵
黑虎	tson⁵⁵ ʂu³⁵	hɑ¹³³ ʂquə¹⁵⁵	tʂunŋ³³ tɕɑ⁵⁵	fu³³ təu³⁵
龙池	tsuŋ⁵⁵ ʂu³⁵	khʂə⁵⁵	tʃuaŋ⁵⁵ tɕɑ⁵⁵	xo³³ teu³⁵
三龙	tsuŋ⁵⁵ ʂu³⁵	hã⁵⁵ xsə⁵⁵	tʂuɑn⁵⁵ tɕe⁵⁵	xo³³ təu⁵⁵
曲谷		hɑˈxsə	tʂuɑn tɕɑ	xu tɯˈ
雅都	tsuŋ	xakhs	tʃuɑn tɕɑː	xoːthəˈ
维古	tsuɑˈ pʰəq	dz̥uə khsə	tʂuɑn tɕɑ	xu thuəˈ
龙坝	tsəŋᵘ pʰəq	xai	ɹɑŋu	xon tho
木苏	tsuŋ pʰəq	xɑ	ɹɑŋ hũ	ʁəˈt
茨木林	tsuə mɑ si	qhɑɹmɯ	ɹɑŋɹ	ʁəˈdə
扎窝	tsəp si	xe rmɯ	ɹɑɹ	ʁəˈd
麻窝	tsət si	xu ɹmɯ	ɹɑ hũ	ʁəˈt
芦花	tsə si	xoˈ mo	ɹɑ hõ	ʁəˈd
羊茸	tsə si	xe rmɯ	ɹa hũ	ʁəˈdə
松潘	tsoŋ phu	xɕi	tɕhuɑz̥	diɣʑuə
构拟				
说明				

调查点	镰刀	小铁铲	呢子	怀兜
大岐山	çi³¹ de⁵⁵	pʰɑu³¹ tsʰu³¹, tsʰuɑ³¹ pie⁵⁵	ȵi³¹ tsʅ⁵⁵	pʰɑ³¹ dio⁵⁵
桃坪	çi³¹ də³³	kua³³ pa³³	ni³¹ tsʅ³³	ba³¹ tʰə⁵⁵ qə³³
曾头	çi⁵⁵ də⁵⁵	kya⁵⁵ pa⁵⁵	ni³¹ tsə³¹	ba³¹ tʰə⁵⁵ qə³¹
龙溪	mo³³ liɑn⁵⁵	ɻɑ³¹ si³¹ ~ tɕyɑ⁵⁵ pe⁵⁵	ni³¹ tsə³¹	pʰɑ³¹ to⁵⁵ qo³¹
绵篪	zɑ⁵⁵ ku³¹ çi³³ da⁵⁵	pʰĩ³³ tsʰu³¹	ɕu³³ ua³¹	ma¹³ tʰəu⁵⁵
索桥	mo³¹ liɑ³¹	tɕyɑ³¹ piɑ⁵⁵	ni³¹ tsə³¹	pʰɑ³¹ tɑ⁵⁵
沟口	tɕy³⁵ lian⁵³	kua⁵⁵ pa⁵⁵	ni³³ tsʅ³⁵	ku⁵⁵ tu³⁵ tsʅ⁵³
黑虎	sad⁵⁵	pɑn⁵⁵ tsʰu³¹	ni³³ tsə⁵⁵	pʰɤ³³ toq⁵⁵
龙池	set⁵⁵	xuɑ⁵⁵ tsʰu³¹	ni³¹ tsə³¹	pʰɑ³³ tɑq⁵⁵
三龙	sied⁵⁵	kue³³ pie⁵⁵	ni³³ tsə⁵⁵	pə³³ toq⁵⁵
曲谷	sed	si ʙɑʴ	ȵi tsə	pʰe tɑq
雅都	sed	kʰuɑn tsʰu	ȵiːtsə	pʰə tɑq
维古	sɑ də̥	si ʙɑʴ	ȵi tsə	pʰə tɑq
龙坝	sad	si ʙɑːʴ	goːuar	pʰə tɑq
木苏	sat	tɕyɑ lɑ	gu uar	pʰə tɑq
茨木林	sa də	tie pie le	xɑ se	pʰə to
扎窝	sad	ɻa pi	go ʁar	pʰɤ to
麻窝	sat	ɻa pi	guar	pʰu tɑq
芦花	sad	ɻɑ pe	gor	pʰə toq
羊茸	sɑdə̥	ɻa pe	go ʁar	pʰɤ̠to
松潘	çedi	tʂʰuæ		
构拟				
说明				

第三章 词汇

调查点	鞋面子	中饭	夜饭	搅团
大岐山	ta³¹ tɕo⁵⁵ miɑn³¹ tsʅ³¹	tshu⁵⁵	ʐɑ³¹ xte⁵⁵	ta³¹ pi⁵⁵
桃 坪	ta³¹ tɕa⁵⁵ qo³³ qo³³	tɕhy³³	z̩ɑ⁵⁵ xte⁵⁵	me³³ tɕe³³
曾 头	ta³³ tɕa⁵⁵ miɑn³⁵ tsʅ⁵³	tɕhy⁵⁵ tɕhy⁵⁵	z̩ɑ⁵⁵ xte⁵⁵	me⁵⁵ tɕe⁵⁵
龙 溪	tsu⁵⁵ qu³³	zɑ³¹ miɑ³¹	ʐɑ³¹ ti⁵⁵ ~ ʐɑ³¹ tɪ⁵⁵	lo⁵⁵
绵 篪	pɑ³³ ka³¹	nɑ²⁴ tɕhəu³¹	ʐɑ³¹ te⁵⁵	ta³³ pi³¹
索 桥	be³³ tʂu³¹ miɑ̃³⁵ tsə⁵⁵	dziɑ³¹ miɑ̃³¹ ʂti⁵⁵	ʐɑ³¹ te⁵⁵	ta³³ pi³¹
沟 口	sɑ⁽¹⁾³¹ xɑ⁽¹⁾⁵⁵ miɑn³⁵ tsə⁵⁵	zɑ⁵⁵ mɑ⁵⁵	iaxt⁵⁵	lu⁵⁵
黑 虎	tʂuɑ³⁵ xɑ³¹ pɑn⁵⁵ tsə³¹	dɑɑ³⁵	ias⁵⁵	lo³⁵
龙 池	la⁵⁵ ke⁵⁵ miɑn³⁵ tsə³¹	dza⁵⁵ ma⁵⁵	ɦiaç³⁵	lu⁵⁵
三 龙	xai³³ miɑn⁵⁵ tsʅ³¹	dzaː	ɦias⁵⁵	lu⁵⁵
曲 谷	xai miɑn tsə	dze	ies	(i maˈ) lu
雅 都	xɑi miɑn tsə	dzaː	ies	lu
维 古	xai miɑn tsə	dziaː	las	(dzuə) lu
龙 坝	xɑi miɑn tsə	dza rmia	iast	lo
木 苏	xai miɑn tsə	dzia	iest	lu
茨木林	tʃuə bɑ kə pie	zieːbie	maˈgze ste	lo
扎 窝	kə pi	dzəː rbi	mə gziɑ stə thi	lo
麻 窝	nə pi	dziːβi	tə pi	lu
芦 花	nə pe	dzeːβe	te ɸʂi	lo
羊 茸	ɳə pi	dze rbe	te phʂi	lo
松 潘		dzæme	jext	lop me
构 拟				
说 明				

调查点	豆腐	生姜	石墙	垫子
大岐山	də³¹ ʁzɿ⁵⁵	sən⁵⁵ tɕaŋ⁵⁵	ʁlo³¹ zu⁵⁵ tɕi³¹ pie³¹	ʐo³¹ tsɿ⁵⁵
桃坪	də³¹ ʑi⁵⁵	sən⁵⁵ tɕaŋ⁵⁵	ʁo³³ zuə³³	tʂha⁵⁵ tsɿ³³
曾头	də³¹ ʑi³³	sən⁵⁵ tɕaŋ⁵⁵ nə⁵⁵	ʁo⁵⁵ zuə⁵⁵	tʂha⁵⁵ tsɿ³¹
龙溪	dɿ³¹	sən⁵⁵ tɕan⁵⁵	qha³¹ tsu³¹	tʂha³¹ tɕi³¹
绵箎	dei³¹ dʑi⁵³	kuŋ³¹ xuɑ³¹	lo³³ zu³¹	ʐo³¹ tsɿ³¹
索桥	di³¹ dʑi³¹	ko³¹ ɦã³¹	ʁo³¹ khʂa³¹ ʐo⁵⁵	tian⁵⁵ tsə⁵⁵
沟口	dʐ⁵⁵ i⁵⁵	sʅn⁵⁵ tɕan⁵⁵	kha˧⁵⁵ lu⁵⁵	ʐo⁵⁵ tsɿ⁵³
黑虎	dəi⁵⁵	ku³⁵ ʁɑ¹³¹	qha˧⁵⁵	ʐuts⁵⁵
龙池	dəi⁵⁵	se⁵⁵ tɕɑŋ⁵⁵	qhaɕ⁵⁵	ʐo³³ tsə³¹
三龙	dei⁵⁵	ku⁵⁵ ʁɑ⁵⁵	qhats⁵⁵	tian³⁵ tsə⁵⁵
曲谷	di		qhɑˊtsə	ʐu tsɿ
雅都	dedʐ	sen dʑɑŋ	qhɑˊts	
维古	dəʐ	ku iː	qhɑˊts	nə i
龙坝	dəi	ku iu	qhaːˊts	nəl
木苏	də ʐə	ʁʁ kui	qhɑˊbə	nəl
茨木林	təu fu	tsa rdi	qheːˊ ʁlo	nɤʐ
扎窝	təu fu	tsa rɟi	qhe lo	nəʐ
麻窝	təu ɸu	tsa rdʑi	qhəːˊ	xʂəʐ
芦花	tø ɸu	tʃa zga	qheˊ	kʂəʐ
羊茸	təu ɸʉ	tsa zga	qhʂe ɹe	khɕə ʐə
松潘	tuxu	kuji	χʂa	
构拟				
说明				

第三章　词汇

调查点	包袱	斗	瓷碗	石缸
大岐山	pɑu⁵⁵ fu³¹	pø³¹ tu⁵⁵	qhe³¹ ʁu⁵⁵	ʁlo⁵⁵ kɑŋ³¹ tsʅ³¹
桃　坪	pɑu³³ fo³¹	que³³ tə³³	tshʅ³¹ uɑn⁵³	ʁo³³ tshu³³
曾　头	pɑu⁵⁵ fo³¹	que⁵⁵ tə⁵⁵	si³¹ li⁵⁵ ʁo³¹	ʁo⁵⁵ tsuə³³ tshu⁵⁵
龙　溪	pɑu⁵⁵ fu³¹	quɑ⁵⁵ tu³¹	si³⁵ uɑn³¹	ʁo³¹ tshu⁵⁵
绵　篪	pɑu⁵⁵ fu³¹	pu³¹ təu⁵⁵	ɕi⁵⁵ uã³¹	lo³³ tshəu⁵⁵
索　桥		po⁵⁵ tu⁵⁵	ʁʉ⁵⁵ dʐe³¹ kəi⁵⁵	ʁu³¹ tsho⁵⁵
沟　口	pɑu⁵⁵ fo³¹	put⁵⁵	ɕi³⁵ uɑn⁵³	pɑ⁵⁵ sui⁵⁵ kɑŋ⁵⁵
黑　虎	pɑu⁵⁵ fu³¹	put⁵⁵	ɕi³⁵ ʁuɑn⁵³	nə³³ pɑ⁵⁵ ʂui³³ kɑn⁵⁵
龙　池	pɑu⁵⁵ fu³¹	put⁵⁵	ɕi³⁵ ʁuɑn⁵³	ʂə³³ kɑŋ⁵⁵
三　龙	pɑu⁵⁵ fu⁵⁵	quɑt⁵⁵	si³⁵ ʁuɑ⁵⁵	ʂə³³ kɑn⁵⁵
曲　谷	pɑu ɸu	quɑt	si ʁuɑn	ʂə kɑn
雅　都	pɑu ɸu quɑt	ɕi:ʁuɑn	ʂə kɑŋ	
维　古	pɑu ɸi	pu	kiɑ ʁu	ʁlu ʂuə tə
龙　坝	pəu ɸu	pu	kɑ ʁo	ʁlo tsho
木　苏	pɑu ɸu	pu ~ (ʂəntsə)	qɑ ʁuə	ʁlu tshu
茨木林	pɑu fu	pu	qe ʁuə	ʁlo tsho
扎　窝	tʃək li	po	xto ʁuə	ʁlo dʐə
麻　窝	tɕik li	quɑt	qe ʁu	ʁlu tshu
芦　花	tʃək le	po	qe tsəʁo	ʁlo pe dʐə bzʴɑ
羊　茸	tʃək le	(qsəm ɕoq) po	qe tse ʁuə	ʁlo tsho
松　潘			ʁo	ʂut
构　拟				
说　明				

调查点	瓢	火锅子	锅盖	吹火筒
大岐山	qhui⁵⁵	xo³¹ ko⁵⁵ tsʐ³¹	lɑ³¹ quɑ⁵⁵ qu³¹	xo⁵⁵ thuŋ³¹
桃 坪	phio³³	xo⁵⁵ ko⁵⁵ tsʐ³³	dʐə³¹ qo⁵⁵	xo⁵⁵ xdio³³
曾 头	phio³³ ~ gze⁵⁵	xo⁵⁵ ko⁵⁵ tsʐ³¹	dʐɑ³³ qu⁵⁵	xu⁵⁵ dio³⁴³
龙 溪	quɑ³¹ li⁵⁵	xo⁵⁵ ko⁵⁵ tsə³¹	ʐə⁵⁵ qu⁵⁵	mu³¹ phu⁵⁵ liu³¹
绵 篪	quɑ³¹ lə⁵⁵	tshyi⁵⁵	tshɑ³³ ko³¹	m̥⁵⁵ phu³¹ dio³¹
索 桥	zɑ³¹	xo³¹ ko³¹ tsə³¹	tshɑ³¹ qo³¹	mu³¹ phu³¹ ti⁵⁵
沟 口	phiɑu³³ phiɑu⁵⁵	xu⁵⁵ ko⁵⁵ tsə³¹	ʂɑ⁵⁵ ku⁵⁵ kʳʅʂ⁵⁵	xu⁵⁵ thuŋ³¹
黑 虎	zɑ³⁵	tɕhyi⁵⁵	ʂe³³ ku⁵⁵ qʳʅf³⁵	xo⁵⁵ thuŋ³³
龙 池	zɑ⁵⁵	xu⁵⁵ ku⁵⁵ tsə³¹	qɔʅɕ⁵⁵	xu⁵⁵ thuŋ³¹
三 龙	ʁu³³ pie	tshye⁵⁵	ku³³ tɑ⁵⁵	xo⁵⁵ thuŋ⁵⁵
曲 谷	zɑ	tshue		xo thuŋ
雅 都	zɑ	tshue	quətɕ	mə thuŋ
维 古	zɑ	tshyi	qe kuə	xu thuŋ
龙 坝	zɑ	tshuə i	ku tɑ	mə phəs（xu thuŋ）
木 苏	zɑ	tshyi	ku tɑ	xu thuɳu
茨木林	ze	xo kotsə	dʐə qə kuə	mə phək
扎 窝	zʵ	tshui	ku tɑ	mə phək
麻 窝	zʵ	tshʅyi	ku tɑ	mə phʵs
芦 花	ʒɛ	tshʉ	ku tɑ	mə ɸʵk
羊 茸	ze		dʐə qʉp	mə spʉt
松 潘	za		ʑita	phəs
构 拟				
说 明				

调查点	筛子	天黑	虹	雪
大岐山	ʂe³¹ʂe⁵⁵	ɹɑ³¹ŋu⁵⁵ xtio³¹	ba³¹ ʁø⁵⁵ lio³¹ lio³¹	m̩³¹ pɑ⁵⁵
桃坪	sia³³xque³³	ə˞³¹mu⁵⁵	xmə⁵⁵qu³¹tsu³³	mə³¹pa³³
曾头	sia³³xguə⁵⁵	ə˞³¹mui⁵⁵	mə⁵⁵xu³³tsuə³³	mə³³pa⁵⁵
龙溪	sɑ⁵⁵	ʁɑ⁵⁵mv⁵⁵	pɑn³⁵	pɪ³¹
绵篪	ʂa³³tsʅ⁵⁵	ɦia³³mo⁵⁵	ma⁵³xəu⁵⁵tsua³¹	m̩³³pa³¹
索桥	khʂe³¹sie⁵⁵la⁵⁵	mu⁵⁵（pia⁵⁵）zə³¹mu³¹	mu³¹ʁo³¹ʂu³¹tɕhi⁵⁵	pəi³¹
沟口	sə³¹khɑ˞⁵⁵	ma˞⁵⁵ɦia³³xua˞⁵⁵	kɑŋ³⁵	pi⁵⁵
黑虎	sa⁵⁵	mʁts³³tsɑ⁵⁵	kɑn³⁵	pe⁵⁵
龙池	se⁵⁵	mu⁵⁵dzə³³ni˞⁵⁵qe³¹	kɑŋ³⁵	pu⁵⁵
三龙	sie⁵⁵	mə⁵⁵tsa³³y⁵⁵	mei˞⁵⁵tɕe⁵⁵tʂu̥a³¹	pe⁵⁵
曲谷	se	mu tsɑ	mup tɕhe tʂu̥	pe
雅都	se	ɑn dʐu̯ax	kum tʂhuei	pie（sqɑm）
维古	sa	mus ku dʐu̯	mun tɕhɑ ʂu̥	pia
龙坝	sa	məs ko dʐu̯o	mə dʐɑs	pu
木苏	sa	məs kuət dʐu̯	mun tɕhus	pie
茨木林	sa	mə n̠i	mu ʁu tsə thi	tɕi
扎窝	dʐi skuə	mə n̠i	mu ʁo tsə thi	tɕui qə˩bə˩
麻窝	sa rgu	dɑm n̠i	mu ʁu tsə thin	tɕi
芦花	sə rgu	dɑm n̠i	mə ʁo tsə thi	tɕi qə˩βu
羊茸	dʐi skɯə	dɑ mə n̠i	mə ʁo tsʁ thi	tɕi
松潘	xʂe se		mop tsutʂ	tʂua
构拟				
说明				

调查点	打霜	海	水潭	新年
大岐山	thø³¹ ʑe⁵⁵ʂʅ³¹ sʅ³¹	çy⁵⁵	tsue³¹ ʁui⁵⁵	die⁵⁵
桃坪	pɑ³¹ thu³³ se³³ xdʑi³³	çye³¹	tsuə⁵⁵ taŋ¹³ tɑ³³	dia³⁴³
曾头	xpɑ³³ thu⁵⁵ sʅ³³ khʂi³³	xe⁵⁵ tsʅ⁵⁵	tsuə⁵⁵ taŋ³³ tɑ³³	dia³⁴³
龙溪	pia³¹ tho³¹ sə³¹ qə³¹ te³¹	xɑi⁵⁵ tsə³³	tsu³¹ tan³¹ tan⁵⁵	dia⁵⁵
绵箎	ʂa³³ tɕhɑː³¹	xa³³ tsʅ³¹	tsua³¹ thɑ³¹ thɑ⁵⁵	dia⁵⁵ siː³¹
索桥	ʂpie⁵⁵ tho³¹ sə⁵⁵ ɦia³¹ qe³¹ tie³¹	çy³¹ qu⁵⁵	tsu³¹ tɑ⁵⁵	dʑɑ⁵⁵ si⁵⁵
沟口	ʂuɑn⁵⁵ ɦie³² xpiː³⁵	sʅ⁵⁵ ʂui⁵⁵ than³¹		
黑虎	ʂuɑn³³ tɕɑ³³ ɦieq³³ te⁵⁵	ʂu⁵⁵ kuə³¹	iɑn³⁵ than³¹	diɑs⁵⁵
龙池		ʂue⁵⁵	ʂui⁵⁵ thaŋ³³ thaŋ³¹	
三龙	çy³³ tɕhu⁵⁵ ɦiɑ³³ qhɑ⁵⁵	ʂu⁵⁵	ʁlu⁵⁵ ʑgu⁵⁵	dʑexs⁵⁵
曲谷	məx	çu	ʁlu gu	dʑe
雅都	mə xə deu	tsə ɹe kuə	tsə pi tsəːɻ	khsə dɑp
维古	mə xəɻ kə pɑ	çyi	tsəːqɑ	dʑɑ qe
龙坝	mə xəɻ	ʂua	tsuə qɑ	dʑɑ qəɻ
木苏	məɻx	çy	tsə qɑ	dʑɑ qe
茨木林	sqɑ sku	çui gu	tsə qe	lo sɑ
扎窝	sqɑ sku	çui	ʁlo go	lo sɑ
麻窝	mə xəɻ	çi	ʁlu ɣu	diqe（xsə thɑ pɑ）
芦花	mə kəɻ	çi	ʁlə gu	lø sɑ
羊茸	mə khʂə	çyi	ʁlo gʉ	lo sɑɻ
松潘	məxpi	ço		
构拟				
说明				

调查点	春夏两季	秋冬两季	正月	晚上
大岐山	tsa³¹ qɪ⁵⁵	so³¹ go⁵⁵	xpa³¹ xʅ⁵⁵	dʑe³¹ tsʅ⁵⁵
桃坪	tsie⁵⁵ qə³³	ɕo³³ ko³³	xpe⁵⁵ ʂʅ³¹	mu⁵⁵ dzo³⁴³
曾头	tsie⁵⁵ qə³³	sio³³ qo³³	xpe⁵⁵ ʂʅ³³	mu⁵⁵ dzo³⁴³
龙溪	tɕɑ³¹ qɪ⁵⁵	so³¹ qɪ⁵⁵	pa⁵⁵ ɬə⁵⁵	di³³ tsə⁵⁵
绵篪	da³³ diɑ⁵³	tsua³³ pɑ⁵⁵ si³³ ɬə³³	pa³³ ɬə³¹	ga³³ tsʅ⁵⁵
索桥	tsie³¹ qə³¹	sʁ³¹ qə⁵⁵	ʂpe³¹ lə³¹	mu⁵⁵ zu⁵⁵
沟口	tʂun⁵⁵ thian⁵⁵	tuŋ⁵⁵ thian⁵⁵	tʂʅn⁵⁵ xe³¹	maˊ⁵⁵ xuaˊ⁵⁵
黑虎		suəq⁵⁵	pus⁵⁵	gits⁵⁵
龙池	nə³³ tse⁵⁵	suq⁵⁵ tə³¹	aɬ⁵⁵	ma⁵⁵ ʁzə⁵⁵
三龙		suəq⁵⁵	tʂɑɬ⁵⁵	mi:⁵⁵ xuɑ⁵⁵
曲谷		suq	tɕɑɬ	ma xuɑ
雅都	tə nəq	suəq	tʃiɕ	mia: xa:
维古	tə nəq	suəq	tʂən iye	mə tʂa gɑ
龙坝	mə tsa	suəq	aɬ	mə tʂɑ gɑ
木苏	mə tsɑ	mə su	ɑɬ	gə tsə
茨木林	mə tsa	mə so	atʃhə	a ɕue
扎窝	mə tsa	mə so	atʃ	a ʂua
麻窝	mə tsa	məᵘ su	atʃ	a ʂa
芦花	mə tsa	mə so	atʃ	a ʂa
羊茸	mə tsa	mə so	a tʃhə	a ɕya
松潘	tɕaq	soq	tie ɬi	mazu
构拟				
说明				

调查点	经线	隔线板	羊毛线锤	胶
大岐山	sɑ³¹ xto⁵⁵ saɭ³¹	tie³¹ phiu⁵⁵	dʐel⁵⁵	tɕau⁵⁵
桃 坪	ta³¹ (dʐi³³)	ta³³ phie³¹	pu³³ tʃɿ³³	tɕau⁵⁵
曾 头	tia⁵⁵ sia⁵⁵ li⁵⁵	tia⁵⁵ phie³³	pu⁵⁵ tʃɿ⁵⁵	tɕau⁵⁵
龙 溪	tia³³ ʐi³³	xɑ⁵⁵ tsu³¹	po⁵⁵ tɕi³¹	tɕau⁵⁵
绵 篪	se³¹ li³¹ i̠³¹ to⁵⁵		pu⁵⁵ tɕi³¹	tɕau⁵⁵
索 桥	ʂtʉ³¹ so⁵⁵ li⁵⁵	tɕɑ³¹ bo⁵⁵	po⁵⁵ tɕi⁵⁵	phi³¹ tɕau⁵⁵
沟 口	ta⁵⁵ dʐə⁵⁵	xɑ⁵⁵ tʂy³¹	putʂ⁵⁵	tɕau⁵⁵
黑 虎	nɤ⁵⁵ stuɤ⁵⁵	xɑ⁵⁵ tʂuə̥³¹	putʂ⁵⁵	tɕau⁵⁵
龙 池	ni⁵⁵ quə⁵⁵ ʐy³¹	xɑʂ⁵⁵	putʂ⁵⁵	tɕau⁵⁵
三 龙	dʐətʂ⁵⁵	xɑ⁵⁵ tʂuə̥³¹	pətɕ⁵⁵	tɕau⁵⁵
曲 谷	tɕe	xe tʂhu	put	tɕau
雅 都	lar	xɑ ʂu	dʐetɕ	tɕau
维 古	su su	xɑ miɑ̥ ~ xɑʂu	putʂu	tɕau
龙 坝	ˉtɕa	xɑ ʂuə̥	pu tʃuə̥	dʐaxtʂ
木 苏	lar	xɑʂ	putʂ	tɕau
茨木林	tie	xɑ tʃuə	pu kə	ksə
扎 窝	ti	xɑ tʃu̥	puk	tɕau
麻 窝	ti	xɑs	purna	spian
芦 花	te	xɑtʃ	pur nɑ	spen
羊 茸	te̠	xɑ tʃə	pərna	spen
松 潘				
构 拟				
说 明				

第三章 词汇

调查点	老秤	薪金	船	像片
大岐山	tɕhe³¹ ba⁵⁵	ɕin³¹ʂui⁵⁵	ɕy⁵⁵	ɕiaŋ³⁵ phian³¹ tsʅ⁵³
桃坪	tɕhe³³ bzֽa³³	qa³³ dzֽʅ³³	ɕye³³	siaŋ¹³ phiaŋ¹³
曾头	tɕhe³³ ba³¹	qa⁵⁵ gzֽʅ⁵⁵	tʂhuã³¹ nə³³	siaŋ¹³ phiã²⁴
龙溪	tɕhi⁵⁵ pɿ³¹	sin⁵⁵ʂui³¹	phia⁵⁵	sian³⁵ phian³⁵
绵篪	tɕhe⁵⁵ pei³¹	tɕĩ⁵⁵ thie³¹	tʂhuã³¹	ma zֽə̃³³ zֽə̃⁵⁵ ~ bi³¹
索桥	tʂhəi⁵⁵ pəi⁵⁵	sin⁵⁵ tsə⁵⁵	za³¹ y³¹	sian⁵⁵ phian⁵⁵
沟口	tshə⁵⁵ ba⁵⁵ xa³¹	ɣuaᴵ⁵⁵ zֽʅ⁵⁵	tʂhuan⁵⁵	ɕan³⁵ phian³⁵
黑虎	tʂhɤ³³ ba⁵⁵	tɕin⁵⁵ thie³¹	tʂhuan³¹	ɕan³⁵ phian³⁵
龙池	tɕhi⁵⁵ ba⁵⁵ xua⁵⁵	ɕin⁵⁵ʂui³¹	tʃhuan³¹ ~ phaᴵ⁵⁵	ɕaŋ³⁵ phian³⁵
三龙	tʂhə⁵⁵ ba³³ xa⁵⁵	tɕin⁵⁵ thie⁵⁵	tʂhuan⁵⁵	sian³⁵ phian⁵⁵
曲谷	lau tʂhən	ɕinʂui	tʂhuan	ɕan phian
雅都	tʃhə ba	ɕinʂui	tʃhuan	ɕaŋ phian
维古	lau tʂhən	ʂan	tʂhuan	ɕan phian
龙坝	tʃhə ba	ʂan（tɕin thi）	phia	tʃən sian
木苏	lau tʂhən	ʂan	tʂhuan	xpa rmia
茨木林	tʃhə ba	tɕin tɕhe	phie	xpɤ
扎窝	tʃhə ba	ʂaŋᵘ	phia	xpa ma
麻窝	tʃhə ba	ʂaŋᵘ	phia	xpa rma
芦花	the tʃan ba	ʂaŋ	phe	xpa rma
羊茸	lau tʃhən	ɕaŋ	phe	xua
松潘	tʂhə		tʂhuæn	ȵiχpe
构拟				
说明				

调查点	声音	汉语	藏语	羌语
大岐山	xsʴ³¹ xqu⁵⁵	ʁzʴ³¹ ʈʂʴ⁵⁵	tsaŋ³¹ xua⁵⁵	ʁma³¹ ʈʂʴ⁵⁵
桃 坪		ʁə³³ dʑi³¹		xma³³ dʑi³¹
曾 头	tɕhi⁵⁵	ʁə³¹ zʴ⁵⁵ mə⁵⁵	xpe³³ zʴ⁵⁵ mə⁵⁵	xma⁵⁵ zʴ³³ mə³¹
龙 溪	tɕhi³³	ʁi³³ zə³³ mə⁵⁵	pa⁵⁵ zə³¹ mə⁵⁵	ma⁵⁵ də³¹
绵 篪	tɕhi³³ qu⁵⁵	dzʴ³³ de⁵³	tsaŋ²⁴ xua²⁴	ma³³ də⁵⁵
索 桥	tɕhi³¹ qo³¹	zʴʁe³¹ zi⁵⁵ mi⁵⁵	ʂpe³¹ zi⁵⁵ mi⁵⁵	zʴmi³¹ zi⁵⁵ mi⁵⁵
沟 口	kʴ⁵⁵ i⁵⁵	ɦiʴ zʴ⁵⁵	pe⁵⁵ zʴ⁵⁵	mʴ⁵⁵ zʴ⁵⁵
黑 虎	qʴi⁵⁵	ʁʴ¹ zʴ⁵⁵	fə¹ zʴ⁵⁵	mə¹ zʴ³⁵
龙 池	qai⁵⁵	zʴʁez̩⁵⁵	z̩pez̩⁵⁵	z̩mez̩⁵⁵
三 龙	qei⁵⁵	ʁəʴ⁵⁵	z̩pez̩⁵⁵	z̩məʴ⁵⁵
曲 谷	qe i	ʁeʴz̩ʴ	ʂpe z̩ə	ɹme z̩ə
雅 都	qei	ʁəʴz̩	z̩pez̩	z̩mez̩
维 古	qe i	ʁəʴz̩ə	rpaz̩	rmaz̩
龙 坝	qə¹ i	ʁəʴz̩	rpaz̩	rmaz̩
木 苏	qeu	ʁəʴz̩	rpaz̩	rmaz̩
茨木林	qəu	ʁəʴz̩	spaz̩	rmaz̩
扎 窝	qəu	ʁəʴz̩	spaz̩	rmaz̩
麻 窝	qeu	ʁəʴz̩	ʂpaz̩	rmaz̩
芦 花	qeu	ʁəʴz̩	spaz̩	rmɛz̩
羊 茸	qo wu	ʁəʴdʒə	spa dʒə	rme dʒə
松 潘	qəŋ			
构 拟				
说 明				

调查点	笔	疮	疥疮	痔疮
大岐山	pie⁵⁵	ʁmi⁵⁵	qa⁵⁵	tʂʅ³¹ tʂhuaŋ⁵⁵
桃坪	pie³³	qə³¹lu³³		tʂʅ¹³ tʂhuaŋ⁵⁵
曾头	sia⁵⁵tsʅ³³	qə³¹lu⁵⁵	kã⁵⁵tʂhuaŋ⁵⁵tsʅ³¹	tʂʅ¹³ tʂhuaŋ⁵⁵
龙溪	pie⁵⁵	qə³³lo³³	kan⁵⁵tʂhuan⁵⁵tsə³¹	tʂə¹³ tʂhuaŋ⁵⁵
绵篪	pie³¹	mu⁴²	qa³³ləu⁵⁵	tʂʅ³³ tʂhuã⁵⁵
索桥	pie³³	mi³¹	dzə³¹dze³¹mi⁵⁵	tʂʅ³¹ tʂhuan³¹
沟口	pie⁵⁵	paʂ⁵⁵	kan⁵⁵tʂhuan⁵⁵tsʅ⁵⁵	
黑虎	pi³⁵	mi⁵⁵	kan⁵⁵tʂhuan⁵⁵tsə³¹	tʂə³³ tʂhuan⁵⁵
龙池	pie⁵⁵	ʑi³³mi⁵⁵	paʂ⁵⁵	tʃə³³ tʃhuaŋ⁵⁵
三龙	pi⁵⁵	ɦĩ³³mi⁵⁵	kan⁵⁵tʂhuan⁵⁵tsə⁵⁵	lutɕ⁵⁵ʑdʑi⁵⁵
曲谷	pi	i mi	pie stu	lu ke ʑdʑi
雅都	piː	in bi	pie dzu	lu ku ʑdʑi
维古	pi	ɹam bia	kuə dzu	lu ka ʑdʑi
龙坝	ləgʐ ɹaʂ	rmə piæ	khuə zo	qʂ ʐə ʑi
木苏	zɛʈ phi ɹaʂ	ɹam pie	khu zu	lo kua ʑi
茨木林	zəʐ phiˈ ɹek	rmi	piɑ zo	lo ka rʑi
扎窝	zəʐ phi ɹaʂ	bu n̥i	piɑ dzo	lo ka rʑi
麻窝	zɛʈ phi ɹaʂ	bi n̥i	piɑ dzu	lu ka rdʑi
芦花	zi ɸʂi ɹaʂ	bʁ n̥i	peːdzo	lo ka rʑi
羊茸	zə phʂi ʐ	bʁ n̥i	pe dzo	lo dʒa rʑi
松潘	jak	qulu		saχʂəj
构拟				
说明				

调查点	香（敬神）	枪	火药	子弹
大岐山	xpø³¹ sə⁵⁵	ɕi³¹ dio⁵⁵	m̩³¹ sə⁵⁵	tsɿ⁵⁵ tan³¹
桃坪	xu⁵⁵ te⁴⁴	iaŋ³¹ pʰau¹³		tsɿ⁵³ tsɿ³¹
曾头	xu⁵⁵ te³¹	mi⁵⁵ sɿ³¹	taŋ³⁵ tsɿ³¹	
龙溪	xo⁵⁵ ti⁵⁵	ɕa⁵⁵ diu⁵⁵	xo⁵⁵ːio⁵⁵	tsə³³ tan³⁵
绵篪	xəu³³ ta³³	tʂʰəu⁵⁵	xo³³ːio³¹	zui³¹
索桥	xo³¹ ti⁵⁵	tʂʰu⁵⁵	xo³¹ːio⁵⁵	mu⁵⁵ zy⁵⁵
沟口	xy⁵⁵	dup⁵⁵ ~ ly³³ tʂa⁵⁵	sʁm⁵⁵	tsɿ⁵⁵ tsɿ³¹
黑虎	xut⁵⁵	lʁ³³ tʂʰu⁵⁵	xo³³ːio⁵⁵	tsə⁵⁵ tan³⁵
龙池	fut⁵⁵	dup⁵⁵	xu³⁵ ie⁵⁵	dup⁵⁵ zu⁵⁵
三龙	ɸut⁵⁵	lə³³ ʂu⁵⁵	ɕau⁵⁵ ~ xo⁵⁵ːio⁵⁵	mə⁵⁵
曲谷	xut	məl̥	mu ʐo	tan tsə
雅都	ʂpats	suːˀqu	mu dʒu	xtʂə
维古	xut	ian pʰau	mə ʁa	xtʂə
龙坝	xut	məl̥	mə ʁa	xtʂə
木苏	xut	ian pʰau	mə ʁa	si patʂ
茨木林	spə ɹe	məʐ̥	duə	duəʐ̥
扎窝	spʁs	məʐ̥	mə ʐə	si patʂ ~ duəʐ̥
麻窝	ʂpus	məʐ̥	mə ʁa	sə patʂ
芦花	spos	məʐ̥	mə ʁa	seːpatʂ
羊茸	spos	mə ʐə	mə wa	se patʂ
松潘		ʁlo tsʰu	məd	təŋʐ
构拟				
说明				

第三章 词汇

调查点	宝剑	周围	边上	任务
大岐山	pau^{42} tɕan^{13}	xkue^{31} xkue^{55}	phaŋ^{31} pian^{55}	z̩ən^{13} u^{55}
桃坪	pau^{31} tɕan^{24}	kie^{31} ʑi^{33}		z̩ən^{13} u^{13}
曾头	pau^{53} tɕã^{24}	pa^{55} pu^{55}	z̩ən^{35} u^{35}	
龙溪	tɕan^{13}	pia^{55} pu^{33}	pian^{55} pian^{55} xe^{55}	z̩ən^{35} u^{35}
绵篪	da^{33} xa^{33}	qa^{33} ʑi^{55}	tshua^{31} ta^{31}	z̩ə^{31} u^{55}
索桥	po^{31} tsian^{55}	pia^{55} phu^{55}		z̩ən^{55} u^{55}
沟口	pau^{55} tan^{35}	tshua^{55} a^{55} ta^{55}		z̩en^{35} u^{35}
黑虎	pau^{55} tɕan^{35}	ki^{33} tu^{55}	pian^{33} pia^{55}	z̩ən^{35} u^{31}
龙池	pau^{53} tɕan^{35}		pian^{55} pian^{55}	z̩en^{35} u^{35}
三龙	pau^{55} tɕan^{35}	ʑi^{55} ke^{55} ta^{55}	ʑi^{33} ke^{55} ta^{55}	z̩ən^{35} u^{55}
曲谷	pau tɕan	tɕi ke	zə pian	z̩ən ŋə
雅都	pau tɕan	pian	piax pian	z̩en u
维古	tɕu xə˩	tɕiʑikia	ʑi kia	z̩ən u
龙坝	xa ʂənu	zə ka		la stuŋ
木苏	khuɹo ti	(tɕi) zə ka	zə ka	la stuŋu
茨木林	xa	tɕi ka	gz̩ueʐ̩ ka	ton
扎窝	xa si	ci ka	tshəka~gz̩uaka	z̩ən u
麻窝	xa sa	tɕi ka	ʑi ka	la stuŋ
芦花	xa tsha	ci ka	ʑi ka	la stun
羊茸	xa	ci ʑi	ʑi ka	ßla stən
松潘		ɦoxua oxute。	ka ka	
构拟				
说明				

调查点	太平	颜色	习惯	样子
大岐山	die³¹ mɑ⁵⁵	iɑn³¹ se³¹	ɕe³¹ kuɑn¹³	pɑŋ⁴² iɑŋ³¹
桃坪	thai²⁴ phin³¹	iɑŋ³¹ se³³	kuɑ³¹ tsɿ⁵³	pɑŋ³¹ iɑŋ²⁴
曾头	thai¹³ phin³¹	iã³¹ sa⁵⁵	ku³¹ tsɿ⁵⁵	thə³³ bə⁵⁵
龙溪	mu³³ mu³³	iɑŋ⁵³ se⁵³	a³¹ tso³¹ tɕi³¹	pɑn⁵³ iɑn³⁵
绵篪	tha²⁴ phĩ³¹	iã³³ sa⁵³	u³³ tsəu³⁵	bu⁵⁵ tɑ³¹
索桥		iɑn³¹ se³¹	ɦɑ³¹ tso³¹ ʂə⁵⁵	pɑn³³ iã⁵⁵
沟口	thai³⁵ phin³¹ ~ he³⁵ tɕhin⁵⁵ ɕɑ³¹	iɑn³³ se⁵⁵	e³³ tɕy³⁵ ɕi⁵⁵	
黑虎	thai³⁵ phin³¹	iɑn³³ sə⁵⁵	ɕe³³ kuɑn³⁵	iɑn³⁵ tsə³¹
龙池	thai³⁵ phin³¹	iɑn³³ se³¹	ɕe³³ kuɑn³⁵	pɑŋ⁵³ iɑŋ³⁵
三龙	thai³⁵ phin³¹	iɑn³³ se⁵⁵	sie³³ kuɑn⁵⁵	pɑŋ⁵³ ian³⁵
曲谷		ian se	si kuɑn	pɑŋ iɑŋ
雅都	thai phin	ian se	ku tsu	pɑŋ iɑŋ
维古	ɕtɕit pu	ian sai	ɕi kuan	iɑŋ tsə
龙坝	skit pu	ɹɑ uɑ	guaˈ (ua)	iɑn dzə
木苏	ɕtɕit pu	iɑŋ sə	gəˈ ua	xpɑ xpə
茨木林	kɕui po	ɹɑ uɑ	guiˈ ua	xpɑ xpɤ
扎窝	xtɕe pu	ɹɑ uɑ	guiˈ uɑ	xpɤ
麻窝	ʂtɕit pu	ɹɑ uɑ	gəˈ ua	xpɑxp
芦花	scit pu	ɹɑ uɑ	giˈ ua	xpɛ
羊茸	scit po	ɹɑ uɑ	gəˈ wa	xpɑ xpe
松潘		nedik dũ		
构拟				
说明				

调查点	底子	渣渣	你俩	他俩
大岐山	xsʅ⁵⁵	tʂa⁵⁵tʂa⁵⁵	kun³¹ tə⁵⁵	thɑn³¹ tə⁵⁵
桃坪	ti⁵⁵tsʅ³³	tʂa⁵⁵tʂa⁵⁵	kuan¹³tʃʅ³³	thɑŋ³³tʃʅ³³
曾头	ti⁵³tsʅ⁵⁵	tʂa⁵⁵tʂa⁵⁵	kuəŋ³⁵tʃʅ³¹	thɑn⁵⁵tʃʅ⁵⁵
龙溪	ti³¹tsə³¹	tʂa⁵⁵tʂa⁵⁵	uən³¹ti⁵⁵	thən³¹ti⁵⁵
绵篪	ka³³ka³¹	tʂa³³tʂa³¹	uŋ³¹tio⁵⁵	ɦiaŋ³¹tio⁵⁵
索桥	tɕi³¹tsə³¹	ʂpa⁵⁵la⁵⁵	nə³¹la⁵⁵ni³¹tsə⁵⁵	thə³¹la³¹ni³¹tsə⁵⁵
沟口	ti⁵⁵ti³¹	tʂa⁵⁵tʂa⁵⁵	e³³le⁵⁵its⁵⁵	tʂə³³yy⁵⁵le⁵⁵its⁵⁵
黑虎	tits⁵⁵	tʂa³³tʂa⁵⁵	a³³lan⁵⁵dʐə³¹	thɑn³⁵dʐə³¹
龙池	tɕu⁵⁵pu³¹	tʃa⁵⁵tʃa⁵⁵	kuɑn⁵⁵dze³¹	thən⁵⁵dze³¹
三龙	ti⁵⁵tsə⁵⁵	tʂa⁵⁵tʂa⁵⁵	e³³le⁵⁵fĩ³³ze⁵⁵	them³³le⁵⁵fĩ³³ə¹³⁵
曲谷	ti tsə	tʂa tʂa	ū dʐo˩	thɑn ze
雅都	tɕi sta	tʃa tʃa	kiːtʂ	thiːtʂ
维古	ti tsə	tʂa tʂa	kuən dzi	thiʂ
龙坝	tʃə (ti tsə)	tʃa tʃa	kuan dzi	thə iʂ
木苏	tʂə sta	kua ta kua ȵi	kuən	thiʂ
茨木林	kə	kua sta	kuə ȵe nə	thən dze
扎窝	kə	kua sta	kuə ȵin	thɑn dzə
麻窝	kə	kua last	kuə ȵin	thɑn dzi
芦花	kə	kua last	kuə nən	thɑn dza
羊茸	kə	kua la stə	kə ȵə m̥ə	tha m̥ə
松潘				thoŋ gua
构拟				
说明				

调查点	我们	你们	他们	他自己
大岐山	qɑ³¹ xuɑ⁵⁵	kue³¹ xuɑ⁵⁵	thɑ³¹ xuɑ⁵⁵	thɑ³¹ lɑ³¹ tsʅ³¹ qə⁵⁵
桃 坪	thuə³¹ thyɑ³³	kuə³¹ thyɑ³³ xuɑ³¹	thɑ³³ xuɑ³³	u³³ sie³³
曾 头	tsuə³¹ thyɑ⁵⁵	kuə³¹ thyɑ⁵⁵	thɑ³¹ thyɑ⁵⁵ ~ thɑ⁵⁵ xuɑ⁵⁵	thɑ⁵⁵ lə⁵⁵ u⁵⁵ sie⁵⁵
龙 溪	qɑ³³ liɑ³³	nə³¹ lɑ⁵⁵	thə³¹ liɑ³¹	io⁵⁵
绵 篪	tɕu⁵⁵ le³¹	u³³ liɑ³³	ɦɑ³¹ ɦɑ⁵⁵	ɦɑ³¹ i⁵⁵
索 桥	qɑ⁵⁵ lɑ⁵⁵	u⁵⁵ le³¹ ~ no³¹ lɑ³³	thə³¹ lɑ⁵⁵	io⁵⁵ kə⁵⁵
沟 口	ɑ⁵⁵ tsʁ³³ le³¹ tse³⁵	e³³ le⁵⁵	thu³³ le⁵⁵	tʂə³³ ɣy⁵⁵ ȵiy⁵⁵
黑 虎	tsa⁽ᵖᵃⁱ⁾ʁ³³ tʂu⁵⁵⁽ᵇᵃᵒ⁾	ɑ³³ lɑ⁵⁵	thiu³³ iɑ⁵⁵	the³³ gu⁵⁵ niu⁵⁵
龙 池	ku³³ tsɑ⁵⁵ pa³¹	kua⁵⁵ pa³¹	thɑ³³ pa⁵⁵	mu⁵⁵ ni³¹
三 龙	ə³³ tʂu⁵⁵	e³³ le⁵⁵	them³³ ne⁵⁵	niu⁵⁵
曲 谷	u tɕu	e li	them li	thɑ ȵu ȵu
雅 都	tɕiː	ki li	thɑm li	ȵu tɕu
维 古	ʂɑ ~ ʂɑ qhsi	kuə lɑ qhsi	thɑ qhsi	thɑ ri ȵu ȵu
龙 坝	tɕɑ qsi	kuɑ qsi	thɑ qsi	thɑ ri ȵu
木 苏	ɕɑ xsi	kuə lɑ xsi	thɑ xsi	thɑ ris
茨木林	tsiɑ ʁɑ	kuə ȵɑ ʁɑ	thɑ gue˩	thɑ rə ȵuȵu
扎 窝	tʃo ʁɑ	kuə ȵɑ ʁɑ	thɑ ɣua	thɑ rə ȵuȵu
麻 窝	tɕu xlɑ	kuə ȵi xɑ	thɑ xlɑ	thɑːȵuȵu
芦 花	tʃo xɑ	kuə ne xɑ	thɑːʁɑ˩	thɑ nʉ ʂtʃu
羊 茸	tɕø xlɑ	kə ȵɑ xlɑ	thɑ xlɑ	thɑ ȵuȵu
松 潘	tsandʐe	quandʐe	thandʐe	the ʔalaȵi
构 拟				
说 明				

调查点	什么	多少	这里	那里
大岐山	ni³¹ti⁵⁵	ni³¹tɕi⁵⁵	tse³¹ko⁵⁵	tho³¹ko⁵⁵
桃 坪	na³³	na³³tɕi⁵⁵na³³ (zɿ³³)	tse³⁵	the³⁵
曾 头	na⁵⁵	na³³tɕi⁵⁵na³¹	tsə³³xe⁵⁵	thə³³xe⁵⁵
龙 溪	na⁵⁵ti³³	nɑ³¹na⁵⁵	tsə³³kɑ⁵⁵	thə³³kɑ⁵⁵
绵 篪	ȵɑ⁵⁵la³³ ~ ȵɑ³³di³¹	ȵɑ³³ȵo⁵⁵	tɕɑ³⁵la³¹	ɦɑ³⁵la³¹
索 桥	ni⁵⁵tɕi⁵⁵		tso⁵⁵kə⁵⁵	tho⁵⁵kəi⁵⁵
沟 口	ni⁵⁵ke⁵⁵	na³⁵	tsɑ⁵⁵ ~ tɕɑ⁵⁵	thɑ⁵⁵ ~ thiɑ⁵⁵
黑 虎	na⁵⁵ka³¹	na³³ʁuɣ⁵³	tsɑ⁵⁵ ~ tsu⁵⁵	thɑ⁵⁵ ~ thi⁵⁵
龙 池	ni⁵⁵ɣie³¹	na³⁵ ~ (na³⁵lɑx⁵⁵)	tha⁴²	tha⁵⁵
三 龙	nə³³ke⁵⁵	naː⁵⁵ue⁵⁵	tsɑ⁵⁵ ~ tsu⁵⁵	thɑ⁵⁵ ~ thu⁵⁵
曲 谷	ȵi ge	ȵɑ ʙəl	tsɑ	thɑ
雅 都	ȵi ge	ȵɑ uaᴵn	tsɑ ~ tsu	thɑ ~ thu
维 古	ȵi ka	ȵɑ ʙɑᴵl	tsɑ	thɑ
龙 坝	ȵi ka	ȵɑ baᴵl	tɕo	ɑ to
木 苏	ȵi ka	ȵi kal	tɕu	thɑ ~ ɑ tu
茨木林	ȵe	ȵɑ baᴵl	tʃu	ha to ~ thɑ
扎 窝	ȵa	ȵa bal	tsɑ ~ tʃu	thɑ ~ ha to
麻 窝	ȵi ka	ȵi kal	tsɑ ~ tɕu	thɑ ~ ɑtu
芦 花	ne ka	ne kal	thɑ	thɑ
羊 茸	ne ka	ne kal	tsɑ	thɑ
松 潘	næ le	nan ŋu	tsə	thə
构 拟				
说 明				

调查点	这件（事）	这些	那些	这样
大岐山	tsa³¹ ti⁵⁵	tsa³¹ ɕi⁵⁵	tha³¹ ɕi⁵⁵	tɕe³¹ su⁵⁵ xuɑ³¹
桃　坪	tsa³¹ xme⁵⁵	tsa³³ bo³³	tha³³ bo³³	thua³¹ thyɑ⁵⁵ xuɑ³¹
曾　头		tsa⁵⁵ xu⁵⁵	tha⁵⁵ xu⁵⁵	
龙　溪	tɕɑ⁵⁵ ʐ̩i⁵⁵	tɕɑ³³ xe⁵⁵	thɑ³¹ xe⁵⁵	a⁵⁵ ti⁵⁵ mi⁵⁵ kɑ³¹
绵　篪	tsa⁵⁵	tɕɑ³³ ŋɑ⁵⁵	ɦɑ³³ ŋɑ⁵⁵	kɑ³¹ nə³¹
索　桥	tsə³¹ tɕi³¹	tsə³¹ khe⁵⁵	thə³¹ khə⁵⁵	a³¹ tɕi³¹ ŋɑ⁵⁵
沟　口	tsʁ⁵⁵ tʂuaŋ³¹	tsə⁵⁵ pi⁵⁵	thə⁵⁵ pi⁵⁵	ʁ³³ tʂʅ³⁵ ʂʁ³¹
黑　虎	tsa³³ xɑn⁵⁵	tsɑq⁵⁵	thɑq⁵⁵	maʐ³⁵
龙　池	tse³³ tʃuaŋ⁵⁵	tsox⁵⁵	thox⁵⁵	a⁵⁵ ŋəs³¹ u⁵⁵
三　龙	tsɑʐ⁵⁵	tsax⁵⁵	thɑx⁵⁵	ə³³ zui⁵⁵ ke⁵⁵
曲　谷	tsɑ	tsɑ xʂə	thɑ xʂə	zu ʑe
雅　都	tsa xan	tsə thɑ	thə tɑ	e ȵi:
维　古	tsa xɑn	tsəːtha	thə tɑ	kən di
龙　坝	tsa xɑn	tsa qsi	tha tɑ	kən di
木　苏	tsa xan	tsə ta	thə tha	kən di
茨木林	tsa ga	tsa ku	tha ku	zoː
扎　窝	tsa ɣa	tsək tha	thək tha	zuɑː ~ kən di
麻　窝	tsa xan	tsə tha	thə tha	kən di
芦　花	tsa ʂoq	tsək tha	thɑk tha	kən di
羊　茸	tsa ɕoq	tsə tha	thə tha	ken di
松　潘	tse	tsaχ	thaχ	tsa ga
构　拟				
说　明				

调查点	一尺（布）	一桶	一升	一斤
大岐山	a³¹ dze⁵⁵	a³¹ thuŋ⁵⁵	a³¹ çe⁵⁵	a³¹ tçe⁵⁵
桃坪	a³¹ dzʅ³³	a³¹ thio⁵³	a³¹ pu³³	a³¹ tçe³³
曾头	a³¹ dzʅ³⁴³	a³¹ thio⁵⁵	a³¹ pu⁵⁵	a³¹ tçe⁵⁵
龙溪	ɑ³¹ ɹe³¹	ɑ⁵⁵ thiu⁵⁵	ɑ³¹ u⁵⁵ tu³¹	ɑ³³ tçi⁵⁵
绵篪	a³³ dzʅ⁵⁵	ɑ³³ thio³¹	ɑ³³ çe⁵⁵	ɑ³³ ke⁵⁵
索桥	a³¹ ɹɑ⁵⁵	a³¹ tçhu³¹	a³¹ ʂəi⁵⁵	a³¹ tçi⁵⁵
沟口	e³³ ti⁵⁵ ke⁵⁵		aʂ⁵⁵	atʂ⁵⁵
黑虎	ɑ³³ zɑ⁵⁵		ɑʂ⁵⁵	ats⁵⁵
龙池	ɑ³³ ti⁵⁵		ɑʂ⁵⁵	aç⁵⁵
三龙	ə³³ lə⁵⁵		ɑʂ⁵⁵	ɑtç⁵⁵
曲谷	e dzʅe	u ʁu	u pu	ɑt
雅都	ɑ ɹɑ	o ʁu	eʂe	ɑtç
维古	ɑ stu	ɑ ʁu	ɑʂəntsə	a tʂhə
龙坝	stuə (æri)	o ʁo	aʂən	ɑtʃ
木苏	e ri	ɑ ʁu	aʂən tsə	ɑ tʂhə
茨木林	ɑ stə	ɑ tho	a pu	a tʃhə
扎窝	ɑ sto	ɑ tho	ɑ pu	a rdzɑ mɑ
麻窝	ɑ stu	ɑ ʁu	o pu	at
芦花	ɑ sto	ɑ ʁo	a po	a tə rpa
羊茸	a sto̥	a ʁo	ɑ pu	atər pḁ
松潘	tʂhə		ʔeç	ki
构拟				
说明				

调查点	一背（水）	一碗	一只（鞋）	一顿（饭）
大岐山	a³¹ tʂhə⁵⁵	a³¹ ʁu⁵⁵	a³¹ tɕe⁵⁵	ai⁵⁵
桃 坪		a³¹ ʁu³³	a³¹ tɕhi³³	a³¹ i³³
曾 头	a³¹ kyi⁵⁵	a³¹ ʁo³³	a³¹ zia³³	a³¹ i⁵⁵
龙 溪	a³¹ kua³¹	a³¹ ʁu⁵⁵	a⁵⁵ zə⁵⁵	a³¹ tua⁵⁵
绵 篪	a³¹ kui⁵⁵	a³³ ɣəu⁵⁵	a³³ za³¹	a³¹ i³³
索 桥	a³¹ qhua³¹	a³¹ ʁu⁵⁵	a³¹ z̩ə³¹	a³¹ tua⁵⁵
沟 口	e³³ kue⁵⁵	ʴ³³ u⁵⁵	a³³ tɕha⁵⁵	a³³ tua⁵⁵
黑 虎	a⁵⁵ tuʴ³¹	a³³ ʁu⁵⁵ tʂa⁵⁵	az̩⁵⁵	a³³ tua⁵⁵
龙 池	a³³ khʂue⁵⁵	a³³ ʁu⁵⁵	a³³ tɕhy⁵⁵ ʁua⁵⁵	a³³ tua⁵⁵
三 龙	e³³ kue⁵⁵	ə³³ ʁu⁵⁵ tʂa⁵⁵	(tʂua⁵⁵ xa⁵⁵) az̩⁵⁵	a³³ tua⁵⁵
曲 谷	e kue	ɑ tʂɑ	ɑ duɑ	e ʑe
雅 都	e kue	e pe~ɑ tʂɑ	e khʂe	e ʑdʑe
维 古	a kua	ɑ tʂɑ	ɑ ziɑ xuɑ	ɑ təw
龙 坝	a kuɑ	ɑ tʂɑ (ʁuɑ)	i zu	a tən
木 苏	e kua	ɑ ʁuə	e ʑe	ɑ tuɑ
茨木林	ɑ pʴ	ɑ ʁuə	ɑ ɻɑ	a giˈ
扎 窝	ɑ lɑ	ɑ ʁuə	a zi	a giˈ
麻 窝	ɑp	ɑ tʂɑ	e zi	a giˈ
芦 花	ɑp	ɑ ʁo	a ʑe	e giˈ
羊 茸	a pʴ	ɑ ʁuɑ	a ʑe	e gz̩i
松 潘		ʁo		ɣz̩i
构 拟				
说 明				

调查点	一座（山）	一句	一根（草）	一次
大岐山	a³¹ tso⁵⁵ ~ agu⁵⁵	a³¹ tshuɑ⁵⁵ ~ a³¹ gu⁵⁵	a³¹ dzɿ⁵⁵	a³¹ çya⁵⁵
桃 坪	a³¹ tshuə³³	a³¹ qu³³	a³¹ dzɿ⁵⁵	a³¹ tʂhə³³
曾 头	a³¹ qhsuə⁵⁵	a³¹ qu⁵⁵	a³¹ dzɿ³³	a³¹ tʂhə⁵⁵
龙 溪	ɑ³¹ phi³¹	ɑ³¹ qu⁵⁵	ɑ³¹ ɻe³¹	ɑ³¹ du³¹
绵 篪	a³¹ qa³¹	a²² ku⁵⁵	a³¹ dzɿ⁵⁵	a³³ dəu⁵⁵
索 桥	a³¹ su⁵⁵	a³¹ qu⁵⁵	a³¹ ɻə⁵⁵	a³¹ to⁵⁵
沟 口	e³³ tçhy⁵⁵	a³³ sɑ⁵⁵	e³³ ti⁵⁵	ɣ³³ thu⁵⁵
黑 虎	a³³ ʂan⁵⁵	a³³ sɑ⁵⁵	a³³ ti⁵⁵	a⁵⁵ xuə³¹
龙 池	a³³ tso³⁵	a³³ sɑ⁵⁵	a³³ ti⁵⁵	a³³ tʂue⁵⁵
三 龙	ə³³ ʂan⁵⁵	a³³ sɑ⁵⁵	a³³ ma⁵⁵	ɑx⁵⁵
曲 谷	e i	ɑ sɑ	e dzʅe	ɑ xui
雅 都	eː	ɑ sɑ	ɑ ɻɑ	ɑ xui
维 古	a ɻa	ɑ sɑ	ɑ tçi	e tʂua
龙 坝	a ɻa	ɑ sɑ	e tçi	a təu
木 苏	əu ~ ɑrguə	ɑ sɑ	e ri	e tʂue
茨木林	a rguə	ɑ sɑ	a thi	a tʂui
扎 窝	a rguə	ɑ sɑ	a ti	ɑ tʂui
麻 窝	a rguə	ɑ sɑ	e ti	e tʂi
芦 花	a rgu	ɑ sɑ	a xaˈ	a tʂi
羊 茸	a rgə	ɑ sɑ	a khʂa	a tʂe
松 潘	ʔɑɻ	sa	tʂə	ha
构 拟				
说 明				

调查点	一下（打）	几个（人）	绿色	卷的
大岐山	ɑ³¹ lɿ⁵⁵	ɑn³¹ lə⁵⁵	iɑn³¹ lo⁵⁵	tɕyɑn³¹ thɑ⁵⁵
桃坪	ɑ³¹ tʂhə³³	ɑŋ³¹ lə⁵⁵	xue³³ xue³¹	
曾头	ɑ³¹ tʂhə⁵⁵	ɑŋ³¹ lə⁵⁵	xue⁵⁵ xue³³	tə³³ tɕyɑ⁵⁵ thɑ³¹
龙溪	ɑ³¹ ɕi⁵⁵	ɑŋ⁵⁵ ɹu⁴⁴	xui⁵⁵	tɕyɑn⁵⁵ thɑ³¹
绵篪	ɑ³³ tɑ⁵⁵ pei⁵³	ɑ³³ tɕi⁵⁵ ko³¹	xue⁵⁵ ki³³	tə³¹ tɕyn⁵⁵ thɑ³¹
索桥	ɑ³¹ ɕi⁵⁵	ɑ³¹ qə³¹ tsə⁵⁵	xui⁵⁵ se⁵⁵	tə³¹ tɕyɑn³¹ thɑ⁵⁵
沟口	ɑ⁵⁵ ʂy³¹	ɑ˞n⁵⁵ i⁵⁵ ~ ɑ˞n⁵⁵ tʂʅ³¹	lu³³ ti⁵⁵	nə³³ tɕyɑn⁵⁵ thɑ⁵⁵
黑虎	ɑ³³ ɬi⁵⁵	ɑn⁵⁵ zɑ³¹	hɑ³³ tʂhɑ⁵⁵	nəq³³ ʁuɤ⁵⁵
龙池	ɑ³³ ɬi⁵⁵	ɑn⁵⁵ dʐə³¹	lo³³ ti³¹	kul³³ ʁue⁵⁵
三龙	e³³ ɬi⁵⁵	ɑn⁵⁵ ze⁵⁵	hã³³ tʂhɑ⁵⁵	əl³³ ge⁵⁵
曲谷	ɑ xɬe	ȵɑtʂ	xɑ tʂhɑ	tɕyɑn di
雅都	e xie	eitʂ	phiaːqu	kig gue
维古	e xɑ	ɑiʂə	ʐɑŋ ku	ȵi quɑ˩
龙坝	e xi	e iʂ	ʐɑŋ go	no qho˩
木苏	e ɬi	eʂ	ʐɑn ku	qhul
茨木林	ɑ tɕhi	ɑ nə tʃə	ti ləu	lʅ ʁue˩
扎窝	ɑ tɕhi	ɑn tʃə	ɹən ku	lo qho˩
麻窝	e tɕhi	en dʑi	ʐɑn ku	lu qhu˩
芦花	e tɕhi	en dʑi	ʐdʒɑŋ ku	lo qho˩
羊茸	e tɕhi	en dʑe	ʐdʒoŋ kʉ	tʂə lə
松潘	ɬe	ne	til	təl ʁuɑ
构拟				
说明				

调查点	熟	生的	热	辣
大岐山	(tshə³¹) tə m̩⁵⁵	(tshə³¹) ʂe³¹ lio⁵⁵	ɕi³¹ɕi⁵⁵	tsɿ⁵⁵
桃坪	tə⁵⁵mi³¹	ʂe³³	khye⁵⁵le³³	da³¹dzɿ³³
曾头		ʂe⁵⁵	khye⁵⁵lie³³	qzɿ³⁴³gzɿ³¹
龙溪	(ʁa⁵⁵) mu⁵⁵	ʂe³⁵	khu⁵⁵khua⁵⁵	tsi⁵⁵
绵篪	ta³³mu⁵⁵ki³¹	ʂa³³ki⁵⁵	khua⁵⁵khua³³	za³¹
索桥	ɦa³¹mə³¹kə⁵⁵	ʂa³¹	du³¹	tsi³¹kə⁵⁵
沟口	ɦe³³mə⁵⁵		du⁵⁵	z̪ə³³ (te⁵⁵)
黑虎	ɦem³³ka⁵⁵	ha³³tʂhaq⁵⁵	dɤ⁵⁵	z̪ə⁵⁵z̪ə³³ka⁵⁵
龙池	ɦen³³pi⁵⁵	ha⁵⁵tʂaq⁵⁵	ʂe³³le⁵⁵	gz̪e³³le⁵⁵
三龙	ɦei⁵⁵mik⁵⁵	hã³³tʂhaq⁵⁵	də⁵⁵	ɣz̪ə⁵⁵
曲谷	ɦam bi	ha tʂaq	də	
雅都	am ye	xə	si le	gzə
维古	a mʁi	xə tʂaq	dʑi	gzə
龙坝	am	xəq	si la	gzə
木苏	am pi	xə tʂaq	dz̪i dz̪i	gzi
茨木林	da nə	xoq	dz̪eːdz̪e	tsə ste
扎窝	dan	xoq	dz̪ə z̪ə	tsə stɤ
麻窝	dan	xu tʂaq	dz̪ɤ	ɣzə
芦花	da nə	xo xo̥	dz̪ə re	tsə stɛ
羊茸	de ɲi (pi)	xʉax xʉax	dz̪ə dz̪e	tsɤ ste̪
松潘	dəɳ	xʂuaq	ɕop	tsəste
构拟				
说明				

调查点	富裕	懒	努力	从前
大岐山	ŋat̩⁵⁵ ~ ŋɑ³¹ tsu⁵⁵	ŋɑ³¹ tsho⁵⁵	lu³¹ lie³¹ pu³¹	qə³¹ ɹə⁵⁵ ~ qəɹ⁵⁵
桃坪	ŋɑ³³ pai⁵⁵	xtie³³ bzɑ³³	lu⁵⁵ li³¹	qə³¹ ə⁵⁵
曾头	z̩i⁵⁵ pə³³	xtie⁵⁵ bzɑ⁵⁵	tɕɑ³¹ tɕɑ³³	qə³¹ ə⁻ɹ⁵⁵ khsi³³ si³³
龙溪	dɑ³¹ ʁə³¹ tɕi³¹	qi⁵⁵	kɑ³³ kɑ³¹	qi⁵⁵
绵篪	ɹe³³ pu⁵⁵	qe⁵⁵	lu⁵⁵ lie³¹	qɑ⁵⁵ ɹi³¹ si⁵⁵ si⁵³
索桥		ʂkəi⁵⁵		qə³¹ əɹ³¹
沟口	ip³⁵ tʂe⁵⁵	xkʁɹ⁵⁵	tɹ³¹ ku⁵⁵ the⁵⁵	kɑ³³ mɑ⁵⁵
黑虎	ip⁵⁵	xqʁɹ⁵⁵	tɕe³³ tɕe³¹	qɹ⁻ɹ³⁵
龙池	ʑip⁵⁵	ʂqe⁵⁵	tɕe³³ tɕe³¹	qə⁻ɹ³⁵ len⁴² sɑp⁵⁵
三龙	fiəˈp⁵⁵	ʂqə⁵⁵	tɕi³³ tɕi⁵⁵	qei⁵⁵ tu⁵⁵
曲谷	ip	ʂqə	tɕe tɕe	qəˈ
雅都	iəp	ʂqə	tɕeːtɕeː	qəˈthai
维古	ip	ʂqe	lɑ stuŋ ku kia	tsə tɕɑq hɑtu
龙坝	ip	lan da	rpəɹ̥ pɑ	tsə tɕɑqɑ to
木苏	ʑip	xtuɑp	kə kai	nəp thɑːthɑ
茨木林	i pə	sqe	ka ka	nə pɑːpu
扎窝	ip	lan thɑ	ka ka	nəp ɑp
麻窝	ɹip	lan thɑ	ʂpʁ ʂpɑ kəka	nə pɑːthɑ
芦花	ɹip	lən thɑ	ka ka	nəp ɑ thɑ
羊茸	z̩i pʁ	sqe rbɑ	ka ka	nə pɑ
松潘	jop	læn da	tʂhun ɕi	tsəge
构拟				
说明				

第三章　词汇

调查点	再、又	最	差不多	咬
大岐山	iəu⁵⁵	la⁵⁵	ŋue³¹ u⁵⁵	ɹə³¹ ʁə⁵⁵
桃坪	ɕi³¹	tɕi³³	kuə³¹ tue³³	ə⁵⁵ xte³³
曾头	iu³³	tia³³	kuə³¹ tue⁵⁵	ə⁵⁵ xte³³
龙溪	iu³⁵	da³³ ba³³	tʂha⁵⁵ pu⁵⁵ to⁵⁵	ʁa³³ z̩e⁵⁵
绵篪	iu²⁴ ~ ia³³ ʑi⁵⁵	da³¹	tʂha⁵⁵ pu³¹ to⁵⁵	tʂi³¹ tʂa⁵⁵
索桥	iu³⁵	die³¹	tʂha³¹ pu³¹ to³¹	ɦa³¹ z̩dz̩e⁵⁵
沟口	ma⁵⁵	tsui³⁵		dz̩ɤ⁵⁵
黑虎	iu³⁵	ta³³ bu⁵⁵	tʂha⁵⁵ pu⁵⁵ to⁵⁵	dz̩e⁵⁵
龙池	iu³⁵	ti³¹	tʃha⁵⁵ pu⁵⁵ tu⁵⁵	ɦe³³ ɣdz̩ə⁵⁵
三龙	iu³⁵	tɕi⁵⁵		z̩dz̩ə⁵⁵
曲谷	xsə	qu le		z̩dz̩e
雅都	khsə	tɕi	tʃha pu tu	e ɣre
维古	iu	tɕi	tʂha pu tu	ʁdz̩i
龙坝	iu	tɕi	rgaq	ʁdz̩i
木苏	iu	tɕi	rgiaq	ʁdz̩i
茨木林	i	tik	rgaq	dzi dzi
扎窝	i	tik	rgiaq	ʁdz̩ə
麻窝	i	ti	rgaq	dzidzi ~ ʁdz̩ə
芦花	i	tik	rgiaq	dzi zi
羊茸	ia	tik	ʐgaq	ʁdz̩e
松潘	z̩u	tik	əthan	ʁdz̩e
构拟				
说明				

调查点	忌口	（水）开	休息	跑步
大岐山	xqa³¹ ʐe³¹ tɑ⁵⁵	xa³¹ xsø⁵⁵	bɑ³¹ qə⁵⁵ ʂʅ³¹	zo³¹ pɑ⁵⁵
桃坪	xqa³¹ ʐe³³	xba³³ ni³¹	kuə³¹ tʂhi³³	
曾头	xqa³¹ ʐi³⁴³ ʐe⁵⁵	tsuə³¹ xbo³³	bɑ³⁴³ xni³¹	tʂhi³³
龙溪	tʂai⁵⁵ tha³¹	tə³¹ tsho⁵⁵	bɑ³³ i³³	tʂhi⁵⁵ tʂhi⁵⁵
绵篪	tsa³³ ʑi³¹	ta³³ qa¹³	bɑ³³ dia⁴²	ʂa³³ dzɿ³¹
索桥	tɕi³¹ ʑiu⁵⁵	tə³¹ so⁵⁵	z̩bɑ³¹ ʑi³¹	tʂhai³¹ tʂhə³¹
沟口	tʂe⁵⁵ tha³¹	tʵ³³ su⁵⁵	e⁵⁵ də⁵⁵	dʵ³³ tʂhʵ⁵⁵
黑虎	tsue⁵⁵	tʵ³³ su⁵⁵	də⁵⁵	lɑ³³ tə⁵⁵
龙池	tʂə⁵⁵	təxsu⁵⁵	ʑdi⁵⁵	de³³ tʂhə⁵⁵
三龙	ʂqu⁵⁵ tsye⁵⁵	təxsu⁵⁵	zdə⁵⁵	tʂhə⁵⁵
曲谷	ʂəqutsue	tə xsu		dɑ tʂhə
雅都	ʂqu tsue	tu qhsu	z̩dʐə	datʂhə
维古	tsuɑ	tu xsu	təz̩ə	tʂhə tʂhe
龙坝	tsua	tə li	z̩ə	（da）tʂhtʂə
木苏	tsuɑ	təl	təz̩	tʂhətʂ
茨木林	(ste) tsa	təlʵ	zdi	tʂhəətʂhe
扎窝	tsa	dɑlʵ	zdi	dər
麻窝	tsa	dɑl	zdi	dər
芦花	tsa	dal	zdi	dər
羊茸	tsa	lʵ	zdi	dərə
松潘	χqo tsez	xɬi	xɕy	tuŋo
构拟				
说明				

第三章　词汇

调查点	站着	找到	诅咒	打死
大岐山	zʅ³¹	(tə³¹) tsɑ⁵⁵ (i)³¹	tʂø³¹ thɑ⁵⁵	ʂə³¹ sə⁵⁵
桃坪	kuə³¹ zi⁵⁵	tsɑ³³ sɑ³³ zʅ³¹ mə⁵⁵ pu³¹	ʃʅ⁵⁵ qɑ³³ te³³	
曾头	tə³¹ zi⁵⁵	kuə⁵⁵ tsɑ³¹	tʂəu⁵⁵ thɑ³³	qɑ³¹ te⁵⁵
龙溪	tə⁵⁵ ɹi⁵⁵	ɹɑ³³	ɕi³¹ i⁵⁵ tʂhe⁵⁵	sə⁵⁵ qə⁵⁵ te⁵⁵
绵篪	tɑ⁴⁴ ɹi¹³	tie³³ qɑ¹³	dui³¹	qɑ³³ tie³¹
索桥	to³¹ ɹo³¹	ɦiɑ³¹ tɕi⁵⁵	du³¹ gzəi⁵⁵	sə³¹ qə³¹ tie³¹
沟口	tɤk³³ tshu⁵⁵	e³³ tui³⁵	tʂeu³⁵ thɑ⁵³	kɤ³³ te⁵⁵
黑虎	te³⁵ tɕya³¹		dɤ⁵⁵	se⁵⁵
龙池	ku³³ i³³ tʃuɑ⁵⁵	de³³ tiɑ⁵⁵	tʃeu³⁵ lɑ³¹	qɑ³³ tə⁵⁵
三龙	tə⁵⁵ tʂue⁵⁵	dɑt⁵⁵	zdə⁵⁵	tə³³ sie⁵⁵
曲谷	hɑ tshu̥	daty̥	tshe ȵwȇ	ɦiaq ti
雅都	kə tɕə	dadẓ	ʁu ʁu	qe tə
维古	tə tshuə̥	da tʂə̥	tshə ßəˈ	qə ti
龙坝	(tə) tshuə	da tʃa	(tə) zduɑ bɑˈ	qə ti
木苏	tə tshui	da tʂa	zdɑ bɹɑ	qə ti
茨木林	tə tshuə	tə tso	zduə	qə te
扎窝	tə tshu̥	da ti	tshə guˈ	sa
麻窝	təts	de ti	tshə guˈ	qə ti
芦花	təts	de ti	tshə guˈ	dɑ sɛ
羊茸	tətshɤ	de ti	tshʉ gʉˈ	sa
松潘	ha tshu			qə te
构拟				
说明				

调查点	捶打	受伤	传染	醒
大岐山	tʂu³¹ tʂu⁵⁵	tə³¹ nio⁵⁵	mə³¹ zₑe⁵⁵ tha³¹	zə³¹ ɕin³¹ tha³¹
桃坪	tɕya³³ tə³³		zₑe⁵⁵ tha³³	tə⁵⁵ dzɑ³¹
曾头	tɕya³¹ te⁵⁵	ɪ̃a³¹ le⁵⁵	tə⁵⁵ xtuə³³	
龙溪	zɑ³³ tɑ⁵⁵	dɑ³³ uɑ³³ tɕi³³	mu³¹ a⁵⁵ tu⁵⁵	tə⁵⁵ ŋɑ⁵⁵ ze⁵⁵
绵篪	tuɑ³³ tɕɑ⁵⁵	ʂa³³ tshua³³ pa³⁵	ma³³ tu³³ tu³³	da³³ si³⁵
索桥		zₑe³⁵ diə³¹ ue⁵⁵		tə³¹ mu³¹ zo³¹
沟口	za⁵⁵ te³¹	pɑts⁵⁵ ʅ³³ dzᵤu⁵⁵	zₑe⁵⁵ tha³¹	tə³³ ze⁵⁵ ni³⁵
黑虎	di³⁵ pa⁵⁵	ʂan⁵⁵ de³³ gyi⁵⁵	a³³ da⁵⁵	təm³³ ʐi⁵⁵
龙池	di⁵⁵ te⁵⁵	ʂaŋ⁵⁵ de³³ ue⁵⁵	zₑe⁵⁵ la³¹	te³³ zuɑm⁵⁵
三龙	dʐi³³ te⁵⁵	ʂan⁵⁵ dɑ⁵⁵ tsʋ̩³¹	də³³ dɑ⁵⁵	təm³³ zi⁵⁵
曲谷	sədʐitek	tshuɑimide ue	zₑe tha	tu zun
雅都	tʐe te	tai ʂan tə tsʋ̩		mi dzi sə ʂq
维古	dʐə	dərkia mia	dat tsuə	təzia nəi
龙坝	dʒə	r̥ka rmia	da tʃə	tə zian
木苏	dʐə	da ua	datʂ	tə zian
茨木林	di	da ska rmi	ti ti	khuˡ qe
扎窝	di	da ska rmi	da ti	dhoˡ qə
麻窝	di	da ʂka:ˡ mi	de ti	da khuˡ qu
芦花	di	da ska mi	de ti	thʉkhoˡ qe
羊茸	co ʒdi	spa rme	ti	khʂo
松潘	xʂə		quɲy	tə zᵤuən
构拟				
说明				

调查点	瞎了	开玩笑	做	擦（手）
大岐山	ʂə³¹ xtyɑ⁵⁵	tɕhə³¹ tø³¹ pu³¹	pu⁵⁵	tɕe³¹ tɕe⁵⁵
桃坪	ə¹³¹ xtɕya³³	ə⁵⁵ khu³¹ pu³¹	pu³³	tə³¹ dʐyi³³ lɑ³³
曾头	ə¹³¹ xtɕya⁵⁵	dʐə³³ dʐɑ³³ pu³³	pu⁵⁵	tə³¹ dʐy³³ lia⁵⁵
龙溪	ʁɑ³⁵ tɕya⁵⁵	ʑi³³ zə³³ pu³³	i³¹ pu³¹	ʁɑ³³ ku³³ tshe³³
绵篪	ɦia³¹ tya³⁵	dʐɑ⁵⁵ khi⁵⁵ pu³¹	tə³³ pu³³	
索桥	ɦia³¹ ɕtɕya³¹	i³¹ dzə⁵⁵ pu³¹	pu⁵⁵	
沟口	ɦiʁ³³ kʁ⁵⁵	ma³³ tʂhə⁵⁵ zʁ³³ ta³³	bu³³ lu⁵⁵	tə³³ tɕu⁵⁵ thɑ³¹
黑虎	ɦiʁq³⁵	dʐɑ³³ thə⁵⁵	kuə³³ tiu⁵⁵	dʐuə³³ dʐua⁵⁵
龙池	ɦiʁ³⁵ qe³¹	ma³³ ha⁵⁵ tʃy⁵⁵	bəl⁵⁵	ɦie³⁵ xtʂue³¹
三龙	ɦiɑq³⁵	dʐe⁵⁵ the⁵⁵	pən⁵⁵	dzi⁵⁵
曲谷	ɦiɑq	dʐe tʂhə pu	bəl	u tshu
雅都	khəᵃp	dʐɑtɕis dʐe	bəl	que re~khʂən
维古	mi ɑ: q	ɕirgutʂhutʂə̥	bəl~ɑʂu	ɲixuətʂia
龙坝	aq	ʁzəʁzə	bəl~daβələ	ɲi xtya
木苏	khəᵃp	ʁdzəʁdzə	bəl	a xə̥ dʐue
茨木林	dəqə	ʁzəʁzə	tʃə	sti ru
扎窝	daqə tɕui	ʁzəʁzə	tʃə	sti ru
麻窝	daqtʃə	ʁdzəʁdz	bəl	stir
芦花	daq tʃə	ʁdzəʁdzə	bəl	ster
羊茸	qə tʃə	ʁdzəʁdzə	bə lə	ste dʐ
松潘	miɲimoty	dioʁʐ tsə	tsə	ɕueti
构拟				
说明				

调查点	捏	抽	捆	插
大岐山	tə³¹ tʂuɑ⁵⁵	xɑ³¹ tʂhəu⁵⁵ thɑ³¹ ~ xɑ³¹ xtuə⁵⁵	tə³¹ tso⁵⁵ tso³¹ ~ tə³¹ khun⁵⁵ thɑ³¹	tʂhue⁵⁵
桃坪	tʂuɑ⁵⁵	tə⁵⁵ tʂho³³	ə¹³³ tɕe³¹	
曾头	nie⁵⁵ thɑ³¹	tə³¹ tʂhəu⁵⁵ thɑ³³	tə⁵⁵ khʂo³³	ə¹⁵⁵ tɕe³³
龙溪	zə³¹ tʂuɑ³¹	sə³¹ te⁵⁵	z̪u³¹ z̪uɑ⁵⁵	i⁵⁵ tʂhue⁵⁵
绵篪	tʂu³³ tʂuɑ³¹	ʂɑ³³ tuɑ³⁵		tʂhue³⁵
索桥	zə³¹ tʂuɑ³¹	ʂtie⁵⁵	qhui³¹	ɦɑ³¹ tʂhɑ⁵⁵
沟口	zʏ³³ tʂuɑ⁵⁵		dz̪u⁵⁵ dz̪uɑ⁵⁵	ɦɑ³³ tʂhɑ⁵⁵ thɑ⁵⁵
黑虎	dzə³³ tʂuɑ⁵⁵	ʂtʂe⁵⁵		tɕɑ⁵⁵
龙池	dzə³³ tʂhe⁵⁵		ɦie³³ tʂue⁵⁵	ɦie³⁵ tʃe⁵⁵
三龙	dzə³³ piɑq⁵⁵	ʂtʂe⁵⁵	dz̪u³³ dz̪e⁵⁵	tshuə⁵⁵
曲谷	dzə tʂuɑ	sə ʂtʂe	dz̪y dz̪ye	tshuə
雅都	dzə tʂhe	xtʂe	qhʂə	tshuə
维古	dzətʂ tʂhia	xtʂa	dz̪uə	tshu
龙坝	dzə tʂhi¹	da xtʂa	dz̪uə dz̪ua	tshuə
木苏	dzə tʂhe	tha la	thə thi	tshuə
茨木林	zə ʂte	da xtʂɑ	dz̪oːdz̪e	a tshuə
扎窝	dzə tʂhi	da xtʂɑ	dz̪o dz̪o	stʏ
麻窝	dzə tʂhi	da ɬa	dz̪u dz̪u	tshʏ
芦花	kuə tʂhe	da ɬa	to dz̪o	ɑts
羊茸	kʉə tʂhe	tha la	dz̪ʉ dz̪e	tshʏ
松潘		çuə	dz̪odz̪u dz̪uə	tshu
构拟				
说明				

第三章 词汇

调查点	掺合	裹	折	保存
大岐山	tə³¹ xo³¹ thɑ³¹	tə³¹ ʁlio⁵⁵	tʂa³¹ thɑ⁵⁵	ɹə³¹ xtu⁵⁵
桃 坪	tə³¹ tsa³³ qɑ³³	sʅ³¹ lio³³ la³³	sʅ³³ tʂho³¹	ə˩³¹ to³³ pi˧³
曾 头	tə³¹ xo⁵⁵ thɑ³³	sʅ³¹ lio³³ lia⁵⁵	tə⁵⁵ tʂho³³	ə˩³¹ tshən⁵⁵ thɑ³³
龙 溪	tə³³ tɕɑ³³ qɑ⁵⁵	de⁵⁵	tʂe⁵⁵ tha³¹	ɕo⁵⁵ qɑ⁵⁵
绵 篪	tsʅ⁵⁵ qɑ³¹	ta³³ lio⁵⁵		su³³ sua⁵⁵
索 桥	qə³¹ tsɑ⁵⁵	zi³⁵ ta⁵⁵	ku³¹ li⁵⁵	tə³¹ tɕɑ³¹
沟 口	tsɑ⁵⁵ ka³¹	zʴl³³ ly⁵⁵	ɦa³⁵ tʂa⁵⁵ pa⁵⁵	e⁵⁵ dzʴy⁵⁵
黑 虎	tse³³ qɑ⁵⁵	lu³³ lu⁵⁵	z̞a⁵⁵	tə³³ ʂua⁵⁵
龙 池	te³³ ɕtɕin⁵⁵	sək⁵⁵ de³¹	tə⁵⁵ tʂə³¹	ɦe³⁵ tshun⁵⁵ ta⁵⁵
三 龙	tsia³³ qɑ⁵⁵	dzəl³³ lu⁵⁵	tʂə³³ pie⁵⁵	tshən⁵⁵ thɑ⁵⁵
曲 谷	tsə qɑ	su ɹu		tə ʂuek
雅 都	tsiɑ qɑ	di de	dzi ɕtɕi	pɑt
维 古	səːsɑ	qhʂə qhʂə	ɕtɕi tɕɑ	pɑt ~ puʂə̥
龙 坝	tə kɕua pa	tə ʁuəʲz̞	tə ɕi ɕaː	pɑti
木 苏	təs sɑ	tu ʁuəʲ	tə ɕtɕe	tə pəʂ
茨木林	tə kɕue pa	tə ʁuəʲz̞	sqə sqe	tip tʃə
扎 窝	xtɕui pa	ʁuəʲz̞	tə sqe	təp tʃə
麻 窝	xtʃɑ pa	ʁuəʲz̞	ʂqəʂqe	pʴtʃ
芦 花	tə ʂtʃe pa	tə ʁuəʲz̞	tə sqe	təp tʃə
羊 茸	ɕtɕe pa	ʁoʲ	qʁəb sqʁa	tə pʴ tʃə
松 潘	ʁə		dzə χɬa	
构 拟				
说 明				

调查点	挑选	砍	闩（门）	抚摸
大岐山	sʅ³¹ la⁵⁵	ɹə³¹ tshua³¹ sthua³¹	da³¹ phie⁵⁵ tha³¹	xma³¹ lie⁵⁵
桃 坪	tə³¹ sʅ³³ la⁵⁵	sʅ³³ tshua³³ te³³	a³¹ phie³³ tha³³	tə⁵⁵ ma³¹
曾 头	tsha³³ tha⁵⁵	tshua⁵⁵ te³³	phie⁵⁵ tha³³	mə³¹ ma⁵⁵
龙 溪	si⁵⁵ qa⁵⁵	tshua³³ ta⁵⁵	sə³¹ ti³¹	tə³¹ mo⁵⁵ tha³¹
绵 篪	si⁵⁵ qa³¹	tshua³³ tia⁵⁵	ʂa³³ ʂua³⁵	mə³³ lia⁵⁵
索 桥	sia³¹ qa⁵⁵	dʐe³¹ tshua⁵⁵	sə³¹ tʂha³¹	maˈ³¹ ɕa⁵⁵
沟 口	tʂ³³ ɕi⁵⁵ tha⁵⁵	to³⁵ tha³¹	sə³³ phie⁵⁵ la³¹	mə³³ ma⁵⁵
黑 虎	ɕa³³ tə⁵⁵	tshua³³ tə⁵⁵	he³³ phie⁵⁵ tha⁵⁵	me³³ me⁵⁵
龙 池	tə³³ ʂu⁵⁵ te⁵⁵	tshua⁵⁵ te⁵⁵	sə³³ phie⁵⁵ la³¹	pha⁵⁵ ʂe⁵⁵
三 龙	sia³³ qa⁵⁵	tshua⁵⁵ te⁵⁵	de⁵⁵ le⁵⁵	mo³³ tha⁵⁵
曲 谷	sta	ə ɹəm hãˈe	tə	ɕu xtʂa
雅 都	sia qa	tua	thel	moːtha
维 古	sie ta	tshua ti	dzə ri	ɕu mu
龙 坝	a sita	tshua ti	da tʂhi	təʂua xtsi
木 苏	stə sta	tshua ti	at tʂə	mi mie
茨木林	sti z̥ə	tshua te	tʂhi	mi mie
扎 窝	sciz̥	tshua ta	ʂə	mi mi
麻 窝	si ta	tsha ti	tə	mi mi
芦 花	sciz̥	tsha ta	at	mə mi
羊 茸	sci ta	tsha ta	tə	mə me
松 潘	ɕi ta	tshua ti	quəli	wəli
构 拟				
说 明				

调查点	塞入	劈开	卖	盘（辫子）
大岐山	xtie⁵⁵ ~ tsø³¹ thɑ⁵⁵	ʂə³¹ ti˙⁵⁵	phɑ⁵⁵	dɑ³¹ su⁵⁵ ~ tə⁵⁵
桃坪	u⁵⁵ si˙³³	sʅ⁵⁵ qhe³³	sʅ³¹ phɑ³³	lə⁵⁵ ʂuə⁵⁵
曾头	u⁵⁵ niy⁵⁵	qhe⁵⁵	phɑ⁵⁵	zʅ³⁴³ ʂuə³³
龙溪	nə³³ qu³³ liɑ³³	sə⁵⁵ tɕhɑ⁵⁵	tə³¹ ɕyɑ³¹	phɑn³¹ thɑ⁵⁵
绵篪	i³³ sɑ³¹	ʂɑ³³ ɕɑ³⁵		dɑ³³ dʐɑ³⁵
索桥	ie³¹ ɕo³¹	sə³¹ ɕɑ³¹	tə³¹ pʉ³¹	ɦɑ³¹ ɕyɑ³¹
沟口	nə³³ xtʂɑ⁵⁵	sɤ³³ xuɑ⁵⁵ thɑ³¹	xuɑ⁵⁵	phɑn³³ thɑ⁵⁵
黑虎	sə³³ le⁵⁵	ʂtʂi³³ tə	xuɑ⁵⁵	dze³³ ʁuɤ˩⁵⁵
龙池	kuk⁵⁵ le³¹	sə³³ qhə⁵⁵	xuɑ⁵⁵	dzə³³ phɑn³⁵ thɑ⁵⁵
三龙	səl³³ le⁵⁵	sə⁵⁵ qhə˩⁵⁵	xuɑ⁵⁵	xʂə³³ xʂə⁵⁵
曲谷	ə xtʂha	dɑ ɹʁɑ	xuɑ	tə xʂə
雅都	xtʂə	qhe˩ qhe˩	xuɑ	tu tu
维古	tshə tsha	sə iqhəi	xuɑ	ɑ tu
龙坝	kuə tsha	ə kɕa	tə xuɑ	dzo tɕo
木苏	kuə tsha	e khɕe	xuɑ	thə thi
茨木林	kʂə	ɹə ksi	xuɑ	deː
扎窝	kuə tsha	a qhə	xuɑ	dɤ
麻窝	kuə tsha	qhe˩	xuɑ	thɤ thɤi
芦花	kuə tshɑ	qhe˩	xuɑ	thə thɛ
羊茸	kʉə tshɑ	khɕe	xʉɑ	thə the
松潘		qatʂe	χua	
构拟				
说明				

调查点	失败	收割	割	磨（面）
大岐山	mi³¹ qɑ⁵⁵ pɑ³¹	ʂø⁵⁵	kø⁵⁵	tʂhi⁵⁵
桃 坪	sʅ⁵⁵ ba³³	iye⁵⁵ li³³	ʁuə³¹ ku³³	tʃhi⁵⁵
曾 头	sʅ⁵⁵ ba³¹	ʂəu⁵⁵ thɑ³³	ku⁵⁵	khʂi⁵⁵
龙 溪	ʁɑ³¹ qe⁵⁵	çu⁵⁵ qɑ⁵⁵	ko⁵⁵	zuɑ³¹
绵 篪	ʂa³³ ti³⁵	çu⁵⁵ niu³¹	ku⁵⁵	tʂhi³¹
索 桥	ʂu⁵⁵ thɑ⁵⁵	çu³¹	ko⁵⁵	dzye³¹
沟 口	xty⁵⁵	ʂy⁵⁵ ʂy³¹	ky⁵⁵	dzue⁵⁵
黑 虎	ɦɤ³³ qu⁵⁵	ʂuə³³ ʂuə⁵⁵	ku⁵⁵	dzue³⁵
龙 池	sə³³ çti⁵⁵	dzə³³ ʂop⁵⁵	ku⁵⁵ dzu⁵⁵ dzue⁵⁵	
三 龙	ɦo³³ qu⁵⁵	ʂuə³³ ʂuə⁵⁵	ku³³ te⁵⁵	dzye⁵⁵
曲 谷	ɦiu qu	ʂu ʂuə	ku	dzue
雅 都	ɑ qɑ	ʂuə ʂuə	ku	dzue
维 古	ɑ ɣlə̥	ço ɣlu	khu	ʐya
龙 坝	ma qəˈ	ço ɣlo	khu	dʒua
木 苏	ma qe	çya ɣlu	khuə	ʐye
茨木林	mia qe	ʂuə ʂuə	gueˈ	dʐue
扎 窝	mia qe	çi ɣli	guiˈ	dʐua
麻 窝	aɣl	çi ɣli	khu	dʒa
芦 花	ma qe	çi ɦli	geˈ	dʒa
羊 茸	ma qe	çi rli	gz̦ue	dʒa
松 潘	de bi	ku	ku	dʐo
构 拟				
说 明				

调查点	过年	派	写	染
大岐山	die⁵⁵sə⁵⁵pa³³	tə³¹ɻla⁵⁵ ~ tə³¹phe⁵⁵tha⁵⁵	se⁵⁵	ʐan³¹tha⁵⁵
桃坪	dia³⁴³	ʔɚ³¹pha⁵⁵tha³³	sia³³	ɚ⁵⁵sɹ̩³³
曾头	dia³⁴³dia³⁴³	phai⁵⁵tha³¹	sia³³	sɹ̩⁵⁵
龙溪	dia⁵⁵	tə³³ʁua³³ça³³	ɹa³¹	ʁa⁵⁵si⁵⁵
绵篪	dia⁵⁵dia³¹	ʂa³³phe³¹	i³¹ça¹³ ~ ça³¹	tsəu¹³
索桥	dʐa⁵⁵dʐa³¹	sia³¹qa⁵⁵nia⁵⁵phe⁵⁵	ɹer³¹	ɦa³¹sə³¹
沟口	da⁵⁵	fie³³phai³⁵tha³³	i⁵⁵	sʁ⁵⁵
黑虎	dia⁵⁵	phai⁵⁵tha⁵⁵	i³³i⁵⁵	sʁ⁵⁵
龙池	da⁵⁵ta⁵⁵	ui⁵³phai³⁵tʃy⁵⁵	fie³⁵te⁵⁵	ʐan⁵⁵te⁵⁵
三龙	dʐe⁵⁵	phai⁵⁵tha⁵⁵	ɦa³³ɦa³⁵	sə⁵⁵
曲谷	dʐa qa	phai tha	ɹa	ʐan tha
雅都	dʐe		ɹe	ʐan tha
维古	dʐa	xtʂaxtʂa	ɹa	stə
龙坝	(kuə) dʐa qəˈ, (ʐa)	(da) tshuə	(tə) ɹa	sə (as)
木苏	dʐe	xtʂə xtʂi	ɹa	sə
茨木林	lo sa	tshuə	ɹe	sə
扎窝	lo sa	tshuə	ɹa	suə
麻窝	di qe	tshʁ	ɹa	sʁ(i)
芦花	lø sa	tshʁ	ɹa	sə
羊茸	lo saˈ	tshʁ	ɹa	sʁ
松潘	pəxs			təsə
构拟				
说明				

调查点	遗失	举起	舀	孵
大岐山	tə³¹ dʐyæ⁵⁵	xa³¹ su⁵⁵	xa³¹ y⁵⁵	(xtə³¹) tshue⁵⁵
桃坪	tə⁵⁵ dʐya³¹	tə³¹ tʂhi⁵⁵	tə⁵⁵ ji³³	tɕe³³ xne³³
曾头	xdʒi³³	ʐya³⁴³	xbe³⁴³	tshye⁵⁵
龙溪	tə³¹ ya⁵⁵	tə³¹ tʂhi⁵⁵	tə³¹ za⁵⁵	ʁa³¹ ie⁵⁵
绵篪	ʂa³¹ dua⁵¹	ta³³ ʐya³¹	tə³¹ za⁵⁵	
索桥	die³¹ tsho³¹	tə³¹ dʐya⁵⁵	tə³¹ za⁵⁵	ɦa³¹ ʐdi⁵⁵
沟口	sʅ³³ ɣuˈ⁵⁵		za⁵⁵ pau³⁵ tha³¹	
黑虎	de³³ dʐyi⁵⁵	ɦɚ³³ tʂhu⁵⁵	za⁵⁵	di⁵⁵
龙池	de³³ ʐy⁵⁵	tə³³ ke⁵⁵	tə³³ ɕtɕy⁵⁵	ɦe³³ ʐdi
三龙	de³³ dʐuə⁵⁵	hə³³ tʂhu⁵⁵	za⁵⁵	le³³ te⁵⁵
曲谷		ho tʂhu	tə za	ɦe le
雅都	o ʐu	tu tʂhu	za	tʃhu ta
维古	də ʐy	tə tʂhu	tə za	ʐe ßu
龙坝	da qu lə	tə tʂho	tə za	(ʔe) ʑi
木苏	da ʐye	tət dʐu	za	ʐdʑi
茨木林	da ʁuəˈ	tə tshuə	gzu gzo	rbə ɣdi
扎窝	da ʁuəˈ	tə tsi	(tə) zɤ	zdi
麻窝	da ʁuəˈ	tə tʂhu	tə za	zdi
芦花	da ʁuəˈ	tə tsi	tə tsi	zdi
羊茸	dø rgʉ	tə tʂhe	rba	zdi
松潘	təp	hatʂhu	ʁə	ɣdi
构拟				
说明				

调查点	亮了	冻（油）	小了（水）	按圈套
大岐山	xa³¹ ɕya⁵⁵	thø⁵⁵	tə³¹ tɕhɑ⁵⁵	
桃坪	ɕya⁵⁵	kuə³¹ thu³³	ə³¹ pə³³ tʂhe³³	dzɑ³¹ lie³³
曾头	(ou⁵⁵) ɕya⁵⁵	zɿ³¹ thu⁵⁵	ə¹³¹ pə³³ tʂhe³¹	sia³¹ li⁵⁵ lie³³
龙溪	ʁa³¹ ɕya⁵⁵	zə³¹ to³¹	ʁa⁵⁵ tʂa⁵⁵	
绵篪	da⁵⁵ ɕua³¹	da⁵⁵ tʂhu³¹	ɦɑ³³ ɕɑ¹³	sa³³ li³³ la⁵⁵
索桥	ɦɑ³¹ ɕya⁵⁵	zə³¹ to³¹	ɦɑ³¹ ʂtʂa³¹	tɕhyan³¹ tɕhyan⁵⁵ pu³¹
沟口	ɦɑ³³ ʂua⁵⁵	e³³ thy⁵⁵	e³³ xtʂə⁵⁵	zɣə¹⁵⁵ gan³⁵ thɑ³¹
黑虎	ɦie³³ tiu⁵⁵	eg⁵⁵	ɦɑ³³ ʂa⁵⁵	ʂul̩⁵⁵ le⁵⁵
龙池	tə³³ ɕy⁵⁵	dzə³³ thy⁵⁵	ɦie³³ ʂe⁵⁵	khʂo⁵⁵ tʂhe⁵⁵
三龙	tə³³ ʂue⁵⁵	dzə³³ gə⁵⁵	ɦɑ³⁵ ʂtʂa⁵⁵	xʂul̩⁵⁵ le⁵⁵
曲谷	mu ou su	tu thu	ɦɑ ʂtʂa	xɕu le
雅都	ti ʂue	təg	tsə ɑ xtʂa	su ly le
维古	(mutəsu) ɕaxu̥	tə gə̥	ɑ xtʂa	ul
龙坝	(tə) ʂuax	dzə tɕhoː	ɑʂa	ɣul̩ la
木苏	ɕɑ xui	da thy	a ɕei	wul la
茨木林	ɕue	dakhə, da tʃhu	da sie	soz̩ la
扎窝	da ɕui	da tʃhu	a si	soz̩ la
麻窝	da ʂa xu̥	da thy	e ɕi	soz̩ la
芦花	da ʂa xo̥	dø thʉ	e si	soz̩ la
羊茸	sʉ	thʉ	e se	sozə la
松潘	ɕua			
构拟				
说明				

调查点	生锈	可惜	打喷嚏	滴（水）
大岐山	(çi^{31}) ʁdz^{31} uʂə^{31} xsø^{31}	kho^{31} çi^{55}	a^{31} tɕhye^{55} pu^{31}	(ɹə)^{31} dzə^{55}
桃坪	tə^{31} xguə^{33}	laŋ^{31} fe^{13}	xa^{55} tshye^{55}	dze^{33}
曾头	çi^{55} xguə^{343}	da^{33} le^{55} sʅ^{31} si^{31}	xa^{55} tshye^{31} pu^{33}	ə^{31} dzie^{343}
龙溪	çe^{55} gu^{55} zə^{33} ni^{33}	kho^{53} sie^{31} ~ laŋ^{35} fi^{35}	a^{55} tshɿ^{44} pu^{33}	ʁa^{33} za^{33}
绵篪	gui^{31} da^{33} ɚ^{31}	laŋ^{55} ɸi^{31}	a^{55} thiu^{44} pu^{31}	ta^{31}
索桥	z̩gu^{31} zə^{31} to^{31}	lan^{55} ɸi^{55}	khe^{31} si^{31} pu^{31}	tie^{31} thɑ^{55}
沟口	fie^{33} ɕu^{35} thɑ^{31}		fiak^{55} tshɑ^{31}	tie^{55} thɑ^{31}
黑虎	dzə^{33} çin^{55} thɑ^{55}	la^{55} fia^{33} qa^{55}	khuəs^{55} lu^{55}	dze^{55}
龙池	dzə^{31} ɕu^{35} thɑ^{31}	kho^{55} çi^{31}	qhus^{55} ɬi^{55}	fie^{35} dze^{31}
三龙	dzə^{33} sin^{55} thɑ^{55}	la^{55} fia^{33} qa^{55}	khəs^{55} lu^{55}	fie^{33} dzie^{55}
曲谷	hɑ dz̩ə xlə̥	la fia qa	khes	(ʔatʂʔatʂ) dze
雅都	dzər qua	xa xa ɑ qa	sə a la	dze
维古	dzə ɣdz̩uə	qhʂə qhʂə	khə sə̥ lu	dzə lɑ
龙坝	z̩uə də wa	qʂə qsə ɑ qa	khis ɑ la	ʂuə lo lo
木苏	rtsa da wua	qh ʂəxʂ ɑ qe	kəts lu	ʂtʂux a lu
茨木林	da rgu mə	lan tɕhi da tʃə	seːz̩u	kʂu ɹə z̩u
扎窝	da rguə qa	xʂə xʂə ape	sə dʒu	xʂu a dʒu
麻窝	rtsa də ua	xʂəxʂ	sə tɕhi	sty ly
芦花	stsa də ua	qʂə qʂə ɑ qe	sə dʒu	stʉ a dʒu
羊茸	rtsa da wa	qhɕə qhʂə ape	sə tɕhi	stʉ dzʉ
松潘	ɣz̩əçiʂ təɬæ	mipi	ʔaɕao tsə	tʂə
构拟				
说明				

调查点	寄（信）	盖（房子）	抽（签）	推（豆腐）
大岐山	tɕi³¹ ɕin⁵⁵ pu³¹	qu⁵⁵	tʂhəu³¹ tɕhiɑn³¹ pu³¹	dɑ³¹ ʁzʅ⁵⁵ tʂhi³¹
桃坪	siŋ¹⁵ xdɑ³³	ə¹³¹ xqe³³	tshiɑn⁵⁵ xtue³³	də³¹ tʂhi⁵⁵
曾头	tɕi¹⁵ sin¹⁵ pu³³	tɕi⁵⁵ xqe⁵⁵	tshiã⁵⁵ nə³³ xtue³³	də³⁴³ khʂi⁵⁵
龙溪	phə³¹ ȵi³¹ tɑ³¹	qu³¹	tshiɑn⁵⁵ thəu⁵⁵ thɑ³¹	dɿ³¹ zuɑ³¹
绵篪	phɹe³¹ ȵi³¹ tɑ³¹	ɦɑ³³ khue³¹	tɕhĩ⁵⁵ tɕhɑ⁵⁵ tuɑ³¹	də³¹ dʑi⁵⁵ tʂhi³¹
索桥	mu³¹ sə³¹ ʂtɑ³¹	(tɕe⁵⁵) qhue⁵⁵	tshi³¹ tʂəi³¹	di³¹ zi³¹ dzye³¹
沟口	ɕin³⁵ tɑ³³ thɑ⁵³	tʂək⁵⁵ ʂʅ³¹	tɕhɑn⁵⁵ xtʂe⁵⁵	dɤ³³ dzue⁵⁵
黑虎	ɕin³⁵ stɑ⁵⁵	guə⁵⁵ guə³¹	tɕhɑn⁵⁵ ʂtʂe⁵⁵	dəi³³ dzue⁵⁵
龙池	ɕin³⁵ stɑ⁵⁵	tɕi⁵⁵ xtɕi⁵⁵	tɕhɑn⁵⁵ ʂtʂeʂ⁵⁵	dei³³ dzue⁵⁵
三龙	sin³⁵ stɑ⁵⁵	tɕɑː⁵⁵ qə⁵⁵ tʂtʂuə³¹	tɕhɑn⁵⁵ ʂtʂe⁵⁵	dei⁵⁵ dzye⁵⁵
曲谷	ɕin tɕɑn thɑ	qəˀ ʂkhu	tshən ʂtʂe	dzue
雅都	ləʑ stɑ	tɕi qə ʂku	tɕhɑn tsəxtʂə	dedʐ dzue
维古	zətphi stɑ	qərku	tshiɑn tsə xtʂɑ	də ʐɿ ʑyɑ
龙坝	lə gzə stɑ	ʁuə dʑi~ tɕi ʂkuɻ	tsiɑn dzə xtʂɑ	dəji dʒuɑ
木苏	zətphistɑ	tɕi rkuə	tshiɑn tsə xtʂi	də ʑye
茨木林	zəʑ phiˀ stɑ	ʁuə də	ɕui xtʂɑ	tou fu dʑue
扎窝	zəʑ phi stɑ	cik kuə		tə fu dʒuɑ
麻窝	zət phiːstɑ	tɕi kuə	tshiɑn tsə xtʂɑ	təu ɸu dʒɑ
芦花	zi phʂi stɑ	cik kuə	tshiɑn tsə xtʂɑ	tø ɸu dʒɑ
羊茸	zə phi stɑ	ci kʉə	tɕhɑn tsə xtʂɑ	tə ɸʉ dʒɑ
松潘		qɑtə		
构拟				
说明				

调查点	头顶	辫子	眼珠	肘
大岐山	qə⁵⁵ b⁴ u³¹ χtie⁵³	qə³¹ tɕ⁴² pian⁵⁵ pian⁵⁵	mi⁴² ni⁵³	i³¹ pɸ⁵³ lɸ³¹
桃坪	qə³¹ nia³³ χtie³³	qə³ tu³³	mi⁵⁵ bo³³ də³³	i⁵⁵ kye³³ kye³³
曾头	qə³¹ ȵa⁵⁵ χtie³³	qə³³ tu⁵⁵	mi⁵⁵ bo³³ də³¹	i⁵⁵ sa³³ kye³¹
龙溪	qə³¹ pa⁵⁵ tsə³¹ tin³¹ tin³¹	qə³¹ to⁵⁵ pian³⁵ tsə³¹	mi⁵⁵ ni⁵⁵	li⁵⁵ qə³¹ sua³¹
绵篪	qa³³ pɑ³³ pɑ⁵⁵	qa³¹ təu⁵⁵ pian⁵⁵ tsʅ⁵⁵	mã³¹ pei⁵⁵	i³³ ŋo³³ sa⁵⁵
索桥	qə³¹ ɕi⁵⁵	pian⁵⁵ tsə⁵⁵	mi³³ ɕi⁵⁵	di³¹ to⁵⁵ kue⁵⁵
沟口	ka¹³⁵	ku³³ ty⁵⁵	mə³³ ni⁵⁵	
黑虎	qʁs⁵⁵	qʁ³³ tiu⁵⁵	met⁵⁵	dzi³³ ʁu³³ sa⁵⁵
龙池	qɑ⁵⁵	qu³³ ty⁵⁵	mi³³ squ⁵⁵	ləu³³ saq⁵⁵
三龙	lau⁵⁵ tin⁵³	qə³³ tɕu⁵⁵	mi³³ kuəst⁵⁵	la⁵⁵ ʁu̥³¹ saq⁵⁵
曲谷	qəst	pian tsʅ	mu ȵu χə̥ˑ	la ɹuaˑ
雅都	qə sta	qe xlie pi（女人的） pian dzə（男人的）	mei ȵix	la ʁɑˑ sɑ
维古	qɑˑ	qə: xla pia	mə tsiam	la ʁuˑ
龙坝	qa:ˑ	qoŋ χlie pie	mə ʁl	la ʁuˑ tshɑ
木苏	qɑˑ	xlia pieʂ	mə tsiam	lɑˑ ʁuɑˑ sa
茨木林	qɑ qɑ	qo lo	nə ʁlo	dʑe skua
扎窝	qa:ˑ	qo lo	nə ʁlo	dʑe skuɑ
麻窝	qɑˑ	xla pi	nə ʁlo	dʒɑ ʁuɑ si
芦花	qɑ:ˑ	qo lo	nə ʁlo	dʑe skua
羊茸	qe ɹlie（rga）	qo lo	ȵo ʁlo	zdʑa skuə
松潘	qə xta	qudy	miɲi kuxti̥	
构拟				
说明				

调查点	蝌蚪	漏水槽	碉楼	床
大岐山	zə³³ke⁵⁵ta³¹pu³¹	zue³³χqu⁵³	ʁlo³³dʐə³³tɕi³³	tʂhuan⁵³n̩⁵⁵
桃坪		tɕan⁵³tshau³¹	tɕi³³ʁo⁵⁵	ne³³ɕi³¹
曾头	gze³⁴³tʃuə³¹	zy³⁴³tsuə³¹	tɕi⁵⁵ʁo³⁴³	ne⁵⁵ɕi³³
龙溪	ma⁵⁵ʂə⁵⁵ku⁵⁵lu⁵⁵	tsu³¹i³¹	tɕe⁵⁵ɹu³¹	ni⁵⁵sə⁵⁵qha⁵⁵
绵篪	tɕhi³³ma⁵⁵tsɿ³¹	zua³¹ko³¹	lo⁵⁵dʐi³¹	tʂhua³¹
索桥	dzo³¹pia³¹tʂu⁵⁵	tɕe⁵⁵tsho⁵⁵	tɕe⁵⁵ʁo⁵⁵	nə³¹ʂtə³¹
沟口	ge³³pats⁵⁵	tɕan⁵⁵tsau³¹	nə⁵⁵ke³¹	pha⁵⁵zə⁵⁵~phɤ·⁵⁵
黑虎	bə⁴³³ʁa⁴⁵⁵	zuχ⁵⁵	nɤ⁵⁵ʁa⁵⁵	nia³⁵ʁuɣ
龙池	zdu⁵⁵i⁵⁵	yχ⁵⁵	ʁne⁵⁵	nəʂ⁵⁵
三龙	ʂə³³pats⁵⁵	zuχ⁵⁵	ʁluə⁵⁵	nəʂ⁵⁵
曲谷	biaːʁʐ	zoəˀχ	tɕiʁ	be te
雅都	ʁduaʂ qo pu	zuːˀ qhu	tɕr	tʂhuan bu
维古	zaq paʂ	ya tshu	tɕir	tʂuan phu
龙坝	zaq paʂ	tsuə iaːˀ	ʁlo	tʃhuan phu
木苏	za χpaʂ	tsuɣ gruə	tɕir	tʂhaŋ ɸu
茨木林	rba ʁe	ie tsho	ʁlo	bu te
扎窝	ba ʁe	ia tsho	ʁlo	bə tuə
麻窝	ba ʁe	ia tshu	ʁlu	bu ta
芦花	bala baqua	ia tsho	ʁlo	bo te~bo te
羊茸	ba ʁe	tʃhə doŋ	ʁlo	ŋa khʂə
松潘	bæ ʁe		xty dʐu	nə pha
构拟				
说明				

调查点	洗脸盆	戒指	剪刀	结子
大岐山	ɕi³¹ liɑn⁵⁵ phən⁴²	iɑ³¹ ʁø⁴²	tse⁵⁵ tʉ⁵⁵	to⁵³ ʁbʉ⁵³
桃坪	si³³ liaŋ³³ phəŋ³¹	de³³ de³³	tsie³³ tu³³	ke³¹ tɑ³³
曾头	si⁵⁵ ni ã⁵⁵ phə³¹	de³⁴³ de³⁴³	tsia⁵⁵ tu⁵⁵	tu⁵⁵ ʁu⁵⁵
龙溪	qɑ⁵⁵ χu⁵⁵ lɑ³³ phən³¹ phən⁵⁵	li⁵⁵ sue⁵⁵	ɕɑ³³ po³³	ke⁵⁵ tɑ⁵⁵ tsə³¹
绵簏	χuɑ³¹ lɑ⁵⁵ tsʅ³¹ ph ɔ̃³¹	i³¹ ʂe⁵⁵	ts ɔ̃³³ to⁵³	ke⁵⁵ tɑ⁵⁵ tsə³¹
索桥	li⁵⁵ tsi⁵⁵ phɑ⁵⁵	di³¹ sye⁵⁵	ɕe³¹ ʂpo³¹	to⁵⁵ ʂpe⁵⁵
沟口	ɕi³⁵ liɑn⁵⁵ phən⁵³	zi³⁵ de⁵⁵	ɕi⁵⁵ xpu⁵⁵	kie⁵⁵ xpʁ⁵⁵
黑虎	χu³³ lɑ⁵⁵ pɑ⁵⁵	dʑi³³ su⁵⁵	ɕi³³ χu⁵⁵	to³³ ɟ⁵⁵
龙池	ɕi⁵⁵ liɑn⁵⁵ phen⁴²	le³³ ɕy⁵⁵	tɕo³³ ɕy⁵⁵ ʂpu⁵⁵	ke³³ tʂu⁵⁵
三龙	ɕi³⁵ liɑn⁵⁵ phən³¹	i³³ su⁵⁵	si⁵⁵ ʂpu⁵⁵	ke³³ tɑ⁵⁵
曲谷	si liɑn phɑn	i xə̥	si ʂpu	tu ʂpu
雅都	si lɑn phen	lə xə̥	qu (ə) sɑp	tu ʂpu
维古	phən tsə	i sɑ	qu: suərp̥	kə rpu̥
龙坝	tʃhɑ rɑ	i suɑ	qə si rpo̥	kɑ: tɕu
木苏	tʂhɑ rɑ	i sɑ	tʃɑ təu	kɑ rpu̥
茨木林	χɑ be	dʑi sɑ	tɕɑn bɑ	to kɑ
扎窝	χɑ be	dʑi khuə̥	tɕ ã tsə	to: kɑ
麻窝	tʃhɑ⌐	dʑi sɑ	tʃɑ tu	kɑ tu
芦花	sɑ lɑn phe	se nɑq	ŋɑ ʁo sqo	to pe
羊茸	se lien phen	se rnɑq	tsən to	to peq
松潘	sə læn phe	le ɕy		
构拟				
说明				

第三章 词汇

调查点	水壶	臼	石杵	山
大岐山	po⁵⁵fu³¹	tʂʅ³¹khui⁴²pu³¹	ʁlo³¹l̩⁵³	χsɨ⁴²
桃 坪	pau⁵⁵fu³¹	khə⁵⁵	ʁo¹⁵lə³³	tshuə³³
曾 头	χtʂə⁵⁵pə³³	tshə⁵⁵pə³³khə³³	ʁo³⁴³lə³³	qhsuə⁵⁵
龙 溪	tʂha³¹fu³¹	tshə⁵⁵pu³³	tshə⁵⁵pu³¹ ʁo³¹lo³¹	ʁo⁵⁵qɿ⁵⁵
绵 篪	ɸu³¹ɸu⁵⁵	lo³³khua⁴³	tuɑ³³lio³¹z̩u⁵³	
索 桥	ʂtʂə³¹pu³¹	tshə³¹tɕha³¹ tɕhu⁵⁵	tshə³³tuɑ⁵⁵li⁵⁵	su³¹
沟 口	pɑu⁵⁵xo³¹	ian⁵³ʁoᵘ⁵⁵	ian³³tʂhui³³ tʂhui⁵⁵	ɬe⁵⁵
黑 虎	tʂha³³pau⁵⁵xo³¹	ian³³ʁu⁵⁵ʁu⁵⁵	tshe³³di⁵⁵nɤːɹ⁵⁵	ʁuəɹ³³pu⁵⁵
龙 池	tʂha³³χu³¹	tɕhi⁵⁵sqap⁵⁵	ɕyl⁵⁵（qu³³pu⁵⁵）	z̩ʁu⁵⁵pu⁵⁵
三 龙	ʂui⁵⁵ɹo³¹	khui⁵⁵khui⁵⁵	tshə³³dʑi⁵⁵ʁol⁵⁵	ʁoq⁵⁵
曲 谷	tʂhɑ χu	ʁləɸ	ʁlul	z̩ʁu pu
雅 都	xtʂəp	tshə kuə̥tuə̥ʂ	tsu ʁupatʂ	ʁuːɹpu
维 古	xtʂəp	ʁlu xu~ian kh̥ui	ʁlu i	ʁuɹ pu
龙 坝	xtʂəp	sə xu̥	ʁlol	qsəp（~ʁuɹpu）
木 苏	xtʂə pə	iaŋ khue	ʁləl	ʁuəɹpu
茨木林	tan bi	sə qhuə	ʁlotʂ	qsəp
扎 窝	khaʂpa	tsha ʁba	ʁlotʂ	χsəp
麻 窝	xtʂəp	tsha ʁb⁽ⁱ⁾u̥	tshə sta ʁluz̩	χsəp
芦 花	khaʂpa	tsha ʁbu̥	so ʁlo be re	qsəp
羊 茸	kha ɕpa	tsha ʁbo	rdom di	qhsə pə
松 潘		ʁloz̩	z̩lõz̩	χtsəp
构 拟				
说 明				

调查点	灌县	税	锣	鼓槌
大岐山	dɑ³³ qo⁵⁵	ʂui⁵³⁵	tɑ⁵⁵ lo⁵⁵	χtɕie⁵⁵ bø⁵⁵ tʂhui³¹ tʂhui⁵³
桃 坪	χdɑ³³ ʁo³¹	ʂue²⁴	lo³¹	χbu³⁵ dɑ³¹ ʁo³¹
曾 头	dɑ³⁴³ qo³¹	gzɿ³⁴³	tɑŋ⁵⁵ lo³¹	ku⁵³ tʂhue³¹
龙 溪	do³¹ qə⁵⁵ to³¹	ʂui³⁵	lo³³	tʂhue³³ tʂhue⁵⁵
绵 簾	dɑ³³ qo³³ ~ qhɑ³¹ di⁵⁵	dzɿa⁴²	lo³¹	bu³¹ tshui³¹ ~ bu³³ le⁵⁵ ʁuɑ³³ tsɿ³¹
索 桥	do³¹ ʁo⁵⁵ to⁵⁵ ~ zɿdə³¹ ʁo³¹	gzɿə³¹	h ã⁵⁵ zɿbo⁵⁵	zɿbo³¹ tuɑ³¹ le⁵⁵
沟 口	iam⁵⁵	ʂui³⁵	lo³³ lo⁵⁵	ku⁵⁵ tʂhui³¹
黑 虎	doq⁵⁵	ʂui³⁵	lo³³ lo⁵⁵	ku⁵⁵ tʂhui³³ tʂhui⁵⁵
龙 池	kuɑn³³ ɕi⁵⁵	ʂui³⁵	hɑ⁵⁵ zɿmu³¹	zɿbu³³ zɑ⁵⁵ guel⁵⁵
三 龙	doq⁵⁵	ʂui³⁵	tɑː⁵⁵ lu⁵⁵	dzɿil⁵⁵
曲 谷	kuɑn ɕɑn	ʂui	ho ˌmo	pɑŋ pɑ
雅 都	duχ ku t⁴ɑ	ʂui	χuː¹ mu	zɿbuy
维 古	duq quə tu	ʂui	χɑ rbu	rbuy
龙 坝	kuɑŋ ɕɑŋ	ʂui i	χɑ rbo	rmɑ ɹɑp
木 苏	duq kɑ tu	li tɕin	khɑr ŋuɑ	rŋuɑ jɑp
茨木林	kuɑn ɕɑn	ʂue	stie rbu	nɑ tiu
扎 窝	kuɑn ɕɑn	di tɕɑ	χɑ bʁ	ŋuɑ ti
麻 窝	diuq kɑ tu	ʂui	χɑː¹ bu	rŋuɑ iɑp
芦 花	rdə gu	li cin	rdɑ	rŋɑ te
羊 茸	rdo gʉ	lei tɕin	khuɑ rŋɑ	rŋɑ iɑp
松 潘			hobu	
构 拟				
说 明				

第三章　词汇

调查点	羌活	磷火	明火枪	一对
大岐山	tɕhaŋ⁵⁵ χo⁵³	du³³ m̩³¹ ~ (d⁴um̩³¹)	ɕi⁵³ dio¹³	a²² tui⁵³ ~ a²² ɕo⁵³
桃坪	tɕhaŋ⁵⁵ χo³¹	du³³ mi³³		a³¹ tsie³³
曾头	sʅ³¹ bʐa³³	du³⁴³ mi³¹	ɕi⁵⁵ dio³⁴³	a³¹ tsie⁵⁵
龙溪	tɕhaŋ⁵⁵ χo³¹	du⁵⁵ mu³¹	mi³¹ χo⁵³ tɕhiaŋ⁵⁵	a³¹ tue³¹ ~ a³¹ gu³¹
绵簾	tɕhaŋ⁵⁵ xo³¹	dəu³¹ mə³¹ ɕa⁵⁵	thu⁵⁵ tɕh ã⁵⁵	a³¹ tui⁵⁵
索桥	zʴʁe⁵⁵ sə⁵⁵	χo³¹ pu⁵⁵ mu⁵⁵	χo³¹ io³¹ tʂhɨ⁵⁵	a³¹ tye⁵⁵
沟口	tɕhaŋ⁵⁵ xo³¹	dum³⁵	dup⁵⁵	e³³ tue⁵⁵
黑虎	tɕhaŋ⁵⁵ χo³¹	ɬop⁵⁵ mɤ⁵⁵	min³³ χo⁵⁵ tɕhaŋ⁵⁵	a⁵³ tue⁵⁵
龙池	tɕhaŋ⁵⁵ χu³¹	dum⁵⁵	dup⁵⁵ ~ min⁵³ χu⁵⁵ tɕhaŋ⁵⁵	a³³ tue⁵⁵
三龙	tɕhaŋ⁵⁵ χo⁵⁵	duəm³³ gu⁵⁵	min³³ χo⁵⁵ tshiaŋ⁵⁵	e³³ tsie⁵⁵
曲谷	si ke	duəq mɪ mə	min χo	e̯ tue
雅都	si ke	ɖuəm	min χo	a dʐy
维古	tʂhaŋ χu	duəm	rma sa queˈ	a ɣuə̥
龙坝	tʃhaŋ χo	duəm	rma məʴ	a tui
木苏	tʂhaŋ χu	du guʴa	rma saˈ que	aˈ guə̥
茨木林	ʁəˈtshəqə tʃə	χtotʃ mə	rma məʐ	a te
扎窝	χe ka	duə gueˈ	rmaŋ phu	a tsɑ
麻窝	za rka	də m	rma məʐ	ɑ guə̥
芦花	tʃaŋ χo	də gaˈ	rma məʐ	a tsɑ
羊茸	tɕhaŋ χo	χlo tʃə mə	rme mə ʐə	atsɑ
松潘			ʁlo tshu	tue
构拟				
说明				

调查点	一堆	漂亮	翻身	弯（腰）
大岐山	a³³bo³³	χpa⁵⁵ʂi:⁵⁵	duŋ⁵⁵ta⁵⁵pa⁵³	ɹə²²ʁo⁵⁵
桃 坪	a³¹bo³³	χpa³¹ʂe⁵⁵	da³³ɚ³¹(ʐʅ³¹)	ɚ³¹ʁo³³
曾 头	a³¹bo³⁴³		da³⁴³ə¹³¹	ə¹³³ʁo⁵⁵
龙 溪	a³¹piɑ³¹	iɑ²⁴	di³³də³³go³³	ta³³i³³ʁo⁵⁵
绵 篪	a³³thuɑ⁵⁵	pa³³ʂe⁵⁵	da³³l̩³³lə³⁵	ɦa³³ʁo³¹
索 桥	a³¹piɑ³¹	ʂta⁵⁵	z̩də³¹go⁵⁵	ɦa³¹ʁʉ⁵⁵
沟 口	a⁵⁵xp⁵³	ʂʁ¹⁵⁵	də⁵⁵dz̩ə³¹	nə³³tɕyan⁵⁵tha⁵⁵
黑 虎	a³³tui⁵⁵	ʂe⁵⁵~ʂe³³ka⁵⁵	nʁ⁵⁵dz̩ə⁵⁵	ɦo³³tsu⁵⁵pu⁵⁵
龙 池	a³³pi⁵⁵	χsu⁵⁵	tə³³ɣli⁵⁵	təl³³ʁue⁵⁵
三 龙	ab⁵⁵	ʂə⁵⁵	daɣl⁵⁵	
曲 谷	ɑ ṷ	ɕe~ʂku	nəʂɣlə	ɦu tsup
雅 都	ɑ uə	ʂku	thɑ ɣl i̥ (ə)	nu quˈ
维 古	ɑ βu	tsa χsui~ʂku	nəʂə̥ ɣlə	a tsu pu
龙 坝	a βu	rko̥	ɣlə	a rba
木 苏	ɑ z̩u	mdza	ɣlʁ	ɑ ʁuɑˈ
茨木林	a bu	tsieʂ nɑ	nʁ zde	ɑ ʁuɑˈ
扎 窝	a dʒu	dza (dzua)	nʁ zde	ɑ ʁuɑˈ
麻 窝	ə zu	mdza	ɣlə	ɑʁ ʁuɑ
芦 花	ə bu	mdza	nʁ zde	ɑ ʁuɑ
羊 茸	ɸbʉ	(ie) ~ mdza	nʁ zde (zde ʑdʐə)	a zgʉˈ
松 潘	ɣbu	χtsu	təli̥gu	təl ʁuɑ
构 拟				
说 明				

第三章 词汇

调查点	扶	塌下去	浮，飘	解开（扣子）
大岐山	tə³³ ɟu⁵⁵ tha³¹	ɹə³³ ʂə⁵⁵ tha³¹	ɟu³²³ tha⁵³	χtʂə³¹
桃坪	tə⁵⁵ χti³³	ɚ³¹ χu⁵⁵	tə³¹ ɟu⁵⁵ tha³³	tə⁵⁵ ʐa³³
曾头	tə⁵⁵ χti³³	mə⁵⁵ go³¹ khʂi³³ ta³³	fu⁵⁵ tha³³	ʐa³³
龙溪	ɟu³¹ tha⁵⁵	ɹaɹ tu⁵⁵	tə⁵⁵ qə⁵⁵ ta⁵⁵	da³¹ χu⁵⁵
绵篪	u³¹ tʂua³¹	ʂa³³ qa³³ dzo⁵³	la⁵⁵	ʂa³¹ ɹa¹³
索桥	tə³¹ qə³¹ çu³¹	ɦia³¹ gua⁵⁵	ʐʁə⁵⁵ la⁵⁵	die³¹ ʐa³¹ go⁵⁵
沟口	e³³ tçi⁵⁵	ɦiok³³ ɬu⁵⁵	tʏ³³ ta⁵⁵	dʁk⁵⁵ the³³ ~ khʁ⁵⁵ te³¹
黑虎	e³³ tçi⁵⁵	tʂue³³ tʂue⁵⁵	qʁ³³ ta⁵⁵	te³⁵ phu³¹
龙池	ha³³ tsheu⁵⁵ la³¹	ɦia³⁵ χla⁵⁵	fu³⁵ la³¹	ɦia³³ pha⁵⁵ le⁵⁵
三龙	e³³ tsi⁵⁵	ɦia⁵⁵ ʁʐua⁵⁵	təq³³ ta⁵⁵	təq³³ the⁵⁵
曲谷	te ste	o χlu	təq ta	tə ɸaˈ qa
雅都	ti tse	aʐdʐ̩ ~ aitç	tə χta	phoˈ ʁu̥
维古	ti çtçi	a qhu̥ɑ	dɑ lɑ	da pa
龙坝	tə çi	ɑ qa	la	pha ʁa
木苏	tə çtçe	ɑq le	tə lai	dap pa
茨木林	tət		ʁzə	phaˈ ʁaˈ
扎窝	tət	a xlo	lʏ qa	pə pa
麻窝	tə⁽ⁱ⁾ sti	ɑ χli	dɑ lɑ	pə pa
芦花	tət	ɑ xlə	sə ta	pɑ pa
羊茸	təˈ təˈ	a qe	təˈ la	rga
松潘			tə ta	tuwwə
构拟				
说明				

调查点	脸	眉毛	瞳孔	眼皮
大岐山	qhe^{55}	mi^{35} pa^{55} χmə^{53}	mi^{31} χtie^{53}	mi^{31} ʐɑ^{55} pie^{53}
桃　坪	qhɑ^{31} qhɑ^{33}	mi^{55} po^{22} χmə^{31}	mi^{55} mə^{31}	mi^{55} ʐɑ^{33} pɑ^{33}
曾　头	qhɑ^{33} qhɑ^{55}	mi^{55} po^{33} χmə^{31}	mi^{55} mə^{31}	mi^{55} ʐɑ^{33} pɑ^{33}
龙　溪	qɑ^{55}	mi^{55} χu^{55}	mi^{55} ni^{55}	iɑŋ^{31} ph^{33}
绵　篪	qɑ^{31} χɑ^{31}	mə^{31} mə^{55}	mɑ^{31} ʐə̃^{33} ʐə̃^{55}^{55}	mə^{31} ɹɑ^{55}
索　桥	quŋ^{31} piɑ^{55}	mə^{31} ʂpiɑ^{31} fiũ^{55}	mi^{33} ŋɑ^{31} tʂu^{55}	mi^{33} ɹɑ^{31} piɑ^{31}
沟　口	ku^{33} hũ^{55}	mi^{31} mɑu^{55}	ʐɹ̩ɲ^{33} in^{55} tsɹ̩^{31}	mə^{31} fiɑ^{35} pɑ^{53}
黑　虎	qu^{33} χuə⌐^{55}	me^{35} xkəm^{55}	ʐən^{33} ʐən^{55}	miɑ^{35}
龙　池	khũ^{33} hũ^{55}	mim^{55}	mi^{55}（fie^{33}ti^{55}）	mi^{33} fiɑ^{35} pɑ^{53}
三　龙	qhə^{33} hũ^{55}	mi^{33} ʂkem^{55}	tʂə^{55} ʐən^{33} ʐən^{55}	miɑ^{55} fiɑ^{33} pie^{55}
曲　谷	quɑ hɑ̃˧	mi ʂkəŋ	mi tsɑm	mi tshəp
雅　都	quɑ˧ χɑ˧	mi ʂ kɑŋ	mei tsem	miɑː˧
维　古	quŋ	mu gu	mi ɲi	mi ɹɑ piɑ
龙　坝	qɑ zə	məŋu	mi tsiɑm	miɑː
木　苏	qu	mə rkɑŋu	mə tsiɑn	miɑ ɹɑ
茨木林	zə ep	nəŋu	nə tsien	nə ɹɑ
扎　窝	qəz	nə spi	nə tsĩ	nə eɹ
麻　窝	quŋ	nə h ũ	nə tsin	(nəɹɑ) nɑ˧
芦　花	qo hõ	nəsp huŋ	ʐən ʐən	nɑː˧
羊　茸	rmə χo	ɲi spɑ hũ	ɲeɹɑ ʁlo	ɲə ɹɑ
松　潘	mæ hæ	miɲu		mijɑ
构　拟				
说　明				

调查点	肩膀	手背	脚踝骨	上身
大岐山	ia³³ χe⁵⁵	i⁴³ ʁue⁵³	dʐi³³ ɳu⁵⁵ χpɿ³¹	ʂaŋ³⁵ ʂən⁵³
桃坪	la³¹ χa⁵⁵ pi³¹	i⁴³ sa³¹	pa³³ laŋ³³ ku³¹	ɕe⁵⁵ pe³³ qa³¹ te³³ tɕha³¹
曾头	χdʐo³⁴³ χa⁵⁵ pi³¹	pa³¹ lə⁵⁵ tʃuə³³	pa⁵⁵ laŋ⁵⁵ kyi³¹	ɕe⁵⁵ pe³³ qa³³ te⁵⁵ khɕa³³
龙溪	lia⁵⁵ χa⁵⁵	li⁵⁵ sa³¹	lo³¹ sə⁵⁵ kue³¹ kue³¹	ʂan³⁵ ʂən⁵⁵
绵篪	i³³ χe⁵⁵	i⁵⁵ dʐa³¹	gəu³³ lo³³ kua³¹	ɕi³¹ pe⁵⁵ qe⁵⁵ te³¹
索桥	lo³¹ χo³¹ pia⁵⁵	di³¹ ʂta⁵⁵（kəi⁵⁵）	lo³¹ sə⁵⁵ kue⁵⁵	qa³¹ ɹa⁵⁵ ɕi⁵⁵
沟口	tɕan⁵⁵ paŋ³¹	le³³ pu⁵⁵	tʂu³³ ʂa⁵⁵ pʁ'tʂ⁵⁵	pen³³ ʂʁ⁵⁵ mu³³ tuk⁵⁵
黑虎	le³³ qu⁵⁵	le³³ pu⁵⁵	ɕi³³ sa⁵⁵ tʂuə³¹	ʂan³⁵ ʂən⁵⁵
龙池	la³³ ʂqua⁵⁵	la³¹ pa⁵⁵ ke⁵⁵	xɕi⁵⁵ se⁵⁵ petʂ⁵⁵	pen³³ ʂə³³ qə³³ ɕtia⁵⁵
三龙	lo³³ χo⁵⁵ piaq⁵⁵	le³³ pu⁵⁵	lu³³ sə⁵⁵ kuai⁵⁵	ʂan³⁵ ʂən⁵⁵
曲谷	i pi	lo pu	saq patʂ	pən ʂə məq
雅都	i pi	i pa saq	i mi sa patʂ	dʐu（ə）χu
维古	la χu	la pu	saŋ khapatʂə	dʐuə qhu
龙坝	la χo	la pu	san ka patʂ	dʐuə χo:
木苏	la χu	lə pa	ɹə sa patʂ	dʐuk khu
茨木林	dʐa χo	dʐe pu	ɹə spe	dʐo χo
扎窝	tʃuə ka	dʐa pu	ɹə spi	kuti qo tu
麻窝	dʒa χu	dʒu pu ka pa	ɹə qə'spi	dʐut tu
芦花	dʒa huŋ	dʒo pu	ɹə qə spi	dʐo te
羊茸	jdʒa χo	dʒə ɹa	dʒa qo qə ȵə	støt
松潘	lyo χu	le ȵi	sa sa patʂ	
构拟				
说明				

调查点	小肚子	膀胱	女生殖器	屁
大岐山	ɕau⁴³⁵ tu⁵⁵ tsʅ³¹	pie⁵⁵ χpø⁵⁵	χpi³¹	χpe³¹
桃 坪	siau⁵⁵ tu⁵⁵ tsʅ⁵⁵	pa³¹ χpo³³	χpi³³	χpe⁵⁵
曾 头	siɑu³³ tu³³ tsʅ³¹		χpi³³ ti⁵⁵	χpe⁵⁵
龙 溪	si⁵⁵ ua⁵⁵	pa³³ tʂhə⁵⁵	phi⁵⁵ tsə³³	tshə³³
绵 簾	ɕau⁵⁵ tu⁵⁵ tsʅ⁵⁵	pho³³ da³¹	thɑ³¹ ba¹³	pe³¹
索 桥	sio³¹ tu⁵⁵	ʂto³¹ qo³¹	tshə³¹ pa⁵⁵ qə⁵⁵	ʂpəi⁵⁵
沟 口	ɕau⁵⁵ tu³⁵ tsʅ⁵⁵	bə⁵⁵ xtɕhy³¹	su⁵⁵	ʂɤp⁵⁵
黑 虎	ɕau⁵³ tu³⁵ tsə³¹	tʂəʂ⁵⁵	phiʂ³³ ka⁵⁵	ʂə⁵⁵
龙 池	ɕau⁵⁵ tu³⁵ tsʅ⁵⁵	tʂhuʂ⁵⁵ ~ tʂhəs⁵⁵	χʂəẓ⁵⁵	χʂə⁵⁵
三 龙	ɕau⁵⁵ tu³³ tsə³³	tʂhəʂ⁵⁵	ɕpi⁵⁵	χʂə⁵⁵
曲 谷		tʂhəʂ	pha tʂhu	χʂə
雅 都	ʐ̩gu (e) ʂqe	tʂhəʂ	phɑʂ	qhʂə
维 古	ɕau tu tsə	tʂhəʂə	phɑʂ	qhʂə
龙 坝	tʃuə ʙuəʂ	tʂhəʂ	phɑʂuə	qʂə məs
木 苏	tʂu buʂ	tʂhəʂ	phɑʂ	qhʂə ɬi
茨木林	tʃuə kə	qo tʃə	pa tʂɑ	qʂə məs
扎 窝	tʃuək	stan dzuɑ	pa tʂɑ	qʂə (tɕhi)
麻 窝	tʃə ʙəʲp·q	tʂhəʂ	khaẓ	χə məs
芦 花	tʃə ʙeʲ ka	pe qotʃ	ʂu	qʂə tɕhi
羊 茸	tʃə bẓe ka	pe khʂa qo tʃə	kha dzə	qhʂ tɕhi
松 潘	pho bu ʔeɕ kə	tʂheɕ	qhæpe ẓueẓ	χʂə
构 拟				
说 明				

第三章　词汇

调查点	麻子	爸爸	妈妈	姐姐
大岐山	ɻɑ^{55}dzɑ^{31}	a^{55}ka^{53}	a^{55}ma^{55}~a^{31}mie^{31}	a^{33}tɕi:^{53}
桃 坪	z̩ɑ^{55}dzɑ^{31}	pi^{33}	ma^{44}ma^{31}	tsi^{55}tsi^{31}
曾 头	z̩ɑ^{55}dzɑ^{31}	ta^{55}ta^{31}	ma^{53}	tsie^{55}tsie^{31}
龙 溪	ɻɑ^{55}zo^{55}	a^{55}pa^{33}	a^{55}ma^{31}	a^{55}tse^{53}
绵 篪	dei^{31}miɑ^{31}	pu^{33}ba^{55}~pa^{33}ba^{55}	a^{55}ma^{31}	a^{55}tɕe^{31}
索 桥	ɻɑ^{31}dzo^{31}	a^{31}pʉ^{55}	a^{31}ma^{55}	tsʅ^{31}tsie^{55}
沟 口	ma^{33}tsʅ^{55}	ta^{33}ta^{55}	ma^{55}ma^{55}	tɕi^{33}tɕi^{55}
黑 虎	ma^{33}tsə^{55}	ɦa^{35}ta^{31}	ma^{35}	ɦa^{35}tɕi^{55}
龙 池	mɑs^{55}	pa^{33}pa^{55}	ma^{55}ma^{55}~ma^{55}	ta^{35}tɕi^{55}
三 龙	mats^{55}	paː^{33}pa^{55}	mə^{33}ma^{55}	taː^{35}tsi^{55}
曲 谷	ma tsə	ta ta	ma ma	tɕe tɕe
雅 都	ʁua liɑ	ba	maː	tsiː
维 古	sə qhʂ̥	e ia	aːma	tsiː
龙 坝	ma tsə	a pa	e i	ɣlu baɻ
木 苏	səχʂ	e ia	ɑ ma	ɑ ka
茨木林	sa qhaɻ	a la	ɑ pɑ	gz̩ə
扎 窝	sa qhaɻ	a bə	əu	a ia
麻 窝	səχʂ	ei	a ma	e tɕi
芦 花	sa qhaɻ	a pa	e i	z̩dʒu
羊 茸	sa khʂa	a pa	a ma	sa bz̩ɑ
松 潘	mats	a pa	ʔa wu	ʔæ pe
构 拟				
说 明				

调查点	匠人	鸟窝	长脚蜘蛛	厩
大岐山	i⁵⁵ʁzɿ³¹ pu³³ m̩³¹	y³¹ tshə⁵⁵ ʁbu³¹	χuaŋ³¹ kø⁵⁵ bo³¹ lo³¹	ye⁵⁵
桃 坪	kuŋ⁵⁵ z̪əŋ³¹	i³¹ tshie⁵⁵ χbu³⁴³		ʁue³³ ko³¹
曾 头	dio³⁴³ mə³¹	xbu³⁴³		ʁue³⁴³ ko³¹
龙 溪		bu³¹	tin⁵⁵ ko⁵⁵ bu³¹ lo⁵⁵	ya³¹ ku³¹
绵 篪	dz̪ɿ³³ pu⁵⁵ mu³¹	i³¹ tsha³¹ bu⁵⁵	tɕha⁵⁵ bia³³ mu³¹	ɹe³³ ko³¹
索 桥	di³¹ z̪əi⁵⁵ mi⁵	z̪bu³¹	tshie³¹ so⁵⁵	khue⁵⁵
沟 口	tɕan³⁵ z̪ɿn³¹	ɣu³¹ ta⁵⁵	ku⁵⁵ mʁ⁻⁵⁵ xuɑk³¹	tɕyan³⁵
黑 虎	tɕan³⁵ z̪ən³¹	ʁuʁ¹³³ ta⁵⁵	qa³³ pa⁵⁵	ʂtʂən⁵⁵
龙 池	kuŋ⁵⁵ z̪neˀ³¹	z̪bu³³ χua⁵⁵	tʂha⁵⁵ ʁu³¹ ~ qam³³ dz̪i⁵⁵	khua³³ pa⁵⁵
三 龙	tɕan³⁵ z̪ən⁴²	y³³ sie⁵⁵ u³³ χa⁵⁵	tshia⁵⁵ χsu⁵⁵	tshəl⁵⁵ tɕi⁵⁵
曲 谷	dz̪um	ɹuɑ χɑ	tʂəʂ miap	tɕi pi
雅 都	tɕaŋ z̪en	ua naʂ	gei dz̪a qua	tɕaːɹ
维 古	kuŋ neˀz̪n	uə nəɻp	χap z̪ə dam	khua ku
龙 坝	dʒuəm	ɣuəɻb	tʂhəʂ qə pa	tsi tsia
木 苏	in tan	uə nə ɻpə	χap z̪ə tam	tɕal
茨木林	dʒun	u rbə	χap rgən	tia lə
扎 窝	in tən	u rbə	χap rgən	tɕa lə
麻 窝	dyn	u nʁᵘβu	χap rgən	tɕal
芦 花	ien tan	u nəᵘβu	χap rgan	scal
羊 茸	(jon tæn) dyn	uə rbə	səm ɲi ben	sca lə
松 潘	dyn	wu ɣbu	ɣz̪uaɲi	jyki
构 拟				
说 明				

调查点	马掌	缰绳	公牦牛	母牦牛
大岐山	mɑ³¹ tʂaŋ⁵⁵	ʐ̞ø³¹ tsol̩⁵⁵	ŋu³¹ ʐɿ⁵⁵ bo³¹	ŋu³¹ ʁa⁵⁵ mie³¹
桃 坪	mɑ⁵³ tʂɑ⁵³	ʐ̞u³³ bʐ̞e³¹		χbo³³ mɑ³³
曾 头	ʐ̞u⁵⁵ tiŋ¹³ tʂaŋ⁵³	ʐ̞u⁵⁵ bʐ̞e³³	χbo³⁴³ ʒɿ³¹	χbo³⁴³ mɑ³¹
龙 溪	mɑ³¹ tʂan³¹	ɹo³³ bɪ³³	ʐ̞ə³¹	ŋ³¹ miɑ³¹
绵 篪	mɑ⁵⁵ tʂan⁵⁵	tɕhã⁵⁵ ʂuẽ³³	kuŋ⁵⁵ mɑu³¹ niu³¹	mu⁵⁵ mɑu³¹ niu³¹
索 桥	ɹo³¹ tʂu³¹	ɹo³¹ bzɿ³¹	ʐ̞bɵ⁵⁵ pəi⁵⁵	ʐ̞bɵ⁵⁵ miɑ⁵⁵
沟 口	mɑ⁵³ tʂaŋ⁵³	ɣy⁵⁵ ʐ̞ɤə⁵⁵		ru⁵⁵ mi⁵⁵
黑 虎	u⁵⁵ tʂan⁵⁵	tɕhan³⁵ ʂuən³¹	mɑu³³ kun⁵⁵ tsə³¹	mɑu³³ mu⁵⁵ tsə³¹
龙 池	mɑ⁵⁵ tʃaŋ⁵³	yn³⁵ thu⁵⁵ ɕtɕye⁵⁵	ʐ̞bu⁵⁵	ʐ̞bu³³ ʐ̞ʁem⁵⁵
三 龙	mɑ⁵⁵ tʂan⁵⁵	tɕhan³⁵ ʂun⁵⁵	ue⁵⁵ ʐ̞ə⁵⁵	ue⁵⁵ mie⁵⁵
曲 谷	mɑ tʂan	i ui	ʐ̞wə	ʐ̞wə mi
雅 都	mɑ tʃan	uˈ tshu ɕtɕu	ʐ̞bə pi	ʁu mie
维 古	mɑ tʂan	tshə ɕtɕui	rbəˈ	ʁuˈ miɑ
龙 坝	mɑ tʃan	tshə ɕui	rbəχ	rbə xi
木 苏	mɑ tʂan	tshi ɕtɕy	ʁuˈ mie	khsa mie
茨木林	ɹo si khuə	ɹo gʐ̞uə	rbə χuə	ʁəˈ rbu
扎 窝	ɹo si khuə	ɹo ʁdʒu	rbu χ ũ	xsan
麻 窝	ɹu tʃan	ɹusʂtɕi	rbə χ ũ	rbə xi
芦 花	ɹo tɕaŋ	ɹots sci	ʁo rbuthɯk	ɹʁə me
羊 茸	tʃaŋ	thuə rda	rbu thək	ʁəˈ me
松 潘		jyɣzẙ	ɣbu	ɣbu me
构 拟				
说 明				

调查点	看家狗	哈巴狗	鸡冠	树枝
大岐山	tɕi³¹ tse⁵⁵ khue³¹	tɕin³¹ kə˩⁵⁵ khue³¹	tɕi³¹ khɑn⁵⁵ tsʅ³¹	pho³¹ ʐe⁵⁵
桃 坪	dio⁵⁵ tsia³³ khuə³³	tɕin³¹ kəɚ³³	yi³¹ qu³³ tu³³	lu³¹ ʐe³³ khai³³
曾 头	dio³⁴³ gzʅ³¹ khuə³¹	tɕiŋ⁵⁵ kəu⁵³	y³¹ qə⁵⁵ tu⁵⁵	ʐe³³ kha³¹
龙 溪	khɑn³⁵ tɕɑ⁵⁵ kəu³¹	tɕin⁵⁵ kəu³³	tɕi⁵⁵ kuɑn⁵⁵ tsə³¹	tɕhɑ⁵⁵ piɑ⁵⁵
绵 篪	tɕi³¹ qo⁵⁵ ki³³ khuɑ³¹	tɕi⁵⁵ kəu³¹	tɕi⁵⁵ kuã⁵⁵ tsʅ³⁵	khɑ³³ ɚ³¹
索 桥	tɕe³¹ ʂquɑ⁵⁵ khu³¹	χe³¹ phɑ³¹ (tsə³¹) khu⁵⁵	qə³¹ ʂtɑ³¹ piɑ⁵⁵	si³¹ tɕhɑ³¹ miɑ³¹
沟 口	khɑn³⁵ men⁵³ kiu⁵³	tɕin⁵⁵ kiu⁵³	y¹⁵ ky³³ ʐy⁵⁵	phu³¹ khia⁵⁵ khia⁵⁵
黑 虎	khɑn³³ tɕɑ⁵⁵ kəu³³	χai⁵⁵ phɑ³³ tsə³³ khəu⁵⁵	qɤ³³ dzu⁵⁵	iɑ⁵⁵ tʂə³¹
龙 池	tɕi⁵⁵ khʂum⁵³ khu⁵⁵	χai⁵⁵ phɑ³³ keu⁵³	u³³ tʃu⁵⁵ qu³³ ʐu⁵⁵	khɑ³³ khɑ³⁵
三 龙	khɑn³⁵ tɕɑ⁵⁵ kəu³⁵	χai⁵⁵ phɑ³³ tsə⁵⁵	qə³³ dzu⁵⁵	phək⁵⁵ fiḁ¹⁵ luə̥³¹
曲 谷	tɕik khu	tɕin kəɹ	y pi qu ʐu	ɻɑɹ
雅 都	khuə tɕi ʂquɑm	tɕin kəːɹ	u tʃu qu pi	li ɑɹ
维 古	tɕi rquɑ khuə̥	mɑ xuə̥	tɕou qu dʐu	lu ɻɑʂ
龙 坝	tɕi xuə̥	mɑ xuə̥	tɕi ɣo qəʐu̥	lə rpɑ mɑ
木 苏	tɕu kukhuə	mɑ xu̥	qu dʐu χe zi	ɑr̥
茨木林	ti khuə̥	mɑ khuə̥	tiu qə dʐui	lɤ ɻe ɑɑ
扎 窝	ci khuə̥	khuə patsi	ci uqhsəp	lɤrɑɹ ɑɑ
麻 窝	tɕi xuə̥	mɑ xuə̥	tɕiu qə dʐu	lɤ ɻə ɑɑ
芦 花	khuə ci khu̥	khuə pa tsi	ciu qsəp	lə ɻɑ mɑ
羊 茸	ci khuə	χa pa~se chi	ci wə qhsəp	ɻə ma
松 潘	ki χqua khu	χapa khu	quzu	khe ji
构 拟				
说 明				

第三章 词汇

调查点	烟叶子	木杈	松果	糠
大岐山	ie³¹ χçe⁵⁵	se³¹ tçha⁵⁵	mə³¹ gø⁵⁵ mi³¹ mi⁵⁵	pu⁵⁵
桃坪	ia³³ tçha⁵⁵ qə³³	sie⁵⁵ tça³³		pə³³
曾头	ia³¹ khça⁵⁵ qə³³	sie⁵⁵ tça⁵⁵	lu⁵⁵ zuə³⁴³	χue⁵⁵ χbə⁵⁵
龙溪	ia⁵⁵ qə³¹ ma³¹	si³¹ tça⁵⁵	pia⁵⁵ qə³¹ tʂa³¹	tua⁵⁵ pu³³
绵簏	mu³¹ khua⁵⁵ ça³³ qa³¹	se³³ tça³¹	mia⁵⁵ zui³¹	dzua³¹ pu⁵⁵
索桥	ie⁵⁵ ça⁵⁵ qa⁵⁵	çin³¹ tça⁵⁵	ʂpia³¹ zy⁵⁵	tshua³¹ pu⁵⁵
沟口	ian⁵⁵ tʂhak⁵⁵	sə³³ ku⁵⁵ tʂa³¹	pe⁵⁵ ti³³ ke³³	puts⁵⁵
黑虎	ian⁵⁵ ʂa¹³ qu⁵⁵	ian³³ tʂha⁵⁵	sun⁵⁵ ʂu³³ zuɤ⁵⁵	pɤ⁵⁵
龙池	ian⁵⁵ ie³³ tsə³¹	iaŋ³³ tʃha⁵⁵	suŋ⁵⁵ ko⁵⁵ ko³¹	pus⁵⁵
三龙	ian⁵⁵ xʂaq⁵⁵	ian³³ tʂha⁵⁵	lu³³ pal⁵⁵	pə⁵⁵
曲谷	ian xçaq	iaŋ tʂha	ʂpe lu qu tʂhə	pa hã˩
雅都	ien khʂa ma	ian fʃha˩ qu tsu	lu puy	ʁləp
维古	ian qəʂ̥	an tçhua˩ qə çuə	lu zu̥ə̥	paq
龙坝	rpia kçaq	sə qo tsia	lə stiq	pəl̪
木苏	ian khçaq	tʂha tʂha	luts tsa çtçiq	paq
茨木林	spie ksie	ian tʂha	lɤ stiq	pɤ
扎窝	ian xçaq	si qo tsi	lɤ stiq	pa
麻窝	ian xçaq	si q(ə)u tçu	lɤ stiɑq	pa
芦花	ian kçaq	si qo tçi	lɤ pa pa	pɤ
羊茸	(lo χua) ian khçe	si qə tçe	lɤ sti	pɤ χa
松潘			lə pe z̥i	xtʂə ts
构拟				
说明				

调查点	袖子	手套	口袋	香肠
大岐山	i³¹ ʁdio⁵⁵	i³¹ quɑ⁵⁵	tʂhu³¹ qɑ⁵⁵	χpø³¹ gø̞l⁵⁵
桃坪	i⁵⁵ χdio³³	i⁵⁵ quɑ³¹	tʂho⁵⁵ quɑ⁵⁵	z̢ɑŋ¹³ tʂhɑ³¹
曾头	i⁵⁵ χdio³¹	i⁵⁵ tshɑ³³ qɑ³¹	tʂho⁵⁵ quɑ⁵⁵	z̢ɑŋ¹³ tʂhɑ³³
龙溪	phɑ³³ lio⁵⁵ qo³³		ɹo⁵⁵ qo³¹	z̢ɑn³⁵ tʂhɑn³¹
绵簏	phɑ³¹（i³¹）	i³³ po⁵⁵		zɑ³¹ dz̢u⁵⁵
索桥	phu⁵³ li³¹ pɑ⁵⁵	di³¹ ʂtʂɑ⁵⁵	phu³¹ ɹə⁵⁵ qo⁵⁵	tshə³¹ pu⁵⁵
沟口	le³³ ky⁵⁵	ʂeu⁵³ luŋ³³ luŋ⁵⁵	pɑu⁵⁵ pɑu³⁵ ~ ky⁵⁵ pɑ⁵⁵	tshɤ⁴⁴ z̢ɑ⁵⁵ ~ tshɤ⁴³ lu⁵⁵ ku⁵⁵
黑虎	dz̢i³³ qu⁵⁵	dz̢i³³ tʂu⁵⁵	qu³³ pɑ⁵⁵	ses³⁵ tsə⁵⁵
龙池	phe³³ ly⁵⁵	ʂeu⁵⁵ luŋ³³ tsə³¹	guəs⁵⁵ qu⁵⁵ pɑ⁵⁵	tshɑ³³ ɣzə⁵⁵
三龙	i³³ qu⁵⁵	ʂəu⁵⁵ lian⁵⁵	ʂtʂo⁵⁵ qu⁵⁵ pie⁵⁵	pie⁵⁵ ʁz̢ɑ⁵⁵
曲谷	yu qu	ʂəu lun	cɑu tɕin pɑu pɑn	sɑ piɑq
雅都	iu qu	ʂen lin dzə⁽ᵗˢ⁾	ɸɑ ɹu quʂu	ɕtɕuɕtɕ ~ piɲi
维古	i qu	ʂəu thɑutsə	ɹɑ qu	si ʁzuɑ
龙坝	lə qo	i queʲ	qo piɑ	si ʁzuɑ
木苏	lai zɑ	ʂəu ʁuɑts	qu pie	ʁdzuɑ ʂtʂə
茨木林	phə z̢i	dz̢i queʲ	ɹə qo qo tʃə	tshə ku ʃuə
扎窝	phə z̢i	dz̢i queʲ	lɑ χtʃuə	tshə gu
麻窝	lɑ qu	dz̢i queʲ	qotʃ	tshiᵘ ɣu
芦花	lɑ χpət	dz̢i queʲ	qotʃ	tshə ɣu
羊茸	pə z̢i	dʒə pɑ ci	qo tʃə	tshʉ gʉ
松潘	philī	leɕ	jɑqu	
构拟				
说明				

第三章 词汇

调查点	油汤	大梁	柱子	板壁
大岐山	xȵo³¹ zȩe⁵⁵	te³¹ bzȩe⁵⁵	tʂu³¹ thəu⁵⁵	kɑn³¹ pie⁵⁵
桃坪	χnio³¹ zȩe⁵⁵	tɕhy⁵⁵ χqɑ³³	tsu⁵⁵ kie³³	pɑ⁵³ pie³³
曾头	χnio³³ zȩe³³	tɕhy⁵⁵ χqɑ⁵⁵	tsu⁵⁵ kie³¹	pã⁵⁵ pio⁵⁵
龙溪	mɪ⁵⁵ tho⁵⁵	liɑn³¹	tsu⁵⁵ piɑ⁵⁵	bo³³ ɹə³³
绵篪	mɑ⁵⁵ tɕhɑ³¹	tɑ³¹	tsu³³ kuɑ⁵⁵	bəɕ³¹
索桥	ʂʉ⁵⁵ tho³¹	tuɑ³¹ pəi³¹	tsuŋ³¹ tʂu⁵⁵	sʉ³¹ bo³¹ piɑ³¹
沟口	xtu⁵⁵ thɑŋ⁵⁵	liɑn³³ tɑn³⁵	tʂu³⁵ theu³¹	phu⁵⁵ ti⁵⁵
黑虎	due³³ tʂhu⁵⁵	tuɑ⁵⁵ χu̥ə³¹	tʂu³⁵ thəu³¹	pɑn⁵⁵ pi³¹
龙池	zdue³³ thɑŋ⁵⁵	tʃuŋ⁵⁵ liɑŋ³¹	tsu³³ ke⁵⁵	phu⁵⁵ pɑn³¹
三龙	iu³³ thɑn⁵⁵	tɑ⁵⁵ χu̥³¹	tsuəyl⁵⁵	pĩ³³ pɑn⁵³
曲谷	thɑn	tɑ χu	tsuŋ pi	pi pɑn
雅都	zdue thɑŋ	ɹbuʁ	tsuə	pi: pɑn
维古	thɑn	səʂu̥	tsum biɑ	bu tɕi
龙坝	piɑs thɑn	rbə ʁluə̥	tsuə kɑ	bu tɕi
木苏	ɹeɹ	rbuʁ	tsum pe	khɑ rpu
茨木林	pie tshə ɹe	rbə thi	tsuə kɑ	bu ɹe
扎窝	dʐɑ tho	rbə qho	tsuə kɑ	zbɑr
麻窝	ɹeɹ	rbəʁ	tsən kɑ	zbɑr
芦花	petsɹe	rbə thɛ	tsəŋ kɑ	qhe¹ bu
羊茸	khɤ	rbɤ thi	ɑ tsən kɑ	zbɑr
松潘	xtu ji	xkieb	tsu kuə	ki bu
构拟				
说明				

调查点	门口	石阶	盒子	皮线
大岐山	dio³¹ da⁵⁵ qɪ³¹	ʁlo³¹ thi⁵⁵ ba³¹	χo³¹ tsʅ⁵⁵	ɹa³¹ salʅ⁵⁵
桃 坪	dio³⁴³ ko³³		χo³¹ χo³¹	sʅ³¹ dzʅ³³
曾 头	dio³⁴³ pə⁵⁵ ta³¹	ʁo³³ χdə³³ χgie⁵⁵	sy⁵⁵ qha³³ tsʅ³¹	za⁵⁵ sia⁵⁵ li⁵⁵
龙 溪	diu³¹ da⁵⁵ qɪ³¹	ʁue⁵⁵ te⁵⁵	χo⁵⁵ χo⁵⁵	za³¹ sa³¹ n̩i⁵⁵
绵 簏	dio³¹ ko⁵¹	lo³³ thi³¹	ɕa³³ ɕa³¹	ɹa³³ pia⁵⁵ se³³ li³¹
索 桥	dʐu³¹ ʂqo⁵⁵	ʁu³¹ z̩də⁵⁵	χo³¹ χo⁵⁵	dz̩a³¹ so³¹ li³¹
沟 口	men³³ khiu⁵³	sʅ³³ thi⁵⁵ tsɻ̊³¹	xo³³ xo⁵⁵	phi³³ thiau³³ tsʅ⁵⁵
黑 虎	dʐuə³³ ta⁵⁵	gan³³ pha⁵⁵	χo³³ χo⁵⁵	dz̩a³³ il⁵⁵
龙 池	diuq³³ pu⁵⁵	ʂə³³ thi⁵⁵ tsə³¹	zʁa⁵⁵ thi⁵⁵	phi³³ ɕan³⁵
三 龙	dʐuə³³ ta⁵⁵	ʂə³³ phuts⁵⁵	ɕa³³ ɕa⁵⁵	phi³³ ɕan³⁵
曲 谷	dʑuq puq ta	ləzu qhua	χo χo	dz̩a pe dz̩əʴ βu̥
雅 都	dʑyəx pu kə	luzu χa	χõ tsə	dz̩a lî
维 古	dʐuəq qia	lu zə̃ qhu	qhe ʂũ	dz̩e pi bəʴ
龙 坝	dʒuə ta ka	ʂə thits	qhuəʴ ʂuə̥	dz̩a:pi il
木 苏	dʐuq pu ka	luz qhu	rgam bu	dz̩al
茨木林	dʒu χpu ka	ʁlo zdə	qhe tʃe tʃua	dz̩a soz̩
扎 窝	dʒu χpo ka	ʁlo bu tsha	qhe tʃu̥	dz̩a pi soz̩
麻 窝	diuq pu ka	tshan ti	qheʂ	dz̩az̩
芦 花	do qa	tshan te	tʃæ χin	dz̩az̩
羊 茸	do qa	tsham te̬	rgam tɕiŋ	ɹa pe so zə
松 潘	dy paka	khu		dz̩ak mæχa
构 拟				
说 明				

第三章　词汇

调查点	灯芯	水缸	三石	扬尘
大岐山	tən³¹ χuɑ⁵⁵	ʂui³¹ kɑŋ⁵⁵	ʁlo³¹ ɕi⁵⁵ m̩³¹	m̩³¹ khue⁵⁵
桃　坪	təŋ³³ χuɑ³³	tsuə³¹ tshu³³	ʁo³⁴³ mə³³ tsuə³³	ni³¹ khuə³³
曾　头	mə³¹ gu⁵⁵ pa³³ tʂuə³¹	tsuə³³ tshu⁵⁵	ʁo⁵⁵ mə³¹ tsuŋ³³ tso³³	ni³³ khuə⁵⁵
龙　溪	tən⁵⁵ χuɑ⁵⁵	ʁo³¹ tshu⁵⁵	gə³¹ zi³¹	thu⁵⁵ bu⁵⁵
绵　篪	tə̃⁵⁵ xuə̃⁵⁵	tsua³³ tshɔu⁵⁵	gua³³ dza³³	qho³¹ bi⁻⁵⁵
索　桥	tən³¹ χuə⁻¹³¹	tsu³¹ tsho⁵⁵	sie³¹ mu⁵⁵ ge³¹ dzi³⁵	mu³¹ khu⁵⁵
沟　口	ten⁵⁵ xuə⁵⁵	ʂɿ³³ kɑŋ⁵⁵	zə⁵⁵ ke³³ pu³¹	dɑm⁵⁵
黑　虎	tən⁵⁵ χuəː⁻⁵⁵	sui³³ kɑŋ⁵⁵	gə³³ zi⁵⁵	mɤ⁵⁵ kuə³¹
龙　池	liaŋ⁵³ χuə⁵⁵	χuat⁵⁵	ge³³ ʑi⁵⁵	uẓ³³ pa⁵⁵
三　龙	tən⁵⁵ χuə⁻¹⁵⁵	ʂui⁵⁵ kɑn⁵⁵	gə³³ zie⁵⁵ qə³³ pu⁵⁵	ʁlap⁵⁵
曲　谷	tən la pa	ʂui kaŋ	gə ze qu	mux tɕap
雅　都	liaŋ χuəː¹	tsəʂ tʂhua	gi tse qu	mə⁽¹⁾ u⁽¹⁾
维　古	mə sti	ʂueŋ tə̥	gə zi	mu xtɕi¹
龙　坝	mə la pa	ʂuet	gə ẓ	tɕi xtʂua
木　苏	mə sti	ʂut	gə ze qu	tɕi xtuɤ
茨木林	mə gu na ma	siʂuə thə	mə di	ti xtʂua
扎　窝	mə stə	tsə dẓə	ʁlom ɟi	cip χtʂə
麻　窝	mə sti	tsər	gr zi	tɕi xtʂ
芦　花	mə sti	ʂʂ thun	ʁloŋ gi	ci ʂtʂə
羊　茸	mə sti	tsɤ dẓɤ	(ʁlom dʑi) gɤ dzi	ci pə mə khə
松　潘	ʁdu dẓe	ʂut		wuẓ pa
构　拟				
说　明				

调查点	吸酒管	磨心子	流星	光
大岐山	tɕhe³¹l̩⁵⁵	mo³¹ ɕin⁵⁵	ʁdʐə³¹ pe⁵⁵ ʂə³¹ ʁzie⁵⁵	ɕya⁵⁵
桃坪	ku⁵⁵χdio³⁴³		χdʐə³¹ tsy³³ dzy³³ kə³³	ɕya³³
曾头		tsuə³³dzie³⁴³ χtie⁵⁵	χdʐə³³ pe⁵⁵ da³³ phu³¹	ɕya⁵⁵
龙溪	tɕha³³diu³³	mo³⁵sin⁵⁵	z̩a³¹ pa³³ fa³³ la³³	ɕya⁵⁵
绵篪		mo³¹ɕin⁵⁵	dʐa⁵³ tʂha³¹	ɕya⁵⁵
索桥	ʂkʉ⁵⁵ti⁵⁵	dzo³¹ z̩ʁo³¹ ɕi³¹ ʂto⁵⁵	z̩dʐu³¹ la⁵⁵	ɕya⁵⁵
沟口	ɕi⁵⁵thə³¹kan⁵⁵ kan⁵⁵	mo³³ɕin⁵⁵	dʐə³³ pa⁵⁵ ʂʏ³¹	fiʏ¹k³⁵
黑虎	ɕi³⁵ui³¹	dzuen³³stə⁵⁵	dʐəʂ	ʂua⁵⁵
龙池		mo³⁵ɕin⁵⁵	ɕin⁵⁵ ɕiu³⁵ ʁo⁵⁵ ʂə⁵³	pal⁵⁵ pəə⁵⁵
三龙	hãl	sta⁵⁵χu³¹	z̩dʐəʂ fio³³ tshu⁵⁵	mi³³ si⁵⁵
曲谷	hĬqə¹ʁue	mo ɕin		
雅都	χa tʂhuei	dzua ʁləɕ	ʁrə do tsh	ɣli
维古	xiu̥	lu tʂhu̥	ʁdʐə quam	paʐ
龙坝	rkuə xi̥	dʒua ʁlo iʂ	ʁdʐə də tsho	mə siaq paʐ
木苏	xiu	ia ʁluʂtʂə	ʁdʐə da qhuaʐ	ɕa χui
茨木林	ʀdʐi u	dʐua ʁlo sti	ʁdʐə phi	ɕue, mun paʐə
扎窝	tɕhi u̥	dʐa ʁlo sti	ʀdʐuə phu	xsiaq
麻窝	xi u̥	dʒa ʁlu sti	ʁdʐə phu	paʐ
芦花	tɕhe u̥	dʒə ʁlo sti	z̩dʐə də ɸu	ʂe
羊茸	tɕhe uə	dʒa ʁlo sti̩	jdʐuə phʉ	məʂtɕaq pa dʒə
松潘		jiqa		ɕuaq
构拟				
说明				

调查点	雪山	瀑布	半月	日子
大岐山	m̩³¹ pɑ⁵⁵ χsu³¹	tsue³¹ ʁbo⁵⁵	pɑn³¹ ko³¹ ye³¹	zə³¹ tsɑ⁵⁵ ~ m̩⁵⁵
桃坪	tshuə³³ mə³¹ pɑ³³	tsuə⁵⁵ sɑ³³ lɑ³¹	pɑn¹³ ko³⁵ ye³¹	
曾头	mə³³ pɑ⁵⁵ qhsuə³³	z̺e⁵⁵ tsuə³³ phʂi⁵⁵	ʂɿ⁵⁵ bɑ³³	mə⁵⁵
龙溪	pɪ³³ ʁo⁵⁵ qe⁵⁵	tsu³³ qə³³ tsho⁵⁵	pɑn³¹ ko³¹ ye⁵⁵	zə⁵⁵ tu⁵⁵
绵篪	phɹi⁵⁵ ɹəu³³ su³¹	ɹɑ³¹ ʑe⁵⁵ tsuɑ³¹	pã³¹ ko³¹ ye⁵⁵	zɿ³³ tsɑ⁵⁵
索桥	pəi³¹ su⁵⁵	tsu³¹ʂʈʉ³¹	ɦɑ³¹ ŋɑ³¹ ɹuɑ³¹ kə⁵⁵	pə³¹ ɹə³¹
沟口	tɑ⁵⁵ ʂan⁵⁵	thiɑu³⁵ ʂui³¹	pɑn³⁵ io³¹	z̺ɤ¹³¹ tsɿ⁵⁵
黑虎	çye³³ ʂan⁵⁵	iɑ⁵⁵ tsuə³¹	pɑn³³ ku⁵⁵ ie³¹	zɤt⁵⁵
龙池	çye³³ ʂan⁵⁵	tsu³³ ɦo³³ χsu⁵⁵	pɑn³⁵ ko³⁵ ye³¹	z̺ai³³ tsɿ⁵³
三龙	pe⁵⁵ ʁu³³ pu⁵⁵	tsuə⁵⁵ ɦo⁵⁵ χsu⁵⁵	pɑn³⁵ ɬə⁵⁵	zəd⁵⁵
曲谷	pe ʂəp	tsə ɦu xsu	pɑn ko ye	zət
雅都	pie ʁuːˀpu	tsə o qhsu	pɑn guç	zət
维古	piɑ ʁu pu	tsə ɑ qhsu sə	pɑn ku iye	z̺ɑ khsat
龙坝	pu kuə	tsuə ɸi	pɑn ko iɑ	z̺ɑ ksat
木苏	pie ku	tsə ɸi	hũŋ ie	z̺ak tshat
茨木林	tçui kuə	tsə qso	tʃə ʁlɑ	tiu sə
扎窝	tçui χsəp	tsə χu	tʃə ʁlɑ	zə xçat
麻窝	tçi kuə	tsə χsu	tʃə ʁlɑ	tys
芦花	tçi ku	tsə ɸʂi	tʃə ʁlɑ	z̺ak tshət
羊茸	tçi kʉə	tsɤ phʂi	tʃə ʁlɑ	
松潘	tʂo χesə	tsu ɣdi		
构拟				
说明				

调查点	早晨	纬线	球	灵魂
大岐山	tə³¹ ɕya⁵⁵	tie³¹ dzʅ⁵⁵	phi³¹ tɕhəu⁵⁵	sø³¹ dzʅø⁵⁵
桃坪	tə³¹ ɕya³³	ta³¹ dzʅi³³	tɕhəu³¹	liŋ³¹ χuɐŋ³¹
曾头		tia⁵⁵ dzʅi⁵⁵	pɑu⁵⁵ tɑn⁵⁵	su⁵⁵ dzʅu⁵⁵
龙溪	tə³³ tsuɑ³³	tia³³ zʅe³³	phi³¹ tɕhu³¹	χuŋ³³ phe³³
绵篪	tɕhɑ⁵⁵ li³¹		i³³ ta⁵⁵ ~ tɕhu³¹	sʅ³³ dzʅəu³¹
索桥		tɕɑ³¹ so⁵⁵ li⁵⁵	phi³¹ tɕhiu³¹	in⁵⁵ χuŋ⁵⁵
沟口	tʂue⁵⁵ tʂue⁵³	su⁵⁵ ni⁵⁵ tʂhɕʅ⁵⁵	tɕhu³¹	xun³³ phe⁵⁵
黑虎	tsue³⁵	tia³¹ dzʅi⁵⁵	tɕhiu⁵⁵	χuɐŋ³³ phai⁵⁵
龙池	tsuei⁵⁵	dzʅə⁵⁵	tɕhiu⁵³	χui⁴² ʂɑ⁵⁵
三龙	tsyeq⁵⁵	tɕe⁵⁵ tʂuə̥³¹	tshiu⁵⁵	lin³³ χuŋ³¹
曲谷	a tsu qu	tɕe ge	phi tɕhiu	in χun
雅都	tɕhin tsɑu	tɕe ri	pɑu tɑn	χuen pheː
维古	e tsui	tɕɑ ri	pɑu tɑn	ɹə β̞a
龙坝	dɑ rɑ ɲi	tɕɑtf	tɕhɑu̥	zʅuɐ zʅuɐ
木苏	ɑ stu	tɕɑ sul	pɑu tɑn	ɹə β̞a
茨木林	dɑ rɑ ɲi	tie tʃuɐ	tɑ tɕhu ~ pɑu tɑn	di zʅo
扎窝	kə sto	ti tʃu̥	piɑ χʂu̥	zʅu zʅu
麻窝	dɑ rɑ ɲi	ti ri	pɑu tɑn	ɹə mɑ
芦花	dɑ rɑ ɲi	tetʃ	pɑu tɑn	zʉ zʉ
羊茸	tsək	te re	po ten	zʉ zʉ
松潘	tsuetɕ		patʂ	sodzʅ
构拟				
说明				

第三章　词汇

调查点	骨灰	犯法	后面	回声
大岐山	mə³¹ tshə⁵⁵ ɹa³¹ dzu⁵⁵	dzʐə³¹ tshə⁵⁵ ʂə³¹ pu⁵⁵	χna³¹ ta⁵⁵ da³¹ zɪ⁵⁵	lə³¹ m̥⁵⁵
桃坪	zʐe³¹ pʂi⁵⁵	faŋ³⁵ sɿ¹⁵	χna³³ ta³³	zʐa⁵⁵ tshie³¹
曾头	χmu⁵⁵ mə⁵⁵ bzʐi⁵⁵	dzʐə³¹ da³¹ tshie⁵⁵	χna⁵⁵ ta⁵⁵	zʐa⁵⁵ khsie³¹
龙溪	mu³¹ m̥³³ be³³	da³¹ tsha³¹	sua³¹ ʁa⁵⁵ nia³¹	qhua⁵⁵ ni⁵⁵
绵虒	sɿ³¹ mə⁵⁵ ɹa³¹ ʁeu³¹	dzʐə³³ ta³³ tsha⁵⁵	ma⁵³ tshɿ⁵⁵ a³³ ɬə³³	in³¹ ʂã⁵⁵ uə³¹
索桥	zʐmə⁵⁵ tsu⁵⁵ bu³¹ zʐu³¹	ɸan⁵⁵ ɸa⁵⁵ die³¹ pu³¹		tɕhi⁵⁵ ɦa³¹ go⁵⁵
沟口	tɕin⁵⁵ ko³¹	fan³⁵ fa³¹ pə⁵⁵	ta⁵⁵ ke⁵⁵ tu³¹	
黑虎	ku³³ χui⁵⁵	zʐə⁵⁵ de³³ tshe⁵⁵	tso³³ pa⁵⁵	qhuɣ˼⁵⁵
龙池	ku³³ χui³⁵	fan³⁵ fa³¹		ɦa³³ u⁵⁵ saq³¹
三龙	ku³³ χui⁵⁵	fan³⁵ fa³³ pə⁵⁵	mi⁵⁵ tʂuə³¹	qu³³ miep⁵⁵
曲谷	ɹə ke meᶦ βu	de tshe	miʂ tei	io ʁu ia sɑ
雅都	ɹə patʂ məᶦ uᶦ	ɸan ɸa	tsu uᶦ sta stu	ia ʁuəᶦ ia sɑ
维古	rmə ɹu	ɸan ɸa	ɹa sta gu	ia ʁu ia sɑ
龙坝	mərb	qo do	sta ta	ia ʁuəᶦ ias
木苏	rmuᶦ patʂ	daz la	sta ka	ia ʁua ia sɑ
茨木林	rmu tshə	qo do	ɹo so	qhoᶦ u
扎窝	rmu tshə ɹə	ɸaŋ ɸa	ɹa sta gu	qhəᶦ gu
麻窝	rmus	ɸaŋ ɸa	ɹa su	ia ʁuaᶦ ia sɤi
芦花	rmuts ɹə	da tsho lo	ɹa sta	qho gu
羊茸		ɸan ɸa	ɹə so	qhɯ dʒə dʒa eʁp ɹa aʑə eʑə
松潘		mi bij	χta ku	
构拟				
说明				

调查点	缝缝	我俩	这面	那面
大岐山	(fuŋ³¹ fuŋ³¹) təʔ³¹ dzʅ⁵⁵	tɕuŋ³¹ tə⁵⁵	tsa³¹ tɕhi⁵⁵	tha³¹ tɕhi⁵⁵
桃坪		tsuŋ¹³ tʃɿ³³	tsɿ³¹ χe³³	the³¹ χe³³
曾头	fuŋ²⁴ fuŋ¹³	tsuŋ³⁵ tʃɿ³¹ ~ qaŋ³⁵ tʃɿ³¹	tsa⁵⁵ khɕa⁵⁵	tha⁵⁵ khɕa⁵⁵
龙溪	tse³³ ni³³	qɑn³¹ ti⁵⁵	tɕɑ³⁵	thɑ³⁵
绵簾	bʲəu³¹	qaŋ³¹ tio⁵⁵ ~ tɕyn³¹ tio⁵⁵	tɕa³³ ɕa⁵⁵ khua³¹	thie³¹ χe³³
索桥	ɹɑ³¹ dzʅe³¹	qa³¹ la³¹ ni³¹ tsə⁵⁵	tsə³¹ zʅə³¹	thəʔ³¹ zʅə³¹
沟口	fiʁ¹³⁵ mu⁵⁵	a⁵⁵ tsʁ³³ its⁵⁵	tsɿ⁵⁵ ʁuaˑ⁵⁵	thʁˑ⁵⁵ ʁuaˑ⁵⁵
黑虎	χɑn³³ χɑ⁵⁵	in³⁵ dzʅə³¹	tsʁ³³ zʅa⁵⁵	tha³³ zʅa⁵⁵
龙池	fuŋ³³ fuŋ³⁵	ku³³ tsən⁵⁵ dzʅe³¹	tsa³³ mian⁵⁵	tha³³ mian⁵⁵
三龙	fən³³ fən⁵⁵	tʂuŋ⁵⁵ dzʅu⁵⁵	tse³³ xʂe⁵⁵	the³³ xʂe⁵⁵
曲谷	dɑ dzʅə	tɕyn dzuʴ	tse xɕe	the xɕe
雅都	la ʁə̥ʴ	tɕiːtʂ	tse khʂe	the khʂe
维古	rmə ʁɑ	ɕun dzu	tsa khɕa	tha khɕa
龙坝	dzʅim	tɕon dzʅo	tsə kɕa	thə kɕa
木苏	rməʴ ʁa	ɕin	tsa khɕe	tha khɕe
茨木林	nə guiʴ	tʃu nə	tsaʴ χa	thaʴ χa
扎窝	nə guiʴ	tʃun	tsa xsi	tha xsi
麻窝	rmə ʁiʴ	tɕun	tsa χe	tha χe
芦花	rme giʴ	tʃo nən	tsa kɕi	thaː kɕi
羊茸	ȵi gzʅui	tɕø rmə	tsa χe	tha χe
松潘	χqe	qoȵi	tsə	thə
构拟				
说明				

调查点	这样	一元	一分	一群
大岐山	tsa³¹ ma⁵⁵	a³¹ gu⁵⁵	a³¹ fe⁵⁵	a³¹ χu⁵⁵
桃坪	tsɿ³¹ qə⁵⁵ ta³³	a³¹ ɦigy³³	a³¹ fən⁵⁵	a³¹ bo³³
曾头		a³¹ χgy⁵⁵	a³¹ χye⁵⁵	a³¹ χu⁵⁵
龙溪	tsə³¹ ka³¹	a³¹ yan³¹	a³¹ fən⁵⁵	a³¹ bo⁵⁵
绵篪	tɕa³¹ ma³³	a³³ ko⁵⁵ ~ a³³ bˠe³¹	a³³ fi³¹	a³³ dʐua⁵⁵
索桥	tsə³¹ tɕi³¹	a³¹ pia⁵⁵	a³¹ ɸi³¹	a³¹ khue⁵⁵
沟口	tsə³³ ke⁵⁵	a³³ yan⁵⁵	e³³ fen⁵⁵	e³³ khue⁵⁵
黑虎	tɕi⁵⁵	a³³ pa⁵⁵	af⁵⁵	a³³ fa⁵⁵
龙池	tse³³ ke⁵⁵	a³³ yan⁵⁵	a³³ fen⁵⁵	a³³ khue⁵⁵
三龙	tsa³³ χan⁵⁵	e³³ pie⁵⁵	ə³³ fən⁵⁵	ə⁵⁵ ʑguj⁵⁵
曲谷	tsei	e yan ~ ɑ ʁuan	ɑ ɸəˑ	ɑ ʴʁu
雅都	tsei	ɑ ʁuan	e khe	ɑˑu
维古	tsə ka	ɑ ʁuan	a ɸən	e thyi
龙坝	ske ɲi	ə pia	a ɸu̥	a guaˑ
木苏	tsə ka	e pie (ɑ ʁuan)	e khiˑ	a thui
茨木林	stien tʃhu	a pi	a khiˑ ~ a xu	a gueˑ
扎窝	ska ɲi	ɑ pia ~ ɑ ʁuan	ə khiˑ	ɑ thɤ
麻窝	tɕa ~ tseːɲi	ɑ ʁuan	a ɸu̥	ɑ thɤi
芦花	tsə ka	a pe	a ɸu̥	aˑ bu
羊茸	tsə ka	a ʁuan	a ɸən	ɑ rbə
松潘	tsa ga	ʔɿ		
构拟				
说明				

调查点	一朵	一遍（念）	皱的	很多
大岐山	a³¹ tu⁵⁵	a³¹ phiɑn⁵⁵	tsuŋ³¹ thɑ⁵⁵	dio⁵⁵
桃 坪	a³¹ tu³³		tsuŋ¹³ tsuŋ¹³	dio³³ tshyi³³
曾 头	a³¹ to³³	a³¹ phiã⁵⁵ nə⁵⁵	ku⁵⁵ tʂho³³	dio³⁴³ tɕhy³³
龙 溪	a³¹ pa⁵¹	a³¹ tau³⁵	tə³¹ tsuŋ⁵⁵ thɑ³¹	diu⁵⁵ χua³³
绵 簾	a³³ tu⁵³	a²² ɕa⁵⁵	tsi³¹ po³¹	dio⁵⁵
索 桥	a³¹ pe³¹	a³¹ to⁵⁵	tsuŋ³¹ tsuŋ⁵⁵	iɑ³⁵ khə³¹
沟 口	ɤ³³ tu⁵⁵	ɤ³³ thu⁵⁵	nɤ³³ tʂhu³³ ku⁵⁵	mu³³ lu⁵⁵
黑 虎	a³³ to⁵⁵	a⁵⁵ χua̯³¹	dzɤ³³ tuɤ⁵⁵	
龙 池	a³³ pa⁵⁵	a³³ tʂue⁵⁵	ku³³ tu⁵⁵	iɑ³⁵ lɑx⁵⁵
三 龙	(la³³ pa⁵⁵) a³³ pax⁵⁵	e³³ phian⁵⁵	ɦa³³ tuə⁵⁵	iel⁵⁵ a³³ χʂə⁵⁵
曲 谷	ou	ɑ tau	ət tu	ɤu˩
雅 都	ɑː˩	e pian	tu（ə）tuə	u˩
维 古	ɑ rgu	e tʂua	tuə tuə	（gin）e thui
龙 坝	ɑ tu̯ə	ɑ tʂua	χoʂ χoʂ	z̺ɑ la
木 苏	ɑ tu̯	e tʂue	tʂu rbus	qu lie
茨木林	a tu̯	ɑ lɑ	χua tʂ χtʂua	ʁɑ˩ ʁɑ˩
扎 窝	ɑ thɤ	ɑ lɑ	tseːlo	ɳaq qe
麻 窝	ɑt	ɑ la~e tʂi	χuʂ χuʂ	z̺ɑ la
芦 花	ɑt	e tʂi	tso lo	z̺ɑ la
羊 茸	ɑ tə	ɑ lɑ	χuə tʃə	z̺ɑ la
松 潘	ʔɪ		quts tsu	que
构 拟				
说 明				

第三章 词汇

调查点	乱	有时候	脱	撩（衣）
大岐山	luɑn³¹ thɑ⁵⁵	iəu⁵¹ʂʅ³¹ χəu³¹	ʂə³¹ χtʂə⁵⁵	χa³¹ tsə⁵⁵ tsə³¹
桃坪	laŋ³³ thɑ³¹		sʅ³³ χu³¹	tə³¹ tsi⁵⁵
曾头	lã⁵⁵ thɑ³³	a³¹ tue⁵⁵ tɕe³³	χu⁵⁵	tə³¹ tsia⁵⁵ lia⁵⁵
龙溪	lan³⁵ thɑ³¹	a³³ tsə⁵⁵ ka³³ χe³³	da³¹ χu⁵⁵	tə³¹ tʂa⁵⁵ lia⁵⁵
绵篪	qhɑ³³ la³³	a³³ dəu³⁵ qa³¹	ʂa³³ ɬəu³¹	tə³¹ la⁵⁵
索桥	su⁵⁵ la⁵⁵ ta⁵⁵	a³¹ tuɑ⁵⁵	die³¹ thɑ⁵⁵	tə³¹ to⁵⁵
沟口	hɑ³³ ta⁵⁵ ɣuɑ⁵⁵	a³³ pha⁵⁵	sʅ⁵⁵ ka⁻⁵⁵	tə³³ tsa⁵⁵
黑虎	luɑn³³ thɑ⁵⁵	aʂ⁵⁵ ~ aʂ⁵⁵	qa⁻³⁵	tə³³ dʐu⁵⁵
龙池	luɑn³⁵ ti³¹	a³³ ʂau⁵⁵	da³⁵ qa⁵⁵	(hɑ³³) tse⁵⁵
三龙	luɑn³⁵	aʂ⁵⁵	qə⁻⁵⁵	hə³³ ʂa⁵⁵
曲谷	luɑn thɑ	ɑ zdə ʁɑ	ɦa' qa	hɑ lə
雅都	luɑn	ai	qe tɕhe	tɕye
维古	luɑn	az̪	tha la	hɑ rkuə
龙坝	sə ɸɑ	a z̪ az̪	qə tha	(tə) xuə
木苏	luɑn	az̪	aq tha	təl lə
茨木林	dɑ pɑ ste	a zdi	χtʂa	təsta
扎窝	dɑ pɑ stɤ	a zdi	dɑ χtʂa	tə stuɑ
麻窝	dɑ pɑ stɤi	e zdi çi	tha la	tə sta
芦花	dɑ pɑ stɛ	e zdi	da ɬa	tə sta
羊茸	pɑ stei	e zdi	tha la	tə sta
松潘	ba ʁl		qæ	
构拟				
说明				

调查点	哽	赋	炒	踢
大岐山	ʂə³¹ ʁdzʅ⁵⁵	ʂə³¹ ni⁵⁵ thɑ³¹	tʂhu³¹ lɑ⁵⁵	tʂhu⁵⁵
桃坪	kəŋ⁵⁵ thɑ³³	sʅ³¹ χnie³³	u⁵⁵ χnia³³	sʅ⁵⁵ tɕhyi³³
曾头	sə³¹ kəŋ⁵⁵ thɑ³³	sʅ³¹ χnie⁵⁵ sa³¹	u⁵⁵ χnia³³	tɕhy³³
龙溪	sə³¹ kən³¹ thɑ⁵⁵	tə³¹ ni⁵⁵ nia³¹	i³¹ tʂho³¹	tʂhu⁵⁵ tɑ⁵⁵
绵篪	sʅ³¹ kəŋ⁵⁵ thɑ³¹	ta³³ dəu²⁴	dʑi³¹ dʐɑ⁵⁵	tʂhu⁵⁵
索桥	hɑ³¹ gʐəi⁵⁵	tsuɑ⁵⁵	ie³¹ tʂho³¹ tʂhɑ⁵⁵	sə³¹ tʂhu³¹
沟口	e³³ gin⁵⁵ thɑ³³	ɦe³³ ni³⁵ thɑ³¹	tʂhu⁵⁵ te⁵⁵	tʂhy⁵⁵
黑虎	e³³ kən⁵⁵ tu⁵⁵	ɦo³³ qhu⁵⁵ tu³¹	tʂho³³ tə⁵⁵	tə³³ ka⁵⁵
龙池	sə⁵⁵ gen⁵⁵ ta³¹	quk³³ nia⁵⁵	ni⁵⁵ xli⁵⁵	paq⁵⁵ tsuə⁵⁵
三龙	mu⁵⁵ əʑdʑ⁵⁵	ən⁵⁵ ni⁵⁵	tʂhua³³ tʂhue⁵⁵	ə⁵⁵ tʂhuə³¹
曲谷	sə zdə	en niɑq	tɕhy tɕhye	tɕhiu thɑ
雅都	mu gu səʑdʑ	si ʁɲe	tʂhu (ɪ) tʂhue	mu xu
维古	xtʂə	ɑ tsuə	tʂhue tʂhuɑ	tʂhuə
龙坝	xtʂə	(ɑ) tsuə	(kuə) tʂhuətʂhuɑ	pɑ χtʂu
木苏	qhʂə ʁdzui	ɑ tshu	tʂhu tʂhue	pɑ χtʂu
茨木林	sə tʃu	ʁɲeːrguə	rgə	tʂhuə
扎窝	sə tʂu	da tsuə	i rgə	pha tʂhuə quə
麻窝	sə rg	ats	tʂhu tʂhu	pɑ χtʂu ʁɑ
芦花	rgə	ʁɲe rgu	rgə ta	pa tʂhəq da ʁɑ
羊茸	da rgə	ʁɲe rguə	rgə ta	pa tʂhəq
松潘			χʑi	tʂhu
构拟				
说明				

第三章 词汇

调查点	嗅	吵嘴	仰起	握拳
大岐山	χmie³¹ χmie⁵⁵	qu³¹ qua⁵⁵	pha³¹ pha⁵⁵	tə³¹ ʁø⁵⁵
桃坪	χmi⁵⁵	tʂuə³¹ tʂui³³	tə⁵⁵ mə³¹ tʂha³¹	χkuə⁵⁵ χni⁵⁵
曾头	tə³¹ χmi⁵⁵	quə³¹ qua³³	tə³¹ khʂa³³	tə³¹ nie⁵⁵ tha³³
龙溪	ɕi⁵⁵ tha³¹	qu³¹ qua⁵⁵	mu³¹ to³¹ tə³¹ qha⁵⁵ na³¹ ɳi⁵⁵	qu³¹ ni⁵⁵ qui³¹ zə⁵⁵ tʂua⁵⁵
绵簏	mie⁵⁵	qu³³ qua⁵⁵	ta³³ ʁa³⁵ ~ i³³ tʂha³¹	ku³³ nia⁵⁵ ʁəu³¹
索桥	hũ⁵⁵ tie⁵⁵	tʂui³¹ tʂui³¹	tə³¹ khʂa⁵⁵ nia⁵⁵ ze³¹	ʂku³¹ niu³¹ zə³¹ z̩ʁo³¹
沟口	te³³ hĩ⁵⁵ te³¹	tʂhuɣ⸴⁵⁵ le⁵⁵	tɤk³³ tʂa⁵⁵	zɤ³³ tʂua⁵⁵
黑虎	ɕi⁵⁵ tə⁵⁵	qu³³ qua⁵⁵	hɤ³³ ʁu⁵⁵	dze³³ ʁuɣ⸴⁵⁵
龙池	tə³³ hĩ⁵⁵ te⁵³	he³⁵ sa³¹	hak³³ tʃa⁵⁵	dzə³³ pat⁵⁵
三龙	hĩ³³ te⁵⁵	qə⁵⁵ zdẓi⁵⁵	tə³³ eqh⸴⁵⁵	dzə³³ tʂhe⁵⁵
曲谷	he te	ɹmɯ ɹmɯ	tə qhaˈ ɳinə	dzə tʂua
雅都		χtʃu ɳtʃu	ɑχ eˈ	dzə tʂua
维古	xiɑ tɑ	rmə rmɑ	ɣleˈ	dzə tʂ tʂhia
龙坝	tə ba χtʂi	rmə rma	gzˈə qa	dzə tʂha
木苏	bə χtʂ əi	z̩u z̩u	mət tə ʁlə	dzət tʂha
茨木林	xi xie	rmə rma	pə gzˈə tə qɑ	dzə tʂhe
扎窝	bəˈ qha	rmə rma	tə ɣzˈə qa	dzə tʂhi
麻窝	tə bə χtʂi	qə rdzi	tə zˈa qa	dzə tʂhi
芦花	tə bə χtʂə	zu zu	tə zˈa qa	dzə tʂhi
羊茸	bəˈ χtʂe	(rmə rma) ~ zuzu	tə zˈə qa	kuə se
松潘	tə hĩ	ququ quə	haq χʂeʂ	
构拟				
说明				

调查点	贪心	抬	揭开	阻挡
大岐山	χtie³¹ ʁdo⁵⁵	χɑ³¹ tʂɑ⁵⁵ ~ tə³¹ tʂuɑ⁵⁵	χa³¹ ʁdʐy⁵⁵	ɹə³¹ χlu⁵⁵
桃 坪	than⁵⁵ ɕin⁵⁵ pu³³	qə⁵⁵ tuə³³	tə³¹ ʐe³³	kuə³³ ɕy³¹
曾 头	thã⁵⁵ sin⁵⁵ pu³¹	qə⁵⁵ tuə³³	tə³¹ χge⁵⁵	ku⁵⁵ ɕy³¹
龙 溪	than⁵⁵ sin⁵⁵ pu³¹	tə³¹ tsie⁵⁵	dɑ⁵⁵ gɑ³³	a⁵⁵ ɬiu⁵⁵
绵 篪	u⁵⁵ tsəu³¹	tui³¹	ta³¹ ʂa³³ dʑi³¹	ɬiu³³ ki⁵⁵
索 桥	than³¹ sin³¹	tə³¹ tʂuɑ³¹	die³¹ ʐge³¹	tɑn³¹ thɑ⁵⁵
沟 口	ti⁵⁵ mi⁵⁵ la⁵⁵	gia⁵⁵	de⁵⁵ ke⁵⁵	e³³ ɬe⁵⁵
黑 虎	than⁵⁵ ɕin⁵⁵	tuʁ⁵⁵	gi⁵⁵	ʐu⁵⁵
龙 池		ke⁵⁵	de⁵⁵ ʐge³¹	ku³³ ʐy⁵⁵
三 龙	ɕtɕiː⁵⁵ mi⁵⁵ liaː⁵⁵	tə³³ tsi⁵⁵	tə³³ qə⁵⁵	ə³³ tɑn⁵⁵ thɑ⁵⁵
曲 谷	xtɕi mi də	te tsi	ɹge	ə tɑn thɑ
雅 都	tu tsu	ti tse	te qe	tɑn thɑ
维 古	ku tsu	tə tsi	ɹgia	zu
龙 坝	tɕu tɕhi	tə xuə	tə qa	ə tsi
木 苏	kuə tshui	tə qhsi	ɹga	tsəi
茨木林	tiu thi	tə xə	tə qa	tse
扎 窝	də tsiu	tuə	tə qa	tsə
麻 窝	də tsy	tʁ	qɑ	tsʁi
芦 花	dø tsʉ	tʁ	tə qɑ	ɑ tsɑ
羊 茸	do tsui	tʁ (kui)	qa	tʃa
松 潘	moj	kiæ	ty ʁgye	ʐue
构 拟				
说 明				

调查点	赊账	嫁	戒	模仿
大岐山	ʂi³¹ tha⁵⁵	χa³¹ χlə⁵⁵ ~ tɕi³¹ χlə⁵⁵ sʅ³¹	tə³¹ la⁵⁵ pa³¹	χpa³¹ χpu⁵⁵
桃坪	ʂe⁵⁵ tha³³	χa³¹ ɕe³³	zʅ³¹ pu³³	
曾头	ʂe⁵⁵ tha³³	χa⁵⁵ gzʅ³¹	kai⁵⁵ pia³³ pu³³	qə⁵⁵ ta³³
龙溪	ʂi⁵⁵ tha³¹	tɕe⁵⁵ ɬi⁵⁵	tə³¹ pian³⁵ tha³¹	pa³³ po³³
绵篪	ɦa³³ ʁua³¹	ʂa³³ zəu³⁵	bu⁵⁵ ta⁴² la³⁵	pa³³ tshəu³¹
索桥	ʐʮʁue⁵⁵	die³¹ zo³¹ kəi⁵⁵	tə³¹ lə³¹ la³¹	mu³¹ ʂpa³¹ pu⁵⁵
沟口	hɤ³⁵ ɣuɣ⁵⁵	ʐʮə⁵⁵	tə³³ pian³⁵ tha³¹	ian³⁵ tsʅ³¹ ɣ³³ ɕy³¹
黑虎	sə⁴⁴ ʂəi⁵⁵ tha⁵⁵	he³³ ɬi⁵⁵	tə³³ pian⁵⁵ tha⁵⁵	ian³⁵ tsa³¹ ɕu⁵⁵
龙池	sə³³ ʂai⁵⁵ la³¹	ɣzy⁵⁵ ~ ha³³ ta⁵⁵ ɬe⁵⁵	tə³³ pian³⁵ te³¹	ɕy³³ ɕy⁵⁵
三龙	ʂtʂua⁵⁵ ʂai⁵⁵ tha⁵⁵	təɬzʮ⁵⁵	kai⁵⁵ tha⁵⁵	(mi⁵⁵) su³³ su⁵⁵ pə⁵⁵
曲谷	ʂtʂu ɬi	tə ɣzʮə	pian χua pu	
雅都	kuaːtʃə pu	he xie	tə pian tha	iaŋ tsə su
维古	kua tʂan	(tsi gzu) ʂuə	pian χua ʂu	bə tsia
龙坝	kua tʂan	gzo ɬi	kəi da	dʒə tsho
木苏	kua tʂaŋ ʂua	ɬi	pha	bə tsi
茨木林	ɕi zəɕi	gzu tɕhi	ka da	ʐu tsiu
扎窝	ɕizi, da xuə	spu	phaˇ	χpɤ tsi
麻窝	kua tʃan	ɣziuk	phaˇ	bɤ tsi
芦花	kua tʃaŋ	ə spu	phʂa	χpɛ tse
羊茸	kʉa tʃaŋ	spʉ	phʂa	χpe tse
松潘		ɣzy kə		
构拟				
说明				

调查点	点亮	收到	留、遗留	黏
大岐山	χmia⁵⁵	ʂəu³¹ tha⁵⁵	χa³¹ dʑya⁵⁵	(da³¹) dze⁵⁵
桃坪	tə⁵⁵tsuə³³		dʑya³¹	tə³¹dzie¹³¹
曾头	tsuə³³	ʂəu⁵⁵tha³³	dʑya³¹	tʂã⁵⁵tha³¹
龙溪	ɕya⁵⁵tsu⁵⁵	ʁɑ⁵⁵ɕu⁵⁵	ʁɑ³³ya⁵⁵	a⁵⁵za⁵⁵
绵篪	sia⁵⁵siua⁵⁵	ta³³ɕu¹³	ʂa³³ɬəu¹³	ɦa³¹dza²⁴
索桥	mu³¹qo⁵⁵tə³¹ ɕya⁵⁵	ɕu³¹	ɦa³¹dʑy⁵⁵tɕu⁵⁵	to³¹
沟口	ʂua⁵⁵	zə³³ʂeu⁵⁵tha³¹	hʐˠ¹⁵⁵ʂʐ³¹	a³³zɑ⁵⁵zʁ⁵⁵
黑虎	ʂua⁵⁵	dzə¹³³ʂuə⁵⁵	heʂ⁵⁵	tə³³tya⁵⁵
龙池	mu³³ʁu⁵⁵ʂua⁵⁵	dzə³³ʂeu⁵⁵la³¹	ha³³ʂɑ⁵⁵	ku³³tsɑ⁵⁵
三龙	dʐue⁵⁵	dzə³³ʂuə⁵⁵	heʂ⁵⁵	ə³³dzɑ⁵⁵
曲谷	ʔi dʑye	dzə ʂuə	sə tu¹	ʔeʂpe
雅都	ʐue	dzə ɣʐ	hɑʂ	dzɑ
维古	ʐuɑ	la	dɑ ʁuə¹	tsi tsi
龙坝	(kuə) dʒua	dzəro	ja kʂə	kuə r̥pa
木苏	ʐye	dʐ ə ʐa	he ja	kuə dzai
茨木林	kɕue	zə ru	ie kʂə	dɑ zʁze
扎窝	xɕua	zəʐ	ha:ʂ	dzə dzə
麻窝	ʐa	dzəʐ	he ɹeʂ	dzʁ dzʁ
芦花	kuə ʂtʃa	dzə skuə	he ɹeʂ	kuə dzɛ
羊茸	ɕtʃa	dzə ʐa	he ʐi	de tsi~tsə tsi
松潘	dʐua	xdʐu	dɑl kha	quza
构拟				
说明				

调查点	撕	出产	飘落	照
大岐山	sʅ³¹ thɑ⁵⁵	tʂhue³¹ thɑ⁵⁵	dzɻ³¹ kue⁵⁵ tse³¹	tʂo³¹ thɑ⁵⁵
桃坪	ɚ³¹ sʅ⁵⁵ thɑ³³	tʂho³³ thɑ³¹	ɚ³¹ dzue⁵⁵	ɚ³¹ dzi⁵⁵
曾头	phsʅ⁵⁵	tʂho⁵⁵ thɑ³³	tshy⁵⁵	tʂɑu³⁵ thɑ³¹
龙溪	sə⁵⁵ thɑ³¹	tʂho⁵⁵ thɑ³³	ʁɑ⁵⁵ tʂho⁵⁵ tso⁵⁵	tə³¹ çyɑ⁵⁵
绵篪			tshə⁵⁵ tshəu³¹	
索桥	sə³¹ sə⁵⁵ thɑ⁵⁵	tʂhu⁵⁵ tʂhan⁵⁵	phiɑu⁵⁵ lo⁵⁵	sə³¹ ço⁵⁵
沟口	sɤp³³ ʂɑ⁵⁵	tʂho³³ tʂhan⁵³	dak³³ ɬu⁵⁵	e³³ tə⁵⁵
黑虎	tə³³ phɤɹ⁵⁵	he³³ tʂho⁵⁵ thɑ⁵⁵	tçhu³³ tçhu⁵⁵	khyi⁵⁵
龙池	sə³³ khʂe⁵⁵	tʃhu³³ tʃhan⁵³ ~ ly⁵⁵	do³³ χlu⁵⁵	ku³³ ʂuɑ⁵⁵
三龙	xʂe⁵⁵ te⁵⁵	tʂhu³³ thɑ⁵⁵	lɑ³³ te⁵⁵ nə⁵⁵ ɦiɑ³⁵ tsuə³¹	ətʂ⁵⁵
曲谷	sə phie	tʂhu tʂhan pu	du tshu	mi si tʂhə
雅都	phɹi phɹe	tə qhsuə	dɑ lɑ	kə tʂ
维古	sə khçɑ	lu	tshu tshu	mə siɑq kutʂ
龙坝	(də) ksɑ qɑ	zuə (tə zuə)	(tə) tsho tsho	(kuə) tshuə
木苏	khçi khçɑ	tə lu	ʁuɑʂ	tshuɤ
茨木林	ksiɑ qɑ	tə zu	tshiu tshiu ~ ʁuəˊ ʁuɑˊ	tshuə
扎窝	khsi	tə dʒu	tshiu tshiu	tshuə
麻窝	khsi	tə dʒu	tshiu tshiu	tshuə
芦花	kʂe	tə χlə	gəˊ gəˊ	tshɤ
羊茸	phʂə	tə χlə	gzə	pɑdʒə
松潘	xʂək xçɑ		due tshy	
构拟				
说明				

调查点	燃烧	结（冰）	齐全	凉（饭）
大岐山	χlo⁵⁵	(tsue³¹ pe⁵⁵) sə³¹ χsø⁵⁵	tə³¹ χtʂʅ⁵⁵ χtʂʅ⁵⁵	χtø³¹ pa⁵⁵
桃坪	tə³¹ χo³³	kuə³¹ tɕe⁵⁵ tha⁵³	tɕhan⁵⁵ tha³³	ə¹³¹ χtu³³
曾头	χpə³³ tɕa³³	zʅ³³ ʂə³¹ i³¹	ə¹³¹ dzʅ³⁴³	
龙溪	tə³¹ χu⁵⁵	tsu³³ pa⁵⁵ a³³ to³³	z̨ə⁵⁵ ~ ʁa³¹ tɕhyan³¹ tha	ʁa³¹ to⁵⁵
绵篪	da³³ ua³⁵	da³³ tʂhu¹³	dzue⁵⁵	ʁue³¹ lia⁵⁵
索桥	tə³¹ χʉ⁵⁵	fia³¹ to³¹		fia³¹ ʂto⁵⁵
沟口		z̨y⁵⁵ the⁵⁵ ~ tɕhy⁵⁵ te⁵³	sə³³ tɕhan⁵⁵ tha⁵³	
黑虎	de³³ gyi⁵⁵	tsuə³³ pa⁵⁵ ep⁵⁵	fia³³ tɕhyan⁵⁵ tha⁵⁵	fia³³ pa⁵⁵
龙池	mu⁵⁵ de³³ ue⁵⁵	dzə³¹ ke⁵⁵	tɕhi³³ tɕhyan⁵³	ɕtoq⁵⁵
三龙	de³³ ye⁵⁵	(tsə³³ pa⁵⁵) dzə³³ kuə⁵⁵	tɕhan³³ tha⁵⁵	fia³³ pa⁵⁵
曲谷	de ue	(tsə pa) dzə bi	tɕhyan tha	te liaŋ tha
雅都	(mə) den	tsə pa tup	a tɕhyan ta	a pa
维古	da ua	tsaːpa da ua	a taq	a pa
龙坝	tʃuə sta	dzə xtʂi	daq tɕi	ʔa pa
木苏	ʂu ta	tsə pa	da xʂəi	pa
茨木林	da ua	da tʃə	da tsha	da tʃhu
扎窝	pu xtʃa	da tʃə	da xtʃ	tʃhu
麻窝	tʃə sta	tʃə	da taq	patʃ
芦花	də puʂtʃa	da tɕi	daʂtʃə	stqʉ
羊茸	pʉ ɕtɕa	tsɤ pe	da taq	stʉ
松潘	do wə	tsupa ʁu		xtyq
构拟				
说明				

第三章　词汇　　643

调查点	散了（行李）	解散（会）	卷（袖）	增加
大岐山	ʂə³¹ san⁵⁵ tʰɑ³¹ pɑ³¹	tʂʅ³¹ qe⁵⁵ pɑ³¹	iø³¹ qə⁵⁵ lə³¹	tə³¹ lo⁵⁵ ba³¹
桃坪	pʰə⁵⁵ qa⁵⁵	ʂuɑ³³ z̞ɑ³³	tɕɑ³³ lɑ³³	tsən⁵⁵ tɕɑ⁵⁵ pu³³
曾头	sã⁵⁵ tʰɑ³³	ʂuɑ³¹ z̞ɑ⁵⁵	ou⁵⁵ tsia³¹ lɑ⁵⁵	ə⁵⁵ lo³¹
龙溪	dɑ³¹ san³⁵ tʰɑ³¹	dɑ³¹ san³⁵ tʰɑ³¹	i³¹ tɕɑ³¹	ʁɑ³¹ lu⁵⁵
绵篪	ʂa³³ ɹɑ³³ giu³¹	san⁵⁵ tʰɑ³¹	i⁵⁵ tsa⁵⁵	ta³³ fa¹³
索桥	die³¹ san³¹ tʰɑ³¹	die³¹ san⁵⁵ tʰɑ⁵⁵	je³¹ to⁵⁵	ɦia³¹ lɯ⁵⁵
沟口	dɑ³³ sa⁵⁵ le³¹	dɑ³³ san³⁵ tʰɑ³¹	nə³³ tsa⁵⁵	ɣ⁵⁵ lɣ³¹
黑虎	pʰə³³ sə⁵⁵	ɦia³³ san⁵⁵ tʰɑ³¹	ne³³ gua⁵⁵	luɣ⁵⁵
龙池	dɑp³³ tʂʰə⁵⁵	tɕe⁵³ san³⁵	ȵi⁵⁵ z̞gue⁵⁵ tse⁵⁵	ku⁵⁵ lu³¹
三龙	dɑ³³ san⁵⁵ tʰɑ⁵⁵	ɦia³⁵ ʁa⁵⁵	nə⁵⁵ gue⁵⁵	luə⁵⁵
曲谷	(zdam) san tʰɑ	ɦia sɑ tʰɑ	nəɣ lə¹ gu	ɦia lu
雅都	sip tʂʰe	san tʰɑ	ni tsi ɣlie	luː ha lɑ
维古	ɑp tsi	dɑ qɑ ɹɑ	ȵi ɣəɣ ɹi	tə qu lia
龙坝	dɑ ɸɑ ɹɑ	(dɑ) pa¹ɑ	(ȵu) ʑɛ¹	lo wa də wa
木苏	ʁdz̞i	ka ɹɑ	ȵi glə	la wua da wua
茨木林	dɑ pʰɑ ɹɑ	qɑ ɹɑ	(ȵu) xie	da loːba
扎窝	(da) ʁdz̞ə	da pa lɑ	çi	lɑ ɹu da wa
麻窝	ʁdz̞i ʁdz̞i	pa lɑ	ȵul lə	luːˡ də ua
芦花	da ʁdz̞i	da pa lɑ	nø hie	loːˡ də ua
羊茸	ʁdz̞i	pa lɑ	ȵø wa	lɯˡ wa
松潘			lilili。	lə bə
构拟				
说明				

调查点	相似	上箍	接吻	诬赖
大岐山	χta⁵⁵	tihio³¹ dɪ⁵⁵	χqa³¹ pie⁵⁵ pie³¹	mə³¹ phian⁵⁵ tha³¹
桃 坪	a³¹χpa⁵⁵ye³³	sʅ³¹ niy³³	po³³ po³³	u⁵⁵ lai¹³ pu³³
曾 头	a³³qə⁵⁵tɑ³³ jye³³	tə³¹ niy⁵⁵	a⁵⁵ qua³¹	u⁵³ la²⁴ pu³³
龙 溪	tə³¹ ʁua³¹ pa³¹	lə³¹ ku³¹	qa³³ tshu⁵⁵	yaŋ⁵⁵ uan³³
绵 篪	pa⁵⁵ pu³¹	fia³³ khu¹³	tsu³³ tsu⁵⁵	ma³¹ phi⁵⁵
索 桥	tə³¹ z̩ʁua⁵⁵ mu⁵⁵	tçhya⁵⁵ fia³¹ li⁵⁵	z̩dye³¹ tsu⁵⁵ pu³¹	fia³¹ jphian⁵⁵ tça⁵⁵
沟 口		khu⁵⁵ khu⁵⁵ de⁵⁵	tçye⁵⁵ tha⁵⁵	mə³³ lai³⁵ tha³¹
黑 虎	a³³qɤs⁵⁵gyi⁵⁵	χu³³ də⁵⁵ de⁵⁵	pun³⁵ pə⁵⁵	a³³ lai⁵⁵ tha⁵⁵
龙 池	a³³qəs⁵⁵ue⁵⁵	khu³³ ʂa⁵⁵ khu⁵⁵ khu⁵⁵ ʂaŋ³⁵ tha³¹	pəə⁵⁵ tsui⁵³ tʃy⁵⁵	u⁵⁵ lai³¹ tʃy⁵⁵
三 龙	ə³³qɤs⁵⁵tɑ⁵⁵	ʂpu³³ di⁵⁵ di⁵⁵	tʂhə³³ le⁵⁵	u⁵⁵ lai⁵⁵ pə⁵⁵
曲 谷	aqhʂ ue	fie de	zdu tsu pu	lai tha
雅 都	ɑ qəs ue	thue de ʁa	zdu tsu pu	mi qu tua aʂ
维 古	qə sə̥ua	zuə di tsha	zdɑ tsu	ɣdz̩u
龙 坝	a qəz wa	di tə rluə	zdua tso tʃuə	mi ʁa ɤdz̩o
木 苏	qəs wua	di adi tsha	zdu tsuʂɤ	mi çu χla
茨木林	a bu ua	de ʁa	gz̩ue pu tʃə	phan z̩ən tʃə
扎 窝	a bə wa	zɤu a tsha	ɣdzua˩ pu	nəʂ χta
麻 窝	ɑ qəs ua	dɤ tsha	dzə ku̥ ʂpa	χlɑ
芦 花	ɑ qəs ua	zə de ɑ tsha	stɯm phu̥ʂpa	χlɑ
羊 茸	a bo wa	spo de ʁa	tçu tçu tʃə	tshɤ
松 潘	kətʂh	de	popu tsə	
构 拟				
说 明				

调查点	阉	绣（花）	点（火）	叠起
大岐山	dz̞a³¹ ʁdz̞e⁵⁵ ʂə³¹ tʂho³¹ pa³¹	la³¹ χua⁵⁵ pa³¹	mə³¹（da³¹）tsu⁵⁵	tə³¹ tʂa⁵⁵ tha³¹
桃坪	sya³³ ma³³	pa³¹ tʂuə³³ χua³³	mi⁵⁵ tshuə³¹	tə³¹ lo³³ lo³³
曾头	tə³¹ sya³³ ma³³	pa³³ tʂuə⁵⁵ χua³¹	mi⁵⁵ tə³³ tsuə³³	tə⁵⁵ lo³³ lo³³
龙溪	tə³³ iu⁵⁵	pa⁵⁵ tsu³¹ phia⁵⁵	mu⁵⁵ tsu⁵⁵	tə³³ tʂe⁵⁵ tha³³
绵篪		tia³³ tia⁵⁵ ɹi⁵³	mu⁵⁵ tsu³¹	ta³³ bɹu⁵⁵ sɿ³¹
索桥	tə³¹ ʂan⁵⁵ tha⁵⁵	pəi⁵⁵ pəi⁵⁵ ɹə³¹ ɕi⁵⁵	ɦimə⁵⁵ je³¹ dz̞ya³¹	tə³¹ ʂqe³¹
沟口	mi⁵⁵	la⁵⁵ pa⁵⁵ tʂa³³ tha⁵³	mu⁵³ dzua⁵⁵	ɦia³³ thua⁵⁵
黑虎	he³³ khun⁵⁵ tha⁵⁵	la³⁵ pa³¹ tʂa³³ tha⁵⁵		thuɣ³³ thua⁵⁵
龙池	tə³³ z̞y⁵⁵	la⁵⁵ pa³¹ ʁu⁵⁵	mu³³ z̞ue⁵⁵	ɦia³³ thua⁵⁵
三龙	ʂan⁵⁵ tha⁵⁵	la³³ pa⁵⁵ ɦiəɹ⁵⁵		thuə³³ thua⁵⁵
曲谷	ʂan tha	la pa ɹa		te χtɕe ɦia thua
雅都	(uɹ) ɹuɹ	lan pa aʂa	mu dʐye	thu thua
维古	ɕin~ʁuɹ	lan paʂa	mə iya	dzə ɕtɕa
龙坝	paʔ ʁuaɹ ʂu̥	la pa r̥guə r̥gua	mə dʒua	a tʂha n̪i kuəkʂ
木苏	ʁuəm	tsa rga	mə z̞ye	e tʂhe n̪i da gzis
茨木林	pa z̞ə ɦaɹ tʃuə	la pa tha la	mə kɕue	ɹə ʁlo ʁlo
扎窝	ʁa tʃuəs	tsa rga	mə xtʃua	a tʂhi n̪i da ʁuaɹ
麻窝	ʁaʂ	tha la	mə z̞a	su ta
芦花	ʁa tʃəs	lan pæ tʃə	məʂtʃa	a tʂhe ne da ʁua
羊茸	spe tʃə	(tsa rga) lam pa tʃə	mə tʃua	a tʂhek da ʁuaɹ
松潘	z̞y	lapa ji	mu dz̞ua	xtɕa
构拟				
说明				

调查点	乌龟	鹅	玉米	洋芋
大岐山	u⁵⁵kui⁵⁵	ʁo⁴²⁴y³¹	y³³me⁴²	iɑn⁴³⁴y⁴²
桃坪	u³³kue³³	ʁo³¹	y³¹me³³	iaŋ³¹y³³
曾头	u⁵⁵kue⁵⁵	ʁo²⁴	y³³me⁵⁵	buŋ³⁴³bə³¹
龙溪	u⁵⁵kuei⁵⁵	ʁo³¹	i⁵⁵mɑ³³	iɑn³³y⁵⁵
绵篪	u⁵⁵kui⁵⁵	ʁo³¹	gəu³³χɑ⁵⁵	iã
索桥		ʐo³¹	y⁵⁵mɑ³³	ia³¹y⁵⁵
沟口	u⁵⁵kui⁵⁵	go⁵⁵	pe⁵⁵ti³³ke³³	iɑn³³y⁵⁵
黑虎	u⁵⁵kui⁵⁵	bu³¹	y³⁵mɑ³¹	iɑn³³y⁵⁵
龙池	u⁵⁵kui⁵⁵	ŋgo⁵⁵	y³⁵me³¹	ni⁵⁵ʁup³¹
三龙	u⁵⁵kui⁵⁵	ʁu⁵⁵	pɑu⁵⁵ku⁵⁵	yan³³y⁵⁵
曲谷	u kui	iets	i mɑːˀ	iɑŋ y
雅都	u kui	ʁuy	i mɑːˀ	ia iuŋ
维古	u kuei	ʁou	i mɑˀ	ia iuŋ
龙坝	ɣu kua	ʁə ɣu	i mɑˀ	ia iuŋ
木苏	u kuəi	ʁu	i mɑˀ	ia iuŋᵘ
茨木林	u kue	go	i mɑˀ	ia iui
扎窝	u kui	ʁu	i mɑ	iã iuŋ
麻窝	u kuəi	ʁuː	i mɑˀ	i iɑŋᵘ
芦花		ʁo u	i mɑ	iɑŋ i
羊茸	u kue	ʁo	i mɑ	ta tsa
松潘	wu kuj	go	jy me	
构拟				
说明				

调查点	绒布	麻花	桌子	抽屉
大岐山	ʐuŋ⁵⁵ pʉ⁵⁵	mɑ³¹ χɥəɹ⁴²	tʂuɑ⁵⁵ tsʅ⁵³	tʂhəu⁵⁵ tʂhəu⁵⁵
桃坪	ʐuŋ³¹	mɑ³¹ χuə³³	tʂuɑ⁵⁵ tsʅ³¹	tʂhəu⁵⁵ tʂhəu⁵⁵
曾头	ʐuŋ³¹ nə³³	mɑ³¹ χuɑɹ⁵⁵	tʂue⁵⁵ tsɹ³³	tʂhəu⁵⁵ thie³¹
龙溪	ʐuŋ³¹ pu³⁵	mɑ³³ χuɑɹ⁵⁵	tʂo³³ tsə³³	tʂhəu⁵⁵ tʂhəu⁵⁵
绵篪	ʐũ⁴²	mɑ³¹ xuə⁵⁵	tʂuɑ³³ tsʅ³¹	tʂhəu⁵⁵ ti³¹
索桥	ʐən³¹ bu³¹ miɑ⁵⁵	mɑ³¹ χuɑ⁵⁵	tʂue³¹ tsə³¹	so³¹ tʂu⁵⁵
沟口		mɑ³³ χuə⁵⁵	tʂuots⁵⁵	tʂheu⁵⁵ tʂheu⁵⁵
黑虎	ʐun³¹	mɑ³³ χuəː⁵⁵	tʂots⁵⁵	tʂhəu³³ thi⁵⁵
龙池	ʐuŋ⁴² pu³⁵	mɑ³³ χuə⁵⁵	tʂuʂ⁵⁵	tʃheu⁵⁵ tʃheu⁵⁵
三龙	ʐun	mɑ χuəɹ⁵⁵	tʂots⁵⁵	tʂhəu⁵⁵ tʂhəu⁵⁵
曲谷	ʐun	mɑ χuəɹ	tʂuts	tʂhəu tʂhəu
雅都	ʐuŋ	mɑ χuəːɹ	tʂuɑts	tʃhəu ti
维古	ʐəŋ ba	mɑ χɑɹ	tʂuɑ tsə̥	tshɑ ʐə kuə ~ tʃhəu thi
龙坝	ʐəŋᵘ	mɑŋ χuɑɹ	tʂots	tʃhəu ti
木苏	ʐuŋᵘ	mɑɹ ɑɹ	tʂɑs	tʂhəu ti
茨木林	tɕi ʐuŋ	mɑ χuɑɹ	tʂo tsə	tʂhəu tɕi
扎窝	ʐoŋ	mə̆ɹ χuɑ	tʂo ts	qhe tʃu̥~tʂhəu thi
麻窝	ʐəŋᵘ	mɑː χuəɹ	tʂus	tʃhəu thi
芦花	tʃəŋ ʐəu	mɑ χuɑɹ	tʂuts	tɕhəu ti
羊茸	ʐəŋᵘ	qhɑ lə χtʃə ri	tʂo tsə	tɕho thi
松潘	ʐoŋ	mɑ χuɑ	tʂo ts	tshɑ ge
构拟				
说明				

调查点	手表	蜡烛	火盆	棕
大岐山	ʂəu³¹ piɑo³¹	le⁵⁵ tʂu³¹	χo³¹ phən³¹	tsuŋ⁵⁵
桃 坪	ʂəu³¹ piɑu³¹	lɑ³¹ tʂuə³³	χo⁴² phən³¹	tsuŋ⁵⁵
曾 头	ʂəu³¹ piɑu³¹	lɑ³¹ tʂuə⁵⁵	χo⁵⁵ phən³³ nə³³	tsuŋ⁵⁵ nə³³
龙 溪	ʂəu⁵³ piɑu⁵³	lɑ³¹ tʂɑ³¹	χo³³ phən³¹	tsu⁵⁵ ʁɑ³¹
绵 篪	piɑu³¹	lɑ⁵⁵ tʂua³¹	χo³³ phẽ³¹	tso³¹ ɑ⁵⁵
索 桥	ʂə³¹ χu⁵⁵ sə³¹ ki⁵⁵	le⁵⁵ mu⁵⁵ go⁵⁵	χo³¹ phən³¹	tsu⁵⁵
沟 口	ʂeu⁵⁵ piɑu⁴²	lan⁵⁵ ky⁵⁵	xu⁵⁵ phen³¹	tɕy⁵⁵ tʂha³¹
黑 虎	ʂəu⁵⁵ piɑu⁵³	ian³³ lɑ³³	χo⁵⁵ phən³¹	tsuɤ³³ ʂɑ⁵⁵
龙 池	ʂəu⁵⁵ piɑu⁵³	(y³³) lɑ³³	χu⁵⁵ phen⁵³	tsuŋ⁵⁵
三 龙	ʂəu⁵⁵ piɑu⁵³	lɑ⁵⁵	χo⁵⁵ phən³¹	tsuŋ⁵⁵
曲 谷	ʂəu piɑu	lɑ tʂua	χu phən	tsuŋ
雅 都	ʂeu piɑu	lɑ tʂua	χuː phen	tsuŋ ie tsʅ
维 古	ʂəu piɑu	lɑ tʂua	mə ra	tsuɑᵘ
龙 坝	piɑu	lɑ	χoː phən	tsəŋᵘ
木 苏	ʂəu piɑu	lɑ tʂua	mə ra	tsuŋ ɲi
茨木林	ʂəu piɑu	lɑ tʂo	χo phən	tsuəmɑ
扎 窝	ʂəu piɑu	lɑ tʂa	χo phan	tsət
麻 窝	ʂəu piɑu	lɑ tʂa	məra~χophən	tsuŋ
芦 花	tə stsən khu rlo	lɑ tʂa	χo phan	tsə ŋuɑᵘ
羊 茸	tu tshot ko rlo	lɑ tʂa	χo phən	tsʉŋ ra
松 潘	ʂəu piao	jy lɑ	χophən	tsoŋ
构 拟				
说 明				

调查点	学校（堂）	贝母	飞机	一尺
大岐山	ɕye⁵⁵ thaŋ⁵⁵	pei⁵⁵ mo⁵⁵	fui⁵⁵ tɕi⁵⁵	a²² tshə³¹
桃坪	ɕo³³ than³¹	pei¹³ mu⁵³	fei³³ tɕi³³	a³¹ tʂhʅ³³
曾头	ɕo⁵⁵ thaŋ³¹	qu⁵⁵ pə⁵⁵ kie⁵⁵	fei⁵⁵ tɕi⁵⁵	a³¹ tʃhʅ⁵⁵
龙溪	ɕo⁵⁵ thaŋ³¹	pən⁵⁵ kan³³	fui⁵⁵ tɕi⁵⁵	a³¹ tʂhə³¹
绵篪	dzɿ³³ səu⁵⁵ tsɿ⁵³	pei³⁵ mu³¹	mu⁵⁵ ta³¹ ʑe⁵⁵ mu³¹ ɬa³¹	a³³ tsha⁵⁵
索桥	ɕo⁵⁵ tha⁵⁵	pəi³⁵ mo³¹	ɸi⁵⁵ tɕi⁵⁵	a³¹ tʂhə³¹
沟口	ɕo³³ thaŋ³¹	pei³⁵ mo³¹	fei⁵⁵ tɕi⁵⁵	atʂ⁵⁵
黑虎	ɕo³³ thaŋ³³	qu³³ ki⁵⁵	fəi⁵⁵ tɕi⁵⁵	atʂ⁵⁵
龙池	ləʐ³³ ɕys⁵⁵ tɕi⁵⁵	pem⁵⁵	fei⁵⁵ tɕi⁵⁵	aʂ⁵⁵
三龙	ɕo³³ thaŋ⁵⁵	pei³⁵ mu⁵⁵	fei⁵⁵ tɕi⁵⁵	atʂ⁵⁵
曲谷	ɕo thaŋ	qup ke	fei tɕi	atʂ
雅都	ɕo than	qup ke	ɸui tɕi	atʃ
维古	ɕo than	pei mu	ɸi tɕi	a tʂə̥
龙坝	ɕuə thən	pai mu	ɸei tɕi	a tʂhəʴ
木苏	ɕu than	pai mu	ɸəi tɕi	a tʂhə
茨木林	ɕo thaŋ	peːmo	fei tɕi	a tʂhə
扎窝	ɕo than	peː mu	fei tɕi	atʂ
麻窝	ɕu than	peː mu	ɸiː tɕi	a tʂhəs
芦花	ɕo thaŋ	pe mo	ɸei tɕhi	atʃ
羊茸	ɕo thaŋ	pi mo	ɸiː tɕi	a tʂhə
松潘	ləɣʐ sy ʂtə		fəj tɕi	tʂhə
构拟				
说明				

调查点	通事	大喇嘛	狼	鸭子
大岐山	thuŋ³¹sʅ⁵⁵	ta³¹la⁵⁵ma⁵⁵	laŋ³¹	ia³¹tsʅ³¹
桃坪	zʅ³¹mə⁵⁵sy⁵⁵mə³¹	la³³ma⁵⁵	la³³	ia³³tsʅ³³
曾头	zʅ³¹mə⁵⁵dy³¹mə³¹	la⁵⁵ma⁵⁵bz̩a³¹	la³³	ia⁵⁵tsʅ³³
龙溪	thuŋ⁵⁵sə⁵⁵	la⁵⁵ma⁵⁵ba³¹	lan³¹	ia³³tsə³³
绵篪	thuŋ⁵⁵sʅ⁵⁵	la³³ma³³	su³³khua³³ ~ lu³³khua⁵⁵	tio⁵⁵
索桥	thuŋ⁵⁵sə⁵⁵	la³¹ma³¹baˀ⁵⁵	la⁵⁵	ia⁵⁵tsə⁵⁵
沟口	thuŋ⁵⁵sʅ⁵⁵		laŋ⁵⁵	iʃts⁵⁵
黑虎	thun⁵⁵sə⁵⁵	la³³ma⁵⁵bo³³ka⁵⁵	laq³³pa⁵⁵	ia³³tsə⁵⁵
龙池	thuŋ⁵⁵sə⁵⁵	ɣlia³³ma⁵⁵	la⁵⁵	ias⁵⁵
三龙	thuŋ⁵⁵sə⁵⁵		la⁵⁵	iats⁵⁵
曲谷	thuŋ sʅ	la ma	laq pi	iats
雅都	thuŋ sə zdam	le me	la	iats
维古	thuŋ sə	la mi	la	ia tsə
龙坝	thuŋ sə	la mi baˀ	la	iaː tsə
木苏	thuŋ sə	la mi	la	ie ts
茨木林	thuŋ sə	ɣla ma	la	ia tsə
扎窝	thuŋ sə	la mi	la	ia tsə
麻窝	thuŋ sə	la mi	la	ia ts
芦花	thuŋ sə	la me	la	ia tsə
羊茸	thoŋ sə	la mie	la	ia tsɤ
松潘			la	ja tsə
构拟				
说明				

调查点	白菜	莲花白	北瓜	南瓜
大岐山	pa³¹ tshe⁵⁵	liɑn³¹ χuɑ⁵⁵ pa³¹	pa³¹ kuɑ³¹	lɑn³¹ kuɑ³¹
桃 坪	pai³³ tshai³³	liɑn³¹ χuɑ³³ pa⁵³	pa³¹ kuɑ³³	lɑn³¹ kuɑ³³
曾 头	pa⁵⁵ tshai⁵⁵	liã³¹ χuɑ⁵⁵ pa³¹	pa⁵⁵ kuɑ⁵⁵	lã³¹ kuɑ⁵⁵
龙 溪	pa³¹ tshe³¹	liɑn³¹ χuɑ⁵⁵ pe³¹	pai⁵⁵ kuɑ⁵⁵	lɑn³¹ kuɑ⁵⁵
绵 篪	pa³¹ tsha⁵⁵	liɑn³¹ χuɑ⁵⁵ pa³¹	pa³¹ kuɑ⁵⁵	nã³¹ kuɑ⁵⁵
索 桥	pe³¹ tshe⁵⁵	liɑn³¹ χuɑ⁵⁵ pe⁵⁵	pe³¹ kuɑ⁵⁵	lɑn³¹ kuɑ³⁵
沟 口	pe³¹ tshai³⁵	liɑn³³ xuɑ⁵⁵ pe³¹	pe³³ kuɑ⁵⁵	lɑn³³ kuɑ³⁵
黑 虎	pe³³ tshə⁵⁵	liɑn³³ χuɑ⁵⁵ pe³¹	pe³³ kuɑ⁵⁵	lɑn³³ kuɑ⁵⁵
龙 池	pe³¹ tshai³⁵	niɑn³³ χuɑ⁵⁵ pe³¹	pe³³ kuɑ⁵⁵	lɑn³³ kuɑ⁵⁵
三 龙	pe³³ tshai⁵⁵	liɑn³³ χuɑ⁵⁵ pe³¹	pe³³ kue⁵⁵	lɑn³³ kue⁵⁵
曲 谷	pɑ tshɑi	liɑn xuɑ pe	pɑ kuə˧	lɑŋ kuɑ
雅 都	pɑ tshɑi	liɑn χuɑ pe	pe kuɑ	lɑn kuɑ
维 古	pɑ tshɑi	liɑn χuɑ pa	pɑ kuɑ	lɑŋ kuɑ
龙 坝	χa ɸi kuʂ	liɑŋ χo pa	pɑː kuɑ	lan kuɑ
木 苏	pe tshɑi	liɑŋ χuɑ pa	pɑ kuɑ phiʂ	lɑŋ kuɑ
茨木林	iɑŋ tshuɑ	iɑŋ tshuɑpa tʂə	pe kuɑ	lɑŋ kuɑ
扎 窝	iɑŋ tshuə	iɑŋ tshu patʂ	pai kuɑ	lɑŋ kuɑ
麻 窝	tshɑi kuʂ	liɑŋ χuɑ pɑ	pɑ kuɑ	lɑŋ kuɑ
芦 花	pɑi tshe	liɑŋ χuɑ pe	pe kuɑ	lɑŋ kuɑ
羊 茸	pe tshe	liɑŋ χuɑ pe	pen quɑ	lɑŋ quɑ
松 潘	phæ tse	ȵiæ χepe		læn kuɑ
构 拟				
说 明				

调查点	黄瓜	冬瓜	萝卜	莴笋
大岐山	χuan³¹ kuɑ³¹	tuŋ³¹ kuɑ³¹	lo³¹ pu³¹	ʁo³¹ sən³¹
桃 坪	χuaŋ³¹ kuɑ⁵⁵	tuŋ⁵⁵ kuɑ⁵⁵	lo³¹ pə³³	ʁo³³ sən⁵⁵
曾 头	χuan³¹ kuɑ⁵⁵	tuŋ⁵⁵ kuɑ⁵⁵	lo³³ pə⁵⁵	uo⁵⁵ sən⁵³
龙 溪	χuan³¹ kuɑ⁵⁵	tuŋ⁵⁵ kuɑ⁵⁵	lo³³ pu⁵⁵	ʁo⁵⁵ sən³¹
绵 篪	χan³¹ kuɑ⁵⁵	tuŋ⁵⁵ kuɑ⁵⁵	lau³³ pu⁵⁵	uo⁵⁵ se⁵⁵
索 桥	χuan³¹ kuɑ³¹	tuŋ³¹ kuɑ³¹	lo³¹ pu⁵⁵	uo⁵⁵ sən⁵³
沟 口	χuan³¹ kuɑ⁵⁵	tuŋ⁵⁵ kuɑ⁵⁵	lo³³ pu³⁵	ɣo⁵⁵ sɿn⁵³
黑 虎	χuan³³ kuɑ⁵⁵	tun⁵⁵ kuɑ⁵⁵	lop⁵⁵	ʁu⁵⁵ sən⁵³
龙 池	χuaŋ³³ kuɑ⁵⁵	tuŋ⁵⁵ kuɑ⁵⁵	lup⁵⁵	ʁo⁵⁵ sən⁵³
三 龙	χuaŋ³³ kuɑ⁵⁵	tuŋ⁵⁵ kuɑ⁵⁵	lop⁵⁵	ʁo⁵⁵ sən⁵⁵
曲 谷	χuaŋ kuɑ	tuŋ kuɑ	lup	ʁu sən
雅 都	χuan gua	tuŋ kuɑ	lup	ʁu sen
维 古	χaŋ kua	tuɯ kuɑ	lup	ʁu sən
龙 坝	χuaʼŋ kua	tuŋ kua	lop	ʁoː sen
木 苏	χuaŋ kua	tuŋ kua	lup	ʁu sən
茨木林	χuaŋ kua	tuŋ kua	lo pu	mo zo
扎 窝	χaŋ kua	tuŋ kuã	lo pu	ʁo sən
麻 窝	χaŋ kua	tuŋ kua	lup	ʁuː sən
芦 花	χuŋ kua	tuŋ kua	lo pu	ʁo sən
羊 茸	χuaŋ qua	toŋ qua	lo pʉ	ʁo sən
松 潘	kuɑ hæw	toŋ kua	lop	ʁu sen
构 拟				
说 明				

第三章 词汇

调查点	黄豆	棉花	兰花烟	铡刀
大岐山	χuaŋ³¹ təu³¹	mian³¹ χua³¹	ʁma³¹ ie⁵⁵	tshua³¹ tu⁵⁵
桃坪	də³³	bə³¹ χmu³³	lan³¹ χua³³ ia³³	tshua³³ tu³¹
曾头	də³³	bə³¹ χmu⁵⁵	χma⁵⁵ ia³³	tshua⁵⁵ tu⁵⁵
龙溪	di³¹ pia⁵⁵	mian³³ χua⁵⁵	lan³¹ χuan³¹ ian⁵⁵	tshua⁵⁵ tu³¹
绵篪	pĩ³³ to⁵⁵	miã³³ χua³¹	lã³¹ χua⁵⁵ ia⁵⁵	tshua⁵⁵ təu³¹
索桥	di³¹ pia⁵⁵	mian³¹ χua³¹	la³¹ χua³¹ ie⁵⁵	tshua⁵⁵ to⁵⁵
沟口	dɤ⁵⁵	mian³³ xua⁵⁵	lan³³ xua⁵⁵ ian⁵⁵	tʂa⁵⁵ tu⁵⁵
黑虎	dɤ⁵⁵	bə˩f³⁵	lan³³ χua⁵⁵ ian⁵⁵	tsha³³ tu⁵⁵
龙池	də⁵⁵	mian³³ χua⁵⁵	lan³¹ χua⁵⁵ ian⁵⁵	tʃa³³ tau⁵⁵
三龙	də⁵⁵	bəʂp⁵⁵	lan³³ χua⁵⁵ ian⁵⁵	tʂaː³³ tau⁵⁵
曲谷	də	mian χua	lan χu ian	tʂa tau
雅都	χuan teu	mian χua	la χua ian~ien	tʃa tau
维古	də	mian χua	la χua ian	tʂa tau
龙坝	də idʒua də	miaŋ χua	la χua ian	tʃaː təu
木苏	χuaŋ təu	mian χua	la χua ian	tʂa tau
茨木林	χuan təu	miaŋ χua	tha ma kha	paː χta
扎窝	təu fu	miaŋ χua	lo χua jan	tʃa tau
麻窝	təu ɸu	mian qhua	la χua ian	tʃaː tau
芦花	tʉ ɸu	mian χua	lo χua ian	pa χtsaq
羊茸	tə ɸʉ	men χua	lo χua ian	pal tsaq
松潘	di hæ	miæn χua		xʂuk tɕuetɕ
构拟				
说明				

调查点	毡	汗衣	草帽	袜子
大岐山	su⁵⁵	χɑn³¹ thɑ³¹ tsʅ³¹	tshɑu⁵³ mɑu³¹ tsʅ³¹	uɑ³¹ tsʅ⁴²
桃　坪	suə³³	χɑn³³ thɑ⁵³ tsʅ³¹	tsho⁵⁵ mo⁵⁵ tsʅ³³	uɑ³¹ tsʅ⁵³
曾　头	tʂã⁵⁵ nə^(suə31)	χã³¹ thɑ⁵⁵ tsʅ³¹	tsho⁵⁵ mo⁵⁵ tsʅ³³	ʁuɑ⁵⁵ tsʅ³¹
龙　溪	tʂan⁵⁵ tsə³¹	χɑn³³ thɑ⁵⁵ tsə³³	tshɑu³¹ mɑu⁵⁵ tsə³¹	ʁuɑ⁵⁵ tsə³¹
绵　篪	tʂã⁵⁵	bu³³ miɑ⁵⁵ phʲi³¹	tsho³³ mo⁵⁵ tsʅ³³	uɑ⁵⁵ tsʅ⁵³
索　桥	tɕin³¹ tɕho³¹	χɑn⁵⁵ thɑ⁵⁵ tsə⁵⁵	çyɑ³¹ pu⁵⁵ tɑ³¹	uɑ⁵⁵ tsə⁵⁵
沟　口	tʂan⁵⁵	χɑn³⁵ thɑ³³ tsʅ³¹	tshɑu⁵³ mɑu²⁴ tsʅ⁵³	ɣuɑ⁵⁵ tsʅ³¹
黑　虎	tʂan⁵⁵	χɑn³⁵ thɑ³³ tsə³³	tshɑu³³ muts⁵⁵	ʁuɑts⁵⁵
龙　池	tʃan⁵⁵ tsə³¹	guəs³³ ɣni⁵⁵ tsə⁵⁵	tsho⁵⁵ muç⁵⁵	ʁuɑs⁵⁵
三　龙	tʂan⁵⁵	χɑn³³ thɑts⁵⁵	tshɑu⁵⁵ mɑu⁵⁵ tsə⁵⁵	ʁuɑts⁵⁵
曲　谷	thɑn tshə	xɑn thɑs	tshɑu mɑ tsə	ʁuɑts
雅　都	tʃan	χɑn thɑ tsə	tshɑu mɑu tsə	ʁuɑts
维　古	tʂan	χɑn thɑ tsə	tshɑ mu tsə	ʁuɑ tsə
龙　坝	tʃan	χɑn thɑ tsə	tshɑ mɑ tsə	ʁuɑː tsə
木　苏	tʂan	χɑn thɑ tsə	tshɑ mɑu tsə	ʁuɑ tsə
茨木林	iaŋ suə		zə sqə tɑ bɑ	ʁuɑ tsə
扎　窝	iaŋ sui	χɑn tɑts	dzəsq tɑ bɑ	pu cɑ
麻　窝	tʃan	χɑn thɑ tsə	tshɑu mɑu tsə	ʁuɑ (ts)
芦　花	tʃan	χɑn tɑts	tshɑ mots	ʁuɑ tsə
羊　茸	tʃan	χɑn thɑ tsʵ	dzə sqə tɑ bɑ	po co
松　潘			xçik tabɑ	wɑts
构　拟				
说　明				

第三章　词汇

调查点	草鞋	凉粉	醋	辣椒
大岐山	tshø⁴² χi³¹	liaŋ¹³ fə˩⁵⁵	tshu¹³	χɑi⁵⁵ tɕo⁵⁵
桃　坪	tsho³³ χe³¹	laŋ³¹ fə⁵⁵	tshu¹³	χa³³ tsɿ³³
曾　头	tsho⁵⁵ χa⁵⁵	liaŋ³¹ fən⁵⁵ nə⁵⁵	tshu³⁵	χe⁵⁵ tsɿ⁵⁵
龙　溪	tshau³¹ χe⁵⁵	lian³¹ fən³¹	tshu³⁵	χɑi⁵⁵ tsiau⁵⁵
绵　篪	dʐa³³ ku³¹	laŋ³¹ fə˩³¹ di⁵⁵	tshui⁵⁵ ki³¹	za³³ ki⁵⁵
索　桥	tsho³¹ χe⁵⁵	lian³¹ ɸə˩³¹	tshu⁵⁵	χe³¹ tsio³¹
沟　口	tshu⁵⁵ xɤ˩⁵⁵	lian³³ fen⁵⁵	tshu³⁵	la⁵⁵ tɕy⁵⁵
黑　虎	tsho³³ χa˩⁵⁵	lian³³ fən⁵³	tshu³⁵	χɤ˩³³ tɕy⁵⁵
龙　池	tshe⁵⁵ ʂquɚ⁵⁵	liaŋ³³ fən⁵⁵	tshu³⁵	la⁵⁵ tɕy⁵⁵
三　龙	tsu³³ qha⁵⁵	lian³³ fən⁵⁵	tshu³⁵	χe³³ tshu⁵⁵
曲　谷	tsua χɑ	liaŋ fə˩	tshu	χu tshu
雅　都	tshua χɑ	lian χuə˩	tshuː	χɑi tshu
维　古	tshu χa˩	lian ɸə˩	tshuː	χɑi tsia
龙　坝	tshuə qhuə˩	liaŋ ɸə˩	tshuː	χe tsua
木　苏	tshuɤ˩ χa˩	laŋ ɸə˩	tshu	χɑi tsha
茨木林	tshau χe	ȵaŋ fəə˩	tshu	χan thua
扎　窝	tsho qha˩	niaŋ fə˩	tsho	haː siu
麻　窝	tshu qhua˩	liaŋ ɸə˩	tshu	χa tshu
芦　花	tsəŋuə tsho˩ χa˩	liaŋ ɸə˩	tshu	heː tso
羊　茸	tsho χe	liaŋ ɸə˩	tshʉ	he tsho
松　潘	tshue χe	tadʐa	tshu	χam tsha
构　拟				
说　明				

调查点	卤水		开水	烟
大岐山	tan¹³ʂui⁴²		tsue⁵⁵χsø⁴²	ie⁵⁵
桃 坪	tan⁵⁵ʂui⁵⁵		tsuə³¹χbo³³	ia³³
曾 头	tã⁵⁵ʂue⁵⁵		tsuə³¹χbo³³	ia³³
龙 溪	taŋ⁵⁵ʂui⁵⁵		khai⁵⁵ʂui³³	iɑ⁵⁵
绵 篪	tã³³ʂui³¹		kha⁵⁵ʂui⁵³	mu³¹khua⁵⁵
索 桥	lu³¹ʂui⁵⁵		khe⁵⁵ʂui⁵⁵	ie⁵⁵
沟 口	tan⁵⁵ʂui³⁵		khai⁵⁵ʂui⁵³	iɑn⁵⁵
黑 虎	tan³³ʂui⁵⁵		khai⁵⁵ʂui³¹	iɑn⁵⁵
龙 池	tan⁵⁵ʂui⁵³		khai⁵⁵ʂui⁵¹	iɑn⁵⁵
三 龙	tan⁵⁵ʂui⁵⁵		khai⁵⁵ʂui⁵⁵	iɑn⁵⁵
曲 谷	tɑn ʂui		khai ʂui	iɑn
雅 都	tɑn ʂui		khai ʂui	iɑn
维 古	tɑn ʂui		tsə si	ian
龙 坝	taŋ ʂui		khai ʂue	ian
木 苏	tɑn ʂui		khɑi ʂui	ian
茨木林	tɑn ʂue		tsə sti	mu khu
扎 窝	tɑn ʂui		khai ʂue	mu khu
麻 窝	taŋ ʂue		khai ɕi	ian
芦 花	taŋ ʂue		kha ʂue	məx
羊 茸	tan ʂue		tsʏ dẕe	mə khə~jan
松 潘			tsu χpa χpa	tha mɑ χɑ
构 拟				
说 明				

调查点	纸烟	帐子	毯子	席子
大岐山	tʂʅ⁴² iɑn⁵⁵	tʂɑu¹³ tsʅ⁴²	thɑn⁵⁵ tsʅ³¹	ɕe³¹ tsʅ³¹
桃 坪		tʂɑu¹³ tsʅ³¹	thɑn⁵⁵ tsʅ³¹	sie³³ tsʅ³³
曾 头	ʐʅ³¹ ʐʅ⁵⁵ iɑ³³	tʂɑu²⁴ tsʅ³¹	tã⁵⁵ pi⁵⁵	sie⁵⁵ tsʅ³¹
龙 溪	tʂə³³ iɑn³³	tʂɑ³³ tsə³³	(χu³³) thɑn³³ tsə³³	se⁵⁵ tsə³¹
绵 篪	zɑ³³ də³¹ mu³³ khuɑ⁵⁵	tʂɑ³⁵ tsʅ³¹	su³³ thie⁵⁵	tʂhɑ³³ lə³¹
索 桥	i³¹ dzə³¹ ie⁵⁵	tʂɑu⁵⁵ tsə⁵⁵	thɑn³¹ tsə³¹	si⁵⁵ tsə⁵⁵
沟 口	tsʅ⁵⁵ iɑn⁵⁵	tʂɑu³⁵ tsʅ⁴²	thɑn⁵⁵ tsʅ⁵³	ɕots⁵⁵
黑 虎	tʂə⁵⁵ iɑn⁵⁵	tʂɑu³⁵ tsə³¹	ʁu³³ tɑn⁵⁵	ɕits⁵⁵
龙 池	tʃə⁵⁵ iɑn⁵⁵	tʃɑu³⁵ tsə⁵³	thɑn⁵⁵ tsə³¹	ɕis⁵⁵
三 龙	tʂə⁵⁵ iɑn⁵⁵	tʂɑu³⁵ tsə⁵⁵	thɑn tsʅ	ɕis⁵⁵
曲 谷	tʂə iɑn	tʂɑu tsə	thɑn tsʅ	sɪts
雅 都	tʃʅ ien	tʃɑu tsə tʃhuɑn	thɑn dzə	sits
维 古	tʂə iɑn	tʂɑu tsə	thɑn tsə	sits
龙 坝	tʃə iɑn	tʃɑu tsə	thɑn dzə	sits
木 苏	tʂə iɑn	tʂɑu tsə	thɑn tsə	sits
茨木林	tʂə iæn	tʂɑu tsə	thɑn tsə	ɕe tsə
扎 窝	tʃə iɑn		thɑn tsə	dzə sq nəʐ
麻 窝	tʃə iɑn	tʃɑu tsə	thɑn tsə	sits (sis)
芦 花	tʃə iɑn	iɑl uɑ	thɑn tsə	si tsə
羊 茸	tʃə iɑn	iɑl wɑ	thɑn tsə	ɕi tsə
松 潘	məx	bu χquɑ	phɑli	ɕits
构 拟				
说 明				

调查点	板凳	椅子	夹子	肥皂
大岐山	pan⁵⁵ te⁵⁵	i³¹ tsʅ⁴²	kaŋ⁵⁵ tɕa³¹ tsʅ³¹	iaŋ¹³ tɕan⁵⁵
桃 坪	paŋ³³ te³³	i⁵⁵ tsʅ³³	tɕa³¹ tsʅ⁵⁵	iaŋ³¹ tɕaŋ⁵³
曾 头	pan⁵⁵ te⁵⁵	i⁵³ tsʅ³¹	tɕa³¹ tsʅ⁵³	iaŋ³¹ tɕã⁵³
龙 溪	pan³¹ tin⁵⁵	i³¹ tsə³¹	tɕa⁵⁵ tsə³¹	i³³ tsau³⁵
绵 篪	dzo³³ ta³¹	i³³ tsa⁵⁵	tɕa³³ tsʅ³¹	iã³³ tɕã⁴²
索 桥	pan³¹ ti⁵⁵	li³¹ tsə⁵⁵	tɕa³¹ tsə³¹	ian³³ tɕan³¹
沟 口	tats⁵⁵	i⁵⁵ tsʅ⁵³	tɕa³³ tsʅ⁵³	ian³¹ tɕan⁵³
黑 虎	pan⁴⁴ tə⁵⁵	its⁵⁵	tɕa³³ tsə⁵⁵	ian³³ tɕan⁵³
龙 池	pan³³ te⁵⁵	is⁵⁵	kaŋ⁵⁵ tɕa³³ tsə³¹	iaŋ³³ tɕan³¹
三 龙	pan³³ ti⁵⁵	its⁵⁵	kan⁵⁵ tɕa³³ tsə³¹	iaŋ³³ tɕan⁵⁵
曲 谷	pan de	its	tɕa tsə	ɸui tsau
雅 都	pan de	its	tɕaː tsə	iaŋ tɕan
维 古	pan ta	its	tɕaː tsə	i tsə
龙 坝	pan da	i tsə	tɕaː tsə	iaŋ tɕa
木 苏	pan ta	its	tɕa tsə	its
茨木林	pan te	i tsə	tɕa tsə	iaŋ tɕaŋ
扎 窝	pan tən	i tsə	tɕats	its
麻 窝	pan tə	its	tɕa tsə	is⁽ᵗˢ⁾
芦 花	pan tən	its	tɕa tsə	its
羊 茸	pan ten	ji tsə	tɕa tsə	i tsɤ
松 潘	tok	tok haço		jits
构 拟				
说 明				

第三章　词汇

调查点	牙膏	汽油	尺子	刷子
大岐山	ia³¹ ko⁵⁵	tɕhi¹³ iəu³¹	tʂhə³¹ tsʅ⁴²	ʂua³¹ pa³¹
桃坪	ia³¹ ko³³	tɕhi³⁵ iu³¹	tʂhə⁵⁵ tsʅ³³	ʂua³¹ tsʅ⁵⁵
曾头	siaŋ²⁴ ia³¹ ko³¹	tɕhi³⁵ iəu³¹	tʂhʅ⁵³ tsʅ³¹	ʂua⁵⁵ tʂu⁵⁵
龙溪	ia³¹ ko³¹	tɕhi³⁵ iu³¹	tʂhə³³ tsə³³	ʂua⁵⁵ tsə³³
绵篪	ia³³ ko³¹	tɕhi³⁵ iu³¹	tʂha⁵⁵ tsʅ³¹	ʂua³³ tsʅ³¹
索桥	ia³¹ kau⁵⁵	tɕhi⁵⁵ iu⁵⁵	tʂhə⁵⁵ tsə⁵⁵	ʂua⁵⁵ tsə⁵⁵
沟口	ia³³ ko³¹	tɕhi³⁵ iu³¹	tʂhʅts⁵⁵	ʂua³³ tsʅ⁵³
黑虎	ia³³ ku⁵⁵ tɕhyan⁵⁵ tsə³¹	tɕhi³⁵ iu³¹	tʂhəts⁵⁵	ʂua³³ tsə⁵⁵
龙池	ia³³ ku³¹ tɕhyan⁵⁵ tsə³¹	tɕhi³⁵ iu³¹	tʃhə⁵⁵ tsə³¹	ʂua³³ tsə³¹
三龙	ia³³ ku⁵⁵	tɕhi³⁵ iu³¹	tʂhʅts⁵⁵	ʂua³³ tsə⁵⁵
曲谷	ia ku	tɕhi iu	tʂhəts	ʂua tsə
雅都	ia kuə	tɕhi: iu	tʃhə ts	ʂua pa
维古	ia kuŋ	tɕhi iu	tʂhə tsə	ʂua tsə
龙坝	ia kuŋ	tɕhi iu	tʃhə tsə	ʂua tsə
木苏	ia kuŋᵘ	tɕhi iu	tʂhə tsə	ʂua pa
茨木林	tshəˈ dʑa de	tɕhi iu	tʂhə tsə	ʂua tsə
扎窝	ia: kuŋ	tɕhĩ iəu	tʂhə	ʂuats
麻窝	ia kum	tɕhi iəu	tʃhəsts	ʂua tsə
芦花	pa so dʑe de	tɕhi iəu	tʃhə ts	ʂua tsə
羊茸	pa so (dʑe de)	tɕhi jəʉ	tʃhə tsɤ	ʂua tsɤ
松潘	ja kao	tɕhi jəu	tʂhəts	ʂuatsʅ
构拟				
说明				

调查点	钟	电棒	瓶子	油灯
大岐山	tʂuŋ^{55}	tian^{13} paŋ^{31}	phin^{31} tsɿ^{42}	yz^{31} e^{55} χmia^{31} sə^{31} liaŋ^{31} fu^{31} tsɿ^{31}
桃 坪	tʂuŋ^{33}	tiaŋ^{13} ~ thuŋ^{31}	phiŋ^{31} tsɿ^{55}	liaŋ^{14} fu^{33} tsɿ^{33}
曾 头	tʂuŋ^{55} nə^{33}	tiã^{13} thuŋ^{31}	phin^{31} tsɿ^{53}	sɑ^{55} i^{55} mə^{33} gu^{33}
龙 溪	tʂuŋ^{55} piɑu^{42}	tian^{35} pan^{35}	phin^{31} tsə^{31}	tən^{55} tʂan^{31}
绵 篪	tʂũ^{55}	tiã^{33} pã^{13}	phĩ^{33} tsɿ^{53}	liã^{24} fu^{33} tsɿ^{33}
索 桥	tʂuŋ^{55}	tian^{55} pan^{55}	phin^{31} tsə^{31}	ʂtʉ^{55} tən^{31} tʂɑ^{55}
沟 口	tʂuŋ^{55}	tian^{35} paŋ^{35}	phin^{33} tsɿ^{31}	lian^{35} fo^{33} tsɿ^{31}
黑 虎	tʂun^{55}	tian^{55} pan^{35}	phin^{53} tsə^{55}	iu^{33} tən^{55}
龙 池	tʃuŋ^{55}	tian^{35} paŋ^{35}	phin^{33} tsɿ^{33}	liaŋ^{35} χu^{33} tsə^{31}
三 龙	tʂuŋ^{55}	tian^{35} paŋ^{35}	phin^{33} tsə^{55}	lian^{35} χots^{55}
曲 谷	tʂuŋ	tian pan	phin tsə	iu tən
雅 都	tʃuŋ	tian paŋ	phin dzə	liaŋ χoː tsə
维 占	tʂuŋ	tian pa	phin tsə	liaŋ χo tsə
龙 坝	tʃuŋ	tian pa	phin	liaŋ χo tsə
木 苏	tʂuŋ	tian paŋ^{u}	phin	liaŋ χu tsə
茨木林	tʂuŋ	tian paŋ	tan tɑ	liaŋ χo tsə
扎 窝	tʂuŋ	tin pɑ	phin tsə	liaŋ χo ts
麻 窝	tʂuŋ	tian pan	phin tsə	liaŋ χu tsə
芦 花	tʂuŋ	tian paŋ	phin tsə	liaŋ χo tsə
羊 茸	tø tshot kho lo	tien paŋ	phin tsə	liaŋ χo tsə
松 潘	ʁdzₐ ʁue	tian thu	χo	tən tʂa
构 拟				
说 明				

调查点	洋火	茶壶	切菜刀	锅铲
大岐山	iaŋ³¹ χo⁵⁵	tʂha³¹ fu³¹	tɕhe³¹ to⁵⁵	ɕi³¹ tʂhuan³¹ tsʅ³¹
桃坪	iaŋ³¹ χo⁵³	tʂha³¹ fu³¹	tshai²⁴ tɑu³³	tʂhuan³³ tsʅ³³
曾头	iaŋ³¹ χo⁵⁵	tʂha³¹ fu⁵⁵	tshai³⁵ tɑu⁵⁵	tʂhuã⁵³ tsʅ⁵⁵
龙溪	iaŋ³³ χo⁵⁵	tʂha³¹ fu³¹	tshai³⁵ tɑu⁵⁵	tʂhuan³¹ tsə³¹
绵篪	mu⁵⁵	tʂha⁵⁵ fu³¹	tshai³³ to³³	tʂhuã³¹ tsʅ⁵⁵
索桥	iaŋ³¹ χo⁵⁵	tʂha³¹ ɸu³¹	tshie⁵⁵ to⁵⁵	tʂhuan³¹ tsə³¹
沟口	lian³³ xu⁵⁵	tʂha³³ xu³¹	tshai⁵⁵ tɑu⁵⁵	tʂhuan⁵⁵ tsʅ⁵⁵
黑虎	iaŋ³³ χo⁵⁵	tʂha³³ χu⁵⁵ χu³¹	tshai³³ tɑu⁵⁵	tʂhuan³³ tsə⁵⁵
龙池	iaŋ³³ χu⁵⁵	tʃha³³ χu⁵³	tshai⁵³ tɑu⁵⁵	ku⁵⁵ tʃhuan⁵³ tsə³¹
三龙	iaŋ³³ χo⁵⁵	tʂha⁴⁴ χo⁵³	tshai³⁵ tɑu⁵⁵	ku⁵⁵ tʂhuan⁵⁵
曲谷	iaŋ χu	tʂha χu	tshai tɑu	
雅都	iaŋ χu	tʂha χu̥ə	tshai tɑu	tʂhuan tsə
维古	iaŋ χu	tʂha χu̥	tsha tu	ku tʂhuan
龙坝	iaŋ χo	tʂha χu̥ə	tʃau to pia	koː tʃhan
木苏	iaŋ χu	tʂha χu	tsha tu	ku tʂhaŋ
茨木林	iaŋ χo	tʂha kuə zi	tsha tɑu	ko tʂhuan
扎窝	iaŋ χo	tʂha fu	tseː tɑu	sə phe
麻窝	iaŋ χu	tʂha χu	tʃan tɑu	kuː tʃhan
芦花	iaŋ χo	tʂha χo	tʃøn tø	tʂhan tsə
羊茸	iaŋ χo	tʂha χo	tʃan tø̥	tʂhan tsə
松潘	jaŋ χu		xtie xʂuk tɕye tɕ	ku tʂhæn tsʅ
构拟				
说明				

调查点	蒸笼	夹背	石灰	硫磺
大岐山	tse³¹ thio³¹	pɪ³¹ təu¹³	ʂə³¹ χui⁵⁵	liu³¹ χuɑŋ³¹
桃 坪	luŋ³¹ tʂuaŋ²⁴	tɕɑ⁵⁵ pe¹³	ʂə³¹ χue³³	liəu³¹ χuɑŋ³¹
曾 头	luŋ³¹ tʂuaŋ²⁴	tɕɑ³¹ pi⁵⁵	χu³³ phʂi⁵⁵	liəu³³ χuɑŋ⁵⁵
龙 溪	tsən³⁵ tsə³¹ ~ lu³¹ tʂuan⁵⁵	tɕɑ³¹ pɪ⁵⁵	χə³³ phe³¹	liəu³³ χuɑn³³
绵 篪	tse³¹	tɕɑʴ³³ pei⁵⁵	ʂa³³ χui⁵³	
索 桥	tɕi³¹ qə³¹	tɕɑ³¹ tu³¹	ʂə³¹ χui⁵⁵	liu³¹ χuɑn³¹
沟 口	luŋ³³ tʂuaŋ³⁵	tɕɑ⁵³ peiʴ³⁵	ʂɿ³³ xui⁵⁵	liu³¹ xuɑŋ⁵⁵
黑 虎	lun³³ tʂhuɑ⁵⁵	tɕɑ⁵⁵	tɕɑ³³ pəi⁵⁵	ʂə³³ χuɑ⁵⁵
龙 池	luŋ³³ tʃhaŋ⁵⁵	tɕɑ³³ pei³⁵	ʂə³³ χui⁵⁵	lin³³ χuɑŋ³¹
三 龙	luŋ³³ tʂhuɑn⁵⁵	tɕɑː³³ pei⁵⁵	ʂə³³ χui⁵⁵	liu³³ χuɑn³¹
曲 谷		tɕɑ pei	ʂə χui	liu χiaŋ
雅 都	tsən tsə ~ dzə	puy tu	ʂə χui	iɑŋ χu
维 古	tsən tsə̥	tɕɑ pi	ʂə χuei	lɑ χuŋ
龙 坝	tsən dzə	tɕɑ pei	ʂuəʴ χəʴ	duə χɑ
木 苏	tsən tsə	tɕɑpi	ʂə χui	duʴ χɑ
茨木林	luŋ tʂhua	piː tu	ʂə χue	duə χɑ
扎 窝	tʃən tʃə pha	pi tu	ʂə χue	duə χɑ
麻 窝	tsən tsən	tɕɑ pe	ʂə χue	lɑ χuŋ
芦 花	tsən tsən	(guˀ) ci pi	ʂə χue	lɑ χuŋ
羊 茸	tsən tsən	pi to̠	ʂə χue	le ɸaŋ
松 潘	loŋ eʂha		ʂoχ tɕyɕ tue	se bi
构 拟				
说 明				

第三章 词汇

调查点	马口钳	戥子	钱	痦子
大岐山	mɑ³¹khəu³¹	tən³¹tsə³¹	phiɑu³¹tsɿ³¹	tiɑn⁵⁵tsɿ³¹
桃坪	mɑ⁵³khəu³³	tən³¹tsɿ³¹	ʒɿ³¹ʒɿ⁵⁵ɕi³¹dzie³⁴³	ʐɑ³³tɕi⁴⁴
曾头	mɑ⁵⁵khəu⁵⁵tʂhã³¹	təŋ⁵⁵tsɿ⁵⁵	ɕi⁵⁵dzie³⁴³	χdio³⁴³bʐɑ³³χgie³³
龙溪	mɑ³¹khəu³¹	tən³¹tsə³¹	phiɑu³⁵tsə³¹	tiɑn⁵⁵tsə³¹
绵篪	mɑ⁵⁵khəu³¹	tə̃³¹tsɿ⁵⁵	za³³də³³	ta³³phi⁵³ɻɑ³³sɿ⁵⁵
索桥	ɕe³¹tʂhɑ⁵⁵tʂuɑ³¹tsə³¹	tən³¹tsə⁵⁵	si³¹si³¹	tiɑn⁵⁵tsə⁵⁵
沟口	tɕhan³³tsɿ⁵⁵	ten³³tsɿ⁵⁵	phiɑu³⁵tsɿ³¹	tiɑn³⁵tsɿ⁵⁵
黑虎	mɑ⁵⁵khəu⁵³	tən³³tsə³¹	phiɑu³⁵tsə³¹	tiɑn³⁵tsə³¹
龙池	mɑ⁵⁵kheu⁵³	ten⁵⁵tsə³¹	phiɑu⁵⁵tsə³¹	tiɑn³⁵tsə³¹
三龙	mɑ⁵⁵khəu⁵⁵tɕhan³¹	tən⁵⁵tʂə⁵⁵	phiɑu³⁵tsə⁵⁵	thian³⁵tsə⁵⁵
曲谷		tən tsə	phiɑu tsə	tiɑn tsə
雅都	mɑ kheu	ten tshe	phiɑu tsə	tiɑn tsə
维古	mɑ khəu	tən tsə	phiɑu tsə	tiɑn tsə
龙坝	mɑːkhəu	tən dzə	phiɑu tsə	tiɑn dzə
木苏	mɑ khəu	tən tsə	phiɑu tsə	tɕan tsə
茨木林	mɑ khuə	tən tsə	phiɑu tsə	tiɑn tsə
扎窝	mɑ khu tsɑ	tən tsə	phiɑu tsə	tiɑn tsə
麻窝	mɑːkhu	tən tsə	dzikuə~phiɑu ˚tsə	tiɑn tsə
芦花	mɑ khu tsɑ	the nak	phiɑu tsə	tiɑn tsə
羊茸	mɑ khʉ	the rnaq	phiau tsə	tien tsɤ
松潘			totse	
构拟				
说明				

调查点	滑杆	轿子	胡琴	蝉
大岐山	χuɑ³¹ khəɹ⁵⁵	tɕau³¹ tsʅ³¹	fu³¹ tɕhin³¹	tʂhuŋ³¹ tshɑu⁴²
桃 坪	χuɑ³¹ kəɹ⁵⁵	tɕau²⁴ tsə³³	di³¹ tɕhiŋ³³ ləŋ³³	tʂhuŋ³¹ tshɑu⁵³
曾 头	χuɑ³¹ khəɹ⁵⁵	tuə³¹ tɕi⁵⁵	fu³¹ tɕhin⁵⁵ nə⁵5	tʂhuŋ³¹ tshɑu⁵³
龙 溪	χuɑ³¹ kan⁵⁵	tɕau¹³ tsə⁵³	fu³³ tɕhin³³	tʂhuŋ³¹ tshɑu³³
绵 篪	xuɑ³³ khəəɹ⁵⁵	tɕau³³ tsʅ³¹	tu³³ tia⁵⁵ ki³¹	tʂhũ³³ tshɑu⁵⁵
索 桥	χuɑ³¹ kan³¹	tɕo⁵⁵ tsə⁵⁵	ɸu³¹ tɕhin³¹ tsə³¹	ɕya³¹ pu⁵⁵ bɯ³¹ lɯ⁵⁵ sə⁵⁵ ke⁵⁵
沟 口	fa³³ kɤəɹ⁵⁵	tɕau³⁵ tsʅ³¹	xu³³ tɕhin³³ tsʅ⁵⁵	tʂhuŋ⁴² tshɑu⁵³
黑 虎	χuɑ³³ kə:ɹ⁵⁵	tɕuɑ³⁵ tsə³¹	χo³³ tɕhin³⁵ tsə³¹	tʂhun³³ tshɑu⁵³
龙 池	χuɑ³¹ kəəɹ⁵⁵	tɕyes⁵⁵	χo³³ tɕhin³³ tsə³¹	tʃhun³¹ tshɑu⁵³
三 龙	fa³³ kəɹ⁵⁵	tɕau³⁵ tsə⁵⁵	χo³³ tɕhin⁵⁵	tʂhuŋ³³ tshɑu⁵⁵
曲 谷	ɸɑ kəəɹ	tɕau tsʅ	fu tɕhin	tʂhuŋ tshɑu
雅 都	ɸɑ khəɹ	tɕau tsə	χu tɕhin	tʃhuŋ tshɑu
维 古	χuɑ kəəɹ	tɕau tsə	χu ɕan	tʂhuŋ tsau
龙 坝	χuɑ ka	tɕau tsə	χo tsian	tshən tshɑu
木 苏	χuɑ kəɹ	tɕau tsə	χu ɕan	tʂhun tshɑn
茨木林	χuɑ kə ɹɑχ er	tɕau tsə	χu tɕhin	tʂhuŋ tshɑu
扎 窝	χuɑ kəɹ	kas	si spi	tʂhuŋ tsə
麻 窝	χuɑː kəɹ	tɕau tsə	χu tsian	tʂhuŋ tshɑu
芦 花	χuɑ kəɹ	tɕau tsə		tʂhuŋ tshɑu
羊 茸	tan tan	ciʉ tsɤ	pe ɸɑŋ	tʂhəntshɑu
松 潘				matɕ qulu
构 拟				
说 明				

第三章 词汇

调查点	机枪	东	南	西
大岐山	tɕi³¹ tɕhaŋ⁵⁵	tuŋ⁵⁵	lan³¹	ɕi⁵⁵
桃 坪	tɕi⁵⁵ tshiaŋ⁵⁵	tuŋ⁵⁵	lan³¹	si⁵⁵
曾 头	y³¹ ɕi⁵⁵ χdio⁵⁵	tuŋ⁵⁵	lã³¹	si⁵⁵
龙 溪	tɕi⁵⁵ kuan⁵⁵ tshiaŋ⁵⁵	tuŋ⁵⁵	lan³¹	si⁵⁵
绵 篪	i³³ ki³³ tʂəu⁵⁵	tuŋ⁵⁵	nã³¹	ɕi⁵⁵
索 桥	tɕi³¹ kuan³¹ tshiaŋ³¹	tuŋ⁵⁵	lan³¹	si³¹
沟 口	tɕi⁵⁵ kuan⁵⁵ tɕhan⁵⁵	tuŋ⁵⁵（faŋ⁵⁵）	lan³³（faŋ⁵⁵）	ɕi⁵⁵（faŋ⁵⁵）
黑 虎	tɕi⁵⁵ tɕhan⁵⁵	tun⁵⁵	lan³¹	ɕi⁵⁵
龙 池	tɕi⁵⁵ tɕhaŋ⁵⁵	tuŋ⁵⁵	lan³¹	ɕi⁵⁵
三 龙	tɕi⁵⁵ tshian⁵⁵	tuŋ⁵⁵	lan³¹	ɕiː⁵⁵（faŋ⁵⁵）
曲 谷	tɕi tɕhan	tuŋ	lan	sə ɸan
雅 都	tɕiː tɕhaŋ	tuŋ	lan	ɕi
维 古	tɕi tɕhan	mun lu sə tha khɕå	dʐi kia	mun kuə ʁəs thæ khɕa
龙 坝	tɕi tɕhan	mun lo tha khɕa	dʐə ka tha kɕa	mun kəs tha kɕa
木 苏	tɕi tshian	tuŋ	lan	ɕi
茨木林	tɕi kuan tɕhan	tuŋ	lan	ɕi
扎 窝	tɕi kuən tɕhaŋ	tuŋ	la	ɕi
麻 窝	tɕi tɕhan	tuŋ	lan	ɕi
芦 花	ci tɕhaŋ	toŋ	lan	ɕi
羊 茸	tɕi kuan tʃhaŋ	tʉŋ	lan	ɕi
松 潘		məɣŋ paʂta	mətʃhe tse ʂta	məɣŋ χsua ʂta
构 拟				
说 明				

调查点	北	瘾	热闹	意思
大岐山	pe^{31}	in^{42}	lɑu^{13} ʑe^{31}	i^{13} sʅ^{55}
桃 坪	pe^{31}	in^{53}	lɑu^{24} ʑe^{31}	i^{424} sʅ^{33}
曾 头	pa^{31}	in^{53}	lo^{33} ʑe^{55}	i^{35} sʅ^{55}
龙 溪	pe^{31}	in^{31}	lɑu^{35} ʑe^{55}	i^{31} sə^{55}
绵 篪	pa^{31}	in^{33}	nɑn^{35} ʑa^{31}	i^{35} sʅ^{55}
索 桥	pe^{33}	in^{53}	lo^{55} ʑe^{55}	i^{55} sə^{55} tɕi^{55}
沟 口	pe^{33}（fɑŋ^{55}）	in^{53}	lɑu^{35} ʑe^{31}	i^{35} sʅ^{35}
黑 虎	pe^{31}	in^{53}	lɑu^{33} ʑa^{55}	i^{33} sə^{55}
龙 池	pe^{31}	in^{55}	lɑu^{35} ʑe^{31}	i^{35} sə^{35}
三 龙	pe^{33}（fɑn^{55}）	in^{53}	lɑu^{33} ʑe^{55}	i^{35} sʅ^{55}
曲 谷	pe	in	lɑu ʑe	i sə
雅 都	pe	in	lɑu ʑa	i sə
维 古	χli ka	in	lɑu ʑa	i sə
龙 坝	χli ka tha kça	in	lɑu ʑai	i sə
木 苏	pe	in	lɑu ʑei	i sə~ton
茨木林	pe	in	lɑu ʑe	ton
扎 窝	pe	in	lɑu ʑə	tun
麻 窝	pe	in	lɑu ʑai	i sə
芦 花	pe	in	lɑu ʑe	tøn
羊 茸	pi	in	lo ʑe	tøn
松 潘	məɣ lio ɣliʂta		ɧie ti	
构 拟				
说 明				

调查点	一瓶	一盒	一丈	一寸
大岐山	a³¹ phin³¹	a³¹ χo³¹	a³¹ tsa¹³	a³¹ tshun⁵⁵
桃坪	a³¹ phiŋ⁵⁵	a³¹ χo³³	a³¹ dʐa³³	a³¹ tshuən²⁴
曾头	a³¹ phin⁵⁵ phi³³	a³¹ χo⁵⁵ χo⁵⁵	a³¹ dʐa³⁴³	a³¹ tshuən⁵⁵ nə⁵⁵
龙溪	a³¹ phin³³	a⁵⁵ χo⁵⁵ tsə³¹	a³¹ ʐa⁵⁵	a³¹ tshuən³⁵
绵篪	ɑ³³ phin³¹	ɑ³³ χo³¹	ɑ³³ tʂa³⁵	ɑ³³ tshyi⁵⁵
索桥	a³¹ phin⁵⁵ tsə⁵⁵	a³¹ χo³¹ tsə³¹	a³¹ dʐa⁵⁵	a³¹ tshy⁵⁵
沟口	e³³ phin⁵⁵	ɣ³³ xots⁵⁵	ɑ³³ dʐa⁵⁵	e³³ tshyn³⁵
黑虎	a³³ phin⁵⁵	a³³ χo⁵⁵ χo³¹	a³³ tʂan⁵⁵	a³³ tshuən⁵⁵
龙池	a³³ phin⁵³	a³³ χu̥⁵⁵ χu̥⁵⁵	a³³ tʃaŋ³⁵	a³³ tshuən³⁵
三龙	e³³ phin⁵⁵	ə³³ χo⁵⁵	a³³ tʂan⁵⁵	ə³³ tshun⁵⁵
曲谷	e phin	u χu	ɑ tʂan	ɑ tshun
雅都	e phin	o χo	ɑ tʃa	ɑ tshuən
维古	e phin	ɑ χu u	ɑ tʂan	a tshuən
龙坝	ə phin	ə χə ne	a tʃan	a tshuən
木苏	a phin	ɑ χu	a tsa ɑ ɹa	ɑ tshun
茨木林	ɑ taŋ ta	ɑ χo	ɑ tʂan	ɑ tshuən
扎窝	a phin	ɑ χo	ɑ tʂan	a tshən
麻窝	e phin	ɑ χu	ɑ tʃan	a tshən
芦花	e phin	ɑ χo	ɑ tʃan	a tshən
羊茸	e phin (tsə)	a χo	ɑ tʃan	a tshən
松潘	χo		tʂaŋ	tshun
构拟				
说明				

调查点	一格	一支（烟）	一本	扁的
大岐山	a³¹ ka³¹	a³¹ ka³¹	a³¹ pan³¹	piɑn³¹ thɑ³¹
桃 坪	a³¹ qe³³	a³¹ kie³³	a³¹ χpi³³	pa³³ pa³³
曾 头	a³¹ qe⁵⁵	a³¹ kie⁵⁵	a³¹ pən³¹ nə³³	pa⁵⁵ pa⁵⁵
龙 溪	a³¹ ke⁵⁵	a³¹ ka³¹	ɑ³¹ pɪ⁵⁵	piɑ⁵⁵ piɑ⁵⁵ na³¹
绵 篪	a³¹ ka³¹	ɑ³³ kã⁵⁵	ɑ³³ pe³¹	piɑ⁵⁵ piɑ³¹
索 桥	a³¹ ke³¹	a³¹ ka³¹	a³¹ pəi³¹	tə³¹ piɑ⁵⁵ kəi⁵⁵
沟 口	e³³ kets⁵⁵	a³³ kan³⁵	e³³ pen⁵⁵	pian⁵⁵ ti⁵⁵
黑 虎	a³³ ke⁵⁵ ke³¹	a³³ ka⁵⁵	a³³ pən⁵³	pan³³ paq⁵⁵
龙 池	a³³ ke⁵⁵ ke⁵⁵	a³³ ke⁵⁵	a³³ pen⁵³	pɑˀn⁵⁵ pɑˀq⁵⁵
三 龙	e³³ ke⁵⁵	e³³ ke⁵⁵	ə³³ pən⁵⁵	pian⁵⁵ piaq⁵⁵
曲 谷	ɑ qɑ	e ke	ɑ pən	pian piɑq
雅 都	e ke	e ke~ɑ rɑ	e pen	pian piɑq
维 古	a ʁuəˀ	ɑ kia	a pən	pian piɑq
龙 坝	a qaˀ	a ka	a pən	pia piɑq
木 苏	a qe	e ke	ɑ pən	pie piaq
茨木林	ɑ qe	ɑ ɣdzʅ	a pən	pie piaq
扎 窝	a qe	a kã	a pən	pi piɑq
麻 窝	a qe	a ka	a pən	pian piɑq
芦 花	ɑ qe	ka ka	a pən	pian piɑq
羊 茸	a ke	a ka	a pən	pen pe
松 潘		ti	bən	le pe
构 拟				
说 明				

调查点	挖苦	抓	考	上税
大岐山	wa³¹ khu³¹ pu³¹	zə³¹ tʂua³¹ tha³¹	ʂʅ³¹ kho⁵⁵	ʂui⁵⁵ ʂaŋ³¹ tha³¹
桃坪	ʂe³¹ tɕa³³	tʂua⁵⁵	kho³³ tha³³	ʂaŋ¹³ ʂue³⁵ pu³³
曾头	wa⁵⁵ khu⁵³ pu³³	tə³¹ tʂua⁵⁵ tha³³	khɑu³³ tha³³	ʂaŋ³⁵ ʂue²⁴ pu³³
龙溪	tʂhu³³ tha⁵⁵	tə³¹ tʂua⁵⁵ tha³¹	khɑu³¹ tha³³	ʂan³⁵ ʂui³⁵ pu³¹
绵篪	ta³³ su³³ lu¹³	ɦa³³ tʂua³⁵	kho³³ ki³¹	dʐa³³ ɕa⁵⁵
索桥	ua⁵⁵ khu⁵⁵	tə³¹ tʂua³¹	khɑu⁵⁵ ʂə⁵⁵ pu³¹	tsu³¹ gʐi⁵⁵ ko⁵⁵ tha³¹
沟口	ɣua⁵⁵ khu⁵⁵	tɤ³³ tʂua⁵⁵ tha³¹	khɑu⁵⁵ tha³¹	ʂui³⁵ ʂaŋ³³ tha³¹
黑虎	ʁua⁵⁵ khu⁵³ pə⁵⁵	ɦa³³ tʂua⁵⁵ tha³¹	nə³³ khɑu⁵⁵ tha⁵⁵	ʂui⁵⁵ ʂa⁵⁵
龙池	ʁua⁵⁵ khu⁵⁵	ha³³ tʃua⁵⁵ la³¹	khɑu⁵³ ʂə³⁵ tʃy⁵⁵	ʂui³⁵ ʂaŋ te³¹
三龙	ʁua⁵⁵ khu⁵³ pə⁵⁵	tə³³ tʂua⁵⁵	khɑu⁵⁵ tha⁵⁵	ʂui⁵⁵ ʂa
曲谷	ʁua khu pu	tə tsua	khɑu tha	ʂui ʂa
雅都	ʁua khuː pu	tʂuə tʂua	khɑu tha	ʂui ʂa
维古	ʁua khu	tʂua	khɑu sə ʂu	ʂa
龙坝	ʁuaŋ ɸa tʃuə	tʂua	khɑu tha	ʂui ʂa
木苏	ʁuaŋ ɸa	a tʂua	tshu tshu	ʂui ʂa
茨木林	ʁuaŋ χua	a pha¹	khɑu tha	ʂan ʂue tʃə
扎窝	ʁuaŋ qhua	a tʂa	khɑu tha	ʂui ʂa
麻窝	ʁuaŋ qhua	a tʂa	khɑu tha	ʂui ʂa
芦花	ʁuaŋ qhua	at ʂa	khɑu tha	
羊茸	ʁuaŋ χua	ph ʂa	khɑu tha	ʂaŋ ʂue tʃə
松潘		ʂua	ɣʐim ɣʐə	ɕʐaː mi ʐʐə
构拟				
说明				

调查点	区长	北京	机器	发票
大岐山	tɕhy⁵⁵tʂaŋ⁵³	pa³¹tɕin⁵⁵	tɕi⁵⁵tɕhi⁵⁵	fa⁵⁵phiɑu⁵³⁵
桃 坪	tɕhy³³tʂaŋ⁵³	pe³³tɕin⁵⁵	tɕi⁵⁵tɕhi²⁴	fa³³thiɑu³¹
曾 头	tɕhy⁵⁵tʂaŋ⁵³	χpə³¹tɕi⁵⁵	tɕi⁵⁵tɕhi²⁴	fa³³phiɑu³⁵
龙 溪	tɕhy⁵⁵tɕɑn³¹	pe³¹tɕi⁵⁵	tɕi⁵⁵tɕhi³⁵	fa³⁵phiɑu³⁵
绵 篪	tɕhy⁵⁵tʂã³¹	pa³¹tɕĩ⁵⁵	tɕi⁵⁵tɕhi⁵³	fa³³phiɑu⁵⁵
索 桥	tɕhy⁵⁵tʂã⁵³	ʐmu⁵⁵tɕi⁵⁵ tɕe⁵⁵ɹɑ⁵⁵	tɕi⁵⁵tɕhi⁵⁵	ɸa³¹phiɑu³⁵
沟 口	tɕhy⁵⁵tʂan⁵³	pe³³tɕin⁵⁵	tɕi⁵⁵tɕhi³¹	fa⁵³phiɑu³⁵
黑 虎	tɕhy⁵⁵tʂan⁵³	pe³¹tɕin⁵⁵	tɕi⁵⁵tɕhi³¹	fa³³phiɑu³⁵
龙 池	tɕhy⁵⁵tʂaŋ⁵³	pe³³tɕin⁵⁵	tɕi tɕhi³¹	fa³¹phiɑu³⁵
三 龙	tɕhy⁵⁵tʂaŋ⁵³	pe³³tɕin⁵⁵	tɕi⁵⁵tɕhi⁵⁵	fa³³phiɑu⁵⁵
曲 谷	tɕhy tʂaŋ	pe tɕin	tɕi tɕhi	ɸa phiɑu
雅 都	tɕhy tʃaŋ	pe tɕin	tɕiːtɕhiː	χua phiɑu
维 古	tɕhy tʂan	pei tɕin	tɕi tɕhi	χua phiɑu
龙 坝	tɕhui tʂan	peːtɕin	tɕiːtɕhi	χua phiɑu
木 苏	tɕhy tʂaŋ	pe tɕin	tɕi tɕhi	χua phiɑu
茨木林	tɕhui tʂan	peːtɕin	tɕiːtɕhi	fa phiɑu
扎 窝	tɕhui tʂã	piːtɕin	tɕiːtɕhi	χua phiɑu
麻 窝	tɕhy tʂaŋ	peːtɕin	tɕiːtɕhi	ɸaːphiɑu
芦 花	tɕhʉ tʂaŋ	pe cin	tɕiːtɕhi	zə ɸʂi
羊 茸	tɕhy tʂaŋ	pe tɕin	tɕiːtɕhi	χua phiɑu
松 潘			tɕi tɕhi	
构 拟				
说 明				

第三章 词汇

调查点	票	国家	县	富农
大岐山	phiɑu³¹	kue³¹tɕɑ⁵⁵	ɕiɑn³⁵	fu³³luŋ³¹
桃坪	phiɑu²⁴	kuɑ³¹tɕɑ³³	ɕɑn³⁵	fu¹³luŋ³¹
曾头	phiɑu²⁴	kuɑ³³tɕɑ⁵⁵	ɕɑ̃¹⁴	tɕi³¹ko⁵⁵ŋɑ³¹mə³¹
龙溪	phiɑu³⁵	kue³¹tɕɑ⁵⁵	ɕɑn³⁵	fu³³luŋ³¹
绵篪	phiɑu³⁵khi³¹	kuɑ³¹tɕɑ⁵⁵	ɕɑ̃³⁵	ʁe³³pu⁵⁵mu³¹
索桥	phiɑu³⁵	kue³¹tɕɑ⁵⁵	ʁue³¹kʉ⁵⁵	ʁe³¹pu³¹bɑ⁵⁵
沟口	phiɑu³⁵	kue⁵³tɕɑ⁵⁵	ɕɑn³⁵	fu³⁵luŋ³¹
黑虎	phiɑu³⁵	kue³³tɕɑ⁵⁵	ɕɑn³⁵	fu³⁵luŋ³¹
龙池	phiɑu³⁵	kue³¹tɕɑ⁵⁵	ɕɑn³⁵	fu³⁵luŋ³¹
三龙	phiɑu³⁵	kue³³tɕɑ⁵⁵	ɕɑn³⁵	fu³⁵luŋ³¹
曲谷	phiɑu	kue tɕɑ	ɕɑn	ɸu luŋ
雅都	phiɑu	kueː tɕɑ	ɕɑn	ɸuː luŋ
维古	phiɑu	kuɑi tɕɑ	ɕɑn	ɸu luŋ
龙坝	phiɑu	kuɑi tɕɑ	ɕɑn	ɸu luŋ
木苏	phiɑu	kuɑi tɕɑ	ɕɑn	ɸu luŋᵘ
茨木林	phiɑu	kuɑi tɕɑ	ɕɑn	fu luŋ
扎窝	phiɑu	kuɑi tɕɑ	ɕɑn	fə luŋ
麻窝	phiɑu	kuəi tɕɑ	ɕɑn	ɸu luŋ
芦花	phiɑu	kuɑi cɑ	ɕɑn	ɸu luŋ
羊茸	phiɑu	kue tɕɑ	ɕɑn	ɸʉ luŋ
松潘		kue tɕɑ	ɕæn	
构拟				
说明				

调查点	中农	主席	代表	同志
大岐山	tʂuŋ⁵⁵ luŋ⁵³	tʂu⁵⁵ ɕi³¹	tai²⁴ piau⁵³	thuŋ³¹ tʂʅ³⁵
桃 坪	tʂuŋ⁵⁵ luŋ³¹	tʂu⁵⁵ ɕe³¹	tai²⁴ piau³³	thuŋ³¹ tʂʅ³⁵
曾 头	go³¹ ʑi⁵⁵ pə³¹	tʂu⁵⁵ sie³¹	tai¹³ piau³¹	thuŋ³¹ tʃʅ²⁴
龙 溪	tʂuŋ⁵⁵ luŋ³¹	tʂu⁵³ sie³¹	tai³⁵ piau⁵³	thuŋ³¹ tʂə³⁵
绵 篪	dza³³ xua⁵⁵ dzʅ⁵⁵ mu⁵³	tʂu³¹ ɕi³¹	tai³⁵ piau³¹	thũ³¹ tʂʅ³⁵
索 桥	ɿa³¹ pu⁵⁵ mi⁵⁵ɚ	tʂu⁵³ sie³¹	tai⁵⁵ piau⁵⁵	thuŋ³¹ tʂə³⁵
沟 口	tʂuŋ⁵⁵ luŋ³¹	tʂu⁵⁵ ɕe³¹	tai³⁵ piau⁵³	thuŋ³¹ tʂʅ³⁵
黑 虎	tʂun⁵⁵ ʐun³¹	tʂu⁵⁵ ɕe³¹	tai³⁵ piau⁵³	thun³³ tʂə³⁵
龙 池	tʃuŋ³⁵ luŋ³¹	tʃu⁵⁵ ɕe³¹	tai³⁵ piau⁵³	thuŋ³¹ tʃə³⁵
三 龙	tʂuŋ⁵⁵ luŋ³¹	tʂu⁵⁵ ɕi³¹	tai³⁵ piau⁵³	thuŋ³³ tʂʅ³⁵
曲 谷	tʂuŋ luŋ	tʂu ɕe	tai piau	thuŋ tʂə
雅 都	tʃuŋ luŋ	tʃuː ɕe	tai piau	thuŋ tʂə
维 古	tʂuŋ luŋ	tʂu ɕi	tai piau	thuŋ tʂə
龙 坝	tʃuŋ luŋ	tʃjəu ɕi	tai piau	thuŋ tʃə
木 苏	tʂuŋ luŋᵘ	tʂu ɕi	tai piau	thuŋ tʂə
茨木林	tʂuŋ luŋ	tʃu ɕi	ta piau	thuŋ tʂə
扎 窝	tʂuŋ luŋ	tʂu ɕi	tai piau	thuŋ tʃə
麻 窝	tʂuŋ luŋ	tʂu ɕi	tai piau	thuŋ tʂə
芦 花	tʂuŋ luŋ	tʂu ɕi	tai piau	thuŋ tsə
羊 茸	tʂhoŋ loŋ	tʂʉ ɕi	tei piau	thoŋ tsɤ
松 潘				
构 拟				
说 明				

第三章 词汇

调查点	苏联	拖拉机	银行
大岐山	su⁵⁵ liɑn³¹	tho³¹ la³¹ tɕi³¹	in³¹ χaŋ⁵⁵(χɑ)~ ʁgu³¹ tɕi⁵⁵ ko⁵⁵
桃 坪	su⁵⁵ liɑn³¹	tho³³ la³³ tɕi³³	in³¹ χaŋ³¹
曾 头	su⁵⁵ liɑn³¹ nə³³	tho⁵⁵ la⁵⁵ tɕi⁵⁵	in³¹ χaŋ³¹
龙 溪	su⁵⁵ liɑn³¹	tho⁵⁵ la⁵⁵ tɕi⁵⁵	in³¹ χɑn³¹
绵 篪	su⁵⁵ nã³¹	tho³³ la⁴⁴ tɕi³³	ĩ³³ xã³¹
索 桥	su⁵⁵ liɑn³¹	tho⁵⁵ la⁵⁵ tɕi⁵⁵	in³¹ χaŋ⁵⁵
沟 口	su⁵⁵ liɑn³¹	tho⁵⁵ la⁵⁵ tɕi⁵⁵	in³³ xaŋ⁵⁵
黑 虎	su⁵⁵ liɑn³¹	tho⁵⁵ la⁵⁵ tɕi⁵⁵	in³³ χan⁵⁵
龙 池	su⁵⁵ liɑn³¹	tho⁵⁵ la⁵⁵ tɕi⁵⁵	in³³ χaŋ³¹
三 龙	su⁵⁵ liɑn³¹	tho⁵⁵ la⁵⁵ tɕi⁵⁵	in³³ χan⁵⁵
曲 谷	su liɑŋ	tho la tɕi	in χan
雅 都	suː lian	tho la tɕi	in χaŋ
维 古	su lian	thu la tɕi	in χan
龙 坝	su lian	tho la tɕi	in χan
木 苏	su lian	thu la tɕi	iŋ χan
茨木林	su ȵan	tho la tɕi	iŋ χan
扎 窝	su lan	to la tɕi	iŋ χaŋ
麻 窝	su lian	thu la tɕi	in χan
芦 花	su lian	tho la tɕi	iŋ χan
羊 茸	sʉ len	tho la tɕi	in χan
松 潘		tho la tɕi	
构 拟			
说 明			

调查点	公司	火车	汽车	电话
大岐山	kuŋ⁵⁵ sʅ⁵⁵	χo³¹ tʂhe⁵⁵	tɕhi³¹ tʂhe⁵⁵	tian³⁵ χua³¹
桃　坪	kuŋ⁵⁵ sʅ⁵⁵	χo⁵⁵ tʂhe³¹	tɕhi²⁴ tʂhei³³	tian¹³ χua¹³
曾　头	kuŋ⁵⁵ sʅ⁵⁵	χo⁵⁵ tʂhe⁵⁵	tɕhi³⁵ tʂhe⁵⁵	tiã³³ χua³⁵
龙　溪	kuŋ⁵⁵ sə⁵⁵	χo⁵³ tʂhi⁵⁵	tɕhi³¹ tʂhi⁵⁵	tian³⁵ χua³¹
绵　篪	kũ³⁵ sʅ⁵⁵	xo⁵⁵ tʂhei⁵⁵	tɕhi³³ tʂhe⁵⁵	tiã³³ xua³⁵
索　桥	kuŋ³¹ sə³¹	χo³¹ tʂhəi³¹	tɕhi³⁵ tʂhəi⁵⁵	tian⁵⁵ χua⁵⁵
沟　口	kuŋ⁵⁵ sʅ⁵⁵	xu⁵⁵ tʂha⁵⁵	tɕhi³⁵ tʂhai⁵⁵	tian³⁵ xua³⁵
黑　虎	kun⁵⁵ sə⁵⁵	χo⁵⁵ tʂhai⁵⁵	tɕhi⁴³ tʂhai⁵⁵	tian³⁵ χua³⁵
龙　池	kuŋ⁵⁵ sə⁵⁵	χo⁵⁵ tʃhai⁵⁵	tɕhi³⁵ tʃhai⁵⁵	tian³⁵ χua³⁵
三　龙	kuŋ⁵⁵ sʅ⁵⁵	χo⁵³ tʂhai⁵⁵	tɕhi³⁵ tʂhai⁵⁵	tian³⁵ χua³¹
曲　谷	kuŋ sə	χu tʂhai	tɕhi tʂhai	tian χua
雅　都	kuŋ sə	χuː tʃhai	tɕhiː tʃhai	tian χua
维　古	kuŋ sə	χu tʂhai	tɕhi tʂhai	tian χua
龙　坝	kuŋ sə	χo tʃhai	tɕhi tʃhai	tiaŋ χua
木　苏	kuŋ sə	χu tʂhei	tɕhi tʂhe	tian χua
茨木林	kuŋ sə	χo tʂhe	tɕhi tʂhe	tiaŋ χua
扎　窝	kuŋ sə	χo tʂhi	tɕhi tʃhai	tian χua
麻　窝	kuŋ sə	χo tʂhe	tɕhi tʂhe	tian χua
芦　花	koŋ sə	χo tʂhe	tɕhi tʂhe	tian χua
羊　茸	koŋ sʁ	χo tʂhe	tɕhi tʂhe	tien χʉɑ
松　潘		χo tʂhe	tɕhi tʂhe	diæn χua
构　拟				
说　明				

第三章　词汇

调查点	人民	共产主义	社会主义	共产党
大岐山	ʐən³¹ min³¹	kuŋ³⁵ tʂhan⁵³ tʂu⁵⁵ ni³¹	ʂa³¹ χui³¹ tʂu⁵⁵ ni³¹	kuŋ³⁵ tʂhan⁵⁵ taŋ⁵³
桃坪	ʐəŋ³¹ miŋ³¹	kuŋ²⁴ tʂhan⁵⁵ tʂu⁵⁵ niˑ²⁴	ʂai²⁴ χue¹³ tʂu⁵⁵ niˑ³⁵	kuŋ²⁴ tʂhan⁵⁵ taŋ⁵³
曾头	ʐən³¹ min³¹	kuŋ³⁵ tʂhã⁵³ tʂu³⁵ niˑ³⁵	ʂai³⁵ χue³⁵ tʂu⁵³ niˑ³⁵	kuŋ³⁵ tʂhan⁴² taŋ⁵³
龙溪	ʐən³¹ min³¹	kuŋ³⁵ tʂhn⁴² tʂu⁵³ niˑ³⁵	ʂiˑ³⁵ χuiˑ³⁵ tʂu⁵³ niˑ³¹	kuŋ³⁵ tʂhan⁵³ taŋ⁵³
绵簾	tshua³³ pu⁵⁵	kũ¹⁵ tʂhã⁵⁵ tʂu⁵⁵ niˑ⁵³	ʂe³⁵ χui³³ tʂu⁵⁵ ni³¹	kũ⁵⁵ tʂhã⁴² tã⁵³
索桥	mu³¹ ma⁵⁵	kuŋ⁵⁵ tʂhan⁵⁵ tʂu³¹ ni³¹	ʂe³¹ χui⁵⁵ tʂu³¹ ni³¹	kuŋ⁵⁵ tʂhan⁵⁵ tan⁵⁵
沟口	ʐɻn³³ min³¹	kuŋ³⁵ tʂhan⁴² tʂu⁵⁵ iˑ³⁵	ʂe³⁵ xui³⁵ tʂu⁵⁵ ni⁵⁵	kuŋ³⁵ tʂhan⁵⁵ tan⁵³
黑虎	ʐən³³ min³¹	kun³⁵ tʂhan⁵³ tʂu⁵⁵ iˑ³⁵	ʂai³⁵ χui³⁵ tʂu⁵⁵ n̩i³⁵	kun³⁵ tʂhan⁵³ taŋ⁵³
龙池	ʐen³³ min³¹	kuŋ³⁵ tʃhan⁵³ tʃu⁵³ iˑ³⁵	ʂai³⁵ χui³⁵ tʃu⁵³ ni³⁵	kuŋ³⁵ tʃhan⁵⁵ taŋ⁵³
三龙	ʐən³³ min³¹	kuŋ³⁵ tʂhan⁵⁵ tʂu⁵⁵ ȵiˑ⁵⁵	ʂai³⁵ χui³¹ tʂu⁵⁵ ni⁵⁵	kuŋ³⁵ tʂhan⁵⁵ taŋ⁵³
曲谷	ʐən min	kuŋ tʂhan tʂu ȵi	ʂe χui tʂu ȵi	kuŋ tʂhan taŋ
雅都	ʐen min	kuŋ tʃhan tʃuːȵe	ʂe χui tʃuː ȵi	kuŋ tʃhan taŋ
维古	ʐən min	kuŋ tʃhan tʂuːȵi	ʂa χu tʂu ȵi	kuŋ tʃhan taŋ
龙坝	ʐən min	kuŋ tʃhan tʃu ȵi	ʂu χe tʃu ȵi	kuŋ tʃhan ta
木苏	ʐən min	kuŋ tʂhaŋ tʂu ȵi	ʂa χui tʂu ȵi	kuŋ tʂhaŋ tan
茨木林	ʐən min	kuŋ tʂhen tʂu ȵi	ʂe χue tʂu ȵi	kuŋ tʂhan taŋ
扎窝	ʐə̃ min	kuŋ tʂhan tʂu ȵi	ʂə χue tʂu ȵi	kuŋ tʂhan taŋ
麻窝	ʐən min	kuŋ tʃhan tʃu ȵi	ʂə χue tʂu ȵi	kuŋ tʃhan taŋ
芦花	ʐən min	koŋ tsha tsu ȵi	seː χue tʂʉ ȵi	koŋ tʂhaŋ taŋ
羊茸				
松潘				
构拟				
说明				

调查点	人民政府	政策	省	乡
大岐山	ʐən³¹ min³¹ tʂən³⁵ fu⁵⁵	tʂən³⁵ tshe³¹	sən⁵³	ɕaŋ⁵⁵
桃坪	tʂəŋ¹³ fu⁵³	tʂəŋ¹³ tshe³¹	sən⁵³	ɕaŋ⁵⁵
曾头	ʐən³¹ min³¹ tʂən³⁵ fu⁵³	tʂən³⁵ tsha³¹	sən³³ nə³³	χu⁵⁵ χu³¹
龙溪	ʐən³¹ min³¹ tʂən³⁵ fu⁵³	tʂən³⁵ tshe³¹	sən⁵³	ɕan⁵⁵
绵簾	za³¹	tʂə̃³⁵ tsha³¹	sə̃⁵³	ɕã⁵⁵
索桥	ʐən³¹ min³¹ tʂən⁵⁵ ɸu⁵⁵	tʂən³⁵ tshe³¹	sən³¹	ɕan⁵⁵
沟口	ʐɿn³³ min³¹ tʂɿn³⁵ fu⁵³	tʂən³⁵ tshe³¹	sɿn⁵³	ɕan⁵³
黑虎	ʐən³³ min³³ tʂən³⁵ fu⁵³	tʂən³⁵ tshe³¹	sən⁵³	ɕan⁵⁵
龙池	ʐen³³ min³¹ tʃen³⁵ fu⁵³	tʃen³⁵ tshe³¹	sen⁵³	ɕaŋ⁵⁵
三龙	ʐən³³ min³³ tʂən³⁵ fo⁵⁵	tʂən³⁵ tshe⁵⁵	sən⁵³	ɕan⁵⁵
曲谷	ʐən min tʂən ɸu	tʂən tshe	sən	ɕaŋ
雅都	ʐen min tʃen ɸə	tʃen tshe	sen	ɕaŋ
维古	ʐən min tʂən ɸu	tʂən tshai	sən	ɕan
龙坝	ʐən min tʃən ɸu	tʃən tshai	sən	ɕan
木苏	ʐən min tʂən ɸu	tʂən tshai	sən	ɕan
茨木林	ʐən min tʃən fu	tʂən tshen	sən	ɕaŋ
扎窝	ʐə̃ min tʂe fu	tʃən tshen	sən	ɕaŋ
麻窝	ʐən min tʃən ɸu	tʃən tshai	sən	ɕan
芦花	ʐən min tʃən ɸu	tʃən tshe	sən	ɕan
羊茸	ʐən mən tʂəŋ ɸu	tʂən tshei	sən	ɕaŋ
松潘	tʂəŋ fu		sən	ɕəŋ
构拟				
说明				

调查点	合作社	意见	宪法	法律
大岐山	χo³¹ tso³¹ʂa³¹	i³⁵tɕan³¹	ɕan³⁵fa³¹	fa³¹lo³¹
桃 坪	χo⁴⁴tso³³ʂa³⁵	i¹³tɕan¹⁴	ɕaŋ¹³fa³¹	fa³¹lu³³
曾 头	χo³¹tso³¹ʂa³⁵	i³⁵tɕã³⁵	ɕã³⁵fa³¹	fa³¹lo³¹
龙 溪	χo³¹tso³¹ʂi³⁵	i³⁵tɕan³⁵	ɕan³⁵fa³¹	fa³³lo³³
绵 篪	bɹe³³qa⁵⁵~χo³³tso³³se³³	i³⁵tɕã³¹	ɕã³⁵fa³¹	fa³³lu³¹
索 桥	χo³¹tso³¹ʂəi⁵⁵	i³⁵tɕan³⁵	ɕan⁵⁵fa³⁵	ɸa³¹lo³¹
沟 口	xo³³tso³³sai³⁵	i³⁵tɕan⁵⁵	ɕan³⁵fa³¹	fa⁵⁵lo⁵⁵
黑 虎	χo³³tso³³ʂai³⁵	i³⁵tɕan³⁵	ɕan³⁵fa³¹	fa³³lu³¹
龙 池	χo³³tso³³ʂai³⁵	i³⁵tɕan³⁵	ɕan³⁵fa³¹	fa³³lu³¹
三 龙	χo³³tʂo³³ʂai³⁵	i³⁵tɕan⁵⁵	ɕan³⁵fa³¹	fa³³lu⁵⁵
曲 谷	χo tsoʂe	i tɕan	ɕan ɸa	ɸa lu
雅 都	χoː tsoːʂe	iː tɕan	ɕan ɸa	ɸa luː
维 古	χu tsuʂe	iː tɕan	ɕan ɸa	ɸa lu
龙 坝	χo tʃoʂe	i tɕin	ɕan ɸa	ɸa lo
木 苏	χu tsuʂæi	i tɕan	ɕaŋ ɸa	ɸa lu
茨木林	χo tʂoʂe	i tɕan	ɕaŋ	fa lo
扎 窝	χo tʂuʂe	i tɕan	ɕaŋ fa	fa lo
麻 窝	χu tsuʂai	i tɕan	ɕan ɸa	ɸa lu
芦 花	χo tʂoʂe	i tɕan	ɕan ɸa	ɸa lo
羊 茸	χo tʂoʂe	i tɕan	ɕan ɸa	ɸa lo
松 潘				
构 拟				
说 明				

调查点	负责	欢迎	领导	批评
大岐山	fu³¹ tsa³¹ pu³⁵	χuan³¹ i³¹ pu⁵⁵	lin³¹ tʰau³¹ pu⁵⁵	pʰəi³¹ pʰin³¹ pu⁵⁵
桃 坪	fu¹³ tʂe³¹ pu³³	xuan⁵⁵ jin³¹ pu³³	liŋ⁵³ tʰau⁵⁵ pu³³	pʰei⁵⁵ pʰin³¹ pu³³
曾 头	fu³⁵ tsa³¹ pu³³	χuã⁵⁵ jin³¹ pu³¹	lin⁵³ tʰau³⁵ pu³³	pʰei⁵⁵ pʰin³¹ pu³³
龙 溪	fu³⁵ tse³¹ pu³¹	ʂχuan⁵⁵ in³⁵ pu³¹	lin⁵³ tʰau³⁵ pu³¹	pʰɿ⁵⁵ pʰin³¹ pu³¹
绵 篪	dzʅ³³ ku³³ tʰa⁵⁵	χua⁵⁵ iyan³¹	qu³³ tʰa³¹ ~ pʰəa⁵⁵ ~ tʰa³¹	tsʰua³¹ de³¹
索 桥	ɸu⁵⁵ tse⁵⁵ pu³¹	χuan⁵⁵ jin³¹ pu³¹	lin⁵⁵ tʰau⁵⁵ pu³¹	pʰei⁵⁵ pʰin⁵⁵ pu³¹
沟 口	fu³⁵ tse⁵⁵ pə³¹	xuaŋ⁵⁵ in³¹ tʃy⁵⁵	lin⁵⁵ tʰau³¹ pə³¹	pʰei⁵⁵ pʰin³¹ pə⁵⁵
黑 虎	fu³⁵ tse³¹ pə⁵⁵	χuan⁵⁵ in⁵³ pə⁵⁵	lin⁵⁵ tʰau³¹ pə⁵⁵	pʰəi⁵⁵ pʰin⁵³ pə⁵⁵
龙 池	fu³⁵ tse³¹ tʃy⁵⁵	χuan⁵⁵ in⁵³ tʃy⁵⁵	lin⁵⁵ tʰau³¹ tʃy⁵⁵	pʰei⁵⁵ pʰin³¹ pə⁵⁵
三 龙	fu³⁵ tse⁵⁵ pə⁵⁵	χuan⁵⁵ in⁵⁵ pə⁵⁵	lin⁵⁵ tʰau⁵⁵ pə⁵⁵	pʰei⁵⁵ pʰin³¹ pə⁵⁵
曲 谷	ɸu tse pu	χuan in	lin tʰau pu	pʰei pʰin pu
雅 都	ɸuː tse pu	χua in pu	lin tʰau pu	pʰiː pʰen pu
维 古	ɸu tsai	χua in	liŋ tʰau	pʰi pʰin
龙 坝	ɸu tse tʃuə	χua jin tʃuə	lin tʰau tʃuə	pʰi ɸ in tʃuə
木 苏	ɸu tse ʂuʁ	χua jin ʂuʁ	lin tʰau ʂuʁ	pʰi pʰin ʂuʁ
茨木林	fu tse tʃə	χuan in tʃə	lin tʰau tʃə	pʰei pʰin tʃə
扎 窝	tun tʃə	χua ji tʃə	lin tʰau tʃə	pʰi pʰin tʃə
麻 窝	ɸu tse tʃə	χua in tʃə	lin tʰau tʃə	pʰi pʰin tʃə
芦 花	ɸu tse tʃə	χua in tʃə	lin tʰau tʃə	pʰi pʰin tʃə
羊 茸	ɸu tse tʃə	χua jin tʃə	lin tʰau tʃə	pʰi pʰin tʃə
松 潘				
构 拟				
说 明				

参考文献

黄布凡：《羌语语音演变中排斥鼻音的趋势》，《民族语文》1987年第5期。

黄布凡：《汉藏语概论·羌语支》，北京大学出版社1991年版。

黄成龙：《羌语音位系统分析刍议》，《民族语文》1995年第1期。

黄成龙：《羌语形容词研究》，《语言研究》1994年第2期。

孙宏开：《羌语概况》，《中国语文》1962年第12期。

孙宏开编著：《羌语简志》，民族出版社1981年版。

孙宏开：《羌语动词的趋向范畴》，《民族语文》1981年第1期。

孙宏开：《论羌族双语制——兼谈汉语对羌语的影响》《民族语文》1988年第4期。

张　琨：《羌语南部方言的比较研究》，《华裔学志》1967年。

后　　记

　　当代羌语的零星记录，早在清道光十三年（1833）编纂的《石泉县志》①中，就有少量用汉字记录的羌语词汇。这是迄今为止记录当代羌语最早的文献。对此聂鸿音先生在《民族语文》杂志（2000年第1期）有专文讨论。

　　中华人民共和国成立前，著名语言学家张琨、闻宥、傅懋勣等用现代语言学方法对羌语进行过一定数量的调查研究，发表了一系列的调查报告。例如，张琨1967年在《华裔学志》上发表了《羌语南部方言比较研究》，所用资料是他本人20世纪40年代在汶川、理县一带亲自调查的羌语材料。闻宥从1940年起，连续在《中国文化研究汇刊》以及相关的杂志上发表了汶川县羌语的后二枯、萝卜寨、瓦寺及理县的九子营、理番等地的词汇、语音系统以及语法方面的调查报告共9篇，其中与傅懋勣合写的1篇。但是调查点大都集中在离成都比较近的理县、汶川一带的羌语南部方言区。

　　全面调查羌语，是在中华人民共和国成立以后。1956年，中国科学院和中央民族事务委员会，组织了7个工作队，共计700多人，对全国的少数民族语言进行普查，当时的第7工作队川北组，在金鹏先生的带领下，负责羌语和嘉戎语的调查。

　　1956年6月，羌语调查组一行四人，到达黑水，开始对羌语进行试点调查，第一个试点选的是黑水县的维古，先后共两个月，8月以后进入黑水县麻窝，并以此作为重点进行系统调查，为编写调查大纲做准备。此时，阿坝州民族语文研究室的4名研究人员也一起参加调查。10月中旬结束黑水调查，随后转入南部方言，分成4个小组分别对理县的桃坪、牛山、龙溪，汶川的绵篪（池）进行试点调查，于1957年春节前结束。

　　1957年春节后，羌语组在成都整理试点调查资料，编写普查羌语的

---

　　① 《石泉县志》10卷本，清道光十三年张沆等纂，赵德林等修，巴蜀书社1992年影印本，见《中国地方志集成·四川府县志辑》第23册，巴蜀书社2017年版。此书卷二《舆第志·风俗部》末尾附有"番译"词语80余条。根据考释，记录的语言与今茂县一带的羌语基本上一致。

调查大纲，同时，为在西南民族学院举办羌语、嘉戎语调查培训班准备教材。经过一个月左右的紧张工作，包括3600多个常用词，南北两个方言代表点（南部方言代表点为绵篪，北部方言代表点为麻窝）的羌语词汇调查大纲和98个问卷700多个句子的语法调查大纲分别完成了油印和复写稿。3月初，由阿坝州民族语文研究室和西南民族学院部分老师参加的语言调查训练班在成都开学，金鹏、黄布凡、孙宏开等承担了羌语班的教学任务。训练班于7月底结业。经过4个多月紧张培训的十多名成员，分别组成4个组。其中黑水1组由孙宏开带领，黑水2组由刘辉强带领，茂县组由黄布凡带领，理县、汶川组由金鹏带领，赴羌族地区各地对羌语进行普查。及至12月中旬，4个组分别调查了5—7个点，合计完成27个点的调查任务，每个点收集了3500个常用词和一套语法材料。部分调查点，还记录了长篇故事。普查结束后，黑水1组还返回麻窝，补充调查了新词术语、部分语法材料和长篇故事材料。羌语普查加上试点调查，前后共收集33个调查点的资料，基本上覆盖了整个羌族地区。1958年夏至1960年夏，孙宏开、刘光坤等带领一个小组，对所有羌语普查时记录的资料逐点进行了复核，为编写《羌语方言研究》做准备。1962年4—5月，孙宏开又只身深入理县桃坪补充调查，为完成羌语简志的编写核实资料[①]。

羌语的调查研究，虽然新中国成立前就已经做了不少，但是主要集中在汶川周围的交通沿线。没有深入羌语分布地区的腹地。而且收集的词汇量不大，语法资料更是少得可怜，但是这已经是羌语难得可以参考的主要资料了。

调查组一行四人（黄布凡、宋晓稽、陈耀群和孙宏开），当时也只能够以这些资料为基础，编写羌语调查大纲。因此我们根据由浅入深的原则，先在羌语分布聚居地区的腹地调查1—2个点，再到南部散杂居地区调查1—2个点，并在此基础上编写羌语调查大纲，以便开展普查工作。深入黑水调查羌语，就是这个计划中的一个重要步骤。

1956年6月下旬到达黑水，经过多方调查，召开各种类型的座谈会，我们了解到，黑水羌语内部有一定的差异，麻窝最有代表性。但是当时压倒一切的中心工作是"支前"，而麻窝仍然被土匪盘踞着，我们无法到当地调查，在县上也找不到麻窝人。正好县里有一位女干部暂时无事，她是

[①] 关于此次调查的经过，孙宏开有详细描述，请参阅他的两篇文章：《少数民族语言调查回忆片段》，载《田野调查实录》，社会科学文献出版社1999年版。《羌语普查纪实》，载揣振宇主编《伟大的起点——新中国民族大调查纪念文集》，中国社会科学出版社2007年版。

维古人，因此我们只好"就地取材"，先开始记录她的羌语。

由于我们没有词汇调查大纲，只好先用藏语的词汇大纲进行调查。经过一个多月的记录，收集了2000多个常用词，也记录了一定数量的句子。但是我们发现，这位女干部，虽然汉语不错，但是她长期当通司（口头翻译），能够讲黑水各地的羌语，语言比较杂，在反复核对词汇和句子的过程中，她一会儿这样说，一会儿又那样说。使得我们无所适从。这时候，解放军已经基本上平息了黑水大部分地区的叛乱，于是我们决定到维古当地进行实地调查。

维古是黑水南部的一个重要交通咽喉，是去茂县的必经之地，也是黑水南部的一个区公所所在地，叛乱期间，这里的政府组织被摧毁，平叛以后，区里的干部刚刚配备。我们刚刚到达这里的时候，群众对我们还比较陌生，在区政府的支持和帮助下，我们很快打开了局面，物色了多个发音合作人，分小组分别核对和补充了在县上记录的资料，工作的进度大大加快。我们扩充了词汇，达到3500个以上，系统记录了句子，初步分析出了语法系统，还记录了相当数量的长篇故事，并把故事中发现的语法现象补充到语法系统中去，初步确定了音位系统。

这段时间是我们工作最愉快的日子，我们不仅和发音合作人建立了良好的合作关系，还利用我们已经学会的当地羌语到群众家里串门、聊天，他们给每一个调查队员起了一个羌语名字，经常给大家带来刚刚从树上摘下来的青核桃和瓜果。当我们快要结束维古工作的时候，正好是中秋节，我们参加了区里举行的中秋军民联欢会，大家在一起唱歌、跳歌庄舞、喝咂酒，完全扫除了因为叛乱带来的政治紧张气氛。10月初，我们恋恋不舍地离开了维古，奔赴新的调查点——麻窝。

这是一个乡的建制，位于黑水中部的一个山头上，黑水河边有两条小路，大约要爬2个小时可以到达村子里。这个大村包括3个自然村，各自然村之间彼此有20来分钟的路程。这里原来有一个小学，有贸易公司的一个代销店，叛乱期间，汉族干部全部被杀害了，十来个崭新的坟头证明了几个月前这里发生的一切。我们来这里时，一切建制还没有恢复，因此外来人员也仅仅有我们几个。县里给我们配备了一些枪支和手榴弹，好在州里刚刚成立了民族语文研究室，新派来一批生力军，其中有一个汉族，两个能够使用当地语言的少数民族青年，这样我们的队伍就从原来的4个人增加到7个人。我们住在原来贸易公司仓库的楼顶上，腾出一间比较大的房间，7个人一起打地铺，男女用油布拉个帘子隔开。我们物色了发音合作人，包括参加工作的民族干部，我们一边工作，一边还要自己做饭，由两个民族干部到村子里买一些洋芋、园根等蔬菜，有时候买不到，还要自己动手出去挖一些野菜。

这个阶段的工作是非常紧张的。除了工作任务繁重以外，还有政治气氛十分紧张。我们在记录了3500多个常用词，确定了音位系统以后，就分词类分工记录语法，一个词类、一个词类地记录语法例句，搞完一个词类就写出该词类的语法小结，说明这个词类有什么语法特点，然后传阅给其他人，提出问题和补充意见，有时候也争论得面红耳赤，但是大家都感觉到收获是比较大的。因为这是第一次接触这样一个没有声调但语音和形态都比较复杂的语言，当发现一些新鲜的语言现象和规律，大家一致给予肯定的时候，会有一种成就感。

10月下旬，结束了麻窝的调查以后，队伍转移到南部汶川、理县一带做试点调查。这时候，阿坝州民族语文室的人员回单位做准备工作，川北组羌语分组的队员则分别到理县的桃坪和汶川的绵篪各自开展一个点的调查工作，陈耀群则回家乡记录她的母语龙溪话。经过一个多月的深入调查，比较顺利地完成了整个试点任务。在春节前返回成都边休整、边整理试点材料，并编写羌语普查大纲，为羌语大调查做准备工作。

羌语调查大纲的编写，是羌语普查的重要组成部分。包括词汇调查大纲和语法调查大纲两部分，是在羌语试点调查取得的初步成果基础上完成的。羌语词汇调查大纲包括南部方言和北部方言各一个代表点，每个点分34个语义类：1. 人体部分及其附加物、排泄物；2. 生理特征；3. 亲属称谓；4. 职业身份；5. 野兽、飞禽、昆虫；6. 家畜、家禽；7. 植物；作物；9. 农具；10. 布匹、衣着；11. 食物；12. 房屋；13. 家具；14. 食具；15. 天文；16. 地理；17. 地名；18. 金属、矿物；19. 时间、季节；20. 工商、交通运输；21. 文教、文娱；22. 医药、疾病；23. 宗教；24. 婚丧、喜庆；25. 军事、政治、法律；26. 方位词；27. 抽象名词；28. 代词；29. 数词；30. 量词；31. 形容词；32. 副词；33. 连词、感叹词、短语；34. 动词（分8小类），包括3589个常用词。大纲还包括4个图，即织布机、犁铧、连枷和方位图。语法大纲包括98个问卷，近千个例句，涵盖了羌语语法的主要问题。初稿出来后，大家有的刻蜡版，有的复写，忙碌、紧张了一个多月，油印的词汇调查大纲和复写的羌语语法调查问卷终于在培训班开学前完成。

培训调查人员

第7工作队川北组负责羌语和嘉戎语的普查工作。但是这两种语言的方言差异非常大，仅仅依靠北京派去的几个人在短期内是不可能完成的。正好这时候西南民族学院和阿坝州民族语文研究室都有调查这两种语言的愿望，并且希望川北组的调查人员帮助培训这两个单位参加普查的教师和研究人员。经过讨论，决定在西南民族学院办一期语言调查培训班。

1957年3月上旬，训练班的羌语班和嘉戎语班分别正式上课，川北组的多数调查队员都承担了一门或两门课程，有60多位学员参加培训，其中包括西南民族学院的部分青年教师（他们并不都是参加羌语或嘉戎语普查的）、阿坝州民族语文研究室的全体工作人员。主要课程有语音学及国际音标练习；语法知识（结合羌语和嘉戎语的特点讲）；语言调查基本技能训练；词汇调查大纲和语法调查问卷讲解等。

西南民族学院的领导和专家对此次培训班十分重视，校领导亲自动员，还亲自到教室听了部分课程。学校从事语言学、民族学的专家李安宅、吴泽霖、于世玉以及部分教师等也来与队员们交流，还请队员教他们国际音标，并将国际音标的发音进行录音，以备今后教学使用。

经过近4个月的紧张教学，训练班于7月底基本结束。大部分学员（近20名）根据业务情况和来自不同单位，穿插分成若干组，于8月初各自奔赴普查的第一线。羌语的普查一共分了4个组，每组4—6人，其中金鹏先生带一个组，共6人，负责理县、汶川两县的羌语普查，黄布凡带一个组，共5人，负责茂县和松潘两县的调查，刘辉强、孙宏开各带一个组，负责黑水县的调查。自此，羌语普查进入了紧张的实施阶段。

羌语普查顺利进行

根据孙宏开个人体会，1956—1960年进行的中国少数民族语言大调查的主要目的有三：第一，调查各少数民族语言和文字，根据需要，为没有文字的少数民族创制文字，为文字不完备的少数民族改进或改革文字，帮助各少数民族解决文化教育中使用文字的问题；第二，识别少数民族语言，厘清语言和民族的关系，尽可能深入地掌握各少数民族语言的结构特点和内部差异，并在此基础上提出划分方言土语的初步意见；第三，在了解各少数民族语言特点的基础上，开展初步的比较研究，掌握各少数民族语言之间的远近关系，在此基础上，划分中国少数民族语言的谱系树。少数民族语言的普查基本上是围绕这三个主要目标开展工作的，羌语普查也是在这样的指导思想下进行的。

1957年8月初，羌语普查各组纷纷进入预先设定的调查点。根据计划规定，调查点分重要点和次要点，重要点必须完成调查大纲的全部内容，必须在当地整理音位系统和写出语法总结，并尽可能在当地扩充调查大纲以外的词汇和记录一定数量的长篇语料。次要点（也叫副点）则必须记录词汇大纲中专门为整理音位系统设立的词目和带括号的词目（约

2500个），语法调查规定必须记录语法大纲中的主要例句，大体回答语法大纲中的主要问题。重要点调查一般在调查点上不少于四周，次要点一般在两周左右。调查组还规定，调查必须在当地进行，尽可能与群众同吃、同住、同劳动。

我们在黑水的调查中发现许多有趣的现象。例如，关于自称问题，我们经常询问当地讲羌语的群众，他们自称 rma "尔玛"（与羌族的自称相同），究竟是什么意思，他们一般都回答，"尔玛"就是少数民族的意思。他们把分布在本县牧区的藏族（与西藏相同）称 ʂpa "史百"，把讲嘉戎语的藏族称 tʂhəpə "车贝"，他们还把南部讲羌语的羌族称 tamap "达玛普"，他们都不认为与自己是同一民族，而仅仅是与羌族语言相通而已。但是在黑水南部，尤其与茂县接壤的瓦钵梁子、色尔古等地区，不少人却认为他们与羌族是一样的，有的还互相通婚，互走亲戚。

经过近五个月的艰苦奋斗，各调查组克服了许多意想不到的困难，顺利完成了调查任务，于12月底陆续回到州政府所在地刷经寺，开始进行调查总结。连同试点调查的一年半左右时间里，羌语组共完成羊茸、芦花、麻窝、俄恩、扎窝、木苏、维古、茨木林、乌木树、石碉楼、龙坝、色尔古、瓦钵梁子（以上为黑水县）、雅都、曲谷、松坪沟、较场、龙池、三龙、黑虎、沟口（以上为茂县）、索桥、绵篪、龙溪（以上为汶川县）、桃坪、曾头、牛商、佳山、九子、列列、蒲溪（以上为理县）等30多个调查点的记录。其中重要点24个，除了松潘县未能够设点进行调查，留下一定的遗憾外，这些调查点，基本上覆盖了全部羌语分布地区。羌语普查的成果，对于了解羌语内部的方言土语差异，提出划分方言土语的意见；对于深层次了解羌语的全面特点；对于分析羌语的历史发展和演变的内部规律；对于确定黑水地区羌语与汶、理、茂、松等县羌族地区羌语的历史关系；对于解决羌族的文字问题，选择标准音点；对于了解我国语言与民族关系的复杂性等都积累了丰富的、基本可靠的第一手资料，为今后的羌语研究打下了一个非常坚实的基础。

后续工作

羌语普查工作虽然经过了精心的准备，但是仍然留下了不少缺憾。当普查工作刚刚结束，调查组在抄写羌语词汇综合卡片和整理语法资料的时候，出现了许多意想不到的问题。这些问题首先是由于各组调查人员水平参差不齐，对羌语特点的认识不一致，因此出现收集的资料符号不统一，多寡不统一，处理方法不统一，使得一些本来相同的语音现象和语法现象，看起来很不一致。还发现一些非常重要的语言现象有错漏。因此有必要对已经记录的资料进行一次全面的复核。于是，1958年秋，调查组的部分成员再次深入羌语分布地区，对有疑义的调查点逐个进行复核，同时协助黑水县文教局在该县举行小学教员培训班，培训他们学习当地羌语，以辅助教学。

这段时间资料的核对工作，流动性比较大，几乎三五天就要换个地方。有的时候为了赶进度，又找不到驮（背）铺盖卷儿的马匹或背夫，只好自己背着行李、干粮和资料，跋山涉水，由一个调查点转移到另一个调查点。就这样，我们从黑水转移到茂县，又从茂县转移到汶川和理县，几乎走遍了羌语分布地区的所有重要调查点，足迹也遍及了羌族地区所有的山山水水。

这段时间的汗水并没有白流，我们对羌语的特点有了比大调查时更深入的认识。尤其在长期接触羌族父老乡亲的过程中，我们经历过许许多多感人的场面，在我们遇到困难的时候，他们对我们无私的帮助和关心，时间过了好几十年，至今仍历历在目，有的时候，奇怪地又在梦里再现。

自1956年夏到1960年夏，整整四年，除了1958年回所述职数月，一直在羌族地区摸爬滚打。1960年夏，接到所里电报，要求我们暂时结束阿坝的工作，转移到云南接受新的工作任务，这才算大体结束了羌语大调查的工作。在此期间，接受并完成了所里布置的一个又一个工作任务。

孙宏开
2023年12月